연구보고서 2023-02

저탄소경제 전환 전략과 정책과제

양용현 편

연구보고서 **2023-02**

저탄소경제 전환 전략과 정책과제

저 자

연구총괄

양용현 | 한국개발연구원 연구위원
권정현 | 한국개발연구원 연구위원
김현석 | 한국개발연구원 연구위원
윤여창 | 한국개발연구원 연구위원
조가람 | 한국개발연구원 연구위원
천소라 | 한국개발연구원 연구위원
한요셉 | 한국개발연구원 연구위원
임원혁 | KDI국제정책대학원 교수
박우람 | 숙명여자대학교 교수
오형나 | 경희대학교 교수

연구지원

고혜원 | 한국개발연구원 전문연구원
김성지 | 한국개발연구원 전문연구원
김수빈 | 한국개발연구원 전문연구원
송민수 | 한국개발연구원 전문연구원
이유진 | 한국개발연구원 연구원(前)
임현도 | 한국개발연구원 연구원(前)
최민혜 | 한국개발연구원 전문연구원

발간사

본 보고서는 저탄소경제로 전환하기 위한 전략을 수립하고 이를 뒷받침하는 제도를 설계하며, 기후변화와 저탄소경제 전환이 가져올 수 있는 영향을 분석하고 그 시사점을 도출하는 데 초점을 맞추고 있다. 2050년 탄소중립 선언에 이어 2030년 국가감축목표가 상향되었고, 올해 4월에는 제1차 '국가 탄소중립·녹색성장 기본계획'이 확정되어 저탄소경제 전환 기조는 그 어느 때보다 뚜렷하나, 우리나라의 전환 전략은 구체성과 체계성이 부족한 것으로 평가받고 있다. 선도국에 비해 늦은 만큼 오히려 더 정교하게 전환 전략과 정책을 마련해야 한다는 점에서, 본 보고서는 향후 정책방향을 설정하는 데 시의적절하게 활용될 수 있을 것으로 사료된다.

특히 온실가스 감축경로 설정에 대한 제언, 부문별 감축계획의 적절성과 부문 간 정합성에 대한 평가, 에너지 전환 전략과 발전용량 확대 로드맵에 대한 제언, 전력산업의 제도개선 방안은 저탄소경제 전환 전략의 뼈대에 해당한다. 또한 배출권거래제의 개선을 통한 온실가스 감축유인 제고, 탄소차액계약제도의 도입을 통한 감축기술 개발유인 제고, 기후기술 개발을 촉진할 수 있는 관련 디지털기술에 대한 선제적 투자도 저탄소경제 전환을 용이하게 하는 제도·정책이다. 기후변화가 취약계층의 고용 및 건강에 미치는 영향, 지방자치단체의 전환 역량과 자원에 대한 고려, 저탄소경제 전환이 기업의 성과와 고용에 미치는 영향, 그린·에너지 인플레이션에 미치는 영향에 대한 분석도 유용한 시사점을 던진다.

본 보고서는 많은 연구자들의 노력에 힘입어 완성되었다. 본원에서는 권정현 연구위원, 김현석 연구위원, 윤여창 연구위원, 조가람 연구위원, 천소라 연구위원, 한요셉 연구위원이 참여하여 각 주제를 책임지고 연구하였고, 연구원들의 도움도 컸다. 외부에서는 한국개발연구원 국제정책대학원대학교의 임원혁 교수, 경희대학교 국제학과의 오형나 교수, 숙명여자대학교 경제학부의 박우람 교수가 참여하여 중요한 연구주제를 맡아주었다. 마지막으로 본원의 양용현 연구위원은 일부 주제의 연구와 전체 총괄 역할을 수행해주었다. 엄밀한 분석을 통해 신뢰할 만한 연구 결과를 도출한 데 대해, 모든 연구자들에게 감사의 인사를 드리는 바이다.

비록 다수의 연구자들이 참여해 다양한 연구주제를 다루기는 했으나, 연구인력과 자원의 제약으로 인해 본 보고서에 포함되지 못한 연구가 있음은 아쉬움으로 남는다. 마지막으로 본 보고서에 제시된 견해는 집필자 개인의 의견이며, 본원의 공식 견해가 아님을 밝혀 두는 바이다.

2023년 4월

한국개발연구원 원장

조 동 철

목 차

제2부 기후변화와 전환의 영향 및 시사점

◈ 표 목 차

표목차

◈ 그 림 목 차

그림목차

요 약

2050년 탄소중립 선언과 2030년 국가감축목표(NDC) 상향을 계기로 저탄소경제로 전환하려는 기조가 본격화되고 있다. 저탄소경제 전환은 경제구조의 근본적 변화를 내포한다. 따라서 목표에 부합하는 치밀한 전략과 이를 이행하기 위한 정책이 필요하다. 그러나 우리나라의 전환 전략은 아직 충분히 구체적이지 못하고, 체계성 측면에서도 부족하다. 주요국에 비해 구체성이나 체계성이 부족한 것은 준비가 늦었기 때문으로, 영국 등 선도국과 약 30년의 격차가 있다. 그러나 2050년까지 탄소중립을 달성해야 한다는 전 지구적 과제가 주어진 상황에서는, 우리나라도 가파른 속도로 저탄소경제로의 전환을 추진할 수밖에 없다. 그러므로 오히려 더 정교하게 전환 전략과 정책을 마련해야 한다.

본 보고서는 이러한 문제의식하에, 저탄소경제로 전환하기 위한 전략을 수립하고 이를 뒷받침하는 제도를 설계하며, 기후변화와 저탄소경제 전환이 가져올 수 있는 영향을 분석하고 그 시사점을 도출하는 데 초점을 맞추고 있다. 전략과 제도 연구에서는 온실가스 감축계획, 저탄소 전기화 전략, 배출권거래제, 탄소차액계약제 그리고 디지털기술의 활용에 대한 정책방안을 제시한다. 영향 및 시사점 연구에서는 취업자의 건강, 지역, 기업, 고용에 미치는 영향과 그린·에너지 인플레이션의 거시경제적 영향을 분석한다.

먼저, 우리나라의 NDC는 매우 도전적인 목표이지만 2050년 탄소중립을 달성하기 위해서는 피할 수 없는 선택지이다. NDC를 준수하면서도 경제에 미치는 충격을 줄이려면 역S자형의 감축경로를 설정할 필요가 있다. NDC 상향 시 발표된 산업·건물·수송 부문의 감축계획은 각 부문의 감축목표를 달성하기에 충분하지 않아 더 적극적인 감축계획이 필요하다. 이를 감안하면 전력수요가 예측치보다 더 증가할 수 있으며, 전환부문의 감축목표가 상향되어야 한다. 다음으로, 에너지 전환 전략 측면에서는 몇 년 단위로 기술적·제도적 여건 변화를 반영하여 다양한 시나리오를 상정하고 분석할 필요가 있고, 전체 비용을 최소화할 필요가 있다. 전원별 균등화 발전단가뿐 아니라 전력계통에 미치는 영향을 파악해 전원 구성을 마련하는 한편, 화력발전의 단계적 이행과 폐지가 필요하다. 또한 전력산업에서 신재생에너지 사업자와 수요자의 쌍무계약 등을 통한 비용 회수, 기술혁신 및 운영 개선 촉진, 에너지저장설비 등을 통한 전력계통의 유연성 확보가 필요하다.

우리나라 배출권거래제에 있어서는, 온실가스 감축목표가 상향되었음에도 국내 배출권가격이 하락하는 문제와 거래가격에 비해 경매가격이 지속적으로 낮게 형성된다는 문제가 있다. 배출권 이월 제한을 완화하고 배출권 공급을 탄력적으로 만들어야 하는데, 가격급등 및 유동성 부족 현상을 피하기 위해서는 단순한 가격단계를 가지는 형태의 가격상하한제를 도입하고 이월 제한을 단계적으로 완화해야 한다. 다음으로 산업 부문에서 온실가스 감축 유인을 제고해 감축기술에 대한 투자를 충분한 수준으로 끌어올리기 위해서는 탄소차액계약제도를 도입할 필요가 있다. 저탄소 제품의 수요 확대정책, 대규모 설비투자 지원정책만으로 혁신 촉진이 충분하지 않고, 탄소세와 배출권거래제를 통한 탄소가격 지지가 어려울 때, 탄소차액계약이 기술개발 유인을 효과적으로 제고할 수 있다. 한편, 디지털기술의 혁신은 기후기술 관련 특허를 평균적으로 약 17.3% 증가시키므로, 효율적인 온실가스 감축을 위해서는 관련 디지털기술에 선제적으로 투자하여 이를 활용할 필요가 있다. 반면, 기후기술이 디지털기술에 미치는 영향은 통계적으로 유의하게 나타나지 않았다.

기후변화의 영향을 살펴보면, 이상고온 시 취업자 근로시간이 감소하지만, 오히려 야외근무 비중이 높은 분야와 계층에서는 상대적으로 덜 감소하였다. 또한 폭염 발생 시 온열질환 및 관련 질환의 발생빈도, 심혈관 질환을 통한 사망률, 건설업의 산재 확률 등이 증가한다. 이는 기후변화가 건강 및 소득 불평등을 악화시킬 가능성이 있음을 암시한다. 옥외근로자를 폭염으로부터 보호해야 하고, 분야별로 적합한 강화된 보호 장치를 마련할 필요가 있다. 장기적으로는 새로운 기후조건에 적합한 고용구조로 원활하게 이동하도록 지원할 필요가 있다. 한편, 전환 역량과 자원이 지방자치단체마다 다를 수 있어 탄소중립 추진 관련 취약도를 실험적으로 산정해본 결과, 기존의 지역낙후도지수와는 상이한 패턴이 존재한다. 지자체에 대한 선별 지원이 필요하며, 취약도 등 주요 현황을 객관적으로 파악하고 이를 의사결정에 반영해야 한다. 또한 지자체가 계획 마련에 참고할 수 있는 세부적인 지침 및 가이드라인이 필요하다.

우리나라 제조업에서 발생하는 대부분의 온실가스는 300인 이상의 대규모 사업체에서, 그리고 석유, 화학, 금속 등 특정 산업에서 발생한다. 또한 온실가스 배출량이 많은 산업일수록 온실가스 한 단위당 생산액이 적고, 산업 내에서는 온실가스를 많이 배출하는 사업체일수록 에너지당 생산액이 낮다. 다음으로, 배출권거래제 1기에 참여한 기업에서는 2기에 신규 참여한 기업보다 1기의 온실가스 배출량, 에너지 사용량, 매출액, 고용 등이 통계적으로 유의하게 감소하였다. 비용발생도를 기준으로 유·무상할당이 갈리는 경우에는 유상할당업체의 매출액과 고용이 유의하게 감소하였다. 벤치마크 방식 무상할당과 유상할당을 동시에 적용하면 배출량과 기업의 성과에 더 큰 영향을 미친다. 기업의 성과와 임금 및 일자리에 미치는 부정적 효과를 최소화하는 섬세한 정책 설계가 필요하다. 한편, 글로벌 저탄소 전환이 그린·에너지 인플레이션을 유발할 수 있는데, 인플레이션을 촉발한 요인이 수요 증가와 공급 감소 중 무엇인지에 따라 경제성장률에는 다르게 영향을 미친다. 따라서 가격 변동 요인에 따라 다른 대응이 필요하다.

제1장

서 론

양 용 현 (한국개발연구원)

저탄소경제 전환의 시계가 빠르게 돌아가고 있다. 2015년에 파리협정이 맺어지기 전까지는 더딘 속도로 전환이 진행되었으나, 파리협정 이후 유럽연합을 중심으로 2050년까지 탄소중립을 달성해야 한다는 공감대가 급속하게 확산되었다(EC, 2018a). 2020년에는 우리나라도 국제사회의 흐름에 동참하여 2050년 탄소중립을 선언하였다(기획재정부, 2020). 이듬해에는 2030년 국가감축목표(Nationally Determined Contribution: NDC)를 상향하였고(2050탄소중립위원회, 2021), 올해 4월에는 제1차 '국가 탄소중립·녹색성장 기본계획'을 확정하였다(국무조정실, 2023). 본격적으로 온실가스를 감축하기 위한 노력을 기울이기 시작해야 하는 시점이다.

저탄소경제로 전환한다는 것은 경제구조의 근본적 변화를 내포하고, 이는 생활방식에도 큰 변화가 필요하다는 것을 의미한다. 지금의 경제구조는 화석연료를 기반으로 하여 구축되어 있는데, 화석연료가 사용되고 있는 모든 경제활동이 탄소를 배출하지 않는 활동으로 바뀌어야 하기 때문이다. 전력 생산뿐 아니라 농·축·수산업, 제조업, 냉·난방, 수송 등 생산과 소비의 전 분야에 걸쳐 전환이 필요하다. 따라서 모든 경제주체의 참여를 유도해야 하며, 목표에 부합하는 치밀한 전략과 이를 이행하기 위한 정책이 필요하다.

그러나 우리나라의 전환 전략은 아직 충분히 구체적이지 못하고, 체계성 측면에서도 부족하다. 제2장에서 보듯이 건물 부문에서는 계획되어 있는 감축방안만으로는 목표의 약 1/3밖에 달성할 수 없고, 이마저도 계획의 구체성이 부족하다. 수송 부문의 계획은 비교적 구체적이고 목표치에 근접하지만 실현 가능성에 다소 의문이 있다. 산업 부문은 구체적인 계획이라기보다 목표에 맞추어 업종별로 할당한 데 가까워, 실현 가능성이 부족하다. 제3장에서 보듯이 전환 부문에서도 신재생에너지 목표 달성과 화력발전의 단계적 폐지를 위한 구체적인 로드맵이 마련되어 있지 않다. 체계성 측면에서도 전기화에 따른 전력수요가 전환 부문 계획에 충분히 반영되어 있지 않다. 또한 합성 연·원료 생산에 필요한 전력수요, 바이오 연·원료 생산으로 인한 농지 부족이나 식량가격 상승 가능성이 고려되지 않은 것으로 보인다. 이는 탄소중립 선언을 위해 방대한 양의 보고서를 작성하여 계획을 구체화하고 추진과제 간 정합성을 확인한 유럽연합과 대비된다.[1]

우리나라가 유럽연합을 비롯한 주요국에 비해 전환 전략의 구체성이나 체계성이 부족한 것은 준비가 늦었기 때문이다. 1990년경부터 온실가스 감축의 필요성에 대해 논의하고 감축방안을 마련해온 선진국들은 30년이 넘는 정책 설계 및 집행, 연구의 경험을 가지고 있다. 특히 유럽연합은 1994년 UN 기후변화협약이 발족되고 1997년의 교토의정서와 2015년의 파리협정이 채택되는 과정에서 적극적인 역할을 수행했고, 온실가스 감축목표를 선도적으로 상향해 왔다. 이에 반해 우리나라는 2009년에야 처음으로 온실가스 감축목표를 제출하였다.[2] 2010년대에도 초반 2~3년을 제외하면 온실가스 감축정책을 국정의 중심에 두지 않았다.[3] 시작도 늦은

---

1 유럽연합 집행위원회는 2050년까지 탄소중립을 달성하겠다는 선언을 하면서(EC, 2018a) 같은 날 이 선언을 달성할 수 있는 구체적인 방안을 분석한 보고서(EC, 2018b)도 발표하였는데, 보고서의 분량은 393쪽에 달하고 부문별 전략뿐 아니라 부문 간 정합성, 여러 부문을 아우르는 요인에 대해서도 상세히 다루고 있다.

2 이때 제출한 감축목표는 2020년 배출전망치 대비 30% 감축이다(청와대, 2009). 2009년에야 처음으로 감축목표를 제출한 것은 교토의정서 채택 시에는 우리나라가 감축의무국이 아니었고, 2000년대 중반에 들어서야 감축 요구를 받기 시작했기 때문이다.

3 물론 온실가스 감축을 위한 정책이 전혀 추진되지 않았다는 의미는 아니다. 배출권거래제가 2015년부터 시행되었고, 신재생에너지 공급의무화제도는 2012년부터 운영되고 있다.

데다, 그 뒤로도 전환 전략과 정책을 마련하려는 노력을 충분히 기울이지 않아 선도국과 약 30년의 격차가 있다고 볼 수 있다.

문제는 준비가 늦었다고 해서 우리나라가 탄소중립을 더 늦게 달성해도 되는 것은 아니라는 점이다. 기후변화에 관한 정부 간 협의체(Intergovernmental Panel on Climate Change: IPCC)는 일련의 보고서를 통해 전 세계가 2050년까지 탄소중립을 달성해야만 지구온난화 수준을 1.5℃ 이하로 억제하고 기후변화의 가속화를 막을 수 있는 확률이 높아진다고 하였다.[4] 2050년보다 이른 시점에 탄소중립을 달성하겠다고 선언한 나라들이 소수 있지만, 대부분의 나라들이 2050년을 목표로 탄소중립 달성을 계획하고 있으므로, 1.5℃ 목표에 맞추기 위해서는 우리나라도 2050년 탄소중립에 동참하지 않으면 안 된다. 이 상황이 지속되는 한, 우리나라는 선도국보다 가파른 속도로 저탄소경제로의 전환을 추진해야 하므로, 오히려 더 정교하게 전환 전략과 정책을 마련해야 한다.

본 보고서는 이러한 문제의식하에, 저탄소경제로 전환하기 위한 전략을 수립하고 이를 뒷받침하는 제도를 설계하며, 기후변화와 저탄소경제 전환이 가져올 수 있는 영향을 분석하고 그 시사점을 도출하는 데 초점을 맞추고 있다. 보고서는 크게 두 개의 부로 구성되어 있는데, 제1부는 전환 전략의 수립과 제도 설계를 다루고 있고, 제2부는 기후변화와 전환의 영향 및 시사점을 다룬다. 전략과 제도 연구에서는 온실가스 감축계획, 저탄소 전기화 전략, 배출권거래제, 탄소차액계약제 그리고 디지털기술의 활용에 대한 정책방안을 제시한다. 영향 및 시사점 연구에서는 취업자의 건강, 지역, 기업, 고용에 미치는 영향과 그린・에너지 인플레이션의 거시경제적 영향을 분석한다. 각 장의 내용을 소개하기 전에 한 가지 언급해둘 점은, 대부분의 연구가 2022년도 말에 종료되어 2023년도

---

4 IPCC(2018)는 지구온난화 수준이 이미 1.0℃에 도달했으며, 1.5℃로 억제해야 해수면 상승, 생태계, 농경지, 이상기후 등에 미치는 영향을 인류가 감내할 수 있으므로, 2050년까지 온실가스 순배출량을 0으로 만들어야 한다고 하였다. IPCC(2021)는 2050년 탄소중립 달성 시 50% 이상의 확률로 지구온난화 수준을 1.5℃ 이하로 억제할 수 있지만, 2070년 혹은 그 이후에 탄소중립을 달성하면 지구온난화가 1.8℃ 이상 진행될 확률이 50%를 초과한다고 하였다.

이후의 상황 및 정책 변화를 반영하지 못하고 있다는 것이다. 그럼에도 불구하고 연구를 통해 도출한 전략과 정책과제는 향후 정책방향 설정에 있어 매우 중요한 나침반이 될 것으로 생각한다.

제1부는 총 다섯 개의 장으로 구성되어 있다. 제2장에서는 국가 온실가스 감축목표(NDC) 상향 시 발표된 온실가스 감축계획을 평가하고, 향후 계획의 수정방안을 포함한 추진방향을 제시한다. 우리나라의 NDC는 매우 도전적이라는 견해가 지배적이다. 이 장에서는 이러한 견해의 배경이 되는 근거와 함께 다른 여러 가지 상황을 종합하여, NDC가 우리나라로서는 매우 도전적인 목표이지만 2050년 탄소중립을 달성하기 위해서는 피할 수 없는 선택지임을 설명한다. 그리고 NDC를 준수하면서도 경제에 미치는 충격을 줄이려면 역S자형의 감축경로를 설정할 필요가 있다고 제언한다. 나아가 산업·건물·수송 부문의 감축계획이 각 부문의 감축목표를 달성하기에 충분한지 분석해보고, 더 적극적인 감축계획의 필요성을 제시한다. 또한 이 부문들의 감축계획과 전력수요 예측 간에 정합성이 있는지 살펴보고, 전력수요가 예측치보다 더 증가할 수 있으며 이를 반영하면 전환 부문의 감축목표가 상향되어야 한다는 결론을 도출하고 있다.

제3장에서는 저탄소 전기화를 추진하면서 고려해야 할 사항들을 점검하고, 이를 바탕으로 전환 부문 감축 및 발전용량 확대 로드맵과 이를 뒷받침하기 위한 전력산업의 제도개선 방안 및 추진과제를 제시한다. 국제에너지기구(International Energy Agency: IEA)의 탄소중립 시나리오를 중심으로 저탄소 전기화의 함의를 알아보고 주요 고려사항을 파악한다. 이어서 우리나라의 탄소중립 계획을, 특히 전환 부문을 중심으로 살펴보고, 우리나라가 채택해야 할 에너지 전환 전략을 제시한다. 몇 년 단위로 기술적·제도적 여건 변화를 반영하여 다양한 시나리오를 상정하고 분석할 필요, 전체 비용을 최소화할 필요가 있다는 것, 전원별 균등화 발전단가뿐 아니라 전력계통에 미치는 영향을 파악해 전원 구성을 마련해야 하며 화력발전의 단계적 이행과 폐지가 필요하다는 것을 제안한다. 전력산업의 향후 과제로는 신재생에너지 사업자와 수요자의 쌍무계약 등을 통한

비용 회수, 기술혁신 및 운영 개선 촉진, 에너지저장설비 등을 통한 전력계통의 유연성 확보를 제시한다.

제4장에서는 우리나라 배출권거래제의 현황을 살펴보고, 저탄소경제 전환 기조와 부합하는 방향으로 배출권거래제가 운영되기 위해서는 어떻게 제도를 개선해야 하는지 분석한다. 배출권거래제는 온실가스 배출에 대해 비용을 부담하게 함으로써 감축을 유인하는 제도인데, 온실가스 감축목표가 상향되었음에도 국내 배출권가격이 하락하는 문제와 거래가격에 비해 경매가격이 지속적으로 낮게 형성된다는 문제가 있다. 이 문제들을 해결하기 위해서는 배출권 이월 제한을 완화하고 배출권 공급을 탄력적으로 만들어야 하는데, 이 경우 가격급등 및 유동성 부족 현상이 나타날 수 있음을 이론 모형 분석을 통해 보여준다. 분석 결과를 종합하여, 단순한 가격단계를 가지는 형태의 가격상하한제를 도입하고 이월 제한을 단계적으로 완화해야 한다는 결론을 제시한다.

제5장에서는 산업 부문에서 온실가스 감축 유인을 제고해 감축기술에 대한 투자를 충분한 수준으로 끌어올리기 위해서는 탄소차액계약제도를 도입할 필요가 있음을 설명하고, 제도를 효과적·효율적으로 운용하기 위해서는 어떻게 설계해야 하는지 분석한다. 우선 대표적인 에너지 다소비 소재산업인 철강산업을 예로 들어, 이와 같은 산업에서 감축에 어떠한 장애요인이 존재하는지 설명한다. 이러한 장애요인 중 일부를 이론 모형화하여 혁신 기술을 선도적으로 도입하는 기업이 상대적으로 손해를 보는 상황을 상정하고, 탄소차액계약이 혁신 기술의 개발과 상용화를 어떻게 촉진할 수 있는지 보여준다. 이는 녹색 구매 등 저탄소 제품의 수요 확대정책, 대규모 설비투자 지원정책만으로 혁신 촉진이 충분하지 않고, 탄소세와 배출권거래제를 통한 탄소가격 지지가 어려울 때, 기술개발 유인을 효과적으로 제고할 수 있는 수단이다.

제6장에서는 기후변화 억제 기술과 디지털전환 기술 간에 어떠한 영향이 있는지 특허 데이터를 통해 추정하고, 이를 저탄소경제 전환 전략에 반영하는 방안을 제시한다. 실증분석 결과, 디지털기술의 혁신은 기후기술 관련 특허를 평균적으로 약 17.3% 증가시키며, 특히 디지털 데이터

처리 기술과 머신러닝 관련 기술이 중요한 역할을 한다. 이 기술들은 스마트 그리드 관련 기술의 발전에도 도움을 준다. 디지털기술은 에너지 절약 건물, 온실가스 처리 및 감축, 정보통신기술의 소요 전력 절약, 친환경 이동수단 기술 발전에 큰 영향을 준다. 반면, 기후기술이 디지털기술에 미치는 영향은 통계적으로 유의하게 나타나지 않았다. 분석 결과를 바탕으로, 효율적인 온실가스 감축을 위해서는 관련 디지털기술에 선제적으로 투자하여 이를 활용할 필요가 있다는 결론을 제시한다.

다음으로 제2부는 기후변화와 저탄소경제 전환이 경제주체와 경제활동에 미치는 영향을 분석하여 이로부터 정책적 시사점을 도출하는 다섯 개의 장으로 이루어져 있다. 먼저 제7장은 이상고온이 취업 및 취업자 건강에 미치는 영향을 분석하여 기후변화가 경제적 취약계층에 미치는 영향에 대한 시사점을 도출한다. 실증분석 결과, 이상고온 시 취업자 근로시간이 감소하는 경향이 2000년대 들어 강해졌지만, 오히려 야외근무 비중이 높은 분야와 계층에서는 상대적으로 덜 감소하였다. 또한 폭염 발생 시 온열질환 및 관련 질환의 발생빈도가 증가하고, 심혈관 질환을 통한 사망률도 증가하며, 건설업의 산재 확률과 직장가입자의 신체 골절 및 절단 등의 손상이 두 배 이상 빈번하게 발생한다. 이는 폭염에도 불구하고 쉬지 못하는 저소득 근로자들이 적지 않으며, 산재를 포함한 건강 위험으로 이어진다는 것을 시사하고, 나아가 기후변화가 건강 및 소득 불평등을 악화시킬 가능성이 있음을 암시한다. 취업자의 건강 위험을 낮추기 위해 옥외 근로자를 폭염으로부터 보호해야 하고, 분야별로 적합한 강화된 보호 장치를 마련할 필요가 있으며, 장기적으로는 새로운 기후조건에 적합한 고용구조로 원활하게 이동하도록 지원할 필요가 있다는 정책적 시사점을 제시하고 있다.

제8장에서는 전환 역량과 자원이 지방자치단체마다 다를 수 있다는 인식을 바탕으로, 전환에 있어 중앙정부와 지방정부 간에 어떻게 협력하고 역할을 분담할지에 대한 정책방안을 도출한다. 먼저 국내외의 정의로운 전환 현황을 살펴보고, 탈탄소정책과 더 직접적으로 연관된 지표의 구축과 모니터링의 중요성을 확인한다. 이를 감안해 지방자치단체가 직면하

고 있는 탄소중립 추진 관련 취약도를 노출도, 민감도, 적응역량 측면에서 실험적으로 산정해본 결과, 기존의 지역낙후도지수와는 상이한 패턴이 존재함을 발견하였다. 정책적 시사점은 다음과 같다. 첫째, 지자체가 계획 마련에 참고할 수 있는 세부적인 지침 및 가이드라인이 필요하다. 둘째, 기후대응기금으로 지자체의 지원 수요를 감당하기에는 역부족이므로, 선별 지원이 필요하고 엄격한 집행 기준이 마련되어야 한다. 셋째, 탄소중립 및 정의로운 전환 관련 종합지표의 산정을 통해 취약도 등 주요 현황을 객관적으로 파악하고 이를 의사결정에 반영해야 한다.

제9장에서는 제조업 비중이 높은 우리나라 경제구조에서 온실가스 감축정책이 어떠한 영향을 미칠 것인지 파악하기 위해, 제조업에서 온실가스 배출량과 고용 및 생산성 등의 관계를 살펴본다. 분석 결과, 우리나라 제조업에서 발생하는 대부분의 온실가스는 300인 이상의 대규모 사업체에서, 그리고 석유, 화학, 금속 등 특정 산업에서 발생한다. 또한 온실가스 배출량이 많은 산업일수록 온실가스 한 단위당 생산액이 적고, 산업 내에서는 온실가스를 많이 배출하는 사업체일수록 에너지당 생산액 혹은 탄소생산성이 낮다. 이는 온실가스를 많이 배출하는 특정 산업의 대규모 사업장을 중심으로 우선 감축하는 것이 생산액의 감소를 최소화할 수 있는 방안임을 시사한다. 다만, 임금 및 일자리에 미칠 수 있는 부정적 영향과 전・후방 연관산업 파급효과에 유의할 필요가 있다.

제10장에서는 저탄소경제 전환을 실제로 추진할 경우 기업의 성과와 고용 규모가 어떠한 영향을 받을 것인지 예측하고자, 배출권거래제 도입 이후 기업의 성과와 고용 규모에 어떠한 변화가 있었는지 추정하였다. 분석 결과, 1기에 참여한 기업에서는 2기에 신규 참여한 기업보다 1기의 온실가스 배출량, 에너지 사용량, 매출액, 고용 등이 통계적으로 유의하게 감소하였다. 유상할당의 영향을 살펴보면, 비용발생도를 기준으로 유・무상할당이 갈리는 경우에는 유상할당업체의 매출액이 유의하게 감소하였고, 고용도 유의하게 감소한 것으로 볼 여지가 있다. 벤치마크(BM) 방식 무상할당과 유상할당을 동시에 적용하면 배출량과 기업의 성과에 더 큰 영향을 미친다. 이는 온실가스 감축효과뿐 아니라 기업의 성과와

고용에 미치는 효과도 감안해서 정책을 설계해야 한다는 함의를 준다. 온실가스 감축이 피할 수 없는 정책방향이라고 하더라도, 기업의 성과와 고용에 미치는 부정적 효과를 최소화하는 섬세한 정책 설계가 필요하다.

제11장에서는 글로벌 저탄소 전환이 그린·에너지 인플레이션을 통해 우리나라 경제에 미치는 영향을 분석하고, 분석 결과를 바탕으로 우리나라가 미리 대비해야 할 점에 대한 정책적 시사점을 제시한다. 그린 인플레이션은 친환경 투자의 증가로 인해 관련 원자재 가격이 상승하는 것이고, 에너지 인플레이션은 화석연료 투자 감소로 인해 그 가격이 상승하는 것으로, 저탄소 전환은 두 가지의 인플레이션을 모두 유발할 수 있다. 실증분석 결과, 원유 수요 증가에 따른 유가 상승은 경제성장률과 물가상승률을 동시에 상승시키는 반면, 원유 공급 감소로 유가가 상승하는 것은 물가상승률을 상승시키지만 경제성장률에는 유의미한 영향을 미치지 않았다. 따라서 가격 변동 요인에 따라 다른 대응이 필요하다.

이 밖에도 더 많은 연구가 저탄소경제 전환을 위한 전략과 정책과제를 마련하는 데 필요하다. 대표적으로 배출권거래제와 함께 가격기능을 통해 온실가스 배출을 억제하는 탄소세에 대한 연구를 들 수 있다. 윤여창(2021)에서 상당 부분 다루고 있기에 본 보고서에는 포함시키지 않았다. 순환경제 활성화를 통해 온실가스 배출을 억제하는 방안도 저탄소경제 전환 전략에 포함되어야 할 것이다. 또한 대규모 재정투자사업에 있어 온실가스 배출량을 고려하고 감축방안을 마련하도록 하는 제도가 현 단계에서 얼마나 필요하고, 앞으로 어떠한 로드맵을 마련해야 하는지에 대한 연구도 중요하다. 나아가 정부 및 공공분야의 예산 수립 시 온실가스 배출량이 고려되도록 하는 탄소인지예산의 도입 필요성과 도입방안에 대한 연구도 중요한 전략 과제이다. 기업의 전환을 지원한다는 측면에서는 RE100 대응 지원, 연구개발 지원, 탈탄소산업 육성방안, 녹색금융분류체계(taxonomy) 등에 대한 연구도 필요하다.

그러나 연구인력과 자원의 제약으로 인해 필요한 모든 연구를 본 보고서에 담을 수 없었다. 중요한 연구주제를 중심으로 본 보고서가 구성되었으나, 여기에 포함되지 않았다고 해서 중요성이 떨어진다는 의미는 아니다. 이러한 주제들에 대해서는 후속 연구가 이루어지기를 권장하고 고대한다.

마지막으로 저탄소경제 전환 전략을 수립하는 데 있어 기획재정부의 역할이 지금보다 더 확대되어야 한다는 점을 언급하고자 한다. 정부부처 내 저탄소경제 전환의 컨트롤타워는 2050탄소중립・녹색성장위원회이고, 국무총리와 민간위원장이 공동으로 위원장을 맡고 있으며, 국무조정실 2차장이 위원회 사무처장을 겸임하고 있다. 기획재정부 장관 겸 경제부총리도 정부 위원을 맡고 있으나, 실질적으로는 국무조정실과 환경부에서 운영한다고 볼 수 있다. 기획재정부에서는 미래전략국에 탄소중립전략팀을 운영하고 있고, 같은 국의 지속가능경제과, 기후대응전략과, 개발금융국의 녹색기후기획과에서도 일부 관련 업무를 담당하고 있다. 그러나 온실가스 감축과 저탄소경제 전환을 경제정책의 중심에 두고 있는 것과는 거리가 멀다.

저탄소경제 전환은 필연적으로 경제정책이고, 예산을 수반하지 않고서는 불가능하다. 현재와 같은 구조에서는 일선부처가 개별적으로 세운 계획에 따라 각자의 예산을 활용하여 부문별 전환이 이루어질 뿐, 정부 전체가 유기적으로 경제구조를 전환하도록 만드는 데는 한계가 있다. 따라서 경제정책을 수립하고 예산을 담당하는 기획재정부에서 저탄소경제 전환 전략을 세우는 데 있어 더 깊이 관여해야 한다. 세계 각국의 재무부가 참여하여 기후정책을 논의하는 기후행동재무장관연합(Coalition of Finance Ministries for Climate Action: CFMCA)이 있다. 이 연합이 논의하는 대주제 중 하나가 기후정책을 어떻게 경제정책의 중심에 포함시킬 것인지에 관한 것이다(CFMCA, 2022). 우리나라 기획재정부도 이 연합의 일원으로서, 저탄소경제 전환 전략 수립을 주도하는 역할을 담당해주기를 기대한다.

참고문헌

2050탄소중립위원회, 「2050 탄소중립위원회 제2차 전체회의 개최」, 보도자료, 2021.

국무조정실, 「'2050 탄소중립 달성과 녹색성장 실현'을 위한 국가 전략 및 제1차 국가 기본계획 의결」, 보도자료, 2023.

기획재정부, 「탄소중립사회로의 전환을 위한 '2050 탄소중립 추진전략' 발표」, 보도자료, 2020.

윤여창, 『탄소세 도입방안에 대한 연구』, 정책연구시리즈 2021-08, 한국개발연구원, 2021.

청와대, 「2020년 국가온실가스 감축목표, 배출전망치 대비 30% 줄이는 것으로 확정」, 보도자료, 2009.

CFMCA(Coalition of Finance Ministries for Climate Action), *Strategies for Mainstreaming Climate Action in Ministries of Finance: Governance, Capacities, and Research Practices*, 2022.

EC(European Commission), "A Clean Planet for all: A European strategic long-term vision for a prosperous, modern, competitive and climate neutral economy," COM(2018) 773 final, 2018a.

EC, "In-depth Analysis in Support of the Commission Communication COM(2018) 773: A Clean Planet for all: A European strategic long-term vision for a prosperous, modern, competitive and climate neutral economy," 2018b.

IPCC(Intergovernmental Panel on Climate Change), "Summary for Policymakers," In: *Global Warming of 1.5°C. An IPCC Special Report on the impacts of global warming of 1.5°C above pre-industrial levels and related global greenhouse gas emission pathways, in the context of strengthening the global response to the threat of climate change, sustainable development, and efforts to eradicate poverty,* Masson-Delmotte *et al.* (eds.), Cambridge University Press, 2018.

IPCC, "Summary for Policymakers," In: *Climate Change 2021: The Physical Science Basis. Contribution of Working Group I to the Sixth Assessment Report of the Intergovernmental Panel on Climate Change,* Masson-Delmotte *et al.* (eds.), Cambridge University Press, 2021, pp.3~32.

제1부

전략 수립과 제도 설계

제2장

온실가스 감축계획의 평가와 향후 추진방향

양 용 현 (한국개발연구원)

우리나라는 2030년 온실가스 배출량을 2018년 대비 40% 감축하는 것을 국가 온실가스 감축목표(Nationally Determined Contribution: NDC)로 제출하였다(외교부, 2021). 그 실천방안으로 '국가 탄소중립・녹색성장 기본계획'을 2022년 3월에 마련하고 동년 6월에 심의・확정할 예정이었으나(환경부, 2022. 1), 2023년 3월에 수립하는 것으로 미루어졌다(2050탄소중립녹색성장위원회, 2022). 따라서 가장 최신의 감축계획은 2021년 10월에 발표된 NDC 상향안(관계부처 합동, 2021)이다.[1] 본 장에서는 NDC 상향안에 담긴 온실가스 감축계획을 다각도에서 평가하고, 향후 추진방향을 제시하고자 한다.

NDC를 40% 감축으로 설정한 것이 불가능한 목표라는 의견과 충분하지 않은 목표라는 의견이 공존하고 있다. 불가능하다는 측은 산업 혹은 경제 전반에 미치는 영향이 크다는 점,[2] 그만큼의 감축목표를 달성할 만한 역량을 갖추지 못했다는 점을 강조한다. 불충분하다는 측은 지구온난화의 속도를 고려할 때 2030년까지 40%보다 더 높은 감축률을 달성할 필요가 있다고 한다. 예컨대 IPCC(2022)는 43%를 제시하고 있다.[3] 양측

1 본 보고서가 발간된 시점에는 후속 계획이 발표되어 있었으나, 연구가 마무리된 2022년 12월까지는 NDC 상향안이 최신의 감축계획이었다.

2 『조선비즈』(2021. 10. 8).

3 『이데일리』(2022. 10. 28).

<표 2-1> 해외 주요국의 온실가스 총배출량 감축률

(단위: 억톤CO_2eq)

국 가	정점배출량 (연도)	2020년 배출량	감축률
영국	8.06 (1991)	4.06	49.6%
독일	12.42 (1990)	7.28	41.3%
러시아	31.62 (1990)	20.51	35.1%
프랑스	5.74 (1991)	3.99	30.4%
이탈리아	5.21 (1991)	3.81	26.8%
폴란드	4.76 (1990)	3.76	21.0%
유럽연합	56.35 (1990)	36.99	34.4%
미국	74.63 (2007)	59.81	19.9%

자료: UN기후변화협약(UNFCCC), 온실가스 배출량 통계(https://di.unfccc.int/time_series).

모두 경제적 영향과 환경적 영향 중 하나만을 고려하고 있는데, 두 영향을 모두 균형 있게 고려할 필요가 있을 것이다.

확실한 것은 우리나라의 2030년 NDC가 다른 나라에 비해 매우 적극적이라는 점이다. 온실가스 감축속도가 빠른 국가들이 1990년부터 지난 30여 년간 20~50%를 감축했다는 점을 감안하면(표 2-1), 12년 만에 40%를 감축한다는 목표는 도전적이다. 관계부처 합동(2021, p.6)도 동 목표가 도전적임을 인정하고 있다. 우리나라가 2030년 NDC를 달성하려면 연평균 감축률이 4.17%가 되어야 하는데, 해외 주요국의 경우 NDC 달성을 위한 연평균 감축률이 EU는 1.98%, 미국과 영국은 2.81%, 일본도 3.56%로 우리나라보다 낮다는 것이다.

물론 적극적인 목표라고 해서 달성이 불가능한 것은 아니다. 그러나 목표의 실현 가능성에 대해 의문이 제기되고 있는 것도 사실이므로, 이를 평가해보고 실현 가능한 추진방향을 모색할 필요가 있다. 연도별・부문별 감축계획은 아직 마련되어 있지 않으므로,[4] 목표를 달성할 수 있는 다양한 경로를 상정하고 각 경로의 실현 가능성과 장단점에 대해 고찰해 보고자 한다. 제1절에서는 감축목표의 적극성을 평가하고, 제2절에서는

4 2023년 4월에 연도별・부문별 감축계획이 발표되었으나, 본 연구가 마무리된 2022년 12월까지는 마련되어 있지 않았다.

몇 가지 감축경로를 상정하고 비교하여 더 나은 경로를 찾아본다. 제3절에서는 부문별 감축계획과 부문 간 정합성 평가를 통해 향후 추진방향을 제언한다.

제1절 감축목표의 적극성 평가

우리나라의 2030년 국가 온실가스 감축목표(NDC)가 도전적인 목표라는 데는 대체로 이견이 없다. 그러나 목표가 도전적이라는 것과 목표가 지나치게 높다는 것은 다르다. 목표가 너무 높게 설정되었다는 주장은 크게 다음의 네 가지로 나눌 수 있다. 첫째, 온실가스 감축속도가 빠른 나라의 감축실적에 비추어볼 때 더 빠른 감축속도는 불가능하다. 둘째, 선형 감축경로와 비교해볼 때, 2030년 이전의 감축속도가 빠르고 그 이후의 감축속도가 느리게 설정되어 있다. 셋째, 온실가스 배출량이 증가 추세에서 감소 추세로 전환되기까지 정체기를 지나는데, 우리나라도 배출량이 정점에 도달한 이후 정체기가 있을 것이다. 넷째, 우리나라의 지리적 조건과 기상 여건상 신재생에너지 의존도를 높이기 어렵고, 제조업 중심의 산업구조로 인해 감축속도를 높이기 어렵다. 네 주장 모두 일리가 있으면서도, 다르게 생각해볼 여지도 있다. 본 절에서는 각각에 대해 검토해보기로 한다.

1. 해외 주요국의 온실가스 감축속도

앞에서 언급한 바와 같이 우리나라는 해외 주요국보다 가파른 속도로 온실가스를 감축해야 하는 부담을 지고 있다. 우리나라의 온실가스 배출량 정점이 2018년이므로, 정점 대비 40%를 감축하는 데 12년밖에 주어지지 않는다. 영국이 1991년에 정점을 기록한 뒤 2016년까지 39.9%를 감축하였고,[5] 독일이 1990년 정점으로부터 2020년까지 41.3%를 감축한 것을 보면(표 2-1), 온실가스 감축속도가 빠른 국가들도 정점 대비 40% 감축에 25~30년이 걸렸음을 알 수 있다. 특히 2020년에는 코로나19로 인하여 2019년 대비 온실가스 배출량이 상당한 폭으로 줄었다는 점을 감안하면, 영국을 제외한 대부분의 국가가 정점 대비 40%를 감축하는 데 30년 이상이 걸렸다고 볼 수 있다. 따라서 우리나라는 주요국보다 두 배 이상의 속도로 감축해야 하는 상황이다.

그러나 2050년에 탄소중립을 달성해야 한다는 것을 전제로 하면, 선택의 폭이 넓지 않다. 2050년에 순배출량을 0으로 만들기 위해 선형 감축을 한다면, 2018년부터 매년 3.125%p씩 감축해야 한다. 이 속도에 부합하려면 2030년 배출량을 2018년 대비 37.5% 감축해야 한다. 이에 비추어보면, 2030년 목표를 40%로 설정한 것은 과도하다고 보기 어렵다. 즉, 탄소중립 목표에 비하면 중간 목표는 과도하지 않고, 배출량 정점부터 탄소중립 시한까지의 기간이 짧기 때문에 감축속도를 높일 수밖에 없는 것이다.

해외 주요국의 감축실적이 아닌 감축목표와 비교해보면, 우리나라의 감축목표는 적정한 수준이다. 앞에서 설명한 것처럼 영국은 배출량 정점으로부터 40%를 감축하는 데 25년, 독일은 30년이 걸렸으므로, 우리나라가 12년 만에 40%를 감축하겠다고 하는 것은 너무 도전적으로 보일 수 있다. 그러나 2018년 배출량 대비 2030년 NDC를 살펴보면, EU는 12년 만에 39.8%를 감축하겠다는 계획이고, 영국은 45.2%, 미국은 44.6~46.9%, 캐나다는 40.0~45.0%, 일본은 38.6%를 감축하고자 한다(표 2-2). 즉, 다른 나라들도 지금까지의 실적과 관계없이 앞으로의 감축목표를 높게 잡고 있으며, 이는 기후변화 대응이라는 국제적 흐름에 동참한 것이다. 우리나라도 이에 동참할 수밖에 없다는 점을 고려해야 한다.

게다가 IPCC(2022, p.21)는 지구 평균기온 상승을 1.5℃ 이내로 억제하기 위해서는 배출량을 2030년까지 2019년 대비 43% 줄여야 한다고 제언하고 있다.[6] 이는 IPCC(2021, p.29)가 앞으로 전 세계가 500GtCO_2eq를 배출

---

5 https://di.unfccc.int/time_series(접속일: 2022. 10. 14).

6 『이데일리』(2022. 10. 28).

<표 2-2> 해외 주요국 NDC의 2018년 대비 감축률

(단위: 억톤CO_2eq)

국가	기준배출량 (연도)	NDC (감축률)	2018년 배출량	2018년 대비 2030년 감축률
EU	56.480 (1990)	25.418 (55%)	42.244	39.8%
영국	7.978 (1990)	2.553 (68%)	4.659	45.2%
미국	73.918 (2005)	35.481 (52%) ~ 36.959 (50%)	66.766	44.6~46.9%
캐나다	7.297 (2005)	4.014 (45%) ~ 4.378 (40%)	7.293	40.0~45.0%
일본	14.078 (2013)	7.602 (46%)	12.383	38.6%

자료: 관계부처 합동(2021), pp.2~4.

할 경우 50%의 확률로 1.5℃ 이내로 억제할 수 있다고 분석한 것과 일맥상통한다. 이와 비교하면 우리나라의 2030년 감축목표는 오히려 부족하다고 할 수 있다. 여러 나라의 기후정책을 평가하는 Climate Action Tracker가 우리나라의 기후정책은 매우 불충분하며, 감축목표도 불충분하다고 평가[7]하고 있는 것은 이러한 상황을 반영한다.

2. 2030년 전후의 감축속도 차이

2030년 감축목표를 선형 감축경로보다 조금 높게 설정한 것은 적극적인 의지를 반영한 것으로 해석할 수 있다. 그러한 측면에서 초반 감축속도가 빠르게 설정되었다는 주장도 제기될 수 있다. 그러나 해외 주요국들도 2030년 NDC를 선형 감축경로보다 더 많이 감축하는 것으로 발표하였다.[8] [그림 2-1]에서 보는 바와 같이, EU는 2018년부터 2050년까지 선형으로 감축할 경우 2030년에 1990년 배출량 대비 53.3%를 감축해야 하지만 NDC는 55%로 설정하였다. 영국도 선형 감축 시 2030년에는 1990년 대비 63.5%를 감축해야 하나, 2030년 목표는 68%로 발표하였다.

7 https://climateactiontracker.org/countries/south-korea(접속일: 2022. 10. 25).

8 물론 국가마다 단기 감축여력에 차이가 있으므로 이것만으로 감축목표의 적정성을 최종 판단해서는 안 된다. 감축여력의 차이는 이후 제3항과 제4항에서 다루기로 한다.

[그림 2-1] 해외 주요국 NDC의 적극성

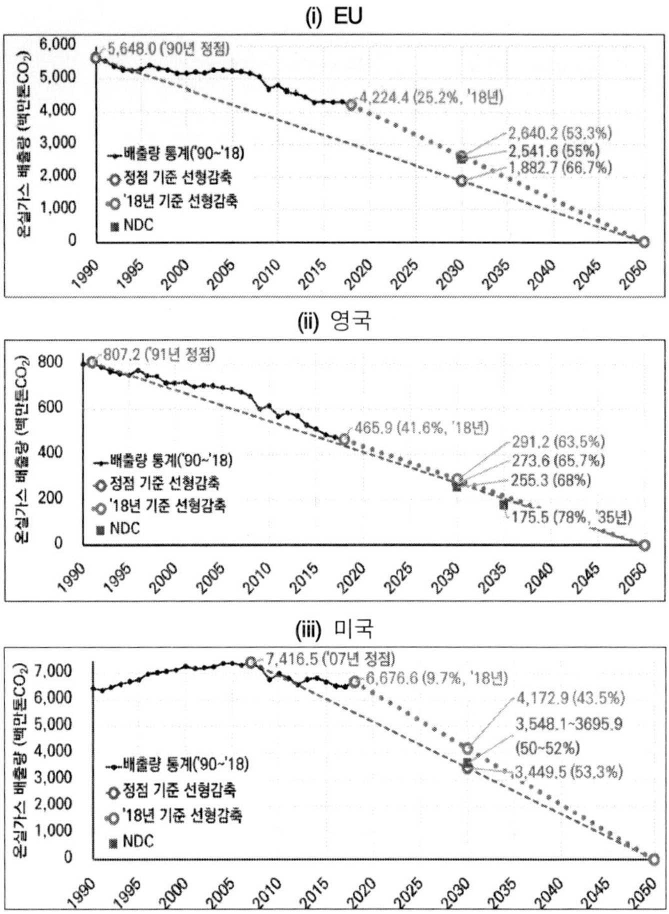

자료: 관계부처 합동(2021), p.3.

미국도 선형 감축경로는 2030년에 2005년 대비 43.5% 감축하는 것이지만, NDC는 50~52%로 발표하였다. 그림에는 없으나 캐나다도 선형 추세 37.5%보다 높은 40~45%를, 일본도 선형 추세 45.0%보다 높은 46%를 감축목표로 삼고 있다(관계부처 합동, 2021).

국내 온실가스 흡수·제거량과 국외 감축분을 제외하면, 2030년 이전의 감축속도가 2030년 이후보다 빠르다고 할 수도 없다. NDC를 설정할 때 기준치는 2018년의 총배출량으로 하고, 목표치는 2030년의 순배출량

[그림 2-2] 온실가스 배출량 및 2030년 NDC 전후의 국내 배출량 감축속도

(단위: 만톤CO_2eq)

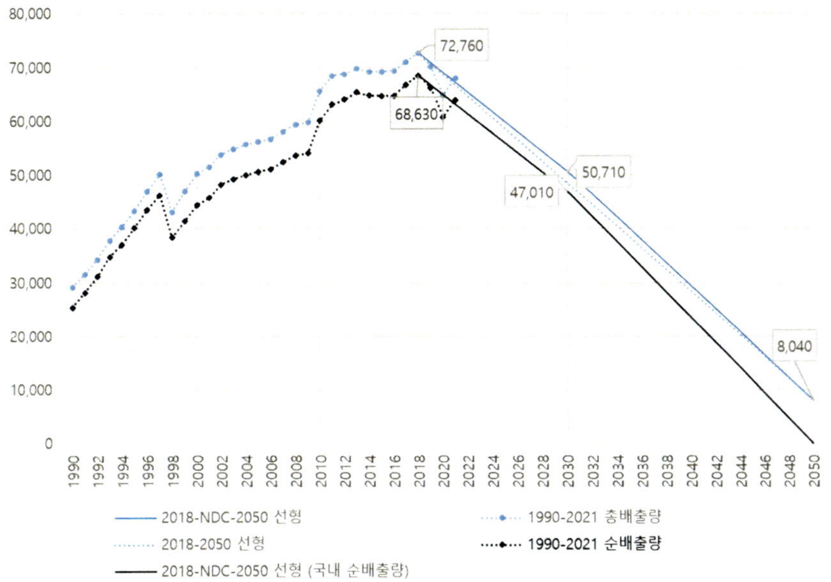

자료: 국가 온실가스 인벤토리, 환경부(2021. 6), 환경부(2021. 12), 환경부(2022. 6).

으로 한 바 있다.[9] 따라서 2030년의 국내 흡수·제거량과 국외 감축분은 국내의 감축 부담에서 제외된다. 2018년의 순배출량(6억 8,630만톤CO_2eq)을 기준으로 삼으면, 2030년 목표(4억 3,660만톤CO_2eq)는 36.4% 감축에 해당하며, 국외 감축분(3,350만톤CO_2eq)을 제외하면 31.5% 감축하는 것에 해당한다. NDC를 총배출량으로 환산해보면, 2030년 총배출량 목표는 순배출량 목표에 국내 흡수·제거량(3,700만톤CO_2eq)과 국외 감축분을 더한 5억 710만톤CO_2eq이다(관계부처 합동, 2021, p.11). 이는 2018년의 총배출량(7억 2,760만톤CO_2eq)에서 30.3%를 감축하는 목표이다.

이를 감안하여 2030년 NDC 전후의 감축속도를 그려보면 [그림 2-2]와 같다. NDC까지 선형으로 감축한다고 할 때, 총배출량을 매년 1,838만톤 CO_2eq 감축해야 한다. NDC 이후에도 선형으로 감축한다면, 총배출량을

9 이는 UNFCCC에서 허용하고 있는 방식이다. 관계부처 합동(2021, p.6) 참고.

매년 2,134만톤CO_2eq 감축해야 한다.[10] 따라서 NDC 이전의 감축속도가 NDC 이후의 감축속도보다 느리게 계획되어 있음을 알 수 있다. 순배출량을 기준으로 하더라도 그러하다. 국내 순배출량을 기준으로 NDC 이전에는 매년 1,802만톤CO_2eq를 줄여야 하고, NDC 이후에는 매년 2,351만톤CO_2eq를 줄여야 한다.[11] 따라서 총배출량을 기준으로 하든지, 순배출량을 기준으로 하든지 2030년 이전의 감축속도가 2030년 이후보다 빠르다고 볼 수 없다.

3. 배출량 정점 후 정체기

우리나라의 감축목표가 해외 주요국의 향후 감축목표와 유사한 수준이고, 2030년 이전의 감축속도가 2030년 이후보다 빠르지 않음은 확인했지만, 우리나라의 경우 감축 초기 단계임을 감안해야 한다는 목소리가 있다. 우리나라가 이제 막 배출량 정점에 도달했기 때문에 아직 빠른 속도로 감축할 만한 역량이 없다는 것이다. 이는 어느 정도 설득력이 있다. 경제구조가 화석연료 기반에서 저탄소 기반으로 바뀌는 데는 시간이 필요하기 때문이다. 무탄소 발전설비를 건설하는 데도 수년이 걸리고, 산업·건물·수송 부문에서 저탄소 설비를 도입하는 데도 상당한 시간이 걸린다.

해외 주요국도 온실가스 배출량이 정점에 도달한 뒤 다소 등락을 거듭하는 정체기를 지나서야 감소하기 시작했다는 사실에서 그 개연성을 엿볼 수 있다. [그림 2-1]을 보면 실제로 EU, 영국, 미국에서 그러한 경향이 관찰된다. EU는 1990년 정점에 도달한 뒤 3년간 감축을 이루었으나 이후 15년간 배출량이 횡보하였고, 영국도 1991년 정점에 도달한 뒤 3년간 감축에 성공하였으나 이후 짧게는 4년간, 길게는 14년간 배출량 감소량이

---

10 이는 2050년 흡수·제거량 목표를 탄소중립 시나리오 A안(환경부, 2021. 10, p.6)의 8,040만톤CO_2eq로 설정하고 계산한 값이다. 시나리오 B안의 1억 1,730만톤CO_2eq로 설정할 경우 NDC 이후의 연평균 감축량은 1,949만톤CO_2eq이다.

11 국외 감축분을 더한 순배출량을 기준으로 하면, NDC 이전에는 매년 2,081만톤CO_2eq를 감축해야 하고, NDC 이후에는 매년 2,183만톤CO_2eq를 줄여야 한다.

적었다. 미국은 2000년에 정점에 도달한 것처럼 보였으나 7년간 감축을 이루지 못하다가 2008년부터 감축 추세가 본격화되었다. [그림 2-2]를 보면, 우리나라도 2018년에 배출량 정점에 도달한 뒤 2년 연속 배출량이 감소하기는 했지만, 2021년에 반등하는 등 아직 본격적인 감축 추세에 진입했다고 보기는 어렵다.

다만, 이것을 사유로 덜 도전적인 NDC를 제출하기에는 상황이 그다지 우호적이지 않았던 것으로 판단된다. 일단 그러한 사례를 찾아볼 수 있지만 일반화하기는 어렵다. 예컨대 프랑스의 경우 1980년대에 상당한 속도로 감축하고 이후 1990년대와 2000년대에 감축량이 저조하였다. 또한 우리나라도 2009년에 최초의 감축목표를 제시하는 등(양용현, 2022) 온실가스 감축을 위해 노력해온 지 상당한 시간이 흘렀다. 2010년대 초반에는 녹색성장을 기치로 내걸었고, 글로벌 기후기금(Global Climate Fund) 본부를 유치하기도 하였다. 이러한 상황에서 아직 역량이 충분하지 않다고 주장하면 당시의 노력이 부족했음을 자인하는 셈이다. 한편으로는 이러한 노력을 토대로 2014년에는 최초로 온실가스 배출량이 줄어들기도 하였고(그림 2-2), 이후 4년간 배출량이 다시 늘었던 것을 정체기로 볼 여지도 있다.

4. 신재생에너지 활성화 여건과 제조업 중심 산업구조

마지막으로 우리나라가 타국보다 온실가스를 감축하기 어려운 특성이 있다는 주장이 제기되는데, 이는 매우 설득력이 있다. 우리나라의 자연환경과 경제구조가 온실가스 감축에 친화적이지 않다는 것이다.

먼저 자연환경을 살펴보면, 수력발전의 비중을 높이기에 적합한 지형이 아니고, 산지가 많아서 태양광·풍력 발전 등 신재생에너지를 활용하는 데도 제약이 있다. 만약 태양광·풍력 발전의 비중을 높일 수 있다고 하더라도, 인접 국가와 육로로 연결할 수 없다는 점이 그 비중을 높이기 어렵게 만든다. 신재생에너지 비중이 높아지면 기상 여건에 따라 발전량 변동성이 큰데, 우리나라와 같은 에너지 섬에서는 변동성을 완화할 방법이 제한적이기 때문이다. 우리나라는 계절에 따라 일조량과 풍속의 차이가 커서 신재생에너지의 발전량 변동성이 클 것이므로, 에너지 섬이라는 점이 실질적인 제약이 된다.

경제구조 측면에서는 우리나라 산업구조가 제조업 중심이라는 점에서 산업 부문의 감축속도를 단기간에 높이기 어렵다. 산업 부문의 직접배출 비중은 2018년 기준 35.8%이다(관계부처 합동, 2021, p.11). 그중 제조업이 차지하는 비중이 크고, 특히 난감축 산업으로 분류되는 철강, 석유화학, 시멘트 산업의 직접배출량이 2018년 기준 1억 8,220만톤CO_2eq로 산업 부문의 69.9%, 전체 배출량의 25.0%를 차지한다. 그러나 철강, 석유화학, 시멘트 산업에서는 2030년까지 획기적인 감축수단이 없는 것으로 알려져 있다. 예컨대 이재윤・양진혁(2022)은 2030년까지 철강산업에서 혁신 기술을 상용화하기 어려우며, 에너지 효율 개선은 한계가 있다고 하였다. NDC 상향안에서도 철강산업의 2030년 감축목표는 2.3%로 설정하였다(관계부처 합동, 2021, p.17). 조용원 외(2021)에 따르면, 석유화학산업에서도 2030년 이전 상용화되는 기술이 부족하다. 대표적인 석유화학 기업이 2035년부터 배출량을 줄이기 시작하겠다고 선언하기도 하였다.[12]

종합해보면, 산업 부문에서의 감축이 어려운 만큼 타 부문에서 더 많은 감축을 달성해야 하는데, 전환 부문에서 신재생에너지 의존도를 높이기가 어렵다. 이것이 2030년 감축목표를 부담스럽게 만드는 실질적인 요인이다. 다른 나라들도 난감축 산업에서의 감축은 이제부터 본격화될 것이므로 우리나라가 다른 나라에 비해 아주 크게 불리한 환경은 아니지만, 우리나라의 경우 난감축 산업의 비중이 크기 때문에 더 어려움이 있다.

5. 소 결

본 절에서의 논의사항을 정리하면 다음과 같다. 우리나라가 해외 주요국의 감축경험보다 빠르게 감축해야 하는 것은 사실이지만, 이는 배출량

---

12 『연합뉴스』(2022. 2. 23).

정점부터 탄소중립 시한까지의 기간이 짧기 때문이다. 또한 감축경험이 아닌 해외 주요국의 향후 감축목표와 비교하면, 우리나라의 감축목표는 적정 수준으로 볼 수 있다. NDC 이전의 감축속도가 너무 빠르다는 지적이 있으나, NDC 이후의 감축속도와 비교하면 빠르다고 볼 수 없다. 이는 NDC의 기준치는 총배출량으로, 목표치는 순배출량으로 설정했기 때문이다. 제2절에서 보겠지만, 현재 계획대로라면 오히려 2050년에 가까워졌을 때 부담이 클 가능성이 있다. 한편, 배출량 정점을 지난 직후에 빠른 감축속도를 달성하기 어렵다는 주장은 어느 정도 설득력이 있다. 다만, 일부 사례를 전체로 일반화하기 어렵고, 우리나라도 2011년부터 2018년까지를 정체기로 볼 여지는 있다.

가장 우려스러운 점은 우리나라가 전환 부문과 산업 부문에서 온실가스 감축을 목표한 만큼 달성할 수 있는지이다. 우리나라의 지형, 기상 여건, 에너지 섬이라는 상황 등은 재생에너지 의존도를 충분히 높이기 어렵게 한다. 산업 부문에서는 제조업 비중, 특히 난감축 산업의 비중이 높아 2030년까지는 감축효과가 작은 수단에 의존할 수밖에 없다. 전환 부문과 산업 부문의 배출량 합계가 전체의 72.9%를 차지하므로, 두 부문의 감축효과가 낮다면 NDC 달성은 매우 어렵다.

의지해볼 수 있는 방안은 후발주자의 이점을 충분히 살리는 것이다. 즉, 기존에 우리나라와 유사한 상황에서 감축에 성공한 사례를 참고하는 것이다. 예컨대 ‘에너지 섬’이라는 점에 대해서는 영국 사례를 일부 참고할 만하다. 영국은 섬나라이고 일조량이 적은데도 신재생에너지 비중을 높였고, 세계에서 가장 빠른 속도로 감축하였다. 다만, 영국은 풍력발전에 유리하고, 프랑스와 가까워 전기 수입이 우리나라보다 수월하다는 점에서, 영국 사례를 그대로 가져오기는 어렵다. 제조업 비중이 높은 독일이 빠른 감축을 달성한 데서 배울 수도 있을 것이다. 다만, 최봉석(2022)에 따르면 독일이 1990년대에 산업 부문 감축률이 높았던 것은 동독 지역의 효율성 제고에 기인한 것이고, 최근에는 산업 부문의 감축이 정체되어 있다. 또한 난감축 산업에 있어서는 우리나라와 같은 출발선에 있다.

다른 방안으로는 원자력발전의 비중을 높이는 것을 고려할 수 있다.

원자력발전도 무탄소 발전이므로, 온실가스 감축을 달성하는 데 크게 도움이 될 것이다. 재생에너지와 달리 변동성이 낮다는 것도 장점이며, 특히 우리나라와 같은 에너지 섬에서는 더욱 그러하다. 이러한 점에서 현 정부의 에너지정책(산업통상자원부, 2022. 7)과 2022년 10월에 발표된 '탄소중립·녹색성장 추진전략'(2050탄소중립녹색성장위원회, 2022)에서 원자력발전을 적극 활용하기로 한 것은 바람직한 방향이다. 다만, 원자력발전의 비중을 높이면서 재생에너지 비중을 낮추는 것은 온실가스 감축에 도움이 되지 않는다. 원자력발전소를 건설하는 데 7~8년의 긴 시간이 필요하다는 점은 2030년 감축목표를 달성하는 데 활용하기 어려운 요인으로 작용한다. 무엇보다 가장 큰 걸림돌은, 양용현 외(2022)에서 볼 수 있듯이, 원자력발전의 안전성에 대한 국민들의 신뢰도가 낮다는 것이다. 원자력발전을 활용하기 위해서는 안전성에 대한 신뢰도를 높여야 한다.

제2절과 제3절에서는 향후의 감축경로와 부문별 감축계획을 어떻게 설정해야 하는지 논의할 것인데, 위에서 도출한 시사점을 반영할 필요가 있다. 먼저 배출량이 정점을 지나고 정체기에 있을 가능성을 감안하여 2025년까지의 감축량은 낮게 설정하는 것이 좋다. 나아가 감축량이 급격히 높아지지 않도록 계획할 필요도 있다. 부문별로는 산업 부문에서 초반 감축이 더디고 감축기술이 개발되는 시점부터의 감축량이 높아질 것임을 전제로 계획할 필요가 있다. 신재생에너지와 원자력발전소 등 무탄소 발전설비의 적절한 조합 및 공사기간도 고려해야 할 것이다.

제2절 선택 가능한 감축경로와 평가

2030년 국가감축목표(NDC)를 달성하는 경로는 다양하다. 각 경로가 가진 특성들을 평가하여 최선의 감축경로를 선택해야 한다. 평가의 기준으로 크게 지구온난화와 경제에 미치는 효과를 생각해볼 수 있다. 예컨대 초반에 감축을 많이 하면 2050년까지의 온실가스 배출량은 더 적은 반면, 경제 충격은 더 클 것이다. 반대로 초반 감축량이 적고 후반 감축량이 많게 설정하면, 당장의 경제 충격은 작겠지만 2050년까지의 온실가스 배출량 합계는 더 커지므로 전반적인 경제 충격이 커질지, 작아질지 예측하기 어렵다. 지구온난화와 경제에 미치는 효과를 모두 균형 있게 고려해 경로 계획을 세워야 할 것이다.

먼저 지구온난화에 미치는 효과를 반영하는 데에도 여러 관점이 존재한다. 온실가스를 많이 감축할수록 지구온난화를 늦출 수 있다는 것은 두말할 나위 없겠지만, 국가 간 감축부담을 어떻게 나눌 것인가에 대해 관점이 다를 수 있다. 예컨대 배출량이 인구에 비례할 수밖에 없다는 데 대해서는 크게 이견이 없다. 그러나 소득수준에 비례하거나 현재 배출량에 비례하는 방식은 후발 국가에 불리하기 때문에 반대가 많다. 그렇다고 해서 역대 누적배출량을 인구로 나눈 인당 누적배출량을 기준으로 하면, 온실가스 감축속도가 크게 느려질 수밖에 없다. 감축하기 수월한 국가들, 즉 기술력이 있거나 자연환경 여건이 좋은 국가들이 더 많이 감축해야 한다는 의견도 있고, 이에 반대하는 의견도 있다. 이와 같이 현재 감축부담 기준에 대해 국제적으로 합의된 방식은 없는 상황이므로, 적절한 감축부담을 반영하고 있는지 여부는 경로 평가의 기준으로 삼기 어렵다. 다만, 각 경로에서 2050년까지의 누적배출량이 얼마인지를 계산하고, 경로 간에 비교하는 것은 의미가 있다.

경제적 효과 측면에서도 다양한 관점이 있다. 예컨대 2050년의 GDP나 장기간의 GDP 합계를 기준으로 삼을 수 있다. 다만, 이는 정교한 모형을 필요로 할 것이다. 개별 경제주체의 충격을 줄이고 각자가 변화에 적응할 수 있도록 하기 위해서는, 제1절에서 논의한 것처럼, 감축량이 급격히 변화하기보다는 점진적으로 증가 또는 감소하도록 계획할 필요가 있다. 점진적 변화는 경제 전체에 미치는 충격도 줄일 수 있을 것으로 기대된다. 특정 시기에는 기술력에 의해 예상보다 큰 감축을 달성할 수 있겠지만, 이는 상향식 접근에서 고려할 요소일 것이다. 따라서 하향식으로 경로를 평가할 때에는 감축량 변화의 점진성을 살펴보기로 한다.

최선의 감축경로를 알아내기 위해, 몇 가지 단순한 감축경로를 상정하고 평가하는 것에서 시작하기로 한다. 첫 번째는 가장 자주 언급되는 선형 감축경로이다. 이는 2030년 NDC를 달성할 때까지 매년 감축량이 같고, 2030년부터 탄소중립 시까지도 매년 감축량이 같은 경로이다. 두 번째는 2050년까지 감축률이 일정한 경로이다. 뒤에서 살펴보겠지만, 이 경로에서는 NDC 목표를 초과 달성하게 된다. 세 번째는 2030년 NDC까지의 감축률이 일정하고, 2030년부터 탄소중립 시까지의 감축률이 일정한 경로이다. 다음으로는 이들을 조합하여 최선의 감축경로를 찾아보기로 한다.

1. 선형 감축 시의 영향

먼저 2018년부터 2030년 NDC까지 선형 감축한 후, 2050년까지 선형 감축하는 경로를 평가하기로 한다. 2019년까지의 배출량은 확정되었고 이후 2021년까지의 총배출량은 잠정 집계되었으므로, 2022년부터의 배출량만 선형 경로를 따르는 것으로 가정한다. 2020년과 2021년의 흡수량은 2019년 이전의 흡수량 추세를 감안하여 각각 4,100만톤CO_2eq, 4,000만톤CO_2eq로 가정한다. 이와 같은 가정하에서 2020년부터 2049년까지의 순배출량은 다음 <표 2-3>과 같다.

선형 감축 시 2020년부터 2049년까지의 온실가스 배출량 합계는 100.7억톤CO_2eq에 달한다. 이는 산업화 이전 대비 2050년 지구 평균기온 상승폭을 1.5℃ 이내로 억제하자는 최근의 국제사회 흐름과 부합하지 않는다. 우리나라 온실가스 배출량이 2018년 기준 전 세계 배출량 49GtCO_2eq의 1.5%라는 점을 감안할 때, 전 세계가 우리나라와 같은 감축속도를 유지한다고 가정하면 2020년부터 2049년까지 전 세계 온실가스 배출량 합계는 671.3GtCO2eq이다. IPCC(2021, p.29)에 따르면 50% 확률로 1.5℃ 목표를 달성하는 탄소예산(carbon budget) 잔여량이 500GtCO_2eq이므로, 이와 같은 감축속도로는 1.5℃ 목표를 달성하기 어렵다.[13] Climate Action

13 심지어 일부 국가는 누적배출량을 근거로 더 많은 탄소예산을 할당받아 더 늦게 탄소중립을 달성하겠다고 주장할 수 있으므로 이러한 감축속도는 1.5℃ 목표 달성에 부합하지 않는다. 예컨대 중국은 2060년 탄소중립 달성을 선언한 바 있다.

<표 2-3> 선형 감축 시 순배출량 추이와 감축률

(단위: 만톤CO_2eq)

연도	순배출량	감축률	연도	순배출량	감축률
2020	60,760		2035	32,745	6.25%
2021	63,960	-5.27%	2036	30,562	6.67%
2022	60,217	5.85%	2037	28,379	7.14%
2023	58,148	3.44%	2038	26,196	7.69%
2024	56,078	3.56%	2039	24,013	8.33%
2025	54,008	3.69%	2040	21,830	9.09%
2026	51,939	3.83%	2041	19,647	10.00%
2027	49,869	3.98%	2042	17,464	11.11%
2028	47,799	4.15%	2043	15,281	12.50%
2029	45,730	4.33%	2044	13,098	14.29%
2030	43,660	4.91%	2045	10,915	16.67%
2031	41,477	5.00%	2046	8,732	20.00%
2032	39,294	5.26%	2047	6,549	25.00%
2033	37,111	5.56%	2048	4,366	33.33%
2034	34,928	5.88%	2049	2,183	50.00%

주: 음영은 잠정 집계치(환경부, 2021. 6; 환경부, 2022. 6)이며, 감축률은 전년도 순배출량 대비 감축률임.

Tracker의 평가에서도 전 세계가 우리나라와 같은 속도로 감축한다고 가정하면, 지구 평균기온은 2~3℃ 상승할 것이라고 예측하였다.[14]

선형 감축을 따를 경우 감축률이 후반으로 갈수록 높아지는 것도 문제이다. 감축률이 2023년부터 2030년까지는 4% 내외에서 서서히 증가하나, 이후 점점 감축률이 가파르게 증가하여 2040년대 후반에는 급격한 감축을 달성하는 것으로 계획되어 있다. 총배출량을 기준으로 하더라도 그러하다(표 2-4). 2023년부터 2030년까지는 3% 내외의 감축률이 요구되지만, 이후 점점 증가하여 2040년대 후반에는 10%대가 되고 가파르게 증가한다. 현재 수준에서 2천만톤CO_2eq를 감축하는 것과 총배출량이 1억톤CO_2eq일 때 2천만톤CO_2eq를 감축하는 것을 비교하면 후자가 더 어려울

14 https://climateactiontracker.org/countries/south-korea, “If all countries were to follow South Korea’s approach, warming would reach over 2°C and up to 3°C.”(접속일: 2022. 10. 25)

<표 2-4> 선형 감축 시 총배출량 추이와 감축률

(단위: 만톤CO_2eq)

연도	총배출량	감축률	연도	총배출량	감축률
2019	70,137	3.53%	2035	40,030	5.06%
2020	64,860	8.52%	2036	37,895	5.33%
2021	67,960	-4.78%	2037	35,761	5.63%
2022	64,787	4.67%	2038	33,626	5.97%
2023	62,972	2.80%	2039	31,492	6.35%
2024	61,171	2.86%	2040	29,359	6.78%
2025	59,385	2.92%	2041	27,225	7.27%
2026	57,614	2.98%	2042	25,092	7.83%
2027	55,861	3.04%	2043	22,960	8.50%
2028	54,125	3.11%	2044	20,827	9.29%
2029	52,408	3.17%	2045	18,695	10.24%
2030	50,710	3.24%	2046	16,563	11.40%
2031	48,573	4.21%	2047	14,432	12.87%
2032	46,437	4.40%	2048	12,301	14.77%
2033	44,301	4.60%	2049	10,170	17.32%
2034	42,166	4.82%	2050	8,040	20.95%

주: 음영은 확정치(환경부, 2021. 12) 혹은 잠정 집계치(환경부, 2021. 6; 환경부, 2022. 6)이며, 감축률은 전년도 총배출량 대비 감축률임.

수 있다.[15] 난이도가 높을 때의 감축량을 줄이고 난이도가 낮을 때의 감축량을 높임으로써 장기적 관점에서의 부담을 줄일 필요가 있다.

2. 동률 감축 시의 영향

후반으로 갈수록 감축률이 점점 높아지는 것을 피하는 방안으로 감축률이 일정하도록 경로(표 2-5)를 설정해보고, 이를 평가하기로 한다. 동률

15 감축기술의 개발 및 상용화 시기 등 미시적인 여건을 고려하면 현재보다 미래의 감축비용이 낮을 수도 있다. 제3절에서 소개하는 것처럼 산업 부문의 중요한 감축기술은 늦으면 2040년 이후에 상용화될 가능성이 있기 때문이다. 그러나 전환이론(Rotmans *et al.*, 2001)에 따르면 가속 단계를 지나 안정화 단계에 접어들면 전환속도가 느려지므로, 감축의 마지막 단계에서는 감축량을 높이기 어려울 것으로 보인다. 이전과 비교해 더 고도의 감축기술이 필요하기 때문이다. 전환이론에 대해서는 제5항을 참조하라.

<표 2-5> 동률 감축 시 총배출량 추이와 감축량

(단위: 만톤CO_2eq)

연도	총배출량	감축량	연도	총배출량	감축량
2019	70,137	2,568	2035	24,251	1,852
2020	64,860	5,277	2036	22,531	1,721
2021	67,960	-3,100	2037	20,932	1,599
2022	63,138	4,822	2038	19,446	1,485
2023	58,657	4,480	2039	18,067	1,380
2024	54,495	4,162	2040	16,785	1,282
2025	50,628	3,867	2041	15,594	1,191
2026	47,036	3,593	2042	14,487	1,107
2027	43,698	3,338	2043	13,459	1,028
2028	40,597	3,101	2044	12,504	955
2029	37,716	2,881	2045	11,617	887
2030	35,040	2,676	2046	10,792	824
2031	32,554	2,486	2047	10,027	766
2032	30,244	2,310	2048	9,315	711
2033	28,098	2,146	2049	8,654	661
2034	26,104	1,994	2050	8,040	614

주: 음영은 확정치(환경부, 2021. 12) 혹은 잠정 집계치(환경부, 2021. 6; 환경부, 2022. 6)이며, 감축률은 전년도 총배출량 대비 감축률임.

감축은 총배출량을 기준으로 한다. 이미 배출량이 잠정 집계된 2021년의 총배출량 6억 7,960만톤CO_2eq부터 2050년 목표 총배출량인 8,040만톤CO_2eq까지 일정한 감축률을 유지하려면 매년 7.1%의 감축률을 달성해야 한다. 이와 같이 하면 2030년 총배출량은 3억 5,040만톤CO_2eq로 2030년 NDC 목표인 5억 710만톤CO_2eq를 크게 하회한다. 이에 따라 초반에는 감축량이 크고, 뒤로 갈수록 감축량이 점점 줄어든다. 예컨대 2022년에는 전년도 대비 4,822만톤CO_2eq를 감축해야 하며, 점점 감소하여 2044년부터는 감축량이 1천만톤CO_2eq 이하가 되고, 2050년에는 614만톤CO_2eq를 감축하면 된다.

이때 2020년부터 2050년까지의 총배출량 합계는 91.7억톤CO_2eq이고, 순배출량 합계는 흡수량에 대한 가정에 따라 다르지만 70.6억톤CO_2eq 내외일 것으로 추정된다.[16] 이는 IPCC(2021)가 제시한 탄소예산과 부합하는 배출량이다. 즉, 전 세계가 우리나라와 동일한 속도로 감축한다고 가정하면, 2050년까지 전 세계 순배출량 합계는 470.8GtCO_2eq로 1.5℃ 목표 탄소예산 500GtCO_2eq를 하회한다.

반면에 이와 같은 감축경로는 초반에 크게 감축해야 하는 부담을 지운다. 2024년까지는 매년 4,000만톤CO_2eq 이상을, 2028년까지는 3,000만톤CO_2eq 이상을 감축해야 한다. 우리나라가 2019년에야 처음으로 온실가스 배출량이 줄어들기 시작했다는 점을 감안하면, 이는 상당히 도전적인 목표이다. 2019년에 전년도 대비 2,568만톤CO_2eq를 감축했는데, 통상적인 환경에서는 이 정도 감축량이 최대치일 것으로 보인다. 2020년에는 감축량이 5,277만톤CO_2eq였으나, 이는 코로나19의 영향으로 발전, 산업, 수송 부문의 에너지 수요가 적었던 데 기인한다. 2021년에 배출량이 다시 증가했으므로, 2019년부터 2021년 사이 2,200만톤CO_2eq를 감축한 것이라고

[그림 2-3] 선형 감축과 동률 감축 비교

(단위: 만톤CO_2eq)

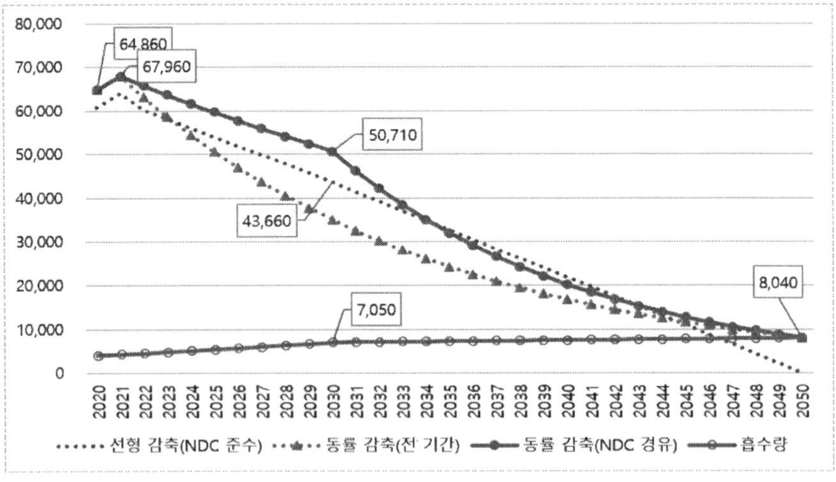

16 흡수량은 2030년 목표치 7,050만톤CO_2eq(국외 감축분 포함)와 2050년 목표치 8,040만톤CO_2eq만 주어져 있으나, 2020년 흡수량이 2019년 대비 소폭 증가한 4,100만톤CO_2eq라고 가정하고, 이때부터 2030년까지 동률로 증가한 후 또 2050년까지 동률로 증가한다고 가정하면, 2020년부터 2050년까지의 흡수량 합계는 약 21.1억톤CO_2eq일 것으로 추정된다.

평가할 수 있다. 2020년의 저수요로 2021년에 수요가 폭증했을 가능성을 고려하더라도 감축 가능한 배출량은 연간 2,000만톤CO_2eq 수준에서 크게 벗어나지 않을 것으로 판단된다. 따라서 초반에 4,000만톤CO_2eq 이상을 감축하는 경로는 실현 가능성이 매우 낮다.

3. NDC 경유 동률 감축 시의 영향

다음으로 NDC 목표를 정확히 경유하면서 2030년 이전까지 일정한 감축률을 유지하고 2030년부터 2050년까지 일정한 감축률을 유지하는 경로(표 2-6)를 설정해보고, 이를 평가하기로 한다. 역시 총배출량을 기준으로 한다. 2021년의 총배출량 6억 7,960만톤CO_2eq부터 2030년 NDC 목표 총배출량인 5억 710만톤CO_2eq까지 일정한 감축률을 유지하려면 매년

<표 2-6> NDC 경유 동률 감축 시 총배출량 추이와 감축량

(단위: 만톤CO_2eq)

연도	총배출량	감축량	연도	총배출량	감축량
2019	70,137	2,568	2035	31,999	3,087
2020	64,860	5,277	2036	29,184	2,815
2021	67,960	-3,100	2037	26,616	2,567
2022	65,785	2,175	2038	24,275	2,342
2023	63,679	2,106	2039	22,139	2,136
2024	61,641	2,038	2040	20,192	1,948
2025	59,668	1,973	2041	18,415	1,776
2026	57,758	1,910	2042	16,795	1,620
2027	55,909	1,849	2043	15,318	1,478
2028	54,119	1,790	2044	13,970	1,348
2029	52,387	1,732	2045	12,741	1,229
2030	50,710	1,677	2046	11,620	1,121
2031	46,249	4,461	2047	10,598	1,022
2032	42,180	4,069	2048	9,666	932
2033	38,470	3,711	2049	8,816	850
2034	35,085	3,384	2050	8,040	776

주: 음영은 확정치(환경부, 2021. 12) 혹은 잠정 집계치(환경부, 2021. 6; 환경부, 2022. 6)이며, 감축률은 전년도 총배출량 대비 감축률임.

3.2%의 감축률을 달성해야 하며, 이후 2050년 목표인 8,040만톤CO_2eq를 달성하기까지는 매년 8.8%의 감축률을 달성해야 한다.

이때 2020년부터 2050년까지의 총배출량 합계는 109.7억톤CO_2eq이고, 흡수량 추이에 대해 앞에서와 같은 방식으로 가정하면 순배출량 합계는 88.6억톤CO_2eq이다. 이는 선형 감축 시보다 낮지만, IPCC(2021)가 제시한 1.5℃ 목표에 부합하지 않는다. 즉, 전 세계가 우리나라와 같은 속도로 감축한다고 할 때, 2050년까지 전 세계 순배출량 합계는 590.4GtCO_2eq로 1.5℃ 목표 탄소예산 500GtCO_2eq를 초과한다.

이 경로에서는 2030년까지의 감축량이 연간 2,000만톤CO_2eq 내외에서 안정적이나, 2031년부터 2037년까지는 2,500~4,500만톤CO_2eq의 감축량을 달성해야 한다는 점이 부담이 된다. 특히 2030년까지 1,677만톤CO_2eq이던 감축량 목표가 2031년에 갑자기 4,461만톤CO_2eq로 크게 증가하면서 가장 큰 충격을 받을 가능성이 있다. 정리하면, 이 경로는 온실가스 감축량도 충분하지 않은 데다 2031년부터 수년간 큰 충격을 받을 수 있다는 점에서, 절충안으로서 바람직하지 않다.

4. 감축량과 감축률 상한을 설정한 혼합 경로

선형 감축은 후반 감축률이 너무 높다는 점에서, 동률 감축은 초반 혹은 중반 감축량이 너무 크다는 점에서 경제에 부담이 될 수 있다. 이러한 부담을 피할 수 있는 방안으로 감축량과 감축률에 어느 정도 상한을 두는 방안을 고려해볼 수 있다.

먼저 선형 감축경로를 바탕으로, 총배출량 감축률에 10% 상한을 두어 경로를 수정하는 방안(표 2-7)을 고려해 보자. 2050년 목표 총배출량인 8,040만톤CO_2eq로부터 감축률 10%가 되도록 역산하다 보면 2039년 목표 배출량은 2억 5,621만톤CO_2eq로 설정된다. 감축률을 10%로 고정하면 2039년부터 그 앞의 해에는 연간 감축량이 2,800만톤CO_2eq를 초과하므로, 경제에 부담이 될 수 있다. 이를 피하기 위해 2030년 목표 총배출량인 5억 710만톤CO_2eq부터 2039년까지는 연간 2,788만톤CO_2eq씩 선형 감축

<표 2-7> 선형 감축을 바탕으로 감축률 상한을 적용한 경로

(단위: 만톤CO_2eq)

연도	총배출량	감축률	감축량	연도	총배출량	감축률	감축량
2019	70,137	3.53%	2,568	2035	36,771	7.05%	2,788
2020	64,860	8.52%	5,277	2036	33,984	7.58%	〃
2021	67,960	-4.78%	-3,100	2037	31,196	8.20%	〃
2022	64,787	4.67%	3,173	2038	28,408	8.94%	〃
2023	62,972	2.80%	1,815	2039	25,621	9.81%	〃
2024	61,171	2.86%	1,801	2040	23,058	10.00%	2,562
2025	59,385	2.92%	1,786	2041	20,753	〃	2,306
2026	57,614	2.98%	1,770	2042	18,677	〃	2,075
2027	55,861	3.04%	1,754	2043	16,810	〃	1,868
2028	54,125	3.11%	1,736	2044	15,129	〃	1,681
2029	52,408	3.17%	1,717	2045	13,616	〃	1,513
2030	50,710	3.24%	1,698	2046	12,254	〃	1,362
2031	47,922	5.50%	2,788	2047	11,029	〃	1,225
2032	45,135	5.82%	〃	2048	9,926	〃	1,103
2033	42,347	6.18%	〃	2049	8,933	〃	993
2034	39,559	6.58%	〃	2050	8,040	〃	893

주: 음영은 확정치(환경부, 2021. 12) 혹은 잠정 집계치(환경부, 2021. 6; 환경부, 2022. 6)이며, 감축률은 전년도 총배출량 대비 감축률임.

하는 것으로 경로를 설정하는 방안을 고려하자. 이 경로에서도 2030년과 2031년 사이의 감축량 및 감축률에는 분절이 발생하지만 이는 2030년 NDC를 경유함에 따라 발생하는 분절이다. 이때 2020년부터 2050년까지의 온실가스 순배출량 합계는 93.0억톤CO_2eq로 추정된다.

다음으로 NDC를 경유하지 않는 동률 감축경로를 바탕으로, 감축량에 2,500만톤CO_2eq 상한을 두어 경로를 수정하는 방안(표 2-8)을 고려해 보자. 2022년부터 2038년까지는 감축량을 2,500만톤CO_2eq로 설정하고, 이후 2050년까지는 연 9.16% 감축하는 것으로 설정하면, 감축량과 감축률 모두 적정선을 초과하지 않는다. 2030년 배출량은 NDC 목표를 하회하며, 2020년부터 2050년까지의 순배출량 합계는 86.7억톤CO_2eq이다.

다음으로 NDC를 경유하는 동률 감축경로를 바탕으로, 2031년부터의

<표 2-8> 동률 감축을 바탕으로 감축량 상한을 적용한 경로

(단위: 만톤CO_2eq)

연도	총배출량	감축률	감축량	연도	총배출량	감축률	감축량
2019	70,137	3.53%	2,568	2035	32,960	7.05%	2,500
2020	64,860	8.52%	5,277	2036	30,460	7.58%	〃
2021	67,960	-4.78%	-3,100	2037	27,960	8.21%	〃
2022	65,460	3.68%	2,500	2038	25,460	8.94%	〃
2023	62,960	3.82%	〃	2039	23,128	9.16%	2,332
2024	60,460	3.97%	〃	2040	21,010	〃	2,118
2025	57,960	4.13%	〃	2041	19,086	〃	1,924
2026	55,460	4.31%	〃	2042	17,338	〃	1,748
2027	52,960	4.51%	〃	2043	15,750	〃	1,588
2028	50,460	4.72%	〃	2044	14,307	〃	1,442
2029	47,960	4.95%	〃	2045	12,997	〃	1,310
2030	45,460	5.21%	〃	2046	11,807	〃	1,190
2031	42,960	5.50%	〃	2047	10,725	〃	1,081
2032	40,460	5.82%	〃	2048	9,743	〃	982
2033	37,960	6.18%	〃	2049	8,851	〃	892
2034	35,460	6.59%	〃	2050	8,040	〃	811

주: 음영은 확정치(환경부, 2021. 12) 혹은 잠정 집계치(환경부, 2021. 6; 환경부, 2022. 6)이며, 감축률은 전년도 총배출량 대비 감축률임.

연간 감축량이 2,500만톤CO_2eq를 초과하지 않도록 경로를 수정하는 방안(표 2-9)을 고려해 보자. 2042년까지의 연간 감축량을 2,500만톤CO_2eq로 설정해야, 이후 일정한 감축률을 적용하더라도 감축량이 2,500만톤CO_2eq를 초과하지 않는다. 이 경로에서도 2031년에 감축량과 감축률이 갑자기 증가하는데, 이는 NDC를 경유함에 따라 발생하는 것이며, 감축량 상한을 두지 않을 때보다 충격은 크게 완화될 것으로 보인다. 이 경로에서 2020년부터 2050년까지의 순배출량 합계는 95.8억톤CO_2eq이다.

마지막으로 위의 경로에서 초반 감축량을 더 낮추고 2030년까지 감축량이 서서히 증가하도록 2030년 이전의 경로를 일부 수정하는 방안을 고려해 보자. 감축량이 2022년 1,300만톤CO_2eq부터 서서히 증가해 2029년에 2,500만톤CO_2eq에 도달한 뒤 일정하게 유지되다가 2043년부터 일정한

<표 2-9> NDC 경유 동률 감축을 바탕으로 감축량 상한을 적용한 경로

(단위: 만톤CO_2eq)

연도	총배출량	감축률	감축량	연도	총배출량	감축률	감축량
2019	70,137	3.53%	2,568	2035	38,210	6.14%	2,500
2020	64,860	8.52%	5,277	2036	35,710	6.54%	〃
2021	67,960	-4.78%	-3,100	2037	33,210	7.00%	〃
2022	65,785	3.20%	2,175	2038	30,710	7.53%	〃
2023	63,679	〃	2,106	2039	28,210	8.14%	〃
2024	61,641	〃	2,038	2040	25,710	8.86%	〃
2025	59,668	〃	1,973	2041	23,210	9.72%	〃
2026	57,758	〃	1,910	2042	20,710	10.77%	〃
2027	55,909	〃	1,849	2043	18,400	11.15%	2,310
2028	54,119	〃	1,790	2044	16,347	〃	2,052
2029	52,387	〃	1,732	2045	14,524	〃	1,824
2030	50,710	〃	1,677	2046	12,904	〃	1,620
2031	48,210	4.93%	2,500	2047	11,464	〃	1,439
2032	45,710	5.19%	〃	2048	10,186	〃	1,279
2033	43,210	5.47%	〃	2049	9,049	〃	1,136
2034	40,710	5.79%	〃	2050	8,040	〃	1,009

주: 음영은 확정치(환경부, 2021. 12) 혹은 잠정 집계치(환경부, 2021. 6; 환경부, 2022. 6)이며, 감축률은 전년도 총배출량 대비 감축률임.

감축률로 줄어드는 경로는 <표 2-10>과 같다. 이는 역S자 형태의 경로로, 초반에는 감축량이 비교적 작고 서서히 증가한 뒤, 중반에는 선형 감축이 이루어지다가, 후반에는 감축량이 서서히 줄어드는 형태를 보인다. 초반 감축량을 낮게 잡고 경제에 급격한 충격을 주는 것을 최대한 억제하면서도 2030년 NDC를 준수하는 경로이다. 이 경로를 따를 때 2020년부터 2050년까지의 순배출량 합계는 97.1억톤CO_2eq로, 선형 감축경로보다는 낮지만 다른 모든 경로보다 높다. 다만, NDC를 경유하는 다른 경로와 비교해 아주 큰 차이가 나지는 않는다.

<표 2-10> 역S자형 경로

(단위: 만톤CO_2eq)

연도	총배출량	감축률	감축량	연도	총배출량	감축률	감축량
2019	70,137	3.53%	2,568	2035	38,210	6.14%	2,500
2020	64,860	8.52%	5,277	2036	35,710	6.54%	〃
2021	67,960	-4.78%	-3,100	2037	33,210	7.00%	〃
2022	66,660	1.91%	1,300	2038	30,710	7.53%	〃
2023	65,260	2.10%	1,400	2039	28,210	8.14%	〃
2024	63,710	2.38%	1,550	2040	25,710	8.86%	〃
2025	62,010	2.67%	1,700	2041	23,210	9.72%	〃
2026	60,110	3.06%	1,900	2042	20,710	10.77%	〃
2027	58,010	3.49%	2,100	2043	18,400	11.15%	2,310
2028	55,710	3.96%	2,300	2044	16,347	〃	2,052
2029	53,210	4.49%	2,500	2045	14,524	〃	1,824
2030	50,710	4.70%	〃	2046	12,904	〃	1,620
2031	48,210	4.93%	〃	2047	11,464	〃	1,439
2032	45,710	5.19%	〃	2048	10,186	〃	1,279
2033	43,210	5.47%	〃	2049	9,049	〃	1,136
2034	40,710	5.79%	〃	2050	8,040	〃	1,009

주: 음영은 확정치(환경부, 2021. 12) 혹은 잠정 집계치(환경부, 2021. 6; 환경부, 2022. 6)이며, 감축률은 전년도 총배출량 대비 감축률임.

5. 소 결

2050년 탄소중립과 2030년 NDC를 준수하는 경로는 다양하다. 그중 가장 쉽게 떠올릴 수 있는 선형 감축경로는 2050년에 가까워질수록 높은 감축률을 달성해야 하는 부담이 있다. 반면, 동률 감축경로를 따르면 초반에, 혹은 2030년 목표를 달성한 직후 큰 감축량을 달성해야 하는 부담이 있다. 이와 같은 급격한 변화는 경제에 큰 충격을 줄 우려가 있으므로, 가능한 한 감축량과 감축률이 점증 혹은 점감하도록 경로를 설정하는 것이 바람직하다.

앞의 제4항에서 감축량과 감축률이 점진적으로 증감하는 4가지 경로를 제시하였다. 초반에 꺾은 선형으로 감축한 후 동률로 감축하는 경로(표

2-7)와 동률 감축 사이에 선형 감축이 포함된 경로(표 2-9)는 NDC를 경유하면서 2030년 전후로 감축률이 약간 크게 증가한다. 2038년까지 직선 감축 후 동률로 감축하는 경로(표 2-8)는 감축량과 감축률 증감이 점진적이고, 변동폭이 더 좁다는, 즉 감축량과 감축률 상한이 더 낮다는 점에서 좋지만, NDC를 하회하는 경로로서 필요 이상의 감축 노력을 기울여야 한다는 점에서 경제에 부담을 줄 수 있다.

역S자 형태의 경로(표 2-10)는 감축량과 감축률이 점진적으로 증감하면서 NDC를 경유한다는 점에서 바람직하다. 2043년 이후의 감축률이 11%를 상회한다는 점에서 후반 부담이 다소 크지만, 급격한 감축량 변동으로 인한 부담은 없다. 이는 전환이론(Rotmans *et al*., 2001)에서 전환이 S자형 곡선을 따라 이루어진다고 하는 것과 일맥상통한다.[17] 전환이론에 의하면, 전환은 준비 단계와 시작 단계를 거치며 속도가 빨라져 가속 단계

[그림 2-4] 감축량 상한을 둔 동률 경로 및 역S자형 경로

(단위: 만톤CO_2eq)

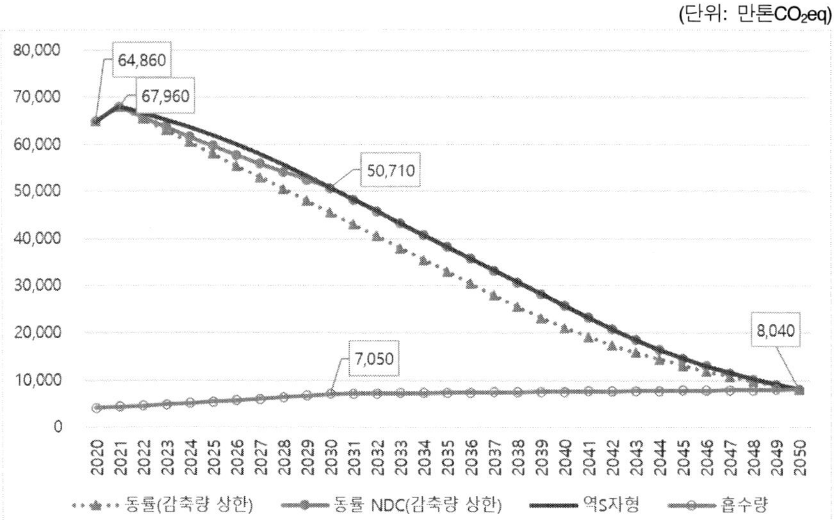

17 Rotmans *et al*.(2001)은 전환을 준비(pre-development) 단계, 시작(take-off phase) 단계, 가속(acceleration) 단계, 안정화(stabilization) 단계의 4단계로 구분하고 있다. 전환이론에 대한 추가 논의는 정병걸(2015), Geels and Schot(2007), Könnölä *et al*.(2008)을 참고하라.

에서 가장 빠르고 안정화 단계에서는 속도가 느려지는 S자형 변화를 따른다.

다만, 이는 거시적 점진성만을 기준으로 삼아 도출한 경로이며, 부문별로 감축기술, 감축비용, 기존 자본의 노후화 정도, 사회적 수용성 등을 감안해 경로를 도출한 뒤 취합하면 다른 경로를 얻을 수 있다.[18] 본 장에서는 각 부문에 대한 정보를 활용할 수 없어 점진성만을 고려했으나, 가장 바람직한 경로는 각 고려사항들을 균형 있게 반영하는 경로일 것이다. 실제로 감축계획을 마련할 때에는 이러한 접근방법이 필요하다. 역S자형 경로를 연도별 감축계획의 출발점으로 삼아, 부문별 감축여력을 반영해 계획을 조정해야 한다. 실제 집행 단계에서는 특정 해에 감축량이 목표를 초과하면 이후의 연도별 목표를 다소 하향 수정하고, 반대의 경우에도 마찬가지로 함으로써 감축량이 점진적으로 증감하도록 하면 경제에 미치는 충격이 적을 것이다.

두 가지 단서를 언급할 필요가 있다. 하나는 2050년까지의 누적순배출량이 대부분의 경로에서 매우 높다는 것이다. IPCC(2018)는 1.5℃ 목표를 달성하기 위해 2050년 탄소중립이 필요하다는 것만을 제시하였지만, IPCC(2021)는 1.5℃ 목표를 달성하는 데 2020년 이후에 가용한 탄소예산이 500GtCO_2eq임을 제시한 바 있다. 우리나라가 2020년부터의 순배출량 합계가 75억톤CO_2eq를 넘으면, 전 세계가 우리나라와 비슷한 속도로 감축한다는 다소 낙관적인 가정하에서도 탄소예산을 초과하게 된다. 그런데 앞서 살펴본 7개의 경로 중, 전 기간에 걸쳐 같은 감축률을 유지하는 경로 외에는 모두 2020년부터의 순배출량 합계가 75억톤CO_2eq를 초과하였다. 따라서 탄소예산이 중요한 고려요소, 즉 제약적인 요소가 된다면 경로 선택의 폭이 현저히 줄어들 것이다.

나머지 하나는 위에서의 분석이 흡수량이 2030년까지 7,050만톤CO_2eq로, 2050년까지 8,040만톤CO_2eq로 증가하는 것을 전제로 이루어졌다는 점이다. 2030년의 흡수량에는 탄소 포집・저장・활용(CCUS)을 통한

---

18 이 두 가지 도출방법을 각각 하향식, 상향식 접근방법으로 볼 수 있는데, 이에 대해서는 제4절 후반부에서 다시 논하기로 한다.

1,030만톤CO_2eq의 제거와 국외 감축분 3,350만톤CO_2eq이, 2050년의 흡수량에는 CCUS를 통한 5,510만톤CO_2eq의 제거가 포함되어 있다. 위의 경로를 채택하면서 2030년 NDC와 2050년 탄소중립을 달성하려면, 국외 감축을 적시에 추진할 필요가 있고, CCUS 기술에 일찍 투자할 필요가 있다. 만약 국외 감축과 CCUS가 계획대로 기여하지 못한다면, 총배출량 감축률은 위에서 제시한 것보다 더 높아져야 할 것이다.

제3절 부문별 감축계획과 부문 간 정합성 평가

제2절에서는 감축경로를 어떻게 설정하는 것이 2030년 감축목표(NDC)를 달성하면서도 급격한 변화 없이 2050년 탄소중립에 도달할 수 있는지 찾아보았다. 본 절에서는 부문별로 2030년 감축목표를 달성할 수 있는 에너지 전환, 에너지 효율성 제고, 신기술 도입 등 정책방안의 조합을 모색해보고, 부문 간 정합성을 평가해보기로 한다. 주요 부문 중 산업, 건물, 수송 부문을 살펴보기로 하고, 전환 부문의 목표와 정책방안에 대한 평가와 제언은 제3장에서 자세히 다룰 예정이므로 본 절에서는 타 부문과의 연관성, 정합성에 대해서만 언급한다. 농업, 폐기물, 흡수 부문은 다루지 않는다.

평가 결과를 간단히 소개하면 다음과 같다. 산업, 건물, 수송 부문에서는 각각 다른 요인으로 인해 향후 전기화가 더 필요할 수 있다. 따라서 각 부문의 감축목표 달성을 위해 전기화 비중을 높이고 발전량도 그에 맞춰 상향하거나, 산업, 건물, 수송 부문에서 감축목표를 낮추고 전환 부문의 감축목표를 높일 필요가 있다.

1. 산 업

산업 부문에서는 2030년까지 2018년 대비 14.5%를 감축하는 것으로 계획되어 있다. 주요 감축방안은 <표 2-11>과 같다. 산업 부문의 에너지

<표 2-11> 산업 부문의 2030년 감축목표와 세부 계획

업종	세부 계획
전체	2018년 260.5→ 2030년 222.6으로 37.9백만톤CO_2eq 감축(14.5%)
철강	철스크랩 다량 투입(전로), 코크스 소비열량 저감(전기로), 신·증설 설비 고로→전기로 대체 등 2.3백만톤 감축(2.3%)
석유화학	(연료 전환) 중유를 100% 친환경 연료로 전환 (원료 전환) 납사를 바이오 납사로 부분 전환 폐플라스틱 발생량의 18.6%를 원료로 재활용 등 9.5백만톤 감축
시멘트	(연료 전환) 유연탄→폐합성수지(36%), LNG→전기 (원료 전환) 석회석 원료 대체율 2% 및 혼합재 비중 15%로 확대 그 밖에 에너지 절감 2% 등 합계 4.1백만톤 감축(12%)
기타	산업단지 열병합발전 연료 전환(석탄·석유→LNG·바이오매스), 연료 전력화, 고효율기기·FEMS 도입 확대, 친환경 냉매 대체, 반도체·디스플레이 업종 F-gas 저감설비 설치 등 22.0백만톤 감축

자료: 관계부처 합동(2021), p.7, p.17.

효율성을 추가로 개선하기는 어렵고 저탄소 공정 개발은 장기 과제이므로, 2030년 목표 달성을 위해서는 전기화 확대, 친환경 연·원료 전환 가속화, 자원 재활용 촉진이 필요하다. 아래에서 자세히 살펴보기로 한다.

기본적으로 산업 현장에서 온실가스 배출량을 감축하는 수단으로는 에너지 효율 제고, 저탄소 공정 전환(전기화 포함), 연·원료 전환, 자원 재활용, 탄소 포집·활용·저장(CCUS)이 있다. 이 중 에너지 효율은 이미 상당한 수준에 올라와 있어서 더 높이는 데 한계가 있다. 산업계에서는 탄소배출 효율이 현재 세계 최고 수준이라고 주장한다.[19] 업종별로 살펴보면 다음과 같다. 이재윤·양진혁(2022, pp.55~56)은 철강산업의 에너지 효율 개선이 한계치에 도달하고 있으며(그림 2-5), 우리나라 철강산업의 에너지 효율이 전 세계 최고 수준임을 보여준다. IEA(2021, p.204)는 기존 고로의 에너지 효율이 다소 개선될 수 있지만 한계가 있고, 장기적으로는 그 효과가 사라질 것이라고 한다. 시멘트산업에서는 에너지 절감 목표가 2%에 불과하다. IEA(2021, p.220)는 시멘트산업의 에너지 효율 개선이 2050년까지지도 미미할 것으로 보고 있다. 조용원 외(2021, pp.49~

19 『조선비즈』(2021. 10. 8).

[그림 2-5] 조강 생산 1톤당 글로벌 에너지 소비지수 추이

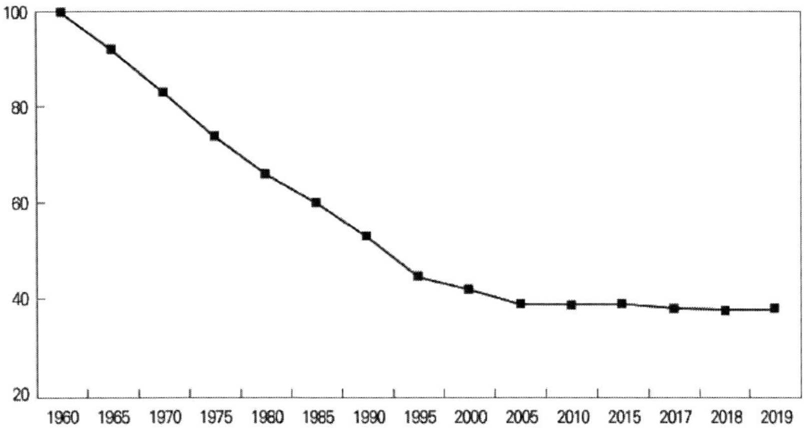

자료: Worldsteel(2021), *Energy use in the steel industry.* 이재윤・양진혁(2022)의 <그림 3-11> 에서 재인용.

53)는 석유화학산업에서 에너지 효율화는 공정 개선을 통해 가능하며, 2030년 이후 상용화될 수 있다고 하였다. IEA(2021, pp.188~189)는 석유화학산업의 에너지 효율이 2030년까지 소폭 개선될 것이나, 수요 증가에 의해 상쇄될 것으로 예측하고 있다. 간접배출에 해당하기는 하지만, 반도체・디스플레이 산업에서도 전력 효율성 개선을 위해서는 설비의 재구축이 필요하여 효율화 여력이 낮아 보인다(남상욱, 2022, p.46, p.65).

다음으로 저탄소 공정 전환은 크게 전기화와 새로운 공정 개발로 나눌 수 있다. 철강 분야를 예로 들면, 전기로를 확대하는 방안과 수소환원제철 기술을 개발하는 방안이 있다. 전기로는 철스크랩을 재활용하는 공정에 적합하여 고로를 대체할 수 없기 때문에, 이를 통한 온실가스 감축은 제한적이다. 수소환원제철 기술은 고로를 대체할 수 있으면서도 이산화탄소 배출량을 획기적으로 줄일 수 있다. 그러나 상용화에 상당한 시간이 소요될 것으로 보여, 2030년까지는 적용할 수 없을 것으로 보인다(이재윤・양진혁, 2022, p.66; IEA, 2021, pp.206~207).

전기화를 제외한 공정 전환의 대부분에 유사한 문제가 있다. 예컨대 EC(2021, p.8)는 철강산업의 저탄소 기술이 2030년경에야 상용화될 것이

라고 본다. Agora Industry *et al.*(2021, pp.8~9)은 천연가스를 이용한 직접 환원제철(DRI) 공장을 건설해야 한다고 제언했는데, 수소환원제철 기술이 상용화되면 좌초자산이 될 가능성에 주의할 필요가 있다. 조용원 외(2021, p.52)는 석유화학산업의 공정 개선 기술이 2030년 이후에 상용화된다고 하였고, 남상욱(2022, p.44)은 반도체・디스플레이 산업의 공정가스 대체가 장기적 과제라고 평가하고 있다. ETC(2018, p.28)와 IEA(2021, p.173)도 난감축 산업에 필요한 감축기술의 대부분이 개발 초기 단계에 있음을 언급하고 있다.

전기화는 대부분의 산업에 적용될 수 있으며, 산업 부문의 배출량을 감축할 수 있는 유력한 수단이다. 다만, 철강산업에서 전기로 확대는 앞에서 언급한 바와 같이 규모가 제한적이다. 석유화학산업에서는 나프타 분해 공정을 전기화하는 방안이 있으나, 2040년 이후에 상용화될 것으로 예상된다(조용원 외, 2021, p.52). NDC 상향안에서도 철강・석유화학・시멘트를 제외한 기타 업종의 주요 방안으로 전기화가 포함되었다. 다만, 전력수요를 증가시킨다는 점을 고려할 필요가 있다.

연・원료 전환은 고탄소 연・원료를 저탄소 연・원료로 전환하는 것과 화석 연・원료를 바이오 연・원료로 전환하는 것으로 나눌 수 있다.[20] 저탄소 전환의 예로 시멘트 연료에 폐합성수지를 섞는 방안, 원료 일부를 대체하는 방안, 산업단지 열병합 발전설비 연료를 석탄・석유에서 LNG・바이오매스로 전환하는 방안 등이 NDC 상향안에 포함되어 있다. 바이오 전환의 예로 석유화학 연료를 중유에서 100% 친환경 연료로 전환하거나, 원료를 바이오 납사로 부분 전환하는 방안이 있다. 문제는 바이오 연료를 생산하려면 식량 생산이 줄어들게 되므로 대규모로 전환하기 어렵다는 점이다. 석유화학 원료인 납사를 바이오 납사로 전환하는 것도 같은 문제에 봉착한다.[21] 대안으로 합성 연료를 이용할 수 있으나, 뒤에

---

20 그중 원료 전환은 대부분 새로운 공정 개발을 필요로 한다.

21 BloombergNEF(2022. 5. 24)는 바이오 납사가 비싸고 공급이 제한적일 것이므로, 2050년까지의 감축량 중 바이오플라스틱은 2.5%에 불과할 것으로 예측하였다. 이는 CCUS가 40%, 전기를 활용한 공정 개선은 35%를 차지하는 데 비해 현저히 낮은 기여이다.

살펴볼 CCUS가 활성화되어야 하며 전력수요도 증가한다.

자원 재활용은 두 가지 경로로 배출량 감축에 기여할 수 있다. 한 가지는 재사용으로, 신제품 구매를 줄임으로써 생산을 줄이는 것이다. 이는 내수 비중이 큰 산업에서는 효과적이지만, 수출 비중이 크다면 효과가 낮다. 한편, 효과가 크다는 것은 생산 감소로 인해 해당 산업에 타격이 클 수 있다는 것을 의미하기도 한다. 따라서 경제에 대한 충격을 완화하는 방안이 동시에 마련되어야 한다. 다른 한 가지는 폐품을 원료로 활용함으로써 화석원료를 덜 사용하는 것이다. 이는 기술개발이 필요하고, 재활용 기반이 조성되어야 가능하다. 아직까지는 구체적인 방안이 마련되지 않았고, 철강(철스크랩)과 석유화학(폐플라스틱) 분야에서 재활용을 주요 수단으로 적시하고 있는 정도이다. 다만, 석유화학 분야에서는 주요 기업이 2035년에 배출량 감축을 시작한다고 선언하고 있음을 감안하면,[22] 재활용이 총배출량을 감소세로 전환시킬 만큼 효과적이지는 않으리라고 예측하는 것으로 보인다.[23]

마지막으로 CCUS를 활용하는 것으로, 화석 연·원료를 대체하기 어려운 경우 탄소를 포집하는 방안이다. 문제는 포집한 후 재활용하거나 저장해야 하는데, 재활용 및 저장 기술이 충분히 개발되지 않았다. 국내외에서 일부 가동되고 있지만, 매우 적은 용량의 실증 단계라고 볼 수 있다. 이재윤·양진혁(2022, p.63), EC(2021, p.8), 이고은(2022, pp.63~64) 모두 빠른 시일 내에 CCUS를 도입하기 어려울 것임을 예측하고 있다. IEA(2021, p.189, p.205)도 2030년까지는 석유화학 및 철강 산업에서 CCUS의 감축 기여가 미미할 것이라고 보고 있다.[24] 그럼에도 불구하고

---

22 『연합뉴스』(2022. 2. 23).

23 재활용을 먼저 추진한 해외에서는 기업들이 더 도전적인 목표를 세우고 있다. 주요 글로벌 기업들 중 BP, Shell, Total 등은 2050년 탄소중립 목표만 선언하고 2030년 목표는 공표하지 않았으나, Dow, PKN ORLEN 등은 2030년까지 2020년 수준의 15~20%를 감축하겠다는 목표를 공표한 바 있다(Refining & Petrochemicals Middle East, 2020. 10. 6). 다만, IEA(2021, p.189)는 석유화학산업의 2030년 전 세계 배출량이 2019년 수준과 유사할 것으로 예측하고 있다.

24 단, 시멘트산업에서는 2030년경 CCUS를 통한 감축량이 현재 배출량의 약 10%에 달할 것이라는 예측도 있다(IEA, 2021, p.220). 이는 CCUS 기여가 거의 없을 것이라고 예측한

모든 업종, 심지어 발전 부문에서도 CCUS를 활용할 수 있다는 점에서 기술개발을 서두를 필요가 있다. 다만, CCUS는 산업 부문의 직접배출량 감소로 잡히지 않고 별도의 계정으로 분류되므로, 산업 부문의 감축목표 14.5%를 달성하는 데는 다른 수단을 강구해야 한다.

종합하면, 에너지 효율은 대폭의 개선을 기대하기 어려우며, 저탄소 공정의 신기술 개발은 시간이 오래 걸리고 불확실성이 크다. 따라서 전기화, 친환경 연·원료 전환, 자원 재활용에 중점을 둘 필요가 있다. 친환경 연·원료는 저배출 화석 연·원료, 바이오 연·원료, 합성 연·원료로 나눌 수 있다. 저배출 연·원료는 2030년 목표 달성에는 유용하지만 장기적으로는 지속가능하지 않다. 바이오 연·원료의 비중을 높이면 식량가격 상승을 불러올 수 있으므로 주의해야 한다. 국내에서 바이오 연·원료를 생산하는 경우뿐 아니라 해외에서 수입하는 경우에도 그러하다. 한편, 합성 연·원료 생산에는 전기가 필요하다. 전기화도 마찬가지로 전력수요를 증가시킬 것이므로, 전력수요가 대폭 증가할 가능성이 있다. 이에 맞추어 발전량과 발전설비 계획을 상향할 필요가 있으며, 직접배출이 간접배출로 전환되는 것을 막으려면 전환 부문에서 무배출 발전원을 확대해야 한다.

2. 건 물

건물 부문에서는 2030년까지 2018년 대비 32.8% 감축하기로 계획되어 있다. 주요 감축방안은 제로에너지 건축(Zero Energy Building: ZEB), 그린리모델링 확대, 에너지 고효율 기기 보급이다(표 2-12). 에너지 효율 제고가 가장 주요한 방안이며, 에너지 수요 관리는 보조적이다. 가장 큰 문제는 감축목표의 대부분을 달성할 수 있는 방안이 제시되어 있지 않다는 것이다. 이하에서 자세히 살펴보기로 한다.

건물 부문의 2030년 감축목표는 1,710만톤CO_2eq인데, 관계부처 합동

IEA and CSI(2018)와 대조적이다.

<표 2-12> 건물 부문의 2030년 감축목표와 세부 계획

정책분야	세부 계획
전체	2018년 52.1→ 2030년 35.0로 17.1백만톤CO_2eq 감축(32.8%)
에너지 효율 향상	제로에너지 건축, 그린리모델링 확대 등으로 2.7백만톤 감축 고효율 기기 보급, 에너지 효율 기준 강화 등으로 2.1백만톤 감축
스마트에너지 관리	냉·난방, 환기, 조명, 급탕 등에 센서 및 계측장비를 설치하고 통신망을 연계한 실시간 에너지 자동제어로 0.2백만톤 감축
행태 개선	기후환경비용 반영, 국민의 자발적 동참 등 에너지수요 절감을 통해 0.9백만톤 감축
청정에너지 보급 확대	태양열·지열·수열 등 신재생에너지 보급 지역난방 열공급 효율 향상, 화석연료 사용기기 전력화

자료: 관계부처 합동(2021), p.7, p.18.

(2021, p.18)에 제시된 정책방안의 감축효과 합계는 590만톤CO_2eq에 불과하다. 구체적으로 ZEB와 그린리모델링으로 270만톤CO_2eq, 에너지 고효율 기기 보급으로 210만톤CO_2eq, 스마트에너지 관리로 20만톤CO_2eq, 행태 개선을 통해 90만톤CO_2eq이다. 신재생에너지 자체 공급, 지역난방 열공급 효율 향상, 화석연료 사용기기 전력화의 효과는 제시되지 않았다. 이는 효과가 큰 정책이 있지만 그 구체적 방안을 제시하지 않았거나, 혹은 중요한 정책방안이 누락되었음을 의미한다. NDC 상향안 이후 발표된 「국토교통 탄소중립 로드맵」(국토교통부, 2021. 12)도 신축 건물 제로에너지화와 기축 건물 그린리모델링만 포함하고 있을 뿐, 다른 방안을 제시하지 못하고 있다.

에너지 수요를 관리하고 에너지 효율을 제고하는 것으로는 감축하는 데 한계가 있다. 건물에서 전기 외의 에너지 수요는 대부분 난방과 급탕으로, 온난화로 인해 난방 수요가 줄어든다는 점을 감안하더라도 에너지 수요를 크게 줄이기는 어렵다. 단열 강화를 통해 에너지 효율을 높이는 데도 한계가 있는데, 그마저도 ZEB는 신축 건물에만 해당되므로 재건축 외의 경우에는 온실가스를 감축시킨다고 보기 어렵고, 그린리모델링은 기축 건물의 일부에 불과하다. 지역난방 열공급 효율의 향상은 지역난방 시스템이 도입되어 있는 도시에서 일부 효과가 있을 것이다. 신도시를 조성할 경우 지역난방 시스템을 구축할 수 있겠지만, 기존 도시에 도입하는 것은 불가능에 가깝다.

그렇다면 나머지 감축목표 1,120만톤CO_2eq의 대부분은 전기화를 통해 달성할 수밖에 없다. 즉, 현재 가스보일러를 이용한 난방과 급탕을 전기보일러로 바꾸는 것이다. 그중 일부는 건물에 태양열 발전설비를 도입하는 등, 자체적으로 재생에너지를 도입함으로써 달성 가능하므로 전환 부문에 추가 부담이 없겠지만, 상당 부분은 전력수요를 증가시킬 것임을 염두에 둘 필요가 있다.

전환 부문의 부담을 낮추기 위해서는 리모델링을 현재 계획보다 확대할 필요가 있다. ZEB와 리모델링을 통한 감축목표 270만톤CO_2eq는 건물 부문 2018년 배출량 5,210만톤CO_2eq의 5.2%이므로, 리모델링만으로는 5%에도 미치지 못한다. EU에서는 리모델링 비율을 연 2%로 상향하려는 계획을 세워놓고 있다(김재문, 2022). 우리나라는 유럽에 비해 건물의 에너지 효율성이 높은 편이어서 리모델링을 통한 에너지 효율성 제고 효과가 비교적 낮을 것이지만, 12년간 리모델링을 통한 감축량이 건물 부문 전체 배출량의 5%에도 미치지 못하는 것은 너무 소극적인 목표이다. 더불어 재건축을 통한 에너지 효율성 제고 목표도 상향할 필요가 있다.[25]

3. 수 송

수송 부문에서는 2030년까지 2018년 대비 37.8% 감축하는 것으로 계획되어 있다. 주요 감축방안은 대중교통 활성화, 무공해차 보급 확대, 바이오 디젤 활용이다(표 2-13). 수송 부문의 감축목표를 달성하기 위해서는 친환경차 보급 목표를 더 높여야 할 것으로 사료된다. 이하에서 자세

---

25 재건축이 에너지 효율성을 제고할 것이라는 데는 의심의 여지가 없지만, 탄소저감에 기여할 수 있는지는 분명하지 않다는 점에 유의해야 한다. 재건축 시 철강, 시멘트, 화학제품 등 앞에서 살펴보았던 난감축 산업의 제품을 자재로 활용해야 하는데, 자재 생산으로부터 발생하는 온실가스가 에너지 효율성 제고에 따른 감축량을 초과할 수 있기 때문이다. 따라서 탄소저감을 위해 재건축을 추진하는 접근방법이 아니라, 재건축 시 탄소저감 효과가 큰 방향으로 건축하도록 한다는 접근방법을 취해야 한다. 예컨대, 폐콘크리트나 재활용 금속을 일정 비율 이상 사용하도록 의무화하는 정책을 고려해볼 수 있다.

<표 2-13> 수송 부문의 2030년 감축목표와 세부 계획

정책분야	세부 계획
전체	2018년 98.1→ 2030년 61.0으로 37.1백만톤CO_2eq 감축(37.8%)
수요관리	자동차 주행거리 4.5% 감축(대중교통 이용 편의 제고 등)
친환경차 보급	전기·수소차 450만대(사업용 50만대 이상) 보급, 하이브리드 차량 400만대 보급 등 29.7백만톤CO_2eq 감축
행태 개선	에너지 절감(자동차 탄소포인트제, 친환경운전 활성화 등)
바이오디젤	경유차 바이오디젤 혼합률 상향 3% → 8%
해운·항공	친환경 선박 보급, 해운 에너지 효율 개선, 항공기 운영 효율 개선 등

자료: 관계부처 합동(2021), p.8, p.19.

히 살펴보자.

해운과 항공 부문에서의 배출량 감축속도는 도로교통 부문보다 느릴 것으로 예상된다. 예컨대 항공기는 전기화가 어렵기 때문에 지속가능한 항공유(SAF)를 사용해야 하는데, 이를 활용해 2030년까지 37.8% 감축할 수 있을 것으로 보이지 않는다. 해운 부문에서도 유사하다. 다행스러운 것은 도로교통 외의 배출량이 수송 부문에서 차지하는 비중이 3.5%에 불과하다는 점이다(박종일 외, 2021, 표 2-3). 도로교통 부문에서 더 높은 감축률을 달성하면 수송 부문의 목표를 달성할 수 있을 것이다.

그러나 현재 계획대로라면 도로교통 부문에서도 37.8% 감축조차 달성하기 어려울 것으로 보인다. 관계부처 합동(2021, p.19)에서는 도로교통 부문에서 2030년까지 전기차 362만대, 수소차 88만대, 하이브리드 차량 400만대를 보급하는 것으로 계획하고 있다. 바이오디젤 혼합률을 3%에서 8%로 상향하고, 자동차 주행거리를 4.5% 감축하며, 운전행태 개선을 통해 에너지 절감을 유도하고자 한다. 이로 인한 배출량 감축량을 가늠해보면 다음과 같다.

2030년의 전체 차량 수가 약 2,700만대로 예상되므로,[26] 전체에서 전기·수소차가 차지하는 비중은 16.7%, 하이브리드 차량이 차지하는 비중은 14.8%에 불과하다. 이 계획대로라면 하이브리드 차량이 순수 내연기관

26 관계부처 합동(2021), p.19.

차량보다 배출량이 절반 정도라고 가정하더라도[27] 배출량이 24.1% 줄어들 것이다. 여기에 바이오디젤 혼합률을 5%p 상향하면 경유차의 온실가스 순배출량이 약 5% 감소할 수 있는데, 경유차가 전체 차량의 1/3을 차지한다고 가정하더라도[28] 도로교통 부문 배출량을 1.7% 감소시키는 효과에 불과하다. 두 효과의 합계가 25.8%이다. 자동차 주행거리를 4.5% 감축하는 것은, 모든 차량이 똑같이 주행거리를 줄인다고 가정할 때, 나머지 배출량 74.2%의 4.5%를 줄일 것이므로 약 3.3%의 추가 감축효과를 가져온다. 종합하면 29.1%에 불과하다.

운전행태 개선을 유도해 에너지가 절감되고 에너지 효율이 개선될 것이라는 점과 운행거리가 긴 사업용 차량을 우선 전환할 계획이라는 점은 긍정적 요인이다. 특히 사업용 차량 중 버스·택시와 소형 화물차는 2030년까지 계획대로 전환할 수 있을 것으로 보인다. 반면에 수소차가 필요한 중·대형 화물차는 기술개발·인프라에 따라 전환시기가 결정될 것으로 보여(국토교통부, 2021, p.10), 2030년까지도 친환경차 전환율이 매우 낮을 가능성이 있다.[29]

강한 가정을 현실화하면 실제 감축효과는 29.1%보다 낮을 것이다. 먼저 차량 등록대수가 증가하는 데 따른 영향이 계산에 포함되지 않았다. 국토교통부(2022, p.2)에 따르면 2018년 말 기준 자동차 등록대수는 약 2,320만대로, 2030년에 약 2,700만대가 된다면 380만대가 증가하는 것이다.[30] 그로 인한 배출량 증가를 고려하면 배출량 저감효과는 줄어들 것이

---

27 2022년 5월 기준 국산차 중 가장 연비가 좋은 하이브리드 차량은 2019년식 아이오닉으로 복합연비 22.4km/l이며, 가솔린 차량은 모닝(15.7km/l), 디젤 차량은 셀토스(17.1km/l)이다(참고: https://touchmyheart.tistory.com/entry/2022-연비-좋은-차-순위-국산차-내연기관-TOP-15-알면-돈-번다). 연비를 단순 비교할 수 없지만, 하이브리드 차량의 배출량이 순수 내연기관차의 절반 미만이라고 보기는 어렵다.

28 국토교통부(2022, p.2)에 따르면, 2021년 말 기준 전체 자동차 등록대수 2,491만대 중 경유차는 987만대로 39.6%를 차지하고 있으나 경유차 등록대수가 감소하기 시작했고, 전기·수소차와 하이브리드 차량이 증가한다면 2030년에 1/3 이하로 감소할 가능성이 높다.

29 박종일 외(2021, p.74)는 수소 화물차의 상용화에 상당한 시일이 소요될 것으로 예상하고 있다.

30 2021년 한 해 동안 55만대가 증가하였으므로, 점차 증가폭이 감소한다고 하더라도 2030년에 2,700만대보다 더 많을 가능성도 있다.

다. 다음으로 하이브리드 차량의 에너지 효율을 순수 내연기관 차량의 두 배로 가정하였으나 정확한 값은 그보다 낮을 것이므로, 하이브리드 차량 보급의 배출량 저감효과는 앞에서 계산한 것보다 낮다. 경유차의 비중도 정확한 값으로 대체하면 배출량 저감효과가 낮아질 것이다.

한편, 자동차 주행거리 감축은 승용차를 대상으로 한 정책이므로 모든 차량의 주행거리를 똑같이 줄이지 않을 것이다. 대중교통과 화물차의 주행거리는 줄어들지 않고 오히려 증가할 가능성도 있다. 승용차 주행거리가 전기버스, 전철, 전기고속철 등 친환경 대중교통으로 얼마나 전환되느냐에 따라 배출량이 더 감축될 여지는 있다. 반면에 중·대형 화물차가 가까운 시일 내에 친환경차로 전환되기 어렵고, 온실가스 배출량이 승용차보다 높다는 점은 도로교통 부문 배출량을 감축하는 데 부정적인 요인이다.

따라서 수송 부문의 감축목표 37.8%를 달성하기 위해서는 친환경차의 보급 목표를 더 높게 설정할 필요가 있다. 예컨대 2030년 전기·수소차를 675만대 보급하여 비중이 25%가 되도록 하는 것이다. 또는 하이브리드 차량의 비중을 35%(945만대)로 높이는 것도 한 가지 방안이 될 수 있다. 전기·수소차 비중이 16.7%에서 25%로 증가하면, 감축효과가 8.3%p가량 증가한다. 차량 등록대수의 증가를 감안하면 이것으로도 부족하지만 감축목표에 어느 정도 근접할 수 있을 것이다.

두 가지를 언급해둘 필요가 있어 보인다. 먼저 전기·수소차 675만대와 하이브리드 차량 400만대를 보급하려면 순수 내연기관차의 판매가 급감하게 되므로 이에 맞추어 정책을 준비해야 한다. 전기·수소차 등록대수는 2021년 말 기준 약 25만대(국토교통부, 2022, p.2)이므로 2030년까지 675만대가 되려면 연평균 72만대씩 증가해야 한다. 전기·수소차가 2021년 한 해 동안 10.5만대 증가했으므로, 연간 판매량이 2022년 24만대, 2023년 36만대의 추세로 증가해 2030년에는 120만대가 되어야 한다. 연간 신규 등록대수가 180~190만대임을 고려할 때, 2030년에는 전체 판매량의 65%가 전기·수소차여야 한다는 뜻이다. 하이브리드 차량 400만대 보급에 대해서도 같은 방식으로 추산하면, 2030년에 45만대가 판매되어야 한다. 이는 2030년에 순수 내연기관 차의 판매 비중이 급감해야 함을 의미한다.[31] 만약 초반에 전기·수소차 및 하이브리드 차량 판매가 저조하면 후반에는 더 큰 변화가 필요하다.

다음으로 전기·수소차의 보급으로 인해 전기와 수소에 대한 수요가 증가할 것이므로 이에 대비해야 한다. 전기차가 보급되는 만큼 발전량도 맞추어 증가해야 한다. 수소차의 경우에도 전기분해를 통해 수소를 공급하려면 발전량이 증가해야 한다. 경우에 따라서는 발전설비도 확충할 필요가 있다.[32] 그런데 내연기관차를 전기·수소차로 대체하면서 화력발전을 증대시킬 경우 수송 부문의 온실가스 직접배출이 발전 부문을 통한 간접배출로 전환되는 것일 뿐이다.[33] 무배출 발전으로 전력수요 증가를 충당해야만 온전한 온실가스 감축이 이루어질 것이다.

4. 부문 간 정합성

각 부문의 정책들 중 다른 부문에 영향을 미치는 경우가 있다. 지금까지 살펴본 정책들 중 전기화가 특히 그러하며, 수소 활용, 바이오 연·원료 활용 등도 다른 부문에 영향을 미친다. 연료 전기화는 산업 부문의 많은 업종과 건물 및 수송 부문에서 활용된다. 수소는 철강산업을 비롯한 일부 업종과 수송 부문에서 활용되며, 바이오 연료는 석유화학산업을 비롯한 일부 업종과 수송 부문에서 활용한다. 바이오 원료는 석유화학산업에서 활용된다. 전기화와 수소 활용은 발전 부문에 영향을 미치며, 바이오 연·원료는 농업과 토지·삼림 부문에 영향을 미친다.

산업, 건물, 수송 부문의 정책을 추진하기 위해 증가할 것으로 예상되

---

31 현재 계획을 고수하더라도 2030년에는 전기·수소차 85만대와 하이브리드 차량 45만대가 판매되어야 하므로 순수 내연기관 차는 연간 판매 대수의 30% 정도를 차지하게 된다. 전기·수소차 450만대와 하이브리드 차량 945만대를 보급하는 시나리오에서는 순수 내연기관차 판매가 더 빠른 속도로 줄어든다.

32 전기차 충전이 대체로 밤에 이루어지므로 발전설비를 확충할 필요성은 크지 않다는 지적도 있다.

33 단, 내연기관의 에너지 효율이 낮아서, 전기차 전환과 그만큼의 화력발전 증대도 온실가스 감축효과가 있다는 점은 알려져 있다.

는 전기, 수소의 수요에 대해 NDC 상향안에 어느 정도 대책이 마련되어 있다. 관계부처 합동(2021, p.6)은 2030년의 소매전기 수요를 567.0TWh로 예측하고 있는데, 이는 2020년에 수립된 제9차 전력수급기본계획(전기본)의 542.5TWh에 비해 약 4.5% 높인 예측치이다.[34] 수소 공급에 대해서도 관계부처 합동(2021, p.9)은 2030년에 194만tH_2로 확대할 계획이며, 그중 12.9%를 수전해로부터, 39.7%는 추출을 통해, 47.4%는 부생수소 혹은 수입을 통해 공급할 예정이다. 바이오 연·원료 공급방안은 포함되지 않았고, 안정적인 공급이 전제되어야 한다고 단서를 달았다.

본 절의 제1항부터 제3항까지에서 산업, 건물, 수송 부문의 전기화는 NDC 상향안보다 더 확대되어야 할 가능성이 있음을 설명하였다. 산업 부문에서는 에너지 효율 개선과 저탄소 공정 개발을 기대하기 어렵기 때문에 전기화, 친환경 연·원료 도입, 자원 재활용에 의존해야 한다. 그런데 바이오 연·원료 공급이 부족하면 합성 연·원료 공급을 늘리기 위해 전기가 더 필요하거나, 전기화에 더 의존해야 한다. 자원 재활용 기술개발이 지연될 경우에도 마찬가지이다. 건물 부문에서도 난방 및 급탕용 연료를 전기화하는 정책을 통해 감축목표의 절반 이상을 달성해야 할 것으로 보인다. 수송 부문에서도 전기·수소차의 보급 목표를 높여야 감축목표 달성이 가능할 것이다.

따라서 NDC 상향안의 전기, 수소 수요 예측치는 과소추정되었을 가능성이 높은 것으로 판단된다. 특히 전기 수요를 과소추정할 경우 문제가 된다. 수소 수요의 과소추정은 상대적으로 그다지 문제되지 않는데, 기술개발 정도에 따라 산업 부문에서의 활용도, 수소차 보급도가 큰 폭으로 달라질 수 있어 수요 예측 자체가 어렵기도 하고, 수요가 증가할 경우 수입하거나 수전해 설비를 늘림으로써 대응할 수 있기 때문이다. 그러나 전기 수요의 과소추정은 여러 문제를 유발할 수 있다.[35] 전기의 안정적

34 2022년 8월에 발표된 제10차 전기본 실무안의 2030년 소매전기 수요 예측치도 565.6TWh로 NDC 상향안과 크게 차이가 나지 않는다.

35 전기본을 2년 단위로 수립하므로 미처 반영하지 못한 수요를 2년 후에 반영할 수 있다는 점에서 큰 문제가 아니라는 지적도 일응 타당하다. 그러나 무탄소 발전설비는 건설 혹은 계통 연결에 있어 화력발전소보다 더 장기간이 소요된다는 점에서 2년 차이로 인

공급은 산업 부문, 국민 생활 모두에서 필수적인 요소이기 때문이다. 발전설비 건설과 전력계통 연결은 대체로 장기간이 소요되므로, 정확한 수요 예측에 기반을 둔 설비 구축이 필요하다.

전기 수요가 정확히 얼마만큼 과소추정되었는지를 본 연구에서 제시하기는 어렵다. 수요 예측에는 매우 많은 요인이 고려되어야 하고, 수요 관리 등 정책방향도 영향을 미치기 때문이다. 또한 NDC 상향안의 부문별 감축계획 중 전기화가 얼마나 큰 비중을 차지하는지에 대한 자료가 부재하기 때문이기도 하다. 앞에서의 논의는 수요가 과대추정되었을 가능성보다는 과소추정되었을 가능성이 훨씬 높다는 것을 말해줄 뿐이다. 그럼에도 불구하고 몇 가지 가정을 통해 참고가 될 만한 수치를 제시해보고자 한다.

만약 산업, 건물 부문 감축목표의 약 절반을 전기화로 달성해야 하고 수송 부문 감축목표의 80%를 전기·수소차 전환으로 달성해야 한다고 가정하면, 약 5,700만톤CO_2eq의 온실가스 감축이 전기화로 달성되어야 하는 셈이다. 직접배출과 간접배출의 배출계수가 같다는 단순화된 가정을 더하면, 2018년 발전 부문 배출량이 2억 6,960만톤CO_2eq이므로 화석연료를 통한 발전량의 약 21%에 해당하는 전기가 더 생산되어야 함을 의미한다. 2018년에 화석연료를 통한 발전량이 전체의 69.7%를 차지하므로(관계부처 합동, 2021, p.16) 2030년에는 2018년에 비해 전기가 14.7% 더 생산되어야 한다. 이는 경제성장, 디지털 전환 등 전기 수요 증가 요인과 수요 관리 등 감소 요인을 고려하지 않은 수치이다.

다른 방법으로는 2050년까지의 추세선을 고려해 추산해볼 수 있다. 탄소중립 시나리오 초안(2050탄소중립위원회, 2021)에서 3안이 탄소중립을 달성하는 유일한 안인데, 2050년 전력수요가 2018년에 비해 112.9% 증가할 것으로 예측했다. 이 중 탄소포집에 필요한 수요를 제외하면, 전력수요 증가율은 95.0%로 계산된다. 이는 경제성장, 에너지 효율화, 수요 관리에 의한 에너지 수요 증감분을 반영한 값이다. 2050년까지 온실가스

해 발전설비 부족 현상이 나타날 가능성이 있다.

총배출량을 89.0% 줄이는 데 전력수요가 95.0% 증가한다면, 2030년까지 총배출량을 30.3% 줄이기 위해서는 전력수요가 32.3% 더 필요하다. 혁신 기술개발이 완료되지 못하는 2030년 이전에는 전기화에 더 의존할 수밖에 없다는 점을 고려하면, 이를 하한 값이라고 볼 여지도 있다.

이처럼 산업, 건물, 수송 부문의 2030년 감축목표의 달성을 위해서는 전기화가 더 필요할 수 있다는 점은 어떠한 방향으로든 감축계획을 수정해야 함을 시사한다. 다음과 같은 두 가지 방안이 있다. 한 가지는 발전량을 더 높이지 않기 위해 산업, 건물, 수송 부문에서 2030년 감축목표를 낮추고, 전체 40%를 달성하기 위해 전환 부문 목표를 확대하는 것이다. 이는 발전량을 높이지 않더라도 무탄소 발전설비는 확충해야 함을 의미한다. 다른 한 가지는 산업, 건물, 수송 부문에서 2030년 감축목표를 유지하고, 전기화 수요를 고려해 발전량 목표를 높이는 것이다. 전환 부문의 감축목표도 변동 없이 유지되어야 하므로, 더 필요한 전력은 모두 무탄소 발전을 통해 충당해야 할 것이다. 따라서 이때에도 무탄소 발전설비는 확충해야 한다.[36]

제4절 결 론

본 장에서는 우리나라의 2030년 국가 온실가스 감축목표(NDC)의 적극성을 여러 각도에서 검토해보고, 검토 결과를 바탕으로 2050년까지의 감축경로를 모색해보았다. 그리고 NDC를 달성하기 위한 부문별 감축계획을 평가하고, 부문 간 정합성을 고려하여 감축계획의 수정 방향을 제시하였다. 검토 및 평가 결과를 요약하면 다음과 같다.

우리나라의 NDC는 도전적으로 보이지만, 해외 주요국의 향후 감축목표와 비교하면 적정 수준이다. 국내 총배출량을 기준으로 하면 NDC 이

36 발전량 목표가 늘더라도 전기 사용 시간대를 분산시킨다면 발전설비를 늘리지 않아도 될 수 있지만, 무탄소 발전이 경직성 전원임을 고려하면 무탄소 발전량을 증가시키기 위해 무탄소 발전설비는 확충해야 할 것으로 판단된다.

전의 연평균 감축량이 NDC 이후보다 빠르다고 볼 수 없다. 그러나 배출량이 정점을 통과한 직후 정체기를 지나고 있을 가능성을 배제할 수 없다. 무엇보다도 제조업 중심의 경제구조로 인한 산업 부문 감축의 어려움, 지리적 여건, 기상 여건으로 인한 신재생에너지 확대의 어려움을 고려하면 NDC는 부담이 된다. 이러한 점을 감안할 때 우리나라가 선택해야 할 감축경로는 <표 2-10>과 [그림 2-4]의 역S자형 경로이다. 초반에는 서서히 감축량을 늘리다가 2030년을 전후로 감축량을 일정하게 유지하고 2043년부터는 같은 비율로 감축하는 경로이다. 이 경로를 기준으로 삼아, 어떤 해에 목표를 초과 달성하면 이후 몇 년간의 감축량을 낮춰 잡고, 반대로 목표에 미달하면 이후의 감축량을 높여 잡는 유동적인 감축계획을 마련할 필요가 있다.

NDC 상향안에 담긴 부문별 감축계획은 전반적으로 목표를 달성하기에 부족한 것으로 평가된다. 산업 부문 감축의 어려움을 고려하여 낮은 감축목표를 세웠지만, 세부 계획의 상당 부분이 기술개발을 전제로 하고 있어서 달성 여부가 불확실하다. 또한 목표를 달성하기 위해 전기화 비중을 확대해야 할 가능성이 있다. 건물 부문에서는 감축목표에 부합하는 구체적인 계획이 마련되어야 한다. 난방 및 급탕 기기의 전기화가 목표 달성의 주요 수단이 되어야 하며, 그린리모델링 목표도 상향되어야 한다. 수송 부문은 구체적인 계획이 제시되어 있지만, 감축목표 달성을 위해서는 전기·수소차 보급 목표의 상향이 필요하다. 당초 계획보다 1.5배 빠른 속도로 보급할 필요가 있고, 2030년 연간 자동차 판매량의 65%가 전기·수소차가 되어야 한다.

부문별 평가를 종합해보면 감축목표의 달성을 위해 전기화가 확대되어야 할 가능성이 높으며, 이는 발전량을 그만큼 늘려야 함을 의미한다. 만약 부문별 전기화 비중을 현 수준으로 유지한다면, 산업, 건물, 수송 부문의 감축목표를 현재 계획보다 낮추고 전환 부문의 감축목표를 높여야 할 것이다. 어느 쪽을 선택하든지 무탄소 발전량을 더 늘려야 한다. 원자력 발전의 비중을 높이기로 한 것(2050탄소중립녹색성장위원회, 2022)은 이러한 점에서 NDC 달성에 도움이 된다. 반면에 동일한 폭만큼 신재생에너지 발전 비중을 낮추기로 한 것(산업통상자원부, 2022. 11)은 무탄소 발전량을 기존 계획보다 높여야 할 필요성과는 배치되는 것이다. 신재생에너지 발전설비 건설을 기존 계획대로 추진하거나 변경폭을 최소화하는 것이 바람직하다.

이러한 방향성을 채택하는 것 못지않게 중요한 것은 이를 신속하게 확정·공표하는 것이다. 필요한 곳에 때맞춰 투자가 이루어질 수 있도록 하기 위해서이다. 신재생에너지 목표의 하향은 신재생에너지에 대한 투자를 지체시킬 가능성이 높다. 2030년까지 시간이 얼마 남지 않은 상황에서 무탄소 발전설비에 대한 투자가 지체되면 NDC를 달성하는 데 어려움이 커질 것으로 우려된다. 따라서 신재생에너지 목표 상향을 조속히 확정해 발표할 필요가 있다.

한 가지 덧붙일 것은 계획의 유연성이다. 최근 저탄소 전환에 필요한 장비의 원자재 가격이 급등하였는데(양용현 외, 2022), 이러한 상황에서는 신재생에너지 발전설비 건설을 다소 미루는 유연함이 필요하다. 물론 국제 유가 등 에너지 가격이 상승한 점은 반대 방향으로 작용하겠지만, 원자재 가격 상승폭이 더 크다. 유연성을 높이려면 연도별 감축계획에 조정 항목을 포함시키는 것이 한 가지 방안이다. 앞에서 언급한 것처럼, 목표를 초과 달성하거나 미달했을 때 이후의 연도별 감축계획이 연동되어 조정되도록 하면 가격 등 국제 환경 변화에 유연한 대응이 가능할 것으로 판단된다.

에너지 공급 측면에서 목표 달성이 어려워지면, 수요 측면의 정책 수정을 고려하는 유연함도 필요하다. 신재생에너지를 확대하기에 불리한 여건이라는 점, 현재와 같은 에너지 안보 환경에서는 발전설비 원자재, 원자력발전 원료, 수소 등을 충분히 확보하지 못할 수 있다는 점을 고려하면, 공급 측 제약요인으로 인해 감축목표를 달성하지 못할 가능성이 있다. 이 경우 감축목표를 달성하기 위해서는 에너지 수요 관리 강화정책을 고려해야 할 것이다.

마지막으로 본 장에서 채택한 상·하향식 접근방법과 그 의의를 설명하고자 한다. 계획을 수립하는 데는 상향식 접근방법과 하향식 접근방법이 있다. 상향식 접근은 각 부문별 상황과 활용 가능한 요인들을 바탕으로 달성할 수 있는 목표를 도출하고, 이를 종합하여 전체 목표를 제시하는 방법이다. 하향식 접근은 달성해야 하는 전체 목표를 설정한 후, 이를 달성할 수 있는 계획을 전체적 혹은 부문별로 마련하는 방법이다.

상·하향식 접근 중 한 가지만을 사용하는 경우는 흔하지 않고, 대부분의 경우 두 접근방법을 혼합하고 있다. 예컨대 탄소중립 시나리오의 수립(2050탄소중립위원회, 2021)과 NDC 상향안의 설정(관계부처 합동, 2021) 시에는 상향식 접근방법을 통해 개략적으로 부문 간 역량을 파악한 뒤, 하향식 접근방법을 통해 주어진 목표를 부문 간에 최종 배분하였다. 이는 하향식을 전제로 하고 상향식 고려사항을 반영해 계획을 세운 것이다. 2022년부터는 상향식 접근방법에 더 비중을 두어 계획의 실현 가능성을 높이는 데 주력하고 있으나, 전체 목표를 변경하지 않았다는 점에서 하향식을 전제로 하고 있음에는 변함이 없다. 반대로 상향식 접근을 전제로 하여 하향식 요소를 반영하는 방법도 있다.

본 장의 논의는 하향식을 전제로 감축경로를 제시하고, 상향식 검토를 통해 기존 계획 수정을 제안하는 것으로 볼 수 있다. 제1절은 전환 부문과 산업 부문의 감축역량을 살펴본다는 점에서 상향식 접근을 포함하고 있지만, 대체로 하향식으로 감축목표의 적극성을 평가하였다. 제2절에서는 주어진 감축목표를 달성할 수 있는 경로를 찾기 위해 하향식 접근방법을 채택하고 있다. 제3절에서는 제한적으로나마 상향식 접근을 통해 부문별 감축계획의 실현 가능성과 부문 간 정합성을 평가하고, 상·하향식 접근을 종합하여 전체 목표를 달성하기 위해 부문별 계획을 어떻게 수정하는 것이 좋을지 논의하였다.

본 장에서는 감축목표를 달성할 수 있는 점진적인 감축경로를 제시하는 한편, 감축계획의 부문 간 정합성을 검토해보았다는 데서 의의를 찾을 수 있다. 하향식 중심의 접근방법에서는 계획의 정합성이 존재하는지 검토하는 작업을 놓치기 쉬운데, 이 검토 작업은 계획의 실현 가능성을 높이기 위해 매우 중요하다. 검토를 통해 당초 할당된 부문별 목표를 조정하는 방안도 고려해보아야 한다. 향후 감축계획을 수립하거나 수정할 때, 하향식 중심의 접근방법을 채택한다면 부문 간 정합성을 반드시 검토해야 할 것이다.

참고문헌

2050탄소중립위원회, 「2050 탄소중립 시나리오 초안」, 2021. 8.

2050탄소중립녹색성장위원회, 「윤 정부, 탄소중립・녹색성장 비전과 추진전략 발표」, 보도자료, 2022.

관계부처 합동, 「2030 국가 온실가스 감축목표(NDC) 상향안」, 2021.

국토교통부, 「국토교통 탄소중립 로드맵」, 2021. 12.

국토교통부, 「2021년말기준 자동차 등록대수 2,491만 대 … 전기차 신규등록 10만 대 돌파」, 보도자료, 2022. 1. 28.

김재문, 「EU 리노베이션 정책」, 양용현 편, 『그린뉴딜 추진전략 연구: 추진과제 간 상호연관성 분석을 바탕으로』 제7장, 한국개발연구원, 2022.

남상욱, 『반도체・디스플레이산업의 탄소중립 추진전략과 정책과제』, ISSUE PAPER 2022-02, 산업연구원, 2022.

박종일・김준기・고용석・연치형・김경석・김창모・조남건, 『그린 뉴딜 실현을 위한 저탄소 도로물류 수송체계 추진전략』, 기본 21-22, 국토연구원, 2021.

산업통상자원부, 「새정부 에너지정책 방향 국무회의 의결」, 보도자료, 2022. 7.

산업통상자원부, 「국내산업에 기여하고 주민과 함께하는 합리적이고 실현가능한 재생에너지 정책 추진」, 보도자료, 2022. 11. 3.

양용현, 「탄소중립과 저탄소 산업구조로의 이행」, 『2022 국가의제와 미래전략』 제3장, 경제・인문사회연구회 협동연구총서 22-33-01, 경제・인문사회연구회, 2022.

양용현・천소라・고혜원, 「우리나라 정책에 대한 제언」, 양용현 편,『그린뉴딜 추진전략 연구: 추진과제 간 상호연관성 분석을 바탕으로』, 제33장, 한국개발연구원, 2022.

『연합뉴스』, 「금호석유화학 “2035년부터 탄소배출 총량 감소세로 전환시킬 것”」, 2022. 2. 23(https://www.yna.co.kr/view/AKR20220223095300003).

외교부, 「상향된 ‘2030 국가 온실가스 감축목표(NDC)’ 유엔기후변화협약 사무국 제출」, 보도자료, 2021.

이고은, 『국내 시멘트산업의 탄소중립 추진 전략과 정책과제』, ISSUE PAPER 2022-01, 산업연구원, 2022.

『이데일리』, 「IPCC, 2030년까지 온실가스 43% 줄여야…현 NDC론 턱없이 ‘부족’」, 2022. 10. 28(https://www.edaily.co.kr/news/read?newsId=01088966632293168).

이재윤・양진혁, 『철강산업의 탄소중립 추진 전략과 정책과제』, ISSUE PAPER 2022-06, 산업연구원, 2022.

정병걸, 「이론과 실천으로서의 전환: 네덜란드의 전환이론과 전환정책」, 『과학기술학연구』, 제15권 제1호, 2015, pp.109~143.

『조선비즈』, 「산업계 “NDC 40% 불가능…글로벌 경쟁력 잃을 것”」, 2021. 10. 8 (https://biz.chosun.com/industry/company/2021/10/08/4K4ATW5775F3JMQ7GDXIRMT6N4/).

조용원・이상원・김경문, 『석유화학산업 탄소중립 전략과 정책적 대응방안, ISSUE PAPER 2021-19, 산업연구원, 2021.

최봉석, 「독일의 온실가스 배출량 감축요인 분석」, 양용현 편, 『그린뉴딜 추진전략 연구: 추진과제 간 상호연관성 분석을 바탕으로』, 제29장, 한국개발연구원, 2022.

환경부, 「온실가스 배출량 2018년 이후 2년 연속 감소 예상 ―2018년 대비 10.9% 감소한 6억 5천만톤 수준 배출 추정」, 보도자료, 2021. 6.

환경부, 「2050 탄소중립을 위한 이정표 마련」, 보도자료, 2021. 10.

환경부, 「2019년 온실가스 배출량 전년 대비 3.5% 감소, 7억 137만톤」, 보도자료, 2021. 12.

환경부, 「2022년 주요업무 추진계획」, 2022. 1.

환경부, 「2021년 국가 온실가스 배출량, 6억 7,960만톤 예상」, 보도자료, 2022. 6.

Agora Industry, Wuppertal Institute, and Lund University, *Global Steel at a Crossraods*, 2021.

BloombergNEF, “$759 Billion Required for a Net-Zero Petrochemicals Sector by 2050,” 2022. 5. 24.

EC(European Commission), “Towards Competitive and Clean European Steel,” SWD (2021) 353 final, 2021.

ETC(Energy Transitions Commission), *Mission Possible: Reaching Net-zero Carbon Emissions from Harder-to-Abate Sectors by Mid-Century*, 2018.

Geels, F. and J. Schot, “Typology of Sociotechnical Transition Pathways,” *Research Policy,* 36, 2007, pp.399~417.

IEA(International Energy Agency), *Energy Technology Perspectives 2020*, 2021.

IEA and CSI(Cement Sustainability Initiative), "Summary of Technology Roadmap: Low-Carbon Transition in the Cement Industry," 2018.

IPCC(Intergovernmental Panel on Climate Change), "Summary for Policymakers," In: *Global Warming of 1.5°C. An IPCC Special Report on the impacts of global warming of 1.5°C above pre-industrial levels and related global greenhouse gas emission pathways, in the context of strengthening the global response to the threat of climate change, sustainable development, and efforts to eradicate poverty,* Masson-Delmotte *et al.* (eds.), Cambridge University Press, 2018.

IPCC, "Summary for Policymakers," In: *Climate Change 2021: The Physical Science Basis. Contribution of Working Group I to the Sixth Assessment Report of the Intergovernmental Panel on Climate Change,* Masson-Delmotte *et al.* (eds.), Cambridge University Press, 2021, pp.3~32.

IPCC, "Summary for Policymakers," In: *Climate Change 2022: Mitigation of Climate Change. Contribution of Working Group III to the Sixth Assessment Report of the Intergovernmental Panel on Climate Change,* Shukla *et al.* (eds.), Cambridge University Press, 2022, doi: 10.1017/9781009157926.001.

Könnölä, T., J. Carrillo-Hermosilla, and R. van der Have, "System Transition: Concepts and Framework for Analysing Nordic Energy System Research and Governance," VTT working papers 99, 2008.

Refining & Petrochemicals Middle East, "The Net-zero Ambition," 2020. 10. 6.

Rotmans, J., R. Kemp, and M. van Asselt, "More Evolution than Revolution: Transition Management in Public Policy," *Foresight,* Vol. 3, No. 1, 2001.

Worldsteel, *Energy Use in the Steel Industry,* 2021.

<웹사이트>

Climate Action Tracker, https://climateactiontracker.org/countries/south-korea(접속일: 2022. 10. 25).

UN 기후변화협약(UNFCC), 온실가스 배출량 통계(https://di.unfccc.int/time_series, 최종 접속일: 2022. 10. 14).

https://touchmyheart.tistory.com/entry/2022-연비-좋은-차-순위-국산차-내연기관-TOP-15-알면-돈-번다(접속일: 2022. 10. 26).

제3장

저탄소 전기화를 위한 전력산업의 과제

임 원 혁 (KDI 국제정책대학원)

제1절 서 론

지구온난화가 지속되고 기상이변성 혹서와 혹한, 산불, 홍수, 태풍 등 자연재해가 빈발함에 따라 향후 기후재앙을 방지하기 위해서는 2050년까지 탄소중립을 달성해야 한다는 위기감이 고조되고 있다. 실제로 2015년 파리기후협약이 체결된 이후 기후변화에 관한 정부 간 협의체(Intergovernmental Panel on Climate Change: IPCC)는 1850~1900년 평균 온도와 비교할 때 인류가 감내할 수 있는 온도 상승폭을 2℃에서 1.5℃로 하향 조정한 바 있다(IPCC, 2018). 온도 상승폭이 1.5℃를 초월하여 2℃에 달한다고 해서 자연재해의 빈도와 강도가 다소 증가하는 수준에 그치지 않고 해수면 급상승 등 기후재앙이 발생할 것인지에 대해서는 아직 불확실한 부분이 있다. 일례로 기후재앙이 돌이킬 수 없을 정도로 일어나는 지점(tipping point)에 관한 연구에 따르면, 온도 상승에 따른 빙상(ice sheet) 붕괴는 그린란드와 남극 서부의 경우에는 1.5℃, 남극 동부의 경우에는 7.5℃를 임계점으로 하여 일어날 가능성이 높다고 한다. 다만, 기후의 비선형성(non-linearity)을 감안할 때 이와 같은 재앙이 발생할 가능성을 사전에 방지해야 한다는 데에 대해서는 공감대가 형성된 것이다(Armstrong McKay *et al.*, 2022).

IPCC(2021)에 따르면 역사적으로 이산화탄소(CO_2) 누적 배출량과 온도 상승폭 간에는 [그림 3-1]과 같이 양의 상관관계가 존재한다. 이 관계에 기초하여 각각 50%와 67%의 확률로 온도 상승폭을 1.5℃로 제한하는 누적 배출량은 2,890GtCO_2와 2,790GtCO_2로 추정된다. 그런데 2019년까지 이산화탄소는 이미 2,390GtCO_2가 누적 배출되었으므로, 잔여 탄소예산(remaining carbon budget)은 각각 500GtCO_2과 400GtCO_2에 불과하다(IPCC, 2021; Yamaguchi, 2021). 참고로 2021년 전 세계의 연간 이산화탄소 배출량은 39GtCO_2 정도로 추정되므로, 이와 같은 연간 배출량이 지속될 경우 2020년 현재 1.1℃인 온도 상승폭은 2030년대 초에 1.5℃를 초과하게 된다. 다만, 온실가스에 의한 지구온난화의 구체적 양상은 이산화탄소 외에도 메탄과 질소산화물의 온난화 효과와 황산화물의 냉각화 효과 등에 영향을 받을 것이다(Hansen *et al.*, 2022).

[그림 3-1]에서 2020년 이후의 수치는 시나리오별 전망치인데, IPCC

[그림 3-1] SSP별 누적 이산화탄소 배출량과 온도 변화

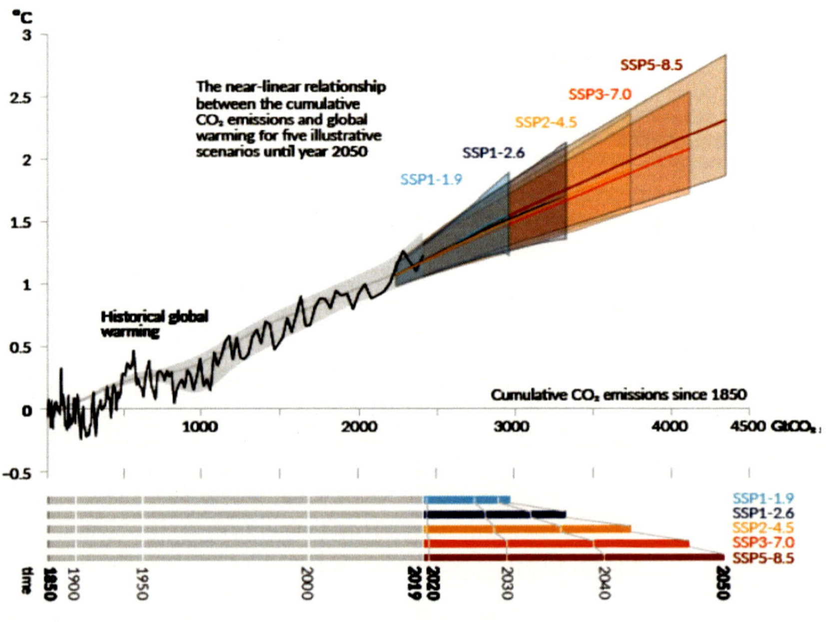

자료: IPCC(2021), *AR6 WG I, Summary for Policymakers*, p.28.

(2021)는 '공동사회경제이행경로(Shared Socio-economic Pathway: SSP)'라는 명칭을 붙인 다양한 시나리오를 제시하고, 2050년까지의 누적 이산화탄소 배출량과 온도 상승폭이 각각 어떻게 변할 것인지 보여주고 있다. 지속가능성(sustainability) 시나리오인 SSP1-1.9의 경우 누적 배출량은 3,000$GtCO_2$에 미치지 못하고 온도 상승폭은 1.5℃로 제한된다. 반면, 화석연료에 기초한 발전(fossil-fueled development) 시나리오인 SSP5-8.5의 경우 2050년까지의 누적 배출량은 거의 4,500$GtCO_2$에 육박하고 온도 상승폭은 2.3℃에 이르게 된다.

[그림 3-2]는 IPCC(2021)에서 제시한 SSP별로 연간 이산화탄소 배출량 추이를 보여준다. 50%의 확률로 1850~1900년 평균 대비 온도 상승폭을 1.5℃로 제한하기 위해서는 SSP1-1.9 시나리오처럼 2050년 정도까지 탄소중립을 달성해야 한다. 이는 경제적 타당성에 기초하여 점진적으로 이뤄진 과거의 에너지 전환과 달리 탄소중립을 위한 에너지 전환은 급속하게 이뤄져야 함을 의미한다. 즉, 장작에서 석탄으로, 석탄에서 석유와 가스로 주 에너지원이 바뀐 과거의 에너지 전환은 비용 대비 편익에 기초

[그림 3-2] SSP별 연간 이산화탄소 배출량

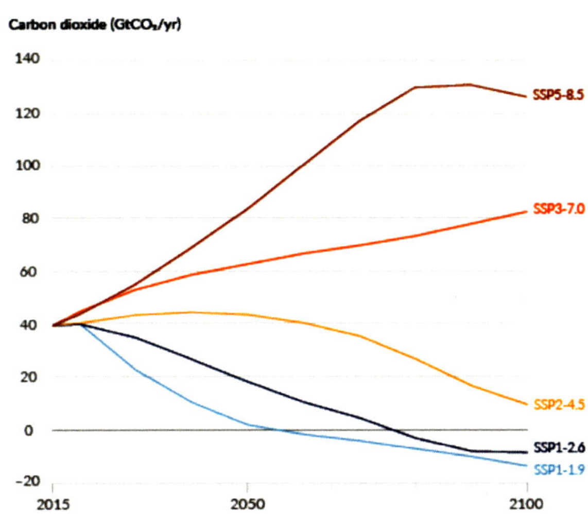

자료: IPCC AR6 WG I(2021), Summary for Policymakers, p.13.

하여 각각 수백 년 동안 진행되었거나 100년 이상 진행되고 있는 반면, 현재의 에너지 전환은 저탄소·무탄소 에너지원으로 30년 이내에 완성되어야 하는 것이다(Yergin, 2021).

2050년까지 탄소중립을 달성하기 위해서는 과감한 저탄소/탈탄소 전기화(low-carbon/decarbonizing electrification)를 추진해야 한다. 기존의 화석연료 사용 설비를 전기 또는 수소 사용 설비로 대체하지 않고 저탄소 에너지원으로 전기나 수소를 생산하지 않는 상태에서, 에너지 효율을 개선하는 정도로는 이산화탄소 배출량을 충분히 감축할 수 없기 때문이다. 용광로, 내연기관차, 가스난방 등 화석연료를 사용하는 설비를 전기 또는 수소를 사용하는 설비로 대체하고, 저탄소 에너지원과 수전해(electrolysis), 탄소 포집·이용·저장(carbon capture, use, and storage: CCUS) 기술 등을 활용함으로써 전방위적으로 이산화탄소 배출을 감축해야 하는 것이다.

저탄소 전기화가 탄소중립 달성의 핵심 수단으로 부상함에 따라 이 과정에서 전력산업이 수행해야 할 역할에 대해서도 관심이 집중되고 있다. 통상적으로 전력산업과 관련된 3대 정책목표는 경제성, 안정성, 친환경성으로 구성된다. 경제성은 비용 대비 편익의 개념으로서, 수요자가 감당할 수 있는(affordable) 또는 정당하고 합리적인(just and reasonable) 가격에 전기를 공급할 수 있는지 여부가 관건이 된다. 안정성은 단기적 수급균형(demand-supply balance)과 중장기적 자원충분성(resource adequacy)을 포괄한다. 실시간으로 수요와 공급의 균형을 맞춰야 하는 전기의 특성상 공급 예비력과 수요 관리 수단을 확보해야 하고, 중장기적으로도 수요와 공급의 균형이 이뤄지도록 해야 한다. 친환경성의 사전적 의미는 자연환경을 오염시키지 않고 자연 그대로의 환경과 잘 어울리는 것이지만, 실제로는 친환경성을 평가함에 있어 온실가스, 미세먼지, 폐기물 등 각종 오염물질이 자연환경 그 자체뿐만 아니라 사람들의 건강과 삶에 미치는 영향도 감안하게 된다. 저탄소 전기화를 효과적으로 추진하기 위해서는 탄소중립이라는 친환경적 목표에 우선순위를 두면서도 단기적 수급균형과 중장기적 자원충분성을 확보하고 비용과 편익을 고려해야 한다.

본 장에서는 이와 같은 문제 인식에 따라 저탄소 전기화를 추진하기 위한 전력산업의 과제에 대해 살펴보고자 한다. 제2절에서는 탄소중립 달성의 핵심 수단으로 부상한 저탄소 전기화의 함의에 대해 알아본다. 이를 위해 국제에너지기구(International Energy Agency: IEA)의 탄소중립 시나리오를 개관한 후 주요 에너지원과 기술의 특성에 대한 이해를 바탕으로 대안을 파악하고자 한다. 특히 태양광이나 풍력과 같은 변동성 재생에너지(Variable Renewable Energy: VRE)가 총발전량에서 차지하는 비중이 70%에 달하는 IEA 탄소중립 시나리오의 한계를 분석한 후, 에너지 저장기술과 CCUS 기술의 획기적인 발전이 없는 한, 원자력을 적극 활용하는 방안을 고려해야 한다고 지적한다. 또한 주요 대안의 기술적·경제적 타당성이 불확실한 현 상황에서는 예시적인 계획을 통해 전반적인 방향을 제시하면서도 연구·개발에 대한 투자와 유인 제공을 통해 혁신을 촉진하고, 위험을 분산하면서도 다양한 시도와 실험을 통해 성공적인 대안이 확장될 수 있도록 관련 제도와 시장이 구축되어야 한다는 점을 강조한다.

제3절에서는 전환(전력) 부문을 중심으로 한국의 탄소중립 2050 계획에 대해 살펴본다. 탄소중립 2050 계획은 (1) 원자력의 적극 활용이나 국외 감축 등을 배제함에 따라 고려된 시나리오의 범위가 너무 좁고, (2) 비용을 감안하지 않았을 뿐 아니라, (3) 향후 기술혁신 및 제도 진화와 상관없이 경직적으로 계획이 수립되어 있다는 점을 지적한다. 몇 년 단위로 기술적·제도적 여건 변화를 반영하여 몇 개의 시나리오를 설정한 후 전체 비용을 최소화하는 방안을 도출하는 형태의 포괄적·동태적 접근법을 대안으로 제시한다.

이어서 전환(전력) 부문에 초점을 맞춰, 우리나라 전력 부문의 기본여건에 대해 살펴본 후 탄소중립을 달성하기 위한 과제를 전원별로 제시한다. 주요 OECD 회원국들과 달리 (1) 태양광, 풍력, 수력 발전을 추진하는데 있어 타당성을 갖춘 입지가 부족하고, (2) 발전 연료의 대부분을 수입하며, (3) 지정학적인 이유로 인해 타국과의 전력 융통이 어렵다는 여건하에서 저탄소 전기화를 추진함에 따르는 문제를 분석한다. 전원별로 보면, 원자력의 경우 장기운영(Long-Term Operation: LTO) 및 증설을 통해 온실가스 감축에 기여할 수 있지만, 안전성에 대한 우려를 불식하여 수용성을 확보해야 한다. 화력발전의 경우 석탄에서 LNG로, 다시 LNG에서 수소로 연료를 전환하는 방안이 추진되고 있는데, 전환 과정에서 LNG로 몇 년간 운영하는 것이 최적안인지 등에 대해 사업자와의 협의가 필요하다. 특히 2030년대 중반까지는 유연성 전원인 LNG의 역할이 부각되다가 이후 그 역할이 급격히 축소되는데, 연료의 확보와 발전설비 가동에 차질이 생기지 않도록 유의해야 한다. 변동성 재생에너지인 태양광과 풍력의 경우 균등화 발전단가뿐만 아니라 전력계통에 미치는 영향을 타당성 평가에 반영해야 하고, 기술적·경제적 불확실성이 있으므로 경쟁입찰 등을 통해 적정 가격을 발견해가는 과정이 필요할 것으로 판단된다.

제4절에서는 이상의 논의를 바탕으로 전력산업의 향후 과제에 대해 살펴본다. 전력산업의 변천 과정을 개관한 후 구조개편 선도국인 영국의 전력시장 변화에 대해 알아보고, 저탄소 전기화를 추진하기 위한 한국 전력산업의 향후 과제를 제시한다.

우선 변동성, 불확실성, 지리적 특화성으로 대표되는 태양광과 풍력 발전의 비중이 높아짐에 따라, (1) 쌍무계약과 전력시장에서의 거래를 통한 비용 회수, (2) 기술혁신 및 운영개선 촉진, (3) 에너지저장설비 등을 통한 전력계통의 유연성 확보가 전력산업의 주요 과제로 대두하고 있다는 점을 지적한다. 태양광과 풍력 발전의 비중이 높아지면 계통한계가격이 0에 가까운 시간대가 많아지게 되므로, 생산 전력량뿐만 아니라 중앙급전 가능한 가용 용량에 대해서도 보상을 해야 가격급등(price spike) 없이도 고정비 회수가 가능하다. 태양광과 풍력 발전의 기술혁신 및 운영개선을 장려하기 위해서는 경쟁 강화를 통한 효율 제고 효과와 포트폴리오 접근법을 통한 위험 분산 효과를 함께 고려한 기술별 배정 방식으로 경쟁입찰을 진행하는 것이 바람직하다. 탄소중립 목표와 전원별 비용 정보를 바탕으로 전체 계통비용을 최소화하는 전원구성을 주기적으로 파악한 후 전원별로 경쟁입찰을 실시하여 적정 가격을 발견하고 비용 정보를 업데이트하는 방안을 고려할 필요가 있다. 또한 계약가격을 설정할 때에는 가격에 대한 불확실성을 해소하여 투자를 촉진하는 효과와 전력의 가치를 반영하여 공급이 조절되도록 하는 효과를 비교형량해야 한다. 전력계통의 유연성을 확보하기 위해 중요한 에너지저장설비는 송・배전 사업자도 적극 보유・활용하도록 하는 것이 바람직하다.

저탄소 전기화 목표를 달성하기 위해서는 탄소중립에 핵심수단이 될 원자력의 장기운영 및 증설, 석탄-LNG-수소로의 연료 전환, 변동성 재생에너지 관련 기술혁신 및 운영개선을 촉진하는 기제가 마련되어야 한다. 이를 장단기 계약시장의 확장과 현물시장의 고도화라는 관점에서 살펴보면 다음과 같다. 장단기 계약시장의 확장과 관련해서는 원전을 정부승인차액계약(Vesting Contract: VC)으로 처리하고 변동성 재생에너지와 에너지저장설비 등의 혁신을 장려하기 위해 경쟁입찰을 확대하며, 석탄과 LNG 화력의 연료 전환을 유인하는 계약이 체결되어야 한다. 현물시장의 고도화와 관련해서는 시간적・공간적 세분화를 모색하면서 비용효과적인 방법으로 전력계통의 안정성과 친환경성을 제고하는 것이 핵심 과제이다. 시간적으로는 하루 전 시장에 더해 실시간 시장을 도입함으로써 수급여건이 반영된 가격신호를 제공하고 거래시간 단위도 단축하여 시장참여자들에게 입찰 정확도에 대한 유인을 제공할 필요가 있다. 공간적으로는 송전 혼잡을 반영한 가격을 제시하여 수요 분산을 유도함으로써 전력 생산과 소비 간의 지리적 괴리가 축소될 수 있도록 해야 한다. 전력계통의 안정성을 제고하기 위해서는 계통안정에 대한 기여도를 반영한 용량가격 보상이 필요하다. 전력계통의 친환경성을 제고하기 위해서는 탄소비용을 시장가격에 반영하는 정도를 확대할 필요가 있다.

해묵은 과제이지만, 저탄소 전기화를 효율적으로 추진하기 위해서는 전기요금의 정상화도 이뤄져야 한다는 점을 지적한다. 연료비 변동분을 전기요금에 적시 반영할 수 있도록 유보 조항을 폐지하고 요금 조정 한도를 확대하는 한편, 탄소중립을 달성하는 데 필요한 발전설비 교체 및 증설, 에너지 저장, CCUS, 전력망 확충 비용 부담에 대한 공감대를 구축할 필요가 있다. 전력시장의 제도 개선 및 전기요금 정상화와 더불어, 계획과 조율을 통해 추진해야 할 과제도 제시한다. 특히 전력수요를 분산하기 위한 지역개발이나 발전설비 건설과 전력망 확충 간의 조율은 가격 신호만으로는 해결되지 않는다는 점을 지적한다. 마지막으로, 국내 전력 산업 가치사슬의 대부분이 해외에서 결정된다는 점을 고려하여 에너지 자원뿐만 아니라 광물과 희토류 등을 포함한 해외 자원을 확보하고 가치 사슬을 구축해야 한다는 점을 강조한다.

제2절 탄소중립과 저탄소 전기화

IEA(2021)는 저탄소 에너지원과 전기・수소 사용 설비를 도입하여 저탄소 전기화를 추진함으로써 2050년까지 탄소중립을 달성하는 '순배출 0(Net Zero Emission: NZE)' 시나리오를 제시한 바 있다. 국가별로 처한 여건은 다르겠지만, 향후 개별 국가들이 탄소중립을 추진함에 있어 고려해야 할 시나리오의 전형을 제시한 것이다. 본 절에서는 IEA의 탄소중립 시나리오인 NZE 기준 시나리오를 개관한 후 에너지원의 특성과 기술 수준을 고려하여 그 실현 가능성에 대해 검토하고자 한다.

1. IEA의 탄소중립 시나리오

IEA는 NZE 기준 시나리오에서 2050년까지의 전 세계 GDP 성장률을 연평균 3%로 상정한다. 이는 2011~19년 세계 경제성장률 평균인 3.5%보다 다소 낮은 수준이다. IEA(2021)에 따르면, 이처럼 전 세계 GDP 성장률을 연평균 3%로 상정할 경우 원단위당 이산화탄소 배출량(CO_2/GDP)이 연평균 12% 감축되어야 2050년 탄소중립 목표 달성에 근접할 수 있다. 심지어 향후 전 세계 GDP 성장률을 연평균 0%로 낮춘다고 하더라도 원단위당 이산화탄소 배출량을 연평균 9% 감축해야 2050년 탄소중립 목표 달성에 근접할 수 있다. 이 경우 연간 이산화탄소 배출량은 약 8년마다 절반으로 줄어들어 2050년이 되면 현재 배출량의 약 1/16 수준인 2.5GtCO_2으로 감소한다. 즉, 경제성장을 포기한다고 하더라도 저탄소

에너지로의 과감한 전환이 있어야 탄소중립을 달성할 수 있는 것이다.

IEA의 NZE 기준 시나리오에 따르면, 1차 에너지(primary energy) 수요는 2020년부터 2050년까지 7% 정도 하락한다. 경제성장이 지속되고 전기화가 추진됨에도 불구하고 1차 에너지 수요가 오히려 하락하는 이유는 1차 에너지의 정의와 측정 방식에 기인하는 바가 크다. 1차 에너지는 생산, 수출입 및 재고증감에 의해 공급되는 에너지로서, (1) 전력 등 2차 에너지로 전환되기 위해 투입되는 1차 에너지와 (2) 산업, 수송, 가정, 상업·공공용으로 직접 소비되는 1차 에너지로 나뉜다. 1차 에너지를 측정할 때 화석연료와 같은 비재생에너지는 함유된 열량 가치(heating value)를 기준으로 하지만, 재생에너지는 생산된 전력을 기준으로 한다(Brown *et al.*, 2018). 예를 들어, 석탄을 이용하여 전력을 생산한다면 1차 에너지는 석탄에 함유된 열량 가치이고 전력 생산 과정에서 1차 에너지의 상당 부분이 열 형태로 손실된다. 반면, 태양광으로 전력을 생산할 경우 1차 에너지는 일사량이 아니라 생산된 전력이기 때문에 1차 에너지의 손실이 없다. 따라서 비재생에너지에서 재생에너지로 대전환이 이뤄진다면 발전량이 늘어남에도 불구하고 1차 에너지가 감소할 수 있는 것이다. 참고로 IEA는 에너지 원단위가 2020~30년 기간 동안에는 연 4%, 2030~50년 기간 동안에는 연 2.7% 감소한다고 가정한다. 이는 2010~20년 기간 동안 연 2%에 못 미쳤던 실적치보다 앞으로 에너지 원단위가 훨씬 더 개선(감소)될 것이라고 전망한 것이다. IEA의 NZE 기준 시나리오에 따르면, [그림 3-3]과 같이 2050년에는 수력을 포함한 재생에너지가 전 세계 1차 에너지 공급량의 약 2/3를 담당하고 화석연료의 비중은 1/5을 약간 넘으며 원자력의 비중은 1/12 정도가 된다.

IEA(2021)에 따르면, 저탄소 전기화가 원활하게 진행되기 위해서는 전기를 통한 에너지 공급이 최종에너지에서 차지하는 비중이 2050년까지 50%가 되도록 발전량을 현재의 2.7배인 71,200TWh로 늘려야 한다. <표 3-1>과 [그림 3-4]와 [그림 3-5]에서 볼 수 있는 바와 같이 전기화를 추진하는 동시에 저탄소 전원으로 교체함으로써 전력(전환) 부문에서 이산화

[그림 3-3] IEA의 탄소중립 시나리오: 에너지원별 1차 에너지 공급량 추이

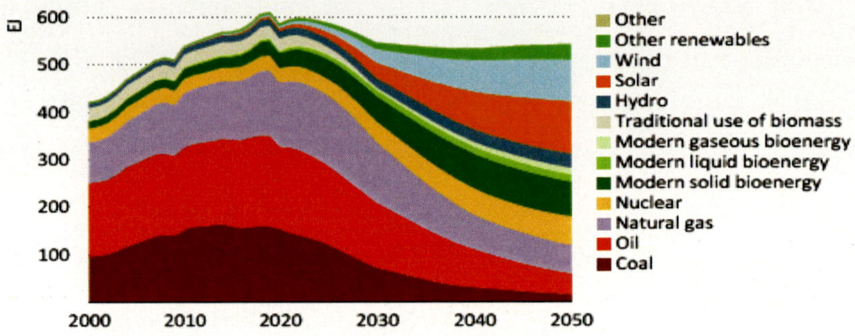

Renewables and nuclear power displace most fossil fuel use in the NZE, and the share of fossil fuels falls from 80% in 2020 to just over 20% in 2050

자료: IEA(2021), p.57(https://www.iea.org/reports/net-zero-by-2050).

<표 3-1> IEA의 탄소중립 시나리오: 저탄소 전기화를 위한 전력 부문의 전환

		2020	2030	2050
총발전량(TWh)		26,800	37,300	71,200
재생에너지 (태양광, 풍력, 수력, 바이오, 지열, 해양)	설비용량(GW)	2,990	10,300	26,600
	발전량 비중(%)	29	61	88
	태양광과 풍력의 발전량 비중(%)	9	40	68
CCUS 장비 결합 발전	석탄・가스화력(TWh)	4	460	1,330
	바이오에너지(TWh)	0	130	840
수소・암모니아	석탄화력 혼소 비율(%)	0	3	100
	가스화력 혼소 비율(%)	0	9	85
	발전량 비중(%)	0	2	2
탄소 비감축 (unabated) 화석연료	석탄의 발전량 비중(%)	35	8	0.0
	가스의 발전량 비중(%)	23	17	0.4
원자력	설비용량(GW)	415	515	812
	발전량 비중(%)	10	10	8
기반시설	전력망 투자비 (2019년 기준 10억달러)	260	820	800
	변전소 용량(GVA)	55,900	113,000	290,400
	배터리 저장(GW)	18	590	3,100
	전기자동차 공공 충전(GW)	46	1,780	12,400

자료: IEA(2021), p.117, p.198.

[그림 3-4] IEA의 탄소중립 시나리오: 에너지원별 발전량 추이

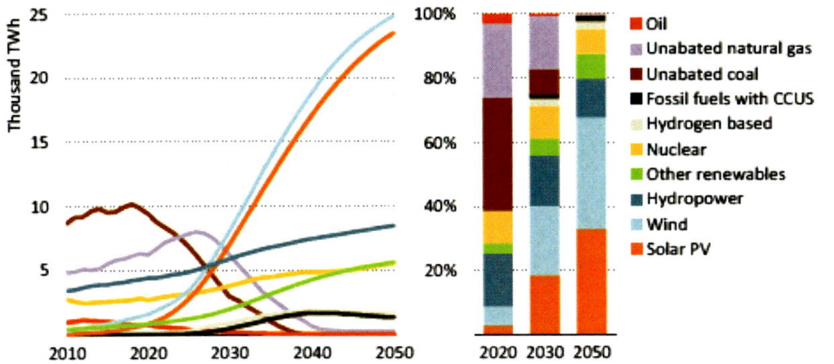

Solar and wind power race ahead, raising the share of renewables in total generation from 29% in 2020 to nearly 90% in 2050, complemented by nuclear, hydrogen and CCUS

자료: IEA(2021), p.115(https://www.iea.org/reports/net-zero-by-2050).

[그림 3-5] IEA의 탄소중립 시나리오: 부문별 이산화탄소 배출 추이

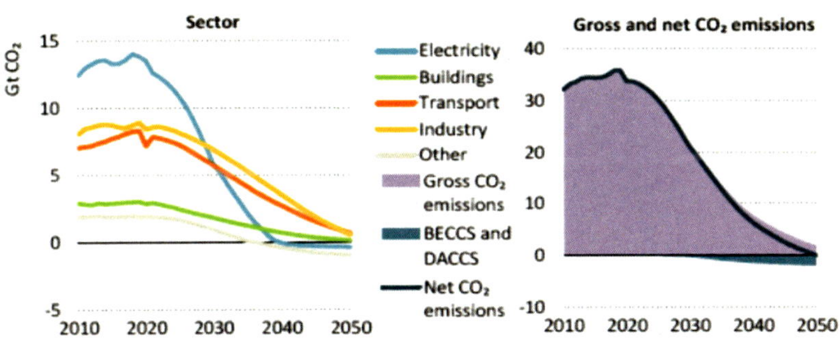

Emissions from electricity fall fastest, with declines in industry and transport accelerating in the 2030s. Around 1.9 Gt CO_2 are removed in 2050 via BECCS and DACCS.

Notes: Other = agriculture, fuel production, transformation and related process emissions, and direct air capture. BECCS = bioenergy with carbon capture and storage; DACCS = direct air capture with carbon capture and storage. BECCS and DACCS includes CO_2 emissions captured and permanently stored.

자료: IEA(2021), p.55(https://www.iea.org/reports/net-zero-by-2050).

탄소 순배출을 2040년까지 0으로 감축할 수 있다.

IEA(2021)에 따르면, 2050년 발전량 중 태양광과 풍력은 68%, 수력과

바이오매스(biomass) 등 여타 재생에너지는 20%의 비중을 각각 차지하고, 원자력이 8%, 수소·암모니아가 2%를 차지한다. 이를 위해서는 2020년대에 발전량에서 석탄화력이 차지하는 비중이 급격히 줄어야 하고, 2030년대에는 가스화력의 비중이 급격히 줄어야 한다. 동시에 태양광과 풍력의 비중이 급격히 늘어야 하고, 에너지저장설비와 수요관리 등을 통해 수급균형을 확보해야 한다. 또한 원자력 설비용량이 2020년 415GW에서 2050년 812GW로 두 배 정도 증가해야 한다(IEA, 2021, p.198).

이처럼 저탄소 전원의 비중을 급격히 높여가는 것과 더불어, 내연기관차, 가스난방, 용광로 등 화석연료를 사용하는 설비를 전기 또는 수소를 사용하는 설비로 교체하고 저탄소 전원과 수전해 및 CCUS 기술 등을 활용함으로써 수송, 건물, 산업 부문에서도 이산화탄소 배출 감축을 추진해야 한다. 내구재의 잠김효과(lock-in effect)를 감안하여 주택 모기지처럼 낮은 금리의 금융자금을 제공함으로써, 기존 설비를 전기·수소 사용 설비로 조속히 교체하도록 유도할 필요가 있다(Griffith *et al.*, 2020). 비록 부작용이 있었지만, 한국에서도 노후화된 경유 화물차의 조기 퇴출을 유인했던 사례 등을 참조할 필요가 있다.

제철, 시멘트, 석유화학 등 원료로 화석연료가 필요하거나 고열이 지속적으로 필요한 난감축(hard to abate: HTA) 산업 분야에서는 수소와 CCUS를 중요한 대안으로 고려할 필요가 있다(IEA, 2020). 또한 이미 대기로 배출된 이산화탄소를 포집하는 직접공기포집(Direct Air Capture: DAC) 등 이산화탄소 제거(Carbon Dioxide Removal: CDR) 기술도 연구개발이 진행됨에 따라 경제성이 개선될 수 있다(DOE, 2021; IEA, 2022). 물론 탄소중립을 달성하기 위해서는 수전해, CCUS, DAC도 저탄소 전원으로 가동해야 한다는 점에 유의해야 한다.

참고로 IEA(2021)의 탄소중립 시나리오는 기술혁신과 신기술의 상용화에 대해 보수적으로 가정하는 편이다. 이에 따라 2030년까지는 기존의 상용화된 기술을 활용하는 것으로 가정하고, 그 이후에 대해서도 신기술의 비중을 높게 잡지 않는다. 예를 들어, CCUS 기술을 통한 전력부문의 이산화탄소 배출 감축은 2030년 이후부터 소규모로 이뤄지고

2050년에도 1.9Gt 정도에 그치는 것으로 추정한다. 수소(H_2)나 암모니아(NH_3) 기반 전원의 역할도 크지 않을 것으로 가정한다.

2. 탄소중립 시나리오의 문제점

IEA를 비롯한 국제기구와 개별 국가의 정부나 연구기관에서 다양한 탄소중립 시나리오를 제시하고 있지만, 실제 에너지원의 특성과 기술 수준을 고려할 때 탄소중립 시나리오가 얼마나 현실적인지에 대해서는 논란이 지속되고 있다. 특히 태양광이나 풍력과 같은 변동성 재생에너지가 전력생산의 대부분을 담당하도록 하는 것이 얼마나 가능한지에 대해 의문이 제기되고 있다(Heard *et al.*, 2017). 태양광과 풍력은 원자력, 가스, 석탄, 석유와 같은 비재생에너지는 물론이고 수력이나 바이오매스와 같은 여타 재생에너지와도 달리, 발전량의 변동성이 높고 예측하기 어려우며 통제하기도 어렵기 때문이다. 여기서 변동성이 높다는 것은 발전량이 기상에 따라 시시각각 변하는 간헐성(intermittency)뿐만 아니라 계절에 따라 변하는 계절성(seasonality)도 높다는 것을 의미한다.

변동성 중 기상에 따라 시시각각 발전량이 변하는 부분은 기존의 에너지저장설비(Energy Storage System: ESS) 등을 통해 대응할 수 있을 것으로 보인다. 실제로 변동성 재생에너지가 전력의 대부분을 공급하는 시스템에서 몇 분이나 몇 시간의 용량을 가진 배터리 등 ESS를 활용하여 수급균형을 맞추고, 송・배전 설비를 확충하며, 필수적인 보조서비스(ancillary service) 등을 제공하는 것은 기술적으로나 경제적으로 가능할 것으로 판단된다(Brown *et al.*, 2018). 하지만 몇 주 또는 몇 개월 단위로 발전량이 크게 변하는 것은 차원이 다른 문제이다. 예를 들어, 유럽 내 OECD 회원국들의 2021년 월별 태양광 발전량을 보면 6월이 12월의 5배나 된다. 유럽에서 태양광은 여름에 발전량이 많고 풍력은 겨울에 발전량이 많아서 어느 정도 보완관계가 있기는 하지만, 이것만으로는 변동성 재생에너지의 계절성 문제를 해결할 수 없다. 그렇다고 해서 태양광과 풍력 발전량에 맞춰 몇 주나 몇 개월 단위로 전력수요를 크게 변동시키는 것은 현실적인 해법이 아니다. 이 문제를 해결하기 위해서는 에너지 저장기술이나 CCUS 기술이 획기적으로 개선되거나, 안전성 확보를 전제로 원자력을 적극 활용해야 할 것으로 판단된다.

가. 에너지원의 특성: 경제성, 안정성, 친환경성을 중심으로

이와 같은 문제 인식하에 경제성, 안정성, 친환경성을 기준으로 하여 에너지원의 특성을 살펴보면 다음과 같다.

1) 경제성

전력산업에서 경제성은 통상 발전기별 균등화 발전단가(Levelized Cost of Electricity: LCOE)나 전체 계통비용(System Cost) 단가 기준으로 평가된다. LCOE는 발전에 필요한 투자·운영 비용을 포괄하지만, 이와 연관된 송·배전 비용이나 전력계통에 미치는 영향은 고려하지 않는다. 예를 들어, 태양광의 경우 태양광 발전에 필요한 설비와 이를 설치하는 데 필요한 부지 및 건설비용, 이를 활용하여 전력을 생산하는 데 필요한 운영·유지 비용이 LCOE에 포함된다. 하지만 태양광의 변동성에 대응하기 위해 필요한 보완 발전설비와 에너지저장설비 등은 LCOE에 포함되지 않는다. 동일한 태양광 발전기라고 해도 그 백업비용은 전체 전원구성과 송·배전 설비의 분포에 따라 달라진다. 이와 같은 문제에 대응하기 위해 IEA-NEA(2020, pp.75~82)는 가치조정 균등화 발전단가(Value-Adjusted LCOE: VALCOE)라는 개념을 도입했는데, 발전설비의 균등화 발전단가인 LCOE와 발전설비가 제공하는 전력량(energy), 용량(capacity), 유연성(flexibility)의 가치를 함께 추정하여 계산한다.

IRENA(2022)에 따르면, 메가와트시당 달러(USD/MWh) 기준 태양광의 LCOE는 2010년 381에서 2020년 57로 크게 떨어졌다. 같은 기간 동안 육상풍력은 76에서 39로, 해상풍력은 162에서 84로 LCOE가 하락했다. 하지만 이와 같은 LCOE는 땅값이 싸면서 일사량이 많거나 바람이 센 곳 등 태양광이나 풍력 발전에 양호한 여건을 갖추고 있는 지역이 주로 반영된 결과이다. 예를 들어, 태양광의 경우 열대 또는 아열대 지대의 사막이나 초원 지역, 풍력의 경우 미국 중부의 초원이나 유럽 북해(North Sea)의 연안 또는 해상 지역이 이에 해당된다. Stevens *et al*.(2017)에 따르면, 동일한 전력량을 생산하는 데 있어 태양광과 풍력은 원자력에 비해 토지 이용량이 각각 45배와 360배나 되기 때문에 부지 비용이 경제적 타당성에 큰 영향을 미친다. 또한 태양광의 발전량은 일사량에 비례하고 풍력의 발전량은 풍속의 세제곱에 비례하기 때문에 자연환경이 중요한 변수이다. 이처럼 태양광과 풍력 발전은 원자력이나 화력 발전과는 달리 자연환경에 따라 LCOE가 큰 차이를 보이기 때문에, 세계적으로 가격경쟁력이 있는 지역 위주로 산출된 결과가 다른 지역에서도 유효할 것이라고 추론할 수는 없다.

실제로 2020년 메가와트시당 달러(USD/MWh) 기준 대규모 태양광 발전설비의 LCOE를 보면, 오스트레일리아(37.06), 프랑스(33.94), 인도(35.49) 등 단가가 낮은 국가가 있는 반면, 네덜란드(79.97), 헝가리(86.05), 한국(96.56), 일본(172.05) 등 단가가 높은 국가도 있다. 미국은 지역 여건에 따라 태양광의 LCOE가 34.39에서 54.66까지 다양하며, 중국은 50.68 정도 된다. 해상풍력의 LCOE를 보면, 북해 연안의 덴마크는 45.09~51.94로 낮은 반면, 미국은 지역 여건에 따라 61.12~119.06, 중국은 81.82, 한국은 160.98 수준이다(IEA-NEA, 2020).

또한 경제성 판단에 있어 LCOE는 해당 발전설비가 전력계통에 부과하는 비용을 반영하지 않고 있다는 점도 감안해야 한다. 요컨대 태양광과 풍력 같은 변동성 재생에너지의 경제성은 개별 국가의 자연환경과 전력계통의 특성을 고려하여 평가해야 한다.

계통비용 단가는 전력계통 전체를 건설・운영하는 데 소요되는 비용을 총전력량으로 나눈 것이다. OECD 산하 원자력기구(Nuclear Energy Agency: NEA)의 모의실험 결과에 따르면, 계통비용 단가는 변동성 재생에너지의 비중이 늘어남에 따라 빠르게 높아진다. 태양광과 풍력의 변동성, 불확실성, 지리적 특화성으로 인해 (1) 변동성을 보완하여 공급 측 프로파일(profile)을 유지하고, (2) 불확실성에 유연하게 대응하여 수급균형

(balancing)을 확보하며, (3) 태양광과 풍력 발전의 여건이 좋은 지역을 전력계통과 연결(connection)하는 데 소요되는 비용이 가파르게 증가하기 때문이다. 메가와트시당 달러(USD/MWh) 기준 계통비용 단가는 변동성 재생에너지의 비중이 10%일 때 70 정도이지만, 30%일 때에는 80을 약간 초과하고 50%일 때에는 100에 근접하며 75%일 때에는 130에 달한다(NEA, 2021). NEA(2021)뿐만 아니라 국내외 관련 연구도 변동성 재생에너지의 발전량 비중이 50%를 초과할 때 전체 계통비용이 급속히 상승하는 모습을 보여준다(Sepulveda *et al.*, 2018; Akimoto, 2021; Larson *et al.*, 2021; 김승완 2022. 2. 24).

변동성 재생에너지의 발전량 비중이 50%를 넘는다는 것은 변동성 재생에너지를 보완할 다른 전원이 상대적으로 적다는 것을 의미한다. 이 경우 전력 수급균형을 유지하기 위해서는 몇 주 또는 몇 개월 단위로 에너지를 저장한 후 필요시 전력을 공급할 기술과 설비가 대량으로 요구된다. 장주기 에너지저장설비로 양수발전(pumped storage hydropower)을 주로 활용하는 기존 방식은 지리적으로 양수발전에 적합한 지역이 한정되어 있고 주민 수용성도 확보되어야 하기 때문에 한계가 있다(Michaux, 2021, pp.198~200). 현재로서는 저탄소 전원으로 전력이 과잉 생산될 때 전기로 물(H_2O)을 분해하여 수소(H_2)를 생산한 후, 이를 영하 253℃에서 액화하거나 기압의 700배에서 압축하거나 암모니아 등의 형태로 흡착(sorption)하여 저장하였다가, 다시 이를 수소로 전환하여 연료전지나 수소 터빈에 활용하는 방안을 검토할 수 있다. 하지만 세 가지 방식 모두 단가가 높고 기반시설이 충분히 갖춰져 있지 않다는 단점이 있다(손영준, 2020).

2) 안정성

안정성은 단기적 수급균형과 중장기적 자원충분성을 포괄하는 개념으로, 공급 측면에서는 전력생산의 확실성(firmness)과 유연성(flexibility)이 중요하다. 원자력과 화력 발전의 경우 기기 고장이나 예방정비 또는 대규모 재해가 없는 한 어느 시간대나 계절에 관계없이 전력을 생산할 수 있다. 반면, 태양광과 풍력은 날씨가 흐리거나 바람이 잠잠한 시간대나 계절에는 전력을 제대로 생산할 수 없다. 더 큰 문제는 태양광과 풍력의 변동성을 사전에 예측하기 어렵기 때문에 불확실성이 크다는 점이다.

또한 전원 중에는 가스화력처럼 전력수급 상황의 변화에 따라 출력을 조절함으로써 부하 추종(load-following)이 가능한 유연성 전원이 있고, 원자력이나 재생에너지처럼 부하 추종이 어려운 경직성 전원이 있다. 경직성 전원 중에서 원자력은 붕산 등을 활용하여 30~40% 정도의 출력을 조절할 수 있지만, 가동을 완전히 멈춘 후 재가동하려면 3일 정도의 시간이 걸린다. 특히 우리나라는 원자력과 석탄화력의 출력 변동률(ramp rate, MW/분)이 여타 IEA 회원국에 비해 현저히 낮다는 문제가 있다(IEA-KEEI, 2021b, pp.38~39). 태양광과 풍력의 경우 자연환경에 따라 발전량이 불확실하게 변동한다는 전제하에서 일부 출력 조절이나 차단을 할 수 있고, 가동 중단 후 재가동에는 그리 시간이 많이 걸리지 않는다.

우리나라의 예를 들어 전력수급의 안정성 확보 문제에 대해 살펴보자. 홍익대 전영환 교수 연구팀의 9차 전력수급 기본계획(2020~2034) 모의운전 결과에 따르면, 계획대로 전원구성이 바뀌고 한계발전비용 기준으로 급전이 이루어질 경우 전력수급에 문제가 발생한다. 전력수요가

[그림 3-6] 전력계통의 유연성 문제: 2034년 4월 중순 모의운전 결과

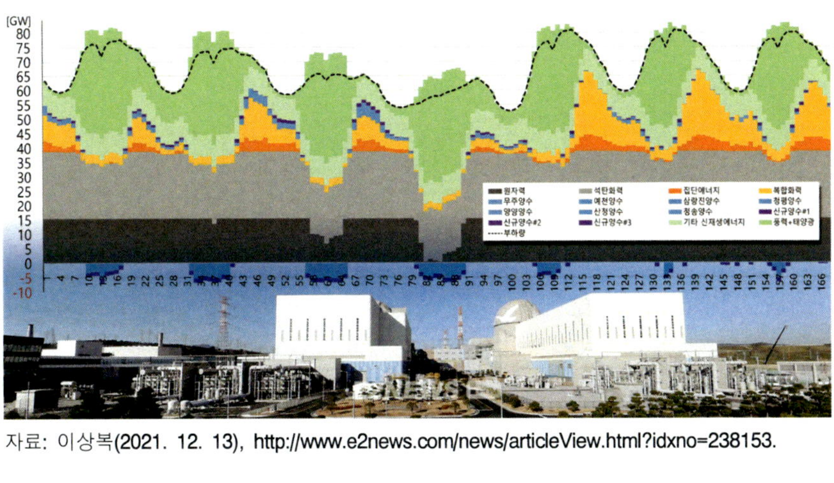

자료: 이상복(2021. 12. 13), http://www.e2news.com/news/articleView.html?idxno=238153.

적은 2034년 4월 중순의 목요일부터 그 다음 주 수요일까지 일주일(총 168시간)을 기준으로 할 때, [그림 3-6]과 같이 평일과 주말의 밤 시간대에는 원자력과 석탄화력이 완전 가동되어야 하고 주말 낮 시간대(60~65시간대와 84~89시간대)에는 원자력과 석탄화력의 가동을 중단해야 하기 때문이다. 기술적으로 원전을 30~40% 정도 감발 운영하는 것은 가능하지만, 밤 시간대에 원전을 완전 가동했다가 이튿날 낮이 되면 가동을 완전 중단하고 다시 밤이 되면 완전 가동하는 형태로 운영하는 것은 불가능하다. 원전 가동 중단 후 재가동에 3일 정도의 시간이 소요되기 때문이다. 석탄화력의 경우 가동 중단 후 재가동에 6~7시간이 걸리지만, 이런 식으로 석탄화력을 운영할 경우 발전기기의 수명 단축과 추가 비용을 야기한다. 이와 같은 모의운전 결과는 전력계통 전체의 비용을 고려하지 않고 한계발전비용에 따라 급전한다는 가정에 기반하고 있으며, 원전을 감발하는 것보다는 재생에너지를 감발하는 것이 비용 효과적이라는 점을 간과하고 있다. 대안적으로 원전이든 재생에너지든 감발하지 않고 잉여 전력으로 수소 등을 생산하는 방안도 고려해 볼 수 있다. 다만, 이렇게 생산된 수소는 어떻게 사용할 것인지, 사용하고 남는 수소는 어떻게 저장할 것인지 등의 문제를 검토해 볼 필요가 있다.

IEA(2019)는 태양광과 풍력 등 변동성 재생에너지(VRE)의 연간 발전량 비중이 증가함에 따라 모든 시간대에서 수요와 공급의 변동성과 불확실성을 안정적이고 비용효과적으로 관리할 수 있는 전력계통의 유연성(power system flexibility)을 강조한 바 있다. VRE의 비중이 15~25%에 이르면 전력수급 균형(주파수) 불안 현상이 발생하기 쉬우므로 유연성 자원을 반드시 확보해야 하고, 25~50%에 이르면 낮 시간대에는 VRE가 대부분의 전력수요를 충족하고 밤 시간대에는 다른 에너지원이 필요하게 된다. VRE가 50%를 초과하게 되면 낮 시간대에 전력 공급이 수요를 초과할 수 있으므로 초과 공급 물량을 소화할 수 있는 새로운 수요가 개발되어야 한다. 수요 측면에서는 에너지저장설비와 열-수소-전기차 연계 등 섹터 커플링, 수요 반응 등을 통해 조절할 필요가 있다. 공급 측면에서는 에너지저장설비 확보 외에도 기존 발전기의 유연운전, 계통설비 투자, 시장제도와 발전 예측 개선 등을 통해 조절할 필요가 있다. 예를 들어, VRE의 발전량 비중이 5%도 되지 않는 상황에서는 원자력과 석탄화력이 제공하는 기저부하(baseload)를 활용하여 밤에 하부댐에서 상부댐으로 물을 끌어올려 낮에 전력을 생산하는 식으로 양수발전을 운영하는 것이 효과적이다. 하지만 VRE의 발전량 비중이 50%에 이르게 되면 낮에 물을 끌어올려 밤에 전력을 생산하는 것이 오히려 효과적일 수 있다. 또한 변동성 재생에너지의 경우 발전기 단위의 개별 리스크(idiosyncratic risk)가 아니라 지역 날씨에 따른 연관된 리스크(correlated risk) 형태로 변동성이 구현될 가능성이 높으므로, 과거에 비해 더 많은 예비력 자원과 백업설비를 확충해야 한다(Wolak, 2022).

3) 친환경성

친환경성은 자연환경과 인간의 삶에 미치는 영향을 기준으로 평가할 수 있다. 전력산업의 경우 친환경성은 개발·채굴 등 에너지원을 확보하는 과정부터 노후화된 발전설비를 폐기하는 과정까지의 생애주기 전체에서 자연환경과 사람들의 삶에 미치는 영향을 포괄한다. 이에 따라 전원별로 발전기의 생애주기 동안 배출되는 온실가스와 대기오염 물질을 산출하고 연관된 사망자 수나 비용을 추정할 수 있다. 예를 들어 온실가스 배출량에 탄소가격을 곱한 것이 탄소비용이 된다. Ritchie(2020)에 따르면, 기가와트시(GWh)당 온실가스 배출량은 석탄, 석유, 천연가스가 각각 820톤, 720톤, 490톤인 데 비해 원자력은 3톤이고, 풍력과 태양광은 각각 4톤과 5톤에 불과하다. 즉, 동일한 전력량을 생산하는 동안 석탄이나 석유는 원자력이나 풍력·태양광에 비해 100배 이상의 온실가스를 배출하는 것이다. 온실가스 배출 저감 측면에서 볼 때, 천연가스는 석탄이나 석유에 비해 양호하기는 하지만 탄소중립의 궁극적인 달성 수단이 되지 못한다.

또한 Ritchie(2020)에 따르면, 테라와트시(TWh)당 사망자 수는 석탄, 석유, 천연가스가 각각 24.6명, 18.4명, 2.8명인 데 비해 원자력은 0.07명이고, 풍력과 태양광은 각각 0.04명과 0.02명에 불과하다. 원자력의 경우 사

<표 3-2> 전원별 환경·건강·안전 관련 비용

	석탄	천연가스	원자력	풍력	태양광
생애주기 발전량 대비 온실가스 배출량(ton CO_{2eq}/GWh)	820	490	3	4	5
생애주기 발전량 대비 사망자 수 (명/TWh)	24.6	2.8	0.07	0.04	0.02
대기오염 비용(원/kWh)					
- 황산화물(SO_x)	12.51	-	-	-	-
- 질소산화물(NO_x)	14.15	10.98	-	-	-
- 초미세먼지(PM2.5)	0.72	-	-	-	-
사고위험 비용(원/kWh)					
- 실적 중대사고 기준 손해 기대치	12.01	-	-	-	-
- 일본 비용검증위 추정치	5.62	-	-	-	-

자료: Ritchie(2020), 조영탁 외(2018).

망자 수치는 1979년 미국의 TMI(Three Mile Island), 1986년 소련의 체르노빌과 2011년 일본의 후쿠시마에서 일어난 세계 중대 원전사고 결과를 모두 포함한 수치이다. 화석연료 중 천연가스는 석탄과 석유에 비해 대기오염 물질을 적게 배출하기 때문에 인체 건강에 미치는 악영향이 상대적으로 작다. 대기오염 비용의 경우 발전설비가 배출하는 황산화물(SO_x), 질소산화물(NO_x), 미세먼지(PM) 등이 건강에 미치는 악영향을 추정해야 한다(Parry *et al.*, 2014). 킬로와트시당 원(원/kWh)을 단위로 할 때 한국에서는 석탄의 경우 황산화물은 12.51, 질소산화물은 14.15, 초미세먼지(PM 2.5)는 0.72의 비용을 각각 유발한다. 천연가스의 경우 질소산화물을 배출하여 10.98의 대기오염 비용을 유발한다(조영탁 외, 2018, p.183).

사고위험 비용과 관련하여 화력발전이나 재생에너지는 보험으로 피해액 전체를 보상하는 방안을 고려할 수 있지만, 원자력발전은 피해액 전체를 보상하는 보험 자체가 없다. 원전의 경우 약 5,000억원의 보상액에 상응하는 보험료만 납부하며, 그 이상의 피해가 발생하면 이에 대한 보상은 사회 전체가 부담한다. 일본 후쿠시마 원전사고 피해액을 한국의 인구밀도와 GDP로 보정한 피해액(343.5조원)을 구한 후, 세계 중대 원전사고 실적 확률(3.5×10^{-4}/원자로·년)을 이에 적용한 사고위험 비용은

12.01원/kWh로 추정된다. 참고로 후쿠시마 원전사고 이후 일본의 비용평가위원회가 추정한 사고위험 비용은 5.62원/kWh이다(조영탁 외, 2018, p.182). 세계 중대 원전사고 실적 확률은 현재까지 가동된 바 있는 모든 원전을 대상으로 총 원자로 가동연수(14,322 원자로・년)를 구하고, TMI 원자로 1기, 체르노빌 원자로 1기, 그리고 후쿠시마 사고 당시의 원자로 3기를 각각 별도의 사고로 보아 총 5회를 중대사고로 간주하여 산정한 것이다. 이 실적 확률은 2010년대에 도입된 신형 경수로 APR 1400의 노심용융(core meltdown) 및 방사성물질 외부 누출(containment failure) 기준 안전성 목표인 1×10^{-6}보다 훨씬 높다(이창훈 외, 2013, p.67).

원자력의 경우 온실가스와 대기오염 물질을 배출하지 않음에도 불구하고 어느 정도까지 비용을 감수하면서 핵폐기물 처리 및 원전 사고와 관련된 리스크를 감축해야 하는지에 대해서는 합의를 이루기 어렵기 때문에 원전의 친환경성에 대한 논란은 계속되고 있다. 이는 2017년 신고리 5・6호기 건설과 관련된 공론화 과정에서 집중적으로 논의되었지만, 여전히 찬・반 양쪽이 만족할 만한 결과를 도출하지 못하고 있다.

나. IEA 탄소중립 시나리오의 한계

IEA(2021)의 탄소중립 시나리오가 상정하는 것처럼 태양광과 풍력의 발전량 비중이 거의 70%에 달하는 상황에서 가장 대응하기 어려운 문제는 태양광과 풍력의 발전량이 몇 주나 몇 개월 단위로 급감할 경우 효과적인 대안이 별로 없다는 점이다. 이와 관련해서는 변동성 재생에너지의 계절성도 문제이지만 ‘어둠과 고요(dunkelflaute)’ 현상이나 장마 또는 폭설 등으로 인해 태양광과 풍력 발전이 여의치 않을 경우를 상정할 수 있다. 실제로 독일은 2017년 1월 16일부터 26일까지 어둠과 고요 현상이 지속됨에 따라 비재생에너지와 전력수입을 통해 실효용량으로는 60GW, 발전량으로는 14.4TWh에 해당되는 전력을 확보해야 했다(Dickel, 2022, p.11). 2017년 당시 독일의 연간 총발전량인 654.1TWh 중 태양광과 풍력은 각각 6.1%와 16.1%의 비중을 차지하고 있었기 때문에, 열흘 동안 태양광과 풍력 발전이 제한된다고 해도 이를 보완하는 것이 불가능한 일은 아니었다. 연간 약 20%의 비중을 차지하는 변동성 재생에너지가 전력을 생산할 수 없었지만, 나머지 약 80%의 비중을 차지하는 전원의 출력을 상향 조정하고 외국으로부터 전력을 수입하여 보완할 수 있었기 때문이다. 그런데 탄소중립 시나리오가 상정하는 것처럼 태양광과 풍력의 연간 발전량 비중이 70%에 달하는 상황에서 어둠과 고요 현상이나 장마 또는 폭설이 지속된다면, 태양광과 풍력의 발전 제한에 따른 손실이 상대적으로 훨씬 더 커지기 때문에 이를 보완할 수단을 찾기 어렵게 된다.

실제로 모든 국가들이 탄소중립을 달성하기 위해 변동성 재생에너지 중심으로 전원을 구성할 경우 기상이변 현상에 극도로 취약해질 수 있다. 각국이 변동성 재생에너지 위주로 전원을 구성하여 전원구성 간의 차이가 작아진 상황에서 기상이변 현상이 몇 개국을 가로질러 일어날 경우 국가 간 전력 융통이 어렵기 때문이다. 예를 들어, 유럽 내의 전력 융통은 프랑스의 원자력, 독일의 화력과 풍력, 이탈리아의 화력과 수력, 폴란드의 화력, 노르웨이의 수력 등 국가별로 다른 주력 전원의 보완성을 활용하여 이뤄져 왔는데(ACER, 2022), 만약 모두 태양광과 풍력을 중심으로 전원구성을 전환할 경우 어둠과 고요 현상과 같은 연관된 리스크(correlated risk)에 취약하게 된다. 또한 러시아의 우크라이나 침공 이후 에너지안보 문제가 부각된 바와 같이 지정학적 리스크도 감안해야 한다.

에너지저장설비나 수소 등으로 재생에너지의 변동성에 대응하는 것도 현재의 기술로는 현실적인 방법이 아닌 것으로 판단된다. 독일에 전기차 5,000만대를 보급한 후 각 차량의 100kWh 배터리를 다 충전하였다가 방전하여 전력을 공급한다고 해도 이를 통해 확보할 수 있는 전력량은 5TWh에 불과하다. 이는 2017년 1월 독일에서 열흘 동안의 어둠과 고요 현상이 지속되는 동안 발생한 재생에너지 발전량 손실분인 14.4TWh에 크게 못 미친다. 수소를 저장하는 방안도 한 번 수소를 쓰고 나면 다시 그만큼 저장해야 하는데, 그 전에 기상이변 현상이 또다시 일어나면 문제가 생긴다. 참고로 15TWh 정도의 전력을 생산하기 위해서는 무려 50BCM 정도의 수소가 필요하다(Dickel, 2022).

다. 대안의 모색

이상과 같은 문제점을 고려할 때 생각해 볼 수 있는 대안은 다음과 같다. 첫째, 에너지저장기술의 획기적인 혁신이 일어나 태양광이나 풍력으로 생산한 전력을 수소나 다른 형태로 변환하여 대규모로 장기간 저장하는 것이다. 저탄소 발전-수전해-수소 또는 다른 형태의 물질로 연결되는 P2X(Power to X) 방식의 기술혁신이 앞으로 계속 진행되어 저렴하게 보급될 수 있다면 탄소중립을 달성하는 데 크게 기여할 것이다(Way *et al.*, 2022). 하지만 P2X 방식에 기반한 대규모 장주기 에너지저장설비는 기술적으로나 경제적으로 아직 해결되지 않은 과제이다. 천연가스를 영하 162℃에서 액화하여 LNG로 저장・운송・활용하는 것처럼 수소를 그보다도 훨씬 낮은 영하 253℃에서 액화 또는 고압 처리하거나 화학・물리적으로 흡착하여 저장・운송・활용하는 방안을 고려해 볼 수 있지만, 아직 이에 필요한 기반시설은 갖춰져 있지 않고 경제적 타당성도 검증되지 않았다.

둘째, CCUS 기술을 획기적으로 개선하여 이산화탄소를 포집・이용・저장하는 것이다. IEA(2022, p.27)에 따르면, 화력발전 시 발생하는 이산화탄소를 발전소에서 포집할 경우에는 톤당 80달러, 이미 대기로 배출된 이산화탄소를 직접공기포집(DAC)할 경우에는 톤당 230달러 정도가 소요된다. 참고로 미국 에너지부에서는 향후 10년 이내에 직접공기포집에 소요되는 비용을 톤당 100달러로 낮추기 위해 연구를 진행 중이다(DOE, 2021). 이처럼 포집된 이산화탄소가 다시 탈루되지 않도록 지질학적으로 검증된 공간에 안전하게 저장하는 데에는 추가적인 비용이 소요된다. 만약 이산화탄소 포집 및 저장에 소요되는 총비용이 톤당 100달러 정도가 된다면 경제성 측면에서는 현실적인 대안이 될 수 있을 것으로 보인다. 탄소배출권 가격이 이미 톤당 100달러에 육박하는 상황에서 탄소 포집・저장에 소요되는 비용이 탄소배출권 가격보다 낮아진다면 사업자 입장에서는 이를 활용할 유인이 있기 때문이다. 다만, 획기적으로 개선된 CCUS 기술을 믿고 향후 화력발전이 대규모로 지속될 경우에는 배출되는 이산화탄소를 포집하여 안전하게 저장할 지질학적 공간이 부족하게 될 수도 있다.

또 하나 고려해 볼 수 있는 대안은 기저 전력을 안정적으로 공급하는 수단으로 저탄소 전원인 원자력을 활용하는 것이다. 재생에너지 중 태양광과 풍력은 변동성 문제가 있고 수력과 바이오에너지는 수자원과 부지 확보 문제로 인해 확장성에 한계가 있는 데 비해, 원자력은 안전성을 확보한다는 전제하에, 확인된 우라늄 매장량을 활용하여 비교적 용이하게 발전량을 확대할 수 있다(Michaux, 2021).

이와 관련하여 OECD 산하 NEA는 원자력이 탄소중립 달성에 기여할 수 있는 경로를 (1) 장기운영(Long-Term Operation: LTO), 즉 설계수명이 만료된 기존 원전의 계속운전, (2) 제3세대 원전 증설, (3) 소형모듈원자로 등 신기술 원전 도입 등 세 가지로 구분한다(NEA, 2021). 첫째, 현재 OECD 국가의 원전 평균 연령은 36년인데, 기술적으로 원전의 안전성을 확보하면서 수십 년간 수명을 연장할 여지가 있다(OECD, 2019). 부품 교체와 성능 개선을 통해 기존 원전의 수명을 연장할 경우 신규 원전 건설과는 달리 새로 부지를 확보하지 않아도 되기 때문에 사회적 갈등도 최소화할 수 있다. NEA는 80년 정도로 원전 수명을 연장할 수 있을 것으로 추정한다. 이에 따른 이산화탄소 누적 감축량은 49.2Gt이다. 둘째, 이미 기술이 검증된 가압경수로 등 제3세대 원전을 추가 건설할 수 있다. 현재 50기 정도의 원자로가 건설 중이고 100여 기의 원자로가 계획 중이다. 이에 따른 이산화탄소 누적 감축량은 22.8Gt이다. 셋째, 소형모듈원자로(Small Modular Reactor: SMR) 등 신기술 원전을 도입할 수 있다. 소형모듈원자로란 용량이 0.3GW 미만이고 모듈화되어 제조 및 배치가 용이한 원자로이다. 특히 0.2~0.3GW 규모의 원자로는 석탄화력을 대체하는 데 적격이다. 고온에서 작동하는 소형원자로를 활용하면 산업공정에서 화석연료를 일정 부분 대체할 수도 있다. 예를 들어, 고온의 열이 필요한 제지·석유화학 부문 등에서 화석연료 대신 유용하게 사용할 수 있는 것이다. 신기술 원전은 안전성 측면에서도 장점이 있다. 패시브 안전 개념을 도입하여 적극적인 개입이나 백업전력이 없이도 원자로 운영을 중지

할 수 있다. 연구개발과 운영허가 취득 및 시범운영에 소요되는 시간을 감안할 때 NEA는 경수로 소형원자로는 2030년경부터, 비경수로 소형원자로는 2035년경부터 운영 가능할 것으로 예상한다. NEA가 예상하는 것처럼 2035년까지 소형모듈원자로 시장규모가 연간 21GW, 2050년까지 연간 75GW에 달한다고 가정할 경우 총 375GW가 건설되는 것이며 15.1Gt의 이산화탄소 배출량을 누적 감축할 수 있다. 이렇게 원자력을 활용할 경우 2020년에서 2050년 사이에 이산화탄소 배출량을 87.1Gt 정도 누적 감축할 수 있을 것이다(임원혁, 2022. 5. 20).

이상과 같은 논의를 종합해 볼 때 저탄소 전기화를 통해 탄소중립을 달성하기 위해서는 전력산업 부문에서 태양광과 풍력 발전설비의 증설뿐 아니라 에너지저장기술과 CCUS 기술의 혁신 및 원자력의 적극 활용 등을 아우르는 포괄적이고 동태적인 접근법이 필요할 것으로 판단된다. 실제로 미국 북동부 지역의 자연조건을 반영하여 계통비용을 추정한 모의실험 결과에 따르면, 원자력, 바이오에너지, CCUS와 결합된 가스화력 등 확실한(firm) 저탄소 전원 없이 변동성 재생에너지와 에너지저장설비 등 백업설비만으로 탄소중립을 달성하기 위해서는 반대의 경우에 비해 거의 2.5배 정도의 비용이 소요된다(Sepulveda *et al.*, 2018).

태양광과 풍력의 전 세계 발전량 비중을 2020년의 9% 수준에서 상당히 끌어올릴 여지가 있지만, IEA(2021)의 2050년 탄소중립 시나리오가 상정하는 것처럼 68%까지 끌어올리는 것은 어려울 것으로 판단된다. 경제적 타당성 문제를 차치하더라도, 태양광과 풍력이 전력생산의 대부분을 차지하는 상황에서는 계절적 요인이나 어둠과 고요 현상 또는 장마・폭설 등으로 인해 발전량이 몇 주 이상 급락할 경우 이를 비재생에너지나 전력수입으로 보완하기 어렵기 때문이다. 태양광과 풍력 위주로 전원을 구성하려면 기상 여건이 양호한 상태에서 생산한 전력을 수소나 다른 형태로 변환하여 장기간 저장할 수 있는 에너지저장기술의 혁신이 전제되어야 한다. 이와 같은 혁신이 여의치 않을 경우에 대비하여 화력발전에서 발생하는 이산화탄소를 경제적으로 포집하여 안전하게 저장하는 CCUS 기술 개발에도 투자할 필요가 있다. 이산화탄소의 탈루를 방지하는 지질학적 공간의 제한 등으로 인해 이 또한 한계가 있을 것이므로 원자력도 적극 고려할 필요가 있다.

이와 같은 기술혁신의 불확실성을 감안할 때 전력산업 내에서의 조직 및 거래 방식도 특정 기술이나 대안을 원천적으로 배제하지 말고 포괄적이고 동태적인 접근법을 취할 수 있도록 개선될 필요가 있다. 불확실성이 상당히 높을 경우 계획에 기초한 명령・통제나 자유방임적인 시장거래만으로는 좋은 결과를 도출하기 어렵다. 주기적으로 예시적인 계획을 통해 전반적인 방향을 제시하면서도 연구・개발 투자와 유인을 제공함으로써 혁신을 촉진하고, 다양한 시도와 실험을 통해 성공적인 대안이 확장될 수 있도록 관련 제도와 시장이 구축되어야 한다.

제3절 한국의 탄소중립 계획: 전환 부문을 중심으로

한국은 기후변화 대응에 관한 국제적 추세에 맞춰 로드맵을 작성하고 있지만, 그 목표와 달성 수단의 타당성에 대해서는 논란이 지속되고 있다. 본 절에서는 한국의 탄소중립 계획에 대해 개관한 후 전환 부문을 중심으로 대안을 모색해 보고자 한다.

1. 한국의 탄소중립 2050 계획

한국의 탄소배출・에너지 로드맵 또는 기후정책은 제3차 에너지기본계획(2019. 6), 제9차 전력수급기본계획(2020. 12), 상향된 2030 국가 온실가스 감축목표(2021. 10), 탄소중립 2050 계획(2021. 10), 제10차 전력수급기본계획(2023. 1) 등에 반영된 것으로 볼 수 있다. 참고로 에너지기본계획(에기본)은 5년마다 20년 시계(time horizon)로 작성되고, 전력수급기본계획(전기본)은 2년마다 15년 시계로 작성된다.

상향된 2030 국가 온실가스 감축목표는 파리기후변화 협약에 규정된 국가결정기여분(Nationally Determined Contribution: NDC)으로 수립되었으며, 이는 국제사회에 공약한 내용이다. 국제적인 비난을 감수하지 않는 한, 여기에서 후퇴(backsliding)하기는 어렵다. 하지만 총량 목표는 유지하더라도 목표 달성 수단의 구성을 변경할 수는 있다.

한국은 GDP 규모와 온실가스 배출 규모에서 세계 10위 이내에 드는 선진 산업국으로서 이에 상응하는 공헌을 한다는 취지에서 2030년 온실가스 순배출량 목표를 조정하여 2018년 조배출량 대비 40% 감축한 436.6백만톤으로 설정하였다. 동일하게 순배출량(조배출량)을 기준으로 하면 NDC 상향안의 목표는 2018년 순배출량(조배출량)에서 36.4%(30.0%)를 감축한 것이다. 이는 2018~50년 기간 동안 선형으로 균등 감축한다고 가정했을 때의 2030년 감축 수치인 37.5%(=12/32)와 비슷한 수준이다. 참고로 전환(전력) 부문에서의 2030년 목표는 조배출량 기준으로 2018년 실적치 대비 44.4%나 감축한 수준이다(관계부처 합동, 2021a. 10).

한국의 탄소중립 2050 계획은 설계수명이 만료된 원전은 실제 안전 여부와 상관없이 폐기하고 재생에너지의 확산과 수소경제로의 전환이 용이하게 이뤄진다고 가정하는 한편, 연료전지, 동북아그리드, 무탄소 신전원과 CCUS 기술 등 그 현실성과 경제성이 불확실한 수단에 상당 부분 의존하고 있다. 또한 초안에서 고려되었던 국외 감축을 최종안에서는 배제하여 온실가스 배출 감축이 모두 국내에서 이뤄지는 것으로 가정하였다. 연평균 GDP 성장률은 2018~40년에는 1.9%, 2040~50년에는 1.0%로 상정했다. 2050년의 1차 에너지 수요는 2018년 대비 5% 감소하는 것으로 전망했다(관계부처 합동, 2021b. 10. 18; 2021c. 10). 한국의 탄소중립 2050 계획상의 부문별 온실가스 배출량을 2018년 실적 및 2030 NDC 상향안과 비교하면 <표 3-3>과 같다.

2050 탄소중립 계획 초안1에서는 석탄화력을 일부 잔존시키고 국외 감축을 포함했으나, 최종안에서는 이를 모두 배제하였다. 또한 최종안에서는 원전의 장기운영(계속 운전)과 증설을 배제하고, 신재생에너지 확보와 수소경제로의 전환이 용이하게 이뤄진다고 가정했다. 다만, A안에서는 수소 터빈과 수전해를 적극 활용하는 데 비해 B안에서는 LNG 발전, 내연차+DAC, 연료전지, 동북아그리드, 부생·추출 수소 등을 일부 활용하

<표 3-3> 한국의 탄소중립 2050 계획: 부문별 이산화탄소 배출량 추이 비교

(단위: 백만톤CO_{2eq})

	부문	2018 실적	2030 NDC	2050 초안1	2050 A안	2050 B안
순배출량	-	686.3	436.6	0.0	0.0	0.0
조배출량	-	727.6	508.7	144.5	80.4	117.3
배출	전환	269.6	149.9	46.2	0.0	20.7
	산업	260.5	222.6	53.1	51.1	51.1
	수송	98.1	61	11.2	2.8	9.2
	건물	52.1	35	7.1	6.2	6.2
	농축수산	24.7	18.3	17.1	15.4	15.4
	폐기물	17.1	9.1	4.4	4.4	4.4
	탈루+	5.6	5.2	1.2	0.5	1.3
	수소	-	7.6	13.6	0.0	9.0
흡수 및 제거	흡수원	-41.3	-26.7	-24.1	-25.3	-25.3
	CCUS	-	-10.3	-95.0	-55.1	-84.6
	국외 감축	-	-35.1	-25.4	-	-
	DAC	-	-	-	-	-7.4

주: 탄소중립 2050 계획 초안1에서는 석탄화력을 일부 잔존시키고 국외 감축을 포함하였으나, 최종안에서는 A안과 B안 모두 이를 배제하였고 원전의 장기운영(계속 운전)과 증설을 배제하면서 신재생에너지의 확대와 수소경제로의 전환이 용이하게 이뤄진다고 가정했음. 그린수소에 의존하는 A안은 LNG 발전까지 배제하고 수소 터빈과 수전해를 적극 활용함. B안은 LNG 발전을 일부 잔존시키고 내연차+DAC(직접공기포집), 연료전지, 동북아그리드, 부생・추출 수소 등을 일부 활용하면서 CCUS(탄소 포집・이용・저장) 기술을 적극 활용하여 온실가스를 제거함.

자료: 해당 계획을 참조하여 저자 작성.

면서 CCUS 기술을 적극적으로 이용하여 온실가스를 제거한다. 즉, A안이 그린수소에 크게 의존하는 데 비해, B안은 전환과 수송 부문에서 일부 이산화탄소 배출을 A안보다 더 허용하되 이를 탄소 포집・이용・저장 기술로 제거하는 것이다. CCUS 기술을 활용한 이산화탄소 제거량은 A안에서는 55.1백만톤, B안에서는 84.6백만톤으로 설정했다. 참고로 탄소중립 2050 계획에서 이산화탄소 제거량의 최대치는 85.2백만톤으로 상정했는데, 포집 후 이용(CCU)을 통해 25.2백만톤, 국내와 국외 포집 후 저장(CCS)을 통해 각각 30백만톤씩 제거될 수 있을 것으로 보았다.

한편, A안과 B안 모두 산업, 건물, 농축수산, 폐기물 부문과 산림을 중심으로 하는 흡수원에 대한 가정은 같다. 산업 부문에서는 수소환원제철 등 신기술 도입과 연료·원료 전환이, 건설 부문에서는 에너지효율 제고와 청정열 도입이, 농축수산 부문에서는 전기화·수소화와 더불어 바이오숯(bio-char) 활용이 이뤄지고, 폐기물 부문에서는 감량 및 재활용이 더욱 활성화될 것으로 전망했다. 또한 산림이 고령화됨에 따라 산림으로 흡수되는 이산화탄소는 줄어들 것으로 예상했다.

A안과 B안 모두 국외 감축을 완전히 배제했지만, 기후변화의 초국경적 성격과 국가별 한계감축비용(marginal abatement cost) 차이를 고려했을 때 국외 감축 자체를 배제할 필요가 있는지는 의문이다. 국외 감축과 관련해서는 반사실적 가정(counterfactual)을 어떻게 설정하느냐가 관건이다. 예를 들어, 2010년 당시 전력 확보가 시급한 개도국에서 값싼 석탄화력 대신 값비싼 풍력발전을 통해 30년간 전력을 생산할 경우 두 가지 대안의 온실가스 배출량 차이만큼을 국외 감축으로 인정한다. 하지만 풍력발전 단가가 지속적으로 하락하여 2020년부터는 보조·지원 없이도 석탄화력 대신 풍력발전을 추진할 수 있게 되었다면 배출량 차이를 계속 국외 감축으로 인정해야 하는지에 대해 반론이 제기될 수 있다. 이 논란은 사전(ex ante) 투자의 잠김효과 대 사후(ex post) 기술진보에 관한 것으로, 2010년에 투자 결정을 내릴 당시 석탄화력과 풍력발전의 향후 30년간 발전단가 추이를 어떻게 전망할 것인지에 그 결과가 달려 있다.

한국의 탄소중립 2050 계획은 (1) 원자력의 적극 활용이나 국외 감축 등을 원천적으로 배제함에 따라 고려된 시나리오의 범위가 너무 좁고, (2) 비용을 감안하지 않았을 뿐 아니라, (3) 향후 기술혁신 및 제도 진화와 상관없이 경직적으로 계획이 수립되어 있다. 탄소중립 2050 계획은 설계수명이 만료된 원전은 실제 안전 여부와 상관없이 폐기하는 한편, 재생에너지의 확산과 수소경제로의 전환 등이 용이하게 이뤄진다고 가정하였다. 탄소중립 2050 계획의 기준 시나리오를 존중함에 따라 정부출연연구기관이나 국제기구 등에서 고려한 탄소중립 시나리오의 범위도 좁은 편이다(김용건 외, 2021; IEA-KEEI, 2021a; 김승완, 2022. 2. 24).

반면, 영국은 2050 Net Zero Strategy에서 (1) 풍력, 원자력, 그린수소로 저탄소 전기화를 적극 추진하는 방안(High Electrification), (2) 천연가스와 CCUS 기반 블루수소와 풍력을 주로 활용하는 방안(High Resource), (3) 기술혁신을 통해 에너지 전환이 용이하게 이뤄진다고 상정한 방안(High Innovation) 등 세 개의 대안적 시나리오를 고려하였다(BEIS, 2021). 미국의 경우 다양한 시나리오를 고려한 공식 정부 문건은 없지만, 프린스턴 대학교 등에서 기존 화석연료 중심의 시나리오 외에 태양광, 풍력, 바이오, 원자력, CCUS 등의 비중이 다른 5개의 대안적 시나리오를 고려하여 탄소중립 추진 비용을 추정했다(Larson *et al.*, 2021).

일본의 경우에도 민간 연구소인 RITE에서 2050년에 탄소중립을 달성하기 위해 기준 시나리오 외에 (1) 재생에너지의 발전량 비중을 100%로 끌어올리는 방안, (2) 원자력의 발전량 비중을 기존 10%에서 20% 또는 50%까지 높이는 방안, (3) 수소 생산 비용이 반감되었다고 상정한 방안, (4) CCUS 보급이 확산되었다고 상정한 방안 등 다양한 시나리오를 고려하였다. 또한 각각의 시나리오에 대해 소요 비용을 추정하였다. 기준 시나리오에서 기술적 제약요인 외에도 원전의 발전량 비중이 10%를 넘지 않는다는 사회적 제약요인을 적용하여 전체 계통비용을 최소화한 결과, 2050년 재생에너지의 발전량 비중은 54%, 한계전력가격은 $221/MWh로 추정되었다. 이에 비해 재생에너지의 발전량 비중을 100%로 할 경우에는 한계전력가격이 $485/MWh로 2.2배 급등했다. 나머지 시나리오에서는 기준 시나리오와 비교할 때 유리한 가정을 한 에너지원의 비중이 다소 높게 나오면서 재생에너지의 비중은 44~63% 정도 되었고, 한계전력가격은 기준 시나리오와 비슷하게 나왔다(Akimoto, 2021).

비용도 감안하지 않고 수립된 탄소중립 2050 계획의 경우 향후 기술혁신 및 제도 변화를 주기적으로 반영하여 수정·보완하는 기제도 마련되어 있지 않다. 반면, 영국은 5년 단위로 탄소예산을 정하고 이에 상응하는 부문별 계획을 수립하고 있다.

이상과 같은 문제점을 고려할 때 한국은 2030 NDC 상향안의 온실가스 감축목표는 유지하더라도 달성 수단을 재검토하고, 미검증된 신기술에 대한 의존도를 낮추고 전원구성 등을 바꿔 2050년까지 탄소중립을 달성하는 방안을 고려할 필요가 있다. 탄소중립 이행을 위해서는 화석연료 사용을 감축하는 한편 태양광과 풍력뿐만 아니라 원자력을 포함한 저탄소 에너지를 활용하는 것이 바람직하다. 기술적·사회적 제약요인을 반영하면서 전체 계통비용을 최소화하는 것이 방법론적으로 타당하다. 국외 감축도 적극 추진할 필요가 있다. 태양광과 풍력의 간헐성, 불확실성, 계절성에 대응하기 위한 보완설비의 건설과 발전용지 확보 및 송전선 건설 문제 등을 감안할 때, 태양광과 풍력 위주로 2050년까지 탄소중립을 달성하기는 어렵고 비용도 지나치게 많이 소요될 것으로 보인다.

2. 전환 부문의 전원구성 및 발전량

한국의 탄소중립 계획에서 전환 부문에 초점을 맞춰보면, 시나리오별·에너지원별 발전량과 그 비중은 <표 3-4>와 같다. 저탄소 전기화가 추진됨에 따라 2018년 실적치 대비 2050년 발전량은 A안에서 2.1배, B안에서 2.0배 늘어날 것으로 전망되었다. 이는 IEA(2021)의 NZE 기준 시나리오가 상정한 2.7배보다 낮은 배율로, 한국의 GDP 성장률이 세계 경제성장률(3%)보다 낮게 상정되어 있다는 점 등을 반영한 것으로 보인다.

전환 부문의 경우 9차 전기본이 이미 수립된 후인 2021년에 들어 탄소중립 목표 달성 논의가 구체화됨에 따라 관련 계획 간의 일관성이 부족하다. 특히 9차 전기본과 2030 NDC 상향안이 상정하는 2030년의 전원구성 간에는 큰 차이가 있다. 9차 전기본과 비교할 때 2030 NDC 상향안은 원자력과 LNG의 비중은 비슷하게 설정하였지만, 석탄의 비중을 8.1%p나 낮추고 신재생에너지의 비중을 9.4%p나 높였다. 석탄의 비중을 크게 낮추지 않는 한 상향된 온실가스 감축목표를 달성하기 어렵고, 신재생에너지를 9차 전기본보다 훨씬 더 빠른 속도로 확대할 수 있다고 보았기 때문이다(신동현, 2022).

탄소중립 2050 계획은 여기에서 한 걸음 더 나아가 원자력의 비중을 낮추고 석탄 및 LNG를 최소화하며 재생에너지와 수소·암모니아 등 무탄소 신전원의 비중을 높이는 방안을 제시하고 있다. 그린수소에 의존하는

<표 3-4> 한국의 탄소중립 2050 계획: 에너지원별 발전량(비중) 추이 비교

(단위: TWh, %)

	2018 실적	2030 NDC	2050 초안1	2050 A안	2050 B안
총발전량	592.9	612.4	1256.4	1,257.7	1,208.8
원자력	133.5 (22.5)	146.4 (23.9)	89.9 (7.2)	76.9 (6.1)	86.9 (7.2)
석탄	237.5 (40.1)	133.5 (21.8)	19.1 (1.5)	0.0 (0.0)	0.0 (0.0)
LNG	186.6 (31.5)	119.4 (19.5)	101.1 (8.0)	0.0 (0.0)	61.0 (5.0)
재생에너지	34.5 (5.8)	191.0 (31.2)	710.7 (56.6)	889.8 (70.7)	736.0 (60.9)
연료전지	-	-	121.4 (9.7)	17.1 (1.4)	121.4 (10.0)
동북아그리드	-	-	33.1 (2.6)	0.0 (0.0)	33.1 (2.7)
무탄소 신전원 (수소・암모니아)	-	22.0 (3.6)	177.2 (14.1)	270.0 (21.5)	166.5 (13.8)
부생가스	-	-	3.9 (0.3)	3.9 (0.3)	3.9 (0.3)

자료: 해당 계획을 참조하여 저자 작성.

A안을 기준으로 할 때 2050년 발전량 비중은 원자력 6.1%, 재생에너지 70.7%, 연료전지 1.4%, 무탄소 신전원은 21.5%로 설정되었다. 신재생에너지의 비중은 모두 93.6%나 된다.

2023년 1월에 발표된 10차 전기본은 2030년 NDC 상향안과 비교할 때 원자력 비중을 8.5%p 높이고 신재생에너지 비중을 8.7%p 낮추는 대안을 제시하였다. 또한 석탄 비중은 2030년 NDC 상향안보다 더 낮추고 LNG 비중은 더 높였다. 10차 전기본은 2030년 NDC 상향안의 온실가스 감축 목표를 달성하면서도 그 수단은 원자력 비중을 높이고 신재생 비중을 낮추며 석탄 비중을 더 낮추는 방식으로 변경한 것이다. <표 3-5>는 2030년을 기준으로 할 때 9차 전기본, NDC 상향안, 10차 전기본이 각각 전원별 발전량 비중을 어떻게 설정했는지 보여준다.

전원구성과 관련하여 석탄의 비중을 줄이고 LNG의 비중을 조절하여

<표 3-5> 2030년 기준 전원별 발전량 비중 설정치의 변화

(단위: TWh)

		원전	석탄	LNG	신재생	수소·암모니아	기타	합계
9차 전기본	발전량	146.4	175.1	136.6	121.7	-	6.0	585.8
	비중	25.0%	29.9%	23.3%	20.8%	-	1.0%	100%
NDC 상향안	발전량	146.4	133.2	119.5	185.2	22.1	6.0	612.4
	비중	23.9%	21.8%	19.5%	30.2%	3.6%	1.0%	100%
10차 전기본	발전량	201.7	122.5	142.4	134.1	13.0	8.6	621.8
	비중	32.4%	19.7%	22.9%	21.5%	2.1%	1.3%	100%

주: 신재생에너지는 태양광·풍력 출력제어 후의 발전량 비중임(출력제어 전의 발전량 비중은 22.1%임). 무탄소 신전원인 수소와 암모니아는 9차 전기본에는 반영하지 않았고, NDC 상향안에는 암모니아만 반영했으며, 10차 전기본에는 수소와 암모니아를 모두 반영함. 참고로 10차 전기본에 따르면 2036년의 전원별 발전량 비중은 원전(34.6%), 석탄(14.4%), LNG(9.3%), 신재생(30.6%), 수소·암모니아(7.1%), 기타(4.0%)로 설정됨.

자료: 해당 계획을 참조하여 저자 작성.

<표 3-6> 10차 전기본의 전원구성 전망(연말 실효용량 기준)

(단위: GW)

연도	구분	원자력	석탄	LNG	신재생	양수	기타	계
2023	용량	26.1	39.7	43.5	6.1	4.7	1.0	121.1
	비중	21.5%	32.8%	35.9%	5.1%	3.9%	0.8%	100%
2030	용량	28.9	31.3	58.6	10.5	5.2	0.5	135.0
	비중	21.4%	23.2%	43.4%	7.8%	3.9%	0.3%	100%
2036	용량	31.7	26.7	64.6	14.5	6.5	0.5	144.5
	비중	21.9%	18.5%	44.7%	10.0%	4.5%	0.4%	100%

주: 정격용량(GW, 2023→2030→2036 순) 기준으로는 석탄(40.2→31.7→27.1), 신재생(32.8→72.7→108.3), 기타(1.1→0.9→0.8)이고 원자력, LNG, 양수는 실효용량과 동일함. 여기에서 기타는 유류, 폐기물, 부생가스 설비, 기타 저장장치 등임.

자료: 산업통상자원부, 「제10차 전력수급기본계획(2022~2036)」, 2023. 1. 12.

유연성을 확보하는 것에 대해서는 어느 정도 공감대가 형성되어 있지만, 원전과 신재생에너지의 적절한 비중에 대해서는 논란이 있어 왔다. 원전과 신재생에너지 둘 다 무탄소 전원이기는 하지만 각각의 경제성, 안정성, 친환경성에 대한 평가에 따라 다른 판단을 할 수 있기 때문이다.

<표 3-6>은 10차 전기본 기간 동안 전원별 설비용량이 연말 실효용량 기준으로 어떻게 변하는지 보여주고 있다. 실효용량은 피크기여도를 반

영하여 정격용량을 조정한 것으로, 신재생에너지는 피크기여도가 낮기 때문에 이를 반영한 실효용량은 정격용량보다 훨씬 낮다. 예를 들어, 2036년 태양광과 풍력의 피크기여도는 각각 13.9%와 2.2%에 불과할 것으로 추정된다. 반면, 원자력과 LNG의 피크기여도는 100%이다.

10차 전기본은 목표수요를 기준으로 전력시장 거래량 및 한전과의 전력구매계약(PPA) 물량까지 포함한 최대전력수요가 2022~36년 기간 중 연평균 1.5% 증가하여 2036년 118GW에 달할 것으로 전망했다. 다만, 과거 경험에 비춰볼 때 실제 최대전력수요는 이보다 더 빠르게 증가할 가능성이 있다. 특히 기준수요의 13.0%를 수요관리량으로 상정하고 이를 기준수요에서 차감하여 목표수요를 산정하는 방식이 얼마나 현실적인지 재검토해 볼 필요가 있다(이수일, 2013).

또한 3차 에기본과 9차 전기본에는 저탄소 전기화와 수급 균형 확보와 관련된 내용이 부족하였으나, 10차 전기본은 이를 포함시켰다. 예를 들어, 디지털화로 인해 신규 건설될 데이터센터와 스마트그리드는 상당한 전력수요를 유발할 것으로 예상되므로, 10차 전기본에서는 이를 반영하였다. 재생에너지의 변동성에 대응하고 출력제어를 완화하기 위해 동기조상기와 에너지저장장치 등 백업설비 26.3GW가 필요함을 적시하고, 이를 확충하기 위해 2036년까지 약 29~45조원의 재원이 소요될 것으로 추정하였다. 이는 발전설비의 용량 적정성을 확보하고 수요예측 오차 가능성과 공급 지연 등에 대비하기 위해 목표수요에 22%의 기준 예비율을 적용하여 산출하는 발전설비 예비용량과는 별개의 것이다.

이처럼 10차 전기본은 2030년 NDC 상향안의 전환 부문 온실가스 감축목표(2030년에 2018년 조배출량 대비 44.4% 감축)를 달성하면서도 2030년 NDC 상향안에 비해 원자력 비중을 높이고 태양광과 풍력의 비중을 낮추며 석탄의 비중을 조금 더 낮추는 좀 더 현실적인 대안을 제시하고 있다. 하지만 10차 전기본의 시계는 2036년까지로 제한되어 있기 때문에 계획기간 이후 2050년까지 탄소중립을 달성하기 위해 전환 부문이 어떻게 변모할 것인지는 알 수 없다. 이와 같은 문제는 탄소중립 2050 계획을 수정·보완하면서 검토되어야 할 내용이다.

3. 한국 전력산업의 특성과 전원별 과제

우리나라의 전력산업은 유럽과 북미 지역의 주요 OECD 회원국들과는 달리 (1) 태양광, 풍력, 수력 발전을 추진하는 데 있어 타당성을 갖춘 입지가 부족하고, (2) 발전 연료의 대부분을 수입하며, (3) 지정학적인 이유로 인해 타국과의 전력 융통이 어렵다는 여건을 가지고 있다. 이와 같은 여건하에서 우리나라는 인구 대비 좁은 국토를 효율적으로 이용하기 위해 대규모 원자력발전 단지와 화력발전 단지를 조성하는 한편, 관련 기술을 습득·개발하여 품질 좋은 전력을 값싸고 안정적으로 공급함으로써 외화 가득에 필요한 산업을 육성하는 데 노력을 기울였다. 그 결과 우리나라의 전력산업은 수출지향 공업화와 경제성장에 기여했지만, 전력 소비 지역과 생산 지역 간의 괴리로 인해 대규모 송전설비에 의존해야 하고 산업 부문의 에너지 수요가 높다는 문제를 안고 있다. 또한 앞으로 저탄소 전기화를 추진함에 따라, 석탄화력 등 우리나라가 국제적으로 경쟁력이 있는 전원의 비중을 축소하고 태양광과 풍력 등 경쟁력이 부족한 전원의 비중을 확대해야 한다는 과제도 안고 있다.

2000년대 이후 지역별 전력자립도 추이를 보면, 서울·경기 지역은 낮고, 인천·충남·전남·경북 지역은 높은 편이며, 부산·울산·경남 지역은 비교적 균형 잡힌 모습을 보이고 있다(노지은 외, 2022). 하지만 인구가 밀집된 수도권 지역에 발전소를 건설하는 데에는 한계가 있고 바람의 방향을 고려할 때 석탄화력이나 원자력을 서부에 증설하는 것은 문제가 있기 때문에, 최근에는 주로 남동부와 강원 지역에 발전소가 건설되어 왔다. 그 결과, 전력 생산 지역과 소비 지역 간의 괴리 문제가 심각해지고 있다.

또한 2019년 기준 GDP 대비 제조업 비중을 보면, 유럽연합은 16.4%, 미국은 11.0%인 데 비해 우리나라는 28.4%에 달한다. 특히 에너지다소비 산업 비중을 보면, 유럽연합은 5.0%, 미국은 3.7%에 불과한 데 비해 우리나라는 8.4%나 된다. 더구나 2021년부터 원가연계형 요금제를 통해 연료비 조정분을 전기요금에 반영하도록 되어 있음에도 불구하고, 제도 적용을 빈번히 유보함에 따라 에너지다소비 구조가 더욱 고착화될 우려가 있다. 그만큼 향후 온실가스를 감축하는 데 소요되는 비용도 높을 것으로 예상된다. 전환 부문에서 탄소중립을 추진하기 위해서는 이와 같은 여건을 고려하여 전원별로 방안을 마련할 필요가 있다.

World Bank(2020)의 Global Solar Atlas에 따르면, 일사량 등 태양광 발전을 위한 자연조건은 한국이 세계 150위권 정도이다. 풍력발전을 위한 평균 풍속은 북해 지역이 초속 10m인 데 비해 한국은 초속 7m 정도에 그친다. 풍력 에너지는 풍속의 세제곱에 비례하므로 한국은 북해 지역의 34%밖에 되지 않는 것이다. 또한 한국은 부지 비용 등이 높은 관계로 태양광의 경우 투자비가 오스트레일리아, 덴마크, 프랑스 등에 비해서는 2배 이상 높고, 인구밀도가 높은 네덜란드나 벨기에에 비해서도 다소 높은 수준이다. 해상풍력의 경우에는 투자비뿐 아니라 운영유지비도 유럽 국가에 비해 상당히 높은 것으로 분석된다(IEA-NEA, 2020, pp.60~65).

IEA-NEA(2020)의 2020년 기준 전원별 균등화 발전단가($/MWh)를 보면, 한국은 주요 OECD 회원국과는 달리 원자력(53.30, 순용량 1,377MWe 기준), 석탄(75.59, 954MWe), 가스(86.76, 982MWe) 순으로 가격경쟁력이 있고, 대규모 태양광(96.56, 2.97MWe 부하율 15%), 상업용 태양광(98.13, 0.10MWe, 부하율 15%), 육상풍력(113.33, 14.85MWe 부하율 23%), 해상풍력(160.98, 99MWe 부하율 30%)은 한계가 있는 것으로 나타난다. 이와 같은 LCOE는 투자자본비용 금리 7%, 톤당 탄소가격 30달러를 반영한 수치이다. 원자력, 석탄화력, 가스복합화력에 대해서는 85%의 부하율을 상정했고 태양광과 육상풍력에 대해서는 실제 운영자료에 기초한 부하율을 적용했다.

주요 OECD 회원국의 경우 원자력과 석탄화력은 경쟁력이 떨어지는 반면, 주로 파이프라인을 통해 연료가 조달되는 가스화력의 경쟁력이 높다. 2022년 2월 러시아의 우크라이나 침공으로 가스가격이 급등하기 전까지는, 유럽과 미국의 천연가스 가격은 각각 한국 LNG 가격의 80%와 32% 정도 수준이었다. 또한 유럽과 북미의 OECD 회원국들은 태양광과 육·해상풍력을 추진하는 데 있어 경제성을 갖춘 입지도 상대적으로 풍부한 편인 것으로 나타난다(IEA-NEA, 2020, pp.55~69).

『신・재생에너지백서 2020』에 따르면, 2019년 기준 OECD 회원국의 발전량 중 재생에너지가 차지하는 비중은 27.0%인데, 태양광(3.2%), 풍력(7.6%), 수력(12.7%), 바이오(2.5%) 등으로 구성된다. 반면, 한국은 재생에너지의 발전량 비중이 4.9%에 불과하고, 태양광(2.3%), 풍력(0.5%), 수력(0.5%), 바이오(1.6%) 등으로 구성된다. 한국은 여타 OECD 회원국에 비해 수력과 풍력의 비중이 현저히 낮음을 알 수 있다. 재생에너지 중 수력을 제외하고 변동성 재생에너지만 보면, OECD 회원국 중 2019년 현재 변동성 재생에너지의 발전량 비중이 20% 이상인 나라는 덴마크, 독일, 아일랜드, 이탈리아, 스페인, 영국뿐인데, 이탈리아를 제외한 나머지 국가들은 풍력발전만으로 20% 이상을 달성한다(산업통상자원부・한국에너지공단, 2021, pp.876~877; IEA-KEEI, 2021a, p.12).

이상과 같은 한국 전력산업의 여건을 배경으로 탄소중립 2050 계획의 전환 부문과 10차 전기본에 나타난 전원별 과제를 살펴보면 다음과 같다.

가. 원자력

우리나라는 1970년대 석유파동 이후 원자력을 적극 도입하여 1990년대 초반에서 2000년대 중반까지는 원자력 발전량 비중이 약 40% 정도를 유지하다가 이후 하락하여 2020년대 초반에는 30%에 조금 못 미치고 있다. 원전 설비를 보면 2020년 말 기준으로 정지원전 2기(고리 1호기, 월성 1호기), 운영원전 24기, 건설원전 4기(신고리 5・6호기, 신한울 1・2호기)가 있다(원자력안전위원회, 2020. 12. 31). 원전 위치를 보면 부산・경남(고리 및 신고리 1・2호기), 울산(새울 신고리 3~6호기), 경북 울진(한울 및 신한울), 경주(월성 및 신월성) 등 남동부와 전남 영광(한빛)에 집중되어 있다. 원자력의 향후 역할에 관해 탄소중립 2050 계획과 10차 전기본은 다음과 같이 대조적인 방향을 제시했다.

탄소중립 2050 계획은 원자력발전소의 장기운영(계속 운전)과 추가 건설을 원천적으로 배제하였고, 소형모듈원자로(SMR) 등 원전 관련 기술

혁신의 가능성도 고려하지 않았다. 2020년대에 10기, 2030년대에 4기, 2040년대에 4기가 각각 추가로 운영이 정지되어 2050년에는 원전 10기만 남게 될 것으로 보았다. 이에 따라 총발전량에서 원자력이 차지하는 비중은 2021년 29.0%에서 2050년 A안에서는 6.1%, B안에서는 7.2%로 크게 줄어들 것으로 전망하였다. A안과 B안 사이에 차이가 있는 이유는 2050년의 총발전량에 대한 가정이 다를 뿐 아니라 원전의 이용률도 각각 77%와 87%로 다르게 설정되었기 때문이다.

이에 반해 10차 전기본은 안전성 확보를 전제로 원자력을 적극 활용하는 방안을 제시하고 있다. 이에 따라 원전 2기(신한울 3 · 4호기)를 건설 재개하고, 기존에 건설 중이던 원전은 적기에 준공되도록 하며, 안전성 확보를 전제로 가동 원전을 장기운영(계속 운전)할 계획이다. 만약 2020년대에 설계수명이 만료되는 원전 10기가 안정성을 확보하여 모두 장기운영된다면, 2030년의 가용 원전은 18기가 아니라 30기가 된다. 사용 후 핵연료 처리는 고준위방폐물관리특별법의 입법을 통해 기본체계를 마련하면서 고준위방폐장 건설 전까지 원전 내 건식 저장시설을 확충하고 관련 연구개발 사업 및 전문인력을 확보할 계획이다.

10차 전기본에서는 원전의 장기운영이 원활하게 진행된다는 전제하에 2036년 원자력발전의 실효용량을 31.7GW, 발전량을 230.7TWh로 상정하고 있다. 하지만 1980년대에 상업운전을 개시한 경수로(고리 2 · 3 · 4호기)나 1990년대에 상업운전을 개시한 중수로(월성 2 · 3 · 4호기)의 경우에는 경제적 · 기술적 타당성을 충족하면서 안전하게 장기운영할 수 있을지 면밀히 점검해 볼 필요가 있다. 설령 원전의 장기운영이 원활하게 진행된다고 하더라도 더 이상 원자력의 순증설이 이뤄지지 않는다면 원자력의 발전량 비중은 2036년 34.6%에서 2050년 18.4% 정도로 하락하게 된다. 저탄소 전기화가 진행됨에 따라 분모인 총발전량이 늘어나기 때문이다. 만약 원자력의 발전량 비중을 30%대로 유지해야 한다면 원전의 추가 건설이 이뤄져야 하고 그 전제조건으로 안전성과 국민 수용성을 확보해야 한다. 사용 후 핵폐기물 처리와 관련해서는 과거 저준위 방폐장 건설 경험에 비춰볼 때 다양한 이해집단의 의견수렴도 필요하지만, 유치

지역 주민에게 실질적인 혜택이 돌아가는 방향으로 방안을 만든 후 지역 간에 유치 경쟁이 있도록 하고 주민투표를 통해 민주적 정당성을 확보하는 절차가 중요할 것으로 판단된다(채종헌 · 정지범, 2010).

나. 석탄

원자력과 달리 석탄화력에서는 탄소중립 2050 계획과 10차 전기본 간에 별로 차이가 없다. 두 계획 모두 석탄화력의 폐지를 지향하는데, 10차 전기본에서 석탄과 암모니아를 혼소하는 방안을 구체적으로 기술한 차이가 있을 뿐이다. 탄소중립 2050 계획에 따르면, 온실가스뿐만 아니라 미세먼지 등을 배출하여 건강에 악영향을 미치는 석탄화력은 LNG로의 연료 전환과 퇴출을 통해 그 비중을 크게 줄여 2050년까지 0%가 되게 할 예정이다.

10차 전기본은 안정적인 전력수급을 전제로 노후 석탄발전 감축을 지속 추진하면서, 상대적으로 최신 설비에 대해서는 계획기간 동안 석탄발전에 암모니아 20% 혼소를 통해 온실가스를 감축하기로 하였다. 2022년 말 현재 58기가 있는 석탄화력발전소 중 2030년까지 20기, 2036년까지 28기를 점진적으로 폐지하면서 LNG로 연료 전환할 계획이다. 하지만 폐지하는 석탄화력 설비의 경우에도 에너지안보 등 환경 변화에 대비하기 위해 '석탄발전 휴지 보전 제도' 등 별도의 정책 방안을 마련하기로 하였다. 또한 상대적으로 최신 설비를 갖춘 석탄화력에 대해서는 암모니아 혼소를 추진하기로 하였다. 참고로 IEA-KEEI(2021a, p.60)에 따르면, 초초임계(ultra-supercritical) 설비를 갖춘 석탄화력은 이산화탄소 배출권이 톤당 60달러가 되어도 가격 경쟁력이 있는 것으로 추정된다. 10차 전기본에 따르면, 2030년 기준으로 암모니아 296만톤을 석탄과 20% 혼소하여 6.9TWh를 생산함으로써 온실가스 감축에 기여할 것으로 예상된다.

석탄화력의 경우 2021년부터 신규로 발전소를 건설할 계획은 없고, 이미 건설이 시작되어 2030년까지 준공 예정인 추가 설비가 3기 있을 뿐이다. 또한 기존 발전기 58기 중 민자사업자 단독 또는 공동 소유는 6기(고성하이 1·2호기, 강릉안인 1·2호기, 삼척 1·2호기)이고 나머지는 공기업 소유라서 LNG로의 연료 전환이나 퇴출 유도가 비교적 용이할 것으로 판단된다. 다만, 이와 관련된 근거 법령과 보상안을 마련할 필요가 있다. 한편, 암모니아는 저장과 운송이 용이하고 석탄에 비해 온실가스 배출이 적음에도 불구하고 가연성이 떨어지기 때문에 석탄과의 혼소가 기술적·경제적으로 얼마나 타당한지 검증되어야 한다(김재엽, 2021).

다. LNG

석탄화력과 마찬가지로 LNG 화력의 경우에도 탄소중립 2050 계획과 10차 전기본 간에는 별로 차이가 없다. 에너지 전환을 추진함에 있어 두 계획 모두 2030년대 중반까지는 LNG의 교량(bridge) 역할이 중요하다는 점을 인정한다. 석탄화력이 대규모로 폐지되었지만 신재생에너지가 충분히 확장되지 않아 생기는 부족분을 LNG가 보완해야 하고 유연성도 확보해야 하기 때문이다. 탄소중립 2050 계획에 따르면, LNG 화력의 설비용량은 2034년 59.1GW로 정점을 찍은 후 2050년까지 수소 터빈으로 전부 전환되거나(A안), 전체 발전량의 5% 범위 내에서 일부 잔존시켜 유연성 전원으로 활용(B안)할 예정이다.

10차 전기본에서는 LNG 화력을 수소 터빈으로 완전 전환하기 전에 사업자의 동의를 전제로 LNG와 수소의 혼소를 추진할 계획이다. 구체적으로 2030년에는 수소 30만톤을 LNG와 50% 혼소하여 6.1TWh를 생산하고 향후 이를 확대할 계획이다. 또한 10차 전기본은 2036년까지는 LNG의 설비용량 비중을 높이는 것이 불가피함을 인정하면서도 LNG 발전 설비용량의 과다한 확대는 지양한다. 탄소중립을 달성하기 위해서는 궁극적으로 LNG의 역할도 축소되어야 하기 때문이다. 참고로 2036년 LNG의 정격용량 비중은 27.0%, 실효용량 비중은 44.7%에 달할 전망이다.

탄소중립 2050 계획과 10차 전기본의 내용을 종합하면, 석탄화력에서 LNG로 연료 전환된 발전기의 경우 다시 한 번 수소 터빈으로 전환되어야 하는 셈인데, LNG로 몇 년간 운영하는 것이 기술적·경제적으로 최적안인지에 대해서는 검토가 필요하다. 특히 석탄과는 달리 LNG 화력 부문에서는 다수의 민자 사업자가 참여하고 있기 때문에, 수소 혼소나 수소 터빈으로의 전환이 이뤄지기 위해서는 경제성이 반드시 전제되어야 한다. 또한 수소의 경우 가연성은 우수하지만 안전 위험이 있고, 현재의 기술로는 경제적인 저장과 운송이 용이하지 않기 때문에 수소 터빈이 활성화되기 위해서는 추가적인 기술혁신이 이뤄져야 한다.

최소한 2030년대 중반까지는 LNG 발전의 역할이 부각됨에 따라 장기계약과 현물시장을 통해 LNG를 추가 확보하는 방안도 마련되어야 한다. 현재의 계획에 따르면 원전과 신재생에너지의 확대, 수소·암모니아의 도입만으로는 부족한 부분을 추가적으로 석탄화력의 발전량을 제약하여 온실가스 목표를 달성하게 되어 있는데, 이 경우 유연성 전원인 LNG에 대한 수요가 더욱 늘어나게 될 가능성이 높다. 실제로 2019년 11월 미세먼지 관리 종합계획과 계절관리제 도입 후 석탄발전량을 제약하면서 LNG 발전량이 늘어나게 되었고, 이로 인해 원래 가스수급계획에서 상정했던 수준보다 더 많은 LNG를 확보하느라 어려움을 겪었던 바 있다.

또한 10차 전기본에 따르면 LNG의 설비용량 비중은 2030년 43.4%, 2036년 44.7%로 별로 차이가 없는 데 반해, LNG의 발전량 비중은 2030년 22.9%에서 2036년 9.3%로 급락하는데, 이에 대한 보완책도 요구된다. 왜냐하면 이는 LNG 발전설비의 이용률이 6년 사이에 크게 낮아져서 사업자의 수익성이 악화되는 것을 의미하는 것이기 때문이다. 이 문제를 해결하기 위해서는 사업자의 비용 회수를 위한 별도의 보상기제를 마련하든지, 일정 범위 내에서 전력시장의 결제가격이 한계비용을 초과하는 현상을 수용해야 할 것으로 판단된다. 다만, 정부가 가격입찰제 도입 등을 통해 후자의 정책수단을 선택하는 경우, 비용을 회수하는 수준을 넘어 독과점 이윤을 추구하는 형태로 발전사업자들 간의 암묵적 담합이 일어나지 않도록 가격 상한을 설정하고 전력거래를 모니터해야 할 것이다.

라. 재생에너지

재생에너지는 원자력과 더불어 탄소중립 2050 계획과 10차 전기본 사이에 가장 간극이 큰 전원이다. 탄소중립 2050 계획에서는 태양광과 풍력 발전의 기술잠재량을 추정한 후 국토 입지규제 완화, 기술혁신, 국민적 수용성 확보 등을 통해 시장잠재량을 확대한다는 가정하에 2050년의 발전량 비중을 도출하였다. 참고로 『신・재생에너지백서 2020』에 따르면, 2020년의 기술 수준에 기초한 기술잠재량은 태양광 3,117TWh, 육상풍력 781TWh, 해상풍력 1,176TWh이다. 이와 같은 기술잠재량은 2020년은 물론 2050년 한국의 전체 전력수요를 공급하기에 충분한 양이다. 시장잠재량을 도출하기 위해 전 국토를 1km×1km의 격자로 나눈 후 경제성 조건을 적용한 결과, 태양광과 풍력의 시장잠재량은 각각 495TWh와 171TWh로 추정된다. 이와 관련하여 『신・재생에너지백서 2020』에서는 경제성 조건을 SMP + REC > LCOE로 설정하였다. 즉, 태양광이나 풍력 발전이 계통한계가격 정산과 재생에너지인증서를 통해 벌어들이는 수입이 균등화 발전단가라는 비용보다 높다면 경제성이 있다고 본 것이다. 구체적으로 2019년 평균 SMP(90.7원/kWh)와 REC(66.7원/kWh)의 합이 LCOE보다 높다면, 그 1km×1km 격자는 경제성이 있다고 보았다(산업통상자원부・한국에너지공단, 2021, p.122). 탄소중립 2050 계획도 이와 비슷한 방법론을 활용하여 시장잠재량을 산출하였다. 다만, 탄소중립 2050 계획에서 산출한 2050년의 재생에너지 발전량인 889.8TWh(A안)와 736.0TWh(B안)는 『신・재생에너지 백서 2020』의 2020년 시장잠재량인 666TWh보다 상당히 높다. 저장 손실 및 차단 고려 시 재생에너지 발전량은 970.9TWh(A안)와 790.0TWh(B안)로 더욱 높아진다.

반면, 10차 전기본에서는 '실현 가능한 수준에서, 비용효율적이고, 계통 및 주민 수용성에 기반한, 국내 산업 발전과 함께하는 정책'을 추진한다는 취지하에 태양광과 풍력의 발전량 비중을 하향 조정했다. 어떤 기준을 설정하여 재생에너지의 기술잠재량과 시장잠재량을 추정하는 방식보다는 실적치 추이를 감안하는 방식을 취했다. 10차 전기본에 따르면,

2017~22년 동안 신재생 설비용량은 연평균 3.5GW 증가한 반면, 새로 설정된 2030년 신재생에너지 발전량 비중인 21.6%의 달성을 위해서는 연 5.3GW 증가가 필요하므로, 수정된 목표도 도전적인 것으로 본다. 전력망 투자 확대 및 주민 수용성을 높여 재생에너지 보급을 추진하고 변동성 관련 저장장치 등을 확보해 안정성도 제고할 계획이다. 또한 10차 전기본은 태양광 중심의 보급에서 풍력을 적극 활용하기로 하였다. 태양광 대 풍력의 설비용량 비중은 2021년 92 : 8로 태양광이 압도적으로 높았지만, 2036년에는 66 : 34가 되도록 하겠다는 계획이다. 풍질이 좋은 초원지대가 부족하고 환경 훼손 등에 대한 우려로 육상풍력발전이 제한적인 현실을 고려할 때, 이처럼 풍력의 비중을 높이기 위해서는 해상풍력발전을 촉진하는 방안이 마련되어야 한다(이후승 · 정슬기, 2021).

『신 · 재생에너지백서 2020』과 탄소중립 2050 계획에서 재생에너지의 시장잠재량을 추정하기 위해 사용한 방법은 다음과 같은 몇 가지 문제가 있다. 첫째, 경제성 조건(SMP + REC > LCOE)을 충족하는 격자 부지는 모두 재생에너지 생산에 사용된다고 가정한 것인데, 같은 부지를 활용하여 재생에너지를 생산하는 것보다 더 수익성이 높은 사업이나 식량안보 등에 필수적인 사업이 있을 수 있다. 둘째, 2019년 평균 SMP인 90.7원/kWh와 REC인 66.7원/kWh를 적용했는데, 향후 이에 변화가 있을 수 있다. 이는 균등화 발전단가인 LCOE도 마찬가지이다. 셋째, 태양광과 풍력발전의 변동성을 보완하기 위한 백업설비 등 계통 비용을 경제성 조건에 반영하지 않았다. 넷째, 중장기적으로는 신규 재생에너지 설비의 효율이 개선되더라도 이미 설치가 완료된 기존 설비는 신규 설비에 비해 상대적으로 낮은 효율로 운영된다는 점도 감안할 필요가 있다. IEA-NEA(2020)은 태양광 설비의 효율이 연 0.5% 하락하는 것으로 상정한다.

특히 재생에너지의 발전량 비중이 높아지면 태양광과 풍력 발전의 변동성을 보완하기 위한 계통 비용도 높아진다는 점이 반드시 고려되어야 한다. 제주도의 경우 재생에너지의 발전량 비중이 이미 20% 수준에 이르렀는데, 태양광과 풍력 발전이 활발하게 이뤄지는 시간대에는 공급이 수요를 초과하고 반대의 경우에는 수요가 공급을 초과한다. 이를 해결하기 위해 태양광과 풍력 발전을 삭감·차단하여 과잉생산을 막거나 제주도의 전력계통을 육지와 연결하여 전력 융통을 하고 있고, 확실한 유연성 전원을 확보하기 위해 2019년부터 LNG를 도입하고 있다. 재생에너지 삭감·차단 시의 보상 여부 등을 포함한 정책도 정립되어야 한다(이태의·이유수, 2020; IEA-KEEI, 2021b, pp.35~36). 요컨대 태양광과 풍력 발전은 균등화 발전단가뿐만 아니라 계통에 미치는 영향을 타당성 평가에 반영해야 하고, 기술적·경제적 불확실성이 있으므로 경쟁입찰 등을 통해 적정 가격을 발견해가는 과정이 필요하다. 확실한 유연성 전원이나 에너지 저장설비도 함께 확보되어야 한다.

재생에너지 중 태양광과 풍력 이외의 에너지원에 대해서도 고려가 필요하다. 특히 수자원의 경우 발전에 활용할 수 있을 뿐 아니라 기후변화와도 연관이 있는 홍수 및 갈수 현상에 대응하는 수단이 될 수 있으므로 적극적으로 검토할 필요가 있다. 실제로 2019년 기준 OECD 회원국의 발전량 중 수력이 차지하는 비중이 평균 12.7%에 이르는 데 비해 한국의 수력 비중은 0.5%에 불과하다. 이는 수력발전을 위한 한국의 지리적 기본 여건 자체가 양호하지 못한 탓도 있겠지만, 댐과 하천의 연계 관리가 미흡한 상황에서 환경에 대한 댐의 부정적 영향이 부각되어 댐 건설·관리가 제대로 이뤄지지 않고 있는 현상과도 관련이 있는 것으로 판단된다.

마. 무탄소 신전원(수소·암모니아)

탄소중립 2050 계획에서 수소는 약 80%를 수입하되, A안에서는 재생에너지를 활용한 수전해로 국내 생산분 전량을 생산하고 B안에서는 국내 생산분 중 일부는 부생·추출하는 것으로 상정했다. 원자력을 활용하여 핑크수소를 생산하는 방안은 고려하지 않았다. 참고로 현재의 기술 기준으로 그레이(부생·추출) 수소는 생산비용이 kg당 1~2.2달러 수준인 반면, 그린(수전해)수소는 3~7.2달러로 약 3~4배에 달한다. 현재 전 세계 생산 수소의 약 96%는 그레이수소이다. McKinsey(2021)는 2030년경 그린수소의 생산단가가 kg당 1.6~2.3달러 수준까지 하락하여 가격 경쟁력을 갖출 수 있을 것으로 전망하고 있지만, 불확실성이 높기 때문에 실제 기술혁신 추이는 지켜봐야 한다. 탄소중립 2050 계획의 A안과 B안은 수소를 생산하는 방식뿐만 아니라 사용하는 방식에서도 차이가 있다. A안에서는 분산전원으로 활용이 용이한 수소 연료전지보다 대규모 수소 터빈을 주로 활용하고, B안에서는 발전용 13GW, 가정·건물용 3.9GW 등 연료전지를 주로 활용한다.

10차 전기본에서는 100% 수소를 사용하여 연료전지나 터빈에 활용하는 방안을 본격적으로 논의하기보다는 가스화력과 석탄화력에 각각 수소 50%, 암모니아 20%를 혼소하여 온실가스 감축에 기여하는 방안을 제시하였다. 하지만 무탄소 신전원인 수소와 암모니아를 혼소하는 방안 또한 기술적·경제적으로 타당성이 확인되어야 한다.

일례로 IEA와 에너지경제연구원은 2030년의 가격을 석탄 $73/톤, 가스 $7.2/GJ, 이산화탄소 $130/톤, 수소 $1.7/kg, 암모니아 $270~470/톤으로 각각 상정한 후, 기존 건설비용은 매몰비용(sunk cost)으로 간주하고 CCUS 또는 무탄소 신전원과 결합된 형태로 개조된(retrofit) 화력발전의 LCOE 중간값(median)을 추정하였다. 그 결과, 부하율이 75~85%인 기저부하대의 경우 CCUS와 결합된 석탄화력과 가스화력이 각각 $75/MWh와 $80/MWh로 경쟁력이 높은 것으로 나타난다. 수소·암모니아와 20% 혼소하는 가스·석탄화력은 LCOE 중간값이 각각 $155/MWh와 $160/MWh 정도로 2배가 된다. 하지만 부하율이 10~25%인 첨두부하대에서는 CCUS와 결합된 가스화력이 $190/MWh, 암모니아와 20% 혼소하는 석탄화력이 $210/MWh로 경쟁력이 있는 것으로 분석된다. 반면, CCUS와 결합된 석탄화력은 LCOE 중간값이 $250/MWh나 되는 것으로 나타난다(IEA-KEEI 2021a, pp.47~48). 즉, CCUS와 관련된 건설비용과 탄소배출권 가격, 그리고 수소·암모니아의 연료비용을 고려할 때, 기저부하대에서는 CCUS와 결합된 석탄화력이나 가스화력이 경쟁력이 있고, 첨두부하대에서는 CCUS와 결합된 가스화력이나 암모니아와 20% 혼소하는 석탄화력이 경쟁력이 있는 것이다.

이상을 종합적으로 고려할 때, 한국은 우선 원전 유지 기조를 채택하고 원전보다는 석탄화력 감축에 노력을 집중하며 향후 기술혁신과 국민 수용성 추이를 반영하여 정책을 조정하는 것이 바람직하다. 2030년 NDC에서 제시한 원전 18기 외에 신한울 3·4호기 건설을 재개하고 안전성 확보를 통해 기존 원전을 장기운영함으로써, 신규 원자력발전소의 추가 건설 없이도 원전 30기를 확보할 수 있다. 하지만 2050년에 탄소중립을 달성하기 위해서는 저탄소 전기화가 진행되어야 하고 발전량이 2배 이상 늘어나야 하기 때문에, 추가적인 신규 원전의 건설이 없이는 2050년 원전의 발전량 비중이 20% 이하로 감소하게 될 것이다. 원전의 증설을 추진하기 위해서는 2011년 후쿠시마 원전 사고, 2016년 경주 지진, 한수원의 원전 비리 및 안전 문제로 저하된 원전수용성을 제고할 필요가 있다. 또한 아직 초기 단계인 CCUS 기술, 경제성과 안전성이 향상되어야 할 에너지저장기술, 원전의 안전성을 제고할 수 있지만 경제성이 검증되어야 하는 소규모 모듈원자로(SMR) 등 관련 기술 추이를 파악하여 향후 중장기 계획에 반영하는 것이 바람직하다. 요컨대 저탄소 전기화에 필요한 추가 전력을 생산하면서 계통 유연성을 제고하여 경제성과 안정성을 확보해야 한다.

제4절 저탄소 전기화를 위한 전력산업의 향후 과제

1. 전력산업 개관

가. 전력산업의 특성과 구조개편 경과

전통적으로 전력산업은 현대사회에서 살아가는 데 필요한 필수재를 공급할 뿐 아니라 규모의 경제와 범위의 경제에 따른 효율 및 안정성 제고 효과가 커서 경쟁 도입의 실익이 부족한 산업으로 간주되었다. 수요 측면에서 볼 때 전기는 최종소비자에게 필수재 성격이 강한 재화이기 때문에 안정적인 공급과 적정한 가격수준이 정치·경제적으로 민감한 이슈이다. 공급 측면에서 볼 때 발전 부문의 평균비용곡선은 L자 형태로 규모의 경제가 제한적이지만, 송·배전 부문을 중심으로 규모의 경제가 존재하고 부문 간 투자조율을 통한 범위의 경제도 존재하며 설비투자에 수반되는 리스크가 큰 편이다. 또한 전기는 경제적으로 저장하기 어려워서 실시간으로 수요와 공급의 균형을 맞춰야 하므로 적절한 전원구성과 예비설비가 확보되어야 한다. 이와 같은 수요 및 공급 특성을 감안하여 전력산업의 전통적 산업구조는 정부의 규제를 받는 수직통합 민간독점 또는 공공독점 형태를 취했다. 총괄원가보상원칙을 적용하여 전력공급자가 전원별로 고정비와 변동비를 안정적으로 회수하도록 하고 수요자에게 2부 요금제(two-part tariff)를 적용하였다. 이는 투자의 수익성에 대한 불확실성을 해소하여 금융비용을 낮춤으로써 설비투자가 원활하게 이뤄지도록 했다.

하지만 총괄원가보상원칙에 기초한 규제 체제하에서는 전력회사가 효율을 개선할 유인이 부족했고, 비용 평가나 적정 수익률 도출 과정에서 사업자의 로비나 정치적 압력이 작용하여 규제당국이 포획(capture)될 수도 있었다. 이와 같은 문제에 대응하기 위해 일부 국가나 지역에서는 전력산업 육성을 담당하는 주무부처로부터 독립된 공익사업위원회(public utility commission)를 설립한 후, 효율 개선을 촉진하는 유인규제(incentive regulation)를 도입하거나 정보 공개를 통해 전기 소비자의 참여와 감시를 가능하게 하는 규제 체제를 도입하였다(임원혁, 2008).

이와 같은 전력산업 구조는 설비투자가 원활하게 이뤄지도록 했지만, 1970년대 경기침체로 인해 설비예비율이 급등하면서 기존 총괄원가보상원칙에 대한 불만이 제기되기 시작했다. 전력수요가 하락함에 따라 가동률이 낮아진 기존 설비에 대해 전력회사가 책임지지 않고 계속 투자보수율에 맞춰 보상받는 것에 대한 비판이 대두된 것이다. 1980년대에 들어서는 가스복합발전 등 규모의 경제 논리를 희석시키는 기술과 수직분리에 따르는 문제를 완화할 수 있는 거래기법이 개발되고, 신자유주의가 확산됨에 따라 탈규제형 산업구조가 대안으로 부상하기 시작했다. 특히 가스복합발전 등 신규 설비의 발전비용이 기존 설비의 가중평균 발전비용보다 낮다면, 수요자의 입장에서는 좌초비용(stranded cost)을 일부 지불하더라도 기존 규제 체제의 장기계약에서 벗어나는 것이 유리할 수 있다는 인식이 대두되었다(Borenstein and Bushnell, 2015).

이와 같은 인식에 기초하여 전력산업 구조개편은 전력회사가 투자의 수익성에 대한 불확실성을 감수하도록 하면서 설비투자와 운영이 효율적으로 이뤄지도록 유도하고자 하였다. 전통적인 전력산업 구조가 투자의 수익성에 대한 불확실성을 해소하여 설비투자가 원활하게 이뤄지도록 하는 데 초점을 맞춘 것과는 차이가 있다. 구조개편의 기본원리는 규모의 경제가 크지 않은 발전 및 판매 부문에는 유효경쟁을 도입하고 자연독점적인 망으로 구성된 송·배전 부문에 대해서는 개방접속을 실시하는 것이다. 기존 수직통합 전력회사의 망 부문을 수직분리한 후 발전·판매 부문의 수평분할과 신규 진입을 통해 유효경쟁을 확보하고, 수급 여건을 정확히 반영하도록 시장가격이 형성되어야 하며, 전력시장 거래 및 쌍무계약을 통한 수급균형 확보에 미흡한 부분이 있다면 계획과 조율을 통해 이를 보완해야 한다.

구조개편을 통해 도입된 전력거래 방식에는 다양한 유형이 존재한다. 의무시장(mandatory pool)은 발전사업자의 전력시장 참여를 의무화하는 반면, 임의시장(voluntary pool)은 발전사업자와 수요자 간의 쌍무계약을 통해 거래가 주로 이뤄지도록 하고 잔여 물량을 전력시장에서 거래하도록 한다. 모든 전력거래를 입찰을 통해 전력시장에서 이뤄지도록 의무화한다면 투명성은 제고될 수 있겠지만, 동일한 재화인 전력을 반복 거래하는 경험이 축적됨에 따라 발전사업자끼리 서로 입찰 전략을 파악하기 쉽게 되고 암묵적 담합에서 이탈할 경우 이를 처벌할 가능성도 높아지게 된다. 그런데 수요자 중 특히 대규모 수요자는 상당한 협상력이 있기 때문에 발전사업자와 직접 계약을 체결하도록 함으로써 발전사업자 간의 암묵적 담합 가능성을 축소하고자 하는 것이다.

전력시장에서의 거래 대상을 기준으로 전력 거래 방식을 분류해보면, 전력량만(energy-only) 거래하는 시장과 급전 가능한 가용 용량(capacity)도 전력량과 함께 거래하는 시장이 있다. 또한 거래기간에 따라 장기계약과 현물시장(spot market) 거래로 나눌 수 있다. 석탄, 석유, 천연가스 등 다른 에너지시장과 마찬가지로 전력시장에서도 현물시장은 가격의 변동성이 높기 때문에, 장기계약과 현물시장 거래를 혼합하여 포트폴리오를 구성하는 것이 바람직하다. 전력시장에서의 입찰 방식을 기준으로 분류해보면, 입찰가격기반시장(bid-based pool)에서는 발전사업자들이 발전기 단위의 입찰가격과 공급물량을 제시하도록 하는 반면, 비용기반시장(cost-based pool)에서는 발전사업자들은 공급물량만 제시하고 그 비용은 외부에서 평가한다.

각 시장에서는 입찰가격 또는 평가비용이 낮은 순서부터 공급물량을 합하여 총공급이 총수요와 일치하는 지점의 한계입찰가격 또는 평가비용이 단일 시장결제가격이 되도록 할 수 있다. 하지만 전원별 비용 차이가 크고 가격신호에 대한 공급·수요 측 반응에 제약이 있을 경우 일물일가 원칙에서 벗어날 수도 있다. 그런데 단일 시장결제가격 대신 발전사업자들이 각각 제시한 다양한 입찰가격에 결제가 이뤄질 경우(pay-as-bid) 발전사업자들은 입찰가격을 전략적으로 선택하여 수익을 극대화하려고 할 수도 있다. 반면, 단일 시장결제가격 대신 발전사업자들 각각의 평가비용에 결제가 이뤄질 경우에는 이와 같은 전략적 행동은 이뤄지지 않고 생산자 잉여가 소비자 잉여로 전환된다. 전력 생산보다는 전력 소비 쪽에서 기술혁신 등 긍정적인 외부효과가 일어날 가능성이 높다는 점을 고려할 때 이와 같은 잉여 전환은 정당화될 수 있다.

1990년대에 들어 본격화된 전력산업 구조개편은 각국의 전력산업 내 여건(연료/전원구성, 설비예비율, 경영효율, 전력융통의 용이성 등)과 정치경제적 여건(신자유주의 등 이념적 성향, 지역통합 등 정치적 지향)에 따라 차이를 보인다. 연료/전원구성이 비효율적이고, 설비예비율이 높고, 경영효율이 낮고, 전력융통의 용이성이 높을수록 구조개편이 추진될 가능성이 높다. 이는 원활한 설비투자보다는 효율적인 설비투자와 운영에 초점을 맞춘 전력산업 구조개편의 취지에 부합한다. 신자유주의의 수용과 EU식 지역통합의 추진도 구조개편에 긍정적인 영향을 미친다. 개도국의 경우 외국자본을 유치하기 위해 구조개편을 추진하는 사례도 존재한다. 반면, 이와 같은 여건을 갖추지 않은 국가나 지역에서는 기존 수직통합 규제독점 체제를 유지·보완하는 경향을 보인다(Taber *et al.*, 2006; 임원혁, 2008; Borenstein and Bushnell, 2015).

전력산업 구조개편을 추진한 국가나 지역에서는 구조개편 이후 시장력(market power) 행사, 수급 불안정, 기후변화 대응 미흡 등 부작용에 대응하여 개혁안을 모색하였다. 전력산업 구조개편 시행 후 초기 10년 이내에 영국, 미국 캘리포니아 등에서 유효경쟁 부족과 전략적 공급 감축에 따른 가격 상승 문제가 발생하였고, 이에 대응하여 발전 부문 추가 분할(발전자산 매각 명령), 임의시장으로의 전환, 쌍무계약 확대 등 보완책이 마련되었다. 즉, 발전 부문의 경쟁을 제고하거나, 의무시장을 임의시장으로 전환하여 전략적 공급 감축을 어렵게 한 것이다.

또한 전력산업 구조개편 이후 지속적으로 설비예비율이 하락하고 설비 증설이 제대로 이뤄지지 않는 문제가 발생하자 자원충분성을 확보하기 위해 용량기제(Capacity Mechanism)도 도입하였다. 중앙급전이 가능한 가용 용량에 대한 보상을 통해 투자의 수익성에 대한 불확실성을 완화함으로써 사업자가 설비에 투자할 유인을 강화한 것이다(이수일, 2013).

이와 더불어 기후변화에 적극 대처하기 위해 재생에너지에 대한 고정계약가격을 지급하는 발전차액지원제도(Feed-In Tariff: FIT)와 차액계약제도(Contract for Difference: CfD), 비재생에너지로 전력을 생산하는 사업자가 발전량의 일정 비중만큼 재생에너지를 확보하도록 하는 재생에너지공급의무화제도(Renewable Portfolio Standard: RPS) 등도 도입하였다(김현석, 2018).

나. 변동성 재생에너지의 비중 증가에 따른 전력산업의 과제

최근에는 전력산업에서 태양광과 풍력 등 변동성 재생에너지의 비중이 증가함에 따라 모든 시간대에서 수요와 공급의 변동성과 불확실성을 안정적이고 비용효과적으로 관리할 수 있는 전력계통의 유연성을 확보하는 것이 핵심 과제로 대두하고 있다. 수요 측면에서는 에너지저장장치(양수

발전, 배터리 등), 섹터 커플링(열-수소-전기차 연계), 수요 반응 등을 통해 조절하고, 공급 측면에서는 에너지저장장치 등 관련 기술개발 외에도 기존 발전기의 유연운전, 계통설비 투자, 시장제도와 발전량 예측 개선 등을 통해 조절하는 방안이 있다(ACER, 2022; BEIS, 2022).

산업조직론적 관점에서 볼 때 태양광과 풍력 발전은 고정비는 높고 변동비는 거의 0에 가까우며, 전력 생산의 간헐성과 계절성이 높고 불확실성 또한 높으며 유연성은 낮다는 특성을 가지고 있다. 또한 지난 20여 년 동안 진행된 바와 같이 기술혁신의 가능성도 높은 것으로 여겨진다(Way *et al.*, 2022). 태양광과 풍력 발전의 특성을 감안할 때, (1) 쌍무계약과 전력시장에서의 거래를 통한 비용 회수, (2) 기술혁신 및 운영개선을 통한 효율 제고 유도, (3) 에너지저장설비 등을 통한 전력계통의 유연성 확보가 주요 과제이다(Joskow, 2019; Fabra, 2021; Holland *et al.*, 2022).

우선 태양광과 풍력 발전의 비중이 높아지면 계통한계가격이 0에 가까운 시간대가 많아지게 되는데, 전력량만(energy-only) 단일 계통한계가격에 정산하는 전력시장에서는 공급 부족에 따른 가격급등(price spike) 현상이 일어나지 않는 한 태양광과 풍력 발전은 고정비를 회수할 수 없게 된다. 고정비 회수에 어려움을 겪는 태양광과 풍력 발전사업자의 다수가 도산하고 공급 부족 현상이 일어남에 따라 희소가치를 반영한 전력가격이 급등하는 상황을 상정할 수 있다(Joskow, 2019; Mallapragada *et al.*, 2021). 하지만 이와 같은 발전사업자의 도산과 전력 공급 부족 및 가격급등 현상은 전력수급의 불안을 의미하기 때문에 정치・경제・사회적 문제를 야기할 수 있다. 또한 이와 같은 가격급등 현상은 발전사업자가 시장력을 행사하여 고의로 가격이 급등하도록 하는 현상과도 구분하기 어려울 수 있다(이수일, 2013). 이에 대한 대안으로는 전력량뿐만 아니라 중앙급전이 가능한 가용 용량에 대해서도 보상을 하는 제도(Capacity Payment: CP)를 도입하여 태양광과 풍력 발전이 고정비를 회수하도록 함으로써 가격급등 현상을 차단하는 방안이 있다. 물론 CP는 원자력과 화력 발전 중심으로 전원이 구성되어 있었을 때에도 전력수급의 안정성을 확보하는 데 있어 중요한 역할을 했지만, 향후 변동성 재생에너지의 비중이 높아지면서 그 중요성이 더욱 부각될 것이다.

태양광과 풍력 발전의 기술혁신을 장려하기 위해서는 경쟁 강화를 통한 효율 제고 효과와 전원 다변화를 통한 위험 분산 효과를 함께 고려할 필요가 있다. 전력산업에서 변동성 재생에너지가 차지하는 비중이 낮았던 과거에도 일물일가 원칙을 전력에 일률적으로 적용하지 않고 원자력, 석탄, 가스 등 각 에너지원의 특성과 전원구성에 있어서의 위험 분산 효과를 감안했다는 점을 상기할 필요가 있다. 태양광과 풍력 등 에너지원을 모두 포함하는 기술중립적(technology-neutral) 경쟁입찰은 경쟁을 극대화하는 효과는 있지만, 관련 기술 간의 성숙도 차이와 전원구성의 다양성에서 파생되는 외부효과를 간과한다. 예를 들어, 현재 태양광이 풍력보다 기술혁신이 훨씬 더 이뤄져 균등화 발전단가가 낮다고 하면, 기술중립적 경쟁입찰을 실시할 경우 태양광 프로젝트들만 선정되고 풍력 프로젝트는 하나도 선정되지 않을 수 있다. 하지만 이렇게 되면 풍력은 추가적인 기술혁신의 기회를 잃게 된다. 또한 태양광과 풍력 간에는 계절적 보완성이 있어 태양광은 여름철에, 풍력은 겨울철에 전력을 많이 생산하기 때문에 태양광만 선정하는 입찰 결과는 전원구성 차원에서도 바람직하지 않다. 이와 같은 문제를 해소하기 위해서는 기술별 배정(ring-fenced pot) 방식으로 경쟁입찰을 진행할 수 있다. 다만, 각 기술당 얼마만큼의 물량을 배정할지 결정하기 위해서는 탄소중립을 위한 예시적 계획을 염두에 두면서도 경쟁 강화를 통한 효율 제고 효과와 전원 다변화를 통한 위험 분산 효과를 비교형량해야 한다(Fabra, 2021).

예를 들어, 2050년까지 탄소중립을 달성한다는 제약하에 현재의 전원별 비용 추이에 기초하여 전체 계통비용을 최소화하는 문제를 푸는 방식으로 전원별 구성비를 잠정적으로 산출한 후, 효율 제고 효과와 위험 분산 효과를 감안하여 전원별 구성비를 조정하고, 이에 기초하여 몇 년 단위로 전원별 경쟁입찰을 실시함으로써 적정한 가격을 찾아가는 방식을 고려할 수 있다. 이 과정을 통해 전원별 비용 추이를 업데이트하여 다음 시기의 경쟁입찰에 활용할 수 있다.

좀 더 현실을 정확하게 반영하기 위해서는 기대수익과 표준편차를 함께 고려하는 금융 포트폴리오 이론을 활용하여 비재생에너지의 가격 변동성과 재생에너지의 발전량 변동성을 명시적으로 고려할 수 있다(Jisma *et al*., 2022). 이와 더불어 부하추종이 가능한 유연성 전원과 보조서비스를 확보할 수 있도록 추가적으로 제약을 가함으로써 현실에 가까운 최적 전원구성을 구할 수 있을 것이다.

또한 기술혁신과 운영효율 개선을 위한 다양한 시도 중 성공적인 대안이 확장될 수 있도록 제도와 시장이 구축되어야 한다. 사업자를 미리 지정하여 가격을 협상하는 것보다는, 적정한 계약 기간과 조건을 설정한 후 경쟁입찰을 통해 가격을 발견하고 사업자를 선정하는 것이 바람직하다(오형나, 2023). 영국의 경우 태양광과 풍력에 대한 투자를 촉진하기 위해 15년간 장기계약 형태로 차액계약(CfD)제도를 운용하고 있는데, 2014년에는 사업자와의 협상을 통해 가격을 결정한 반면, 2015년부터는 경쟁입찰을 통해 가격을 결정하고 있다. 2014년 협상을 통해 결정된 가격과 비교해 볼 때 2015년 경쟁입찰을 통해 발견된 낙찰가격은 태양광의 경우 34%, 해상풍력의 경우 18%나 낮은 수준을 기록했다(Grubb and Newbery, 2018, p.13).

계약기간과 관련하여, 협상가격이든 낙찰가격이든 계약가격을 일정 수준으로 보장하는 가운데 계약기간을 너무 길게 설정하면 기술혁신과 운영효율 개선에 따른 지대를 소비자 대신 생산자가 대부분 차지하게 되므로, 소비자 잉여와 생산자 잉여를 함께 고려하여 계약기간을 조정할 필요가 있다(오형나, 2023).

계약가격과 관련하여, 가격을 일정 수준으로 보장해 주는 것은 가격에 대한 불확실성을 해소하여 금융비용을 낮춤으로써 투자를 촉진하는 효과가 있다. 영국 전력시장에서 15년 단위 재생에너지 경쟁입찰 계약에 대한 Newbery(2016)의 연구 결과에 따르면, 가격에 대한 불확실성 해소는 자본비용을 6%에서 3%로 낮춘 것으로 추정된다. 하지만 가격을 보장해 줄 경우 전력의 시장가치가 낮을 때에도 전력이 추가 공급되도록 하는 부작용도 발생할 수 있다는 점에 유의해야 한다.

예를 들어, 태양광과 풍력 발전이 활발하게 이뤄져 계통한계가격이 0

으로 떨어졌는데, 경쟁입찰을 통해 선정된 사업자의 입장에서는 계약에 보장된 가격에 정산하기 위해서는 전력을 공급해야 하기 때문에 전력계통으로서는 불필요한 전력을 추가 공급하려고 할 수 있다. 이를 방지하기 위해서는 계약가격을 고정하지 말고 전력시장의 가격을 반영하여 조정하는 방안을 고려해 볼 수 있다. 예를 들어, 고정 계약가격을 설정하는 FIT와는 달리, 고정 프리미엄(Feed-In Premium: FIP) 제도의 경우 고정된 프리미엄을 변동하는 시장가격에 얹어 지급한다. 물론, 이렇게 하면 가격에 대한 불확실성으로 금융비용은 올라가게 된다. 또한 FIP는 천연가스 가격 급등 등의 요인으로 인해 계통한계가격이 급등할 경우 재생에너지 사업자에게 과도한 횡재 수익(windfall profit)을 제공할 우려도 있다. 요컨대 계약가격을 설정할 때에는 가격에 대한 불확실성을 해소하여 투자를 촉진하는 효과와 전력의 시장가치를 반영하여 공급이 조절되도록 하는 효과를 비교형량해야 한다. 영국의 경우 2022년 7월부터 도매가격이 0 이하일 때에는 CfD 대금을 지급하고 있지 않다(BEIS, 2022).

에너지저장설비를 통해 전력계통의 유연성을 확보하기 위해서는 차익거래(arbitrage)에 대한 입장을 정립할 필요가 있다. 기본적으로 에너지저장설비를 보유하고 있는 사업자는 전력가격이 싼 시간대에 충전하여 비싼 시간대에 방전함으로써 수익을 올리려고 할 것이다. 발전사업자가 에너지저장설비를 보유할 경우 발전설비와 에너지저장설비를 전략적으로 조율·활용하여 시장력을 행사할 가능성도 있다는 점에 유의할 필요가 있다. 한편, 송·배전사업자의 경우에는 자연독점으로서 규제를 받고 있을 뿐 아니라 전력계통의 안정성에 대한 책임을 지고 있으므로, 에너지저장설비를 적극 보유·활용하는 것이 바람직할 것으로 판단된다(Fabra, 2021).

다. 영국 전력시장의 변화

과거에 전력산업 구조개편을 추진하기에 양호한 여건을 갖췄던 국가나 지역에서도 여건 변화에 따라 경제성, 안정성, 친환경성이라는 전력산업의 3대 목표를 달성하기 위해 제도개선을 모색해 오고 있다. 특히 러시아의 우크라이나 침공 이후 에너지 가격과 안보 문제가 부각되면서 전력시장 개혁에 대한 다양한 의견이 개진되고 있다(Robinson, 2022; Zachmann and Heussaff, 2023). 이와 관련하여 구조개편 선도국인 영국의 사례는 유용한 시사점을 제공한다.

1990년 잉글랜드와 웨일즈는 기존 전력사업자의 수직분리 및 수평분할과 신규 사업자의 진입, 입찰가격에 기초한 단일 시장결제가격으로 전력량만을 거래하는 의무시장(bid-based, pay-as-clear, energy-only, mandatory pool)의 도입을 핵심으로 하는 구조개편을 추진하였다. 당시 영국 정부는 경쟁 도입을 통해 효율을 제고하고 발전 연료의 교체를 촉진하는 한편 전력노조의 영향력을 축소하고자 하였다. 하지만 영국산 석탄보다 저렴한 수입 석탄과 천연가스로의 연료 전환에 따른 비용 절감에도 불구하고 유효경쟁 부족으로 가격이 이를 충분히 반영하지 못하고 시장력 행사에 따른 폐해가 발생하자 영국 정부는 추가 발전자산 매각 명령 등 보완책을 마련하였다(Newbery and Pollitt, 1997).

2001년 잉글랜드와 웨일즈는 기존의 의무시장을 임의시장과 쌍무계약으로 대체하는 NETA(New Electricity Trading Arrangements)를 도입했다. 모든 발전사업자가 반드시 입찰에 참여해야 하는 의무시장이 암묵적 담합을 원활하게 할 수 있다는 비판에 따라, 발전사업자와 수요자 간 협상을 통해 쌍무계약을 체결하도록 하고 수급균형을 맞추기 위해 임의시장을 운영하는 방향으로 전환했다. 영국은 임의시장 체제에서도 의무시장 체제와 마찬가지로 별도의 용량 보상(CP) 제도 없이 전력량만을 거래하고 입찰가격에 기초하여 단일 시장결제가격을 산출하는 기본틀은 유지했다. 2005년에는 이를 스코틀랜드까지 확장하여 BETTA(British Electricity Trading and Transmission Arrangements)를 도입하였다.

하지만 2000년대 후반 영국의 전력시장에 대한 검토 결과, 기존 시장은 기후변화 대응과 자원충분성 확보 측면에서 문제가 있다는 결론이 도출되었다. 이에 영국은 2013년에 전력시장개혁(Electricity Market Reform: EMR)을 단행하였다. EMR은 (1) 탄소가격지지(Carbon Price Support) 도입, (2) 배출허용기준(Emission Performance Standard) 부과, (3) 원자력과 재생에너지에 대한 협상 및 경매를 통한 차액계약(CfD) 도입, (4) 자원충분성 확보를 위한 용량 기제(Capacity Mechanism) 도입으로 구성되었다.

영국은 2010년대 초반 당시의 EU 탄소배출권 가격 수준이 너무 낮아 저탄소 전환을 촉진하기 어렵다고 보고 탄소가격지지 제도를 도입하여 탄소가격을 단계적으로 인상하였다. 이후 EU 탄소배출권 가격이 상승함에 따라 탄소가격지지는 톤당 18파운드로 고정되었다. 이와 더불어 이산화탄소를 대량 배출하는 발전소의 신규 건설을 차단하기 위해 신규 설비에 대한 배출허용기준(450g CO_2/kWh)도 도입하였다. 또한 향후 가격에 대한 확실성을 제공하여 자본비용을 낮춤으로써 원자력과 재생에너지에 대한 투자를 촉진하기 위해 차액계약(CfD) 제도도 도입하였다. 차액계약은 첫 해에는 협상을 통해 이뤄졌으나, 이듬해부터 경쟁입찰로 가격 발견 과정을 거쳤고, 정부 소속 저탄소계약회사와 저탄소 발전사업자 간의 15년 계약 형태로 체결되었다. 또한 영국은 도매시장에서 전력량만 거래하는 방식으로는 자원충분성을 확보하기 어렵다고 판단하여 피크수요에 대비한 용량입찰제도를 도입하였다. 용량 기제는 1년과 4년 선도시장(forward market) 형태로 도입되었으며, 계약기간은 기존 설비는 1년, 전환(refurbished) 설비는 3년, 신규 설비는 15년으로 설정되었다. 참고로 영국의 경우 2013년 전력시장개혁 당시 석탄화력은 이미 고정비를 회수한 상태였는데, 탄소가격지지와 배출허용기준이 적용되자 석탄 발전량 비중이 2013년 41%에서 2017년 8%로 급락하였다. 석탄 발전량의 감소분은 대부분 해상풍력과 가스화력이 보충하였다(Grubb and Newbery, 2018).

영국은 전력도매시장을 개혁하는 데 그치지 않고 경쟁・시장처(Competition and Markets Authority)를 통해 전력소매시장에 대한 개선책도 모색하였다(CMA, 2016). 판매사업자 간 경쟁을 촉진하여 소비자 선택권을 확대하고 효율을 제고하겠다는 취지로 소매시장이 자유화되었으나, 주택용 소비자의 경우 사업자 선택 전환이 제대로 이뤄지지 않고 오히려 피해를 보는 사례가 빈발하였기 때문이다. 전력소매시장에 대한 분석 결과, 경쟁・시장처는 사업자의 재무상태 등에 대한 엄정한 자격요건 확립,

유효경쟁의 확보, 공정하고 투명한 시장규칙의 적용, 소비자 기만 등 불공정거래행위에 대한 신속한 대응, 소비자의 현명한 선택을 촉진하는 정보 제공과 기제 도입 등을 권고하였다.

2022년에는 비용효과성, 공급안정성, 탈탄소화를 목표로 영국 전력시장 제도에 대한 검토(Review of Electricity Market Arrangements: REMA)가 진행 중이다(BEIS, 2022). 전력시장 설계와 관련하여 기존의 전국 단일가격(national pricing) 대신 지역의 수급여건을 반영한 지역가격(zonal/nodal pricing) 산정 방식을 고려하고 있다. 특히 재생에너지 시장과 비재생에너지 시장을 분리・운영하는 방안도 검토 중이다(Keay and Robinson, 2017; Grubb and Pike, 2022).

비용효과성 차원에서는 기존의 단일 결제가격(pay-as-clear) 방식을 입찰가격기반(pay-as-bid) 또는 비용기반(cost-based) 정산 방식과 비교하고 있다. 공급안정성(자원충분성, 유연성, 운영성)을 제고하기 위해서는 기존의 용량입찰제도를 개선하거나, 용량 요금의 도입 또는 공급사업자의 용량 확보 의무화 방안 등을 고려하고 있다. 탈탄소화를 추구하면서도 도매시장 가격에 대한 저탄소 발전사업자의 반응을 촉진하기 위해서는 수입 상하한선 등을 두어 차액계약을 개선하는 방안도 검토하고 있다.

2. 한국 전력산업의 변천과 향후 과제

가. 한국의 전력산업 구조개편

한국은 전력산업 구조개편을 통한 연료/전원구성의 개선 가능성이 높지 않고, 설비예비율이 낮고, 경영효율이 양호하고, 외국과의 전력 융통이 어려워 구조개편 여건이 좋지 않았지만, 1997년 외환위기를 계기로 구조개편이 급속히 추진되었다. 실제로 1994~96년 한전에 대한 경영진단 후 영국식 의무입찰시장의 도입을 권고한 보고서에 대해 당시 통상산업부는 영국식 의무입찰시장이 한국 실정에 적합할 것인지 그 성공 여부가 미지수라는 신중한 견해를 나타낸 바 있다. 하지만 외환위기가 발생한 이후 한국은 재무적 곤궁에 빠진 개도국으로서 구조개편과 민영화를 통해 시급히 민간자본을 유치해야 한다는 논리가 전면에 부상하였다(ABN AMRO Rothchild, 1998). 또한 전력산업 구조개편의 추진 논리로서 독점 공기업 체제의 X-비효율성을 강조하는 주장도 확산되었다(조성봉・김진우, 2000).

한국의 전력산업 구조개편 모형은 영국식 의무입찰시장을 지향하되, 한국의 전력산업 여건이 영국과 다른 현실을 감안하여 과도기적으로 이원화된 비용기반시장(two-tier cost-based pool)을 도입하는 방식을 취하였다. 당시 영국에서는 이미 의무입찰시장 대신 공급자-수요자 간 직접 협상과 다양한 거래기간 설정이 가능한 쌍무계약을 중심으로 하는 임의시장의 도입을 검토하고 있었으나, 한국은 오히려 쌍무계약을 배제하고 현물 거래만 가능한 의무시장을 도입하였다(임원혁, 2008).

다만, 당시 수입 석탄과 북해 파이프라인 천연가스에 기초한 발전 연료비가 유사한 수준이었던 영국과는 달리, 원자력과 수입 석탄에 기초한 변동비는 낮고 LNG에 기초한 변동비는 높은 한국의 현실을 감안하여 기저와 일반으로 이원화된 비용기반시장을 도입하였다. 당시 한국의 부하지속곡선(load duration curve)에서 LNG발전기가 차지하는 비중이 60%에 달한다는 현실을 감안할 때 단일 결제가격제도가 도입될 경우 전기요금이 급등할 가능성을 우려했던 것이다. 또한 발전사업자의 시장집중도가 높아 암묵적 담합이 우려되는 상황에서 입찰가격기반시장을 바로 도입하는 것도 어렵다고 보았다.

단일 결제가격제도의 논리에 따르면, 전력이 어떤 방식으로 생산되든 상관없이 전력시장에서 한계계통가격을 기준으로 일물일가 원칙을 적용하면, 공급과 수요 양쪽에서 가격신호에 반응하여 효율적인 자원배분이 이뤄지면서 적정한 전원구성을 찾아갈 것으로 기대할 수 있다. 따라서 단기적으로는 전기요금이 급등하더라도 원자력과 석탄화력의 막대한 초과수익은 발전소 건설을 촉진하여 중장기적으로는 최적의 전원구성에 도달하고 이에 상응하는 전력가격이 형성될 것이라는 주장이 가능했다.

하지만 이와 같은 논리가 성립되려면 가격신호가 경제성은 물론 안정성 및 친환경성 등과 관련된 생산 전력의 특성을 정확히 반영해야 한다. 전력계통의 안정성에 기여하는 공급의 확실성과 유연성이 가치화되어야 하고, 원전사고 발생 시의 수습비용이나 석탄화력의 환경비용, 발전소 증설에 대한 주민 수용성 등 외부효과도 포함되어야 한다. 또한 신규 진입이 어렵거나 암묵적 담합이 이뤄져 유효경쟁이 일어나지 않는다면 효율적인 자원배분은 이뤄지지 않을 것이라는 점도 감안해야 한다. 이는 전력시장뿐만 아니라 그 상류 시장으로서 발전 연료를 제공하는 가스나 석유 시장에도 적용된다.

예를 들어, 칠레의 수력이나 한국의 원자력은 다른 전원에 비해 변동비가 훨씬 낮기 때문에 단일 결제가격제도하에서 막대한 초과수익을 올릴 가능성이 높다. 하지만 수력이나 원자력이 막대한 초과수익을 올린다고 하더라도 지리적·사회적 제약요인으로 인해 수력이나 원자력을 증설하는 데에는 한계가 있을 수 있다. 이와 같은 경우에는 사전에 적정원가 및 투자보수 등을 토대로 발전-판매사업자 간 정부승인차액계약(Vesting Contract: VC)을 체결하거나 계통한계가격과 다른 별도의 가격을 적용하는 것이 바람직하다. 가격신호에 따라 비교적 증설이 용이한 화력발전과는 상황이 다른 것이다. 또한 경쟁이 제한적인 국제 천연가스 시장에서 수급 불균형과 시장력 행사로 인해 가스가격이 급등하고 그로 인해 전력가격이 급등하는 구조를 가지고 있는 전력시장에서는 단기 한계비용기반 가격 결정방식이 효율적이라고 보기는 어렵다(Grubb *et al.*, 2022).

결국 전력산업 구조개편 추진 당시 한국 정부는 발전기를 기저(원자력, 석탄) 설비와 일반(기타) 설비로 이원화하고 사업자가 발전량을 입찰하게 한 후 예측수요를 최종적으로 충족시키는 발전기의 변동비가 계통한계가격(SMP)으로 결정되면, 기저 발전기에 대해서는 표준 기저 발전기의 변동비를 지급하고 일반 발전기에 대해서는 SMP를 지급하는 방식을 채택하였다. 또한 전력량정산금과 더불어 사업자가 발전기의 고정비를 회수할 수 있도록 용량정산금(CP)을 도입하고, 발전계획과 실제 발전(제약발전, 제약비발전) 간의 차이를 반영한 부가정산금(Uplift)을 책정하였다. 주파수 추종, 자동발전제어, 예비력 등 수급균형 유지에 필요한 계통운영보조서비스 정산금도 책정하였다(IEA-KEEI, 2021b, pp.88~89).

전력산업 구조개편 기본계획에 따르면 이원화된 비용기반시장에서 출발하여 단계적으로 배전 부문을 분할하고 도매시장에 양방향 입찰제도를 도입한 후 소매경쟁도 도입하는 것으로 상정하였으나, 2000~01년 캘리포니아 전력사태 등 구조개편의 부작용이 부각되며 계획 추진이 무산되었다. 이와 관련하여 Pittman(2014)은 전력산업 구조개편 기본계획 자체가 한국의 여건을 제대로 감안하지 않은 것이라고 비판한 바 있다.

나. 저탄소 전기화를 위한 전력산업의 향후 과제

탄소중립 이행에서 핵심적인 역할을 담당할 전력산업의 향후 과제와 관련하여 일부 국내외 논의가 있지만, 주로 계통 유연성 확보를 위한 전력시장의 거래규칙 개정 등 기술적인 내용에 초점을 맞추고 있다. 예를 들어, IEA-KEEI(2021a)와 옥기열(2022)은 한국의 탄소중립 달성을 위한 전력시장 개편 방향을 제시하면서, 해외 전력시장은 시간적 · 공간적 세분성(granularity)을 제고하는 방향으로 진화한 반면, 국내 전력시장은 이원화된 비용기반시장을 수정하는 데 그쳤다고 비판한다. IEA-KEEI(2021a, pp.9~15)는 실시간 시장 도입 및 시간 · 지역의 세분화, 예비력 가치를 고려한 가격체계 도입, 계통안정 기여도를 반영한 용량가격 보상, 탄소 비용 반영, 시장원리 기반의 재생에너지 지원제도 마련, 분산자원의 시장참여 유인제도 마련 등을 권고한 바 있다. 옥기열(2022)은 국제비교를 통해 [그림 3-7]과 같이 장단기 계약시장과 현물시장의 고도화가 필요함을 강조하고 있다. [그림 3-8]에서 볼 수 있는 바와 같이, 전력거래소도 장단기 계약시장을 도입 · 확장하고 현물시장을 고도화하는 방향으로 개편계획(안)을 마련했다.

장단기 계약시장의 도입 · 확장과 현물시장의 고도화는 2020년대에 들어 본격적으로 이뤄지기 시작했으며 여전히 중요한 과제이다. 10차 전기본도 저탄소전원 전용 전력거래시장 개설 등 전력시장 다원화와 실시간 · 보조서비스 도입 등 현물시장 개선과 관련된 내용을 담고 있다. 더 나아가

[그림 3-7] 국제비교적 관점에서 본 한국의 전력시장

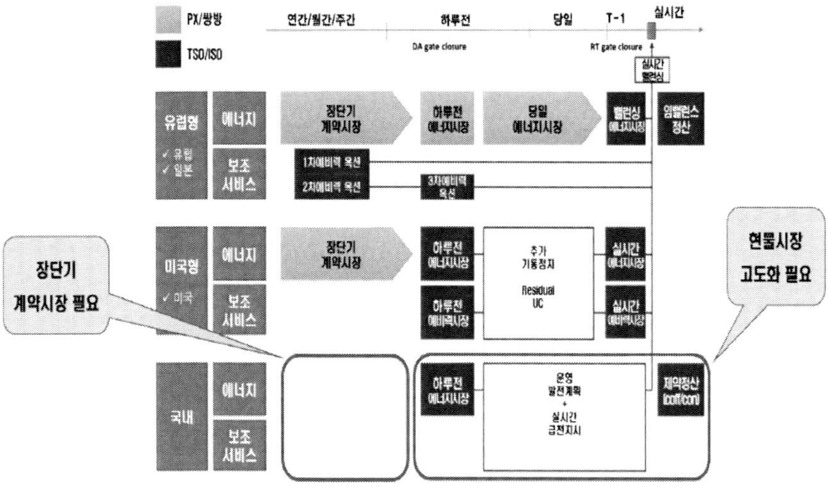

자료: 옥기열(2022).

[그림 3-8] 전력거래소의 도매전력시장 개편계획(안)

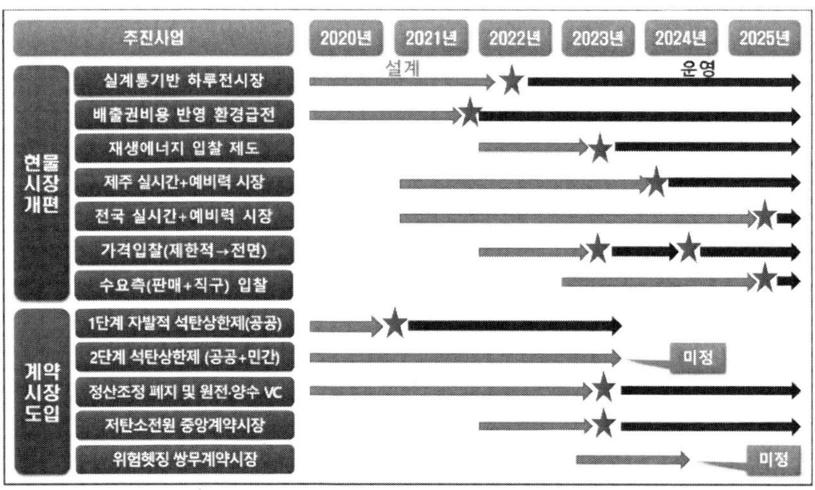

자료: 옥기열(2022).

현행 비용기반시장(Cost-Based Pool: CBP)에서 단계적으로 가격입찰시장(Price-Bidding Pool: PBP)으로 전환하고, 재생에너지 전력구매계약(Power

Purchase Agreement: PPA)을 더욱 활성화하는 내용도 담고 있다.

하지만 이와 같은 내용은 저탄소 전기화를 통해 탄소중립을 달성한다는 목표를 추구하기에는 부족한 것으로 보인다. 특히 탄소중립 달성의 핵심수단이 될 원자력의 장기운영 및 증설, 석탄-LNG-수소로의 연료 전환, 변동성 재생에너지 관련 기술혁신 및 운영개선을 촉진하는 기제는 충분히 고려되지 않은 것으로 보인다.

본 절에서는 전력산업의 3대 목표인 경제성, 안정성, 친환경성을 염두에 두고 (1) 장단기 계약시장의 확장과 (2) 현물시장의 고도화와 관련된 전력시장 제도 개선 내용과 쟁점을 개관한 후 향후 과제를 제시하고자 한다. 또한 저탄소 전기화의 틀 안에서 (3) 전기요금의 정상화와 (4) 계획과 조율을 통해 추진해야 할 기타 과제도 다루고자 한다. 여기에는 전력계통 안정성 확보를 위한 송·배전망 건설과 운영 개선 외에도, 탄소중립 달성에 필요한 신금속과 희토류 등 자원개발도 포함된다.

1) 장단기 계약시장의 확장

장단기 계약시장과 관련하여 우리나라는 전력산업 구조개편 도입 당시부터 공급자와 수요자 간의 쌍무계약을 배제하고 중앙집중된 하루 전 에너지시장을 중심으로 현물 거래가 이뤄지도록 해왔다. 하지만 최근에는 재생에너지 등 일부 전원에 대해 계약을 허용했고, 10차 전기본에 따르면, 정부는 앞으로 저탄소전원 전용 전력거래시장을 개설하여 전력시장을 다원화할 계획이다. 정부 계획대로 원전을 정부승인차액계약(VC)으로 처리하고 변동성 재생에너지와 ESS를 장려하기 위해 경쟁입찰을 확대하며, 석탄과 LNG 화력에 대해서도 혼소와 연료 전환을 추진한다면, 대부분의 전력거래는 장단기 계약의 형태로 이뤄지게 될 것이다.

석탄화력의 경우 발전량 제한을 통해 미세먼지 및 온실가스를 감축하기 위해 2019년 12월부터 겨울철(12월~이듬해 3월) 미세먼지 계절관리제를 시행했고, 2021년 4월부터는 발전공기업을 대상으로 그 외 기간(4월~11월)에 대한 자발적 석탄발전 상한제를 도입했다. 아직까지는 발전공기업을 대상으로 하기 때문에 명시적으로 계약을 체결하지는 않고 발전공기업의 수익을 임의 조정하는 형태로 제도를 운영하고 있지만, 현물 시장 거래와는 다른 암묵적인 계약이 사실상 작동하고 있다. 2022년 2월 러시아의 우크라이나 침공 이후 에너지안보 문제가 부각되면서 석탄 발전량이 다소 늘어났지만, 미세먼지 및 온실가스 감축을 위한 석탄 발전량 제한은 앞으로도 불가피할 전망이다.

더 나아가 앞으로 석탄화력을 LNG로, LNG를 수소 터빈으로 전환하기 위해서는 (사실상) 계약이 체결되어야 한다. 특히 민자사업자의 경우 화력발전에 투자할 때의 기대와는 달리 탄소중립을 달성하기 위해 연료 전환을 고려해야 하는 상황이 되면서 보조금이 필요한지, 필요하다면 그 지급 조건은 무엇인지를 명확히 규정해야 할 것이다. 석탄과 암모니아의 혼소, LNG와 수소의 혼소와 관련해서도 이와 유사한 의견수렴 및 협상 과정이 필요할 것으로 판단된다.

재생에너지의 경우 기존의 RPS 외에도 2020년부터 태양광 대상 장기 경매제도가 도입되었고, 제5차 신재생기본계획에 따라 적용 대상이 확대될 예정이다. IEA-KEEI(2021a, p.69)는 경쟁입찰에서의 계약 방식과 관련하여 전력의 시장가치를 반영할 수 있도록 고정 프리미엄(FIP) 제도를 권고하였지만, 2022년처럼 LNG 가격 급등으로 인해 계통한계가격이 급등한 상황에서 FIP는 재생에너지 사업자에게 과도한 횡재 수익을 제공할 우려가 있다. 왜냐하면 FIP에서의 계약가격은 변동하는 시장가격에 고정 프리미엄을 더한 가격이고, 현재의 전원구성에서 시장가격(계통한계가격)은 주로 LNG 화력에 의해 결정되기 때문이다. 따라서 경쟁입찰을 통해 적정한 가격 수준을 찾되, FIP보다는 FIT나 CfD처럼 계약가격이나 행사가격(strike price)을 고정하고 계통한계가격이 0 이하일 경우에는 대금을 지급하지 않는 것이 바람직할 것으로 판단된다.

재생에너지에 대해서는 전력구매계약(PPA) 제도도 도입되었다. 한전이 전력구매계약을 중개하는 제3자 PPA가 2021년 6월에, 공급자와 수요자가 직접 거래하는 직접 PPA가 2021년 10월에 각각 시행되었다. 재생에너지 PPA는 분산자원의 시장참여 확대 및 재생에너지원 100%(RE100)나 무탄소 100%(CF100) 기반 조성에 기여할 것이지만, 공급자와 수요자는 한전이나 다른 에너지사업자와 보완 전력 및 백업설비를 확보하는 계약을 체결하여 재생에너지의 변동성과 불확실성에 대비해야 한다. 또한 이에 따른 추가적인 계통비용이 다른 수요자에게 전가되지 않도록 유의해야 할 것이다. 이와 관련하여 RE100, CF100, 탄소국경조정기제(Carbon Border Adjustment Mechanism: CBAM) 등의 영향으로 PPA가 활성화되어 전력회사의 우량고객이 대거 이탈할 경우 보편적 서비스 제공에도 타격을 줄 가능성에 대비할 필요가 있다.

10차 전기본에서 제시된 전력시장 다원화 방안은 전원의 특성에 따라 별개의 전력시장을 운영한다는 것이다. 이는 최근 영국 등에서 논의되고 있는 전력시장 이원화 방안과도 비슷한 맥락으로 일물일가 원칙의 적용에서 벗어난다는 함의를 가지고 있다. 즉, 단일 결제가격제도의 논리처럼 일물일가 원칙을 적용하여 전원구성을 찾아가기보다는, 탄소중립 목표와 에너지원별 비용 정보를 바탕으로 전체 계통비용을 최소화하는 전원구성을 파악한 후 전원별로 경쟁입찰을 실시하는 것이다.

10차 전기본에 따르면, 원전에 대해서는 사전에 적정원가 및 투자보수 등을 토대로 발전-판매사업자 간 정부승인차액계약(VC)을 추진할 계획이다. 원전 유지 또는 추가 건설은 상업적 보험으로는 대비할 수 없는 리스크가 있기 때문에 시장 외적인 요소를 고려해야 하는 점에도 유의할 필요가 있다. 또한 수소와 ESS 등 저탄소 전원에 대해서는 경매를 통해 사전에 가격과 물량을 결정한 후, 시장 진입 시 낙찰가격을 보장받도록 장기계약을 체결하는 전용거래시장을 개설할 계획이다.

이와 같은 전원별 계약은 탄소중립 계획을 수정·보완하는 과정에서 전체 계통비용을 최소화하는 방안을 찾은 후 이에 따라 기술별로 경쟁입찰 대상 물량을 정하는 것이 바람직하다. 예를 들어, 최적 안에서 변동성 재생에너지, 원자력, CCUS와 결합된 LNG 화력의 발전량 비중이 각각 50%, 35%, 15%로 나온다면, 단계적으로 이에 상응하는 변동성 재생에너지 및 ESS·CCUS 물량을 경쟁입찰에 부치고 사업자들로 하여금 가격과 물량을 입찰하게 하는 것이다. 기술별 경쟁입찰을 통해 가격이 발견되면 이를 활용하여 주기적으로 업데이트함으로써 기술별 경쟁입찰 물량을 조정하는 식이다.

장단기 계약을 체결하는 방식에는 (1) 단일구매자(single buyer)가 발전사업자와 체결하는 방식과 (2) 개별 수요자가 발전사업자와 직접 체결하는 쌍무계약 방식이 있다. 단일구매자 방식은 단일구매자가 장단기 계약의 기본 조건과 물량을 제시하면 발전사업자들이 경쟁입찰을 통해 적정 가격을 찾아가는 방식이다. 단일구매자가 전력계통 전체를 고려하면서 입찰 조건을 정하고 수급을 조정하는 장점이 있지만, 단일구매자의 역량이나 유인이 부족할 경우 오히려 발전사업자들에게 휘둘릴 우려도 있다. 반면, 개별 수요자와 발전사업자 간의 쌍무계약은 특히 협상력이 있는 대규모 수요자의 경우 발전사업자로부터 유리한 계약 조건을 확보하기 용이하다. 하지만 대규모 수요자가 유리한 조건으로 물량을 확보하면 협상력이 부족한 소규모 수요자는 상대적으로 불리한 조건을 감수해야 할 가능성이 높다. 물론 발전사업자 간의 경쟁이 치열하여 수요자 규모별 공급비용을 정확히 반영하는 식으로 쌍무계약이 체결되면 좋겠지만, 발전사업자가 소규모 수요자에 대해 시장력을 행사하는 방향으로 가격을 책정한다면 이는 정치·경제적 문제가 될 수 있다. 영국의 전력소매시장 자유화 이후 주택용 소비자의 경우 오히려 피해를 보는 사례가 빈발했던 경험을 상기할 필요가 있다. 이상과 같은 점을 고려할 때 장단기 계약을 체결하는 방식은 단일구매자 방식을 채택하되, 단일구매자의 역량과 유인을 강화하는 형태로 제도를 설계하는 것이 바람직하다고 판단된다.

2) 현물시장의 고도화

현물시장과 관련해서는 시간적·공간적 세분화를 모색하면서 비용효과적인 방식으로 전력계통의 안정성과 친환경성을 제고하는 것이 핵심 과제이다. 실시간 시장은 단기 변동성이 커진 전력 시스템에 실시간 가격신호를 제공하여 시장원리에 의해 안정적인 계통 운영을 가능하게 하는 제도이다. 하루 전 시장에 더해 수급여건을 실시간으로 반영하여 정확한 전력의 가치를 산정하고 보상하는 것이 목적이다. 또한 거래시간 단위를 1시간이 아니라 30분이나 15분으로 세분화하면 시장 참여자들에게 입찰 정확도에 대한 유인을 제공하여 재생에너지 확대에 따른 수급균형 불안 문제에 효과적인 대응이 가능하다. IEA-KEEI(2021a, pp.72~73)에 따르면, 독일에서는 15분 전 실시간 시장을 개설한 이후 계통 수급균형에 필요한 예비력 관리비용이 감소한 것으로 나타난다.

공간적으로 볼 때 현재 국내시장은 육지와 제주도의 전력계통만 구분하여 시장가격을 산정하고 있는데, IEA-KEEI(2021a, pp.73~75)는 발전소 입지에 대한 가격신호를 제공하기 위해 송전 혼잡을 반영한 지역별 가격제(Locational Marginal Pricing: LMP)를 도입해야 한다고 권고한 바 있다. 발전소뿐만 아니라 데이터센터 등 대규모 전력수요처의 입지를 결정함에 있어서도 송전 혼잡을 반영한 가격이 전제되어야 한다. 이를 통해 수요 분산을 유도함으로써 전력 생산과 소비 간의 지리적 괴리가 축소될 수 있도록 해야 한다.

한편, 전력계통의 안정성을 제고하기 위해서는 계통안정에 대한 기여도를 반영한 용량가격 보상이 필요하다. 현재 국내에서는 재생에너지에 대해서는 용량가격을 보상하지 않고 있다. 그 이유는 계통안정에 기여하려면 중앙급전자원으로 활용될 수 있어야 하는데, 대다수 재생에너지 발전기는 그렇지 못하기 때문이다. 현재는 정격용량 20MW 이상 재생에너지를 중앙급전자원으로 등록할 수 있는데, 중앙급전자원의 가용 용량에 대한 보상 수준은 피크기여도 수준에 따라 차등화하는 것이 바람직하다.

10차 전기본에서는 예비력을 상품화하여 거래하는 시장을 신설하고, 이를 통해 예비력을 확보하고 보상 가격도 결정하는 방안도 추진하고 있다. 기존에는 예비력의 용량가치를 COFF(제약 비발전)으로 보상했지만, 예비력의 용량가치 보상단가를 별도로 산정·지급하는 방안이 논의되어 왔는데, 앞으로는 예비력을 거래하는 시장을 신설하여 보상 가격을 결정하겠다는 취지이다. 분산형 전원과 변동성 재생에너지의 비중이 높아지면서 예비력 자원이나 에너지저장장치를 일정 비율만큼 확보하도록 의무화하는 방안도 고려해 볼 필요가 있다.

탄소비용을 시장가격에 반영하는 방안은 최근 몇 년 사이에 어느 정도 진전이 이뤄졌다. 2019년 4월 세제개편을 통해 유연탄에 부과되는 세금은 kg당 36원에서 46원으로 인상하고, LNG에 부과되는 세금은 91.4원에서 23원으로 대폭 인하했다. 2019년 8월에는 오염물질 저감을 위한 환경비용을 변동비에 추가 반영했다. 2022년 1월에는 배출권 구입비용을 변동비에 추가 반영했다. 이처럼 탄소비용을 반영하기 위한 노력이 있었지만, 석탄과 LNG 간 급전 순위 변경은 거의 발생하지 않는 것으로 나타난다. 그 이유는 석탄과 LNG 간 가격 차이가 클 뿐 아니라, 배출권거래제에서의 유상할당 비율이 낮고 배출권 가격 또한 낮은 수준이기 때문이다.

10차 전기본에서는 단계적으로 가격입찰제로 전환할 계획도 포함되었다. 우선 평가된 연료비 대비 ±5~10% 등 일정 범위 내에서 입찰 자율성을 부여한 후 단계적으로 그 범위를 확대할 계획이다. 하지만 재생에너지와는 달리 화력발전처럼 비용에 대한 불확실성과 정보의 비대칭성이 낮은 사업의 경우에는 가격입찰제를 통해 얻을 수 있는 편익이 무엇인지가 불분명한 것으로 판단된다. 특히 화력발전처럼 시장집중도가 높은 경우 사업자들 간에 암묵적 담합이 일어날 가능성도 높고 소비자 잉여가 생산자 잉여로 전환될 가능성도 있으므로 신중을 기할 필요가 있다.

실제로 Cournot 모형을 활용하여 한국의 전력시장을 대상으로 Bushnell, Kim, and Knittel(2007)이 모의실험한 결과에 따르면, 설비예비율과 시장의 경쟁도가 낮은 상태에서 (1) 이윤동기가 도입되고, (2) 단일가격입찰시장이 운영되면 발전회사는 단독 또는 공동으로 공급을 감축하여 결제가격을 끌어올리려고 하게 된다. 전력시장 감시체계의 개편을 통해 어느 정도 이 문제에 대응할 수는 있지만, 기본적으로 주요 발전회사의 시장점유율이 설비예비율에 비해 높은 상황에서는 단독 공급감축도 이윤극대화에 부합하는 것으로 나타난다. 물론, 주요 발전회사는 현재 공기업이기 때문에 이윤극대화를 추구하지는 않고 있고, 이윤을 추구하는 민간 가스화력 발전회사의 시장점유율은 설비예비율에 비해 낮기 때문에 현재로서는 전략적 공급감축의 가능성은 낮다. 하지만 한전 발전자회사의 민간매각과 가격입찰제의 전면 도입이 이뤄질 경우 이와 같은 모의실험의 결과가 실제로 구현될 수 있다는 점에 유의해야 한다.

3) 전기요금의 정상화

저탄소 전기화를 효율적으로 추진하기 위해서는 해묵은 과제인 전기요금의 정상화 문제도 해결해야 한다. 만약 저탄소 전기화 그 자체만이 목표라면 전기요금을 인위적으로 낮게 책정하는 것이 전기화를 촉진한다고 볼 여지도 있다. 예를 들어, 농사용 전기요금을 인위적으로 낮게 책정한다면 농가 입장에서는 온실에서 과일과 채소를 재배할 때 석유나 가스보다 전기를 사용하는 것이 더 저렴하기 때문에 전기난방 설비를 구입・사용하게 될 가능성이 높아질 것이고, 그만큼 전기를 사용하는 설비로의 교체가 촉진될 것이기 때문이다. 하지만 원가도 회수할 수 없는 낮은 수준에 전기요금이 책정될 경우 전기가 과도하게 소비될 뿐만 아니라 전기를 소비자에게 공급하는 전력회사의 재무상황이 악화되어 금융비용이 증대될 것이고, 파국을 피하기 위해서는 결국 전기요금의 인상이나 납세자의 지원을 통해 전력회사의 손실분을 보전해 줄 수밖에 없다.

내연차를 전기차로 교체하는 데 필요한 비용에 대한 지원은 저량(stock)에 대한 지원으로서 긍정적인 외부효과를 고려할 때 정당화될 가능성이 높다. 규모의 경제와 학습효과를 통해 전기차의 생산단가를 낮출 수 있고, 탄소중립 달성에 기여하면서 지원금을 단계적으로 감축할 수 있기 때문이다. 저탄소 전기화를 촉진하기 위해 정부와 전력회사가 고효율 저탄소 전기 사용 설비의 도입을 지원하는 방안 등을 모색할 수 있을 것이다. 이에 반해 인위적으로 낮게 책정된 전기요금과 관련된 지원은 유량(flow)에 대한 지원으로서, 규모의 경제나 학습효과가 없는 한 정당화되기도 어렵고 지속불가능할 가능성이 높다.

이와 같은 문제에 대응하기 위해 전력산업 등 전체 원가에서 연료가 차지하는 비중이 높은 산업에서는 연료비조정제(fuel cost adjustment)를 통해 연료비의 변동을 사용요금에 적시에 반영함으로써 경제주체의 합리적인 선택을 유도해왔다. 이 제도의 기본취지는 사업자가 자기 스스로의 노력으로 통제할 수 없는 원가를 요금에 반영하여 소비자의 합리적인 소비를 유도하고, 사업자의 재무적 리스크를 완화하여 자본조달 비용을 낮춤으로써 요금의 적정화에 기여하는 것이다. 특히 선심성 정책의 수단으로 변질되기 쉬운 공공요금의 책정에 있어 재량보다는 준칙을 강조함으로써 정부의 자의적 개입을 줄이고자 하는 것이다.

우리나라의 경우 전기요금에 연료비조정분을 반영하는 방안은 2011년에 도입 확정되었으나 시행이 유보되었다가, 2021년부터 원가연계형 요금제를 도입하여 연료비 조정요금을 신설하고 기후·환경요금을 분리하였다. 하지만 원가연계형 요금제는 조정 상한을 연간 최대 ±5원/kWh 범위 내에서 직전 요금 대비 3원/kWh까지만 변동 가능하게 하였을 뿐 아니라, 정부가 물가에 미치는 영향 등을 이유로 적용을 유보할 경우 미수금 보전 대책 등을 마련할 필요조차 없도록 하였다. 그 결과, 2021년과 2022년에 걸쳐 석탄·가스 등 연료비가 급등했음에도 불구하고 정부가 전기요금 조정을 지체하자 한전의 재무적 상황이 급격히 악화되었고 결국 정부는 뒤늦게 전기요금을 인상하게 되었다. 이와 같은 상황이 반복되는 것을 피하기 위해서는 연료비조정제의 원래 취지에 맞춰 연료비 변동분을 전기요금에 적시에 반영해야 한다. 구체적으로 연료비조정제 유보 조항을 폐지하고 전기요금 조정 한도를 확대할 필요가 있다. 취약계층에 대해서도 전기요금의 인상을 제한하는 것보다는 소득을 보전해주는 형태로 지원하는 것이 바람직하다.

더 나아가 탄소중립을 달성하는 데 필요한 발전설비 교체 및 증설, 송·배전망 확충, 에너지 저장 및 CCUS 설비 개발 및 보급에 소요되는 비용도 결국 전기요금이나 재정에 반영되어야 한다는 공감대를 형성할 필요가 있다. 일례로 10차 전기본에 따르면 재생에너지의 변동성에 대응하기 위한 백업설비 확충에 약 29~45조원의 재원이 2036년까지 소요될 것으로 예상되는데, 전기요금과 재정을 통해 이와 같은 투자비용을 마련해야 한다. 전기요금이 정상화되지 않으면 가격신호가 제대로 작동하지 못해 에너지효율을 저해할 뿐 아니라 저탄소 전기화 추진에 필요한 설비투자도 할 수 없다는 점을 인식할 필요가 있다.

4) 계획과 조율을 통해 추진해야 할 과제

전력시장의 제도 개선 및 전기요금 정상화와 더불어, 계획과 조율을 통해 추진해야 할 과제도 함께 고려할 필요가 있다. 예를 들어, 전력 소비 지역과 생산 지역 간의 괴리로 인해 발생하는 문제를 완화하기 위해서는 송전혼잡을 반영하는 가격신호를 확립하는 것도 중요하지만, 지역별 전력 생산에 맞춘 전력 소비 수요를 창출하는 것 또한 중요하다. 대용량 수요처인 데이터센터의 경우 굳이 수도권에 위치할 필요는 없지만, 데이터 처리에 필요한 정보통신 기반시설과 인력, 그리고 그와 같은 인력을 유치할 수 있는 생활여건이 확보되어야 한다. 이는 송전혼잡 요금을 부과하는 정도로는 해결될 수 없고 지역개발과 관련된 계획과 조율이 필요하다는 점을 시사한다.

또한 현재 재생에너지 발전설비 건설과 송·변전 설비 건설 간에 조율이 부족하여 발생하는 계통접속 지연과 난개발 현상도 해소할 필요가 있다. 재생에너지 발전설비는 통상 3년 이내에 준공되고 송·변전 설비는 최소 6년 이상 소요된다는 점을 감안할 때, 향후 재생에너지 접속 수요를 전망하여 선제적으로 송·변전 설비를 확충하는 것이 바람직할 것으로 판단된다. 물론 이는 전체 계통비용을 최소화하는 방향으로 조율되어야 할 것이다. 앞으로 변동성 재생에너지의 발전량 비중이 늘어남에 따라, ESS 등 유연성 자원을 확보하고 지역별로 배전계통에 접속된 분산형 에너지에 대한 능동적인 급전지시 및 제어차단 능력도 확보되어야 한다.

마지막으로, 국내 전력산업 가치사슬의 대부분이 해외에서 결정된다는 점을 고려하여 에너지자원뿐만 아니라 광물을 포함한 해외자원 개발에 노력을 기울일 필요가 있다. 현재까지 우리나라가 석탄, 석유, 천연가스, 우라늄 등이 풍부하게 매장된 곳에서 에너지자원을 도입해 온 것처럼, 탄소중립 시대에도 국내에서 경제적으로 신재생에너지를 확보하는 데에는 한계가 있을 것이기 때문에 태양광과 풍력 발전 여건이 양호한 곳에서 수소나 암모니아 형태로 에너지자원을 도입해야 할 가능성이 높다. 에너지자원뿐만 아니라 구리, 니켈, 아연, 리튬, 코발트, 망간, 희토류 등 주요 광물도 확보할 필요가 있다. 태양광과 풍력 자체는 재생에너지이지만, 이를 활용하여 전력을 생산하는 데 필요한 태양광 셀과 풍력 터빈 등 발전설비와 리튬 배터리 등 에너지저장설비는 고갈 가능 자원으로 제조된다는 점에 유의해야 한다. 이와 같이 상류 부문에서 발생하는 부가가치를 확보하기 위해서는 국내외에서 적극적으로 자원을 개발하고 관련 기술을 발전시켜 가치사슬을 구축해야 한다.

참고문헌

관계부처 합동, 「2030 국가 온실가스 감축목표(NDC) 상향안」, 2021a. 10.

관계부처 합동, 「2050 탄소중립 시나리오안」, 2021b. 10. 18.

관계부처 합동, 「2050 탄소중립 시나리오 세부 산출근거」, 2021c. 10.

김승완, 「탄소중립 추진에 따른 전환부문 소요비용 추산」, 에너지경제연구원・한국환경연구원 주최 '탄소중립 추진 비용의 규모와 해법' 세미나 발표자료, 2022. 2. 24.

김용건・서양원・배현주・양유경・최기철, 『저탄소발전전략에 따른 기후・대기・에너지 정책 추진방향: 발전부문을 중심으로』, 한국환경연구원, 2021.

김재엽, 『무탄소 신전원 활용기술과 해외 활용사례 – 일본을 중심으로. 동향과 분석』, 에너지경제연구원, 2021.

김현석, 『신재생에너지 공급의무화제도의 후생효과에 관한 연구』, 정책연구시리즈 2018-17, 한국개발연구원, 2018.

노지은・강창식・김택원, 『에너지 지표로 살펴보는 한국의 탄소중립』, 2022.

산업통상자원부, 「제9차 전력수급기본계획(2020-2034)」, 2020. 12. 28.

산업통상자원부, 「제10차 전력수급기본계획(2022~2036)」, 2023. 1. 12.

산업통상자원부・에너지경제연구원, 『에너지통계연보 2021』, 2021.

산업통상자원부・한국에너지공단, 『신・재생에너지백서 2020』, 2021.

손영준, 「수소에너지 기술」, 전문가 연재 <신재생에너지의 현재와 미래>, 『기계저널』, 60(1), 2020, pp.51~53.

신고리 5・6호기 공론화위원회, 『신고리 5・6호기 공론화 자료집』, 2017.

신동현, 「2030 국가 온실가스 감축목표에 따른 전원별 발전량 전망: 2022~2025년 시나리오 분석결과」, 동향과 분석, 에너지경제연구원, 2021.

오형나, 「탄소차액거래 제도 설계를 위한 기초 연구」, 양용현 편, 『저탄소경제 전환 전략과 정책과제』, 2023.

옥기열, 『전력산업과 전력시장의 경쟁 방향과 개선 정책』, 2022.

원자력안전위원회, 『국내 원자력발전소 현황』, 2020. 12. 31.

이상복, 「신한울 3・4호기 건설해도 못 돌린다」, E2뉴스, 2021. 12. 13.

이수일, 『전력산업의 자원 적정성 달성을 위한 제도 연구』, 연구보고서 2013-03, 한국개발연구원, 2013.

이창훈 외, 『화석연료 대체에너지원의 환경·경제성 평가 I – 원자력을 중심으로』, 환경정책·평가연구원, 2013.

이태의·이유수, 「제주도의 재생에너지 확대와 전력계통의 안정적 운영 방향」, 동향과 분석, 에너지경제연구원, 2020.

이후승·정슬기, 「탄소중립 이행을 위한 해상풍력발전의 생태환경적 쟁점 및 개선방향」, KEI 포커스, 한국환경정책·평가연구원, 2021.

임원혁, 「해외사례의 시사점과 향후 정책방향」, 임원혁 외, 『해외 전력산업 구조개편 사례분석 및 시사점 연구』, 한국개발연구원, 2008, pp.409-447.

임원혁, 「기후변화 대응수단으로서의 원자력의 역할」, 글로벌이슈브리프 No. 17, 해외문화홍보원, 2022. 5. 20, pp.1~3.

조성봉·김진우, 『전력산업의 개혁방향과 주요 정책과제』, 에너지경제연구원, 2000.

조영탁·석광훈·박종배, 「사회적 비용을 고려한 국내 주요 발전기술의 균등화 발전비용 산정」, 『전기학회논문지』, 67(2), 2018, pp.179~185.

채종헌·정지범, 『고준위 방사성 폐기물 처리시설 정책의 공론화와 갈등예방에 관한 연구』, 한국행정연구원, 2010.

ABN AMRO Rothchild, *Final Report to KEPCO on the Restructuring of the Electricity Industry in Korea*, December 1998.

ACER, *ACER's Final Assessment of the EU Wholesale Electricity Market Design,* European Union Agency for the Cooperation of Energy Regulators, April 2022.

Akimoto, Keigo, "Scenario Analyses for 2050 Carbon Neutrality in Japan," IRENA Forum, June 8, 2021.

Armstrong McKay, David I. *et al.*, "Exceeding 1.5 global warming could trigger multiple climate tipping points," *Science*, 377, eabn 7950, 9 September 2022.

BEIS, *Net Zero Strategy*, 2021.

BEIS, *Review of Electricity Market Arrangements: Consultation Document*, July 2022.

Borenstein, Severin and James Bushnell, "The US Electricity Industry after 20 Years of Restructuring," *Annual Review of Economics*, 2015. 7, pp.437~463.

Brown, T. W., T. Bischof-Niemz, K. Blok, C. Breyer, H. Lund, and B. V. Mathiesen, "Response to 'Burden of Proof: A Comprehensive Review of the Feasibility of 100% Renewable-Electricity Systems," *Renewable and Sustainable Energy Reviews*, 92, 2018, pp.834~847.

Bushnell, James, Dae-Wook Kim, and Chris Knittel, "The Korean Electricity Industry: Evaluation of Potential Market Organization," Mimeo, 2007.

CMA, *Energy Market Investigation: Final Report,* 24 June 2016, London: Competition & Markets Authority, 2016.

Dickel, Ralf, "Achieving Net Zero Plus Reliable Energy Supply in Germany by 2045: The Essential Role of CO_2 Sequestration." OIES Paper: ET13, Oxford Institute for energy Studies, 2022.

Fabra, Natalia, "The Energy Transition: An Industrial Economics Perspective," *International Journal of Industrial Organization*, 79, 2021: 102734.

Griffith, Saul *et al.*, *Re-wiring America*, 2020.

Grubb, Michael and Drummond Pike, "Separating electricity from gas prices through Green Power Pools: Design options and evolution," Working Paper 193, Institute for New Economic Thinking, 2022.

Grubb, Michael and David M. Newbery, "UK Electricity Market Reform and the Energy Transition: Emerging Lessons," Cambridge Working Paper in Economics 1834, University of Cambridge, June 2018.

Grubb, Michael, Thomas Ferguson, Ana Musat, Serguey Maximov, Zaichun Zhang, James Price, and Paul Drummon, "Price Inflation, Marginal Cost Pricing, and Principles for Electricity Market Redesign in an Era of Low-Carbon Transition," Series *Navigating the Energy-Climate Crises* Working Paper #3. UCL Institute for Sustainable Resources, 2022.

Hansen, J. E., M. Sato, L. Simons, L. S. Nazarenko, K. von Schuckmann, N. G. Loeb, M. B. Osman, P. Kharecha, Q. Jin, G. Tselioudis, A. Lacis, R. Ruedy, G. Russell, J. Cao, and J. Li, "Global Warming in the Pipeline," *Oxford Open Climate Change*, submitted, 2022.

Heard, B. P., B. W. Brook, T. M. L. Wigley, C. J. A. Bradshaw, "Burden of Proof: A Comprehensive Review of the Feasibility of 100% Renewable-Electricity Systems," *Renewable and Sustainable Energy Reviews*, 76, 2017, pp.1122~1133.

Holland, Stephen P., Erin T. Mansur, and Andrew J. Yates, "Decarbonization and

Electrification in the Long Run," NBER Working Paper 30082, 2022.

IEA, *Status of Power System Transformation 2019: Power System Flexibility*, 2019.

IEA, "The Challenge of Reaching Zero Emissions in Heavy Industry," 19 September 2020.

IEA, *Net Zero by 2050*, 2021(https://www.iea.org/reports/net-zero-by-2050).

IEA, *Direct Air Capture: A Key Technology for Net Zero*, 2022.

IEA-KEEI, *Reforming Korea's Electricity Market for Net Zero*, December 2021a.

IEA-KEEI, *Korea Electricity Security Review*, 2021b.

IEA-NEA, *Projected Costs of Generating Electricity*, 2020 Edition, 2020.

IRENA, *World Energy Transitions Outlook 2022*, March 2022.

IPCC, *SR15, Summary for Policymakers*, 2018.

IPCC, *AR6 WG I, Summary for Policymakers,* 2021.

Jisma, M., Vivek Mohan, Mini Shaji Thomas, and Nimal Madhu M., "Risk-Calibrated Conventional-Renewable Generation Mix Using Master-Slave Portfolio Approach Guided by Flexible Investor Preferencing," *Energy*, 245(2022) 123261, 2022.

Joskow, Paul L., "Challenges for Wholesale Electricity Markets with Intermittent Renewable Generation at Scale: The US Experience," *Oxford Review of Economic Policy*, 35(2), 2019, pp.291~331.

Keay, Malcolm and David Robinson, "The Decarbonised Electricity System of the Future: The 'Two Market' Approach," Energy Insight 14, Oxford Institute for Energy Studeis, June 2017.

Larson, E., C. Greig, J. Jenkins, E. Mayfield, A. Pascale, C. Zhang, J. Drossman, R. Williams, S. Pacala, R. Socolow, E. J. Baik, R. Birdsey, R. Duke, R. Jones, B. Haley, E. Leslie, K. Paustian, and A. Swan, *Net-Zero America: Potential Pathways, Infrastructure, and Impacts,* Princeton, NJ: Princeton University, 29 October 2021.

Mallapragada, Dharik S., Cristian Junge, Cathy Xun Wang, Johannes Pfeifenberger, Paul L. Joskow, and Richard Schmalensee, "Electricity Price Distributions in Future Renewables-Dominant Power Grids and Policy Implications," NBER Working Paper 29510, 2021.

McKinsey, *Hydrogen Insights: A Perspective on Hydrogen Investment, Market Development and Cost Competitiveness*, 2021.

Michaux, Simon P., *Assessment of the Extra Capacity Required of Alternative Energy Electrical Power Systems to Completely Replace Fossil Fuels. Espoo*, Finland: Geological Survey of Finland, 2021.

NEA, "Climate Change Targets: The Role of Nuclear Energy," Paris: OECD, 2021.

Newbery, David M. and Michael G. Pollitt, "The Restructuring and Privatisation of Britain's CEGB—Was It Worth It?" *Journal of Industrial Economics,* 45, 1997, pp.269~303.

Newbery, David M., "Towards a green energy economy? The EU Energy Union's transition to a low-carbon zero subsidy electricity system - lessons from the UK's Electricity Market Reform," *Applied Energy,* 179, 2016: 1321-1330.

OECD, *Legal Frameworks for Long-Term Operation of Nuclear Power Reactors*, 2019.

Parry, Ian *et al.*, "Getting Energy Prices Right: From Principle to Practice," Washington, DC: IMF, 2014.

Pittman, Russell, "Which Direction for South Korean Electricity Policy?" *Korean Energy Economic Review,* 13(1), 2014, pp.145~178.

Ritchie, Hannah, "What are the safest and cleanest sources of energy?" Our World in Data, 2020(https://ourworldindata.org/safest-sources-of-energy).

Robinson, David, "Current Energy Crises, the Energy Transition and the Design of Electricity Markets," OIES Energy Comment. Oxford Institute for Energy Studies, August 2022.

Sepulveda, Nestor A., Jesse D. Jenkins, Fernando J. de. Sisternes, and Richard K. Lester, "The Role of Firm Low-Carbon Electricity Resources in Deep Carbonization of Power Generation," *Joule*, 2, 2018, pp.2403~2420.

Stevens, Landon *et al.*, "The Footprint of Energy: Land Use of U.S. Electricity Production," *Strata*, June 2017.

Taber, John, Duane Chapman, and Tim Mount, "Examining the Effects of Deregulation on Retail Electricity Prices," Working Paper, Cornell University, 2006.

U.S. Department of Energy(DOE), "Carbon Negative Shot—An Introduction," November 2021.

Way, Rupert, Matthew C. Ives, Penny Mealy, and J. Doyne Farmer, "Empirically Grounded Technology Forecasts and the Energy Transition," *Joule*, 6, 2022, pp.2057~2082.

Wolak, Frank A., "Long-Term Resource Adequacy in Wholesale Electricity Markets with Significant Intermittent Renewables," NBER Working Paper 29033, 2021.

World Bank, *Global Photovoltaic Power Potential by Country*, 2020.

Yamaguchi, Mitsutsune, "Issues for Carbon Neutrality (Science and Policy)," *IEEJ Energy Journal*, Special Issue, October 2021.

Yergin, Daniel, *The New Map: Energy, Climate, and the Clash of Nations*, New York: Penguin, 2021.

Zachmann, Georg and Conall Heussaff, "Phased European Union Electricity Market Reform," *Policy Brief,* 06/23, Bruegel, 2023.

제4장

저탄소 전환을 위한 배출권거래제 운영의 개선 방안

윤 여 창 (한국개발연구원)

제1절 서 론

기후변화의 진행 속도가 빨라지고 전 세계적으로 온실가스 감축에 대한 요구가 증가하면서, 각 국가들은 자국의 온실가스 감축목표를 상향하고 있다. 이렇게 상향된 감축목표를 달성하기 위해 여러 정책들이 논의되는 가운데, 온실가스 감축을 위한 대표적 수단인 탄소가격제도의 중요성이 강조되고 있다. 탄소 배출로 인한 외부비용을 내재화하여 배출자들의 행동을 변화시키고 감축을 유인하는 탄소가격제도는 온실가스 감축에 있어 가장 비용 효과적인 정책으로 고려된다(OECD, 2013; Parry, 2021). 각국 정부는 온실가스 감축목표를 상향하면서 기존에 운영 중이던 탄소가격제도를 개선·정비하거나 또는 신규 탄소가격제도를 도입하고 있다.[1]

동시에 기후변화 대응을 위한 국제협약의 한계가 노출되고 온실가스 감축 규제가 강한 국가에서 상대적으로 규제가 약한 국가로의 탄소누출

---

1 대표적으로 EU는 'Fit for 55'에서 항공 부문을 포함하여 기존에 운영 중인 EU ETS의 감축량을 강화하고, EU ETS 대상이 아니었던 건물 및 수송 부문에 대해 신규 배출권거래제인 EU ETS II를 도입하는 내용을 발표하였다.

에 대한 우려가 커지고 있다. 이로 인해 국가별로 상이한 온실가스 감축 정책과 탄소가격의 차이를 보정하고 공동의 온실가스 감축 노력을 유도하기 위한 제도의 필요성이 제기되고 있다. 결과적으로 탄소국경조정에 대한 논의가 본격화되고, 탄소가격제도의 국제적 상응성이 점차 강조되고 있다.

우리나라는 2015년에 탄소가격제도 중 하나인 배출권거래제를 도입하여 온실가스 다배출 및 에너지 다소비 산업에 대해 탄소가격을 부과하고 있다. 국내 배출권거래제는 시장원리를 적용하여 국가 전체적으로 온실가스 감축목표를 비용 효과적으로 달성하기 위해 도입되었다.[2] 현재 국내 배출권거래제는 제3차 계획기간이 시행 중으로, 할당과 운영 등의 측면에서 시행착오를 거치며 수정 및 개선되어 왔다. 2030년 NDC 목표를 상향하고 2050년 탄소중립을 선언한 상황에서, 대표적인 온실가스 감축 수단인 국내 배출권거래제가 기존의 도입 목적대로 비용 효과성을 달성하고 있는지 점검할 필요가 있다.

본 장에서는 국내 배출권거래제의 현황과 개선 방안들에 대해 분석하기 위해 경매 모형을 이용한다. 유상할당 비중이 점차 증가하는 상황에서, 유상할당 배출권이 판매되는 경매 제도의 중요성은 증대될 것으로 전망된다. 본 연구에서는 다물량에 대한 단일가격 경매 모형(multi-unit auctions with uniform prices)을 기반으로 정태적 모형뿐만 아니라 동태적 모형을 이용하여, 안정화 및 유연성 메커니즘의 정책 효과를 살펴본다. 특히 이월 제한 완화와 가격상하한 방식의 시장안정화 제도 등 배출권거래제 개선 방안의 개별적 효과를 살펴보고, 이러한 정책들의 상호작용과 복합적 효과를 분석한다. 모형의 분석 결과를 통해 경매 제도를 포함한 전반적인 배출권거래제의 개선 방안에 대한 시사점을 제공하기를 기대한다.

본 장은 다음과 같이 구성된다. 제2절에서는 국내외 탄소가격제도의 현황을 살펴보고, 국내 배출권거래제의 문제점을 정리한다. 제3절에서는 정태적 모형 분석을 통해 가격상하한제 형태의 시장안정화 제도의 영향

---

2 법제처(2012. 5. 14),「한국, 2015년부터 배출권거래제 시행」

을 분석한다. 제4절에서는 동태적 모형 분석을 통해 이월 제한을 완화할 경우 배출권거래제에 미치는 영향과 가격상하한제와의 상호작용을 연구한다. 제5절에서는 분석 결과를 정리하고 정책 시사점을 논의한다.

제2절 국내외 탄소가격제도 현황

1. 탄소국경조정 논의

Weitzman(2014)과 Nordhaus(2015), Martimort and Sand-Zantman(2016) 등은 기후변화 대응을 위한 국제협약에서 모든 국가들이 자발적으로 참여하는 최선의 균형(first-best)은 달성되기 어렵지만, 소수의 국가들이 자발적으로 참여하여 단일 탄소가격에 합의하고 외부 집단에 페널티를 가하는 방식의 차선균형(second-best)은 달성 가능하다고 논의한다. Schmidt and Ockenfels(2021)의 실험연구는 기후변화에 대한 국제협약에서 복잡한 정책과 제도를 합의하는 접근보다는, 탄소가격이라는 단일한 변수를 이용할 경우 효율적으로 합의에 도달할 수 있다고 분석하였다. 이러한 측면에서 탄소국경조정제도는 지속적으로 논의될 가능성이 있으며, 탄소가격제도의 국제적 상응성은 점차 중요해질 전망이다.

EU 집행위는 2021년 7월 ‘Fit for 55’에서 탄소국경조정제도(Carbon Border Adjustment Mechanism: CBAM)를 발표하였고, 2022년 6월 EU 의회는 집행위 초안보다 강화된 수정안을 제안하였다. EU의 CBAM은 대상 품목들을 선정해서, EU로 수입하는 해당 품목의 수입업자들이 EU ETS의 가격과 연동하는 인증서를 구매하여 제출하도록 강제한다.[3]

한편, G7 국가들은 2022년 6월, 연내에 기후클럽(Climate Club)을 결성

---

3 EU의 CBAM은 환경규제를 통상규범에 적용함으로써 EU 시장으로의 진입을 방해하는 무역장벽으로 작용할 가능성에 대한 우려가 존재한다(이천기 외, 2021). 배출량 측정 문제로 인해 적용 품목의 한계(김호철, 2021)나 WTO와의 합치성 문제(박효민, 2022) 등은 CBAM의 한계로 지적된다.

<표 4-1> EU CBAM 논의 진행사항

	집행위안(2021. 7)	의회안(2022. 6)
적용품목	철강, 전력, 비료, 알루미늄, 시멘트	철강, 전력, 비료, 알루미늄, 시멘트 + 유기화학품, 플라스틱, 수소, 암모니아
도입 시점	2026년 1월 (시범: 2023~2025년)	2027년 1월 (시범: 2023~2026년)
무상할당	2026년 이후 10년간 10%씩 감축	2025년 이후 4년간 10%, 20%, 30%, 40%씩 감축
배출범위	직접배출만 포함	간접배출까지 포함
역외국 탄소가격제 인정	별도 조건 없음	명시적 탄소가격제만 인정
거버넌스	27개 회원국 각각에 집행기구 설치	중앙화된 집행기구 설치

자료: EU Parliament(2022. 6. 28)를 기반으로 저자 작성.

하기로 합의하였다.[4] 기후클럽은 다자간 이니셔티브로, 회원 국가들 간에 탄소가격과 기후대응 정책에 합의해서 통상 마찰을 최소화하고, 비회원국에는 일종의 페널티를 부과해서 탄소 배출을 줄이겠다는 계획이다. 유사한 기후정책을 가진 국가에 대해 CBAM을 면제하고, 기후정책 공조 및 기술협력을 확대하며 CBAM을 보완하는 성격을 가진다.

IMF와 OECD 등의 국제기구들은 G20를 중심으로 하는 국제 탄소가격 하한제(International Carbon Price Floor)에 대한 논의를 진행하고 있다(IMF, 2021). 국제 탄소가격 하한제는 온실가스 감축을 위해 국제적으로 공동의 노력을 도모하고 탄소누출을 억제하기 위한 국제 탄소가격을 도입하되, 가격의 수준은 국가별 상황에 맞게 차등화함으로써 저소득 국가의 참여를 높인다는 취지이다. 국가별 소득수준을 고려해서 선진국에는 최소 75달러, 고소득 개발국가에 50달러, 저소득 개발국가에는 25달러를 부여하는 것을 기본적인 안으로 제시한다.

4 G7 Statement on Climate Club(2022. 6. 28).

2. 국내 배출권거래제 현황

국내 배출권거래제와 주요 해외 배출권거래제의 배출권 가격과 제도적 상응성을 살펴볼 필요가 있다. 국내 배출권 가격은 2021년을 기준으로, EU ETS와 뉴질랜드 ETS에 비해서는 낮은 편이고 RGGI[5]와 중국 ETS 등에 비해서는 높게 형성되고 있다. 제도적인 측면에서 살펴보면, 국내 배출권거래제는 직접배출(Scope 1)뿐만 아니라 간접배출(Scope 2)을 포함하고 커버리지가 상대적으로 넓다. 상쇄한도 비중은 높은 편으로, 배출권 가격이나 커버리지 및 상쇄한도 비중 등에 있어서 전반적으로 캘리포니아 ETS와 유사하다. 한편, 유상할당 비중은 주요 배출권거래제들과 비교했을 때 낮다는 지적을 받는다.

기후변화에 대응하고 상향된 온실가스 감축목표를 달성하기 위해서는, 무엇보다도 온실가스 감축의 핵심 정책인 배출권거래제가 도입 목적을 달성하면서 적절하게 운영될 필요가 있다. EPA(2022)는 배출권거래제가 효율적으로 운영되기 위해서는, 배출량이 확실하게 보장되고 제도적으로 유연하게 운영되면서 혁신과 조기감축을 유도하기 위한 유인이 충분히 제

[그림 4-1] 국내 및 해외 배출권거래제 비교

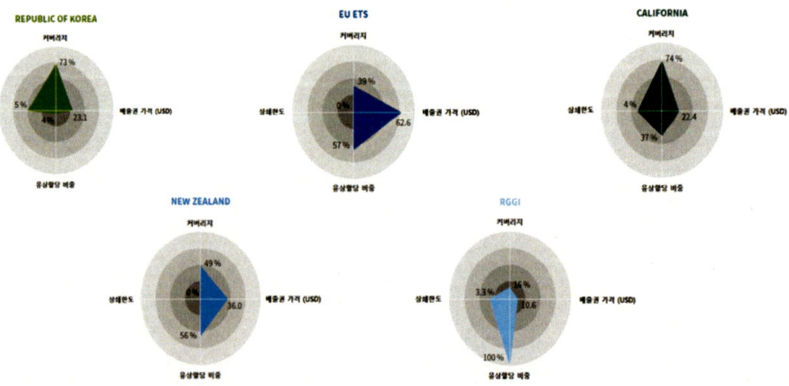

자료: International Carbon Action Partnership(2022), “Emission Trading Worldwide”.

---

5 RGGI(Regional Greenhouse Gas Initiative)는 미국 북동부의 뉴욕, 뉴햄프셔, 델라웨어 등 12개 주(州)가 참여하는 배출권 거래시장으로, 발전 부문을 대상으로 한다.

공될 필요가 있다고 강조한다. 또한 낮은 행정비용과 보고된 배출량의 신뢰성 등을 만족할 필요가 있다고 제시하였다. 이를 위해서 배출권거래제는 단순하고 예측 가능하며, 일관적이고 투명하게 운영될 필요가 있다. 따라서 배출권거래제가 비용 효과적으로 온실가스 감축목표를 달성하기 위해서, 배출권 참가자들이 정확한 정보를 바탕으로 조기 감축과 혁신을 달성하기 위한 최적의 동태적 의사결정을 필요로 한다. 이와 더불어 참가자들의 배출권에 대한 실제 가치와 수요가 적절하게 반영되기 위한 단순하고 유연한 제도 설계가 요구된다. 현재 국내 배출권거래제가 이러한 조건을 만족하면서 효율적으로 운영되며, 실제 수요가 배출권 거래와 가격에 적절히 반영되고 있는가를 살펴볼 필요가 있다.

2015년 1차 계획기간으로부터 시작해서 현재 3차 계획기간 운영 중인 국내 배출권거래제는, 그동안 할당과 운영 측면에서 여러 변화를 겪어왔다. 할당 측면에서는 참여기업과 배출량의 커버리지가 확대되어 왔으며, 유상할당 비중이 증가하고 있다. 할당 방식에 있어서는, GF 방식을 대체해서 BM 할당 비중이 확대되어 왔다. 「제3차 배출권거래제 기본계획」(환

<표 4-2> 국내 배출권거래제의 계획기간별 변화

	제1차 계획기간 (2015~2017)	제2차 계획기간 (2018~2020)	제3차 계획기간 (2021~2025)
주요 목표	경험 축적 및 거래제 안착	상당 수준의 온실가스 감축	적극적인 온실가스 감축
배출량 커버리지	-	70.15%	73.5%
참여기업 수	592개 업체	641개 업체	684개 업체
할당 방식	GF 할당 방식	BM 할당 방식 확대	BM 할당 방식 정착
유상할당	전량 무상할당	유상할당 비중: 3% 경매제도 시행(2019년)	유상할당 비중: 10%
시장안정화	-	시장조성자 참여 (2019년)	시장조성자 추가 제3자 참여
이월 제한	이월 제한 도입 (2017년)	이월 기준 변경 (2019년)	이월 제한 강화 (2021년)

자료: 환경부(2018. 7), 「제2차 국가 배출권 할당계획」, 환경부(2020. 9. 29), 「제3차 계획기간 국가 배출권 할당계획」을 이용하여 저자 작성.

경부, 2020. 8. 26)과 「윤석열 정부 110대 국정과제」[6]의 내용에 따르면, 2026년부터 진행될 4차 계획기간에도 유상할당 비중은 지속적으로 확대되고, BM 할당 방식은 고도화되면서 그 비중을 확대할 예정이다.

유연성 측면에서는 이월과 차입에 대한 제한이 강화되어 왔다. 2017년 할당량을 기준으로 이월이 제한되기 시작하였고, 2019년에는 이월 기준이 할당량에서 순매도량으로 변경되었다. 또한 안정성 메커니즘 측면에서 명시적인 시장안정화 제도가 도입되기보다는,[7] 시장조성자와 제3자의 참여를 독려하는 방식으로 진행되어 왔다.

국내 배출권 가격은 2019년 12월 23일 기준으로 KAU19가 40,900원을

[그림 4-2] 국제 배출권 가격의 동향

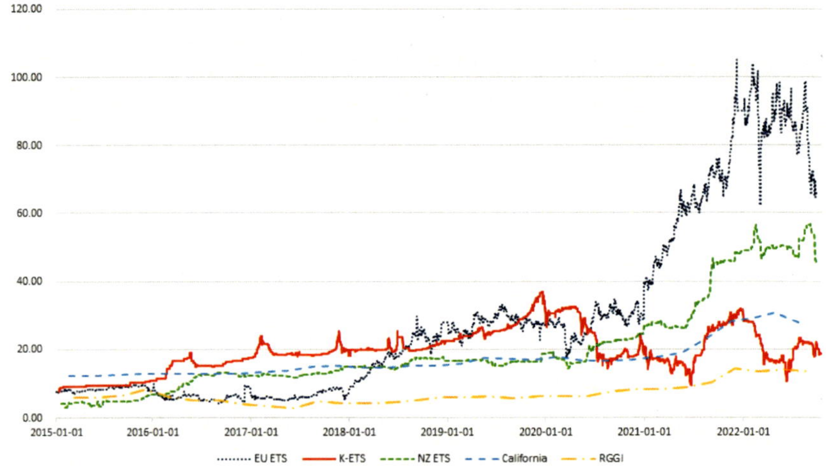

자료: International Carbon Action Partnership(https://icapcarbonaction.com/en/ets-prices)을 기반으로 저자 작성.

6 국정과제 86, 「과학적인 탄소중립 이행방안 마련으로 녹색경제 전환」(제20대 대통령실, 2022. 5. 2).

7 「배출권거래법」 제23조와 시행령 제30조에 따르면, 다음의 조건을 만족할 경우 할당위원회의 심의를 거쳐 시장안정화 조치의 시행 여부가 결정된다; (가격폭등) 배출권 가격이 6개월 연속으로 직전 2개 연도의 평균 가격보다 3배 이상 상승한 경우, (수요급증) 최근 1개월 평균 거래량이 직전 2개 연도의 같은 월 평균 거래량 중 많은 경우보다 2배 이상 증가하고, 최근 1개월의 배출권 평균 가격이 직전 2개 연도의 배출권 평균 가격보다 2배 이상 상승한 경우, (가격폭락) 최근 1개월의 배출권 평균 가격이 직전 2개 연도의 배출권 평균 가격보다 60% 이상 폭락한 경우.

<표 4-3> 코로나 전후 주요 배출권 가격 비교

(단위: USD)

제도	2019년 12월	2022년 9월	비율
K ETS	35.43	20.53	0.58
EU ETS	26.97	69.87	2.59
뉴질랜드 ETS	17.31	53.27	3.08
캘리포니아 ETS	17.00	27.00	1.59
RGGI	6.18	13.45	2.17

주: 1) California 배출권 가격은 2019년 11월 19일 및 2022년 8월 17일 경매가격 기준.
2) RGGI 배출권 가격은 2019년 12월 4일 및 2022년 9월 7일 경매가격 기준.
자료: International Carbon Action Partnership(https://icapcarbonaction.com/en/ets-prices)을 이용하여 저자 작성.

기록하면서, 해외 주요 배출권 가격과 비교해서 상대적으로 높은 수준을 보였다. 하지만 2020년 이후 국내 배출권 가격의 움직임은 해외 주요 배출권 가격과는 다른 양상을 보인다. 코로나19로 인해 해외 주요 배출권 가격은 수요 감소로 하락하는 모습을 보였지만, 2020년과 2021년 전 세계적으로 기후변화에 대한 위기의식이 커지고 온실가스 감축목표가 상향되면서 배출권 가격이 상승하였다. 이와 달리 국내 배출권거래제는 2021년 2차례에 걸쳐 최저거래가격이 시행되는 등[8] 배출권 가격이 큰 폭으로 하락하며 변동성이 증가하는 모습을 보였다. <표 4-3>에서 볼 수 있듯이 2019년 12월과 2022년 9월의 배출권 가격을 비교하면, 해외 주요 배출권 가격은 50% 이상 상승한 것과 달리, 국내 배출권 가격은 오히려 40% 이상 하락하였다. 이러한 배출권 가격의 변동성은 기업들로 하여금 자본투자와 R&D 투자를 저해하는 요소로 작동할 우려가 있다(Aldy and Stavins, 2012; Pindyck, 2017; Metcalf, 2019).

2020년과 2021년에 걸쳐 우리나라는 탄소중립과 온실가스 감축 관련 논의가 진행되어 왔다.[9] 2050 탄소중립과 2030년 NDC 감축목표는 다른

8 제1차 최저거래가격(2021. 4. 19) 12,900원, 제2차 최저거래가격(2021. 6. 25) 9,450원.

9 2020년 7월 「한국판 뉴딜」을 발표하였고, 2020년 10월, '2050 탄소중립'을 선언하였다. 2021년 5월에는 탄소중립위원회가 출범하였고, 2021년 10월, 「2050 탄소중립 시나리오안」과 「2030 국가 온실가스 감축목표(NDC) 상향안」이 탄소중립위원회와 국무회의 심의의결을 받았다.

<표 4-4> 이월 정책의 변화

시기	주요 내용
1차 계획기간 중 이월 제한(2017년)	• 1차 계획기간 연평균 할당량 10% + 2만톤을 초과하는 이월량은 제2차 계획기간 할당량에서 삭감
2차 계획기간 중 이월 기준 변경 (2019년)	• (계획기간 내 이월) 2018년 배출권의 경우 같은 해 순매도량의 3배, 2019년 배출권의 경우 같은 해 순매도량의 2배에 해당하는 잉여배출권을 다음 연도로 이월 가능 • (계획기간 간 이월) 3차 계획기간으로의 이월은 2차 계획기간의 연평균 순매도량만큼 이월 가능
3차 계획기간 이월 승인 기준 (2021년)	(계획기간 내 이월) • 2021~22년, 2022~23년: 해당 업체의 각 회차(1차/2차) 이행연도 배출권(KAU)과 상쇄배출권(KCU) 순매도량의 2배만큼만 이월 • 2023~24년, 2024~25년: 해당 업체의 각 회차(3차/4차) 이행연도 배출권(KAU)과 상쇄배출권(KCU)의 순매도량만큼만 이월 (계획기간 간 이월) • 해당 업체의 제3차 계획기간 배출권(KAU21~KAU25)과 상쇄배출권(KCU21~KCU25)의 연평균 순매도량만큼만 이월

자료: 기획재정부(2017. 4. 10), 「정부, 온실가스 배출권 거래제 안정화 방안 발표」, 환경부(2019. 6. 7), 「온실가스 배출권 잉여분의 이월 기준 변경」, 환경부(2020. 9. 29), 「제3차 계획기간 국가 배출권 할당계획」을 기반으로 저자 작성.

국가들과 비교했을 때 상대적으로 더욱 도전적인 감축목표로 평가받는다.[10] 따라서 2020년 이후 급격히 상승한 해외 배출권 가격과 다른 국내 배출권 가격의 하락은, 2030년과 2050년 온실가스 감축목표 상향이라는 정책 변화가 배출권 가격에 충분히 반영되지 않고 있음을 시사한다. 결과적으로 배출권 참가자들이 미래의 기대를 현재의 의사결정에 반영하는 동태적 의사결정을 하고 있지 못하고, 배출권거래제가 조기 감축에 대한 충분한 유인을 제공하지 못하고 있다는 우려가 제기될 수 있다.

배출권 참가자들의 기간별 의사결정을 저해하는 주요 요인 중 하나로는 이월 제한 정책이 지적된다(배경은 외, 2022). 국내 배출권거래제는 시행 초반에는 이월(banking)을 허용하였으나, 거래시장의 초과수요와 유동성 문제가 지속적으로 발생함에 따라 정체된 거래를 활성화할 필요성이 제기되었다. 이러한 문제를 해결하기 위해 2017년부터 할당량을 기준

10 관계부처 합동(2021. 10. 18), 「2030 국가 온실가스 감축목표(NDC) 상향안」.

<표 4-5> 국내외 배출권거래제 이월 및 차입 제한 현황

	K ETS	EU ETS	뉴질랜드 ETS	RGGI	캘리포니아 ETS
이월	순매도량 기준 수량 제한	제한 없음	제한 없음	제한 없음	수량 제한
차입	수량 제한	원칙상 불가	원칙상 불가	불가능	불가능

주: 1) 캘리포니아 ETS의 이월은 보유량 허용치(holding limit quantity)를 통해 제한함.
2) EU ETS와 뉴질랜드 ETS에서는 지난해 배출량 제출에 대해 올해 할당된 배출권을 사용(implicit borrowing)함으로써 차입 가능함.
자료: ICAP(2022), "Emission Trading Worldwide"를 이용하여 저자 작성.

으로 이월을 제한하기 시작하였다.[11] 2019년에는 배출권 거래시장의 유동성 확보를 목적으로, 배출권 잉여분에 대한 이월과 차입 제한 규정을 새로이 발표하였다.[12] 이는 계획기간 간 이월을 제한했던 기존 방안보다 강력한 조치로,[13] 계획기간 간 이월뿐만 아니라 계획기간 내의 이월을 제한하고 이월 허용량에 대한 기준이 할당량에서 순매도량 기준으로 변경되었다.

해외 배출권거래제는 대부분 이월을 제한하고 있지 않다. 다만, 캘리포니아 ETS가 보유량 허용치(holding limit quantity)를 기준으로 이월을 제한하지만, 이는 국내 배출권거래제의 이월 제한 기준이 순매도량이라는 점에서 차이가 있다. 이러한 이월 제한 정책은 배출권 참가자들의 동태적 의사결정을 가로막을 뿐 아니라 제도적인 요인으로 인한 가격 변동성을 생성하였다. [그림 4-3]에서 볼 수 있듯이 이월 기준이 순매도량에 비례하도록 변경된 2019년 이후, 배출권 가격은 월별 변동성을 보이기 시작하였다. 국내 배출권거래제는 매년 3월, 그 이전 해의 배출량에 대한 명세서를 제출하여 5월에 배출량이 인증되고, 6월에 배출권을 제출하는 일정으로 진행된다.[14] 이월이 순매도량에 비례하게 제한되는 상황에서 배출권 참가자들은 이월을 위해서는 순매도량을 늘릴 필요가 있다. 따라서

11 기획재정부(2017. 4. 10), 「정부, 온실가스 배출권 거래제 안정화 방안 발표」.
12 환경부(2019. 6. 7), 「온실가스 배출권 잉여분의 이월 기준 변경」.
13 유종민 · 이지웅(2020), 「온실가스 배출권 이월제한이 배출권 가격에 미친 효과」.
14 한국환경공단(https://www.keco.or.kr/kr/business/climate/contentsid/1520/index.do).

[그림 4-3] 국내 배출권 월별 평균가격

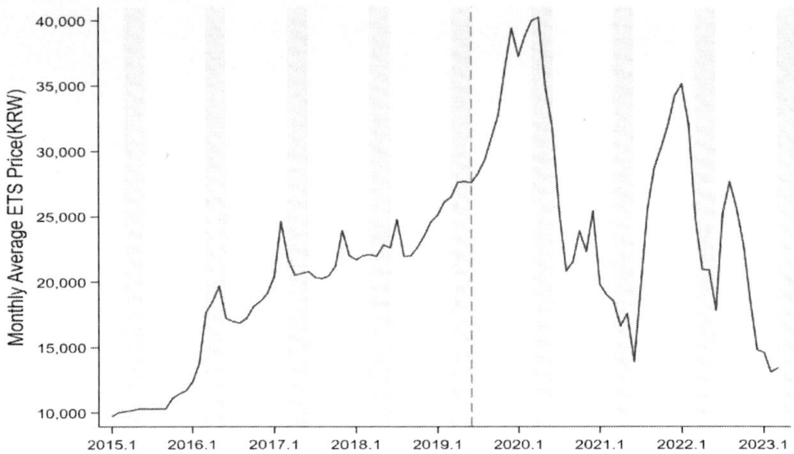

자료: KRX(https://ets.krx.co.kr/)를 이용하여 저자 작성.

참가자들은 배출량을 확인하는 3월과 배출권을 제출하는 6월 사이에, 본인의 배출량을 초과하는 보유 배출권을 매도함으로써 이월을 확보할 유인이 발생한다. 결과적으로 3월과 6월 사이에 매도가 집중되고 배출권 가격이 하락하는 현상이 발생한다. 반면, 그 이외의 기간에는 배출권을 매도할 유인이 줄어들게 된다. 이로 인해 월별 배출권 가격은 이월이 순매도량 기준으로 제한되기 시작한 2019년 이전인 2015년부터 2019년 이전까지의 기간과 달리, 2020년 이후로는 월별 계절성을 보이고 있다.

한편, 다물량에 대한 메커니즘 설계 문제에서는, 참가자들이 전략적으로 해당 재화에 대한 평가를 절하하여 응찰(bid shading)함에 따라 수요가 감소하는 문제(demand reduction)를 우려해 왔다(Wilson, 1979; Engelbrecht-Wiggrans and Kahn, 1998; Milgrom, 1989). 이러한 평가절하와 수요감소 문제가 국내 배출권거래제에서 실제로 발생하는지를 확인하기 위해서는 배출권 참가자들의 배출권에 대한 실제 가치와 결정되는 가격의 차이를 살펴볼 필요가 있지만, 참가자들이 평가하는 배출권의 실제 가치를 직접적으로 관찰하는 것은 어렵다. 미국 국고채 경매를 분석한 Cammack (1991)은 재화의 가치와 가격에 대한 괴리의 발생 여부를 간접적으로 확인하기 위해 거래가격과 경매가격의 격차를 이용하였다.

배출권 경매와 거래시장이 병행되는 국내 배출권거래제에서도 경매가격과 거래가격의 차이를 이용하여 편향(bias)의 크기를 계산할 수 있다. 경매시장에서 입찰되는 배출권 종목인 KAU가 거래시장에서도 동일하게 거래되며, 두 시장은 공통적으로 단일가격 방식을 이용한다.

$$편향_t = \frac{경매가격_t - 거래가격_t}{거래가격_t}$$

[그림 4-4]에서 볼 수 있듯이, 경매가 시행된 날을 기준으로 경매에서 입찰된 동일한 KAU 종목의 경매가격과 거래가격이 일정한 차이를 보이고 있다. 배출권 경매가 시작된 초반에는 경매가격이 거래가격보다 높은 경우도 발생하였지만, 배출권 참가자들의 경험이 누적된 2020년 중반 이후로는 지속적으로 경매가격이 거래가격보다 낮게 나타나고 있다. 평균적으로는 경매가격이 거래가격에 비해 지속적으로 낮게 유지되는 하향 편향(downward bias)이 관찰되었다.

[그림 4-4] 국내 배출권거래제에서 경매가격과 거래가격 차이의 변화

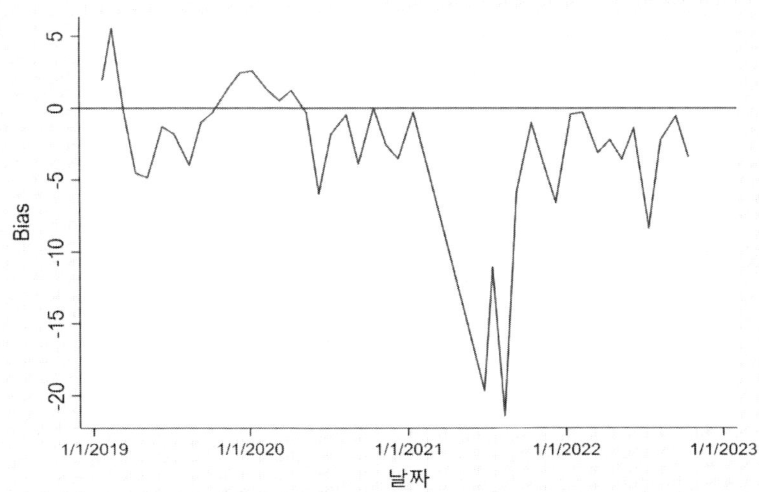

자료: KRX(https://ets.krx.co.kr/)를 이용하여 저자 작성.

<표 4-6> 국가별 배출권거래제의 평균적인 편향의 정도

	2019년 1월~2022년 9월	2021년 1월~2022년 9월
K ETS	- 2.717	- 5.284
EU ETS	- 0.129	- 0.445
NZ ETS	-	- 0.969

주: NZ ETS의 경매 자료는 2021년 이전의 자료가 없어서 2021년 이후의 자료를 활용함.
자료: International Carbon Action Partnership(https://icapcarbonaction.com/), EU EEX(https://www.eex.com/en/market-data/), 뉴질랜드 환경부(https://www.etsauctions.govt.nz/), KRX (https://ets.krx.co.kr/)를 이용하여 저자 작성.

경매에서는 참가자들이 응찰할 때 가격과 할당량이 불확실하므로 경매가격과 거래가격은 일정 수준 차이가 발생할 수 있다. 하지만 국내 배출권거래제에서 편향의 크기는 현물 거래시장과 경매시장을 병행하고 있는 EU ETS, 뉴질랜드 ETS와 비교해서도 상당한 차이를 보인다. [그림 4-4]에서와 같이, 국내 배출권거래제는 전반적인 하향 편향과 함께 편향의 월별 계절성을 보이고 있다. 따라서 국내 배출권거래제에서 제도적 요인으로 인해, 배출권 참가자들의 실제 수요가 배출권 가격에 충분히 반영되지 않고 있다는 우려가 제기될 수 있다.[15]

종합하면, 국내 배출권거래제는 참가자들의 동태적 의사결정 최적화를 유도하고 제도적 요인에 따른 변동성을 완화하며 배출권에 대한 기업들의 실제 수요가 적절하게 반영될 수 있도록 제도를 개선할 필요가 있다. 또한 2030년 온실가스 감축목표가 상향됨에 따라, 국가의 온실가스 감축목표를 달성하는 것을 목적으로 하는 배출권거래제의 할당량은 2026년부터 시행될 4차 계획기간에서 급격하게 감소할 전망이다. 따라서 3차 계획기간과 4차 계획기간의 할당량이 상당한 폭으로 차이가 발생하는 공급충격이 배출권 참가자들에게 발생할 수 있다. 이러한 충격을 분산시키기 위해서는 참가자들의 기간 간 의사결정(intertemporal decision making)과 이월 제한 완화의 필요성이 증가한다. 배경은 외(2022)에 따르면, 이

15 국내 배출권거래제의 경우 거래시장은 유・무상할당 기업 모두 참여할 수 있지만, 해외 배출권거래제들과 달리 경매시장은 유상할당 업체로 참여자격을 제한하는 차이가 있다. 또한 명시적인 시장안정화 제도의 유무가 이러한 하향 편향을 발생시키는 요인이 될 수 있다. 이 부분에 대해서는 제2절에서 자세히 살펴보겠다.

월 제한은 기간 간 의사결정을 저해함으로써 전반적인 감축비용을 상승시킨다.

다만, 이미 이월이 제한되고 있는 상황에서 이월을 허용하는 방향으로 정책을 변화할 경우 예상하지 못한 충격이 배출권 시장에 발생할 가능성이 있다. 우선 이월을 제한하게 된 배경인 초과수요와 유동성 문제가 다시 확대될 수 있다. 또한 이월 제한 완화라는 정책적 변화가 배출권 가격에 영향을 미칠 수 있다. 이러한 충격을 최소화하기 위해 이월 제한 완화에 따른 영향을 살펴볼 필요가 있다.

3. 국내 배출권거래제의 제도적 특징

배출권거래제는 일반적으로 다음과 같은 몇 가지의 제도적 특징이 있다. 우선 배출권거래제의 할당량과 예비분 등 배출권의 총공급량이 정부계획에 의해 결정된다. 배출권의 총공급량이 결정되고 공고되는 방식은 국가별로 차이가 있다. 국내 배출권거래제에서는 계획기간별로 「배출권거래제 기본계획」과 「국가 배출권 할당계획」을 통해, 해당 계획기간에 대한 배출권 공급량과 할당 방식을 결정하고 공고한다. 또한 배출권거래제는 계획에 의해 조성된 시장으로, 총공급량의 변화로 인해 환경비용과 배출권 수익은 달라질 수 있지만 회계적인 비용은 발생하지는 않는다.

배출권거래제의 참가자는 법적으로 사전에 지정・운영되고 있다. 국내 배출권거래제에서는 「온실가스 배출권의 할당 및 거래에 관한 법률(배출권거래법)」상, 최근 3년간 온실가스 배출량의 연평균 총량이 125,000 tCO_2e 이상인 업체이거나 25,000tCO_2e 이상인 사업장을 하나 이상 보유한 업체가 배출권거래제에 의무적으로 참여하도록 되어 있다.

배출권거래제에 참여하는 기업들은 다양한 방식으로 탄소배출에 대한 의무를 충족할 수 있다. 업종에 따라 무상할당을 받는 경우가 있으며, 무상할당 외의 배출량에 대해서는 경매나 거래시장을 통해 배출권을 구매할 수 있다. 배출권에 대한 수요는 업종별, 기업별 온실가스 감축 상황에 따라 크게 달라질 수 있다.

<표 4-7>은 국내 배출권경매제도의 운영방식을 보여준다. 경매는 한 달에 1회 시행되며 거래상품은 할당배출권인 KAU(Korea Allowance Unit)이다.[16] 경매방식은 높은 응찰가격순으로 입찰수량에 도달하는 가격의 수량까지 순차적으로 낙찰되는 단일가격 방식으로, 배출권을 낙찰받는 참가자들은 동일한 가격을 지불한다. 이러한 경매 방식으로 인해, 배출권 경매는 가격 발견이라는 중요 기능을 담당하게 된다(Khezr and MacKenzie, 2018).

한편, 해외 배출권거래제의 경매와 달리, 국내 배출권 경매는 참여 대상을 유상할당 업체로 제한하고 있다. 또한 응찰수량이 입찰수량보다 많은 경우에는 최저 응찰가가 적용되고, 응찰수량이 더 적은 경우 낙찰하

<표 4-7> 국내 배출권경매제도 운영방식

거래상품	할당배출권(KAU,Korea Allowance Unit)
참여대상	유상할당 업체(41개 업종)
낙찰방식	• 높은 가격순으로 입찰수량에 도달하는 가격의 수량까지 순차적으로 낙찰되는 단일가격 방식 • 총 응찰수량 ≥ 총 입찰수량: 최저 응찰가 • 총 응찰수량 < 총 입찰수량: 낙찰 하한가
낙찰하한가	미공개
낙찰한도	해당 입찰수량의 15%
응찰 최저수량	1,000톤
응찰단위	100톤
호가단위	50원/톤
수수료	낙찰금의 0.11%(배출권 거래시장과 동일)
정기입찰 일정	매월 2번째 수요일 오후 1시~2시
입찰공고	매월 입찰 예정일 5거래일 전까지

자료: 환경부(2021. 12. 17), 「2022년도 온실가스 배출권 유상 할당계획」.

16 KAU(Korea Allowance Unit)는 할당대상업체에 할당된 온실가스 배출허용량으로, 각 할당대상 업체는 배출한 온실가스 총량에 상당하는 KAU를 제출해야 한다. 한편, KCU(Korea Credit Unit)은 외부사업 감축량을 할당대상 업체가 전환한 배출권으로, 할당대상 업체는 정부가 정한 상쇄배출한도까지 KCU로 대신 제출할 수 있다.

<표 4-8> 해외 배출권거래제의 경매 참여 대상

	경매 참여 대상
캘리포니아 ETS	• 캘리포니아 ETS 의무 대상 기업 • 캘리포니아 ETS에 자발적으로 참여한 기업 • 일반 시장참여자
EU ETS	• EU ETS 대상 기업 • 경매 참여 권한을 부여받은 투자회사 및 금융기관
뉴질랜드 ETS	• 뉴질랜드 ETS 대상 기업 • 뉴질랜드 ETS에 자발적으로 참여한 기업
RGGI	• 참여제한 없음

자료: CARB, “Cap-and-Trade Regulation”, EU, “Auctioning Regulation”, NZ EEX(https://www.eex.com/en/markets/environmental-markets/nz-ets-auctions), RGGI, “Frequently Asked Questions” 를 이용하여 저자 작성.

한가가 적용된다. 다만, 경매의 낙찰하한가는 사전에 공개되지 않는다.

이와 같은 배출권거래제의 특징을 기반으로, 다음 절에서는 국내 배출권거래제의 개선 방안과 그 영향을 분석하기 위한 경매 모형을 설계한다.

제3절 정태적 모형 분석

1. 배출권 참가자의 수요 함수

배출권 경매 참가자는 총 $N \geq 2$명으로, 이는 참가자들에게 사전에 알려져 있다. 개별 참가자 i의 배출권에 대한 수요 함수는 다음과 같이 참가자의 개별적 특성을 나타내는 부분과 공통적 특성 부분이 곱셈적 분리가 가능(multiplicatively separable)한 형태이다.

$$d_i(P) = c_i(a + \theta - P),\ i = 1, \cdots, N \tag{1}$$

c_i는 개별 참가자 i의 타입(private information)으로, 참가자 i는 본인의 타입은 알지만 다른 참가자들의 타입은 볼 수 없다. c_i는 $F(\cdot)$의 누적분포함수를 따르며, 한계감축비용 함수의 기울기에 대한 변수로 해석할

수 있다.

$$c_i \sim F \ \& \ c_i \in [\underline{c}, \bar{c}], \ \underline{c} > 0 \tag{2}$$

a와 θ, P는 참가자들의 공통적인 변수이다. $a>0$는 한계감축비용 함수의 절편으로 해석할 수 있고, 외부적으로 주어진 값이다. θ는 외부충격에 대한 변수로, $G(\cdot)$의 누적 분포함수를 따른다. $E(\theta)=0$이고 $var(\theta)=\sigma^2$이며, θ와 c_i는 독립적으로 실현된다. P는 경매에서 결정되는 배출권의 가격이다.

본 수요 함수는 2차 함수 형태의 감축비용 함수로부터 유도되었다. 윤여창(2021)은 참가자 i가 x_i만큼의 감축을 위해서 $(a+\theta)x_i + x_i^2/2c_i$만큼의 감축비용이 발생하는 경우를 가정하였다. 이러한 감축비용하에서 최적의 감축량은 $x_i^* = (P-a-\theta)c_i$로, 감축을 대신해서 배출권을 구매하는 상황을 고려할 경우 식 (1)의 수요 함수가 유도된다. 이를 통해 c_i는 한계감축비용 함수에서의 기울기에 대한 역수로 해석할 수 있다.

2. 배출권 공급

배출권의 총공급량은 $Q=S(P)>0$으로, 경매주관자에 의해서 결정된다. 공급량이 고정된 상황을 우선적으로 고려하며, 모형이 지나치게 단순하게 결정되는 상황을 방지하기 위해 $Q<Ca$을 가정한다. C는 개별 참가자들의 타입을 합한 값이다, $C=\Sigma c_i$. 경매주관자인 정부는 동일한 공급량하에서 경매의 수익 극대화를 목적으로 한다고 가정한다.

3. 낙찰방식과 의사결정 순서

본 연구의 경매 모형에서 낙찰방식은 밀봉입찰 단일가격 경매(sealed-bid uniform price auction)를 활용한다. 참가자들은 각자 본인의 타입인 c_i를 아는 상태에서, 모든 참가자들이 동시에 자신의 타입인 c_i에 대해 b_i

라는 값을 보고한다. c_i가 수요 함수에서 가격에 대한 기울기 역할을 한다는 점에서, b_i를 보고하는 것은 배출권 가격별로 참가자 i의 수요를 보고하는 효과를 가진다.

$$\tilde{d}_i(P) = b_i(a + \theta - P),\ b_i > 0 \tag{3}$$

개별 참가자들이 보고한 $\boldsymbol{b} = (b_1, \cdots, b_N)$를 기반으로 배출권의 가격과 개별 참가자에 대한 할당량이 결정된다.

낙찰가격은 $P^* = \max\{P | \tilde{D}(P) \geq Q\}$이고, 참가자 i에 대한 할당량은 $q_i(\boldsymbol{b})$이다. $q_i(\boldsymbol{b})$는 오목 증가하는 형태로 $q_i'(\boldsymbol{b}) > 0, q_i''(\boldsymbol{b}) \leq 0$와 $\Sigma q_i(\boldsymbol{b}) = Q$를 만족하며, $\tilde{D}(P)$는 개별 참가자들이 보고한 b_i의 합이다, $\tilde{D}(P) = \Sigma \tilde{d}_i(P)$.

참가자 i가 극대화하고자 하는 이익 함수는 다음과 같다. 여기에서 $z_i(x)$는 역수요 함수(inverse of the demand function)이다.

$$\max_{b_i}\ \pi_i(\boldsymbol{b}) = \int_0^{q_i(\boldsymbol{b})} z_i(x)dx - P^*(\boldsymbol{b})q_i(\boldsymbol{b}) \tag{4}$$

의사결정 순서는 [그림 4-5]와 같이, 우선 경매주관자인 정부가 총공급량인 Q를 결정한다. 다음으로 확률변수(random variables)인 c_i와 θ가 실현된 후, 개별 경매 참가자 i가 b_i를 보고한다. 이를 기반으로 가격, P^*과 할당량, $q_i(\boldsymbol{b})$가 결정되고, 각 참가자들의 이익인 $\pi_i(\boldsymbol{b})$과 경매 수익이 실현된다.

[그림 4-5] 경매의 의사결정 순서

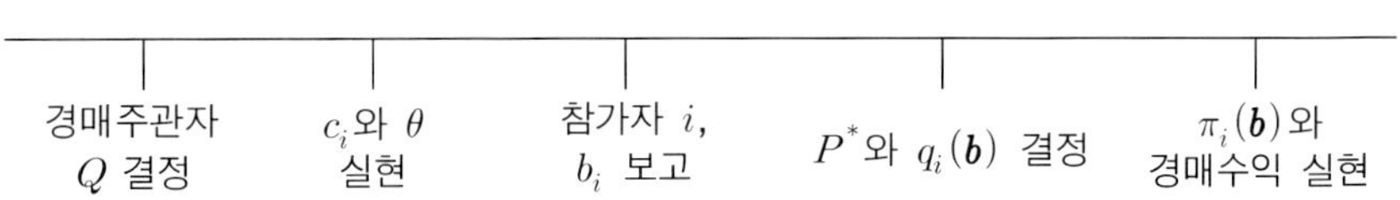

4. 균형 분석: 평가절하와 수요 감소

Wilson(1979)과 Back and Zender(1993), Levin(2004) 등은 다물량에 대한 경매에서 공급량이 고정된다면, 단일가격 방식(uniform pricing)은 실제 가치를 보고하는 균형(truthful revelation)을 유도하기 어렵다고 보인 바 있다. Noussair(1995)는 특히 다물량에 대한 개인가치 경매(private value auction)에서 이처럼 경매 재화에 대한 가치를 낮게 보고하는 평가절하(bid shading) 전략이 우월전략이기 때문에, 평가절하와 수요 감소 현상이 항상 발생할 수 있다는 것을 보였다.

다음의 '정리 1'은 본 연구의 경매 모형에서도 다물량 단일가격 경매에 대한 기존 연구들과 유사하게,[17] 균형에서는 참가자들이 자신의 실제 타입인 c_i보다 낮은 $b_i^*(c_i)$를 보고하는 평가절하가 항상 발생함을 보인다.[18] c_i가 한계감축비용 함수의 기울기에 대한 역수라는 점을 감안하면, '정리 1'은 참가자들이 자신의 한계감축비용 함수의 기울기를 과대보고하는 결과로 해석할 수 있다. 즉, 참가자들은 본인의 실제 타입보다 감축비용의 변화와 외부 충격에 더 민감하게 반응한다고 보고할 유인이 있다.

정리 1. 참가자 i는 항상 자신의 타입인 c_i보다 낮은 값을 보고한다, $b^*(c_i) < c_i, \forall c_i$.

정리 1 증명:

참가자 i는 식 (4)에서 $\pi_i(\boldsymbol{b})$를 극대화할 수 있는 b_i를 선택하고자 한다. 따라서 b_i에 대한 다음의 일계도함수(first order condition)를 얻을 수 있다.

---

17 '정리 1'의 결과는 배출권거래제의 맥락하에서, 다물량 단일가격 경매에 대한 기존 연구들과 유사하게 평가절하 전략과 수요 감소 현상의 가능성을 보인다. '정리 1'의 결과는, 정태적 모형에서 공급곡선의 탄력성이 미치는 영향을 살펴본 '정리 2'와 동태적 모형에서 이월 제한 완화의 효과를 살펴본 '정리 3'으로 연결된다.

18 $b_i^*(c_i)$는 대칭적인 응찰 전략 균형(symmetric bidding strategy equilibrium)으로, c_i에 따라 달라진다.

$q_i'(\boldsymbol{b})(z_i(\boldsymbol{b}) - P^*(\boldsymbol{b})) - P^{*\prime}(\boldsymbol{b})q_i(\boldsymbol{b})$

이제 참가자 i를 포함한 모든 참가자들이 자신의 실제 타입 c_i를 보고하는 경우를 상정한다, $b_j = c_j$ for $\forall j$. 이러한 상황에서는 $z_i(\boldsymbol{b}) - P^*(\boldsymbol{b})$가 0에 가깝게 접근한다.

결과적으로 참가자 i의 일계도함수가 $-P^{*\prime}(\boldsymbol{b})q_i(\boldsymbol{b})$으로 접근해서, 참가자 i가 b_i를 c_i보다 낮출 유인이 발생하게 된다. 즉, $b^*(c_i) = c_i$는 모든 c_i에 대해서 균형이 될 수 없다.

마찬가지로, $b^*(c_i) > c_i$인 경우 역시 참가자 i의 일계도함수가 0보다 작게 되므로 균형이 될 수 없다. Q.E.D.

단물량(single-unit auctions)의 경우와 달리 다물량 경매에서는 낙찰가격과 할당량 결정을 분리하기 어렵다. 따라서 낙찰가격을 전략적으로 낮추기 위해 재화의 평가를 절하해서 응찰할 유인이 발생한다. 이로 인해 참가자들이 본인의 실제 타입을 보고하는 전략은 균형이 될 수 없고, 자신의 실제 가치보다 낮은 b_i^*를 보고하게 된다. 본 모형에서는 b_i를 통해 개별 참가자들의 배출권에 대한 수요가 추정되기 때문에, 평가절하 전략은 배출권에 대한 전반적인 수요가 감소하는 문제(demand reduction)로 이어진다. 결과적으로 배출권 가격은 실제 가치를 반영했을 때의 가격보다 낮게 형성된다. 배출권거래제에서 이러한 평가절하와 수요 감소 문제는 경매를 통한 배출권 수익을 감소시키고 경매의 가격 발견 기능을 약화시킴으로써, 참가자들의 온실가스 감축 유인을 하락시킬 우려가 있다.

다물량 경매에서 평가절하와 수요 감소 문제를 해소하기 위해, 기존의 연구들은 일반적으로 차등가격 경매를 이용하거나 공급방식의 대안을 제시한다(Khezr and Cumpston, 2021). 다만, 개별 참가자들이 각자 응찰한 가격을 지불하는 차등가격 경매는 개인가치 경매에서 반드시 더 효율적이거나 높은 경매 수익을 보장하지 않는다(Ausubel and Cramton, 1995; Ausubel *et al.*, 2014). 또한 전문적인 딜러가 참여하는 국고채 경매와 달리 배출권거래제는 중소기업을 포함한 업체와 기관을 대상으로 하기 때문에, 차등가격 경매와 같이 복잡한 제도를 적용하기에는 어려움이 있다. 이러한 이유로 대부분의 배출권거래제에서는 단일가격 방식을 활용한다.

단일가격 방식을 유지하는 상황에서는, 공급방식을 변화시키는 방안을 모색할 수 있다. 고정된 공급량이 제시되는 공급방식의 대안으로, Back and Zender(2001)는 참가자들로부터 응찰을 받은 후 공급량을 결정함으로써 균형 가격을 높이는 대안을 제시했다. 이러한 방식에서는, 참가자들이 전략적으로 평가를 절하해서 수요를 낮출 경우 경매주관자가 공급량을 낮춤으로써 가격을 높이는 방식으로 참가자들의 이윤을 낮출 수 있다. 따라서 참가자들이 재화에 대해 평가절하를 할 유인이 감소하게 된다. 다만, 이러한 방식은 배출량의 불확실성을 높이기 때문에 배출량의 확실성을 담보하는 배출권거래제의 기존 장점을 퇴색시킨다. 또한 제도적 불확실성을 지나치게 높이므로 참가자들이 수용하기 어려운 측면이 있다. 배출권거래제 내에서는 공급방식에 대한 변화의 일환으로, 고정된 공급량이 아닌 공급량이 가격에 따라 변하는 방식의 탄력적인 공급곡선을 제시함으로써 참가자들이 실제 가치에 가깝게 응찰하는 균형을 유도하는 대안을 고려할 수 있다.

LiCalzi and Pavan(2005)은 국고채 경매에 대한 분석에서 탄력적인 공급곡선을 결정하는 대안을 제시하였다. 공급곡선을 제시하는 방식은 고정된 공급량을 제시하는 경우보다 더 유연한 방식이라고 볼 수 있다. LiCalzi and Pavan(2005)이 공통가치 경매(common value auction)하에서 공급곡선의 탄력성이 미치는 영향을 분석한 것과 달리, 본 연구는 개인가치 경매(private value auciton)하에서 탄력적인 공급곡선의 영향을 살펴본다. 한편, Khezr and MacKenzie(2018)는 정태적 배출권거래제 모형에서 가격상한과 예비분의 제공이 미치는 영향을 살펴보았다. 이와 달리 본 연구는 일반화된 공급곡선 형태를 기반으로 논의를 동태적 모형으로 확장한다.

공급방식의 대안으로 탄력적인 공급곡선을 제시하는 방안이 참가자들의 응찰 전략에 미치는 영향을 분석하기 위해, 공급탄력성이 다른 두 경우를 비교한다. $\epsilon^{(2)}$의 공급곡선이 $\epsilon^{(1)}$의 공급곡선보다 모든 가격에서 더 탄력적인 경우를 고려한다.

$$\epsilon^{(1)} < \epsilon^{(2)} \text{ for } \forall P,\ \epsilon^{(k)} = \frac{dQ^{(k)}(P)/Q^{(k)}(P)}{dP/P} > 0$$

'정리 2'에 따르면, 공급곡선을 더 탄력적으로 운영하는 경우 균형에서 평가절하 문제가 완화되고 참가자들은 본인의 실제 타입에 더 가깝게 보고한다.

정리 2. 공급곡선이 더 탄력적인 경우, 참가자는 자신의 타입에 더 가까운 값을 보고한다, $b_1^*(c_i) < b_2^*(c_i) < c_i$.

정리 2 증명:

'정리 1'의 증명에서 구한 일계도함수를 다시 정리하면, $q_i'(\boldsymbol{b})z_i(\boldsymbol{b}) - q_i'(\boldsymbol{b})P^*(\boldsymbol{b}) - P^{*\prime}(\boldsymbol{b})q_i(\boldsymbol{b})$이다.

이제 $\epsilon^{(1)}$의 탄력성을 가지는 공급곡선하에서 모든 참가자 i가 균형 전략을 선택하는 경우를 상정한다. 이 상황에서 위의 일계도함수를 다시 정리하면,

$$q_i'(\boldsymbol{b}^*)(z_i(\boldsymbol{b}^*) - (1 + 1/\epsilon_i^{(1)})P^*(\boldsymbol{b}^*)) = 0 \text{으로, } \epsilon_i^{(1)} = \frac{dq_i^{(1)}/q_i^{(1)}}{dP/P} \text{는}$$

$\epsilon^{(1)}$의 탄력성을 가지는 공급곡선하에서 참가자 i의 개별 할당탄력성으로 해석할 수 있다.

$\epsilon^{(k)}$이 증가하는 경우 $\epsilon_i^{(k)}$는 모든 참가자에 대해 증가하므로, $\epsilon^{(k)}$이 증가하는 상황에서 동일한 b_i를 유지한다면 일계도함수는 0보다 크게 된다. 따라서 공급곡선의 탄력성이 증가한다면 참가자 i는 b_i를 증가할 유인을 가지게 된다. 따라서 $b_1^*(c_i) < b_2^*(c_i),\ \forall\ c_i$가 발생한다.

한편, 더 높은 탄력성의 공급곡선하에서도, $\epsilon^{(k)}$가 유한하다면 '정리 1'의 내용은 여전히 유효하다. 따라서 모든 참가자 i에 대해 $b_1^*(c_i) < b_2^*(c_i) < c_i$가 성립한다. Q.E.D.

공급을 더 탄력적으로 운영하는 경우 참가자들의 평가절하(bid shading) 현상은 완화될 수 있다. 이는 공급곡선이 탄력적일수록, 배출권 가격이 지나치게 낮게 형성될 경우 공급량이 감소하는 페널티가 발생하여 개별 참가자들의 이익이 감소하기 때문이다. 따라서 탄력적인 공급곡선하에서 참가자들은 더 공격적으로 응찰할 유인이 발생한다. 다만, 공급곡선이 더 탄력적이라고 할지라도, 참가자들은 여전히 자신의 타입보다는 낮은 b_i를 보고한다. 즉, 공급곡선의 탄력성은 평가절하의 정도를 완화하지만 평가절하와 수요 감소 문제는 여전히 발생하게 된다.

5. 가격상하한제 형태의 시장안정화 제도

시장안정화 제도는 가격을 조절하는 방식과 유동성을 조절하는 방식으로 구분된다(Fell *et al.*, 2012). 유동성 조절(quantity controls) 방식은 EU ETS의 Market Stability Reserve(MSR)가 대표적이다. EU ETS는 배출권 시장에서 유통되는 배출권의 총수량(total number of allowances in circulation: TNAC)의 상하한을 기준으로 배출량을 비축 또는 방출함으로써 시장의 안정화를 모색한다.[19] 가격 조절(price controls) 방식은 배출권 가격이 가격상하한과 같은 지표가격(trigger price)에 도달한 경우, 예비분을 공급하거나 공급량을 축소함으로써 공급물량을 조절한다. RGGI, 뉴질랜드 ETS, 캘리포니아 ETS 등이 가격 조절 방식의 시장안정화 제도를 운영하는 대표적인 사례이다.

가격상하한제는 예비분 공급량에 대한 수량의 제한에 따라 경성방식(hard price collars)과 연성방식(soft price collars)으로 구분된다. 경성방식에서는 가격하한에 도달한 경우 공급량이 무제한적으로 감소하고 가격상한에 도달한 경우 예비분 수량이 제한 없이 제공된다.[20] 따라서 경성방식

19 EU ETS의 MSR에서는 TNAC가 8.33억을 초과한 경우 초과분의 24%가 다음 해에 경매에서 제외된다. TNAC가 4억 미만인 경우 1억의 배출권이 예비분으로부터 다음 해에 추가된다.

20 경성방식에서는 가격하한에 도달한 경우 공급량이 “0”이므로, 경매제도에 최저가격(auction reserve price)을 도입하는 것과 동일한 효과를 보인다.

[그림 4-6] 뉴질랜드 ETS, RGGI, 캘리포니아 ETS의 시장안정화 제도

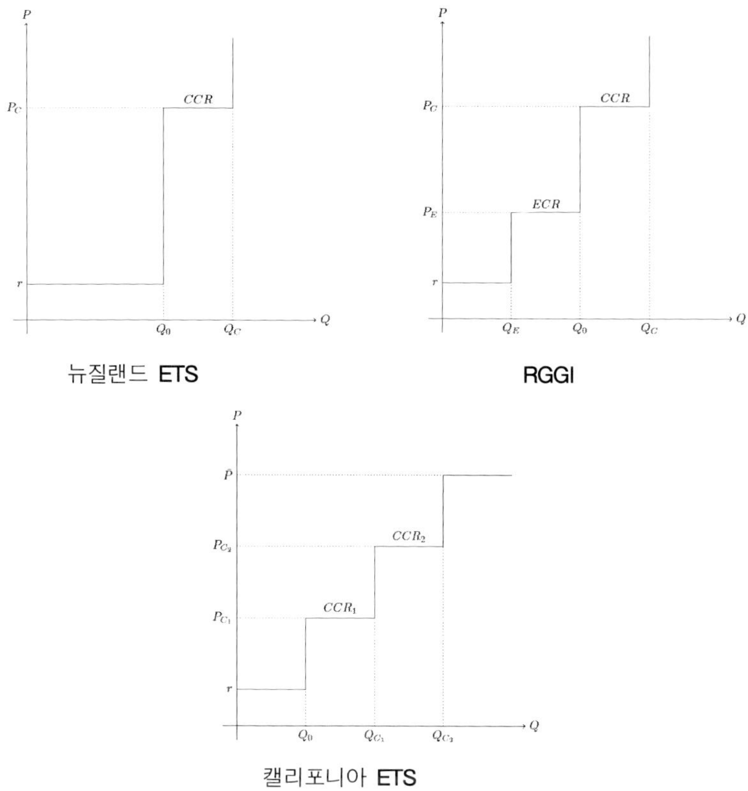

자료: New Zealand Ministry for the Environment(2022), “Emission unit (NZU) prices and controls”, RGGI(2021), “Elements of RGGI”, California Air Resources Board(2022), “Cost Containment Information”을 이용하여 저자 작성.

에서 배출권 가격은 가격상한보다 높게 올라갈 수 없고 하한보다 낮게 형성될 수 없다. 반면, 연성방식에서는 사전적으로 고정된 예비분만큼만 배출권 물량을 조절하기 때문에, 배출권 가격이 가격상하한 범위 밖으로 형성될 수 있다.

연성방식과 경성방식 등의 가격상하한제하에서는, 공급량이 고정되지 않고 가격에 따라 배출권 수량이 변동된다. 지표가격에 도달한 경우 배출권 공급량이 증가하거나 감소하는 형태이다. 따라서 가격상하한제는 경매주관자인 정부가 고정된 공급량이 아닌 탄력적인 공급곡선을 제시하

는 방안의 하나로 볼 수 있다. '정리 2'의 결과는 탄력적인 공급곡선을 통해 참가자들의 전략 행위를 변화시킬 수 있음을 보였다. 따라서 가격 상하한제와 같이 명시적인 시장안정화 제도를 통해 배출권 시장의 가격 안정화를 도모할 뿐만 아니라 경매주관자의 수익을 증가시키고 경매의 가격 발견 기능을 강화시킬 수 있다.

가격상하한제를 도입한 배출권거래제들은 일반적으로 경성방식과 연성방식을 혼합해서 각기 다른 방식의 공급탄력성과 가격단계를 적용하고 있다. 뉴질랜드 ETS는 단일한 연성 상한인 CCR(cost containment reserve)과 경성 하한인 AFP(auction floor price)를 이용하는 가장 단순한 형태의 가격상하한제를 적용하고 있다. RGGI는 하나의 연성 상한인 CCR과 연성 하한인 ECR(emission containment reserve), 경성 하한인 ARP(auction reserve price)를 활용한다. 캘리포니아 ETS는 하나의 경성 상한(Price Ceiling)과 2단계의 연성 상한인 CCR, 한 단계의 경성 하한인 ARP로 가장 많은 가격단계를 적용하고 있다. 뉴질랜드 ETS에서 RGGI, 캘리포니아 ETS로 갈수록, 가격단계(price tiers)가 많아지고 전반적인 공급탄력성이 증가한다고 볼 수 있다.

가격상하한제를 운영 중인 RGGI와 뉴질랜드 ETS, 캘리포니아 ETS는 2020년과 2021년에 걸쳐, 가격상하한제를 개선 및 재정비하였다. RGGI는 기존 운영 중인 CCR과 ARP에 추가하여 ECR을 신규 도입하였다. 뉴질랜드 ETS는 2020년까지는 Fixed Price Option(FPO)이라는 경성 상한이 존재하였으나, 2020년 6월부터 CCR과 AFP를 병행하는 방식으로 제도를 개선하였다. 캘리포니아 ETS는 Allowance Price Containment Reserve (APCR)에 대해 2020년까지 3개의 연성 상한을 운영하였으나, 2021년부터 최상단 가격단계를 경성 상한(price ceiling)으로 변경하였다.

이와 더불어 가격상하한제를 운영 중인 배출권거래제들은 공통적으로 상하한에 대한 장기간의 계획을 제시한다. 이러한 장기 계획의 공고는 배출권 가격에 대한 신호 기능으로 활용될 수 있다. 캘리포니아 ETS의 경우 가격상하한이 모두 매년 각각 5%씩 증가하고, 인플레이션을 고려해서 추가 조정한다. RGGI의 경우 ARP는 매년 2.5%씩 증가하고, ECR과

[그림 4-7] 뉴질랜드 ETS와 RGGI, 캘리포니아 ETS의 배출권 가격과 가격상하한 변화

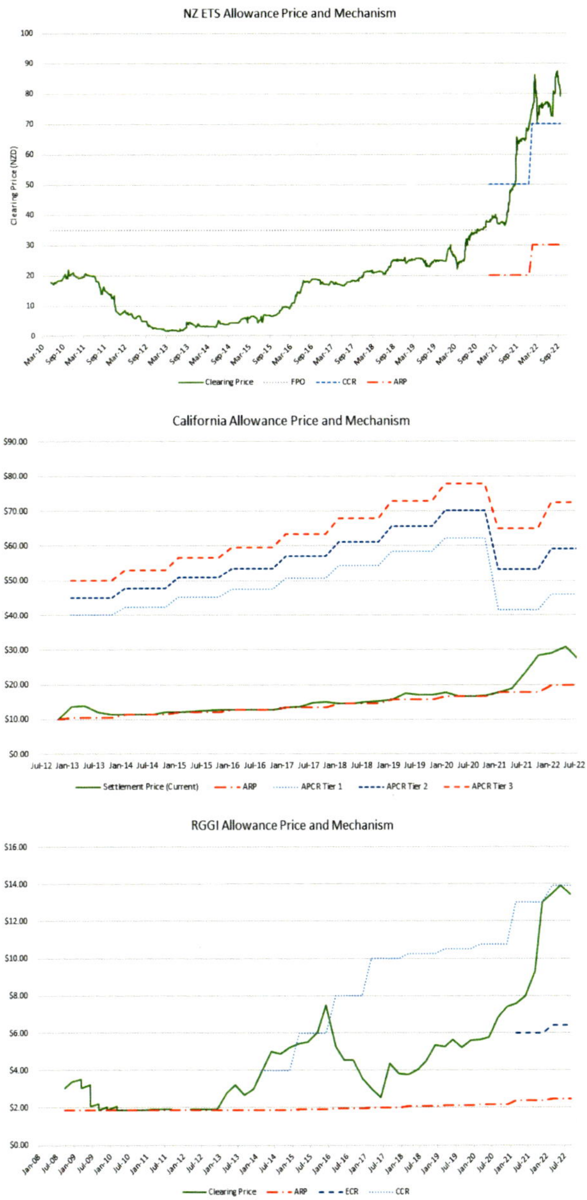

자료: https://icapcarbonaction.com/en/ets-prices, NZ Ministry for the Environment(2022), “Emission unit (NZU) prices and controls”, RGGI(2021), “Elements of RGGI”, California Air Resources Board(2022), “Cost Containment Information”을 이용하여 저자 작성.

CCR은 7%씩 증가할 전망이다. 뉴질랜드 ETS의 CCR은 기본적으로 인플레이션을 고려하여 매년 2%씩 증가한다.

제4절 동태적 모형 분석

1. 기본 가정

본 절에서는 앞의 정태적 모형을 동태적 의사결정 모형으로 확장하여, 이월 제한 완화에 따른 영향을 살펴본다. 배출권 참가자들이 의사결정을 하는 기간은 $t=0,1,\cdots$으로, 무한 기간(infinite horizion)에 걸친 동태적 의사결정 모형을 고려한다.[21]

배출권 참가자들은 매 기간 경매에 참여하여 $b_{i,t}$를 보고한다. $\boldsymbol{b_t}=(b_{1,t},b_{2,t},\cdots,b_{N,t})$를 기반으로, 참가자 i에 대한 할당량인 $q_{i,t}$와 배출권 가격인 P_t^*가 결정된다.

배출권 참가자들은 배출량에 대한 의무를 만족하기 위해 t기에 e_t만큼 할당량을 제출해야 하고, 배출권 참가자들은 t기에 경매로 할당받은 $q_{i,t}$ 중 $s_{i,t}\in[0,1]$만큼을 다음 기로 이월할 수 있다. 논의를 단순화하기 위해, t기에 경매를 통해 할당받은 부분에 대해서는 $t+1$에 한해서만 이월을 허용하는 것으로 가정한다. 따라서 배출권 참가자 i가 t기에 제출할 수 있는 할당량은 지난 기, $t-1$로부터 이월된 $s_{i,t-1}q_{i,t-1}$과 이번 기, t에 할당받았으나 다음 기, $t+1$로 이월하지 않은 $(1-s_{i,t})q_{i,t}$의 합으로 제한된다.[22]

$$e_{i,t} \leq s_{i,t-1}q_{i,t-1}+(1-s_{i,t})q_{i,t} \tag{5}$$

---

21 이월이 엄격하게 제한된 상황에서 참가자들은 앞의 정태적 모형에서의 의사결정을 하는 문제를 푼다. 반면, 이월이 완전히 허용되는 상황에서 참가자들은 다음의 동태적 모형을 푼다. 따라서 이월이 엄격하게 제한된 상황에서 이월이 허용되는 정책이 시행되는 시점을 $t=0$으로 해석할 수 있다.

22 정태적 모형에서는 $e_t \leq q_t$를 가정했다고 볼 수 있다.

참가자 i의 타입인 c_i는 기간에 상관없이 일정하다고 가정한다. 온실가스 감축목표의 달성을 위해 배출량이 감소해야 하는 상황인 만큼 총공급량인 Q는 시간의 흐름에 따라 감소한다. 또한 시간이 흐를수록 기술혁신이 이루어지고 인프라가 구축되므로, 한계감축비용 함수의 절편인 a가 감소한다.[23]

$$\varDelta Q = Q_t - Q_{t+1} > 0 \ \ \& \ \ \varDelta a = a_t - a_{t+1} > 0, \forall t$$

추가적으로 참가자들의 타입인 c_i를 합한 $C = \Sigma_i c_i$가 할당량이 감소하는 속도와 한계감축비용의 절편이 감소하는 속도의 비율보다 작다고 가정한다. 이 가정을 통해 참가자들이 본인들의 실제 타입을 보고하는 상황(truthful reporting)에서 배출권 가격이 시간에 따라 점차 상승하는 경우를 고려한다.

$$C < \frac{\varDelta Q}{\varDelta a} \tag{6}$$

동태적 모형에서의 의사결정 순서는 다음과 같다. 우선 이월에 대한 제한이 완화되는 $t=0$ 시점에, 경매주관자인 정부가 총공급량에 대한 계획인 Q_0와 $\varDelta Q$를 결정한다.[24] 이후 확률변수인 c_i와 θ_0가 실현되고 이를 관찰한 경매참가자 i가 자신의 타입에 대해 $b_{i,0}$를 보고한다. $\boldsymbol{b_0}$를 기반으로 배출권 가격인 P_0^*과 개별 참가자들의 할당량인 $q_{i,0}(\boldsymbol{b_0})$가 결정된다. 또한 참가자들은 이월 비중 $s_{i,0}$을 선택하여 $t=0$ 기간의 제출량 $e_{i,0}$를 결정한다.

$t \geq 1$ 시점에서는, 이전 기로부터 $s_{i,t-1}q_{i,t-1}$을 이월 받고 확률변수인 $\theta_{i,t}$가 실현된다. 다음으로 참가자 i가 $b_{i,t}$를 응찰해서 t기의 배출권 가

---

23 Q와 a가 감소하는 크기는 시간에 따라 일정하다고 가정한다. 또한 Q_t와 a_t가 모두 0보다 큰 상황만을 전제로 논의한다.

24 본 모형에서는 동태적 의사결정을 위해 경매주관자가 공급량의 장기 계획을 제시한다고 가정한다. 이러한 사례는 EU ETS나 캘리포니아 ETS 등에서 활용하는 선형 감축계수를 생각할 수 있다. 따라서 참가자들은 $t=0$ 시점에 배출권 공급량의 장기 계획을 알 수 있다.

격, P_t^*과 할당량, $q_{i,t}(\boldsymbol{b_t})$이 결정된다. 그리고 참가자 i가 $s_{i,t}$를 선택해서 t기의 제출량 $e_{i,t}$을 결정한다.

이를 정리하면, 동태적 모형에서 참가자 i의 목적함수는 다음과 같다. 이 목적함수를 극대화하기 위해 참가자 i는 매 t 시점에 대한 $b_{i,t}$와 $s_{i,t}$를 결정한다.

$$\max_{\{b_{i,t}, s_{i,t}\}_{t=0}^{\infty}} \sum_{t=0}^{\infty} \left\{ \int_0^{e_{i,t}} z_i(x)dx - P_t^*(\boldsymbol{b_t}) q_{i,t}(\boldsymbol{b_t}) \right\} \tag{7}$$

2. 균형 분석: 참가자 타입에 따른 이월 유인의 차이

우선 동태적 모형의 균형에서 이월에 대한 유인을 살펴볼 필요가 있다. 정태적 모형의 균형인 b_i^*와 구별하기 위해, 동태적 모형의 균형을 $b_{i,t}^{**}$와 $s_{i,t}^{**}$로 표시한다.[25]

'보조정리 1'은 어떠한 타입의 참가자들이 배출권을 다음 기로 이월할 유인을 더 크게 가지는지를 보여준다.

보조정리 1. 모든 t 기간에서 참가자 i의 c_i가 낮을수록 이월 비중은 증가한다, $\frac{\partial s_{i,t}^{**}}{\partial c_i} < 0$.

보조정리 1 증명:

동태적 의사결정 모형에서 참가자 i의 목적함수에 대해 $b_{i,t}$와 $s_{i,t}$에 대한 일계도함수를 구할 수 있다.

$s_{i,t}$에 대한 일계도함수는 $z_i(e_{i,t+1}) - z_i(e_{i,t})$으로, $s_{i,t}$가 내부해, $s_{i,t} \in (0,1)$라면 일계도함수는 0의 값을 가진다. $s_{i,t} = 1$이라면 $z_i(e_{i,t+1}) - z_i(e_{i,t}) > 0$이고, $s_{i,t} = 0$이라면 $z_i(e_{i,t+1}) - z_i(e_{i,t}) < 0$이다.

---

25 논의의 편의를 위해서 본 절에서는 $\theta_t = 0, \forall t$을 가정한다. 따라서 본 모형은 의사결정자가 완전 예측(perfect foresight)이 가능한 상황에서, 모든 기간에 대해 최적의 $b_{i,t}$와 $s_{i,t}$를 결정하는 모형으로 볼 수 있다.

$s_{i,t}$가 내부해를 가지는 경우를 다시 정리하면 $c_i \Delta a_{t=} \Delta e_{i,t}^{**}$으로, c_i나 Δa가 증가하면 $\Delta e_{i,t}^{**}$가 증가한다. c_i가 높으면 $e_{i,t+1}^{**}$보다 $e_{i,t}^{**}$를 증가시키는 방향으로 이월에 대한 의사결정을 한다. 즉, 높은 c_i 타입의 참가자는 이번 기의 제출량을 증가시키기 위해 이월 비중 $s_{i,t}^{**}$을 감소시킨다, $\frac{\partial s_{i,t}^{**}}{\partial c_i} < 0$. Q.E.D.

'보조정리 1'에 따르면 참가자 i의 실제 타입 c_i가 낮을수록, 이월 유인이 높아진다. 참가자의 배출권에 대한 수요 함수가 감축 노력에 대한 비용 함수로부터 유도되었기 때문에, 참가자의 타입 c_i는 한계감축비용 함수 기울기의 역수이다. 즉, 한계감축비용 함수의 기울기가 가파를수록, c_i가 감소하고 감축비용 변화와 외부 충격에 민감하게 반응하게 된다. 따라서 c_i가 낮은 참가자들은 이러한 감축비용 변화와 외부 충격에 대비하기 위해 높은 이월 유인을 가진다.

3. 이월 제한 완화의 영향

다음의 '정리 3'은 이월 제한 완화로 인해 참가자들의 응찰 전략이 기간에 따라 달라지는 영향을 보여준다.

정리 3. 다음을 만족하는 $\bar{t} \geq 0$와 $\tilde{c}_t$가 존재한다.

(1) $t \leq \bar{t}$일 때, $c_i \leq \tilde{c}_t$인 참가자들의 경우 $b_{i,t}^{**} > c_i$

(2) $t > \bar{t}$일 때, 모든 참가자 i의 $b_{i,t}^{**} < c_i$

정리 3 증명:

$e_{i,t} = s_{i,t-1}q_{i,t-1} + (1-s_{i,t})q_{i,t}$인 상황에서 $b_{i,t}$에 대한 일계도함수는 $(1-s_{i,t})q_{i,t}'z(e_{i,t}) - P_t q_{i,t}' - P_t' q_{i,t} + s_{i,t}q_{i,t}'z(e_{i,t+1})$이다.

우선 $t=0$일 때, $c_i \leq \tilde{c}_0$인 참가자들의 경우 $b_{i,0}^{**} > c_i$를 보인다. '보조정리 1'에 대한 증명의 $s_{i,t}$에 대한 일계도함수를 이용해 $b_{i,0}$에 대한 일

계도함수를 다시 정리하면, $q_{i,t}'z(e_{i,t}) - P_t q_{i,t}' - P_t' q_{i,t}$이다.

$t=0$ 시점에는 지난 기로부터 이월 받은 할당량이 없으므로 $\widehat{b_{i,0}} = c_i$를 가정하면, $b_{i,0}$에 대한 일계도함수는 다음과 같다.

$$\widehat{q_{i,0}}' \frac{\widehat{s_{i,0}}\widehat{q_{i,0}}}{c_i} - \widehat{P_0}' \widehat{q_{i,0}}$$

여기에서 $\widehat{P_0}$와 $\widehat{q_{i,0}}$는 모든 참가자들이 $\widehat{b_{i,0}} = c_i$를 선택한 경우의 배출권 가격과 개별 할당량이다.

따라서 $c_i \le \widetilde{c_0} \equiv \widehat{q_{i,0}}' \widehat{s_{i,0}} / \widehat{P_0}$를 만족하는 참가자는 $b_{i,0}$를 높일 유인이 존재한다.

한편, 이월받은 할당량이 누적되어 있는 t가 충분히 큰 상황에서는, $b_{i,t}$에 대한 일계도함수는 '정리 1'의 정태적 모형과 동일한 형태를 보인다. 따라서 이 경우에는 $b_{i,t}^{**} < c_i$의 평가절하 전략이 균형이 된다.

결과적으로 $t=0$과 충분히 큰 t 시점 사이에 $\bar{t}$가 존재해서 $t \le \bar{t}$일 때에는 $c_i \le \tilde{c}_t$인 참가자들의 경우 $b_{i,t}^{**} > c_i$을 선택하고, $t > \bar{t}$일 때에는, 모든 참가자 i의 $b_{i,t}^{**} < c_i$을 선택한다. Q.E.D.

'정리 3'은 이월 제한이 완화되는 초기에는, 자신의 타입보다 더 공격적으로 응찰(overbid)하는 참가자들이 존재할 수 있음을 보여준다. '보조정리 1'에서 살펴보았듯이 배출권 참가자들의 c_i가 낮을수록 이월 유인이 증가한다. 따라서 c_i가 충분히 낮은 참가자들의 경우, 동태적 의사결정 모형에서 이월을 위해 자신의 타입보다 높은 $b_{i,t}$를 보고할 유인이 발생할 수 있다. 배출권 가격이 참가자들이 보고하는 $b_{i,t}$에 의해 결정되기 때문에 참가자들이 높은 $b_{i,t}$를 보고할 경우 배출권에 대한 수요와 가격은 증가하게 된다. 따라서 이월 제한이 완화되는 초기에는 일부 참가자들의 과도한 응찰 전략으로 인해 배출권에 대한 수요와 배출권 가격이 급등하는 현상이 발생할 수 있다.

한편, 장기적으로는 이전 기로부터 이월 받은 배출권이 충분히 누적되어서 다시 배출권에 대한 평가를 절하해서 보고할 유인이 증가한다. 따라서 일정 시점 이후에는 과도한 응찰 현상이 사라지고, 수요와 배출권 가격 역시 낮아지게 된다.

4. 이월과 가격상하한제의 상호작용

'정리 2'에서는 배출권 시장을 안정화시키기 위해 고려되는 가격상하한제가 참가자들의 응찰 전략에 미치는 영향에 대해 살펴보았다. '정리 3'에서는 배출권 참가자들의 동태적 의사결정을 유도하기 위한 유연성 메커니즘인 이월의 영향을 분석하였다. 다음의 따름정리는 이월 허용과 가격상하한제의 상호작용 가능성을 보여준다.[26]

따름정리 1. $t \leq \tilde{t}$일 때, 배출권의 공급탄력성 ϵ이 증가할수록 $\tilde{c}_t$가 증가한다.

'정리 3'에서 볼 수 있듯이, 이월 제한이 완화되면 단기적으로 일정 비중의 참가자들이 과도한 응찰 전략을 취한다. 위의 따름정리는 가격상하한 형태의 시장안정화 제도에서 공급곡선이 탄력적일수록, 이월 제한 완화로 인해 단기적으로 과도한 응찰을 하는 참가자의 비중이 증가한다는 것을 보인다. 즉, 온실가스 감축목표가 상향되어 배출권의 총공급량이 점차 감소하는 상황에서, 이월 제한 완화 정책과 가격상하한제는 상호작용하여 참가자들의 응찰 전략에 영향을 미칠 수 있다. 그리고 가격상하한 제도의 공급곡선이 탄력적일수록 이러한 현상은 심화될 수 있다. 가격상하한제의 탄력적인 공급곡선과 이월을 허용하는 정책은 각각 시장안정화 기제와 유연성 기제로 분류되지만, 단기적으로는 두 정책 모두 참가자들의 공격적인 응찰을 유인하기 때문이다. 결과적으로 서로 다른 성격의 정책으로 분류되는 두 정책이 상호작용함으로써, 단기적으로 배출권에 대한 수요와 배출권 가격이 급등하는 현상이 발생할 수 있다.

---

26 '정리 3' 증명에서의 $\tilde{c}_0 \equiv \widehat{q_{i,0}}' \widehat{s_{i,0}} / \widehat{P}_0$는 ϵ에 따라 증가하는 값이다.

제5절 결론 및 정책적 시사점

본 장은 국내 배출권거래제가 비용 효율적으로 국가 온실가스 감축목표를 달성하기 위해 개선해야 될 과제와 개선 방안이 미치는 영향을 분석하였다. 본 장의 모형 분석이 정태적 모형에서 동태적 모형으로 확장했던 것과 달리, 이번 절에서는 동태적 모형에서 분석한 이월 제한 완화의 영향을 기반으로 가격상하한제로 논의를 확장하여 연구 결과를 요약하고 정책적 시사점을 살펴본다.

국내 배출권거래제는 기후변화에 대한 문제의식이 확산되고 국가 온실가스 감축목표가 상향되는 상황에서 해외 배출권거래제와 달리 배출권 가격이 하락하며, 배출권 참가자들이 동태적으로 의사결정하고 있지 못하는 모습을 보이고 있다. 이는 국내 배출권거래제가 참가자들로 하여금 조기 감축과 기술혁신을 유도하지 못하고 있음을 의미한다. 또한 이월에 대한 제한 기준이 순매도량으로 변경된 2019년 이후, 배출권 참가자들의 배출량이 확정되는 시점과 배출권을 제출하는 시점 사이에 배출권 거래가 집중되고 가격이 하락하는 변동성을 보이고 있다. 이러한 변동성은 이월이 순매도량 기준으로 제한되는 정책에 따라 제도적으로 생성된 변동성으로 추정된다. 한편, 해외 배출권거래제와 비교했을 때, 배출권 거래시장과 경매의 가격 차이가 지속적으로 크게 발생하고 있다. 이러한 하향 편향은 국내 배출권거래제에서 배출권에 대한 참가자들의 실제 가치가 배출권 가격에 적절하게 반영되고 있지 못하는 평가절하와 수요 감소 현상의 가능성을 시사한다.

온실가스 감축목표의 상향으로 인해 총할당량이 점차 감소할 것으로 전망되는 상황에서, 배출권 참가자들이 동태적 의사결정을 할 필요성은 증가하고 있다. 따라서 참가자들의 기간 간 의사결정을 유도하기 위한 유연성 기제인 이월을 허용하는 정책의 영향을 분석하였다. 또한 안정성 기제인 가격상하한 제도의 도입이 배출권 참가자들의 의사결정에 미치는 영향을 살펴보았다. 이를 위해 배출권 참가자들의 전략적 행동을 분석할 수 있는 경매 모형을 활용하였다. 개선 방안의 개별적 정책의 영향뿐만 아니라 각 정책의 상호작용을 분석함으로써 정책 조합의 복합적 영향을 살펴보았다.

우선 동태적 모형에서의 '정리 3'은 이월 제한이 완화될 경우, 단기적으로 일부 배출권 참가자들의 이월 유인이 급증함에 따라 실제 가치보다 높게 과도한 응찰을 하는 전략을 선택할 가능성을 보였다. 따라서 이월 제한 완화는 단기적으로 배출권에 대한 수요와 배출권 가격의 급등으로 이어질 가능성이 있다. 이러한 현상은 장기적으로는 사라진다.

한편, 국내 배출권거래제에서 이월을 제한하고 그 기준이 강화된 목적이 거래시장에서 유동성을 제공하기 위함이었다는 점을 감안하면, 이월 제한이 배출권의 유동성에 미치는 영향을 고려할 필요가 있다. 2차와 3차 계획기간을 거치면서 거래량이 지속적으로 증가하는 등 이월 제한을 도입한 당시와는 여러 상황이 변하였지만, 거래시장의 유동성 문제는 여

[그림 4-8] 국내 배출권거래제 거래량의 변화 추세

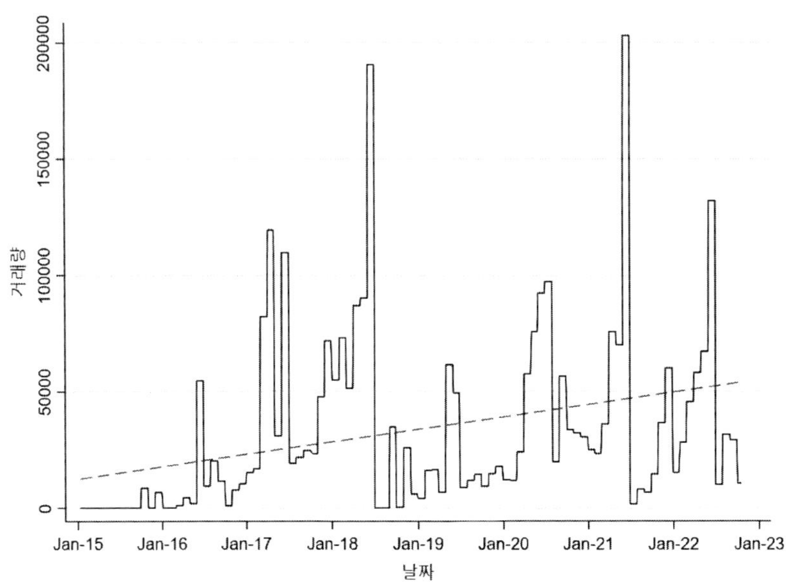

주: 거래량이 이례적으로 급등한 2018년 6월 4일을 제외한 수치임.
자료: KRX(https://ets.krx.co.kr/)를 이용하여 저자 작성.

전히 국내 배출권거래제의 우려 사항이다. 만약 이월 제한의 완화로 인해 배출권에 대한 수요가 급증한다면, 거래시장에서의 매도 유인은 감소하면서 유동성 문제가 확대될 가능성이 있다. 따라서 이월 제한의 완화로 인해 배출권 가격에 미치는 영향뿐만 아니라 유동성에 미치는 영향을 완화하는 대안을 모색할 필요가 있다.

이월을 허용함에 따라 발생할 수 있는 배출권 가격 급등과 유동성 문제를 완화할 수 있는 방안 중 하나는 가격상하한제이다. 가격상하한제는 거래시장의 유동성이 부족해서 가격이 급등할 경우 예비분을 공급함으로써 배출권 가격을 안정시키고 유동성 문제를 완화하는 데에 기여할 수 있다. 동시에 가격상하한제는 배출권에 대한 공급곡선을 설정하는 방식을 의미하며, 기존의 공급량을 설정하는 방식보다 유연한 제도적 변화로 볼 수 있다.

정태적 모형의 '정리 1'에서 살펴보았듯이, 다물량에 대한 단일가격 방식은 해당 재화에 대해 참가자들이 실제 가치보다 낮게 평가함으로써 수요를 감소시키고 배출권 가격을 낮추는 문제를 발생시킬 수 있다. 이로 인해 배출권 경매로부터의 수익은 감소하게 되고, 경매의 가격 발견 기능은 약화된다. 배출권에 대한 경매가격이 거래시장에서의 가격보다 지속적으로 낮게 형성되는 모습을 통해, 국내 배출권거래제에서도 평가절하와 수요 감소 현상이 발생함을 간접적으로 유추할 수 있다.

이러한 상황에서 '정리 2'는 가격상하한제와 같은 탄력적인 공급곡선의 도입이 배출권 참가자들로 하여금 해당 재화에 대해 실제 가치에 가까운 평가를 유도해서 수요를 증가시키고 배출권 가격을 상승시키는 역할을 한다고 보였다. 또한 '따름정리 1'에서 보았듯이, 가격상하한제는 이월 제한 완화 정책과 상호작용하여 참가자들의 응찰 전략에 영향을 미친다. 가격상하한제의 공급곡선이 탄력적일수록, 이월 제한 완화로 인해 단기적으로 발생하는 과도한 응찰 현상이 심화될 수 있다. 따라서 급격한 수요 변화와 가격급등 문제를 완화하기 위해서는, 단순한 가격단계(price tiers)를 가지는 형태의 가격상하한제를 도입하고 이월 제한은 단계적으로 완화할 필요가 있다.

이월 제한의 단계적 완화를 위해서는, 이월이 가능한 비중에 상한을 두는 방식이나 이월되는 할당량의 가치를 절하(depreciate)하는 방식을 고려할 수 있다. 이월 허용 비중에 상한을 둔다면, 본문의 동태적 모형에서 참가자들이 다음 기로 이월할 수 있는 할당량의 비중에 제한을 두지 않았던 것과 달리 그 비중을 제한하는 방식이다.[27] 이를 위해 캘리포니아 ETS와 같이 배출권을 보유하는 양에 대해 제한(holding limit quantity)하는 방식을 고려할 수 있다. 반면, 이월되는 할당량의 가치를 절하하는 방법으로는, 이월을 허용하되 할당 배출권의 가치를 각 연도별로 다르게 적용하는 방식이 있다. 즉, 이번 연도의 할당 배출권의 가치가 1이라면, 지난 연도의 할당 배출권의 가치는 1 이하로 적용한다. 지난 연도의 할당 배출권에 대한 가치는 이번 연도로부터 멀어질수록 낮게 적용할 수 있다.[28]

이월 허용으로 인한 영향이 안정화되어 평가절하의 유인이 다시 증가하게 되면, 가격상하한제의 가격단계와 공급곡선의 탄력성을 증가시키는 방향으로 개선함으로써 참가자들이 실제 가치를 보고하도록 유도할 수 있다.

가격상하한제에 대한 또 다른 우려는 예비분의 공급으로 인해 배출량이 불확실해질 가능성이 있다는 점이다. 뉴질랜드 ETS와 RGGI의 사례에서는 이러한 불확실성 문제를 해소하기 위해, 배출권 가격이 상한에 도달할 경우 공급되는 예비분의 수량을 제한하는 연성 상한 방식(soft price ceiling)을 적용하고 있다. 반면, 가격 하한에 대해서는 강성 하한 방식의 경매 최저가격(auction reserve price)을 적용한다. 이처럼 가격 상한과 하한에 대해 비대칭적 방식을 활용함으로써, 배출권의 물량 역시 일정 수준 내에서 통제하고 가격상하한제에 따른 배출량의 불확실성 문제를 완

---

27 본문의 동태적 모형에서는 이번 기의 할당량 중 다음 기로 이월이 가능한 비중을 $s \in [0,1]$로 설정하였다. 만약 이월 가능한 비중에 상한을 둔다면, $s \in [0,\bar{s}]$에서 $\bar{s} < 1$로 제한하는 경우로 볼 수 있다.

28 이와 같은 이월 제한의 단계적 완화 방식들은 각 방식별로 국내 배출권거래제에 미치는 영향이 다를 수 있으므로, 향후 추가적인 연구를 통해 국내에 적합한 방식을 검토할 필요가 있다.

화할 수 있다.

Bresky(2013)는 최저 경매가격을 높게 책정할 경우 경매수익이 증가하고 자원배분을 효율적으로 개선할 수 있지만, 공급이 제한될 가능성이 증가한다고 분석하였다. 이는 지나치게 높은 최저가격이 일부 참가자들을 경매에서 배제시키는 효과를 발생시키기 때문이다. Friesen *et al.* (2022)은 실험연구를 통해 가격상하한이 초점(focal points)으로 작동함에 따라, 균형 가격의 분포가 가격상하한에 가깝게 이원화(bimodal)될 가능성을 제시한다. 즉, 배출권 가격이 상한 근처에서 형성되거나 하한 근처에서 형성된다. 또한 가격상하한의 간격을 줄일 경우, 경매수익은 증가하지만 자원배분의 효율성은 감소할 가능성을 제시하였다. 따라서 가격상하한의 폭을 충분히 넓게 가져감으로써 공급 제한의 가능성을 완화하고 자원배분의 효율성을 확보할 필요가 있다.

이월 허용으로 인한 유동성 문제를 완화할 수 있는 또 다른 방안은 배출권 경매의 참여자를 확대하는 방안이다. 유상할당 비중이 지속적으로 확대되는 상황에서, 현재 국내 배출권 경매의 참가자는 해외 배출권거래제들과는 달리 유상할당 업체로 제한되어 있다. 거래시장에서 배출권 공급의 유동성 문제가 발생한 경우 유상할당 경매는 배출권을 얻을 수 있는 주요 창구이다. 따라서 유상할당 참여에 대한 제한을 완화하여 배출권 공급의 창구를 확대할 필요가 있다. 특히 유상할당 차등화를 통해 전환 부문의 유상할당 비율이 확대될 경우,[29] 경매시장에서 전환 부문의 비중이 지나치게 집중되는 문제가 발생할 수 있다. 경매시장의 참여 대상을 확대한다면 이러한 집중화 현상도 완화할 수 있다. 다만, 경매 대상을 확대하더라도 중소기업은 경매 참여를 위한 인력 운영 등의 거래비용으로 인해 경매 참여가 저조할 수 있다. 따라서 위탁매매와 같은 방법을 활성화하여 경매 참여로 인해 발생할 수 있는 거래비용 부담을 낮출 필요가 있다.

---

29 김남일(2020)은 전환 부문에 대해 100% 유상할당이 된다면 배출권 가격과 발전원별 탄소비용이 발전원가에 반영되고 급전순위가 변경됨에 따라, 배출권 가격이 전력시장에 이상적으로 반영될 수 있음을 분석한다.

배출권 참가자들이 최적의 동태적 의사결정을 하기 위해서는 미래의 배출권 가격과 할당량에 대한 장기 예측이 요구된다. 현재 국내 배출권 거래제는 계획기간별로 할당계획이 결정되는 방식으로, 해당 계획기간의 시작이 얼마 남지 않은 시점에 할당량이 결정·공고되고 있다.[30] 이러한 할당량에 대한 공고 일정은 참가자들로 하여금 배출권거래제의 운영과 배출권 가치에 대한 장기 예측을 어렵게 한다. 반면, EU ETS와 캘리포니아 ETS는 선형 감축계수를 통해 배출권의 총공급량이 매년 일정 비율로 감소하여 배출량의 감소를 유도한다. EU ETS는 2021년부터 2.2%의 선형 감축계수를 적용하고 있고, 'Fit for 55' 패키지에서 2024년부터 4.2%로 상향하는 방안을 논의 중이다. 캘리포니아 ETS는 2030년까지의 할당량과 그 이후에 대한 감축계획을 제시하고 있고, RGGI와 뉴질랜드 ETS는 2030년까지의 할당량에 대한 계획을 공고하고 있다. 한편, 가격상하한

<표 4-9> 해외 배출권거래제 감축 계수 및 계획

	감축 계수 및 계획
EU ETS	• 'Fit for 55 패키지'에서 선형 감축계수를 기존의 2.2%에서 2024년부터 4.2%로 상향하는 방안 검토 중 • 감축계수 상향안과 더불어 일회성 공급량 재산정(Cap Re-basing) 논의 중
캘리포니아 ETS	• 2031년까지의 연도별 총공급량이 정해져 있으며, 2050년까지는 매년 일정량만큼 감소되는 계산 공식 활용 • 2021년 3.208억톤 → 2031년 1.938억톤 • 2032~50년 공급량 공식: $Budget_t = 193.8 - 6.7 * n$ * Budget: 총공급량(100만개 단위), n: 2031년부터 지난 연수
뉴질랜드 ETS	• 매년 다음 5년 후까지의 배출권 공급량 발표 • 2023년 3,080만톤 → 2027년 2,240만톤
RGGI	• 2020년 기준 7,817만톤에서 2030년까지 매년 227.5만톤 감소 • 2020년 7,817만톤 → 2030년 5,467만톤

자료: EU Commission, "Revision of the EU Emissions Trading System", CARB, "Cap-and-Trade Regulation", ICAP, "New Zealand Emissions Trading Scheme", RGGI, "Principles Accompanying Model Rule"을 바탕으로 저자 작성.

30 2018년부터 시작한 2차 계획기간에 대한 할당계획은 2017년 12월에 의결되었고, 2021년부터 시작한 3차 계획기간에 대한 할당계획은 2020년 9월에 발표되었다.

제 형태의 시장안정화 제도를 운영 중인 캘리포니아 ETS, 뉴질랜드 ETS, RGGI 등은 가격상하한제의 가격단계에 대한 장기적인 기준 인상률을 발표하고 있다.

이처럼 총공급량과 가격상하한제의 가격단계에 대해 장기 계획을 공고하는 방안은 배출권 참가자들의 동태적 의사결정 과정에 필요한 정보를 충분히 제공하고, 배출권거래제의 효율성을 개선하는 데에 기여할 수 있다. 또한 배출권 시장의 운영이 예측 가능하고 장기 계획이 시장 참여자들의 충분한 신뢰를 얻기 위해서는, 정부 당국의 계획되지 않은 개입을 줄이고 배출권 시장을 일관성 있게 운영할 필요가 있다.

참고문헌

김남일, 『배출권비용의 전력시장 반영방안 연구』, 에너지경제연구원, 2020.

김호철, 「탄소국경조정 도입의 WTO 합치성 쟁점: GATT 제2조, 제3조, 제20조」, 『통상법률』, 제2권, 2021.

박효민, 「EU 탄소국경조정메커니즘(CBAM)의 WTO TBT 협정 합치성」, 『법제논단』, 2022.

배경은・유태종・안영환, 「배출권거래제 가격상하한제가 배출량 및 감축비용에 미치는 영향에 대한 정량적 연구」, 『자원환경경제연구』, 31권 2호, 2022.

유종민・이지웅, 「온실가스 배출권 이월제한이 배출권 가격에 미친 효과」, 『한국기후변화학회지』, 11권 3호, 2020.

윤여창, 『탄소세 도입 방안에 대한 연구』, 정책연구시리즈 2021-8, 한국개발연구원, 2021.

이천기・박지현・박혜리, 『EU 탄소국경조정 메커니즘에 대한 통상법적 분석 및 우리 산업에의 시사점』, KIEP 오늘의 세계경제, 2021.

Aldy, J. E. and R. Stavins, "The Promise and Problems of Pricing Carbon: Theory and Experience," *The Journal of Environment & Development*, 21(2), 2012, pp.152~180.

Ausubel, L. M. and P. Cramton, "Demand Reduction and Inefficiency in Multi-unit Auctions," University of Maryland, 1995.

Ausubel, L. M., P. Cramton, M. Pycia, M. Rostek, and M. Weretka, "Demand Reduction and Inefficiency in Multi-unit Auctions," *The Review of Economic Studies*, 81(4), 2014, pp.1366~1400.

Back, K. and J. F. Zender, "Auctions of Divisible Goods: On the Rationale for the Treasury Experiment," *The Review of Financial Studies*, 6(4), 1993, pp.733~764.

Back, K. and J. F. Zender, "Auctions of Divisible Goods with Endogenous Supply," *Economics Letters*, 73, 2001, pp.29~34.

Bresky, M., "Revenue and Efficiency in Multi-unit Uniform-price Auctions," *Games and Economic Behavior*, 82, 2013, pp.205~217.

California Air Resources Board, "Cost Containment Information," 2022.

Cammack, E. B., "Evidence on Bidding Strategies and the Informaiton in Treasury Bill Auctions," *Journal of Political Economy*, 99(1), 1991.

Engelbrecht-Wiggans, R. and C. M. Kahn, "Multi-unit Auctions with Uniform Prices," *Economic Theory*, 12(2), 1998, pp.227~258.

EU Comission, "Revision of the EU Emission Trading System," 2022. 10.

Fell, H., D. Burtraw, R. D. Morgenstern, and K. L. Palmer, "Soft and Hard Price Collars in a Cap-and-trade System: A Comparative Analysis," *Journal of Environmental Economics and Management*, 64, 2012, pp.183~198.

Friesen, L., L. Gangadharan, P. Khezr, and I. A. MacKenzie, "Mind your Ps and Qs! An experiment on variable allowance supply in the US Regional Greenhouse Gas Initiative," *Journal of Environmental Economics and Management*, 112, 2022.

IMF, "Proposal for an International Carbon Price Floor Among Large Emitters," 2021.

International Carbon Action Partnership, "Emission Trading Worldwide," 2022.

Khezr, P. and I. A. Cumpston, "Revenue and efficiency in pollution permit allocation mechanisms," *Energy Economics*, 93, 2021.

Khezr, P. and I. A. MacKenzie, "Permit Market Auctions with Allowance Reserves," *International Journal of Industrial Organization*, 61, 2018, pp.283~306.

Levin, D., "The Competitiveness of Joint Bidding in Multi-unit Uniform-price Auctions," *The RAND Journal of Economics*, 35(2), 2004, pp.373~385.

LiCalzia, M. and A. Pavan, "Tilting the Supply Schedule to Enhance Competition in Uniform-price Auctions," *European Economic Review*, 49, 2005, pp.227~250.

Martimort, D. and W. Sand-Zantman, "A Mechanism Design Approach to Climate-Change Agreements," *Journal of the European Economic Association*, 14(3), 2016, pp.669~712.

Metcalf, G. E., "The Distributional Impacts of U.S. Energy Policy," *Energy Policy*, 129, 2019, pp.926~929.

Milgrom, P., "Auctions and Bidding: A Primer," *The Journal of Economic Perspectives*, 3(3), 1989, pp.3~22.

New Zealand Ministry for the Environment, "Emission unit (NZU) prices and controls," 2022.

Nordhaus, W., "Climate Clubs: Overcoming Free-riding in International Climate Policy," *American Economic Review*, 105(4), 2015, pp.1339~1370.

Noussair, C., "Equilibria in a Multi-Object Uniform Price Sealed Bid Auction with Multi-Unit Demands," *Economic Theory*, 5(2), 1995, pp.337~351.

OECD, "Effective Carbon Prices," 2013.

Parry, I., "Five Things to Know about Carbon Pricing," *Finance & Development*, 2021.

Pindyck, R. S., "Coase Lecture - Taxes, Targets, and the Social Cost of Carbon," *Economica,* 84, 2017, pp.345~364.

RGGI, "Elements of RGGI," 2021.

Schmidt, K. M. and A. Ockenfels, "Focusing Climate Negotiations on a Uniform Common Commitment Can Promote Cooperation," *PNAS*, 118(11), 2021.

Weitzman, M. L., "Can Negotiating a Uniform Carbon Price Help to Internalize the Global Warming Externality," *Journal of the Association of Environmental and Resource Economists,* 1, 2014, pp.29~49.

Wilson, R., "Auctions of Shares," *The Quarterly Journal of Economics*, 93(4), 1979, pp.675~689.

<보도자료 및 신문기사>

관계부처 합동, 「2030 국가 온실가스 감축목표(NDC) 상향안」, 2021. 10. 18.

관계부처 합동, 「2050 탄소중립 시나리오안」, 2021. 10. 18.

기획재정부, 「정부, 온실가스 배출권 거래제 안정화 방안 발표」, 2017. 4. 10.

기획재정부, 「한국판 뉴딜 종합계획 발표」, 2020. 7. 14.

법제처, 「한국, 2015년부터 배출권거래제 시행」, 2012. 5. 14.

제20대 대통령실, 「윤석열 정부 110대 국정과제」, 2022. 5. 2.

환경부, 「제2차 국가 배출권 할당계획」, 2018. 7.

환경부, 「온실가스 배출권 잉여분의 이월 기준 변경」, 2019. 6. 7.

환경부, 「제3차 배출권거래제 기본계획」 2020. 8. 26.

환경부, 「제3차 계획기간 국가 배출권 할당계획」, 2020. 9. 29.

환경부, 「2022년도 온실가스 배출권 유상 할당계획」, 2021. 12. 17.

EU Parliament, "EU carbon border adjustment mechanism: Implications for climate and competitiveness," 2022. 6. 28.

G7 Statement on Climate Club, 2022. 6. 28.

<자료 및 웹사이트>

뉴질랜드 환경부(https://environment.govt.nz/what-government-is-doing/areas-of-work/climate-change/ets/nz-ets-market/emission-unit-prices-and-controls/, 최종 접속일: 2022. 11. 2).

한국환경공단(https://www.keco.or.kr/kr/business/climate/contentsid/1520/index.do, 최종 접속일: 2022. 11. 2).

California Air Resources Board(https://ww2.arb.ca.gov/our-work/programs/cap-and-trade-program/, 최종 접속일: 2022. 11. 2).

EU EEX(https://www.eex.com/en/market-data/, 최종 접속일: 2022. 11. 2).

EU ETS, Auctioning Regulation(https://eur-lex.europa.eu/legal-content/EN/TXT/?uri=LEGISSUM:4379993, 최종 접속일: 2022. 11. 2).

International Carbon Action Partnership(https://icapcarbonaction.com, 최종 접속일: 2022. 11. 2).

KRX(https://ets.krx.co.kr/, 최종 접속일: 2022. 11. 2).

NZ EEX(https://www.eex.com/en/markets/environmental-markets/nz-ets-auctions, 최종 접속일: 2022. 11. 2).

NZ ETS(https://www.etsauctions.govt.nz/, 최종 접속일: 2022. 11. 2).

RGGI(https://www.rggi.org/, 최종 접속일: 2022. 11. 2).

제5장

후발자 이익과 탈탄소 공정기술의 조기 상용화: 탄소차액계약의 필요성에 대한 검토

오 형 나 (경희대학교)

제1절 서 론

넷제로 전환을 위해서는 온실가스 배출 비중이 가장 큰 발전과 산업 부문, 특히 에너지 다소비 업종의 탈탄소 전환이 필요하다. 태양광이나 풍력 발전 기술이 개발되어 상용화됨에 따라 발전 부문의 탈탄소화는 전 세계적으로 상당한 진전을 보이고 있는 반면, 산업 부문의 탈탄소 전환은 답보 상태에 놓여 있다. Löfgren and Rootzén(2021)은 Grubler *et al.*(2016)을 인용하며 역사상 대규모 전환을 가능하게 하는 기술 도입에는 보통 수십 년에서 수 세기가 필요하기 때문에, 주어진 30년 미만의 시간으로는 정책적 대응 없이 시장에 의한 기술 개발과 확산만으로 '2050년 넷제로 목표' 달성을 기대하기 어렵다고 언급했다.

산업 부문의 감축목표 달성을 위해서는 철강, 시멘트, 화학, 석유화학, 종이·펄프, 알루미늄 등 에너지 다소비 소재산업의 탈탄소화가 절대적으로 필요하다. 이들 산업은 전 세계 최종 에너지의 38%를 소비하며, 전 세계 온실가스 배출량의 25~33%를 배출한다(Richstein and Neuhoff, 2022). 여기에 산업 부문에서 사용하는 전력 생산과 관련된 배출(Scope 2 배출)까지를 고려하면 이들 업종이 국가 온실가스 감축목표 달성에 미치는 영향은 절대적이다. 그러나 이들 에너지 다소비 소재산업은 대표적인 난감축 부문으로 온실가스 감축이 쉽지 않다. 우선 에너지 부문 탈탄소화는 재생에너지라는 분명한 대안 기술이 있는 데 비해, 에너지 다소비 소재산업의 탈탄소화는 기술이 특정된 경우가 드물고 기술이 특정된 경우에도 해당 기술이 고비용일 뿐만 아니라 아직 상용화가 원활하게 이루어지지 않기 때문이다. 이들 산업의 탈탄소화를 방해하는 요인은 높은 설비투자 비용, 높은 수준의 자본비용과 운용비용, 정치적 불확실성, 낮은 탄소 가격 등으로 다양하다.

저탄소·탈탄소 공정의 평균 비용이 기존 방식에 비해 높고 수요가 불확실한 경우 시장참여자 또는 기업의 합리적 선택은 혁신적인 저감 기술을 적용한 설비투자를 당장 실행하는 대신 시장 상황을 지켜보며 리스크를 관리하는 것이 될 것이다. McKinsey Sustainability(2022. 8. 18)는 이러한 선택은 근시안적이며 미래의 글로벌 상품시장을 고려하면 산업 부문, 특히 에너지 다소비 소재산업의 탈탄소화를 위한 투자가 시급하다고 주장했다. 그 근거로 McKinsey Sustainability(2022. 8. 18)는 첫째, 투자 결정은 투자가 이루어지는 시점이 아닌 투자가 완료되는 시점의 시장 상황을 고려해야 하는데 설비투자가 완료되는 시점에서 저탄소 에너지나 재생전기 가격이 하락하며 탈탄소 공정기술의 단위 비용이 하락할 것이며, 둘째, 2030년을 전후로 글로벌 소재 상품시장에서 저탄소 제품에 대한 시장 수요가 공급을 초과할 것이라는 두 가지 전망을 들었다. Material Economics(2019) 역시 철강, 플라스틱, 암모니아, 시멘트 등을 생산하는 에너지 다소비 소재에 대한 수요가 EU 내에서 2050년까지 14% 증가할 것으로 예상했다. 해당 상품에 대한 수요는 미래 산업의 수요 확대, 개발도상국의 산업화와 도시화의 영향을 받아 향후 증가할 것으로 전망된다. 이 외에 소비자의 선호가 기후 친화적으로 바뀌며, 글로벌 기업들이 자사뿐만 아니라 글로벌 공급체계(value chain) 전반의 탈탄소화를 추진하는 것 역시 빠른 탈탄소 전환이 필요한 이유다.

Material Economics(2019)는 에너지 다소비 소재에 대한 꾸준한 수요 증가로 인해 현재의 생산방식을 유지할 경우 이들 산업으로부터의 온실가스 배출량이 2050년까지 11% 상승할 것으로 전망했다. 그간 탄소 가격 정책은 에너지 다소비 소재산업을 포함해 가장 효과적인 온실가스 저감 정책으로 알려져 왔다. 그러나 탄소누출에 대한 우려로 과감한 탄소 가격 정책이 실시되지 못하면서, '2050 넷제로'나 '2030 NDC 감축목표'를 달성하기 어려울 것이라는 전망이 제기되고 있다.

이처럼 현재의 이익과 미래의 이익이 충돌하는 상황(산업 부문, 특히 에너지 다소비 소재산업의 즉각적인 탈탄소 투자가 필요하나 탄소 가격이 이를 유인하기에는 충분하지 않거나 탄소누출이 발생할 확률이 높고 탈탄소 상품에 대한 수요가 불확실한 상황)에서 EU나 미국은 산업의 저탄소 전환을 시장에 전적으로 맡기는 대신 정부가 개입하는 녹색산업정책을 선택했다(Tagliapietra and Veugelers, 2020; 오형나, 2022).

프로젝트 기반 탄소차액계약(이하 CCfD)은 탄소 가격의 저감 시그널을 강화하면서 탄소누출을 방지할 수 있는 대안의 하나로 제기되었다.[1] CCfD는 장기 계약기간 동안 투자자에게 고정된 탄소 가격을 보장함으로써 정치적 또는 시장에서의 불확실성을 낮추고, 혁신적인 저감 기술의 조기 상용화와 확산(Scale-up)을 지원하는 정책 수단이다(김지영 · 오형나, 2022). 본 장의 제2절에서는 산업 부문과 에너지 다소비 산업의 배출 현황을 정리하고, 철강산업을 예로 들어 에너지 다소비 소재산업 감축의 장애요인을 정리할 것이다. 제3절에서는 보다 일반적으로 에너지 다소비 소재산업의 탈탄소화와 관련된 문헌을 소개하고자 한다. 이어 제4절에서는 2기업-2시기 Stackelberg 게임을 사용한 Liu(2005) 모델을 참조하여, 산업 부문에서 혁신 기술을 선도적으로 도입하는 선도기업이 혜택 대신 선발자의 저주 또는 후발자의 이익에 직면하는 상황을 설명하는 모델을

---

1 저탄소 기술은 전통적인 기술에 비해 대체로 고비용이다. 따라서 무역 노출도가 큰 업종의 경우 저탄소 기술을 도입하면 생산비용이 상승하며 국제경쟁력이 저하되고 탄소누출이 일어날 수 있다. CCfD는 보조금 성격을 갖는 지원정책으로 탄소누출 위험을 줄이고 저탄소 기술의 도입을 돕는다. 이에 관한 내용은 유럽 철강협회(EUROFER)가 2021년 1월 5일에 발표한 Position paper, Carbon Contracts for Difference에 정리되어 있다. (eurofer.eu/assets/publications/position-papers/carbon-contracts-for-difference/2021-01-05-EUROFER-Position-paper-on-Contracts-for-Difference.pdf)

개발한다. 제5절에서 혁신기업의 저주가 존재하는 상황에서 탈탄소 기술의 조기 상용화를 위한 정책에 대해 논의한 후 제6절에서 본 연구를 정리하고자 한다.

제2절 에너지 다소비 소재산업의 배출 현황과 탄소중립 제약 요인: 철강산업을 중심으로

1. 산업 부문 온실가스 배출 현황

산업 부문 온실가스 배출량은 2005년 1억 9,958만톤에서 연평균 3.1%씩 증가해 2018년에 2억 9,719만톤에 이르렀다. 같은 기간 산업 부문 실질 총산출은 2005년 1,027.5조원에서 2018년 1,777.2조원으로 연평균 4.3%씩 증가했다. 실질 총산출 증가율보다 온실가스 배출 증가율이 낮기 때문에 탄소집약도는 2005년 0.19에서 2018년 0.17로 개선되었다([그림 5-1]과 <표 5-1> 참조). 2050 탄소중립 시나리오는 2018년을 배출정점으로 보고 있으나, 산업 부문의 배출량 추이는 이와 다르다. 2019년 배출량이 2억 8,796만톤으로 전년 대비 소폭 감소했으나, 2020년 배출량이 다시 3억 4,346만톤으로 증가했기 때문이다.

<표 5-2>는 2020년 기준 산업 부문 온실가스 배출 총량과 에너지원별 배출량을 정리한 것이다. 2020년 산업부문 배출총량 3억 4,346만톤 중 에너지 다소비 소재산업 배출이 차지하는 비중은 75.2%에 달한다. 이 중 온실가스를 가장 많이 배출한 업종은 철강과 알루미늄 생산이 포함된 제1차 금속(38.5%)이었으며, 그다음은 화학(20.2%), 정유(10.0%), 시멘트가 포함된 비금속 광물(6.5%) 순이었다. 이러한 배출 비중은 산업 부문의 탈탄소화를 위해서는 에너지 다소비 업종의 탈탄소화가 절대적으로 필요하다는 것을 보여준다.

에너지 다소비 업종의 저탄소 전환이 필요한 것은 단순히 이들 산업의 배출 비중이 높기 때문만은 아니다. 에너지 다소비 업종은 소재·부품·

[그림 5-1] 부문별 온실가스 배출량과 산업 부문 총산출의 변화

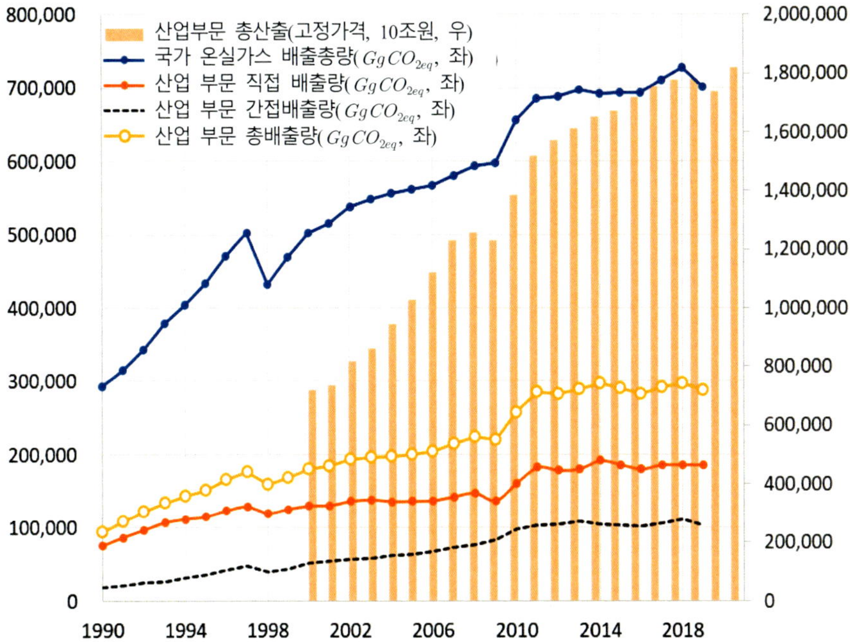

자료: 환경부 온실가스 종합정보센터, 2021년 지역별 온실가스 인벤토리(1990~2019), 2021년 12월 30일 공표; 산업연구원, 산업통계분석시스템(ISTANS), 산출액(산업별, 실질 2000~21).

<표 5-1> 부문별 온실가스 배출량과 산업 부문 총산출 및 탄소집약도 변화

		2005	2018(2005~18 연평균 증가율)
총배출($Mt\,CO_{2e}$)		561.5	727.0 (2.01%)
산업 부문 총배출		199.6	297.2 (3.11%)
	간접배출	63.6	111.3 (4.40%)
산업 총산출(고정가격, 조원)		1,027.5	1,777.2 (4.30%)
탄소집약도(CO_2e/백만원)		0.19	0.17 (-1.15%)

자료: 환경부 온실가스 종합정보센터, 2021년 지역별 온실가스 인벤토리(1990~2019), 2021년 12월 30일 공표; 산업연구원, 산업통계분석시스템(ISTANS), 산출액(산업별, 실질 2000~21).

장비를 공급하는 기간 산업으로 이들 업종의 탈탄소 전환이 이루어지지 않는 경우 탄소중립과 제조업 경쟁력에 기반한 지속 성장을 동시에 실현하는 것이 불가능해진다(정은미, 2021). EU의 예를 보면 대표적인 에너지

<표 5-2> 2020년 산업 부문 온실가스 배출량의 업종별 비중

(단위: 백만tCO_2e, %)

		합계	석탄류	석유류	가스	열	기타	전력
산업 부문 전체(A)		343.5	117.3	64.9	20.5	10.7	7.8	122.2
에너지 다소비 업종								
	제1차 금속	132.4	107.1	1.3	5.9	0.6	0.3	17.2
	화학	69.3	1.6	27.9	3.9	6.2	2.6	27.1
	정유	34.2	0.0	26.9	1.4	1.0	0.1	4.9
	비금속 광물	22.4	8.4	4.8	1.2	0.1	2.4	5.5
	소계(B)	258.3	117.1	60.9	12.5	7.8	5.5	54.6
	(B/A, %)	75.2%	99.8%	93.8%	61.0%	72.9%	70.5%	44.7%

자료: 산업통상자원부 · 한국에너지공단, 「2021년 산업부문 에너지 사용 및 온실가스 배출량 통계: 광업 · 제조업 2020년 실적자료」, 2021. 12.

다소비 업종인 철강, 화학, 시멘트 산업이 GDP에서 차지하는 비중은 직접적으로는 1%에 불과하지만, 간접적인 영향까지를 더하면 4%에 달한다. 이는 정보 · 통신 또는 금융 · 보험 부문이 EU GDP에서 차지하는 비중과 유사한 수준이다. 3개 에너지 다소비 업종이 국민경제에서 차지하는 비중은 자체적(직 · 간접) 기여도를 훨씬 넘어선다. 이들 업종이 주요 가치사슬의 출발점이기 때문이다. 실제 EU GDP의 14%가 창출되는 자동차, 금속가공, 제약, 섬유 및 의류, 건설 등의 업종이 이들 3개 산업에 소재와 장비를 의존하고 있다.[2] 이런 이유로 EU는 에너지 다소비 업종의 탈탄소화, 그를 통한 산업경쟁력 제고와 수입의 역내 생산으로의 대체를 목표로 한 산업정책을 적극 추진하고 있다(Material Economics, 2022).

EU가 에너지 다소비 업종의 탈탄소화를 위한 핵심 전략으로 추진하고 있는 것은 그린 수소 생산이다. 현재 수소는 암모니아와 메탄올 생산, 석유 정제에 사용되고 있으며 이후 탈탄소화가 진행되며 에너지 생산 및 저장, 열 생산, 건물 난방, 수송, 농업, 에너지 다소비 산업 등 광범위한 경제 부문에 연료와 원료로 사용될 것으로 예상된다. 수소 생산기술 중 넷제로 기술, 즉 그린 수소 생산기술은 물을 수소와 산소로 분리하는 수전

2 우리나라는 EU보다 산업의 전후방 연관효과가 큰 경제이기 때문에 이들 에너지 다소비 업종이 GDP에 기여하는 정도는 EU보다 높을 수 있다.

<표 5-3> EU 3대 에너지 다소비 업종의 GDP 기여도

	철강	화학	시멘트
GDP 기여율	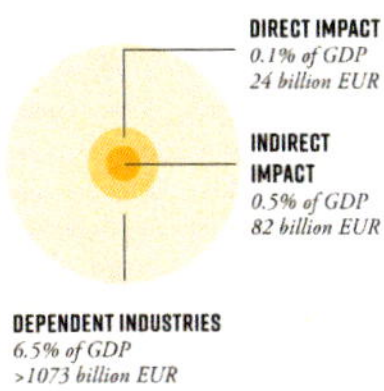 GDP의 약 7%	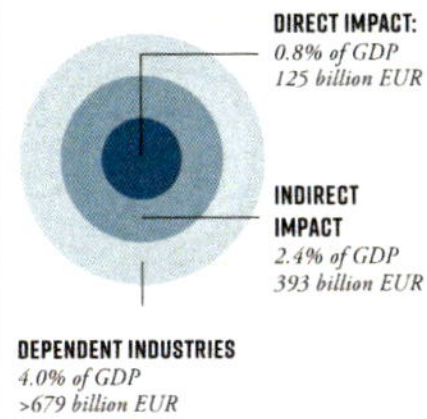 GDP의 약 7%	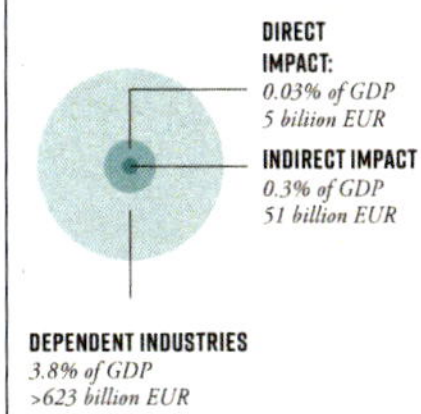 GDP의 약 4%
직접효과	GDP의 0.1%	GDP의 0.8%	GDP의 0.03%
간접효과	GDP의 0.5%	GDP의 2.4%	GDP의 0.3%
의존산업에 의한 효과	GDP의 6.5% - 금속가공 - 전기 장비 - 기계 및 장치	GDP의 4.0% - 고무・플라스틱 - 제약 - 섬유, 의류, 가죽	GDP의 3.8% - 건설

자료: Material Economics(2022).

[그림 5-2] 제조업 탈탄소화와 에너지 전환의 상관관계

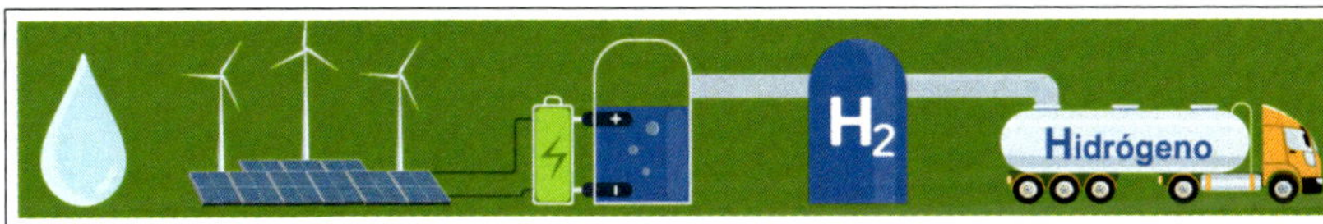

1. 물	2. 재생에너지	3. 전기분해	4. 저장	5. 그린 수소의 사용
물은 수소와 산소로 구성 (H_2O)	수전해 분해를 위한 전력 제공	물에 전기 에너지를 가해 수소와 산소로 분해	수소는 특수 컨테이너에 저장해야 함.	수소는 산업 부문의 원료, 산업공정의 연료, 수송 부문의 연료(도로, 해양, 항공)로 사용.

자료: Iberdrola Mexico(2021).

해 기술이다. 이렇게 생산된 그린 수소는 철강, 유리, 플라스틱, 농업 등 다양한 산업 부문은 물론 대형 운송 등 재생에너지로 탈탄소화가 이루어지기 어려운 분야에 널리 활용될 전망이다([그림 5-2] 참조).[3] 그런데 수전해 과정에서 다량의 전기가 소비되기 때문에 에너지 전환이 이루어지

3 Ramboll.com/net-zero-explorers/explainers/power-to-x-explained(접속일: 2023. 4. 28).

지 않는 경우 수전해 과정은 더 이상 '그린'이 아니게 된다. 또 재생에너지가 충분히 공급되지 않거나 생산비용이 높을 경우 수전해 방식으로 생산된 수소는 고가일 수밖에 없으며, 이는 결국 수소를 사용하는 산업 전반의 가격경쟁력을 낮추게 될 것이다. 즉, 에너지 다소비 업종을 포함한 산업 부문 탈탄소화가 실현되기 위해서는 비용 효과적인 에너지 전환이 필요하다.

2. 에너지 다소비 소재산업의 탈탄소화 전략과 현황

에너지 다소비 소재산업의 탈탄소화 전략은 크게 직접적인 전기화(direct electrification), 간접적인 전기화(indirect electrification; 전기/수소/P-to-X), 바이오매스/바이오 연료, 탄소 포집 및 저장(CCS)의 4가지 범주로 제안된다(Bataille *et al*., 2018). 그러나 이들 에너지 다소비 소재산업은 대표적인 난감축 부문으로 감축이 쉽지 않다(Chiappinelli *et al*., 2021; IEA, Energy System-Industry[4]; Material Economics, 2019). EU와 미국을 포함한 주요 국가에서 그린 수소 전략은 자원순환과 함께 산업 부문의 가장 핵심적인 넷제로 경로로 고려되고 있다. 에너지 다소비 업종 중 그린 수소 전략에의 의존성이 큰 철강산업을 예로 들어보자.[5] <표 5-4>는 Agora Industry(2022)가 독일 철강산업의 생산기술별 온실가스 배출량과 단위 생산비용을 정리한 것이다.

석탄을 사용하는 고로 방식으로 조강을 생산하는 경우 온실가스는 조강 1톤당 1.7톤CO_2e이 배출된다. 석탄 대신 천연가스를 사용해 산소를 분리한 후 전기로로 철(crude steel)을 생산하는 경우(DRI-EAF) 톤당 온실가스 배출량은 0.5톤CO_2e으로 고로 방식 대비 약 70%가 줄어든다. 끝으로

---

4 https://www.iea.org/energy-system/industry(접속일: 2023. 4. 28).

5 철강산업을 사례로 사용한 이유는 다음과 같다. 첫째, 여러 업종에 중간재를 공급하는 산업으로 제조업 부문 탈탄소화의 근간이 된다. 둘째, 철강산업은 아직 저탄소 기술이 발견되지 않은 대부분의 제조업 부문과 달리 수소 환원철이라는 탈탄소 기술이 상용화 직전 단계에 있다. 이 때문에 현재 EU의 CCfD가 지원하는 대표적인 기술이다. 셋째, 기술 공정별 생산비용이나 온실가스 배출량 등 자료 확보가 용이하다.

<표 5-4> 독일 철강산업의 생산기술별 온실가스 배출량과 생산비용

(단위: 조강 1톤당 tCO_2, 유로)

기술	BF (고로)	DRI-EAF (천연가스 기반)	DRI-EAF H_2 (수소 기반)
조강 1톤당 탄소배출량 (tCO_2/t crude steel)	1.7 (기준선)	0.5 (고로 대비 -1.2)	0.1 (고로 대비 -1.6)
CAPEX(자본비용)	16	79	79
OPEX(운용비용)	398	484	668
철광석	159	225	225
골재	98	75	75
수소	0	0	267
석탄	97	0	0
천연가스	6	103	20
전기	0	41	41
일반 운영비	38	40	40
CAPEX + OPEX	414	709	893
EUA 가격(탄소 비용)	171	53	9
합 계	585	617	757

자료: Agora Industry(2022), pp.26~27을 근거로 저자 작성.

수소를 사용하는 DRI-EAF 방식으로 철을 생산하면 조강 1톤당 온실가스 배출량은 0.1톤CO_2e으로 고로 방식 대비 감축률은 약 94%에 달한다.

이러한 온실가스 감축 효과는 직접배출(Scope 1)만을 고려한 것으로 전기 사용에 따른 간접배출(Scope 2)을 고려하면 저탄소 기술의 감축 효과는 상당량 감소한다.[6] 고로 방식은 석탄으로 산소를 분리한 후 잔열로 원철을 녹이기 때문에 제강 과정에서 에너지 비용이 거의 들어가지 않는다. 그 외의 방법은 산소를 분리한 후 따로 전기로를 통해 제강해야 하기 때문에 이 공정에서 다량의 전력이 소비된다. 만약 전력이 100% 넷제로 전원으로 생산될 경우 Scope 2 배출은 0에 가깝겠지만, 그렇지 않은 경우 간접배출인 Scope 2 배출이 동반된다.[7]

6 [그림 5-3]을 통해 저탄소 기술은 고로 기술에 비해 Scope 3(직접적인 제품 생산 외에 원료 조달과 물류, 제품의 사용과 폐기 과정에서 발생하는 배출량) 배출량이 적은 것을 알 수 있다.

[그림 5-3] 철강산업 공정기술별 온실가스 배출량

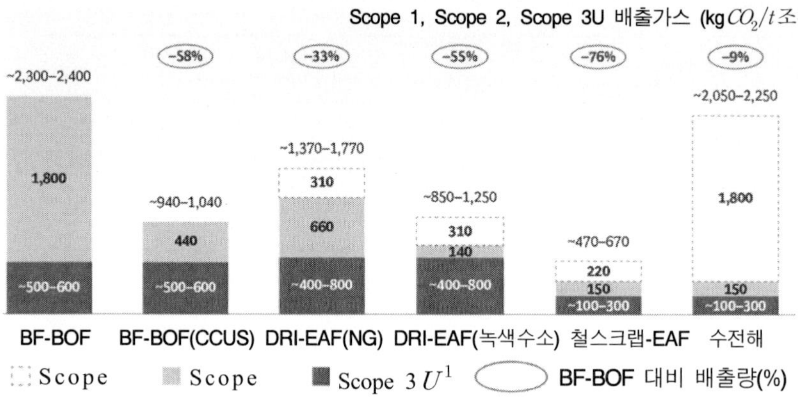

주: 1) Scope 3U = Scope 3 업스트림 배출가스

2) Scope 2 배출가스 추정치는 전력망 배출계수 430$Kg\,CO_2/MWh$에 따름. 100% 녹색 전기일 경우 Scope 2 배출은 0에 가까워짐.

3) BF-BOF는 전기가 자급됨을 가정하므로 Scope 2 배출은 무시할 만한 수준임.

4) BF=blast furnace; BOF=basic oxygen furnace, CCUS=carbon capture, utilization, and storage; DRI=direct reduced iron; EAF=electric arc furnace; NG=natural gas.

자료: Voigt *et al.*(2022).

[그림 5-3]은 보스턴 컨설팅이 계산한 일반적인 철강산업의 공정기술별 온실가스 배출량을 보여준다. 고로 방식(BF-BOF)으로 조강 1톤을 생산할 경우 발생하는 Scope 1 온실가스양은 1.8톤(1,800kgCO_2/t조강)으로 Agora Industry(2022)가 계산한 독일 철강의 탄소발자국과 유사하다. 고로 방식을 적용할 경우 간접배출(Scope 2)은 무시할 만한 수준이지만, 가스나 수소를 사용하는 DRI-EAF 방식은 전기 소비로 인해 상당량의 Scope 2 배출이 발생한다. Scope 3 배출까지를 고려하면 DRI-EAF(가스)나 DRI-EAF(수소)의 온실가스 감축 효과는 고로 대비 각각 33%, 55%로 줄어든다. 혁신적인 저감 기술로 알려진 수전해 수소를 이용하는 방식은 직접배출을 획기적으로 줄일 수 있지만, 전기가 다량으로 소비되기 때문에 전기가 100% 무탄소 전원을 통해 생산되지 않는 한 온실가스 감축

7 경쟁을 제약하는 우리나라의 에너지 시장 구조와 소매요금 규제로 무탄소 전원의 확대가 제약을 받고 있어 향후 상당 기간 동안 간접배출 역시 에너지 다소비 업종의 전환 부담으로 작용할 것으로 예상된다(이유수, 2020).

효과는 매우 제한적이다.

<표 5-4>에는 온실가스 배출량 이외에 독일 철강산업의 공정기술별 평균 비용이 정리되어 있다. 기존(baseline)의 고로 방식에 비해 천연가스 기반 DRI-EAF나 녹색수소 기반 DRI-EAF는 평균 자본비용(CAPEX, 균등화된 비용)이 많이 들 뿐만 아니라 평균 운용비용(OPEX) 또한 높다. 기술 간 운용비용의 차이는 사용하는 철광석의 질에 따른 철광석 비용의 차이, 사용하는 연료원의 차이(석탄, 천연가스, 수소 가격 차이), 그리고 전기 소비량의 차이에 의해 발생한다. 그 결과 천연가스 기반 DRI-EAF와 수소 기반 DRI-EAF의 평균 비용은 전통적인 BF 방식에 비해 각각 71.3%, 115.7% 높다. EU의 배출권 가격을 감안하면 고로 방식과의 평균 비용 차이는 줄어들지만(고로 방식 대비 각각 5.5%, 29.4% 높은 수준), 균등화된 자본비용과 운용비용 차이를 극복하지는 못한다.

고비용과 함께 새로운 기술 도입을 가로막는 요인은 비용의 불안정성과 불확실성이다. 탈탄소 기술을 도입할 경우 세계 에너지 가격 변동 관련 리스크가 증가하게 되는데, 석탄 가격에 비해 천연가스와 수소 가격이 높을 뿐만 아니라 변동성이 훨씬 크기 때문이다. 끝으로 전기로(DRI-EAF) 방식은 다량의 전기가 소비되기 때문에 전기 가격이 높을 경우 비용상승이 필수적이다. 석탄과 달리 전기 가격은 기후정책이나 에너지정책에 크게 영향을 받는다. 이러한 모든 요인은 투자자의 관점에서 비용과 리스크의 증가를 의미하며, 결국 탈탄소를 목표로 한 설비투자나 프로젝트를 실행할 유인을 감소시킨다.

[그림 5-4]는 CPI(2022)가 세계 평균에 비해 탄소집약도가 높은 인도의 철강산업을 대상으로 고로 방식(기준선) 대비 탈탄소 기술의 균등화된 비용 증가율과 톤당 저감비용(CoA: Cost of Abatement)을 비교한 것이다. 이 그림은 녹색수소를 10~60%(나머지는 가스) 사용하는 DRI-EAF 방식을 사용해 조강을 생산하면 기존의 고로 방식에 비해 약 80%의 온실가스를 줄일 수 있다는 것을 보여준다. 또 EU에서와 마찬가지로 저탄소 공정기술을 도입할 경우 평균 생산비용은 고로 방식 대비 약 20~45% 증가할 것으로 CPI(2022)는 전망했다. 이 수치는 독일의 기준선 대비 비용 증

[그림 5-4] 인도 철강산업의 저감 기술별 감축비용과 기준선 대비 비용 증가율

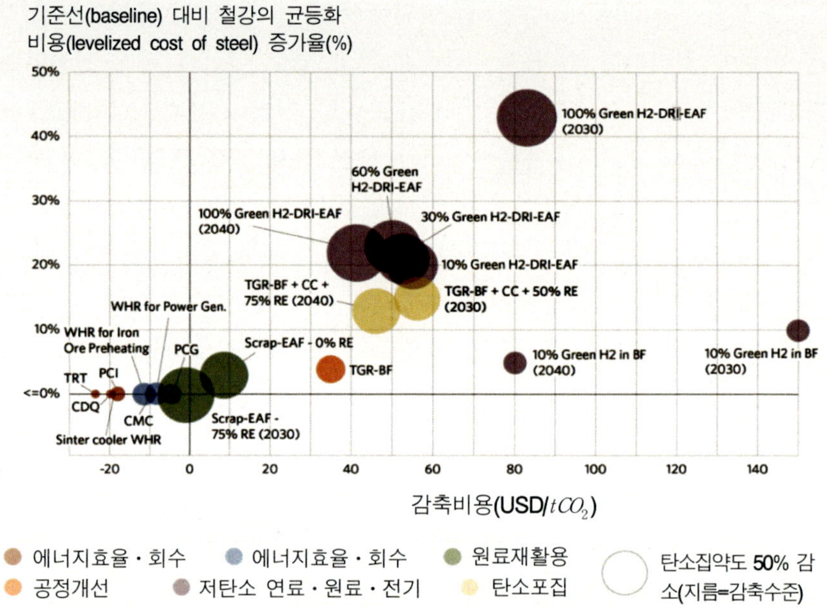

주: DRI=Direct Reduced Iron, BF=Blast Furnace(고로), EAF=Electric Arc Furnace(전기로), RE =Renewable Electricity, CDQ=Coke Dry Quenching, TRT=Top Pressure Recovery Turbine, PCI=Pulverized Coal Injection, WHR=Waste Heat Recovery, H_2=Hydrogen(수소), CC= Carbon Capture(탄소포집), TGR=Top Gas Recovery.

자료: Climate Policy Initiative(2022).

가율인 5.5~29.4%에 비해 높다. 이 차이 중 일부는 EU와 인도의 탄소 가격 차이로 해석된다. 독일과 인도의 사례는 탈탄소 또는 저탄소 기술은 기존 기술에 비해 고비용이며, 탄소 가격이 차이를 상쇄할 만큼 높을 경우 비용 역전이 일어날 수 있음을 보여준다.

제3절 산업 부문 탈탄소 전환에 관한 기존 문헌

제3절에서는 Löfgren and Rootzén(2021)을 참조하여 산업 부문, 특히 에너지 다소비 소재산업의 탈탄소 전환 리스크와 장애요인을 정리하고자 한다.

1. 수요 부족과 불확실성

탈탄소 투자를 어렵게 하는 요인 중 하나는 Wesseling *et al.*(2017)이 언급한 바 있는 탈탄소 제품에 대한 수요 부족이다. [그림 5-5]는 EU가 혁신기금(Innovation Fund)으로 소재산업의 탈탄소 전환을 지원했지만, 이들 제품에 대한 수요가 받쳐주지 못하고 있는 상황을 설명한 것이다. 파란색과 회색의 화살표는 혁신기금을 이용한 지원 외에도 에너지 다소비 소재산업의 탄소누출을 우려해 무상할당이나 전기 비용 환급과 같은 지원정책이 사용된 것을 표시한다. '×' 표시는 이러한 노력에도 불구하고 소재산업의 탈탄소 전환은 이루어지지 않았으며, 원인의 하나가 수요 부족임을 보여준다.

[그림 5-5] 에너지 다소비 소재산업을 대상으로 한 탄소누출 대책

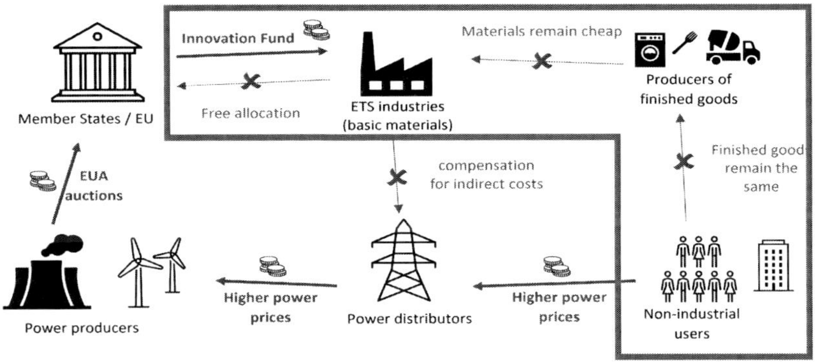

자료: Sandbag, "EU ETS Revenues: Who Receives What? The Trillion Euro Question," 2022. 2. 9.

2. 공급 관련 불확실성과 리스크

가. 기술 불확실성

탈탄소 기술이 적용된 아이디어나 사업 모델이 개발되기 위해서는 학습효과(learning by doing)를 가능하게 하는 모범 사례와 대규모 투자에

의한 규모의 경제, 그 결과로서의 비용감축이 가능해야 한다. 현재 혁신적인 온실가스 감축을 가능하게 하는 산업 부문 탈탄소 기술은 실험실 단계에서 사용 가능성이 입증된 기술로 상용화나 사업화 단계에 들어서지 못한 불확실성이 높은 기술이다. 이는 이들 기술을 적용한 기업 사례나 투자 규모가 매우 적다는 것을 의미한다.

나. 탄소중립 프로젝트의 부족과 금융리스크

신기술의 투자 건수나 규모가 부족한 경우 해당 기술의 수익률이나 경험이 쌓이지 않으면서, 금융권이 탈탄소 프로젝트를 평가할 때 사용할 지표가 부실한 투자환경이 조성된다. 신뢰할 수 있는 지표가 없는 경우, 보수적인 선택을 할 수밖에 없는 금융권은 아직 상용화 가능성이 검증되지 않았고 관련 수요조차 불확실한 탈탄소 프로젝트의 리스크를 높게 평가할 수밖에 없다.

이처럼 기업이 혁신적인 탈탄소 기술을 생산 현장에 도입하는 투자 프로젝트를 시도할 유인이 적고, 투자 프로젝트를 구현하려고 하는 경우에도 재원 마련이 힘든 경우 탈탄소 프로젝트는 사회적 최적보다 낮은 수준에서 이루어질 수밖에 없다(Auerswald and Branscomb, 2003). 이는 혁신적인 탈탄소 기술만 겪는 어려움은 아니다. 실제 R&D 지원을 받아 실험실에서 구현된 원천 기술이 응용 기술로 사업화·상업화하는 과정에서 기술에 대한 불확실성과 관련 시장에 대한 불확실성으로 인해 추가 투자 재원을 확보하지 못하고 관련 기술이 사장되는 경우가 허다하다. '죽음의 계곡'으로 불리는 이러한 현상은 탈탄소 기술의 상용화 과정에서도 발견되기 때문에 기술의 조기 상용화를 위해서는 정부 지원이 필요하다(Nemet *et al.*, 2018).

다. 비용구조의 특성과 기존 투자지원 정책의 한계

앞서 살펴본 바 있듯이 에너지 다소비 소재산업 부문의 탈탄소 기술은 자본비용(CAPEX)이 크다. 또 기존 생산방식이 석탄을 사용하는 데 반해 고비용의 에너지(천연가스, 수소, 전기)를 다량 사용하기 때문에 운용비용(OPEX)이 기존 방식에 비해 높다. 게다가 천연가스와 수소는 석탄에 비해 에너지 가격 변동성이 높아 기존 방식에 비해 투입재 비용과 관련된 리스크가 훨씬 크다. 이러한 기존 방식과의 평균 비용 차이는 산업 부문 탈탄소 전환을 위해 기존의 투자 지원방식을 재고할 필요성이 있음을 시사한다. 기존의 산업 부문에 대한 투자지원은 자본비용을 지원하는 것이었으며, 지원기간이 길고 한번 지급하기 시작하면 일몰이 어려운 운용비용을 지원하지 않았다. 앞서 살펴본 철강산업의 예는 에너지 다소비 소재산업의 탈탄소 전환을 위해서는 일회성 자본비용의 부담을 낮추는 투자지원으로는 한계가 있으며, 생산이 지속되는 한 영향을 미칠 운용비용의 차이에 대한 대책이 필요하다는 것을 보여준다.

라. 에너지 전환 및 연관산업 관련 불확실성

에너지 다소비 업종의 탈탄소 전환은 자체 생산설비의 교체만으로는 불가능하며, 가치사슬에 놓인 관련 경제 부문과 업종, 즉 화석연료 대신 상품 생산을 가능하게 할 에너지(재생전기, 수소, 천연가스 등)와 핵심 광물의 공급, 수소 저장 기술과 같은 관련 업종의 발전 등이 있어야 가능하다. 이 외에 탈탄소 생산공정을 운영할 인력 공급 역시 필수적이다.

3. 낮고 변동성이 큰 탄소 가격

그린 수소 및 탄소 포집 기술은 영향력이 큰 저탄소 기술이지만 현재 상업적으로 채택하기 어려운 옵션이다. 제2절에서도 살펴보았듯이 탄소 가격은 탈탄소 기술과 기존 기술과의 비용 차이를 상쇄하는 역할을 한다. 다수의 연구자들은 위험 회피적인 투자자의 특성을 고려할 때, 낮고 불확실한 탄소 가격이 탈탄소 기술에 대한 투자를 저해하는 근본적인 원인이라고 주장했다(Sartor and Bataille, 2019; Richstein, 2017; Lilliestam *et al.*,

2020).

탄소 가격의 저감 효과를 논의할 때 탄소 가격은 시장에서 거래되는 배출권 가격이 아니라 기업이 최종적으로 지불하는 탄소 비용, 즉 실효 탄소 가격을 의미한다. 배출권 가격이 높다고 하더라도 배출자가 무상할당을 받는 경우 실효 탄소 가격은 시장에서 거래되는 배출권 가격보다 낮을 수 있다. 이론적으로 보면 배출권 가격은 탄소 배출에 대한 기회비용을 의미하기 때문에 배출권의 유·무상할당 여부가 배출자의 감축 활동에 영향을 주지 않는다. 그러나 배출 기업의 업무가 분화되어 있는 경우 배출권의 유·무상할당 여부에 따라 기업의 탈탄소 투자 결정이 적어도 단기에는 달라질 수 있다. 특히 배출권이 무상할당되고 배출권거래제 업무가 규제 대응 부서에 할당되는 경우 배출권은 경영이나 투자의 대상이 아닌 규제 대응의 대상이 된다. 배출권 가격이 상승해도 배출권을 판매해 수익을 올리거나 탈탄소 투자로 이어질 가능성은 적다. 반면, 배출권이 유상할당되는 경우 배출권은 즉각적인 생산비용으로 인식되며 규제 대응 부서의 업무보다는 기업의 투자나 전략을 결정하는 부서의 업무가 될 가능성이 크다.

이 외에 Helm and Hepburn(2005)은 글로벌 기후 대응의 일관성에 대한 불신과 탄소 가격 정책과 관련하여 정부에 대한 신뢰 부족을 에너지 다소비 소재산업의 탈탄소화를 방해하는 요인의 하나로 지적했다.

4. 그 외의 요인

가. 긴 설비교체 주기와 큰 설비투자 규모

에너지·탄소 집약적 기초 소재산업은 대부분 설비 규모가 큰 자본 집약적 산업으로 초기 투자 비용이 매우 클 뿐만 아니라, 생산설비가 일체화(a high level of system integration)되어 있어 부분적인 교체가 어렵고, 생산 라인의 설계 역시 표준화되어 있지 않다는 특징을 가지고 있다 (Löfgren and Rootzén, 2021). 또 한번 설비투자가 이루어지면 적어도 30

년 동안 설비가 교체되지 않는 등 투자 주기가 길다. 이는 이들 업종의 투자 리스크가 상당히 크기 때문에 경험을 통한 학습(learning-by-doing)을 시도하기가 쉽지 않고, 결과적으로 혁신투자가 일어나기 어렵다는 것을 의미한다(Wilson *et al*., 2020; Löfgren and Rootzén, 2021).

나. 높은 무역집약도와 탄소누출 리스크

산업 전환을 위해 적정 탄소 가격이 전제조건이기는 하나 경쟁국의 탄소 가격에 비해 국내 탄소 가격이 높을 경우 에너지 다소비 업종의 단기 국제경쟁력이 타격을 받게 된다. 이는 에너지 다소비 소재산업의 특성 중 하나인 높은 무역집약도와 그에 따른 탄소누출 리스크에의 노출 때문이다. 이러한 상황을 반영하여 Grubb *et al*.(2022)은 국제경쟁하에서 개별 국가가 탄소누출의 위험을 감내하고 탄소중립 목표 달성을 위해 강력한 탄소 가격 정책을 지속적으로 유지하기 어렵고, 탄소국경조정 조치 역시 교역 상대 국가의 보복 조치와 역내 연관산업의 수출경쟁력 저하 우려로 탄소누출 위험을 획기적으로 낮추는 방안이 되기는 어려울 것으로 전망했다.

<표 5-5>는 이상에서 논의된 것을 포함하여 문헌에서 언급된 에너지 다소비 소재산업의 탈탄소 전환 리스크 장애요인을 정리한 것이다.

<표 5-5> 에너지 다소비 소재산업의 탈탄소 전환 리스크와 장애요인

장애요인과 리스크		관련 연구
시장 장벽	낮은 탄소 가격	다수
	소재산업의 B2B(business-to-business) 특성으로 인한 저탄소 제품에 대한 초기 최종 수요 형성의 어려움	Wesseling *et al.*(2017)
	높은 수준의 무역 노출도와 그에 따른 제한된 이윤 마진	Bataille *et al.*(2018)
	높은 시장 진입 장벽과 그에 따른 독과점 구조	Wesseling and Van der Vooren(2017)
기술 장벽	기술 성과, 업스케일링, 상용화 가능성에 대한 불확실성	다수
	높은 단위 투자 비용	Bataille *et al.*(2018)
	표준화되지 않은 설계와 그에 따른 제한된 학습효과	Bataille *et al.*(2018),
	긴 투자 주기와 느린 자본 회전율	OECD(2000), Worrell and Biermans(2005), Philibert (2007), 김지영 · 오형나(2022)
	전통적으로 낮은 R&D 지출 비중	Grubb *et al.*(2017)
	높은 탄소집약도	Rissman *et al.*(2020), Oberthür *et al.*(2020)
	상대적으로 적은 전문 기술 공급자	Wesseling *et al.*(2017)
	관련 역량 및 전문성 확보의 어려움	Janipour *et al.*(2020)
규제 장벽	기후정책의 강도, 범위, 신뢰도와 중장기 기후목표 관련 장애요인 존재	Löfgren and Rootzén (2021)
	정책 수단의 설계와 기능 관련 장벽(녹색산업정책이나 mission-oriented 정책이 부상하고 있으나, 아직 정립되지 않았거나 정부 실패에 대한 불안으로 미채택)	Busch *et al.*(2018), Svensson *et al.*(2020), Mazzucato(2018), Löfgren and Rootzén(2021)
	관련 법률 개정(예: 허가제)의 어려움	Löfgren and Rootzén (2021)
조정 장벽 (coordinatio nbarriers)	적시에 적정 에너지와 인프라가 지원되지 않을 경우 공정 전환 방해	Kushnir *et al.*(2020)
	투자가 기후 대응에는 도움이 되나 생산자와 최종 소비자의 직접적인 공편익(co-benefits)은 거의 없음.	Svensson *et al.*(2020)

자료: Löfgren and Rootzén(2021)을 이용하여 저자 정리. 관련 문헌 목록은 Löfgren and Rootzén(2021) 참조.

제4절 탈탄소 생산공정 및 탈탄소 상품에 대한 투자 결정 모델

본 연구는 Liu(2005)의 모델을 참조했다. Liu(2005)의 2기업-2시기 모델은 전통적인 Stackelberg 모델과 유사하다. 차이는 시장 선도자 기업(leader, innovator)이 투자를 결정할 때 시장 수요가 불확실하다고 가정한 점이다. Liu(2005) 모델의 구조는 다음과 같다. 먼저 선도기업은 1기 수요가 매우 불확실한 상황에서 추정된 수요(estimated demand)에 기반하여 탈탄소 공정이나 탈탄소 상품의 생산설비에 대한 투자 수준을 결정한다. 추종 기업(follower, normal firm)은 선도기업의 투자 결정 이후 2기에 실현된 수요(ex-post demand)를 관찰하고 이윤극대화를 위해 생산량을 결정한다. 이는 실현된 수요(ex-post demand)가 추정된 수요(estimated demand)와 다르다면 추종 기업이 정보 우위를 누리며 생산을 결정할 수 있음을 의미한다. Liu(2005)는 이러한 상황에서는 정보상 우위에서 비롯된 이득이 선도기업의 이득을 웃돌게 되며, 전통적 Stackelberg 게임 결과(First-mover's advantage)와 달리 추종 기업이 보다 더 높은 수익을 누릴 수 있음을 이론적으로 증명했다.

본 연구는 수요 불확실성이 혁신 기술을 조기에 상용화한 기업의 시장 지위에 미치는 영향을 살펴보기 위해 탈탄소 상품에 대한 투자 및 생산량 결정이 갖는 특성에 맞춰 Liu(2005) 모델을 수정했다. 사용될 모델에 대한 개요는 [그림 5-6]과 <표 5-6>에 정리되어 있다. 두 기업은 서로의 선호(type), 즉 기업 1은 혁신기업이며 기업 2는 평범한 기업이라는 것을 알고 있으며 기업의 선호는 1기와 2기에 걸쳐 일관성을 보인다고 가정한다. 또 두 기업의 생산함수는 같다고 가정한다.

[그림 5-6] 2기업-2시기 탈탄소 공정 및 탈탄소 상품 투자 모델 구조

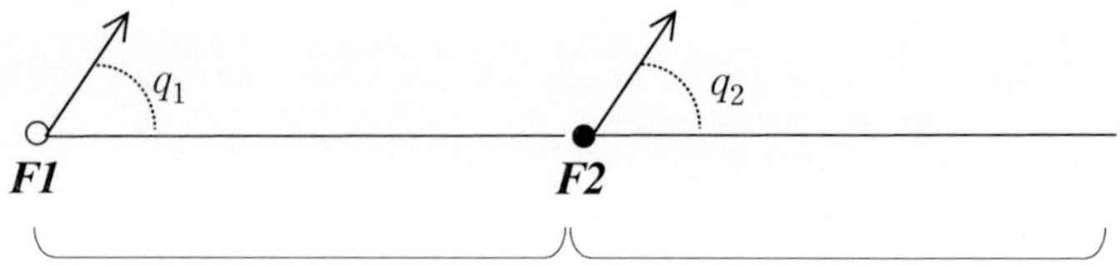

Period 1:
1기 시장수요(a로 표시)는 알려져 있으나, 2기 시장수요(b)는 불확실

Period 2:
2기 시장수요(b로 표시)는 공공 정보(public information).

<표 5-6> 2기업-2시기 탈탄소 공정 및 탈탄소 상품 투자에 대한 모델 설정

게임	2-firm, 2-period game [1=Innovator; 2=Normal firm]
시장(inverse demand function)	Period 1: $P = a - Q$ Period 2: $P = b - Q$, $b > a$
Dynamic structure - Stackelberg 모델과 유사	Period 1
	- 1기 시장 특성: 탈탄소 생산공정을 통해 생산된 제품에 대한 시장 수요가 낮은 시기(상용화 시작 이전 또는 초기 단계) - 수요 정보: 1기 시장 수요 변수 a는 알려져 있으나 2기 시장 수요 b는 알려지지 않았고 그 분포만 알려져 있다고 가정. * 2기 시장 수요 b는 연속 균등 분포(uniform distribution)를 따른다고 가정: $b \sim uniform[b_L, b_H]$ - 기업 1은 미래의 시장 수요를 기대하고 탈탄소 공정을 통해 생산된 제품(예: 수소환원철)에 대한 투자 규모와 생산량을 결정 - 기업 2는 매기 이윤 최대화 원칙에 따라 1기 생산량 결정
	Period 2:
	- 2기 시장 특성: 2기 시장 수요(시장 수요 변수 b 현실화)는 공공정보가 됨(common knowledge). - 기업 1은 Period 1에서 결정된 투자에 의해 결정된 생산량(q_1) 생산 - Period 1에 q_1을 목격한 기업 2가 2기에 q_2 생산
비용함수	Period 1: $C_i = c_1 q_i$, c_1=(1기 탈탄소 제품 생산비용-배출권 가격 ρ_1) Period 2: $C_i = c_2 q_i$, c_2=(2기 탈탄소 제품 생산비용-배출권 가격 ρ_2) $c_2 < c_1$

1. 일반 기업 또는 추종 기업(F2)의 생산량(=투자 규모)

1기 시장 수요는 식 (1)에서 볼 수 있듯이 선형 함수로 표시된다. 이 식에서 a는 시장 수요를 나타내는 변수로 1기에 두 기업 모두 a값을 알고 있다(public information). 두 기업이 이윤극대화 원칙에 따라 1기 Cournot 최적 생산량을 구하면 식 (2)와 같다.

$$1\text{기 시장 수요: } P = a - Q \tag{1}$$

$$q_2^*(a) = \max\left[\frac{a - c_1}{3}, 0\right] \tag{2}$$

식 (2)에서 c_1는 탈탄소 공정을 통해 생산한 상품 또는 탈탄소 상품(이하 탈탄소 상품)의 단위당 생산비용으로 균등화된 자본비용과 운용비용의 합($CE_1 + OE_1$)에서 탈탄소 전환을 통해 절약되는 배출권 비용 또는 배출권 판매 수입($-\rho_1 CO_{2e}$)을 차감한 금액으로 계산한다 ($c_1 = CE_1 + OE_1 - \rho_1$). 절약되는 배출권 비용이나 판매 수입은 배출권 가격(ρ_1)과 기존 제품의 탄소집약도(또는 탄소발자국, CO_{2e})의 곱으로 계산된다. 만약 배출권 가격 ρ_1가 충분히 높다면 탈탄소 상품의 단위당 생산비용은 0이거나 음의 값이 될 것이다.

현재 넷제로 상품은 기존 상품에 비해 생산비용은 높고 시장 수요는 낮다. 따라서 이윤극대화 관점에서 보면 현재의 시장 상황에서는 생산하지 않는 것이 합리적이다. 이를 반영해 본 연구에서 a(small a)는 작고 c_1(large c_1)은 크며 $a - c_1 < 0$이라고 가정했다. 이러한 상황에서 1기 이윤극대화를 추구하는 평범한 기업인 기업 2(follower)의 생산량은 식 (1)에 의해 0이 된다($q_2^*(a) = 0$).

2기가 되면 두 기업은 2기 현실화된 시장 수요를 알게 된다(public information). 본 연구에서는 2040년 이후 탈탄소 상품에 대한 시장 수요가 확대될 것이라는 전망을 반영해 2기 시장 수요가 탈탄소 상품의 단위 생산비용보다는 높다고 가정했다($b > c_2$). 기업 2는 이에 더해 선도기업인 기업 1의 1기 설비투자 규모 또는 그에 의해 생산되는 생산량 정보를 알고 있다. 이 상황에서 기업 2(F2)의 이윤함수와 이윤극대화 생산량은 식 (3)과 (4)가 된다.

$$\pi_2 = (b - q_1 - q_2 - c_2)q_2 \tag{3}$$

$$q_2^*(b, \bar{q}_1) = \max[0.5(b - \bar{q}_1 - c_2), 0] \tag{4}$$

만약 $b - \bar{q}_1 - c_2 > 0$, 즉 $b > \bar{q}_1 + c_2$이면 $q_2^* = 0.5(b - \bar{q}_1 - c_2)$가 되며 $b \leq \bar{q}_1 + c_2$이면 $q_2^* = 0$이 추종 기업의 합리적 선택이 된다.

2. 선도기업 또는 혁신기업(F1)의 투자 또는 생산량(=투자 규모)

미래의 시장을 보고 혁신을 추구하는 기업 1은 미래 수요(2기 수요)를 고려하여 q_1^*에 해당하는 생산설비 투자를 결정한다. 생산설비 투자 수준이 결정되면 기업 1은 1기와 2기에 같은 양(q_1^*)의 상품을 생산한다. 문제는 미래의 시장 수요와 관련된 불확실성이 존재한다는 점이다. 이러한 불확실성을 나타내기 위해 본 연구에서는 Liu(2005)와 마찬가지로 2기 시장 수요를 나타내는 변수 b에 대한 정보가 1기에 알려지지 않았으며, 다만 연속 균등분포(uniform distribution)를 따르는 b에 대한 분포만 알려져 있다고 가정했다. b_L과 b_H는 연속 균등분포 b의 최솟값과 최댓값을 나타낸다. 기업 2의 선호는 기업 1에도 알려져 있기 때문에 2기에 실현된 수요변수 b가 $b > \bar{q}_1 + c_2$이면 2기 시장을 기업 2와 양분하고, $b \leq \bar{q}_1 + c_2$라면 2기에도 자사만 탈탄소 제품을 생산한다는 것을 알고 있다.

이를 고려한 1기와 2기 기업 1의 이윤함수는 식 (5)로 표현된다. 식 (5)의 첫 번째 구성요소는 기업 1의 1기 이윤이다. 기업 2의 1기 생산량이 0이기 때문에 1기 시장가격은 기업 1의 생산량에 의해서만 결정된다. 식 (5)의 두 번째 구성요소는 실현된 2기 시장 수요가 충분히 커 ($b > \bar{q}_1 + c_2$) 두 기업이 시장을 양분하는 경우 기업 1의 이윤을 1기 값으로 할인한 것이다. 마지막 구성요소는 실현된 2기 시장 수요가 충분하지 않아 ($b \le \bar{q}_1 + c_2$) 기업 1만 탈탄소 상품을 생산하는 경우 얻게 되는 이윤을 1기 값으로 할인한 것이다. 분석의 단순화를 위해 본 연구는 시간 할인을 0으로 가정했다($r = 0$). 혁신기업 1의 생산량(q_1^*)은 식 (6)에 표시된 이윤극대화의 1차 조건(first order condition)을 만족하는 수준에서 결정된다.

$$\pi_1 = (a - q_1 - c_1)q_1 + \frac{1}{1+r}\int_{\bar{q}_1 + c_2}^{b_H}[(b - q_1 - q_2 - c_2)q_1]f(b)db \quad (5)$$
$$+ \frac{1}{1+r}\int_{b_L}^{\bar{q}_1 + c_2}[(b - q_1 - c_2)q_1]f(b)db$$

$$\text{FOC:} \quad \frac{\partial \pi_1}{\partial q_1} = (a - 2q_1 - c_1) + \left|0.25b^2 - 0.5(c_2 + 3q_1)b\right|_{\bar{q}_1 + c_2}^{b_H} \quad (6)$$
$$+ \left|0.5b^2 - (c_2 + 2q_1)b\right|_{b_L}^{\bar{q}_1 + c_2} = 0$$

재생에너지 비용 변화에서 알 수 있듯이 탈탄소 상품의 생산비용은 시간이 지남에 따라 감소할 것으로 전망된다. 특히 생산비용을 상쇄하는 배출권 가격이 시간이 지남에 따라 상승할 것으로 예상되기 때문에 탈탄소 상품의 2기 생산비용은 1기 생산비용보다 낮을 것으로 예상된다 ($c_2 < c_1$). 본 연구는 분석의 단순화를 위해 1기와 2기 탈탄소 상품의 생산비용이 같다고 가정했다. 본 연구가 1기 투자 결정을 핵심 분석대상으로 하고 있기 때문에 이러한 가정이 분석 결과의 일반성을 해치지는 않을 것으로 본다.

$$q_1^*(a,b) = \max\left[\frac{4b_L - 2b_H - 4 + \sqrt{A} - 2c}{3}, 0\right], \quad (7)$$
$$A = 10b_L^2 + 7b_H^2 - 16b_L b_H + 2c(1 - 2b_L) + 16(b_H - 2b_L) + c^2 + 16c + 12(a - c)$$

식 (7)의 한 부분을 $\Delta = 4b_L - 2b_H - 4 + \sqrt{A}$로 설정하면 0보다 큰 기업 1의 최적 생산량은 $q_1^* = \frac{\Delta - 2c}{3}$로 표시된다. 1기에 결정된 기업 1의 생산량($q_1^* = \frac{\Delta - 2c}{3}$)과 2기에 드러난 시장 수요($b$로 표현)를 목격한 기업 2의 2기 생산량은 식 (8)이 된다.

$$q_2^*(b, \bar{q}_1) = \max[\frac{b - \bar{q}_1 - c}{3}, 0] = \max[\frac{3b - \Delta - c}{6}, 0] \quad (8)$$

이하에서는 2기에 현실화된 시장 수요 수준에 따라 두 기업의 이윤이 어떻게 변화하는지 살펴볼 것이다.

3. 균형 분석

가. 2기 수요 확대가 제한적(very little)인 경우: $3b \leq \Delta + c$

2기에 실현된 수요 확대가 제한적인 경우, 즉 $3b \leq \Delta + c$ 또는 $b \leq \frac{\Delta + c}{3}$ 라면 기업 2의 생산량($q_2^* = \max(\frac{3b - \Delta - c}{3}, 0)$)은 1기와 마찬가지로 2기에도 $q_2^* = 0$이 된다. 이때 기업 2의 이윤은 0이 된다. 한편, 기업 1의 생산량 $q_1^*(= \frac{\Delta - 2c}{3})$은 0보다 커질 수 있는데, 2기 수요 확대가 제한적이라고 할지라도 $\Delta - 2c > 0$이 성립 가능하기 때문이다. 2기 제한적인 수요 확대를 나타내는 식 $3b \leq \Delta + c$의 양쪽 변에서 $3c$를 빼면 $3(b - c) \leq \Delta - 2c$ 가 성립한다. 앞서 우리는 탈탄소 제품에 대한 시장 수요가 확대되며 2기 수요가 $b > c$를 만족하는 것으로 가정했다. 이 가정이 맞다면 $3(b - c) \leq \Delta - 2c$ 의 좌변이 0보다 커지면서 $0 < \Delta - 2c$ 이 성립되고 결국 $q_1^*(= \frac{\Delta - 2c}{3})$은 0보다 커지게 된다. 이 경우 기업 1의 2기 이윤은 0보다 작거나 같은데, 그 이유는 식 (9)에 정리되어 있다. 이는 2기 수요 확대가 제한적인 경우 혁신기업의 이윤이 비혁신기업에 비해 같거나 낮다는 것, 즉 혁신기업의 선발자 이득이 존재하지 않는다는 것을 보여준다.

$$\pi_1^* = (P - c)q_1 = (b - \frac{\Delta - 2c}{3} - c)(\frac{\Delta - 2c}{3}) = (\frac{3b - \Delta - c}{3})(\frac{\Delta - 2c}{3}) \leq 0 \quad (9)$$

나. 2기 수요 확대가 제한적이지 않은 경우: $3b > \Delta + c$

2기에 실현된 수요 확대가 미미한 수준에 그치지 않는다면, 즉 $3b > \Delta + c$ 또는 시장 수요 $b > \frac{\Delta + c}{3}$가 성립하는 경우라면 기업 1의 생산량은 앞서와 마찬가지로 $q_1^*(= \frac{\Delta - 2c}{3})$가 된다. 앞과 다른 점은 시장 수요가 상당하기 때문에 비혁신기업인 추종 기업 2의 생산량이 0보다 커진다는 점이다. 식 (10)은 기업 2의 생산량을 계산한 것이다. 이로부터 결정되는 2기 시장가격은 식 (11)과 같다.

$$q_2^* = \frac{b - \bar{q}_1 - c}{2} = \frac{3b - \Delta - c}{6} > 0 \tag{10}$$

$$P = b - q_1^* - q_2^* = \frac{3b - \Delta + 5c}{6} > 0 \tag{11}$$

식 (12)와 식 (13)은 시장가격과 각 기업의 생산량을 이용해 각 기업의 이윤을 구한 결과를 보여준다.

$$\pi_1^* = (P - c)q_1^* = (\frac{3b - \Delta - c}{6})(\frac{\Delta - 2c}{3}) + profit_{period1}, \tag{12}$$
$$profit_{period1} = (\frac{3a - c - \Delta}{6})(\frac{\Delta - 2c}{3}) < 0$$

$$\pi_2^* = (P - c)q_2^* = (\frac{3b - \Delta - c}{6})(\frac{3b - \Delta - c}{3}) + profit_{period1}, \tag{13}$$
$$profit_{period1} = 0$$

2기의 경우 식 (11)에서 볼 수 있듯이 시장가격이 0보다 크기 때문에 생산량이 많은 기업의 이윤이 높아지게 된다(즉, $q_2^* > q_1^* \rightarrow \pi_2^* > \pi_1^*$). $q_2^* > q_1^*$가 되는 조건은 $b > \Delta - c$이다. 즉, $b > \Delta - c$이면 $\pi_2^* > \pi_1^*$가 성립한다. 이는 2기 수요 확대가 상당한 경우에도 혁신기업보다 비혁신기업의 이윤이 높아지면서 혁신기업이 선발자의 이익을 누리는 대신 혁신기업의 저주(innovator's curse) 현상이 나타난다(<표 5-7>과 [그림 5-7] 참조).

<표 5-7> 미래(2기) 수요 수준(b)별 두 기업의 이윤 비교

	매우 제한적 (very little)	완만한 증가 (moderate)	상당 (significant)
	$b \le \frac{\Delta + c}{3}$	$\frac{\Delta + c}{3} < b \le \Delta - c$	$b > \Delta - c$
생산량	$q_1^* = \frac{\Delta - 2c}{3}$	$q_1^* = \frac{\Delta - 2c}{3}$	$q_1^* = \frac{\Delta - 2c}{3}$
	$q_2^* = 0$	$q_2^* = \frac{3b - \Delta - c}{6}$	$q_2^* = \frac{3b - \Delta - c}{6}$
	$q_1^* > q_2^* = 0$	$q_1^* \ge q_2^* > 0$	$q_2^* > q_1^*$
이윤	$\pi_2^*(=0) > \pi_1^*$	$\pi_2^* \le \pi_1^*$	$\pi_2^* > \pi_1^*$
선발자 이익	×	○	×
후발자 이익	○	×	○

[그림 5-7] 실현된 2기 수요 수준(b)별 두 기업의 생산량과 이윤 비교: 예시

예시 값	$a = 100, b_L = 100, b_H = 500, c = 80$
2기 생산량: q_1= 기업 1의 생산량, q_2= 기업 2의 생산량	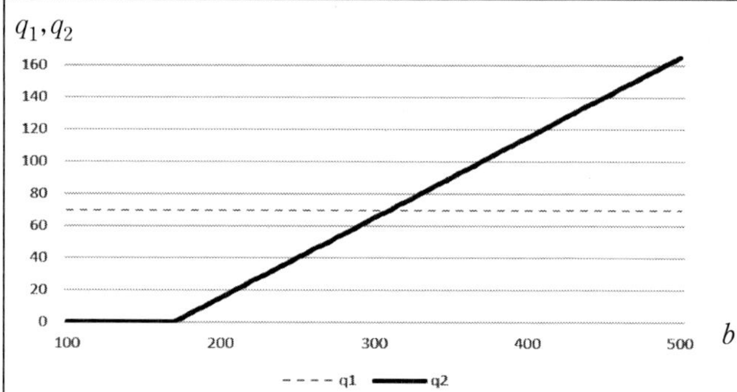
2기 이윤: Profit1= 기업 1의 이윤, Profit2= 기업 2의 이윤	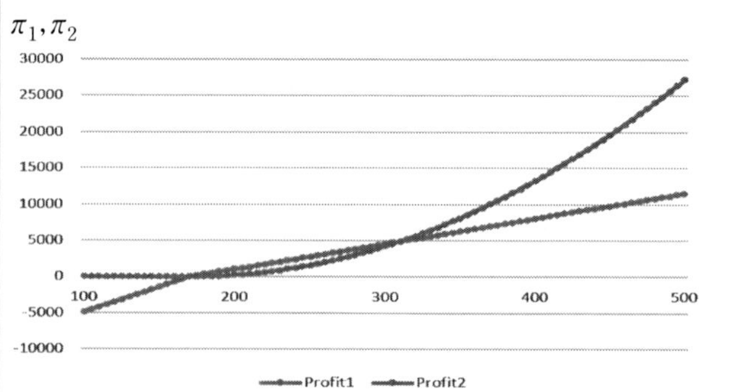

전통적인 선발자 이득 이론(Stackelberg 이론)과 달리 2기에 수요가 상당한 수준으로 확대되었음에도 불구하고 초기 혁신 기술을 성공적으로 상용화한 기업이 후발 기업에 의해 퇴출당한 대표적 예는 휴대전화기 시장의 '노키아(Nokia)'를 들 수 있다. 노키아의 실패는 관련 기술이나 경쟁자(대표적으로 아이폰)에 대한 오판과 그에 따른 잘못된 투자[8]의 결과이기도 하지만, 선발자의 이득이 후발자의 이득보다 적었기 때문이기도 하다. 노키아는 휴대전화기 출시 이후 관련 기술뿐만 아니라 빠르게 변하는 소비자 선호와 수요에 맞춰 휴대전화기용 오락이나 벨 소리 등 부가 서비스를 자체 개발해야 했던 반면, 후발 기업들은 노키아 휴대전화기에 대한 반응으로 드러난 소비자 선호를 이용해 시행착오를 최소화할 수 있었으며 자체 개발한 부가 서비스 외에 외부에서 개발된 서비스를 이용할 수 있었다.

물론 에너지 다소비 소재산업은 부가 서비스에의 의존성이 거의 없다는 점에서 통신기기 산업과 다르다. 하지만 미래 시장 규모가 확대될 것으로 예상되지만 확대될 시장 규모와 시점, 탈탄소 제품에 대한 구체적 시장 수요가 불확실하고 그린 수소 수송, 탈탄소 제품에 필요한 광물의 원활한 공급 등 관련 업종의 준비 정도에 의해 탈탄소 제품의 지속가능성이 좌우된다는 점에서 노키아의 사례는 시사하는 바가 크다.

제5절 탈탄소 상품의 조기 상용화 투자유인 분석

1. 탈탄소 기술의 조기 상용화 조건

가. 혁신기업의 초기(1기) 투자에 의한 조기 상용화와 성과 배분

1기 혁신기업이 생산하는 탈탄소 상품의 규모가 커진다는 것은 연구실

---

8 Lamberg *et al*.(2021).

에서 구현된 기술이 상품으로 가시화되며 2기 시장 수요 확대를 이끌 수 있는 조건이 된다. 즉, $\frac{\partial b}{\partial q_1} > 0$이 성립 가능하다. 이러한 혁신기업의 조기 상용화 노력으로 2기 시장 수요 변수 b가 $b \rightarrow b_H$이고 기업 1이 이를 1기에 알 수 있다면, 기업 1의 이윤함수는 식 (14)가 되고 이윤극대화 1차 조건을 만족시키는 q_1^*는 식 (15)가 된다.

$$\pi_1 = [a - q_1 - c]q_1 + (b - q_1 - q_2 - c)q_1 \tag{14}$$

$$q_1 = 0.25(a + b_H - q_2 - 2c) \tag{15}$$

2기가 되어 시장 수요를 확인한 기업 2의 생산량이 $q_2 = 0.5(b_H - \bar{q}_1 - c) = (3b_H - a - 2c)/7$이 될 것임을 알고 있는 기업 1의 최적 생산량은 최종적으로 $q_1^* = (b_H + 2a - 3c)/7$이 된다. 문제는 $b_H + 2a < 3b_H$이기 때문에 $q_2^* > q_1^*$이 되고, 결국 $\pi_2^* > \pi_1^*$이 되어 선발자의 이익은 실현되지 않게 되고 탈탄소 기술에 대한 조기 상용화 투자유인은 사라지게 된다는 점이다. 이는 탈탄소 기술에 대한 조기 상용화 투자를 이끌어내고 탈탄소 제품 생산의 규모를 확대(Scaling-up)하기 위해서는 상품시장(output market) 이외의 투자유인이 필요함을 시사한다.

나. 1기 탈탄소 상품의 조기 상용화를 위한 투자유인 정책

상품시장 밖에서 탈탄소 상품의 조기 상용화 투자를 유인할 수 있는 정책으로는 1기 탈탄소 상품의 시장 수요 변수 a를 획기적으로 늘려 규모의 경제에 의한 생산비용 감소를 이끌어낼 수 있는 수요 창출 정책, 탈탄소 투자 비용을 지원하는 금융정책, 탈탄소 기술의 고비용을 상쇄할 수준의 강력한 탄소 가격 정책, 그리고 탄소 가격 지지정책을 실행하기가 어려울 경우 낮은 탄소 가격과 탈탄소 에너지원의 가격 변동성에 의한 투자 장애요인을 완화해주는 탄소차액계약이나 최저 탄소 가격(carbon price flooring)이 대표적이다. 이들 정책은 모두 $q_1^* = q_2^*(a) = \frac{a - c_1}{3} > 0$

이 되도록 지원하는 정책에 해당한다. 이 조건식에서 c_1은 앞서 '1기 탈탄소 제품의 균등화된 자본비용(CAPEX, 본 연구에서는 CE로 표시) + 균등화된 운용비용(OPEX, 본 연구에서는 OE로 표시) - 탄소 가격 ρ_1'로 정의한 바 있다.

첫 번째 수요 확대 정책은 a의 규모를 늘리기 위한 정책으로 정부의 녹색 구매, 에너지 다소비 소재를 사용하는 산업에 대한 친환경 투입재 관련 표준과 기준의 제정, ESG 정보 공시 등을 통한 소비자의 탄소인지 제고와 그에 따른 친환경 소비 유도 등의 정책이 포함된다. 두 번째는 대규모 설비투자 비용 부담을 완화해주기 위한 CAPEX에 대한 지원정책이다. 투자 비용에 대한 저금리 대출과 같은 금융지원, 투자 비용에 대한 세제 혜택 등이 포함된다. EU는 혁신기금(Innovation Fund)을 이용해 에너지 다소비 산업에서 온실가스 감축 효과가 상당한 공정기술을 도입하는 투자 프로젝트에 대해서는 CAPEX뿐만 아니라 OPEX까지 지원하고 있으며, 상용화 투자를 준비하는 기간에 발생하는 비용까지를 지원하는 획기적인 투자지원정책을 펴고 있다.

세 번째 탄소 가격 지지정책은 ρ_1의 절대적·상대적 크기를 높이기 위한 정책으로 탄소세나 배출권거래제와 같은 명시적인 탄소 가격 정책(탄소세 인상, 배출권거래제 배출상한의 하향 조정 등)과 화석연료에 대한 에너지세 인상, 화석연료에 대한 보조금 철폐 등의 비명시적 탄소 가격 정책이 포함된다. 앞서 언급한 바 있듯이 탄소 가격을 단기에 높은 수준으로 끌어올리는 것은 탄소누출의 위험 때문에 정치적 부담이 클 뿐만 아니라, 탄소시장의 속성상 탄소 가격이 안정적이기보다 변동성이 큰 문제점을 가지고 있다. 이러한 문제점을 보완한 것이 네 번째 탄소 가격 보완정책이다. 에너지 다소비 기업이 직면한 탄소 가격을 일정 기간 동안 높은 수준에서 변동성 없게 유지하는 EU와 독일의 탄소차액계약(CCfD), CCfD와 유사한 네덜란드의 SDE++ 프로그램, 가격 하한을 정해 탄소 가격이 일정 수준 이하로 하락하는 것을 방지하는 탄소가격하한제가 탄소 가격 보완정책에 해당한다. [그림 5-8]은 Richstein and Neuhoff(2022)가 탄소차액계약과 탄소가격하한제를 비교한 것이다. 두 제도 모두 낮은 탄소

[그림 5-8] 탄소차액계약과 탄소가격하한제 비교

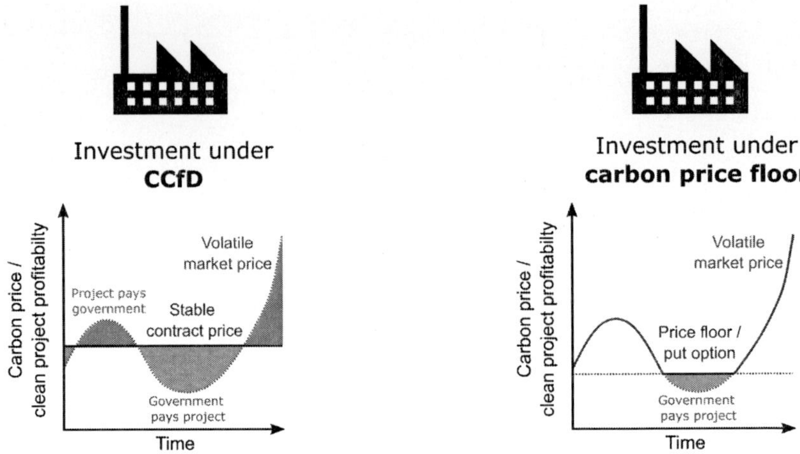

자료: Richstein and Neuhoff(2022).

가격에 의한 투자절벽 현상을 피하기 위한 제도이지만, 방어하는 탄소 가격 수준이 다르다. CCfD에서는 투자유인이 가능한 행사가격(strike price)을 설정하고, 배출권 가격이 행사가격 이하면 정부가 차액을 기업에 지불하고 반대로 배출권 가격이 행사가격 이상이면 그 차액을 계약 기업이 정부에 지불함으로써 기업이 직면한 배출권 가격을 고정시킨다. 반면, 배출권 가격 하한제는 배출권 가격이 최저 탄소 가격 이하로 떨어지면 기업이 Put option을 사용해 미리 정한 최저 가격에 배출권을 판매할 수 있지만, 배출권 가격이 아무리 상승해도 계약 기업이 정부에 차액을 지급할 의무가 없다.

2. 최근 탄소차액계약의 발전 형태

독일에서 최근 발표된 탄소차액계약(안)은 탈탄소 기술 관련 에너지(수소, 천연가스, 전기) 비용 변동성에 따른 투자 리스크를 줄이기 위해 탄소차액계약 행사가격에 배출권 가격 변동성을 완화하는 요소뿐만 아니라 에너지 가격 변동에 따른 생산비용 증가를 보상해주는 요소를 포함시켰다. 행사가격을 표시한 식 (16)의 괄호 안에 포함된 두 번째 구성요소가 이에 해당한다.

$$Z_{KSV} = (P_{KSV}^{Basis} + \Delta k_{KSV}^{ref} - P_{CO2}^{ref})\Delta e_{real} Q_{real} - R_{nKSV}[-R_{GP}] \quad (16)$$

식 (16)에서 Z_{KSV}는 독일 정부와 기업 간 기후변화협약에 의해 수혜자인 기업에 지급되는 연간 보조금(EUR)이다. 첫 번째 구성요소는 기본 계약 가격(P_{KSV}^{Basis})으로 탈탄소 전환을 유인할 수 있는 최소 탄소 가격에 해당한다. 두 번째 Δk_{KSV}^{ref}는 에너지 가격 변동 등 계약기간 내 발생한 비용변동 요인을 반영하기 위한 조정 항이다. 세 번째는 유효 탄소 가격 P_{CO2}^{eff} 이다. 기본 계약가격에서 유효 탄소 가격을 뺀 후 에너지 가격 변동(일부 OPEX 관련 비용 변동성 조정이 가능)분을 조정한 것이 전형적인 CCfD 행사가격에 해당한다. 이런 방식으로 계산한 탄소 차액과 실제 달성된 연간 탄소집약도 감소분(Δe_{real}), 그리고 연간 실생산량 Q_{real}의 곱을 구한 후 그 금액에서 기후변화협약 이외의 일시금(lump sum) 지원 또는 실현된 추가 녹색 수익분을 뺀 금액이 연간 수혜기업에 지급하는 보조금 총액이 된다.

<표 5-8> 독일 탄소차액계약에 의한 연간 보조금 결정 요소

	탄소차액계약 구성요소	유효기간
Z_{KSV}	기후변화협약 지급 금액(EUR)	매년
P_{KSV}^{Basis}	기본 계약 가격(EUR/tCO_{2e})	계약기간
P_{CO2}^{eff}	유효 탄소(CO_2) 가격(EUR/tCO_{2e})	매년
Δk_{KSV}^{ref}	에너지 가격 조정에 따른 동태적 구성요소	매년
Δe_{real}	프로젝트에 의한 CO_2집약도 감축 수준(tCO_{2e}/ME Product)	매년
Q_{real}	생산량(ME Product)	매년
R_{nKSV}	기후변화협약 이외의 재원을 반영하기 위한 조정 항(EUR)	매년
R_{GP}	일시금(lump sum) 또는 실현된 녹색 추가 수익을 반영하기 위한 조정 항	매년

자료: Bundesministerium für Wirtschaft und Klimaschutz(2022).

제6절 결 론

2050 탄소중립 목표를 달성하기 위해서는 발전 부문의 탈탄소화와 함께 산업 부문, 특히 에너지 다소비 소재산업의 탈탄소 전환이 필수적이다. 이들 에너지 다소비 소재산업은 디지털 산업, 항공우주산업, 재생에너지 산업, 그린 모빌리티, 바이오 산업 등 미래 산업(modern economy)에 중간재를 공급하는 산업으로 이들 산업의 경쟁력은 자체 산업뿐만 아니라 국가경제 전반의 경쟁력을 결정하는 핵심 산업이다. 그러나 이들 업종은 대표적인 난감축 부문으로 혁신적인 저탄소 공정기술이 적시에 상용화되고 광범위하게 활용되기 어렵다. 그간 탄소 가격 정책은 에너지 다소비 소재산업을 포함해 가장 효과적인 온실가스 저감 정책으로 알려져 왔다. 그러나 배출권 가격으로 표현되는 국내 탄소 가격은 세계적인 추세와 다르게 2023년 5월 8일 1만원 이하로 하락하며, 저감 기술의 도입 시그널로 작동하지 못하고 있다.[9] 이처럼 낮은 탄소 가격을 단기간에 혁신 기술 도입이 가능한 수준으로 끌어올리기는 쉽지 않다. 가능하다고 하더라도 경제적 지속가능성을 중시하는 국민의 선호를 고려할 때, 정치권이 강력한 탄소 가격 지지정책을 펼 가능성은 아직 낮다. 높은 탄소 가격이 무역 노출도와 탄소 비용 부담이 큰 국내 산업, 특히 에너지 다소비 소재산업의 국제경쟁력을 낮춰 탄소누출이 발생하고 결과적으로 우리 경제의 제조업 기반이 약화될 것이라는 우려 때문이다. 이는 배출권거래제만으로는 시점이 명시된 감축목표인 '2030 NDC'나 '2050 넷제로' 달성이 어렵다는 것을 의미한다.

본 연구에서는 이들 업종이 난감축 산업인 이유를 살펴보고, Liu(2005)를 참조한 2기업-2시기 Stackelberg 게임을 이용해 미래의 시장 수요가

---

9 배출권 가격이 낮다고 국내 기업이 부담하는 실질 탄소 비용이 낮은 것은 아니다. OECD(2021)는 G20 국가의 탄소 가격을 배출권 가격, 탄소세, 에너지세의 합으로 계산해 발표했다. 그 결과 한국의 배출권 가격은 2021년 기준 10.34유로에 불과했지만, 에너지세를 고려한 실질 탄소 가격은 43.03유로로 G20 평균인 18.71유로의 2배를 넘는 수준이었다.

불확실한 상황에서는 탈탄소 공정기술을 선도적으로 도입한 기업이 선발자의 이익을 누리는 대신 혁신기업의 저주를 겪게 될 것으로 예상되기 때문에 탈탄소 기술의 대규모 상용화 투자가 지연됨을 설명했다. 또 탄소누출 리스크가 상존하는 상황에서 혁신적인 탈탄소 공정기술의 조기 상용화를 위한 정책이 필요함을 설명했다. 이에 해당하는 정책은 탄소차액계약을 비롯해 생산 개시 이전 프로젝트 비용(up-front cost)과 운용비용(OPEX)까지를 대규모로 지원하는 기금 설립, 탈탄소 상품의 수요 부진과 불확실성을 완화하기 위한 수요 정책, ESG 정보 공시제도, 그리고 배출권 가격 하한제 등이 될 것이다. 보다 근본적으로는 산업 간, 산업-에너지 부문 간 장단기 연계성을 고려해 산업정책과 R&D 정책을 설계하고, 민간의 그린(Green) 또는 그린이 되어가는(Greening) 전환 활동을 지원하는 데 있어 중복을 최소화하고 재정 효율성을 극대화할 수 있도록 거시적이고 종합적인 차원에서 금융·재정·규제 정책을 재정비할 필요가 있다.

우리나라는 에너지 다소비 소재산업이 국민경제와 수출에서 차지하는 비중이 높은 경제구조를 가지고 있다. 이러한 가운데 2020년 '2050 탄소중립'과 2021년 '2030 NDC 목표 상향안'을 국제사회에 제출하며 탄소누출 리스크를 최소화하며 저탄소 글로벌 상품시장에서 국내 산업의 경쟁력 제고를 도모하고 있는 우리나라로서는 산업 부문의 탈탄소화와 경쟁력 강화를 동시에 지원하는 녹색산업정책 수단의 개발이 시급한 상황이다. 탄소 가격 보완정책의 하나인 프로젝트 기반 탄소차액계약(CCfD)은 탄소 가격의 저감 시그널을 강화하면서 탄소누출을 방지할 수 있는 정책 수단이라는 점에서 녹색산업정책 차원의 고려가 필요하다.

본 연구는 동학 게임이론을 이용해 수요의 불확실성, 낮은 탄소 가격, 비용 차이 등의 이유로 시장에서 탈탄소 기술의 조기 상용화가 실현되기 어려운 상황을 설명했다. 하지만 모델을 단순화하는 과정에서 현실을 반영하기에는 제약적인 가정이 사용되었다. 선발 기업과 후발 기업의 시장 지위나 비용함수가 동일하다는 가정, 에너지를 포함한 탈탄소 제품에 필요한 투입재의 공급 제한을 고려하지 않은 점, 대규모 장치 산업에 대한 기업의 리스크 부담을 반영하지 못한 점 등이 이에 해당한다. 이 점을 이 연구의 가장 중요한 한계점이자 후속 연구의 주제로 밝혀둔다.

참고문헌

김지영・오형나, 「에너지 집약 산업의 탄소중립과 탄소차액계약」, 『한국경제연구』, 40(3), 2022, pp.5~26.

오형나, 『배출권거래제 개선 방안: 산업부문 감축의 관점에서』, 산업연구원, 2022.

이유수, 「재생에너지 확대에 따른 전력시장제도의 문제점 및 개선 방향」, 『전기저널』, Special Issue, 2020.

정은미, 「탄소중립, 산업구조 재편으로 대응해야」, 『KDI 나라경제』, 2021년 03월호, 2021.

Agora Industry, *Transforming industry through carbon contracts: Analysis of the German steel sector*, 2022.

Auerswald, P. E. and L. M. Branscomb, "Valleys of death and darwinianseas: Financing the invention to innovation transition in the United States," *Journal of Technology Transfer*, 28, 2003, pp.227~239.

Bataille, C., M. Åhman, K. Neuhoff, I. Nilsson, M. Fischedick, S. Lechtenböhmer, B. Solano-Rodriquez, A. Denis-Ryan, S. Stiebert, H. Waisman, O. Sartor, and S. Rahbar, "A Review of Technology and Policy Deep Decarbonization Pathway Options for Making Energy-intensive Industry Production Consistent with the Paris Agreement," *Journal of Cleaner Production*, 187, 2018, pp.960~973.

Bundesministerium für Wirtschaft und Klimaschutz(독일 연방 경제기후부), Richtlinie zur Förderung von klimaneutralen Produktionsverfahren in der Industrie durch Klimaschutzverträge (Förderrichtlinie Klimaschutzverträge – FRL KSV (기후보호협정을 통한 산업계의 탄소중립적 생산 공정 촉진을 위한 지침 – 기후보호협정을 위한 자금 조달 지침), 2022.

Chiappinelli, O., T. Gerres, K. Neuhoff, F. Lettow, H. de Coninck, B. Felsmann, E. Joltreau, G. Khandekar, P. Linares, J. Richstein, "A Green COVID-19 Recovery of the EU Basic Materials Sector: Identifying Potentials, Barriers and Policy Solutions," *Climate Policy,* 21, 2021, pp.1328~1346.

CPI(Climate Policy Initiative), Analysis: Costs and Impacts of Low-Carbon Technologies for Steel and Cement Sectors in India, written by Y. Kashyap,

2022.

EUROFER, “Position paper, Carbon Contracts for Difference,” 2021. 1. 5(eurofer.eu/assets/publications/position-papers/carbon-contracts-for-difference/2021-01-05-EUROFER-Position-paper-on-Contracts-for-Difference.pdf).

Grubb, M., W. McDowall, and P. Drummond, “On order and complexity in innovations systems: Conceptual frameworks for policy mixes in sustainabiity transitions,” *Energy Research & Social Science*, 33, 2017, pp.21-34.

Grubb, M., N. Jordan, E. Hertwich, K. Neuhoff, K. Das, K. Bandyopadhyay, H. van Asselt, M. Sato, R. Wang, D. Guan, B. Pizer, and H. Oh, “Carbon Leakage, Consumption and Trade,” *Annual Review of Environment and Resources*, 47, 2022, pp.753~795.

Grubler, A., C. Wilson, and G. Nemet, “Apples, oranges, and consistent comparisons of the temporal dynamics of energy transitions,” *Energy Research & Social Science*, 22, 2016, pp.18~25.

Helm, D. and C. Hepburn, “Carbon contracts and energy policy: an outline proposal,” Working Paper, University of Oxford, 2005.

Iberdrola Mexico, “The Key to the decarbonization of the industry lies in green hydrogen,” 2021.

Lamberg, J., S. Lubinaitė, J. Ojala, and H. Tikkanen, “The curse of agility: The Nokia Corporation and the loss of market dominance in mobile phones, 2003-2013,” *Business History*, 63(4), 2021, pp.574~605.

Lilliestam, J., A. Patt, and G. Bersalli, “The Effect of Carbon Pricing on Technological Change for Full Energy Decarbonization: A Review of Empirical Ex-post Evidence,” *WIREs Climate Change*, 12 (e681), 2020, https://doi.org/10.1002/wcc.681.

Liu, Z., “Stackelberg Leadership with Demand Uncertainty,” *Managerial and Decision Economics,* 26, 2005, pp.345~350.

Löfgren, Å. and J. Rootzén, “Brick by brick: Governing industry decarbonization in the face of uncertainty and risk,” *Environmental Innovation and Societal Transitions*, 40, 2021, pp.189~202.

Material Economics, *Industrial Transforation 2050: Pathways to Net-Zero Emissions from EU Heavy Industry*, 2019.

Material Economics, *Scaling Up Europe: Brining Low-CO_2 Materials from Demonstration to Industrial Scale*, 2022.

McKinsey Sustainability, *The new imperative for green commodities*, 2022. 8. 18.

Nemet, G., V. Zipperer, and M. Kraus, "The valley of death, the technology pork barrel, and public support for large demonstration projects," *Energy Policy*, 119, 2018, pp.154~167.

OECD, Carbon Pricing in Times of COVID-19: What Has Changed in G20 Economies? 2021(https://www.oecd.org/ctp/tax-policy/carbon-pricing-in-times-of-covid-19-what-has-changed-in-g20-economies.htm)

Richstein, J. C., "Project-based carbon contracts: A way to finance innovative low-carbon investments," DIW Berlin Discussion Paper 1714, 2017.

Richstein, J. C. and K. Neuhoff, "Carbon contracts-for-difference: How to de-risk innovative investments for a low-carbon industry?" *iScience*, 25, 104700 (2022.08.19.), 2022.

Sandbag, "EU ETS Revenues: Who Receives What? The Trillion Euro Question," 2022. 2. 9.

Sartor, O. and C. Bataille, "Decarbonisingbasic materials in Europe: How Carbon Contracts-for-Difference could help bring breakthrough technologies to market," IDDRI, Study, 6(19), 2019.

Tagliapietra, S. and R. Veugelers, "A Green Industrial Policy for Europe," Bruegel Blueprint Series 31, 2020.

Voigt, N., S. Monette, M. Gilbert, R. Gill, and I. Mergelkamp, "Greener Steel, Greener Mining?" Boston Consulting Group, 2022.

Wesseling, J., S. Lechtenböhmer, M. Åhman, L. J. Nilsson, E. Worrell, and L. Coenen, "The Transition of Energy Intensive Processing Industries towards Deep Decarbonization: Characteristics and Implications for Future Research," *Renewable and Sustainable Energy Reviews,* 79, 2017, pp.1303~1313.

Wilson, C., A. Grubler, N. Bento, S. Healey, S. De Stercke, and C. Zimm, "Granular technologies to accelerate decarbonization," *Science*, 368(6486), 2020, pp.36~39.

<웹사이트 및 자료>

산업연구원, 산업통계분석시스템(ISTANS), 산출액(산업별, 실질 2000~21).

산업통상자원부 · 한국에너지공단, 「2021년 산업부문 에너지 사용 및 온실가스 배출량 통계: 광업 · 제조업 2020년 실적자료」, 2021. 12.

환경부 온실가스 종합정보센터, 2021년 지역별 온실가스 인벤토리(1990~2019), 2021년 12월 30일 공표.

IEA, Energy System-Industry, https://www.iea.org/energy-system/industry(접속일: 2023. 4. 28).

Ramboll.com/net-zero-explorers/explainers/power-to-x-explained(접속일: 2023. 4. 28).

환경부 온실가스 종합정보센터, 2021년 지역별 온실가스 인벤토리(1990~2019), 2021년 12월 30일 공표.

제6장

기후기술과 디지털기술의 관계 분석과 시사점

조 가 람 (한국개발연구원)

제1절 서 론

기후변화와 디지털 전환은 피할 수 없는 현상이며, 우리의 생활에 큰 변화를 가져오고 있다. 그렇기 때문에 두 현상 각각에 대한 연구는 활발히 이루어지고 있으며, 각국 정부는 이에 대한 대응 및 지원 정책을 적극적으로 수립하고 있다.[1] 그런데 이 두 현상은 기술발전이라는 맥락에서 보면 서로 보완적일 수도, 대립적일 수도 있다. 예를 들어, 디지털 전환을 통해 확산시킬 수 있는 스마트 그리드 기술은 전기의 효율적인 사용과 배분, 거래를 통해 기후변화를 억제하는 데에 사용될 수 있다(Tounquet and Alaton, 2020). 즉, 이 경우 디지털기술 발전으로 인한 디지털 전환의 확산은 기후변화 억제에 도움을 줄 수 있다. 하지만 디지털기술 발전으로 인한 디지털 전환의 확산은 기후변화를 촉진시키기도 한다. 스마트 그리드 확산을 위한 디지털 전환은 데이터센터의 확대에 기반하고, 데이터센터는 에너지 집약적이고 열 배출 문제가 있기 때문에 데이터센터의

---

1 기후변화가 경제에 미치는 영향에 대한 연구는 매우 방대하나, Nordhaus(2019)는 이 연구 분야를 이해하는 데에 좋은 시작점이 될 수 있다. 디지털 전환 관련 연구 및 국내 정책에 대한 정리는 한재필 · 구자현 외(2021)가 좋은 예이다. 해외, 특히 유럽의 기후정책은 김수현 · 김창훈(2020)에 잘 정리되어 있다. 또한 장영욱 외(2020)는 유럽 그린딜과 한국 그린뉴딜을 비교 정리하였다.

수가 많아질수록 기후변화에 미치는 직접적인 악영향은 커지게 된다.[2] 또한 디지털 전환에 반드시 필요한 반도체 제조업은 대표적인 에너지 집약적인 산업이기 때문에, 디지털 전환으로 인해 반도체 수요가 늘어나면 신재생에너지로의 전환이 완전히 이루어지지 않은 현시점에서 화석연료를 사용한 전기 발전량의 증가로 인해 기후변화에는 악영향을 주게 된다.

그러나 이 산업에서 이루어지고 있는 기술발전의 핵심인 미세공정은 반도체가 동일한 정보를 적은 전력으로 처리할 수 있게 해주어 일반 가정, 그리고 데이터센터 등 반도체가 들어간 전자기기의 소비전력량을 낮추어 준다.[3] 실제로 Masanet *et al*.(2020)에 따르면 프로세서의 효율성 증가와 유휴 전력사용량(idle power)의 축소 덕분에 데이터센터의 정보처리량은 2010년 대비 2018년에 550% 증가하였음에도 전력사용량은 6% 증가에 그친 것으로 나타났다. 같은 양의 정보를 처리하는 데에 필요한 전력사용량이 급격히 하락한 것이다.

위의 예에서 알 수 있듯, 디지털기술의 발전은 여러 경로를 통해 기후변화 억제에 도움을 줄 수 있다. 그러므로 예를 들면, 데이터센터나 반도체 생산시설의 건설 및 확장을 어렵게 하는 등, 디지털기술에 대한 투자수익을 억제할 가능성이 있는 기후정책은 디지털기술 발전을 저해하여 결과적으로 기후변화 억제 속도를 느리게 만들 위험이 있다. 이렇게 디지털 전환과 기후변화는 다양한 차원에서 서로 영향을 받고 있으므로 유럽연합의 경우 둘 사이의 상호작용을 명확히 인지하고 이를 고려한 정책 수립을 위해 노력 중이다.[4] 하지만 우리나라는 정책 설정에 둘의 관계와 중장기적 영향에 대한 논의가 부족한 상황이고, 또한 기후변화 억제 관련 기술과 디지털 전환 관련 기술 사이의 관계를 직접 분석한 연구도, 이

---

2 IEA(2022)에 따르면 데이터센터의 소비전력은 2021년 전 세계 총소비전력의 약 0.9~1.3%, 2020년 에너지 관련 온실가스 배출의 약 0.6%를 차지하며, 디지털 서비스에 대한 수요는 급속도로 증가하고 있다.

3 예를 들어 삼성전자에 따르면, 삼성전자가 2022년 6월에 양산하기 시작한 3나노 공정은 기존 공정 대비 23%의 성능 향상과 45%의 전력 절감을 가져왔다(삼성뉴스룸, 2022. 6. 30).

4 2020년 12월 17일 EU 이사회 언론발표, “Digitalisation for the benefit of the environment: Council approves conclusions”(Council of the EU, 2020).

를 고려하여 정책적 시사점을 논의한 연구도 저자가 아는 한 없는 상황이다.

따라서 본 연구는 디지털 전환과 기후변화의 관계에 대한 이해를 돕기 위해 특히 기후변화 억제 관련 기술과 디지털 전환 관련 기술 사이의 관계를 파악하고, 이를 통해 기후정책과 디지털 전환 정책 간의 관계에 대한 시사점을 도출하였다. 이를 위해 본 연구는 미국 특허청(United States Patent and Trademark Office: USPTO)의 특허 데이터를 사용한 실증분석을 통해 기후기술과 디지털기술 사이의 관계를 추정하였다. 특허데이터에 포함되어 있는 특허기술 분류 코드를 사용하여 기후 관련 기술과 디지털 전환 관련 기술을 분류하였고, 특허의 하위 기술 분류를 사용하여 두 기술 간 관계를 자세히 분석하였다. 특허 데이터에는 특허별로 특허를 신청한 발명가와 기업이 위치한 국가 정보가 있어, 이를 사용해 국가-기술-연도 단위 데이터를 구축하여 분석에 사용하였다.

실증분석 결과, 다음과 같은 사실을 알 수 있었다. 먼저, 디지털기술의 혁신은 기후기술 관련 특허를 평균적으로 약 17.3% 증가시키며, 특히 디지털 데이터 처리기술과 머신러닝 관련 기술이 이러한 관계에 중요한 역할을 한다는 것을 알 수 있었다. 또한 디지털 데이터 처리기술과 머신러닝 관련 기술은 스마트 그리드 관련 기술의 발전에도 도움을 주는 것으로 나타났다. 마지막으로, 디지털기술은 특히 에너지 절약 건물, 온실가스 처리 및 감축, 정보통신기술 관련 전력 절약, 그리고 친환경 이동수단 기술 발전에 큰 영향을 준 것으로 나타났다. 반면, 기후기술이 디지털기술에 미치는 영향에 대한 분석에서는 통계적으로 유의미한 결과를 얻을 수 없었다. 이러한 기술 간의 관계를 고려하여 세부 정책을 실행한다면, 기후변화 억제를 위한 탄소중립 달성 시기와 디지털 경제로의 이행을 앞당기는 데에 큰 도움이 될 것이다.

본 연구의 구성은 다음과 같다. 제2절에서는 선행연구를 정리하였다. 제3절에서는 실증분석을 위해 사용한 데이터와 지표에 대한 설명과 함께 분석 방법과 결과를 정리하였다. 제4절에서는 실증분석 결과로부터 얻을 수 있는 정책적 시사점에 대해 논의하였다. 마지막으로 제5절에서는 앞

절의 내용을 정리하며 연구를 마무리하였다.

제2절 선행연구

본 절에서는 디지털 전환이 기후변화에 미치는 영향을 분석한 선행연구와 특허를 사용해 기술 충격을 추정한 선행연구를 소개한다. 기후변화가 디지털 전환에 미치는 영향은 명확하지 않고, 선행연구도 찾기 어려웠으며, 무엇보다 다음 절에 소개할 본 연구의 분석 결과에서도 기후기술이 디지털기술에 미치는 영향은 명확하게 찾을 수 없었기 때문에 선행연구 소개는 디지털 전환이 기후변화에 미치는 영향에 관련된 연구에 집중하였다.

먼저, Horner *et al*.(2016)은 정보통신기술(ICT)이 에너지 소비에 미치는 영향을 분석한 연구 결과를 정리하였다. 컴퓨터, 모바일 장치, 네트워크 등 ICT는 여러 곳에서 사용되며 에너지를 소비하고, ICT 장치 제조에도 에너지가 소비되는데, 이를 합쳐 ICT의 직접적 에너지 효과라고 정의한다. 또한 ICT는 기존의 상품과 서비스를 더욱 효율적으로 사용할 수 있게 도와줌으로써 에너지 사용량을 변화시키는데, 이를 ICT의 간접적 에너지 효과라고 정의한다. 간접적 에너지 효과로는 스마트 빌딩 기술을 사용하여 에너지 사용을 줄이는 것, 비대면 회의를 통해 비행기 여행을 줄이는 것 등을 들 수 있다. 또한 전자상거래(e-commerce)의 등장과 확산은 상품 유통에 사용되는 에너지의 구성을 바꾸어 놓았는데, 이 또한 ICT의 간접적 에너지 효과에 해당한다. 이 논문에 따르면 ICT의 간접적 에너지 효과로 에너지 사용량이 줄어들 수 있지만, 예를 들면 상품 배달을 위한 운송량 증가 등의 이유로 간접적 에너지 효과가 꼭 에너지 사용량을 줄이는 방향으로 작용하는 것은 아니며, 따라서 ICT의 순 에너지 효과의 부호는 명확하지 않다. 하지만 여러 연구가 보편적으로 동의하는 바는 ICT는 에너지 사용을 크게 줄일 수 있는 잠재력이 있으며, 이 잠재력의 실현은 기술의 효율적 사용과 사용자의 행태에 크게 좌우된다는 것이다. CODES(2022)는 또한 디지털 전환은 가치와 목표의 공유, 환경과 사회에 대한 부정적 영향의 완화, 그리고 혁신을 통해 기후와 사회적 지속가능성에 큰 도움이 될 수 있는 방향으로 나아갈 수 있다는 것을 강조한다.

Global e-Sustainability Initiative(2015)는 ICT가 환경을 보호하면서도 지속적인 경제성장을 달성할 수 있도록 도와줄 수 있음을 강조하고, 이를 뒷받침하기 위해 ICT가 온실가스 배출 감축에 미치는 영향을 집중적으로 분석하였다. ICT는 자동화와 최적화를 통해 제조업, 농업, 건물 그리고 에너지업 등 대부분의 주요 섹터에서 발생하는 온실가스 배출을 줄일 수 있으며, ICT 산업 자체에서 발생하는 온실가스 또한 ICT 기기의 효율성 증가 덕분에 줄어들 수 있다. 이렇게 ICT를 사용한 해법을 통한 온실가스 배출 감축은 ICT 산업이 배출하는 온실가스의 9.7배에 달하는 것으로 계산되었다. 이에 더해 ICT는 스마트 농법을 통해 2020년 대비 2030년 곡물 생산량을 30% 증가시키고, 물과 석유 소비를 크게 줄이는 등 환경에 좋은 영향을 추가적으로 가져다줄 것으로 예상된다.

Royal Society(2020)는 이렇게 디지털기술이 기후변화를 억제할 수 있음을 강조하는 또 다른 보고서이다. 이 보고서는 특히 디지털기술을 사용하여 기후변화 억제에 도움을 줄 수 있는 방법을 제안하는데, 이에는 온실가스 배출을 모니터하고 안정적이고 즉각적인 데이터 기반의 서비스를 제공할 수 있는 데이터 인프라 구축, 디지털 섹터의 온실가스 배출을 줄이기 위해 재생에너지를 사용하는 등의 노력, 그리고 연구와 혁신을 통해 디지털화가 온실가스 배출을 줄일 수 있는 새로운 방법 고안 등을 들고 있다. 이와 같은 기존 연구의 발견에 더해서, 본 연구는 이러한 디지털기술 혹은 기후변화의 억제에 도움을 줄 수 있는 ICT의 잠재력을 기술발전이라는 측면에서 새롭게 보여주고 있다.

Koomey *et al.*(2011)은 컴퓨터 기술의 변화와 트랜지스터의 소형화(미세공정) 등의 영향으로 1946년부터 2009년까지 마이크로프로세서 등을 사용한 연산의 전력 효율성(computation per kilowatt-hour)이 18개월에 두 배씩 증가하였음을 보여준다. 이 논문에 따르면, 2009년 기준으로 연산의 전력 효율성의 이론적 한계는 실현된 수치보다 약 2.5×10^6배 더 높은 것으로 나타나, 속도가 지금까지 유지되었다고 가정한다면 2022년인 지금도 전력 효율성의 증가 가능성은 매우 큰 것으로 판단된다. 이는 디지털화의 확산 속에서 ICT의 발전에 따라 ICT 자체가 사용하는 에너지의 소비가 줄어듦으로써 경제 전체의 에너지 소비가 줄어들 수 있음을 뜻한다. Koomey *et al.*(2011)의 결과는 본 연구에서 밝혀낸 디지털기술이 기후기술에 미치는 영향의 경제적 중요성을 보여주는 좋은 예이다.

IEA(2022)는 디지털 전환으로 인한 전력사용량과 온실가스 배출 증가에 대한 가장 최근의 수치를 정리한 결과를 보고하였다. 이 보고서에 따르면 2015년 대비 2021년 인터넷 사용자는 60%, 인터넷 데이터트래픽은 440%, 그리고 데이터센터의 작업량은 260% 증가하였고, 데이터센터의 전력사용량은 10~60%, 데이터 전송 네트워크의 전력사용량은 20~60% 증가한 것으로 나타났다. 또한 2020년 기준으로 데이터센터에서 발생한 온실가스는 전체 온실가스 배출의 0.6%(에너지 관련 배출의 0.9%)를 차지하였다. 2021년을 기준으로 전 세계 데이터센터와 데이터 전송 네트워크의 전력사용량은 전체 전력사용량의 약 2~2.7%인데, 위의 수치에서 알 수 있는 것처럼 디지털 전환이 급속히 확산되었음에도 이를 위한 전력사용량은 그렇게 빨리 늘지 않았다. 이는 앞서 언급한 ICT 자체 에너지 효율성 증가와 ICT 기업들의 재생에너지 사용, 그리고 경제 전체의 전력망 탈탄소 노력에 따른 결과이다. 하지만 이 보고서는 이와 같은 노력에도 불구하고 넷제로를 실현시키기 위해서는 2030년까지 전력사용량을 지금의 절반으로 줄여야 한다는 점을 강조한다.

다음은 특허 데이터를 사용해 기술 변화를 분석한 연구의 예이다. 먼저, OECD(2020)는 최근 OECD 국가들의 디지털 변환 양상을 다각적으로 분석하였는데, 특히 제9장에서는 디지털기술 관련 특허에 대한 내용을 다루고 있다. 이 보고서에 따르면, 2014년부터 2017년까지 OECD 국가들이 만든 특허 중 약 1/3이 ICT 관련 기술에 대한 것이고, 디자인 특허 중 상당 부분은 ICT 제품 관련 특허(한국은 거의 50%, 스웨덴, 핀란드, 미국 등은 10~20%)였으며, 트레이드마크의 상당 부분 또한 ICT와 관련된 것

(24~36%)으로 나타났다. 또한 디지털 전환이 확산됨에 따라 특허 신청 수와 복잡성이 증가하였는데, 세계지적재산권기구(World Intellectual Property Organization: WIPO)에 따르면 이는 특허 검토에 걸리는 시간을 지연시켜 디지털기술 발전에 걸림돌이 될 가능성이 있는 것으로 나타났다(OECD, 2020).

Kim *et al.*(2018)은 디지털기술 중 특히 디지털 헬스케어 분야의 기술동향을 특허 데이터를 사용해 분석하였다. 1975년부터 2018년까지 미국, 한국, 일본, 유럽, 중국 특허청에 등록된 특허를 대상으로 분석을 실시하였고, 특허 기술분류를 사용하여 디지털 헬스케어 관련 특허를 구분하였다. 국가별/기술별 특허출원건수, 10대 출원인과 국가, 기술별로 전체 특허출원건수 대비 최근 4년간 출원된 특허 건수로 계산된 특허활동력, 특허 피인용도, 텍스트마이닝을 통한 기술트렌드 분석 등을 통해 한국의 디지털 헬스케어 분야 경쟁력을 분석하였는데, 전 세계 대비 한국의 기술경쟁력은 저조한 것으로 나타났다.

특허 데이터를 사용하여 외생적 기술 충격을 추정한 연구로는 Miranda-Agrippino *et al.*(2019)이 있다. 이 논문은 생산성 충격(technology news shock)이 거시와 금융 변수에 미치는 영향을 추정하기 위해 1981년부터 2014년까지 USPTO에 등록된 특허를 사용하여 생산성 충격의 도구변수를 계산하였다. 구체적으로, 이 연구는 특허출원건수의 성장률을 자신의 lag와 거시변수 관련 예측, 그리고 통화정책과 재정정책 변수에 회귀한 잔차를 생산성 충격의 도구변수로 사용하였는데, 그 이유는 특허는 미래의 기술변화에 대한 유용한 정보를 제공해주지만 기업의 특허 관련 결정은 각종 거시 지표와 마찬가지로 미래의 경제 상태에 대한 예측과 정부 정책에 영향을 받기 때문이다.

Sharma and Narayan(2022)은 특허 데이터를 통해 추정한 기술 충격을 이용하여 기술 충격이 주식 수익에 미치는 영향을 분석하였다. 1871년부터 2018년도까지 세계 각국의 특허가 기록되어 있는 WIPO의 특허 데이터를 사용하였으며, 기술 충격은 각 연도별 특허 등록 수에서 이전 5개년 특허 등록 수의 평균값을 빼 추세를 제거한 값을 사용하였다. 위의 예에서 알 수 있듯, 저자가 아는 한 특허 데이터를 사용하여 기술 충격을 추정하는 일반적인 방법은 없다. 다만, 모든 회귀분석에서와 마찬가지로 종속변수와 최대한 외생적인 변화를 찾는 것이 관건인데, 본 연구에서는 기술별로 혁신적 기술개발의 급증을 기술 충격으로 정의하였다. 자세한 방법은 제3절에 기술하였다.

기존의 연구를 통해 우리는 디지털기술 혹은 ICT는 작업의 효율화와 자동화, 그리고 자신의 전력 사용 효율화를 통해 온실가스 배출을 감축시킬 수 있다는 것을 알 수 있다. 이에 더해 본 연구는 디지털기술의 발전이 기후기술 발전에 직접 영향을 줌으로써 기후변화 억제에 도움을 줄 수 있다는 것을 밝혀내었다는 점에서 이 연구 분야에 기여하였다.

제3절 실증분석

본 절에서는 디지털기술과 기후기술 간의 관계를 추정하기 위해 사용한 데이터와 실증분석 방법, 그리고 그 결과를 정리하였다. 실증분석에 사용한 미국의 특허 데이터는 이용 시 고려해야 할 세부 사항들이 많아 이를 최대한 자세히 설명해 보았다.

1. 사용 데이터 및 지표

가. 데이터

국가별 기후기술과 디지털기술 개발의 정도는 미국 특허청(United States Patent and Trademark Office: USPTO)의 특허 데이터를 사용하여 추정하였다.[5] USPTO의 특허 데이터는 세계 각국의 기업 혹은 개인이 접

---

5 USPTO 특허 데이터는 USPTO에서 운영하는 PatentsView(www.patentsview.org)의 bulk download 서비스를 통해 2022년 3월 29일 버전을 2022년 6월 24일에 최종 다운로드 받아 사용하였다.

수한 특허 중 최종 승인된 특허에 대해 초록, 인용 특허, 기술 분류, 연구진 목록, 그리고 특허 주인과 연구진의 주소 등의 자세한 정보를 제공한다. 실증분석에 사용한 특허 데이터는 1976년부터 2021년 말까지 USPTO에 접수된 특허 중 최종 승인된 특허이다. USPTO의 특허 데이터의 경우 이미 여러 연구를 통해 잘 알려져 있듯, 특허 등록은 신청서 접수부터 최종 승인까지 짧게는 1년에서 길게는 10년 이상, 평균 3년이 걸린다(그림 6-1 참조). 따라서 특허가 최종 승인된 시점(grant year)은 특허가 담고 있는 기술 혁신이 만들어진 시점과의 괴리가 크다. 그러므로 기존 연구를 따라, 서류 준비 등의 이유로 괴리가 발생할 수밖에 없지만 그 차이가 가장 작은, 특허를 신청한 시점(application year)을 특허가 담고 있는 기술 혁신이 만들어진 시점의 대리변수로 사용하였다.

또한 이 특허 데이터는 최종 승인된 특허의 정보만을 담고 있으므로 [그림 6-2]에서 알 수 있듯이 특허를 신청한 시점을 기준으로 보면 특허 심사(평가)에 걸리는 기간 때문에 (최종 승인된) 특허 개수가 2016년 이후

[그림 6-1] 특허 접수부터 최종 승인까지 걸리는 시간

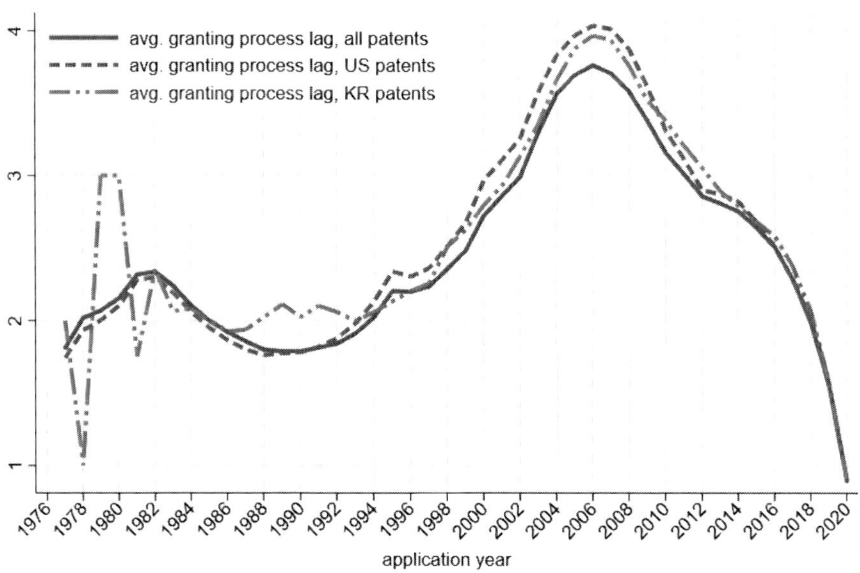

자료: United States Patent and Trademark Office.

급속도로 줄어든다. 예를 들어 2021년에 심사를 신청하여 USPTO에 접수된 특허 서류의 경우, 2021년에는 대부분 USPTO의 특허 심사를 받고 있는 상황이기 때문에 최종 승인이 난 특허의 수는 거의 없을 수밖에 없다. 그렇기 때문에 2021년에 접수된 특허 신청이 2016년도와 동일하고, 신청된 특허의 질 또한 두 연도 모두 동일해서 예를 들어 2030년도에 보았을 때 최종적으로 승인될 특허의 수가 동일할지라도, 2021년도 데이터에는 2021년에 심사 신청을 하고 최종 승인된 특허의 수가 거의 없을 수밖에 없다. 즉, 특허 심사기간이 긴 탓에 2021년도 데이터에서는 최종 승인된 특허 개수를 기준으로 2016년도보다 경제 전체로도, 개별 기업 수준에서도 특허를 적게 만든 것으로 측정되는 것이다. 따라서 이러한 처리 기간에서 오는 편이를 고려하여 분석기간을 2016년까지로 제한하였다. 이에 더하여 기술의 양과 질, 구성 측면에서 비교 가능한 OECD 38개국의 특허만을 분석에 사용하였다.

특허가 담고 있는 기술의 분류로는 Cooperative Patent Classification (CPC)을 사용하였는데, 이 분류 코드는 USPTO가 지속적으로 업데이트

[그림 6-2] OECD 국가들의 연도별 총 특허 개수 변화

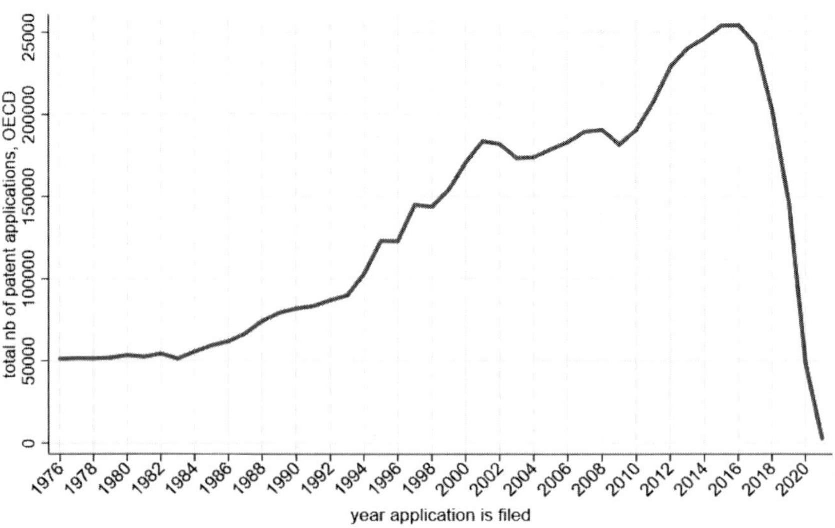

자료: United States Patent and Trademark Office.

<표 6-1> 2016년 특허 개수 기준 상위 10대 OECD 국가

국 가	특 허	CPC4	CPC3
United States	137,923	586	122
Japan	48,397	494	117
Korea	20,120	393	112
Germany	13,688	480	118
France	5,244	390	114
United Kingdom	4,283	362	111
Switzerland	3,861	338	106
Canada	3,675	375	107
Netherlands	3,469	296	102
Sweden	2,870	269	96

주: Cooperative Patent Classification(CPC)는 USPTO가 지속적인 업데이트를 통해 특허 데이터가 제공되는 모든 기간에 대해 일관성을 유지함. 중분류인 3-digit CPC(CPC3)는 총 130개, 그리고 소분류인 4-digit CPC(CPC4)는 총 670개임.

자료: United States Patent and Trademark Office.

하여 특허 데이터가 제공되는 모든 기간 동안 일관성을 유지하는 장점이 있다. 대분류인 1-digit CPC는 총 9개, 중분류인 3-digit CPC(CPC3)는 총 130개, 그리고 소분류인 4-digit CPC(CPC4)는 총 670개이다. <표 6-1>은 2016년도 특허 개수를 기준으로 상위 10개 OECD 국가의 특허 개수와 기술 분류 개수를 보여준다. 부록의 <부표 6-1>은 OECD 국가 38개에 대해 같은 정보를 보여준다. USPTO 특허 데이터에 대한 상세한 정보는 Hall *et al.*(2001)에 잘 정리되어 있다.

나. 기후기술과 디지털기술 구분

앞서 간략하게 설명하였듯, USPTO는 각각의 특허에 하나 이상의 CPC 코드를 부여하여 특허가 담고 있는 기술을 분류한다. 이 분류 코드 중 Y02는 USPTO가 기후 관련 기술(환경변화 억제 및 완화를 위한 기술) 발전을 추적 관찰하기 위해서 특허에 추가적으로 부여하는 코드인데, 이는 2012년 European Patent Office(EPO)와 United Nations(UN), 그리고

International Centre on Trade and Sustainable Development(ICTSD)의 공동 연구 결과로 개발돼 사용되기 시작한 기술 코드이다. 이 세 기관의 기후기술 관련 전문가들은 특허에 포함되어 있는 초록과 클레임을 포함한 모든 설명을 텍스트 분석하여 기후기술과 큰 틀에서 관련성이 있는 특허를 추려내고, 기술 분류 등 다양한 정보를 추가적으로 사용한 수작업 검토를 통해 잘못 분류된 특허를 제거해 나가는 방법으로 기존의 특허에 기후기술 코드를 부여하였고, 이 작업을 특허 전문가들의 관리하에 자동으로 실행할 수 있는 알고리즘을 개발해낸 후, 이를 지속적으로 보완해 나가고 있다. 자세한 내용은 Veefkind *et al.*(2012)에 잘 정리되어 있다. 따라서 본 연구에서는 Y02가 부여된 특허를 기후기술을 위한 특허로 분류하였다. 예를 들어 Y02 아래 소분류인 Y02C는 그린하우스 가스 포집, 저장 그리고 처리를 위한 기술에 부여되는 코드이고, 특히 Y02D는 저전력 컴퓨팅 등 정보통신기술(Information and Communication Technology: ICT) 중 ICT 제품 자체의 전력 사용을 줄이기 위한 기술에 부여되는 코드이다.

CPC 중분류 중 G06는 연산과 셈(computing, calculating, counting)에 관련된 기술에 부여되는 코드이며, 그 아래 소분류인 G06F, G06K, G06N, G06Q, G06T 그리고 G06V는 디지털화에 관련된 기술에 부여되는 코드이므로, 이 여섯 개의 소분류 코드가 부여된 특허를 디지털기술을 위한 특허로 분류하였다. 예를 들어, G06N의 하위 분류인 G06N 20/00은 머신러닝에 관련된 기술에 부여되며, G06F의 하위 분류인 G06F 1/32는 디지털 데이터를 처리하여 장치의 소비전력을 낮추는 기술에 부여되는 코드이다.

[그림 6-3]은 Y02와 G06 하위 여섯 개 소분류 코드로 분류된 기후기술과 디지털기술의 전 세계 모든 국가에 대한 추세를 보여준다. 각각의 특허는 하나 이상의 CPC가 부여되기 때문에 기후기술과 디지털기술 코드가 모두 부여된 경우가 존재한다. 이에 대해서는 기후기술과 디지털기술에 모두 포함시켜 각각의 추세 계산에 이용한 후 기후+디지털기술을 추가적으로 정의하고, 이러한 기술들에 대해서만 다시 추세를 계산하였다. USPTO에 등록된 특허 중 기후기술의 비중은 1980~90년대에 정체되었다

[그림 6-3] 세계 기후 및 디지털 기술 추세

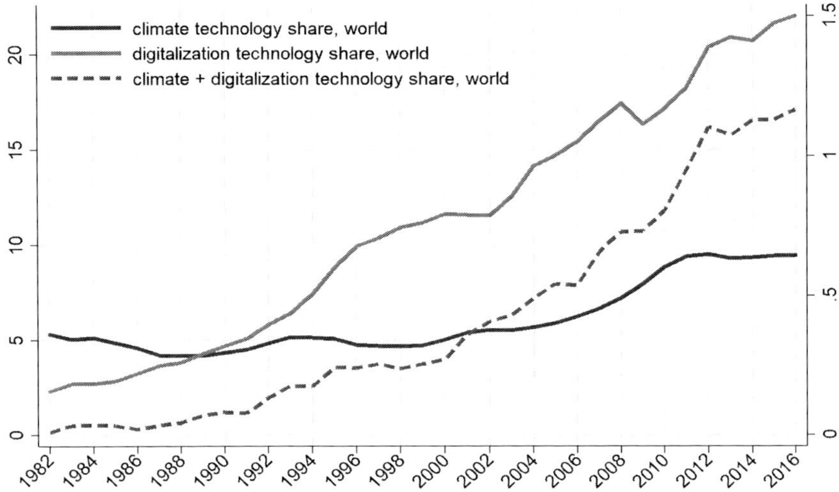

주: 기후기술은 USPTO의 CPC 중 Y02를 사용해 구분하고, 디지털기술은 G06F, G06K, G06N, G06Q, G06T, 그리고 G06V를 사용해 구분함. 기후 + 디지털기술은 이 CPC들이 겹치는 특허에 대해 부여함. 기후 + 디지털기술은 우축임.

자료: United States Patent and Trademark Office.

가 2000년대에는 2010년까지 지속적으로 증가한 후 다시 정체된 모습을 보이는 반면, 디지털기술의 비중은 꾸준히 증가하는 모습을 보인다. 또한 G06F 1/32와 같이 기후기술과 디지털기술이 동시에 접목된 기술의 경우 그 비중이 지속적으로 증가하고 있다.

다. 기술 충격 지표

본 연구의 목표인 디지털기술이 기후기술에 미치는 영향을 추정하기 위해 기술별로 혁신적 기술개발의 급증을 기술 충격으로 정의하고 다음과 같이 계산하였다. 먼저, 특허는 학술논문과 유사하게 특허가 담고 있는 기술을 개발하기 위해 참고하였거나, 관련이 있는 모든 기존 특허를 참조 목록에 적게 되어 있고, 특허 관련 학술 연구들은 이러한 전방 인용 수를 특허의 질(혁신의 정도)을 나타내는 지표로 사용하고 있다. 따라서 전 세계 모든 특허에 대해 인용 수 분포의 상위 99분위(p99) 위쪽에 속해 있는 기술(특허)을 혁신적 기술로 정의하였다.

이때 인용 수는 각각의 기술(CPC4)과 연도의 평균을 보정한 값을 사용하였다(CPC-application year adjusted number of citations). Hall *et al.* (2001)에 자세히 정리되어 있듯, 기술별로 매해 만들어지는 특허의 개수와 그 추세는 다르다. 따라서 기술별로 그리고 연도별로 특정 특허를 인용할 가능성이 있는 특허의 개수는 달라진다. 또한 오래전에 만들어진 특허는 최근 만들어진 특허에 비해 더 오래 등록되어 있다는 단순한 이유만으로 인용 수가 높을 수 있다(극단적으로 오늘 등록된 특허의 인용 수는 0일 수밖에 없다). 때문에 예를 들면, 1990년에 만들어진 2,000개의 인용 수를 가진 자동차 엔진 관련 특허는 2021년에 만들어진 50개의 인용 수를 가진 인공지능 관련 특허보다 혁신 정도가 낮을 수 있다. 따라서 이를 보정해야만 모든 기술과 연도에 대해 인용 수를 비교할 수 있게 되므로, 구체적으로 각각의 기술-연도에 대해 인용 수의 평균을 구한 후 각 특허의 인용 수를 그 특허가 속한 기술-연도의 평균으로 나눈 값을 (기술-연도 보정)인용 수로 사용하였다.[6]

그다음 기술별로 매해 혁신적 기술의 개수가 전체 특허 개수에서 차지하는 비중을 구하여 이를 기술별 혁신적 기술개발 정도의 지표로 사용하였다. 이때 기술의 개수는 특허의 질을 고려하기 위해 인용 수로 보정한 값을 사용하였다. 마지막으로, 이 혁신적 기술개발 정도의 DHS(Davis, Haltiwanger, and Schuh, 1998) 성장률을 연도별로 구한 후, 이 증가율의 분포에서 75분위(p75)보다 높은 증가율이 관측된 연도를 그 기술로 인한 충격(spike)이 있었던 해로 정의하고 회귀분석에 사용하였다. 이렇게 식별된 디지털기술 충격이 있었던 해는 회귀분석에 사용한 1983년부터 2016년까지 34개 연도 중 1983, 1987, 1989, 1991, 1995, 1999, 2001, 2003, 2004, 그리고 2010년으로 총 10개이다. 디지털기술 충격에 해당하는 특허의 예로는 2010년도 기준, 목소리 인식에 기반한 오타 보정 기술이 들어간 전자기기(Apple, US8719014), 건물의 열용량을 계산하기 위한

---

6 앞으로 인용도 혹은 인용 수, 특허 수는 이 기술-연도 평균으로 보정한 인용 수를 의미한다.

시스템과 방법(Ecofactor Inc, US8131497), 디지털 매핑 시스템(Google LLC, US7894984), 그리고 제스처 인식에 기반한 모바일 장치의 전력소비 제어(Qualcomm Inc, US9086875) 등 총 495개의 다양한 디지털기술 특허가 있다. 기술 충격을 측정하는 다른 방법으로는 각국의 디지털기술 개발에 대한 외생적 충격, 예를 들면 디지털기술에 대한 정부 정책 충격 등을 도구변수로 사용하는 것을 생각해 볼 수 있지만, 안타깝게도 이와 같은 변수를 찾지 못하였다.

2. 디지털기술이 기후기술에 미치는 영향

이 절에서는 다양한 기술 수준(level of aggregation)에서 디지털기술이 기후기술에 미치는 영향을 추정하였다.

가. 베이스라인 회귀분석

디지털 관련 기술(G06)의 발전이 기후기술(Y02) 발전에 미치는 영향을 알아보기 위해 다음과 같은 회귀모형을 추정해 보았다.

$$\log(npat_{cjt}) = \beta_1 \ I_j^{\{climate\,tech\}} \times I_{t-s}^{\{digital\,shock\}} + \delta_{ct} + \delta_{cj} + \alpha + \epsilon_{cjt}$$

기술(j) 발전을 나타내는 종속변수 $\log(npat_{cjt})$는 각국(c)의 매해(t) 기술(j)별 특허신청서 개수의 log 값이다. 여기서 특허의 개수를 셀 때에도 기존 연구를 따라 특허의 질을 고려하기 위해 기술-연도를 보정한 인용수를 사용하였다. 기술 분류는 CPC4를 사용하였다.

설명변수 $I_j^{\{climate\,tech\}}$는 각각의 기술(j)이 기후기술(Y02)에 속해 있으면 1의 값을 갖는 더미변수이고, $I_{t-s}^{\{digital\,shock\}}$는 디지털기술(G06) 충격이 관측된 연도($t-s$)에 1을 부여하는 더미변수이다. 따라서 $I_j^{\{climate\,tech\}}$와 $I_{t-s}^{\{digital\,shock\}}$의 교차항의 계수인 β_1은 s년 전의 디지털기술 충격이 다른 기술 대비 이번 기 기후기술에 추가로 미치는 영향을 추정한다. USPTO에 제출된 특허신청서가 USPTO 조사관(examiner)에 의해 그 가치를 인정받아 기술이 보호되고, 그 내용이 (특허가 최종 승인되기 전) 대중에 공개될 때까지 시간이 걸리기 때문에 s는 1년 이상의 값을 주어야 한다. 또한 그 정보가 공개되고 난 후, 기업들은 이 기술을 배운 후 적용하여 자신의 기술을 개발해 다시 USPTO에 특허서류를 준비 및 제출하여야 하므로 s는 최소 2년 이상의 값이어야 할 것이다. 따라서 베이스라인 회귀분석에서는 $s=3$을 사용하였다. 강건성 검사에서 다양한 s에 대해 같은 회귀분석을 실행하였고, 결과는 <부표 6-2>에 첨부하였다. 예상한 바와 같이, 같은 연도에 발생한 디지털기술 충격이 기후기술에 주는 영향은 계수값도 작고, 통계적으로도 유의미하지 않게 추정되었다.

δ_{ct}는 국가-연도 고정효과로, 국가별로 상이할 수 있는 기술개발 트렌드 및 특허 신청에 영향을 줄 수 있는 일시적 요소를 통제하기 위해 사용하였다. $I_{t-s}^{\{digital\ shock\}}$는 이 국가-연도 고정효과가 흡수하므로 개별 종속변수로 포함하지 않았다. δ_{cj}는 국가-기술 고정효과로, 국가별로 상이한 개발기술 구성 등을 통제하기 위해 사용하였다. $I_j^{\{climate\ tech\}}$는 이 국가-기술 고정효과가 흡수하므로 개별 종속변수로 포함하지 않았다. α는 상수항이다. 이 회귀분석에서는 3년 전 기술 충격을 계산해 사용해야 하기 때문에 분석 샘플 기간을 1983년부터 2016년까지 34개 연도로 제한하였다. 이 베이스라인 회귀분석에 사용된 데이터에는 38개 국가의 666개 CPC4가 포함되어 있으며, 관측치는 총 24만 1,402개이다. 종속변수인 $\log(npat_{cjt})$는 회귀분석 샘플 전체에서 평균 1.63, 표준편차 1.56이며, 기후기술의 $\log(npat_{cjt})$는 평균 1.97, 표준편차 1.78이다. 기술 충격이 있었던 해는 앞서 설명한 총 10개 연도이다.

<표 6-2>는 이 베이스라인 회귀분석 식을 고정효과 없이, 국가-연도 고정효과만, 국가-기술 고정효과만, 그리고 모든 고정효과를 넣어 추정한 값을 보여주는데, 모든 조합에 대해 양의 부호의 통계적으로 유의미한 결과를 얻을 수 있었다. 주 모형인 네 번째 열을 보면, 디지털기술의 충격은 다른 기술 대비 각국의 기후기술 관련 특허를 (기술-연도를 보정한 인용 수로) 1.24개($\exp(0.213)$) 증가시킨다는 것을 알 수 있다. 각국의 매해 기후기술 관련 특허 개수의 평균은 (기술-연도를 보정한 인용 수로)

<표 6-2> 디지털기술 충격이 기후기술 발전에 미치는 영향

	$\log(npat_{cjt})$	$\log(npat_{cjt})$	$\log(npat_{cjt})$	$\log(npat_{cjt})$
$I_j^{\{climate\ tech\}} \times I_{t-3}^{\{digital\ shock\}}$	0.455*** (0.031)	0.756*** (0.036)	0.307* (0.153)	0.213** (0.102)
상수	1.625*** (0.013)	1.621*** (0.001)	1.627*** (0.028)	1.629*** (0.001)
N	241,402	241,402	241,402	241,402
Fixed effects	no	ct	cj	ct, cj

주: * p ≤ 0.10, ** p ≤ 0.05, *** p ≤ 0.01.
자료: United States Patent and Trademark Office 자료를 이용하여 저자 분석.

7.17개($\exp(1.97)$)이므로, 이 결과는 디지털기술 충격은 기후기술 관련 특허를 평균적으로 약 17.3% 증가시킨다는 것을 보여준다. 이는 앞서 소개한 디지털 전환이 여러 방면에서 에너지 사용을 줄임으로써 기후변화 억제에 도움을 준다는 선행연구들의 결과에 더해 디지털기술의 발전이 기후기술의 발전을 도움으로써 기후변화 억제에 추가적인 도움을 줄 수 있다는, 장기적으로도 매우 중요한 의미를 갖는 결과이다. 따라서 디지털기술 개발 관련 정책은 기후기술 개발에도 큰 영향을 주리라는 것을 알 수 있다.

나. 지표의 유효성과 강건성 검사

이제 회귀분석에 사용한 디지털 충격 지표가 기후기술과의 단순한 추세나 모호한(spurious) 관계 등을 잡아내었을 가능성을 테스트해 보기 위해 제일 기본적으로 현재(t)의 기후기술을 미래($t+s$)의 디지털기술 충격 지표에 회귀분석해 보았다. 이 회귀분석에서는 미래의 기술 충격을 계산해야 하기 때문에 분석기간을 1983년부터 2013년까지로 제한하였다. <표 6-3>의 첫 번째 열에는 $s=3$에 대한 결과가 있으며, 통계적으로 유의하지 않은 값을 보여주고 있어, 디지털 충격 지표가 모호한 관계를 잡아낼 가능성은 적은 것으로 보인다. <부표 6-3>은 $s=1$과 $s=2$에 대해 같은 분석을 실행한 결과를 보여주고 있다. $s=1$에 대해서는 유의수준 10%에서 통계적으로 유의미한 결과를 볼 수 있는데, 이는 특허 신청 직전 기술 개발에 대한 정보가 공개됨에 따른 영향일 가능성, 분석 샘플의 크기가 큰(22만 1,532개) 것에 기인한 통계적 유의성일 가능성 등을 생각해 볼 수 있다. 다만, 이에 대해서는 추가적인 분석이 필요하다. $s=2$에 대해서는 통계적으로 유의미한 결과를 얻을 수 없었다.

<표 6-3>의 두 번째 열은 모든 기술에 대해 디지털기술 충격이 미치는 영향을 보여준다. 이는 디지털기술 충격 지표가 기후기술에 영향을 준 것이 아니라 기술 전반에 대해 영향을 주었거나, 모호한 관계가 존재해서 베이스라인 분석 결과가 나타난 것은 아닌지 테스트해준다. 하지만 이 분석 결과는 통계적으로 유의하지 않고, 계수값도 작아 위의 우려는 적은 것으로 판단된다.

<표 6-3>의 세 번째 열은 반대로 기후기술 충격이 디지털기술에 미친 영향을 보여준다. 이는 기후기술과 디지털기술 사이에 공통되는 경향성이 있어 베이스라인 결과는 디지털기술이 기후기술에 미치는 영향이 아닌 단순한 상관관계를 추정한 것인지를 역인과관계를 분석함으로써 테스트해준다. 특히 기후기술이 디지털기술에 직접적인 영향을 줄 이유는 적기 때문에 이 테스트 결과는 중요하다고 할 수 있는데, 분석 결과는 통계적으로 유의하지 않은 것으로 나와 이에 대한 우려는 적은 것으로 판단된다. <표 6-3>의 네 번째 열은 기후기술 충격이 디지털기술에 미치는 영향을 추가로 통제하고 베이스라인 모형을 추정한 결과를 보여주는데, 계수값과 통계적 유의성 (그리고 표준오차까지) 모두 변하지 않는 것을 알 수 있다.

마지막으로, <표 6-4>는 3년 전 기후기술 충격을 통제하고도 베이스라인 결과가 유지되는지를 테스트한 결과를 보여준다. 디지털기술 충격이 발생할 때 우연히 기후기술 충격이 동시에 발생하였다면, 베이스라인 결과는 편의가 있을 수 있기 때문이다. 하지만 기후기술 충격을 통제하고도 디지털기술 충격의 효과는 통계적으로 동일한 값으로 추정되었으며, 네 번째 열에서 볼 수 있듯이 필요한 고정효과를 통제하고 나면 기후기술 충격의 영향은 통계적으로 유의한 값을 가지지 못한다는 것을 볼 수

<표 6-3> 디지털기술 충격의 효과에 대한 강건성 검사 I

	$\log(npat_{cjt})$	$\log(npat_{cjt})$	$\log(npat_{cjt})$	$\log(npat_{cjt})$
$I_j^{\{climate\ tech\}} \times I_{t+3}^{\{digital\ shock\}}$	0.023 (0.111)			
$I_{t-3}^{\{digital\ shock\}}$		0.104 (0.063)		
$I_j^{\{digital\ tech\}} \times I_{t-3}^{\{climate\ shock\}}$			0.346 (0.210)	0.346 (0.210)
$I_j^{\{climate\ tech\}} \times I_{t-3}^{\{digital\ shock\}}$				0.213** (0.102)
상수	1.645*** (0.002)	1.564*** (0.053)	1.629*** (0.001)	1.626*** (0.002)
N	221,532	241,402	241,402	241,402
Fixed effects	ct, cj	cj	ct, cj	ct, cj

주: * p ≤ 0.10, ** p ≤ 0.05, *** p ≤ 0.01.
자료: United States Patent and Trademark Office 자료를 이용하여 저자 분석.

<표 6-4> 디지털기술 충격의 효과에 대한 강건성 검사 II

	$\log(npat_{cjt})$	$\log(npat_{cjt})$	$\log(npat_{cjt})$	$\log(npat_{cjt})$
$I_j^{\{climate\ tech\}} \times I_{t-3}^{\{digital\ shock\}}$	0.324*** (0.060)	0.562*** (0.071)	0.299* (0.149)	0.207** (0.100)
$I_j^{\{climate\ tech\}} \times I_{t-3}^{\{climate\ shock\}}$	0.243*** (0.076)	0.360*** (0.090)	0.160 (0.132)	0.101 (0.089)
상수	1.624*** (0.012)	1.620*** (0.001)	1.626*** (0.028)	1.628*** (0.002)
N	241,402	241,402	241,402	241,402
Fixed effects	no	ct	cj	ct, cj

주: * p ≤ 0.10, ** p ≤ 0.05, *** p ≤ 0.01.
자료: United States Patent and Trademark Office 자료를 이용하여 저자 분석.

있다. 위의 여러 테스트 결과는 베이스라인 회귀분석 결과가 디지털기술의 발전이 기후기술에 미치는 영향(인과관계)을 추정한 것일 가능성이 높다는 것을 보여준다.

추가적으로, 앞서 기술 구분법에 대한 설명에서 간략히 언급한 기후기술과 디지털기술이 동시에 접목된 기술만을 종속변수로 사용하여 디지털기술 충격의 효과를 분석해 보았다. [그림 6-3]에서 볼 수 있듯, 이러한 기술을 나타내는 특허의 비중은 그렇게 크지 않지만(최근 전체 특허의 0.6% 수준), 디지털기술을 직접 사용하는 기후기술이기 때문에 베이스라인 회귀분석 결과에 대한 추가적인(디지털기술의 간접 효과를 제거한) 강건성 검사에 사용할 수 있다. 이 회귀분석에서 종속변수는 국가별 기후기술과 디지털기술이 동시에 접목된 기술을 담은 특허의 기술-연도를 보정한 인용 수의 로그값이고, 독립변수는 연도별 디지털기술 충격 유무를 나타내는 더미변수이므로 고정효과는 국가 수준에서만 통제하였다. 이 회귀분석 결과는 <부표 6-4>에 보고하였다. 이 회귀분석에 사용된 샘플은 국가-연도 수준이기 때문에 관측 수(1,197개)가 적어 추정값의 통계적 유의성은 낮지만(10% 수준), 추정값인 0.304는 베이스라인 회귀분석의 결과와 유사하였다.

다. 확장 회귀분석 I

이제 디지털기술이 기후기술에 미치는 영향을 더 자세히 알아보기 위해 베이스라인 모형을 확장하여 분석을 실행해 보았다. 첫 번째 확장 회귀분석에서는 디지털기술의 발전이 기후기술에 미친 영향에 있어 한국이 나머지 국가에 비하여 다르게 나타나는지를 알아보았다. 만약 기술 간 관계가 다르게 추정된다면, 특히 그 관계가 한국에서 더 약한 것으로 나타나면, 이유를 분석해 개선 방법을 찾아야 하기 때문이다. 이를 위해 베이스라인 회귀분석에 한국 더미변수($I_c^{\{Korea\}}$)를 추가로 교차하여 추정해 보았고, 결과는 <표 6-5>의 첫 번째 열의 두 번째 행에서 볼 수 있듯 통계적으로 유의미하지 않았다. 즉, 디지털기술과 기후기술 간의 관계는 기술 자체만의 특성에 기인하며 정책, 기술력 등의 이유로 한국에만 특정적으로 그 관계가 다를 수 있다는 증거는 찾을 수 없었다.

다음으로는 디지털기술이 스마트 그리드 관련 기술(Y04)에 미치는 영향을 추정해 보았고, 결과는 <표 6-5>의 두 번째 열에서 볼 수 있듯 통계

<표 6-5> 디지털기술의 한국 특정 효과와 스마트 그리드 기술에 대한 효과

	$\log(npat_{cjt})$	$\log(npat_{cjt})$
$I_j^{\{climate\,tech\}} \times I_{t-3}^{\{digital\,shock\}}$	0.206** (0.098)	
$\times I_c^{\{Korea\}}$	0.153 (0.162)	
$I_j^{\{smart\ grid\ tech\}} \times I_{t-3}^{\{digital\,shock\}}$		0.209 (0.140)
상수	1.629*** (0.001)	1.631*** (0.000)
N	241,402	241,402
Fixed effects	ct, cj	ct, cj

주: * p ≤ 0.10, ** p ≤ 0.05, *** p ≤ 0.01.
자료: United States Patent and Trademark Office 자료를 이용하여 저자 분석.

적으로 유의미하지 않았다. 다만, 이는 스마트 그리드 관련 기술에 큰 영향을 줄 것으로 예상되는 AI 관련 기술의 발전이 2016년도 이후에 본격화되었기 때문일 가능성이 있어 향후 다시 조사를 실행해야 할 것으로 판단된다. 또한 디지털기술에는 여러 가지 종류가 있기 때문에 이를 한데 묶어 추정할 경우 서로의 효과가 상쇄되어 이러한 결과가 나타날 수도 있다. 이 확장 회귀분석 결과의 유효성 검사를 위해 미래의 기술 충격을 사용한 결과는 <부표 6-5>에 보고하였다.

라. 확장 회귀분석 II

본 연구에서 개발하여 사용한 기술 충격 지표는 연도별로 0과 1의 값을 갖는 더미변수이기 때문에 세세한 분류의 기술에 대해서는 한계가 있을 수 있다. 그 이유는 대분류 기술 아래의 세분류 기술들이 큰 틀에서 유사한 움직임을 보인다면, 연도별로 바뀌는 0과 1로는 각각의 세분류 기술들의 움직임을 구분해내기 힘들기 때문이다. 이와 같은 한계점을 염두에 두고 이번 확장 회귀분석에서는 디지털기술로 크게 묶인 여러 세부 디지털기술들 각각이 기후기술에 미치는 영향을 추정하여 디지털기술의

<표 6-6> 세부 디지털기술 충격이 기후기술 발전에 미치는 영향

	$\log(npat_{cjt})$	$\log(npat_{cjt})$	$\log(npat_{cjt})$
$I_j^{\{climate\ tech\}} \times I_{t-3}^{\{data\ processing\ tech\ shock\}}$	0.269*** (0.095)		
$I_j^{\{climate\ tech\}} \times I_{t-3}^{\{machine\ learning\ tech\ shock\}}$		0.276*** (0.085)	
$I_j^{\{climate\ tech\}} \times I_{t-3}^{\{image\ processing\ tech\ shock\}}$			0.316*** (0.090)
상수	1.627*** (0.002)	1.629*** (0.001)	1.628*** (0.001)
N	241,402	241,402	241,402
Fixed effects	ct, cj	ct, cj	ct, cj

주: * $p \leq 0.10$, ** $p \leq 0.05$, *** $p \leq 0.01$.
자료: United States Patent and Trademark Office 자료를 이용하여 저자 분석.

영향을 자세히 알아보았다.

<표 6-6>은 (데이터 처리를 통한 소비전력 절감 기술이 포함된) 데이터 처리 관련 기술(G06F), 머신러닝 관련 기술(G06N), 그리고 이미지 처리 관련 기술(G06T)이 기후기술에 미치는 영향을 분석한 결과를 보여준다.[7] 디지털기술의 핵심이라고 할 수 있는 이 세 가지 기술에 의해 기후기술의 발전이 큰 영향을 받는 것을 알 수 있는데, 이는 앞서 소개한 선행연구들이 밝혀낸 기후변화 억제에 대한 디지털 전환의 구체적인 기능을 이해하는 것을 돕는 동시에, 디지털기술의 추가적인 중요성을 강조한다. 이에 대한 논의는 세부 기후기술에 대한 디지털기술의 영향을 분석하는 다음 항에서 자세히 다루었다. 이 확장 회귀분석 결과의 유효성 검사를 위해 미래의 기술 충격을 사용한 결과는 <부표 6-6>에 보고하였다.

이에 더하여 세부 디지털기술이 스마트 그리드 기술에 미치는 영향을 알아보았고, 결과는 <표 6-7>에 보고하였다. 앞서 살펴보았듯, 디지털

7 다른 세부 디지털기술에 대해서도 같은 분석을 실행하였으나, 이 세 기술 외에는 통계적으로 유의미한 결과를 얻지 못해 결과를 리포트하지 않았다. 다른 기술들에는 이미지와 비디오 인식기술, 집계(counting) 기술, 연산(computing) 기술 등이 있다.

<표 6-7> 세부 디지털기술 충격이 스마트 그리드 기술 발전에 미치는 영향

	$\log(npat_{cjt})$	$\log(npat_{cjt})$
$I_j^{\{smart\ grid\ tech\}} \times I_{t-3}^{\{data\ processing\ tech\ shock\}}$	0.224* (0.115)	
$I_j^{\{smart\ grid\ tech\}} \times I_{t-3}^{\{machine\ learning\ tech\ shock\}}$		0.258* (0.136)
상수	1.631*** (0.000)	1.631*** (0.000)
N	241,402	241,402
Fixed effects	ct, cj	ct, cj

주: * p ≤ 0.10, ** p ≤ 0.05, *** p ≤ 0.01.
자료: United States Patent and Trademark Office 자료를 이용하여 저자 분석.

기술 전체에 대해 그 영향을 알아보았을 때에는 통계적으로 유의미한 결과를 얻을 수 없었으나, 데이터 처리 관련 기술과 머신러닝 관련 기술에 대해 10% 통계적 유의성 수준에서 스마트 그리드 기술 발전에 주는 영향을 발견할 수 있었다. 사실, 머신러닝 관련 기술은 2016년 이후 급속도로 발전하였고, 스마트 그리드 기술 또한 상대적으로 새로운 것이기 때문에 몇 년 후 가용 데이터가 쌓이면 통계적으로 더 안정된 결과를 얻게 될 가능성이 있다. 이 확장 회귀분석 결과의 유효성 검사를 위해 미래의 기술 충격을 사용한 결과는 <부표 6-7>에 보고하였다.

마. 확장 회귀분석 III

마지막으로, 디지털기술이 기후기술에 속해 있는 세부 기후기술 각각에 미치는 영향을 알아보았다. <표 6-8>과 <표 6-9>에서 알 수 있듯, 디지털기술은 총 여덟 개의 세부 기후기술 중 친환경 및 에너지 절약 건물 관련 기술(Y02B), 온실가스(GHG) 처리 관련 기술(Y02C), 정보통신기술(ITC) 관련 전력 절약(power saving) 기술(Y02D), 에너지 생성 관련 온실가스 감축 기술(Y02E), 제품 생산 및 처리에서 오는 기후변화 경감 기술(Y02P), 그리고 친환경 이동수단 관련 기술(Y02T)의 총 여섯 개의 세부

<표 6-8> 디지털기술 충격이 세부 기후기술 발전에 미치는 영향 I

	$\log(npat_{cjt})$	$\log(npat_{cjt})$	$\log(npat_{cjt})$
$I_j^{\{green\ building\ tech\}} \times I_{t-3}^{\{digital\ shock\}}$	0.347** (0.148)		
$I_j^{\{GHG\ processing\ tech\}} \times I_{t-3}^{\{digital\ shock\}}$		0.239** (0.090)	
$I_j^{\{ITC\ power\ saving\ tech\}} \times I_{t-3}^{\{digital\ shock\}}$			0.401* (0.231)
상수	1.631*** (0.000)	1.631*** (0.000)	1.631*** (0.000)
N	241,402	241,402	241,402
Fixed effects	ct, cj	ct, cj	ct, cj

주: * p ≤ 0.10, ** p ≤ 0.05, *** p ≤ 0.01.
자료: United States Patent and Trademark Office 자료를 이용하여 저자 분석.

<표 6-9> 디지털기술 충격이 세부 기후기술 발전에 미치는 영향 II

	$\log(npat_{cjt})$	$\log(npat_{cjt})$	$\log(npat_{cjt})$
$I_j^{\{energy\ GHG\ reduction\ tech\}} \times I_{t-3}^{\{digital\ shock\}}$	0.351** (0.158)		
$I_j^{\{green\ production\ \text{or}\ processing\ of\ goods\ tech\}} \times I_{t-3}^{\{digital\ shock\}}$		0.183* (0.097)	
$I_j^{\{green\ transportation\ tech\}} \times I_{t-3}^{\{digital\ shock\}}$			0.346** (0.133)
상수	1.631*** (0.000)	1.631*** (0.000)	1.631*** (0.000)
N	241,402	241,402	241,402
Fixed effects	ct, cj	ct, cj	ct, cj

주: * p ≤ 0.10, ** p ≤ 0.05, *** p ≤ 0.01.
자료: United States Patent and Trademark Office 자료를 이용하여 저자 분석.

기술 발전에 두드러진 영향을 주는 것으로 나타났다.[8] 이러한 결과가 정확하게 현실에서 어떻게 구현되고 있으며, 어떠한 의미인지를 알아보기

8 나머지 세부 기후기술은 기후변화 적응을 위한 기술(Y02A)과 폐수 및 폐기물 처리 관련 기술(Y02W)이다.

위해 몇 가지 사례를 찾아보았다.

구글은 2016년에 딥마인드(DeepMind)의 머신러닝 기술을 통해 건물의 공조 시스템(HVAC)을 효율적으로 제어하는 방법을 찾아 구글의 데이터센터 서버에서 발생하는 열을 식히는 데에 사용되는 전력을 40%가량 줄이고, 데이터센터의 전력사용효율(Power Usage Effectiveness: PUE)을 약 15% 낮출 수 있었다.[9] 참고로 PUE가 낮을수록 전력을 적게 사용하는 것이다. 그리고 구글은 이렇게 만들어낸 알고리즘을 이용하면 발전소, 반도체공장 등에서 사용되는 전력과 물의 양 또한 줄일 수 있을 것으로 보았다. 이와 같은 구글의 디지털기술을 기후기술에 새롭게 적용한 노력은 BrainBox AI와 같은 건물의 HVAC 최적화를 사업으로 하는 신생 기업을 만들어냈고, 이들의 혁신은 가정집, 호텔, 공항, 식품점 등 다양한 곳에 사용되어 온실가스 배출을 20~40% 낮출 수 있었다. 또한 BrainBox AI에 따르면 이 회사의 기술은 고객들의 전기요금을 25% 낮출 수 있었다고 한다.[10] US969723은 BrainBox AI가 2019년 2월에 USPTO에 서류를 제출하고 2021년 1월에 등록된 특허인데, 이는 빌딩과 빌딩 네트워크의 HVAC을 최적화하기 위한 시스템과 방법(System and Methods of Optimizing HVAC Control in a Building or Network of Buildings)에 대한 특허로, HVAC 관련 과거 데이터를 이용한 머신러닝을 통해 날씨와 공간 점유율을 고려하여 최적의 HVAC 필요조건을 계산하고 실행에 옮기는 기술을 담고 있으며, G06N(머신러닝 관련 기술)에 배정되어 있다. 구글이 시작한 이 기술이 친환경 및 에너지 절약 건물 관련 기술(Y02B)에 큰 영향을 주고 있음은 자명해 보인다. 또한 구글의 설명처럼 이 기술은 에너지 생성, 제품 생산 및 처리에서 발생하는 온실가스 감축(Y02E, Y02P)의 발전에도 많은 영향을 줄 수 있을 것이기 때문에, 앞으로 이 기술이 기존 기술의 발전과 새로운 기술의 탄생을 통해 기후변화 억제에 얼마나

---

9 https://www.deepmind.com/blog/deepmind-ai-reduces-google-data-centre-cooling-bill-by-40

10 Forbes, “These Are the Startups Applying AI To Tackle Climate Change,” 2021. 6. 20 (https://www.orbes.com/sites/robtoews/2021/06/20/these-are-the-startups-applying-ai-to-tackle-climate-change/?sh=4926ee727b26).

큰 도움을 줄 수 있을지 기대가 된다.

이미지 데이터 처리 관련 기술(G06T)은 컴퓨터가 교통카메라의 영상을 실시간으로 분석할 수 있게 도와주어 교통신호 제어를 통한 체증 완화로 온실가스 배출을 낮추고, 위성 촬영 이미지를 분석해 메탄가스 누출 지역을 찾아내는 등 여러 방면에서 기후변화 억제에 도움을 주고 있다. 메탄가스와 이산화탄소 배출 지역을 찾아내기 위해 미국의 Planet Labs가 나사(NASA), 캘리포니아 주 정부, 애리조나 대학교 등 여러 파트너들과 개발 중인 Carbon Mapper Satellite Sensor가 좋은 예이다.[11] 이와 같은 이미지 데이터 처리기술 덕분에 우리는 실시간으로 문제가 발생한 지역을 찾아내고 온실가스 처리 관련 기술(Y02C)을 사용해 문제를 해결하여 기후변화를 줄일 수 있게 되었다. 마찬가지로 앞으로 이 기술은 다양한 새로운 분야에 적용되어 기후변화 억제에 많은 도움이 될 것이다. 데이터 처리를 통한 소비전력 절감 기술 등의 데이터 처리 관련 기술이 기후기술, 특히 정보통신기술 관련 전력 절약 기술에 사용된 예는 다음 절에서 정책적 시사점을 이야기하며 알아보도록 하겠다. 이 확장 회귀분석 결과의 유효성 검사를 위해 미래의 기술 충격을 사용한 결과는 <부표 6-8>과 <부표 6-9>에 보고하였다. 앞서 언급한 기술 충격의 지표가 갖는 잠재적 한계점과 데이터를 너무 세분할 때 발생할 수 있는 측정오류에 기인한 때문인지, 세부 기후기술과 세부 디지털기술 간 관계 분석의 결과는 안정적이지 않아 본 연구에 추가하지 않았다. 향후 연속적인 방법으로 기술 충격을 측정할 수 있다면 분석을 다시 실행해 볼 예정이다.

---

11 Satellite Imaging Corporation, “Satellite Remote Sensing for Global Climate Change”(https://www.satimagingcorp.com/applications/environmental-impact-studies/global-warming/).

제4절 정책적 시사점

1. 정보통신기술의 전력 절약을 위한 기술개발에 대한 지원

앞서 언급한 선행연구와 실제 사례에서 알 수 있듯이 디지털 전환, 특히 고성능 컴퓨터를 사용하는 인공지능 기술과 데이터센터는 기후변화 억제에 점점 더 큰 역할을 하게 될 것이다. 그리고 본 연구와 선행연구의 결과에서 알 수 있듯, 이러한 디지털기술들이 기후기술과 융합하여 기후변화 억제를 돕고, 기후기술을 발전시킬 수 있다는 사실에는 아무도 이견이 없을 것이다. 다만, 고성능 컴퓨터와 데이터센터가 상당한 전력을 소비하고, 이 때문에 기후변화에 부정적인 영향을 준다는 것 또한 사실이다. 앞서 소개한 바와 같이 많은 선행연구, 그리고 여러 기관들은 이와 같이 에너지 집약적인 디지털기술에 대해 우려하고 논의하고 있다. Koomey *et al*.(2011)과 IEA(2022)가 보여주듯 디지털기술은 그 발전 속도보다 더 빠른 속도로 에너지 효율성을 높여나가고 있지만, 그 속도를 높일 여력이 존재하고 또한 2050년 넷 제로를 달성하기 위해 그 속도를 높여야 하는 상황이다. 이러한 이유로, 그리고 앞으로 디지털화와 에너지 전기화가 가속화될 것이 예상되는 현시점에서, 정보통신기술의 전력 절약을 위한 기술(information and communication technologies aiming at the reduction of their own energy use)의 중요성이 점점 더 증가할 것은 자명하다.

[그림 6-4]는 (데이터 처리를 통한 소비전력 절감 기술이 포함된) 데이터 처리 관련 기술(G06F)이 정보통신기술의 전력 절약을 위한 기술에 사용된 구체적인 예를 보여준다. 이것은 Intel이 2011년도에 접수하고, 2015년에 승인받은 컴퓨터 프로세서의 에너지 사용을 줄이기 위한 기술에 대한 특허인데, 오른쪽 아래의 초록을 읽어보면, 이 기술은 컴퓨터에서 실행 중인 프로세스 중 가동되지 않고 있는(idle) 상태인 프로세스들을 찾아내고(identify), 이들을 한데 묶어 이 프로세스들에 사용되는 전력을 낮추

[그림 6-4] 정보통신기술의 전력 절약을 위한 기술의 예

US009075610B2

(12) **United States Patent**
Weissmann et al.

(10) **Patent No.:** **US 9,075,610 B2**
(45) **Date of Patent:** **Jul. 7, 2015**

(54) **METHOD, APPARATUS, AND SYSTEM FOR ENERGY EFFICIENCY AND ENERGY CONSERVATION INCLUDING THREAD CONSOLIDATION**

(75) Inventors: **Eliezer Weissmann**, Haifa (IL); **Efraim Rotem**, Haifa (IL); **Avinash N. Ananthakrishnan**, Hillsboro, OR (US); **Alon Naveh**, Ramat Hasharon (IL); **Hisham Abu Salah**, Majdal shams (IL); **Nadav Shulman**, Tel Mond (IL)

(73) Assignee: **Intel Corporation**, Santa Clara, CA (US)

(*) Notice: Subject to any disclaimer, the term of this patent is extended or adjusted under 35 U.S.C. 154(b) by 557 days.

(21) Appl. No.: **13/327,692**

(22) Filed: **Dec. 15, 2011**

(65) **Prior Publication Data**

US 2012/0185709 A1 Jul. 19, 2012

(51) **Int. Cl.**
G06F 1/26 (2006.01)
G06F 1/32 (2006.01)

(52) **U.S. Cl.**
CPC ***G06F 1/3243*** (2013.01); ***G06F 1/3234*** (2013.01); *Y02B 60/32* (2013.01); *Y02B 60/1239* (2013.01)

(58) **Field of Classification Search**
CPC G06F 1/32; G06F 1/324; G06F 1/329; G06F 1/3203; G06F 1/3234; G06F 1/3287; G06F 1/3293; G06F 9/5077; G06F 9/5094; G06F 9/4533; G06F 9/5083; G06F 9/4856; G06F 9/50; G06F 9/505; G06F 9/5061; G06F 9/5088; Y02B 60/142; Y02B 60/144; Y02B 60/148; Y02B 60/162
USPC 713/300, 320, 322, 323, 324; 718/100, 718/102, 104, 105, 107, 108
See application file for complete search history.

(56) **References Cited**

U.S. PATENT DOCUMENTS

8,533,719	B2 *	9/2013	Fedorova et al.	718/102
2010/0037038	A1 *	2/2010	Bieswanger et al.	712/220
2010/0146513	A1 *	6/2010	Song	718/104
2011/0055838	A1 *	3/2011	Moyes	718/102
2011/0219246	A1 *	9/2011	Arai	713/320
2011/0246995	A1 *	10/2011	Fedorova et al.	718/103
2012/0137289	A1 *	5/2012	Nolterieke et al.	718/1
2012/0272243	A1 *	10/2012	Nolterieke et al.	718/1
2012/0284549	A1 *	11/2012	Abdul et al.	713/323

* cited by examiner

Primary Examiner — Mohammed Rehman
(74) *Attorney, Agent, or Firm* — Trop, Pruner & Hu, P.C.

(57) **ABSTRACT**

An apparatus, method and system is described herein for thread consolidation. Current processor utilization is determined. And consolidation opportunities are identified from the processor utilization and other exaction parameters, such as estimating a new utilization after consolidation, determining if power savings would occur based on the new utilization, and performing migration/consolidation of threads to a subset of active processing elements. Once the consolidation is performed, the non-subset processing elements that are now idle are powered down to save energy and provide an energy efficient execution environment.

19 Claims, 6 Drawing Sheets

자료: United States Patent and Trademark Office.

는 것이라고 한다.

이 특허의 예와 같은 컴퓨터 관련 제품과 부품 등 정보통신기술을 사용하는 제품의 전력 사용을 낮춰주는 기술은 기후변화 억제에 큰 도움을 주고, 디지털 전환에 있어서도 기업의 전력 사용 비용을 낮추어 줌으로써 전환 속도를 높이는 등 큰 도움을 줄 수 있다. 또한 앞의 분석에서 볼 수 있듯 이러한 디지털기술의 발전은 다른 기후기술의 발전에도 도움을 준다. 정리하면, 이러한 정보통신기술의 전력 절약을 위한 기술은 많은 사람들이 우려하고 있는 디지털 전환으로 인한 전력소비 증가와 온실가

스 증가의 문제를 해결해줄 수 있는 해법이며, 이를 통해 디지털 전환으로 인한 순 에너지 절감량을 크게 높일 가능성이 있으며, 이에 더해 기후기술의 발전을 도울 수 있다. 따라서 정보통신기술의 전력 절약을 위한 기술개발을 기후정책에서 명시적으로 지원한다면, 기후변화 억제에 큰 도움이 될 뿐 아니라 디지털 전환에도 좋은 영향을 가져다줄 수 있을 것으로 판단된다.

2. 디지털기술 투자 인센티브 저해 요소 제거

기후정책은 현재 혹은 단기적 온실가스 배출 총량 목표를 달성하기 위해 예외 없이 모든 분야에 대해 동일하게 적용될 수도 있지만, 기술발전 등을 통해 중장기적으로 온실가스 배출을 획기적으로 줄일 수 있는 분야에 대해서는 단기적 목표는 지키지 못하더라도 중장기적으로 더 큰 감축이 가능할 수 있도록, 단기적 규제를 완화하는 방향으로 시행할 수도 있을 것이다. 기술 관련 투자는 기대수익에 민감하게 반응할 수밖에 없는데, 각종 규제는 투자의 기대수익을 낮춤으로써 기업의 기술개발 인센티브를 저해하게 된다. 최근 삼성전자의 경우 RE100 동참을 선언했으나 신기술 반도체 생산에 따른 전력 사용 증가와 높은 재생에너지 가격, 그리고 수급 문제 때문에 RE100 이행에 어려움을 겪고 있다는 보도가 있다.[12] 물론 RE100에의 참여는 아직 (시장의 압력이 있지만 적어도 정부정책에 의한 것은 아니라는 점에서) 자발적인 선택에 따른 것이지만, 적어도 이와 같은 새로운 friction이 투자 수익에 영향을 줄 수 있을 것이라는 점은 확실하다. 전력 수급 문제는 반도체의 생산에 악영향을 주고 생산단가의 상승으로 인한 이윤 하락을 통해 기술개발 관련 투자 수익을 낮추기 때문이다. 그런데 서론에서 간략히 언급하였듯, 신기술을 사용한 반도체는 기존 기술의 반도체에 비해 상당히 낮은 수준의 전력만을 사용해 같은 작업을 수행할 수 있다. 따라서 반도체 기술의 발전은 디지털 전

---

12 『조선비즈』, 「'전기 먹는 하마' 반도체 EUV 공정…RE100 가입한 삼성전자 '난감'」, 2022. 9. 20(https://biz.chosun.com/it-science/ict/2022/09/20/CTXMIP6IRJBQNJB5F3FTP2JRJI/).

환의 순 온실가스 배출 감소 효과를 높이는 데에 매우 큰 역할을 할 수 있다. 반도체의 경우 중장기적 기술발전에 대한 로드맵을 대중에 공개하고, 이에 맞추어 기술개발을 실행해 나간다. 그렇기 때문에 다른 제품에 비해 상대적으로 중장기적 전력 효율성 증가와 온실가스 배출 억제 효과를 추정하기 쉽다. 이렇게 계산된 (혁신의 sequenciality 등의 이유로 발생할 수 있는 제품의 세대 간 기술발전의 spillover를 고려하여 계산된) 신제품 1단위당 사용 시 기대되는 온실가스 배출 억제량과 신제품 1단위를 생산할 때 배출되는 온실가스를 비교하여 순 온실가스 배출 감소량에 따라 기후정책의 강제 정도를 조절해줄 수 있을 것이다. 다른 디지털기술에 대해서도 마찬가지로 로드맵 공개를 유도하여 유사한 방식으로 정책 강도를 조절할 수 있을 것이다.

따라서 이와 같은 사례들을 확인하고, 세부적인 정책을 설계하여 생산시설의 그린 전환(저탄소 전환) 속도 조절을 통한 에너지 절감 기술 관련 제품 및 기술의 발전을 돕는다면 결과적으로 국가 수준의 탄소감축 속도는 빨라질 수 있을 것이다. 또한 반도체와 같은 디지털 전환에 필수적인 제품에 대한 적절한 지원은 디지털 전환에도 큰 도움이 될 것이다. 하지만 이와 같은 규제 완화는 당연히 폐수 등의 전통적인 환경규제가 제대로 이루어지는 가운데 실행되어야 할 것이다.

마지막으로, 정보통신기술의 전력 절약을 위한 기술개발에 대한 지원뿐 아니라 일반적으로 사용되는 제품들, 예를 들면 가전제품 등의 전력소비를 낮추는, 즉 저전력 제품의 개발과 생산을 지원하는 정책을 고려해볼 수 있다. 한국정부는 고효율 가전제품(에너지효율 1등급) 구매비용 지원사업을 통해 수요를 늘림으로써 간접적으로 기업들의 고효율 가전제품 개발 및 생산을 장려하고 있지만, 명시적으로 기업의 저전력 제품 개발 및 생산을 지원하고 있지는 않다. 이와 같은 저전력 제품 개발 및 생산을 직접적으로 지원하는 정책을 고려해볼 수 있는데, 그 이유는 제품의 전력소비가 줄어들수록, 그리고 저전력 제품의 보급이 늘어날수록 전력 생산에 대한 압박은 줄어들 수 있으며, 따라서 화석연료를 사용한 전력발전량을 그만큼 낮춰 탄소중립 달성까지 걸리는 시간과 부담을 줄여나갈 수 있기 때문이다.

반도체와 마찬가지로, 다른 제품들도 제품 수준에서 기술개발을 통한 이용 에너지 절감률(기존 대비 에너지 사용이 줄어든 정도)은 측정 가능한 지표이다. 제품의 에너지 이용량은 에너지효율등급 계산에도 이미 쓰이고 있는 지표이고, 기술개발을 통한 이용 에너지 절감률은 단순하게 동 제품의 직전 세대 제품 혹은 유사 제품의 에너지 이용량과 새 제품의 에너지 이용량을 비교하면 되기 때문이다. 이를 통해 제품 수준에서 해당 기술개발이 온실가스 배출 억제에 얼마만큼의 도움을 주는지도 계산할 수 있다. 그러면 이 계산 값을 통해 탄소중립 등의 기후정책을 해당 기업에 적용하는 시점 혹은 강도를 조정해줄 수 있을 것이다. 또한 기업들이 재생에너지 사용량을 늘릴 계획을 세울 경우 에너지 절감률을 사용한 지표를 통해, 예를 들면 재생에너지 사용에 우선권을 주거나 보조금을 제공하는 등의 혜택을 제공해줄 수 있을 것이다. 이러한 세부적인 정책 지원은 기존의 수요 증가를 통한 간접적 지원으로는 달성할 수 없는 것들이다. 그리고 저전력 제품의 생산과 소비를 늘릴 수 있다면, 결과적으로 국가 수준의 탄소감축 속도는 빨라질 수 있을 것이다.

제5절 결 론

미국 특허청의 특허 자료를 사용한 본 연구의 회귀분석 결과, 다양한 디지털기술의 발전이 기후기술의 발전에 도움을 주는 것으로 나타났고, 특히 데이터 처리 기술과 머신러닝 기술의 발전은 기후기술 발전에 큰 도움이 되는 것으로 나타나, 디지털기술의 발전은 기후기술 발전의 기반이 된다는 것을 알 수 있었다. 따라서 환경정책에 기후기술의 기반이 되는 기술 발전 관련 정책을 포함시키는 논의가 필요한 상황이라고 판단된다. 예를 들어 삼성의 미세공정과 인텔의 에너지의 효율적 사용을 위한 기술 등은 앞으로 더욱 중요해질 것이지만, 이러한 기술의 개발과 생산은 중단기적으로 환경 비친화적일 수 있다. 이러한 경우 제품이 환경에 가져다줄 수 있는 긍정적 효과에 비례하게 환경규제를 완화해주면 기술의 발전을 저해하지 않고도 친환경 생산으로의 점진적 이행을 도울 수 있을 것이다. 또한 주요 기후기술 기반 기술을 찾아 탄소중립 관련 분야 투자에 대한 정책금융 지원에 포함시키는 것을 고려할 필요가 있다. 특히 디지털 관련 기술의 개발 및 발전은 이미 실행 중인 디지털 전환 정책목표 중 일부이기 때문에, 환경정책과의 조율만으로도 디지털 전환과 기후변화 억제에 큰 도움이 될 것이다. 반대로 디지털 전환 및 디지털기술의 발전 속도를 늦추어 기후변화 억제를 달성해야 하는지, 달성 가능한지는 미지수이다. 본 연구의 분석에서는 기후기술이 디지털기술에 미치는 영향은 찾을 수 없었으며, 중장기적으로 디지털기술이 기후변화 억제에 큰 역할을 하리라는 것은 많은 선행연구에서도 밝혀낸 사실이기 때문이다.

참고문헌

김수현・김창훈, 『유럽 그린딜의 동향과 시사점』, 수시 연구보고서 2020-01, 에너지경제연구원, 2020.

장영욱・오태현・이현진・윤형준, 「유럽 그린딜이 한국 그린뉴딜에 주는 정책 시사점」, 『KIEP 오늘의 세계경제』, Vol. 20, No. 24, 대외경제정책연구원, 2020.

『조선비즈』, 「‘전기 먹는 하마’ 반도체 EUV 공정…RE100 가입한 삼성전자 ‘난감’」, 2022. 9. 20(https://biz.chosun.com/it-science/ict/2022/09/20/CTXMIP6IRJBQNJB5F3FTP2JRJI/).

한재필・구자현 외, 『디지털 기반 성장을 위한 디지털 전환 정책과제』, 연구보고서 2021-07, 한국개발연구원, 2021.

CODES, “Action Plan for a Sustainable Planet in the Digital Age,” 2022.

Davis, Steven J., John C. Haltiwanger, and Scott Schuh, “Job Creation and Destruction,” MIT Press Books 1, 1998.

Forbes, “These Are the Startups Applying AI To Tackle Climate Change,” 2021. 6. 20 (https://www.orbes.com/sites/robtoews/2021/06/20/these-are-the-startups-applying-ai-to-tackle-clim ate-change/?sh=4926ee727b26).

Global e-Sustainability Initiative, “SMARTer2030, ICT Solutions for 21st Century Challenges,” Belgium, GeSI, Accenture Strategy, 2015.

Hall, Bronwyn H., Adam B. Jaffe, and Manuel Trajtenberg, “The NBER Patent Citation Data File: Lessons, Insights and Methodological Tool,” NBER Working Paper, No. 8498, 2001.

Horner, Nathaniel C., Arman Shehabi, and Inês L. Azevedo, “Known Unknowns: Indirect Energy Effects of Information and Communication Technology,” *Environmental Research Letters*, 11, No. 10, 2016.

IEA, “Data Centres and Data Transmission Networks,” IEA, Paris, 2022(https://www.iea.org/reports/data-centres-and-data-transmission-networks).

Kim, Dosung, Sung Han Cho, Jungsoo Lee, Min Seok Kim, and Nam-Hyun Kim, “A Study on the Competitive Analysis of Digital Healthcare in Korea through Patent Analysis,” *Journal of Digital Convergence*, 16, No. 9, 2018, pp.229~37. doi:10.14400/JDC.2018.16.9.229.

Koomey, Jonathan, Stephen Berard, Marla Sanchez, and Henry Wong, “Implications of Historical Trends in the Electrical Efficiency of Computing,” *IEEE Annals of the History of Computing*, 33, No. 3, 2011, pp.46~54.

Masanet, Eric, Arman Shehabi, Nuoa Lei, Sarah Smith, and Jonathan Koomey, “Recalibrating Global Data Center Energy-use Estimates,” *Science*, 367, No. 6481, 2020, pp.984~986.

Miranda-Agrippino, Silvia, Sinem Hacioglu Hoke, and Kristina Bluwstein, “When Creativity Strikes: News Shocks and Business Cycle Fluctuations,” Working Paper, 2019.

Nordhaus, William, “Climate Change: The Ultimate Challenge for Economics,” *American Economic Review*, 109, No. 6, 2019, pp.1991~2014.

OECD, “OECD Digital Economy Outlook 2020,” OECD Publishing, Paris, 2020, https://doi.org/10.1787/bb167041-en.

Royal Society, “Digital Technology and the Planet: Harnessing Computing to Achieve Net Zero UK,” 2020.

Sharma, Susan Sunila and Paresh Kumar Narayan, “Technology shocks and stock returns: A long-term perspective,” *Journal of Empirical Finance*, 68, 2022, pp.67~83.

Tounquet, Frédéric and Clément Alaton, “Benchmarking Smart Metering Deployment in the EU-28: Final Report, Publications Office,” European Commission, Directorate-General for Energy, https://data.europa.eu/doi/10.2833/492070, 2020.

Veefkind, V., J. Hurtado-Albir, S. Angelucci, K. Karachalios, and N. Thumm, “A New EPO Classification Scheme for Climate Change Mitigation Technologies,” *World Patent Information,* 34(2), 2012, pp.106~111.

<웹사이트 및 자료>

삼성뉴스룸, 「삼성전자, 세계 최초 3나노 파운드리 양산」, 2022. 6. 30(https://bit.ly/3R0isXQ).

Council of the EU, “Digitalisation for the benefit of the environment: Council approves conclusions,” 2020(https://www.consilium.europa.eu/en/press/press-releases/2020/12/17/digitalisation-for-the-benefit-of-the-environment-council-approves-conclusions/).

Google DeepMind(https://www.deepmind.com/blog/deepmind-ai-reduces-google-data-centre-cooling-bill-by-40, 접속일: 2022. 10. 5).

PatentsView(www.patentsview.org), ver. 2022. 3. 29.

Satellite Imaging Corporation, “Satellite Remote Sensing for Global Climate Change”(https://www.satimagingcorp.com/applications/environmental-impact-studies/global-warming/, 접속일: 2022. 10. 5).

부 록

<부표 6-1> 2016년 기준 OECD 국가 특허

국가	특허	CPC4	CPC3
Austria	1,057	212	85
Australia	1,026	231	87
Belgium	975	204	87
Canada	3,675	375	107
Switzerland	3,861	338	106
Chile	57	33	25
Colombia	23	17	15
Costa Rica	1	1	1
Czech Republic	123	59	31
Germany	13,688	480	118
Denmark	968	174	74
Estonia	16	14	10
Spain	495	160	72
Finland	993	207	84
France	5,244	390	114
United Kingdom	4,283	362	111
Greece	31	14	9
Hungary	35	22	15
Ireland	1,031	152	63
Israel	2,124	206	72
Iceland	58	14	12
Italy	1,903	337	102
Japan	48,397	494	117
Korea	20,120	393	112
Lithuania	15	11	8
Luxembourg	387	111	66
Latvia	9	7	7
Mexico	93	57	38

<부표 6-1>의 계속

국가	특허	CPC4	CPC3
Netherlands	3,469	296	102
Norway	470	128	64
New Zealand	187	77	38
Poland	94	67	38
Portugal	63	40	24
Sweden	2,870	269	96
Slovenia	23	18	16
Slovak Republic	11	9	9
Turkey	111	67	42
United States	137,923	586	122

주: Cooperative Patent Classification(CPC)는 USPTO가 지속적인 업데이트를 통해 특허 데이터가 제공되는 모든 기간에 대해 일관성을 유지함. 중분류인 3-digit CPC(CPC3)는 총 130개, 그리고 소분류인 4-digit CPC(CPC4)는 총 670개임.
자료: United States Patent and Trademark Office 자료를 이용하여 저자 분석.

나. 지표의 유효성과 강건성 검사

<부표 6-2> 디지털기술 충격이 기후기술 발전에 미치는 영향($s = 0, 1, 2$)

	$\log(npat_{cjt})$	$\log(npat_{cjt})$	$\log(npat_{cjt})$
$I_j^{\{climate\ tech\}} \times I_t^{\{digital\ shock\}}$	0.117 (0.100)		
$I_j^{\{climate\ tech\}} \times I_{t-1}^{\{digital\ shock\}}$		0.190* (0.102)	
$I_j^{\{climate\ tech\}} \times I_{t-2}^{\{digital\ shock\}}$			0.206** (0.101)
상수	1.630*** (0.001)	1.629*** (0.001)	1.629*** (0.001)
N	241,402	241,402	241,402
Fixed effects	ct, cj	ct, cj	ct, cj

주: * p ≤ 0.10, ** p ≤ 0.05, *** p ≤ 0.01.
자료: United States Patent and Trademark Office 자료를 이용하여 저자 분석.

<부표 6-3> 디지털 기술 충격의 효과에 대한 강건성 검사($s=1,2$)

	$\log(npat_{cjt})$	$\log(npat_{cjt})$
$I_j^{\{climate\ tech\}} \times I_{t+1}^{\{digital\ shock\}}$	0.181* (0.097)	
$I_j^{\{climate\ tech\}} \times I_{t+2}^{\{digital\ shock\}}$		0.081 (0.105)
상수	1.643*** (0.001)	1.644*** (0.001)
N	221,532	221,532
Fixed effects	ct, cj	ct, cj

주: * p ≤ 0.10, ** p ≤ 0.05, *** p ≤ 0.01.
자료: United States Patent and Trademark Office 자료를 이용하여 저자 분석.

<부표 6-4> 기후기술과 디지털기술이 동시에 접목된 기술 분석

	$\log(npat_{cjt})$	$\log(npat_{cjt})$
$I_j^{\{climate + digital\ tech\}} \times I_{t-3}^{\{digital\ shock\}}$	0.304* (0.153)	
$I_j^{\{climate + digital\ tech\}} \times I_{t+3}^{\{digital\ shock\}}$		0.188 (0.161)
상수	0.575*** (0.119)	0.605*** (0.131)
N	1,197	1,121
Fixed effects	c	c

주: * p ≤ 0.10, ** p ≤ 0.05, *** p ≤ 0.01.
자료: United States Patent and Trademark Office 자료를 이용하여 저자 분석.

다. 확장 회귀분석 I

<부표 6-5> 확장 회귀분석 I 강건성 검사

	$\log(npat_{cjt})$	$\log(npat_{cjt})$
$I_j^{\{climate\ tech\}} \times I_{t+3}^{\{digital\ shock\}}$	0.046 (0.046)	
$\times I_c^{\{Korea\}}$	-0.109 (0.199)	
$I_j^{\{smart\ grid\ tech\}} \times I_{t+3}^{\{digital\ shock\}}$		-0.040 (0.158)
상수	1.646*** (0.000)	1.646*** (0.000)
N	221,494	221,532
Fixed effects	ct, cj	ct, cj

주: * $p \le 0.10$, ** $p \le 0.05$, *** $p \le 0.01$.
자료: United States Patent and Trademark Office 자료를 이용하여 저자 분석.

라. 확장 회귀분석 II

<부표 6-6> 확장 회귀분석 II-I 강건성 검사

	$\log(npat_{cjt})$	$\log(npat_{cjt})$	$\log(npat_{cjt})$
$I_j^{\{climate\ tech\}} \times I_{t+3}^{\{data\ processing\ tech\ shock\}}$	0.047 (0.130)		
$I_j^{\{climate\ tech\}} \times I_{t+3}^{\{machine\ learning\ tech\ shock\}}$		-0.106 (0.070)	
$I_j^{\{climate\ tech\}} \times I_{t+3}^{\{image\ processing\ tech\ shock\}}$			0.169 (0.104)
상수	1.645*** (0.002)	1.642*** (0.001)	1.643*** (0.001)
N	221,532	221,532	221,532
Fixed effects	ct, cj	ct, cj	ct, cj

주: * $p \le 0.10$, ** $p \le 0.05$, *** $p \le 0.01$.
자료: United States Patent and Trademark Office 자료를 이용하여 저자 분석.

<부표 6-7> 확장 회귀분석 II-II 강건성 검사

	$\log(npat_{cjt})$	$\log(npat_{cjt})$
$I_j^{\{smart\ grid\ tech\}} \times I_{t+3}^{\{data\ processing\ tech\ shock\}}$	-0.135 (0.165)	
$I_j^{\{smart\ grid\ tech\}} \times I_{t+3}^{\{machine\ learning\ tech\ shock\}}$		0.058 (0.218)
상수	1.646*** (0.000)	1.645*** (0.000)
N	221,532	221,532
Fixed effects	ct, cj	ct, cj

주: * p ≤ 0.10, ** p ≤ 0.05, *** p ≤ 0.01.
자료: United States Patent and Trademark Office 자료를 이용하여 저자 분석.

마. 확장 회귀분석 III

<부표 6-8> 확장 회귀분석 III-I 강건성 검사

	$\log(npat_{cjt})$	$\log(npat_{cjt})$	$\log(npat_{cjt})$
$I_j^{\{green\ building\ tech\}} \times I_{t+3}^{\{digital\ shock\}}$	-0.001 (0.171)		
$I_j^{\{GHG\ processing\ tech\}} \times I_{t+3}^{\{digital\ shock\}}$		-0.068 (0.090)	
$I_j^{\{CPS\ tech\}} \times I_{t+3}^{\{digital\ shock\}}$			0.156 (0.215)
상수	1.645*** (0.000)	1.646*** (0.000)	1.645*** (0.000)
N	221,532	221,532	221,532
Fixed effects	ct, cj	ct, cj	ct, cj

주: * p ≤ 0.10, ** p ≤ 0.05, *** p ≤ 0.01.
자료: United States Patent and Trademark Office 자료를 이용하여 저자 분석.

<부표 6-9> 확장 회귀분석 III-II 강건성 검사

	$\log(npat_{cjt})$	$\log(npat_{cjt})$	$\log(npat_{cjt})$
$I_j^{\{green\ reduction\ tech\}} \times I_{t+3}^{\{digital\ shock\}}$	0.083 (0.174)		
$I_j^{\{green\ production\ \text{or}\ processing\ of\ goods\ tech\}} \times I_{t+3}^{\{digital\ shock\}}$		-0.015 (0.110)	
$I_j^{\{green\ transportation\ tech\}} \times I_{t+3}^{\{digital\ shock\}}$			-0.044 (0.150)
상수	1.645*** (0.000)	1.646*** (0.000)	1.646*** (0.000)
N	221,532	221,532	221,532
Fixed effects	ct, cj	ct, cj	ct, cj

주: * $p \leq 0.10$, ** $p \leq 0.05$, *** $p \leq 0.01$.
자료: United States Patent and Trademark Office 자료를 이용하여 저자 분석.

제2부

기후변화와 전환의 영향 및 시사점

제7장

기후변화와 경제적 취약성: 이상고온이 취업 및 취업자 건강에 미치는 영향을 중심으로

권 정 현 (한국개발연구원)
한 요 셉 (한국개발연구원)

제1절 서 론

1. 기후변화와 기후적응

지구의 지표면 온도는 산업화 이후 인간활동으로 인해 약 1.1℃(0.8~1.3℃) 상승한 것으로 추정되며, 이는 이상고온을 비롯한 기상이변(extreme weather events)의 가능성을 높이는 것으로 알려져 있다(IPCC, 2021; 2022). 2021년에는 미국과 캐나다 서부에서 6~7월에 걸쳐, 2022년에는 인도와 파키스탄 등지에서 4~5월에 걸쳐 각각 50℃에 근접한 이상고온이 지속되어 큰 피해가 발생했으며, 그 원인으로 지구온난화로 인한 기상이변 확률이 크게 증가한 점이 지목되고 있다.[1]

우리나라 기후도 적지 않은 변화를 보이고 있다. 연평균 최고기온은

1 미국 캘리포니아 데스밸리는 2021년 7월 11일 54.4℃(130°F)로 1913년 7월 10일 56.7℃(134°F) 이후 최고기록을 보였으며(CNN, 2021. 7. 11), 캐나다 브리티시컬럼비아주 리튼의 경우 평년 6월 기온은 20℃ 전후의 서늘한 기후임에도 불구하고 2021년 6월 29일에는 49.6℃로 측정되어 캐나다 역대 최고기온 기록(서스캐처원주 미데일, 45℃, 1937년 7월 5일)을 크게 경신했다(The Weather Network, 2021. 6. 30).

[그림 7-1] 국내 평균 최고기온 및 폭염일수 추이

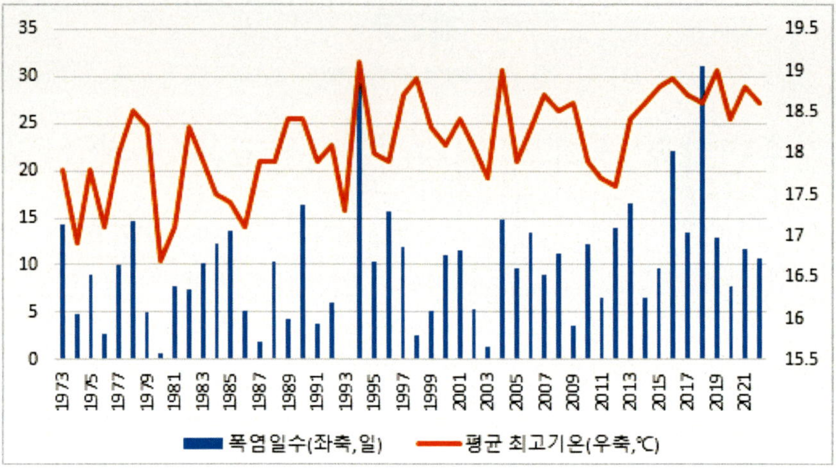

주: 전국 단위의 연간 평균치이며, 폭염일수는 일최고기온이 33°C 이상인 날의 수를 의미.
자료: 기상청 기상자료개방포털, '기상현상일수'(접속일: 2023. 3. 5).

1980년대 이후 지속적인 상승 추세를 보이고 있으며, 일최고기온이 33℃를 넘는 날의 수로 측정되는 폭염일수나 일최저기온이 24℃를 넘는 열대야일수도 지속적으로 증가하고 있다(그림 7-1). 최근 30년(1991~2020년)의 연평균 기온은 과거 30년(1912~40년)에 비해 1.6℃ 상승하였으며, 폭염일수는 1.0일, 열대야일수는 8.4일 증가하였다(기상청, 2021).

온실가스 감축목표 달성을 위해 전 세계적인 기후대응 노력이 중요하지만, 이와 함께 변화하는 기후에 적응하려는 노력(climate adaptation)도 간과될 수 없다. 기후대응과 관련된 최선의 시나리오하에서도 21세기 말까지 기온 상승과 이로 인한 기상이변의 증가는 피할 수 없을 것으로 예상되기 때문이다. 특히 이러한 기후변화의 영향은 일부 집단에 더욱 가혹하게 작용할 수 있어서 이에 대한 정책적 관심이 필요하다.

기존의 기후위기 적응대책(예컨대, 폭염대책 등)은 주로 직접적이고 단기적인 피해에 초점을 맞추어 왔다. 생물학적 취약계층(노인, 영・유아), 사회경제적 취약계층(기초생활수급자, 옥외근무자, 독거노인), 상습수해지역・노후화주택 거주자 등에 대한 지원정책이 있었으나, 이러한 대책은 기상이변으로 인한 광범위한 조업손실, 일반적 산업재해 증가나 취업자 건강 악화 등 경제적 손실과 분배적 측면은 충분히 고려하지 않았다.

본 장에서는 이상고온이 취업과 취업자 건강에 미치는 영향을 중심으로 기후변화의 경제적 영향을 실증적으로 살펴보고 정책적 시사점을 논의하고자 한다. 본격적인 실증분석에 앞서 본 절의 제2소절에서는 기후변화의 영향과 관련된 기존의 국내외 문헌을 정리한다. 제2절에서는 월별로 관측되는 경제활동인구조사의 장기간 자료를 바탕으로 기온의 변화가 취업 여부 및 취업자의 근로시간에 미치는 영향을 살펴본다. 제3절에서는 일별 및 지역별 관측이 가능한 국민건강보험 자료를 활용하여 취업자의 건강 측면의 변화를 살펴본다. 제4절에서는 실증적 분석 결과를 정리하면서 기후적응과 관련한 정책적 시사점을 논의한다.

2. 기존 문헌

기온의 신체적 영향에 관해서는 여러 연구가 이루어져 왔다. 신체의 물질대사로 발생하는 내부적 열이 빠져나가기 위해서는 외부의 온도와 습도가 모두 중요하게 작용한다(Kjellstrom *et al*., 2016). 만일 온도가 높거나 습도가 높아 내부적 열이 쉽게 배출되지 못할 경우에는 여러 신체적 질병이 발생할 수 있다. 온열손상 관련 사망이나 질환 증가 외에도 수분 부족으로 인한 장기 손상, 임신 중 여성이나 태아 뇌발달에 대한 부정적 영향, 소통하기 어려운 질병 등 다양한 가능성이 존재한다(Kjellstrom *et al*., 2010). 특히 고온은 인간의 인지능력이나 심리상태에도 영향을 미칠 가능성이 존재한다(Hancock and Vasmatzidis, 2003; Hancock *et al*., 2007).

순수한 신체적 영향 외에 경제사회적 맥락 가운데에서 건강이나 노동공급 및 생산성 등에 미치는 영향에 관한 연구도 최근 활발하게 진행되고 있다. 예컨대, 고온과 저온은 사망률을 증가시키지만 경제사회적 환경의 영향을 크게 받으며, 특히 연령이나 소득수준, 지리적 위치 등의 영향이 크다(Deschenes and Greenstone, 2011; Barreca, 2012; Deschenes, 2014; Barreca *et al*., 2016).

이상고온 발생 시에는 취업자의 야외 근로시간이나 미취업자의 야외

여가활동이 감소하고(Graff Zivin and Neidall, 2014), 건설이나 제조업을 중심으로 취업자의 소득이 감소한다(Behrer and Park, 2017). 또한 고온과 저온 모두에서 산업재해가 증가하지만, 특히 따뜻한 기후하에서 이상고온으로 인한 산재 가능성이 더욱 커지며(Dillender, 2021), 옥외뿐만 아니라 실내에서도 산재 가능성이 증가하는 것으로 나타난다(Park *et al*., 2021). 비록 에어컨 보급을 비롯한 가구 내 전기기구 사용, 의료기술 발달 등에 따라 기후의 부정적 영향을 어느 정도 완화시킬 수 있을 것으로 보이지만, 현재까지의 기술만으로는 적응에 한계가 있는 것으로 보인다.

한편, 기온이 일반적인 차원에서 경제적 손실을 가져올 수 있는 메커니즘과 관련하여 기온이 인간의 인지능력이나 심리상태에 영향을 미칠 수 있다는 점에 주목할 필요가 있다. 최근의 실증연구들은 고온에서의 생산성 하락(Burke and Emerick, 2016; Somanathan *et al*., 2021)이나 학습성과의 하락(Cho, 2017; Park *et al*., 2021; Park, 2022)을 보고하고 있다. 이는 고온에서 온열질환 외에 산업재해가 증가하는 이유에 대한 주요한 메커니즘으로도 이해된다.

국내문헌에서도 유사한 결과들이 확인되고 있는데, 예컨대 기온과 사망률의 관계를 다룬 김연수(2013)에서는 기온분포의 양 극단에서 사망률이 증가하고 뇌혈관계 및 심장질환으로 인한 사망이 65세 이상 고령층에 집중되어 나타남을 보고한 바 있다. 또한 1994년 또는 2018년에 나타난 폭염의 건강에 대한 영향 분석(김도우 외, 2014; 이나영 외, 2014; 임연희, 2019; 박종철 · 채여라, 2020; 채여라 외, 2020)에서는 온열질환으로 인한 사망률이 기온에 따라 크게 증가하는데, 주로 농촌지역에서 높게 나타남을 보고하였고, 65세 이상 고령인구, 의료급여 수급자, 야외 노동자 등에서 온열질환 발생률이 높게 나타남을 보고하였다.

다만, 아직까지 기온 변화가 취업 및 취업자 건강에 어떤 영향을 미치는지 구체적으로 분석한 논문은 찾기 어렵다. 국내 노동시장 구조나 산업안전보건 환경이 해외와 다르므로 국내 데이터를 바탕으로 직접 분석할 필요가 있다. 다음 절부터는 국내 데이터를 활용한 실증분석들을 제시한다.

제2절 기온과 경제활동

본 절에서는 이상고온이 고용 측면에 미치는 영향을 알아보기 위해 기상청의 일별 기온 데이터와 통계청의 경제활동인구조사 장기자료(1980~2019, 월별)를 결합시켜 살펴본다. 본 절의 주된 관심변수는 취업 여부 및 취업자의 근로시간이다.

1. 기온과 고용

이상고온의 경제적 영향은 생산과 소비 양측 모두에서 발생할 수 있으나, 적어도 우리나라에서는 폭염이 특정 계절(여름)에만 불규칙적으로 발생한다는 점을 고려하여 주로 생산 측면에 초점을 맞추어 살펴본다. 물론 기후변화로 인해 중장기적으로는 폭염이 규칙적으로 나타나고 장기화될 수 있는데, 그 경우에는 생산과 소비의 전반적인 변화가 나타날 것이며 데이터에 기반한 실증분석 범위를 넘어서므로 별도로 다룰 필요가 있다.

이상고온이 생산에 미치는 영향은 농업 분야를 제외하면 주로 노동력에 미치는 영향을 통해 나타날 것으로 예상된다. 근로자의 건강상 위험 및 산업안전보건과 관련된 규제 등으로 인해 기업이 사용 가능한 노동이 일시적으로 줄어들 뿐만 아니라 노동생산성 저하로 인해 최적 고용량이 감소할 수 있다. 이때 야외와 실내의 차이가 있을 수 있는데, 실내의 이상고온의 영향 자체가 덜할 뿐 아니라 실내 공조장치를 통해 이상고온의 영향을 더욱 줄일 수 있다.

이처럼 이상고온은 전반적으로 고용을 축소시킬 것으로 예상되지만, 실제로는 경우마다 다를 수 있다. 첫째, 일시적 폭염도 산업별 수요의 상대적 변화를 초래할 수 있다. 예컨대 서비스업의 경우, 야외 레크리에이션 시설 운영이 중단되거나 노점상 판매 혹은 방문 판매가 중단되는 등의 사례를 쉽게 생각해 볼 수 있는데, 이는 노동수요와 노동생산성이 동시에 하락하는 사례이다. 반대로 에어컨 설비 가동이 가능한 상업시설이나 실내에서의 활동은 외부 기온과 무관하게 진행될 수 있으며, 야외활동의 감소로 인해 대체적인 서비스 수요 증가도 발생할 수 있다.

둘째, 실제 고용은 기후변화의 직접적 영향 외에도 각 기업이나 개인의 선택에 의해 결정된다. 예컨대, 아무리 기온이 높더라도 마감기한을 맞추기 위해 작업을 강행하거나 이윤창출을 위해 운영을 지속하는 사업체의 비중이 높을 수 있다. 또한 야외라고 하더라도 나름대로 더위를 피하는 방법(가림막, 선풍기, 휴식시간 조정 등)을 강구하여 고용에 별 영향이 없을 수도 있다.

셋째, 각 기업이나 개인의 선택에서 고용형태 내지 종사상 지위도 중요하게 작용할 수 있다. 상대적으로 불안정한 고용관계에서는 휴가나 유연근로 등의 방식으로 근로시간의 선택이 어려울 수 있고, 보다 안정적인 근로자들의 (총)근로시간이 줄면서 발생한 조업손실을 만회하기 위해 임시일용직 고용이나 근로시간이 오히려 증가할 가능성도 존재한다. 특히 고용주는 장기적 고용관계에 있는 근로자에 비해 단기적 고용관계에 있는 근로자의 건강에 관해 관심을 덜 가질 수 있다.

한편, 임금근로자와 대비하여 자영업자의 경우에는 본인의 계산으로 사업활동을 결정할 수 있으므로 (정보가 충분하다면) 이상고온 시 (1주 1시간 이상 근로를 의미하는) 취업 여부나 근로시간 감소가 일어날 수 있다. 다만, 영세자영업자의 경우에는 생계를 위해 영업을 강행할 수밖에 없는 상황일 수 있다.

2. 데이터

기온이 경제활동에 미치는 영향을 확인하기 위해서는 먼저 장기 시계열이 가능하면서 높은 빈도(high frequency)로 측정되는 경제활동 데이터가 필요하다. 이러한 조건을 충족하는 국내 데이터로는 매월 조사되는 통계청의 경제활동인구조사(경활)가 대표적이다. 전국의 3만여 가구를 대상으로 매월 조사되는 경제활동인구조사는 전국 인구에 대한 대표성을 가지며 임시일용직 고용까지 포괄한다는 장점을 가지고 있다. 비록 개인 특성(연령, 성, 교육수준)은 간단하지만, 고용 상황이나 근로시간 등에 관해 상당히 자세한 정보를 담고 있다. 다만, 지리적 정보는 아직까지 미시데이터 수준에서는 공개되지 않고 있다.

다음으로 기상 데이터는 기상청에서 각 관측소별로 일별 최고기온, 최저기온, 평균습도, 일별 강수량 등의 정보를 제공하고 있다. 여기에서는 기상청에서 전국 단위 수치를 계산하는 데 사용하는 66개 관측소(62개+제주 4개)의 수치들만을 사용한다. 이러한 66개 관측소 중 1980년 1월 1일에는 59개의 관측소가 운영되었으며, 1981년에 1개(안동), 1985년에 2개(창원, 태백), 1988년에 4개(철원, 고산, 봉화, 장수)가 추가되었다. 기상청에서는 62개(+4개) 관측소 수치를 단순평균하여 지리적 관점의 전국 단위 기상 상황을 계산하지만, 이는 전국 인구가 평균적으로 경험하는 기상 상황과는 일치하지 않을 가능성이 있다. 본 절에서는 동일한 66개 관측소의 일별 관측치를 시도별로 단순평균한 다음 다시 시도별 수치를 각 연도 시도별 인구로 가중평균하는 방식을 통해 전국 인구가 경험하는 평균적 기상 상황을 계산하였다.[2]

3. 이상고온(월)의 정의

본 절에서 이상고온(월)은 해당 월의 경활 조사대상주간 중 일최고기온의 평균이 32℃ 이상인 경우를 의미한다. 폭염의 일별 기준인 33℃보다 다소 완화된 기준을 적용하는 이유는 조사대상주간에 걸친 평균을 사용하므로 조사대상주간(매달 15일이 포함된 일요일부터 토요일까지의 1주간) 내내 폭염이나 열대야가 지속되는 예외적인 경우가 아니라면, 일별 기준을 적용하여 실제 폭염을 파악하는 것이 적절하지 않기 때문이다. 또한 해외의 분석 결과는 대체로 90°F(=32℃)를 기준으로 하고 있어서 비교가 쉽다는 장점도 있다. 이러한 기준으로 판단할 경우 1994년 7월,

---

2 1992년 이전의 시도별 주민등록인구는 구할 수 없어서 1992년 이전의 경우는 1992년 시도별 주민등록인구와 같다고 가정하였다.

<표 7-1> 경활 조사대상주간 중의 평균 기온 및 습도(전국인구 평균)

순위	연도	기간	(주평균) 최고기온	(주평균) 최저기온	(주간) 폭염일수	(주평균) 평균습도
1	2018	8. 12~8. 18	33.87	23.95	5	64.60
2	2016	8. 14~8. 20	33.78	24.92	7	71.95
3	2018	7. 15~7. 21	33.77	23.38	6	71.01
4	2013	8. 13~8. 19	33.27	24.73	6	73.65
5	1994	7. 10~7. 16	33.27	24.31	4	76.67
6	1996	8. 11~8. 17	32.53	23.11	3	73.98
7	1995	8. 13~8. 19	32.40	24.09	2	79.98
8	1994	8. 14~8. 20	31.79	24.05	2	72.81
9	2006	8. 13~8. 19	31.77	23.73	4	70.22
10	2021	7. 11~7. 17	31.75	23.55	1	79.80

주: 시계열적 일관성과 인구 대표성을 위해 1980년 관측소들의 관측치만을 사용하여 계산된 각 시도별 수치를 다시 각 연도 시도별 인구로 가중평균하여 구한 수치임.
자료: 기상청, 「일별 자료(API)」; 행정안전부, 「주민등록인구 현황」, 1992~2022.

1995년 8월, 1996년 8월, 2013년 8월, 2016년 8월, 2018년 7월 및 8월의 경활 조사대상주간이 해당된다.

4. 추정식

본 절에서 사용된 회귀모형은 다음과 같다. 먼저, 종속변수인 $W_{i,t}$는 개인 i의 시점 t의 노동시장 성과(취업 여부, 근로시간 등)이다. 보다 구체적으로 취업 여부는 취업자인 경우 1, 미취업자인 경우 0을 부여한 더미변수이며, 근로시간은 취업자인 경우로 한정하여 (주관적으로 응답한) 주업에서의 주당 근로시간을 의미한다. 다음으로, 설명변수로는 연령(5세)x 성별x교육수준(중졸 이하, 고졸, 전문대졸, 대졸 이상)에서 정의된 그룹(g)별 고정효과(ν)및 그룹별 선형추세(μ_g)와 계절성을 감안한 월(m) 고정효과(θ) 그리고 조사주간 중 15일의 위치(d=0,...,6) 고정효과(δ)를 포함하였다. 이러한 고정효과들을 통제한 상황에서 이상고온($Heatwave_t$)의 발생이 추가적으로 가져오는 변화는 이상고온 더미의 계수(α)로 추정된다.

$$W_{i,t} = \alpha Heatwave_t + \nu_{g(i)} + \mu_{g(i)} \times y(t) + \theta_{m(t)} + \delta_{d(t)} + \epsilon_{i,t}$$

이상고온의 발생 자체는 각 시점 경제활동의 직접적 영향으로 발생한 것이 아니라 매해 예측 불가능하게 달라지는 일종의 외생적 충격에 해당하므로 이러한 회귀분석에서 추정치의 내생성과 관련된 우려는 크지 않다. 다만, 장기 추세들을 적절하게 통제할 필요는 있으며, 이를 위해 각 셀별로 서로 다른 선형 추세의 가능성을 허용하여 통제하였다.

한편, 주당 근로시간의 경우 조사대상주간에 공휴일이 포함되는지에 따라 응답이 크게 달라질 수 있으므로 주의가 필요하다. 특히 8월 15일은 광복절로 해당 연도에 어느 요일(월~금, 토~일)에 위치하는지에 따라 주당 근로시간에 상당한 영향을 줄 수 있어 이에 대한 고려가 필요하다. 따라서 15일의 요일에 관한 변수의 고정효과를 통제하였다.

분석기간은 1980~97년과 2005~19년의 두 기간이다.

5. 추정 결과

추정 결과, 이상고온이 발생한 주간에는 취업자의 (총)근로시간이 감소하는 경향이 관찰되었다. 추정시기에 따라 취업 자체가 감소하는지, 취업자 근로시간이 감소하는지의 차이가 있는 것으로 보이는데, 1980~97년에는 상대적으로 취업의 감소 경향이 다소 강하게 나타났고, 2005~19년에는 상대적으로 취업자의 근로시간 감소 경향이 강하게 나타났다. 여기에서 두 시기를 나누어 추정하는 이유는 많은 기존 문헌에서 보고하고 있듯이 1997년 외환위기 이후 임시일용직의 확대를 비롯하여 노동시장의 구조가 크게 달라졌기 때문이며, 두 시기 간 산업이나 직업분류 등 주요 변수의 변화가 발생했기 때문이기도 하다.[3] 한편, 2020~22년의 코로나 기간 역시 노동시장에 특별한 충격을 가져왔으므로 분석기간에서 제외하였다.

---

3 유경준 편(2004), 신인석・한진희 편(2006), 고영선 외(2007), 김대일(2007), 김용성(2008) 등을 참고할 수 있다. 추정치의 기간 간 차이에 관한 통계적 유의성을 살펴보면, 근로시간의 경우에는 약하지만(p>0.1) 취업의 경우에는 보다 뚜렷하다(p<0.1).

<표 7-2> 이상고온이 취업과 실업 여부 및 취업자 근로시간에 미치는 영향

	(1)	(2)	(3)	(4)	(5)	(6)
	1980~97			2005~19		
	취업	실업	취업자 근로시간	취업	실업	취업자 근로시간
이상고온	-0.0121** (0.0031)	0.0014* (0.0007)	-0.0112 (0.2884)	-0.0002 (0.0024)	0.0010 (0.0009)	-0.6739* (0.2959)
관측치	7,092,234		6,230,623	11,713,543		6,884,906

주: 1) 연령(5세)-성-교육수준 셀별 고정효과 및 셀별로 이질적인 연도별 추세, 월별 고정효과 및 조사대상요일 통제.
2) 괄호 안은 월 단위에서 군집된 추정오차임. **: p<0.01, *: p<0.05, +: p<0.1.
자료: 통계청, 「경제활동인구조사 원자료」 및 「기상통계」 결합 자료.

시기별 차이를 논의하기에 앞서, 최근 이상고온 발생 시 취업자 근로시간의 감소가 어떤 산업 및 직업에서 나타났는지를 구체적으로 살펴보기 위해 산업별 및 직업별로 나누어 추정한 결과는 다음의 <표 7-3>과 <표 7-4>에 제시되어 있다.

산업별로는 이상고온이 발생한 월의 경우 주로 부동산(및 임대)업, 제조업, 금융·보험업, 전문·과학·기술서비스업, 예술·스포츠·여가업 등에서 근로시간의 감소폭이 평균 1시간 이상으로 높게 추정되었다. 반면, 교육서비스업을 비롯하여 농림어업, 운수창고업, 숙박음식점업 등에서는 근로시간의 감소가 관찰되지 않거나 미미한 수준에 그쳤다.

비록 데이터의 한계로 보다 세밀하게 추정하기는 어렵지만, 이러한 결과는 대체로는, 앞서 논의하였듯이, 실내와 야외 활동 간의 차이를 반영하는 것으로 보인다. 예컨대, 폭염 시 생산인력 투입에 한계가 발생하는 제조업 분야 내지 서비스 수요가 크게 감소할 것으로 예상되는 부동산업, 예술·스포츠·여가업, (보험설계사·신용카드모집인 등을 포함하는) 금융·보험업 분야에서 근로시간이 감소한 것으로 나타난다. 반면, 실내활동이 주를 이루는 교육서비스나 숙박음식점업의 분야에서는 근로시간의 감소가 관찰되지 않는다.

하지만 야외활동이 많은 농림어업 또는 건설업의 경우에는 오히려 근로시간의 감소폭이 크지 않은 것으로 보이는데, 이는 기온의 직접적 영향

<표 7-3> 이상고온이 취업자 근로시간에 미치는 영향(2005~19년): 산업별

	(1)	(2)	(3)	(4)	(5)
	농림어업	제조	건설	도·소매	운수·창고
이상고온	-0.2794+ (0.1356)	-1.1885** (0.1030)	-0.6905** (0.1485)	-0.7338** (0.1334)	-0.3275+ (0.1517)
관측치	649,194	1,126,859	505,923	984,777	359,664
	(6)	(7)	(8)	(9)	(10)
	숙박·음식점	정보·통신	금융·보험	부동산 (및 임대)	전문·과학· 기술
이상고온	-0.3964+ (0.1662)	-0.9457** (0.2550)	-1.1353** (0.2002)	-1.9841** (0.3117)	-1.1109** (0.1800)
관측치	584,688	147,284	205,623	129,658	197,509
	(11)	(12)	(13)	(14)	(15)
	사업시설관리 ·지원	교육서비스	보건·복지	예술·스포츠 ·여가	협회·단체, 개인서비스
이상고온	-0.5539* (0.1685)	0.2679 (0.2297)	-0.5734** (0.1718)	-1.0615* (0.3987)	-0.7592** (0.1764)
관측치	299,103	477,394	380,355	107,618	348,339

자료: 통계청, 「경제활동인구조사 원자료」 및 「기상통계」 결합 자료.

<표 7-4> 이상고온이 취업자 근로시간에 미치는 영향(2005~19년): 직업별

	(1)	(2)	(3)	(4)	(5)
	관리자	전문가 및 관련 종사자	사무 종사자	서비스 종사자	판매 종사자
이상고온	-1.7627** (0.3202)	-0.6425** (0.1394)	-0.9875** (0.0856)	-0.5409** (0.1505)	-0.7130** (0.1251)
관측치	127,557	1,137,405	1,000,912	780,124	827,673
	(6)	(7)	(8)	(9)	
	농림·어업 숙련 종사자	기능원 및 관련 기능 종사자	장치·기계 조작 및 조립 종사자	단순노무 종사자	
이상고온	-0.2706+ (0.1279)	-0.9912** (0.1385)	-0.6702** (0.1350)	-0.4718** (0.1318)	
관측치	603,935	633,284	808,026	965,951	

주: 1) 연령(5세)-성-교육수준 셀별 고정효과 및 셀별로 이질적인 연도별 추세, 월별 고정효과 및 조사대상요일 통제.
2) 괄호 안은 월 단위에서 군집된 추정오차임. **: p<0.01, *: p<0.05, +: p<0.1.
자료: 통계청, 「경제활동인구조사 원자료」 및 「기상통계」 결합 자료.

만으로 경제활동의 변화가 결정되지 않으며, 여러 경제적 고려가 작용할 수 있음을 시사한다. 예컨대, 농림어업 분야의 경우에는 자영업자의 비중이 높아 휴식시간 조정의 여지가 높을 수 있다. 또한 건설업 분야의 경우 폭염에도 불구하고 공사를 강행할 가능성이 있다. 물론 이는 건강 악화나 산재 증가 등의 부작용으로 이어질 수도 있다. 이러한 가능성을 확인하기 위해서는 산업별로 이상고온이 취업자 건강에 미치는 영향에 대한 추가적인 분석이 필요하며, 이는 다음 절에서 수행한다.

직업별로는 주로 관리자, 사무 종사자, 기능원 및 관련 기능 종사자에서 감소폭이 높게 나타났고, 농림어업 숙련 종사자나 단순노무 종사자, 서비스 종사자의 경우 상대적으로 감소폭이 작게 나타났다. 데이터 내에서 제공되는 직업분류는 대분류로 한계는 있지만, 근로시간의 조정이 일부 직군에서 두드러지게 나타남을 확인할 수 있다.

야외 및 육체 활동 비중이 낮을 것으로 예상되는 관리자나 사무 종사자에서 감소폭이 높고, 오히려 단순노무 종사자나 서비스 종사자에서 근로시간 감소폭이 낮게 추정된 점은 이상고온 시 피해가 비대칭적으로 소득이 낮은 집단에 집중될 가능성을 시사한다. 즉, 관리자나 사무 종사자 등의 경우 휴가의 조정을 통해 이 시기의 생산성 저하와 소득 감소 및 건강 악화 위험 등을 피할 수 있다. 하지만, 단순노무나 서비스 업무에 종사하는 저소득 근로자들의 경우에는 폭염하에서도 근로를 계속해야 하는 상황에 놓일 수 있는 것이다. 물론 반드시 야외 근로는 아닐 수 있으며, 실내 근로가 상대적으로 증가했을 수도 있다.

마지막으로, 시기별 추정치의 차이를 보다 구체적으로 확인하기 위해 종사상 지위별로도 분석할 필요가 있으며, 이를 통해 그 차이의 원인에 대해서도 가늠해 볼 수 있다.

먼저 1980~97년의 기간 중 이상고온 발생 시 취업 감소 현상은 임금근로와 비임금근로 모두에서 나타났으며, 임금근로의 감소폭이 상대적으로 크지만 이 당시 임금근로 대 비임금근로 비중을 감안하면 각 취업 유형 내에서 취업 감소 비중은 비슷하다(표 7-5). 다만, 세부 유형별로는 일용직에서 감소 비중이 두드러지게 높았으며, 상용임시직(내지 상용직)이나

<표 7-5> 이상고온이 취업 여부에 미치는 영향(1980~97년)

	(1) 전체	(2) 임금근로	(2-1) (상용 임시직)	(2-2) (일용직)	(3) 비임금 근로	(3-1) (고용주)	(3-2) (단독 자영업)
이상고온	-0.0121** (0.0031)	-0.0073* (0.0031)	-0.0040+ (0.0021)	-0.0033** (0.0011)	-0.0048+ (0.0027)	0.0001 (0.0004)	-0.0021 (0.0016)
비중(1997년)	1	0.63	0.54	0.09	0.37	0.07	0.20
관측치	7,092,234						

주: 1) 연령(5세)-성-교육수준 셀별 고정효과 및 셀별로 이질적인 연도별 추세, 월별 고정효과 및 조사대상요일 통제.
2) 괄호 안은 월 단위에서 군집된 추정오차임. **: p<0.01, *: p<0.05, +: p<0.1.
자료: 통계청, 「경제활동인구조사 원자료」 및 「기상통계」 결합 자료.

<표 7-6> 이상고온이 취업자 근로시간에 미치는 영향(1980~97년)

	(1) 전체	(2) 임금근로	(2-1) (상용 임시직)	(2-2) (일용직)	(3) 비임금 근로	(3-1) (고용주)	(3-2) (단독 자영업)
이상고온	-0.0112 (0.2884)	-0.0787 (0.3442)	-0.0948 (0.3684)	-0.0655 (0.5325)	0.1989 (0.4808)	-0.1380 (0.3866)	0.0430 (0.4965)
관측치	6,230,623	3,593,109	2,987,701	605,408	2,637,511	436,260	1,448,591

주: 1) 연령(5세)-성-교육수준 셀별 고정효과 및 셀별로 이질적인 연도별 추세, 월별 고정효과 및 조사대상요일 통제.
2) 괄호 안은 월 단위에서 군집된 추정오차임. **: p<0.01, *: p<0.05, +: p<0.1.
자료: 통계청, 「경제활동인구조사 원자료」 및 「기상통계」 결합 자료.

고용주의 경우에는 상대적으로 감소폭이 작았다. 이 시기 취업자 근로시간의 변화는 어느 유형의 취업자에서도 뚜렷하게 관찰되지 않는다(표 7-6).

앞서 취업 감소와 함께 실업 증가도 관찰되었으므로(표 7-2), 이 시기의 이상고온은 노동수요 전반의 감소와 함께 취업을 감소시킨 것으로 판단된다. 노동수요 감소의 원인을 정확하게 규명하기는 어렵지만, 당시 산업 전반의 이상고온에 대한 적응력이 약했기 때문일 수 있다.[4]

---

4 예컨대, 1990년대까지는 에어컨 시설이 충분하지 않았다. 가구 에어컨 보급률은 1993년까지 0.09(대/가구)에 머물렀으나 2019년에는 0.97(대/가구)로 증가하였다(한국전력거래소, 2019, p.12). 당시 상황에서는 제조 현장도 멈추고, 서비스 수요도 급감했을 것이다. 특히 1990년대 폭염의 경우 상대습도도 상대적으로 높았다(표 7-1). 다만, 강수 데이터를 살펴보면 비가 온 날이 많지는 않았던 것으로 확인된다.

<표 7-7> 이상고온이 취업 여부에 미치는 영향(2005~19년)

	(1)	(2)	(2-1)	(2-2)	(3)	(3-1)	(3-2)
	전체	임금근로	(상용직)	(임시 일용직)	비임금 근로	(고용주)	(단독 자영업)
이상고온	-0.0002 (0.0024)	-0.0016 (0.0027)	-0.0012 (0.0024)	-0.0003 (0.0021)	0.0014 (0.0011)	0.0015 (0.0032)	-0.0002 (0.0006)
관측치	11,713,543						

주: 1) 연령(5세)-성-교육수준 셀별 고정효과 및 셀별로 이질적인 연도별 추세, 월별 고정효과 및 조사대상요일 통제.
2) 괄호 안은 월 단위에서 군집된 추정오차임. **: p<0.01, *: p<0.05, +: p<0.1.
자료: 통계청, 「경제활동인구조사 원자료」 및 「기상통계」 결합 자료.

<표 7-8> 이상고온이 취업자의 근로시간에 미치는 영향(2005~19년)

	(1)	(2)	(2-1)	(2-2)	(3)	(3-1)	(3-2)
	전체	임금근로	(상용직)	(임시 일용직)	비임금 근로	(고용주)	(단독 자영업)
이상고온	-0.6739* (0.2959)	-0.6549* (0.3288)	-0.6895+ (0.3957)	-0.2967 (0.2879)	-0.5432+ (0.2757)	-1.0981** (0.3585)	-0.3417 (0.2848)
관측치	6,884,906	4,683,862	2,799,538	1,884,321	2,201,042	426,622	1,338,964

주: 1) 연령(5세)-성-교육수준 셀별 고정효과 및 셀별로 이질적인 연도별 추세, 월별 고정효과 및 조사대상요일 통제.
2) 괄호 안은 월 단위에서 군집된 추정오차임. **: p<0.01, *: p<0.05, +: p<0.1.
자료: 통계청, 「경제활동인구조사 원자료」 및 「기상통계」 결합 자료.

다음으로 2005~19년의 기간 중 이상고온이 취업 여부에 미치는 영향은 종사상 지위별로 나누어 살펴보더라도 전반적으로 미미했지만, 취업자 근로시간의 변화는 종사상 지위에 따라 뚜렷한 차이가 관찰되었다(표 7-7, 7-8). 2000년대 이후 이상고온 발생 시 근로시간의 감소는 주로 상용직(내지 상용임시직)과 비임금근로에서 나타났고, 임시일용직(내지 일용직)에서는 뚜렷한 변화가 나타나지 않았다.

취업의 변화가 줄어든 데에는 사회 전반의 적응력 증가로 인해 노동수요 감소 내지 조업 중단이 줄어든 측면과 함께 근로시간 조정 가능성이 확대된 점도 중요하게 작용하였을 것으로 생각된다. 특히 외환위기 이후 법정근로시간이 단축되고 유연근무제가 확대되어 온 점은 이상고온 발생시에도 근로시간 감소 내지 조정을 통해 생산성 감소나 건강 위험에 대한 대응력을 높였을 것이다.

다만, 취업 유형에 따라 근로시간 감소의 현격한 차이가 발생하는데, 공식적 인사관리가 적용되는 상용직(내지 고용주)의 경우에는 이상고온 발생 시 유급휴가 사용이나 근로시간의 조정이 용이하지만 임시일용직(내지 일용직)의 경우 여전히 공식적인 인사관리가 적용되지 않는 경우가 많아 조정이 어려운 것으로 보인다. 즉, 이상고온 발생과 같은 노동생산성 충격에 대한 대응수단으로 상용직 근로자(내지 고용주)에 대해서는 생산성 제고 및 근로자 건강 보호 등의 목적으로 근무시간을 조정하거나 단축하려는 추세가 강화되고 있지만, 노동수요 변동 차원에서 고용하게 되는 임시일용직(내지 일용직) 근로자는 이러한 추세와 무관할 가능성이 높다. 이는 앞서 직업별 분석에서 단순노무나 서비스 업무에 종사하는 경우 근로시간 감소폭이 낮았던 점과도 일치한다. 한편, 영세자영업자의 경우에는 스스로 조정할 가능성은 존재하지만, 현실적으로 영업을 중단하는 선택이 어려울 수 있다.

제3절 기온과 근로자 건강

1. 문제의 제기

기후변화는 근로자의 건강에 영향을 미친다. 기후변화의 여러 유형 중에서도 폭염은 직접적으로 근로자의 건강과 생명을 위협한다. 기상 관측 이후 7월 폭염일수가 15.4일로 두 번째로 많았던 2018년에는 온열질환 산업재해 발생건수가 76건으로(재해 64건, 사망 12건), 2017년 30건 대비 2배 이상 증가하였다. 직접적인 온열질환 외에도 폭염은 수면 부족 및 집중력 저하로 인한 추락, 충돌, 기계 조작 부주의로 인한 사고 등 다른 원인으로 인한 산업재해를 유발할 수 있다(Park *et al.*, 2021). 이러한 사고는 취약한 근로환경에 노출된 근로자 집단에서 보다 빈번하게 발생한다.

근로자에게서 발생하는 건강 충격이 장기간에 걸쳐 고용과 소득에 악영향을 미친다는 점을 고려하면(권정현, 2018), 기후변화는 불평등의 심화에 기여할 수 있다.

근로자의 건강은 노동생산성과 직결된다(Bloom *et al.*, 2022). 기후변화가 근로자의 건강에 영향을 미쳐 건강 손실과 생산성 하락을 유발한다면 이러한 상황에 대응해 근로자를 보호할 방안을 마련하는 것이 필요하다. 본 연구는 기후변화가 근로자 건강에 미치는 영향을 확인하고자 한다.

2. 기후변화가 근로자 건강에 미치는 영향 분석

기후변화가 근로자 건강에 미치는 영향을 확인하기 위해 본 연구는, 기온의 변화와 산업재해, 사망 및 의료서비스 이용으로 측정된 관련 질환 발생 간 관련성을 분석한다. 이를 위해 기온 정보는 기상청에서 제공하는 일별, 관측소별 기온, 습도, 체감온도 자료를 이용한다. 실증분석에서 이용하는 건강 상태 및 사고 발생 각각은 자료에서 확인이 가능한 지역 수준에 차이가 있다. 따라서 기온 자료는 건강 관련 자료에서 확인되는 지역의 수준에 맞춰 전국, 광역시도, 시군구 수준의 평균기온과 최고기온, 습도, 체감온도를 이용하였다. 기상 관측소가 없는 시군구의 경우 가장 근접한 관측소의 정보를 적용하였다. 예를 들어, 경기도 광명시의 기온은 서울의 관측 정보를 이용한다.

분석에서 일차적으로 이용하는 기온 정보는 기온 수준(level)의 변화이다. 기온 수준을 변수로 이용하는 것은 기온 변화가 건강에 미치는 영향을 직관적으로 확인할 수 있다는 장점이 있다. 그러나 기온 변화는 해당 발생일에 즉각적으로 건강 상태에 영향을 미치는 것이 아니라 시차를 두고 영향을 미친다. 따라서 매일의 기온 변화를 이용할 경우, 기온 변화의 건강 영향을 충분히 반영하기 어려운 한계가 있다. 매일의 기온 변화가 실제 건강에 영향을 미치기까지 시간이 소요됨을 고려해, 분석에서는 지역별 해당 월의 기온을 11개의 온도 구간(bin)으로 나누어 다음과 같은 변수를 구성한다. 즉, -10℃ 미만, -10~-5℃, -5~-1℃, …, 25~29℃,

30~34℃, 35℃ 이상의 5℃ 간격으로 11개의 온도 구간을 구성한다. 그리고 일일 기온 자료를 이용해 월별로 각 일자의 최고기온이 각각의 온도 구간에 속하는 빈도 비중을 측정한다. 예를 들어, 서울 지역에서 8월 중 최고기온이 30℃ 이상인 날이 7일이 있었다면, 30℃ 이상 온도 bin의 값은 7/31(0.226)이 된다. 온도 구간 중 생활에 가장 쾌적한 온도 구간으로 알려져 있는 15~19℃ 구간을 준거 범주로 구성하였다. 온도 수준(level)이 아닌 온도 구간을 구축한 기온 변화 변수를 이용하는 것은 기온의 일일 변동성을 활용하면서 비선형성을 모형화하는 것이 가능하다는 장점이 있다(김연수, 2013).

가. 기온의 변화와 산업재해

본 분석에서는 기온 변화에 따른 산업재해 발생 여부를 근로자의 건강에 대한 가장 직접적 지표로 분석한다. 산업별, 발생 시기별 산업재해 발생 정보는 한국산업안전보건공단의 산업재해조사 자료를 이용한다. 산업재해조사는 산업재해보상보험법 적용사업체에서 발생한 산업재해 중 업무상 사고 및 질병으로 승인을 받은 사망 또는 4일 이상 요양을 요하는 재해를 포함한다(한국산업안전보건공단, 2021). 산업재해조사 자료에서 월별, 산업별 산업재해 발생건수를 확인할 수 있으며, 분석에는 산업별로 재해 발생건수를 확인할 수 있는 1989년부터 2020년까지의 자료를 이용한다. 다만, 산업별 산업재해보상보험 가입자 수 정보는 2001년부터 확인할 수 있으므로, 재해 발생건수가 아닌 산업별 재해 발생률의 분석기간은 2001년 1월부터 2020년 12월까지로 한정된다.

<표 7-9>는 기온의 변화가 전체 산재 발생에 미친 영향을 분석한 결과이다. 평균기온의 변화는 전체 산재 발생건수 및 산재 만인율에 유의한 영향을 미치지 않는 것으로 나타난다. 반면, 최고기온의 변화가 산재 발생건수에 유의한 영향을 미치는지는 확인할 수 없으나 산재 만인율의 경우 최고기온이 1℃ 높아질 때 0.021만큼 유의하게 높아지는 것을 확인할 수 있다. 이는 전체 임금근로자[5]에서 산재 발생건수가 42건 이상 증가하는

<표 7-9> 전체 산업재해 발생 분석 결과

	(1) 산재 만인율	(2) 산재 발생건수	(3) 산재 만인율	(4) 산재 발생건수
평균기온	-0.00153 (0.0134)	-14.76 (12.44)		
최고기온			0.0210* (0.0120)	8.459 (11.11)
월 고정효과	Y	Y	Y	Y
연도 고정효과	Y	Y	Y	Y
종속변수 평균	7.056	7,617	7.056	7,617
Obs	2,280	2,280	2,280	2,280
R-squared	0.959	0.879	0.959	0.879

주: 1) 산재 만인율은 산재 적용 근로자 만명당 산재 발생건수를 나타냄.
2) ***: 1%, **: 5%, *: 10% 수준에서 유의한 결과를 나타냄.
자료: 산업안전보건공단, 「산업재해조사」, 1989~2020.

것에 해당하는 수치이다.

산업별로 산업재해 발생 정도는 상당한 차이를 나타내며(그림 7-2), 산업의 특성에 따라 산업재해 발생이 집중되는 시점에도 차이가 있다. 또한 산업에 따라 기후변화가 영향을 미칠 수 있는 위험요인에 대한 노출 정도에도 차이가 있다. 예컨대, 고온다습한 환경에 노출되는 것은 옥외작업이 빈번한 산업에 더욱 집중될 것이다. 옥외작업 빈도가 높은 건설업은 전체 온열질환 산재 발생건의 48.7%를 차지하는 등 폭염과 관련된 산재 발생이 집중된다. 이로 인해 건설업은 6월에서 8월까지 여름철에 산재 발생건수가 증가하는 반면, 전기가스수도업의 경우는 월별 변이가 뚜렷하지 않다. 따라서 산업별이 아닌 전체 산업재해 발생을 확인하는 것은 기후변화의 영향을 충분히 확인하는 데 제약이 있다. 이러한 산업별 차이를 고려하여 본 분석에서는 기온의 변화와 산업별 산재 발생 간 관계를 확인하고자 한다. 월별 산업재해조사 자료에서는 광업, 제조업, 건설업, 운수통신업, 전기가스수도업을 확인할 수 있으므로, 분석도 이들 산업에 한정한다.

---

5 2022년 8월 임금근로자 2,099만명을 기준으로 한다(2022년 8월 경제활동인구조사).

[그림 7-2] 산업별 산재 만인율(2001~20년)

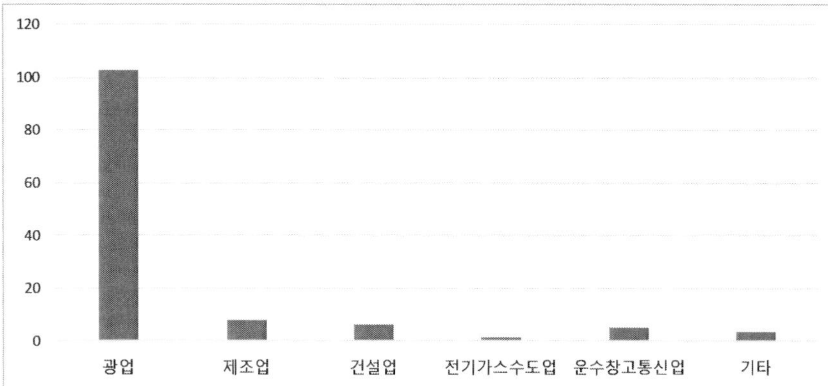

자료: 산업안전보건공단, 「산업재해조사」, 2001~2020.

<표 7-10> 건설업 산업재해 발생 분석 결과 1

	(1) 산재 만인율	(2) 산재 발생건수	(3) 산재 만인율	(4) 산재 발생건수
평균기온	0.0390 (0.0332)	7.036 (10.27)		
최고기온			0.0497* (0.0300)	18.28** (9.189)
월 고정효과	Y	Y	Y	Y
연도 고정효과	Y	Y	Y	Y
종속변수 평균	6.637	1,998.4	6.637	1,998.4
Obs	272	434	272	434
R-squared	0.873	0.903	0.873	0.904

주: 1) 산재 만인율은 건설업 산업재해보상보험 적용 근로자 만명당 건설업 산재 발생건수를 나타냄.
2) ***: 1%, **: 5%, *: 10% 수준에서 유의한 결과를 나타냄.
자료: 산업안전보건공단, 「산업재해조사」, 2001~2020.

<표 7-10>은 기온 수준(level)의 변화가 건설업의 산재 만인율과 산재 발생건수에 미치는 영향을 나타낸다. 최고기온이 1℃ 높아질 때 건설업의 산재 만인율은 0.0497 증가하며, 산재 발생건수는 18.28건 증가하는 것으로 나타난다. 이는 전체 산업의 산재 발생 증가보다 2배 이상 유의하게 증가하는 결과로, 기후의 변화가 산업별로 불균형한 영향을 미칠 수

<표 7-11> 건설업 산업재해 발생 분석 결과 2

	(1)	(2)
	발생건수	산재 만인율
준거 범주: 15~19℃		
최고기온 -10℃ 미만	-15,361 (35,420)	-168.8* (101.1)
최고기온 -10~-6℃	2,376 (3,686)	26.71** (10.93)
최고기온 -5~-1℃	-1,784** (752.6)	-8.825*** (2.282)
최고기온 0~4℃	224.4 (451.1)	1.587 (1.417)
최고기온 5~9℃	-276.6 (269.0)	-1.148 (0.907)
최고기온 10~14℃	198.7 (380.4)	0.319 (1.340)
최고기온 20~24℃	-282.5 (330.8)	-2.168** (1.090)
최고기온 25~29℃	-182.9 (298.6)	-0.881 (1.037)
최고기온 30~34℃	-144.8 (328.3)	-1.973* (1.119)
최고기온 35℃ 이상	467.4 (528.4)	3.704* (1.913)
Obs	434	272
R-squared	0.907	0.888

주: 1) 연도, 월별 고정효과를 통제함.
2) ***: 1%, **: 5%, *: 10% 수준에서 유의한 결과를 나타냄.
3) 산재 만인율은 건설업 산업재해보상보험 적용 근로자 만명당 건설업 산재 발생건수를 의미.

자료: 산업안전보건공단, 「산업재해조사」, 2001~2020.

있음을 보여준다. 평균기온의 추정계수는 양의 값을 나타내나 통계적으로 유의하지 않다.

기온의 변화가 시차를 두고 근로자의 건강에 영향을 미칠 수 있다는 점을 고려해 월별 기온 구간 분포를 이용해 분석한 결과는 <표 7-11>과 같다. 가장 쾌적한 기온 구간인 15~19℃에 대비해 최고기온이 35℃ 이상

<표 7-12> 산업별 최고기온이 산재 만인율에 미치는 영향

	(1) 광업	(2) 제조업	(3) 전기가스수도업	(4) 운수창고통신업
최고기온	-1.628 (1.146)	-0.0119 (0.0318)	0.0164 (0.0270)	-0.0326 (0.0305)
월 고정효과	Y	Y	Y	Y
연도 고정효과	Y	Y	Y	Y
종속변수 평균	102.96	8.038	1.592	5.452
Obs	273	276	285	282
R-squared	0.809	0.930	0.470	0.748

주: 1) ***: 1%, **: 5%, *: 10% 수준에서 유의한 결과를 나타냄.
2) 산재 만인율은 각 산업별 산업재해보상보험 적용 근로자 만명당 산재 발생건수.
자료: 산업안전보건공단, 「산업재해조사」, 2001~2020.

인 극단적 날의 수가 30일 중 하루 증가 시, 산재 만인율은 0.123 증가하는 것으로 확인된다.[6] 이를 건설업 평균 산재 만인율(6.637) 대비 증가율로 환산하면 1.9% 증가하는 것으로, 극단적인 기온 변화가 근로자 건강에 치명적인 영향을 미칠 수 있음을 시사한다.

건설업에 비해 실외작업의 빈도가 많지 않고 날씨 변화의 영향이 제한적인 다른 산업에서는 기온 변화가 산업재해 발생에 미치는 유의한 영향을 확인할 수 없다.

고용노동부는 2017년 12월에 폭염에 직접 노출되는 작업 시 노동자에게 적절한 휴식 및 그늘진 장소를 제공하도록 관련 규정을 개정하고, 2018년에는 열사병이 발생한 사업장에 대해 작업 중지 등 강력한 조치를 예고하였다(고용노동부, 2018. 7. 18). 또한 여름철 폭염 대비 근로자 건강보호대책을 추진하기 위해 폭염 위험단계별 대응 요령을 <표 7-13>과 같이 제시하고 있다.

폭염에 대비한 노동자 건강관리조치 마련이 근로자의 여름철 건강에 미치는 영향을 확인하기 위해, 규정 개정 전후의 산업재해 발생 변화를

---

6 최고기온이 35℃ 이상인 날의 비중이 1만큼 증가할 때, 즉 30일 또는 31일 증가 시 산재 만인율은 3.70 증가한다.

<표 7-13> 폭염 위험 단계별 대응 요령

주의 단계	기준	대응 요령
관심	체감온도 31℃ 이상	물, 그늘 등 준비
주의(폭염주의보)	체감온도 33℃ 이상	매시간 10분씩 휴식, 무더위 시간대 옥외작업 단축 및 작업시간대 조정
경고(폭염경보)	체감온도 35℃ 이상	매시간 15분씩 휴식, 무더위 시간대에는 불가피한 경우를 제외하고 옥외작업 중지
위험	체감온도 38℃ 이상	매시간 15분 이상씩 휴식 무더위 시간대에는 긴급조치 작업 외 옥외작업 중지

자료: 고용노동부, 「일터 폭염 대비 3대 기본수칙(물, 그늘, 휴식) 준수 지도 강화」, 보도자료, 2021. 5. 31.

<표 7-14> 작업장 폭염 대비 규정 마련 이후 산업재해 발생 변화(건설업)

	(1)	(2)
	산재 발생건수	산재 만인율
최고기온	17.97** (8.948)	0.0308 (0.0316)
폭염 대응조치(dummy)	-590.2*** (91.95)	0.0004*** (0.0000228)
월 고정효과	Y	Y
연도 고정효과	Y	Y
종속변수 평균	1,998.4	6.637
Obs	438	272
R-squared	0.910	0.873

주: 1) ***: 1%, **: 5%, *: 10% 수준에서 유의한 결과를 나타냄.
2) 산재 만인율은 건설업 산업재해보상보험 적용 근로자 만명당 건설업 산재 발생건수를 나타냄.

자료: 산업안전보건공단, 「산업재해조사」, 2001~2020.

확인하였다. 분석 결과, 열사병 발생 사업장에 대한 강력한 조치를 발표한 이후 건설업의 산재 만인율에서는 개선을 확인할 수 없으나 산재 발생건수는 유의하게 감소하는 것을 확인할 수 있다. 산업재해의 발생은 작업장 환경 개선 등 다양한 많은 요인의 영향을 받으므로, 폭염 대응조치 이후 건설업의 산재 발생건수 감소가 전적으로 정부 정책에 기인하는 것으로 볼 수는 없다. 그러나 작업장의 관리·감독 강화가 산업재해 예방 및 감소에 유의한 영향을 미친다는 기존 연구 결과에 비추어볼 때(김영선·이경용, 2016), 폭염과 관련한 관리감독 강화조치가 관련 산업재해 감소에 긍정적인 영향을 미쳤을 가능성이 존재한다. 폭염 관련 질환으로 인한 산재 발생이 폭염 관련 근로자 보호조치 강화 이후에 감소하였는지 여부를 확인할 수 있다면 정책 시행의 직접적 효과를 확인할 수 있을 것이다. 그러나 본 분석에서 이용 가능한 자료로는 이를 확인하는 데 어려움이 있으며, 이는 본 연구의 한계이다.

아직 우리나라에서 폭염으로 인해 산업재해가 유의하게 증가한다는 뚜렷한 증거는 찾기 어려운 것으로 판단된다. 그러나 본 분석은 월별 산업재해 발생 집계 자료에 기반한 결과로, 일별 기온의 변화를 충분히 반영하기 어려운 한계를 가진다. 또한 이러한 한계에도 불구하고 여름철 기온 변화에 유의한 영향을 받는 건설업에서는 기온의 증가가 산업재해 발생 증가에 유의하게 영향을 미치는 것으로 나타나며, 폭염 대비 강력 조치 마련 이후 건설업에서 산업재해 발생은 유의하게 감소하는 것으로 나타난다. 이러한 결과는 특정 산업에서는 계속되는 기온 변화에 대응해 근로자 건강을 지키기 위한 조치가 선제적으로 마련되어야 할 필요성을 제시한다. 옥외작업이 많고 기온 변화에 직접적인 영향을 받는 산업을 중심으로 온열질환 예방 가이드라인 배포 범위를 확대하고, 열사병 발생을 예방할 수 있는 시설 및 대응 방안 마련을 강제할 필요가 있다.

나. 기온의 변화와 질병의 발생

폭염은 직접적으로 온열질환을 발생시킨다. 온열질환은 열에 장시간 노출될 경우 발생하는 질환으로 두통, 어지러움, 근육경련, 피로감, 의식 저하 등의 증상이 나타날 수 있다. 온열질환에는 열사병(heat stroke), 열탈진(heat exhaustion), 열경련(heat cramp), 열실신(heat syncope) 등이 있다. 직접적인 온열질환 외에도 폭염으로 인한 생리학적 메커니즘은 심장 질환과 뇌혈관질환 등 질환의 발생 가능성을 높인다. 고온다습한 환경에서 신체의 체온조절중추는 피부의 온도를 낮추기 위해 혈액을 공급하는데, 이 과정에서 심장 박동에 부하가 발생해 심혈관 계통에 부담으로 작동하고 건강상태가 취약한 집단에서 심근허혈(myocardial ischemia)을 발생시킬 수 있다(Alahmad *et al*., 2020). 이러한 신체의 변화는 심장마비, 부정맥, 심부전의 위험을 높이는 것으로 알려져 있다. 또한 폭염은 기저질환이 있었던 사람들에게 치명적인 영향을 미칠 수 있다. 심장질환 외에도 고온다습한 환경은 공기 중의 오존 농도를 높이고 탈수 위험을 높여 천식 및 폐쇄성 폐질환 환자의 호흡을 어렵게 만들어 치명적 영향을 미칠 수 있다. 당뇨병 환자의 경우, 폭염은 체온 조절을 어렵게 만들고 혈전 발생을 증가시키는 방식으로 건강에 영향을 미칠 수 있다. 폭염은 직접적인 온열질환 외에도 수면 부족 및 집중력 저하로 인한 추락, 충돌, 기계 조작 부주의로 인한 사고 등 다른 원인으로 인한 사고를 유발할 수 있다(Park *et al*., 2021).

기온의 변화에 따른 온열질환 발생 및 폭염이 영향을 미칠 수 있는 질환의 발생, 그리고 폭염으로 인한 주의력 하락 등으로 인해 발생할 수 있는 사고의 발생 여부 변화를 확인하기 위해 건강보험공단의 건강보험 표본코호트 자료를 이용해 분석하였다. 일자별로 발생한 의료서비스 이용의 주상병 코드를 이용해 각 질환의 발생 여부를 정의하였다. 질병 발생 시점은 외래 의료서비스 이용의 경우는 해당 일자, 입원 의료서비스 이용의 경우는 연속된 입원의 시작 시점으로 정의한다. 건강보험 청구자료는 질병의 발생이 아닌 의료서비스 이용을 확인할 수 있는 정보이다. 따라서 건강보험 청구자료를 통해서는 질병의 발생 여부를 정확하게 확인하기 어렵다는 한계가 있으며, 기후의 영향 외에도 의료서비스 이용 양상에 따른 영향이 복합적으로 나타날 수 있다. 예컨대, 근로자의 경우 하계 휴가 이용이 집중되는 여름철에 시간적 여유를 이용해 의료서비스 이용이 증가한다면, 이러한 의료서비스 이용의 패턴이 기온 상승에 따른 건강 영향으로 해석되는 오류를 범할 수 있다. 그러나 본 분석의 주요 관심 대상인 직접적 온열질환이나 사고로 인한 의료서비스 이용은 환자의 자의적인 의료서비스 이용 선택에 따른 결과로 보기 어려운 질환이므로, 의료서비스 이용 양상의 복합적 영향에서 비교적 자유롭다고 판단된다. 또한 분석에서 월별 더미변수를 통제해 각 월별 의료서비스 이용 양상의 차이를 통제하고자 하였다. 그럼에도 불구하고 지속적인 의료서비스 이용이 필요한 만성질환은 기후 영향 외 다른 요인의 영향을 여전히 배제할 수 없으므로 결과 해석에 유의할 필요가 있다.

건강보험자료 이용에 따른 또 다른 주요한 한계는 의료서비스를 이용한 개인이 근로자인지 여부와 어떤 산업 또는 직종에 종사하는지 여부를 명확히 밝힐 수 없다는 점이다. 본 분석에서는 건강보험 자격 기준이 직장가입자인 개인에 한정한 분석을 시행해, 근로자 여부의 대체 변수로 이용하는 방식으로 근로자 여부를 명확히 확인하기 어려운 한계를 보완하였다. 다만, 산업재해 발생에 대한 분석에서 확인되는 것처럼 종사하는 일자리의 성격에 따라 기후변화가 근로자의 건강에 미치는 영향이 차별적인데, 분석에서 이를 확인할 수 없는 점은 본 연구의 주요한 한계로 남는다.

근로자에 대한 논의에 초점을 맞추기 위해 분석 대상은 주요 근로연령대인 20세부터 64세까지로 한정한다. 일별, 지역별 기온 정보는 건강보험 자격 정보에서 확인되는 시군구 정보 및 의료서비스 이용 일자와 병합하여 분석에 이용하였다. 분석에서는 성별, 연령, 건강보험 보험료 부과 소득분위 정보를 통제한다. 또한 <표 7-15>의 분류 기준에 따라 질병 유형을 분류한다. 암질환은 기온의 변화와 무관하게 발생하는 질병이며, 암질환으로 인한 의료서비스 이용 및 진단이 특정 계절, 주로 12월에 집중되는 것은 생물학적 요인이 아닌 행정적 요인에 기인하는 것으로 알려져 있다. 외국의 경우 환자 및 병원의 치료 지연이 주요 영향요인으로 설명되나, 우리나라의 경우 국가건강검진의 제도적 요인으로 12월에 암 진단이 가파르게 증가하는 것으로 알려져 있다(Moan *et al*., 2010; Yoon *et al*., 2021). 따라서 암질환은 폭염의 영향을 받을 가능성이 높은 질환과 비교하기 위한 대조군으로 분석에 포함하였다.

<표 7-15> 분석에 포함된 질병 유형

질병 유형	질병 코드	분류 기준
열사병 등 고온 관련 질환	T67	직접적 폭염 관련 질환
심장질환	I20-I25	폭염 관련 질환
신장 관련 질환	N00-N28	폭염 관련 질환
급성 신부전	N17	폭염 관련 질환
뇌혈관질환	I60-I69	폭염 관련 질환
고혈압질환	I10-I15	폭염 관련 질환
당뇨	E00-E14	폭염 관련 질환
신체 골절, 절단 등의 손상	S00-T14	간접적 폭염 관련 사고
신체부위 화상 및 부식	T20-T32	간접적 폭염 관련 사고
화학물질, 유해물질로 인한 중독 등	T36-T66	간접적 폭염 관련 사고
악성신생물(암)	C00-D48	대조군

주: 질병코드는 건강보험청구자료의 중분류 기준을 적용.

<표 7-16>은 일별 최고기온의 수준(level)이 20~64세 인구의 해당 질병으로 인한 의료서비스 이용 확률에 미치는 영향을 분석한 결과이다. 일별 최고기온이 1℃ 증가할 때 온열질환 발생으로 인한 의료서비스 이용은 0.000002만큼 증가하는데, 이는 열사병 등 온열질환 발생이 5.7% 증가하는 효과에 해당한다. 온열질환 외에도 기온 변화의 영향을 받는 것으로 알려진 심장질환이나 뇌혈관질환의 발생 확률이 각각 0.2%, 0.5% 유의하게 증가하는 것으로 나타난다. 이 외에도 사고의 범위에 해당하는 신체 골절 및 절단 등의 손상과 화학물질, 유해물질로 인한 중독 등, 신체부위 화상 및 부식이 기온이 증가할 때 평균 대비 0.8% 유의하게 증가하는 것으로 나타난다.

본 분석에서는 자료의 한계로 개인의 근로 여부나 종사 일자리의 산업 등을 확인할 수 없다. 그러나 자료에서 직장의료보험 또는 지역의료보험 등 건강보험 가입 상태에 대한 정보를 확인할 수 있다. 본 분석에서는 이 정보를 이용하여 직장의료보험 가입자를 근로자로 간주하고 이들로 표본을 한정한 분석을 시행한다. 직장의료보험 가입자가 근로자 전체를 포괄

할 수 없다는 한계는 있다. 그러나 2022년 8월 기준 임금근로자의 78.5%가 직장의료보험 가입자[7]이므로, 상당수의 근로자가 포함된다고 판단할 수 있다. 다만, 일용직 근로자 등이 포함되는 비전형 근로자의 직장의료보험 가입 비율은 33.1%에 그치는데, 기온 변화의 영향을 많이 받는 산업의 근로자들, 대표적으로 건설업에 종사하는 일용직 근로자 등이 현재 분석에서 이용하는 근로자 분류에서 배제된다는 한계가 있다.

20~64세 근로자(직장의료보험 가입자)에 한정한 분석 결과는 <표 7-17>과 같다. <표 7-16>의 전체 20~64세 인구에 대한 분석 결과와 비교 시 추정계수의 크기나 방향에서 유의한 차이를 확인할 수 없다. 다만, 신체 골절 및 절단 등의 손상은 전체 20~64세 인구 대비 근로자 집단에서 두 배 이상 빈번하게 발생하며, 일별 최고기온이 1℃ 증가할 때 신체 골절 및 절단 등의 손상 발생이 1.35% 증가하는 것으로 나타난다.

일별 최고기온 30℃ 이상의 폭염 더미를 기온 변수로 이용한 분석에서도 폭염일수의 증가가 온열질환뿐 아니라 기온 변화의 영향을 많이 받는 질병 증가로 이어질 수 있음을 알 수 있다.

기온 변화가 신체에 영향을 미치는 데 시차가 있음을 고려해 월별 기온 구간 분포를 이용한 분석 결과는 <표 7-20>과 같다. 높은 온도 분포에서 온열질환 및 심장질환, 뇌혈관질환 등의 발생이 증가하는 것으로 나타난다. 다만, 일반적으로 뇌혈관질환은 낮은 온도에 취약한 것으로 알려져 있는데, 본 분석에서 낮은 기온 분포의 추정치가 통계적으로 유의한 음(-)의 값을 갖는 것은 예외적인 결과이다.

---

7 경제활동인구조사 근로형태별 사회보험가입자 비율.

<표 7-16> 일별 최고기온이 20~64세 인구의 질병 발생에 미치는 영향

	(1)	(2)	(3)	(4)	(5)
	열사병 등 온열질환	심장질환	신장질환	뇌혈관질환	고혈압질환
최고기온	0.000002039*** (0.00000015)	0.00000898*** (0.00000148)	-0.00004079 (0.00000263)	0.00002147*** (0.00000166)	-0.0002664*** (0.00000585)
평균 대비 변화(%)	5.66%	0.24%	-0.34%	0.49%	-0.42%
종속변수 평균	0.000036	0.003733	0.01183	0.004404	0.063801
obs	106,369,274	106,369,274	106,369,274	106,369,274	106,369,274
	(6)	(7)	(8)	(9)	(10)
	당뇨	신체 골절 및 절단 등의 손상	화학물질, 유해물질로 인한 중독 등	신체부위 화상 및 부식	악성신생물
최고기온	0.00000336 (0.00000458)	0.00008645*** (0.00000633)	0.00000576*** (0.0000004)	0.0000274*** (0.0000014)	-0.0000546*** (0.00000376)
평균 대비 변화(%)	0.01%	2.63%	2.13%	0.83%	-2.23%
종속변수 평균	0.036964	0.003292	0.00027	0.003292	0.0024476
obs	106,369,274	106,369,274	106,369,274	106,369,274	106,369,274

주: 1) 성별, 연령, 건강보험료 부과 소득분위와 연도, 월 고정효과를 통제함.
2) ***: 1%, **: 5%, *: 10% 수준에서 유의한 결과를 나타냄.
자료: 건강보험 표본코호트 자료(2005~19년) 자료를 이용해 저자 계산.

<표 7-17> 일별 최고기온이 20~64세 근로자의 질병 발생에 미치는 영향

	(1)	(2)	(3)	(4)	(5)
	열사병 등 온열질환	심장질환	신장질환	뇌혈관질환	고혈압질환
최고기온	0.000002*** (0.0000002)	0.0000078*** (0.0000022)	-0.0000416*** (0.0000035)	0.000018*** (0.0000022)	-0.0003083*** (0.0000083)
평균 대비 변화(%)	5.71%	0.18%	-0.36%	0.42%	-0.45%
종속변수 평균	0.000035	0.004266	0.011429	0.004276	0.068372
obs	57,851,140	57,851,140	57,851,140	57,851,140	57,851,140
	(6)	(7)	(8)	(9)	(10)
	당뇨	신체 골절 및 절단 등의 손상	화학물질, 유해불질 등 중독	신체부위 화상 및 부식	악성신생물
최고기온	-0.0000363*** (0.0000064)	0.0001049*** (0.0000089)	0.0000055*** (0.0000006)	0.0000281*** (0.0000019)	-0.0000358*** (0.0000050)
평균 대비 변화(%)	-0.09%	1.35%	1.92%	0.84%	-1.58%
종속변수 평균	0.038305	0.0077446	0.000287	0.003344	0.00227
obs	57,851,140	57,851,140	57,851,140	57,851,140	57,851,140

주: 1) 성별, 연령, 건강보험료 부과 소득분위와 연도, 월 고정효과를 통제함.
2) ***: 1%, **: 5%, *: 10% 수준에서 유의한 결과를 나타냄.
3) 건강보험 가입자 중 직장의료보험 가입자에 한정하여 분석.
자료: 건강보험 표본코호트 자료(2005~19년) 자료를 이용해 저자 계산.

<표 7-18> 30℃ 이상 기온이 20~64세 인구의 질병 발생에 미치는 영향

	(1)	(2)	(3)	(4)	(5)
	열사병 등 온열질환	심장질환	신장질환	뇌혈관질환	고혈압질환
최고기온 30℃ 이상 더미	0.00004431*** (0.00000235)	0.00003609 (0.00002379)	0.0001531*** (0.00004198)	0.0001504*** (0.0000258)	-0.0004995*** (0.00009369)
평균 대비 변화(%)	123.08%	0.97%	1.29%	3.42%	-0.78%
종속변수 평균	0.000036	0.003733	0.01183	0.004404	0.063801
obs	106,369,274	106,369,274	106,369,274	106,369,274	106,369,274
	(6)	(7)	(8)	(9)	(10)
	당뇨	신체 골절 및 절단 등의 손상	화학물질, 유해물질 등 중독	신체부위 화상 및 부식	악성 신생물
최고기온 30℃ 이상 더미	0.0002474*** (0.0000733)	0.0013723*** (0.0001014)	0.0000488*** (0.00000643)	0.000302*** (0.00002237)	0.0003445*** (0.00006024)
평균 대비 변화(%)	0.67%	41.69%	18.07%	9.17%	1.41%
종속변수 평균	0.036964	0.003292	0.00027	0.003292	0.024476
obs	106,369,274	106,369,274	106,369,274	106,369,274	106,369,274

주: 1) 성별, 연령, 건강보험료 부과 소득분위와 연도, 월 고정효과를 통제함.
2) ***: 1%, **: 5%, *: 10% 수준에서 유의한 결과를 나타냄.

자료: 건강보험 표본코호트 자료(2005~19년) 자료를 이용해 저자 계산.

<표 7-19> 30℃ 이상 기온이 20~64세 근로자의 질병 발생에 미치는 영향

	(1)	(2)	(3)	(4)	(5)
	열사병 등 온열질환	심장질환	신장질환	뇌혈관질환	고혈압질환
최고기온 30℃ 이상 더미	0.0000419*** (0.0000032)	0.0000817** (0.0000347)	0.0001945*** (0.0000562)	0.0000984*** (0.0000348)	-0.0008517*** (0.0001321)
평균 대비 변화(%)	116.39%	1.91%	1.71%	2.29%	-1.25%
종속변수 평균	0.000036	0.004269	0.011392	0.004292	0.068329
obs	57,851,140	57,851,140	57,851,140	57,851,140	57,851,140
	(6)	(7)	(8)	(9)	(10)
	당뇨	신체 골절 및 절단 등의 손상	화학물질, 유해물질 등 중독	신체부위 화상 및 부식	악성신생물
최고기온 30℃ 이상 더미	0.0001847* (0.0001018)	0.0013621*** (0.0001420)	0.000042*** (0.0000091)	0.0003029*** (0.0000308)	0.0004177*** (0.0000793)
평균 대비 변화(%)	0.48%	17.59%	14.53%	9.04%	18.39%
종속변수 평균	0.038323	0.0077419	0.000289	0.00335	0.0022716
obs	57,851,140	57,851,140	57,851,140	57,851,140	57,851,140

주: 1) 성별, 연령, 건강보험료 부과 소득분위와 연도, 월 고정효과를 통제함.
2) ***: 1%, **: 5%, *: 10% 수준에서 유의한 결과를 나타냄.
3) 건강보험 가입자 중 직장가입자에 한정하여 분석.

자료: 건강보험 표본코호트 자료(2005~19년) 자료를 이용해 저자 계산.

<표 7-20> 기온 분포가 20~64세 인구의 질병 발생에 미치는 영향 1

	(1) 열사병 등 온열질환	(2) 심장질환	(3) 뇌혈관질환
-10℃ 미만	0.000269555 (0.0001674)	-0.0013974 (0.0016985)	-0.0076859*** (0.0018443)
-10~-5℃ 미만	-0.000090321** (0.00003898)	-0.0009551** (0.0003955)	-0.0013266*** (0.0004294)
-5~0℃ 미만	-0.00001434 (0.00001471)	-0.0015738*** (0.0001493)	-0.0013376*** (0.0001621)
0~5℃ 미만	-0.000021327* (0.00001071)	-0.0009915*** (0.0001086)	-0.000963*** (0.0001179)
5~10℃ 미만	-0.000006494 (0.00000915)	-0.0009581*** (0.00009279)	-0.0010357*** (0.0001008)
10~15℃ 미만	0.000008268 (0.00001104)	-0.0003179*** (0.000112)	-0.00003341 (0.0001216)
20~25℃ 미만	0.00004765*** (0..00000996)	0.0003004*** (0.0001011)	0.0007555*** (0.0001097)
25~30℃ 미만	0.000023024* (0.00000967)	0.00009868 (0.00009807)	0.0007277*** (0.0001065)
30~35℃ 미만	0.0000099628*** (0.00001079)	0.0003246*** (0.0001095)	0.0012801*** (0.0001189)
35℃ 이상	0.000269058*** (0.00001626)	0.0000784 (0.000165)	0.0017849*** (0.0001791)
obs	106,369,274	106,369,274	106,369,274

주: 1) 성별, 연령, 건강보험료 부과 소득분위와 연도, 월 고정효과를 통제함.
2) ***: 1%, **: 5%, *: 10% 수준에서 유의한 결과를 나타냄.
3) 건강보험 가입자 중 직장의료보험 가입자에 한정하여 분석.
자료: 건강보험 표본코호트 자료(2005~19년) 자료를 이용해 저자 계산.

<표 7-21> 기온 분포가 20~64세 인구의 질병 발생에 미치는 영향 2

	(4)	(5)	(6)
	당뇨	신체 골절 및 절단 등의 손상	악성신생물
-10℃ 미만	-0.0477*** (0.00524)	-0.04163*** (0.00725)	-0.007975* (0.00430)
-10~-5℃ 미만	-0.00485*** (0.00122)	0.0096*** (0.00169)	0.00412*** (0.00100)
-5~0℃ 미만	-0.00061 (0.00046)	0.00638*** (0.00064)	0.00351*** (0.00038)
0~5℃ 미만	0.00066** (0.00034)	0.00327*** (0.00046)	0.00374*** (0.00028)
5~10℃ 미만	-0.00128*** (0.00029)	-0.00086** (0.00040)	0.0012*** (0.00024)
10~15℃ 미만	0.00026 (0.00035)	0.00081* (0.00048)	0.0016*** (0.00028)
20~25℃ 미만	0.00009 (0.00031)	-0.00027 (0.00043)	0.00006 (0.00026)
25~30℃ 미만	0.00096*** (0.00030)	0.00163*** (0.00042)	0.00086*** (0.00025)
30~35℃ 미만	0.00196*** (0.00034)	0.00021 (0.00047)	0.00119*** (0.00028)
35℃ 이상	0.00542*** (0.00051)	0.00246*** (0.00070)	0.00233*** (0.00042)
obs	106,369,274	106,369,274	106,369,274

주: 1) 성별, 연령, 건강보험료 부과 소득분위와 연도, 월 고정효과를 통제함.
2) ***: 1%, **: 5%, *: 10% 수준에서 유의한 결과를 나타냄.
3) 건강보험 가입자 중 직장의료보험 가입자에 한정하여 분석
자료: 건강보험 표본코호트 자료(2005~19년) 자료를 이용해 저자 계산.

<표 7-22> 기온 분포가 20~64세 근로자의 질병 발생에 미치는 영향 1

	(1)	(2)	(3)
	열사병 등 온열질환	심장질환	뇌혈관질환
-10℃ 미만	0.000368* (0.00022)	-0.002792 (0.00238)	-0.003144 (0.00239)
-10~-5℃ 미만	-0.000128** (0.00005)	-0.00073 (0.00057)	-0.00066 (0.00057)
-5~0℃ 미만	0.00001 (0.00002)	-0.001599*** (0.00022)	-0.001174*** (0.00022)
0~5℃ 미만	-0.00001 (0.00001)	-0.001084*** (0.00016)	-0.000852*** (0.00016)
5~10℃ 미만	0.00000 (0.00001)	-0.000952*** (0.00014)	-0.000788*** (0.00014)
10~15℃ 미만	0.00001 (0.00002)	-0.000477*** (0.00016)	-0.00002 (0.00016)
20~25℃ 미만	0.000052*** (0.00001)	0.000265* (0.00015)	0.000453*** (0.00015)
25~30℃ 미만	0.000026* (0.00001)	0.000139 (0.00014)	0.000564*** (0.00014)
30~35℃ 미만	0.000105*** (0.00001)	0.000596*** (0.00016)	0.001074*** (0.00016)
35℃ 이상	0.00032*** (0.00002)	-0.00008 (0.00024)	0.001751*** (0.00024)
obs	57,851,140	57,851,140	57,851,140

주: 1) 성별, 연령, 건강보험료 부과 소득분위와 연도, 월 고정효과를 통제함.
2) ***: 1%, **: 5%, *: 10% 수준에서 유의한 결과를 나타냄.
3) 건강보험 가입자 중 직장의료보험 가입자에 한정하여 분석.
자료: 건강보험 표본코호트 자료(2005~19년) 자료를 이용해 저자 계산.

<표 7-23> 기온 분포가 20~64세 근로자의 질병 발생에 미치는 영향 2

	(4)	(5)	(6)
	당뇨	신체 골절 및 절단 등의 손상	악성신생물
-10℃ 미만	-0.044356*** (0.00700)	-0.056054*** (0.00976)	-0.007337 (0.00545)
-10~-5℃ 미만	-0.003214* (0.00168)	0.005261** (0.00235)	0.00021 (0.00131)
-5~0℃ 미만	0.003382*** (0.00064)	0.004055*** (0.00090)	0.001881*** (0.00050)
0~5℃ 미만	0.003386*** (0.00047)	0.002129*** (0.00065)	0.002265*** (0.00036)
5~10℃ 미만	0.000814** (0.00040)	-0.001377** (0.00056)	0.000542* (0.00031)
10~15℃ 미만	0.000819* (0.00048)	0.001256* (0.00067)	0.000136 (0.00038)
20~25℃ 미만	-0.001059** (0.00044)	0.001301** (0.00061)	0.000359 (0.00034)
25~30℃ 미만	0.000928** (0.00042)	0.001586*** (0.00059)	0.000897*** (0.00033)
30~35℃ 미만	0.001912*** (0.00047)	0.000529 (0.00066)	0.001384*** (0.00037)
35℃ 이상	0.003868*** (0.00070)	0.001722* (0.00097)	0.003098*** (0.00054)
obs	57,851,140	57,851,140	57,851,140

주: 1) 성별, 연령, 건강보험료 부과 소득분위와 연도, 월 고정효과를 통제함.
2) ***: 1%, **: 5%, *: 10% 수준에서 유의한 결과를 나타냄.
3) 건강보험 가입자 중 직장의료보험 가입자에 한정하여 분석.
자료: 건강보험 표본코호트 자료(2005~19년) 자료를 이용해 저자 계산.

다. 기온의 변화와 사망

폭염의 증가는 극단적인 건강 변수인 사망에 영향을 미칠 수 있다. 영국에서는 2022년 7월 10일부터 25일까지 2주간에 걸친 폭염으로 2,227명의 초과 사망자가 발생한 것으로 집계되었다(UK Office for National

Statistics, 2022). 우리나라에서도 1994년의 기록적인 폭염으로 3천명 이상의 초과 사망자가 발생했다는 연구 결과가 있다(Kysely and Kim, 2009). 1995년 시카고에서는 폭염으로 인한 초과 사망이 홀로 사는 노인 등 취약계층에 더욱 집중되는 것으로 확인되었는바(Klinenberg, 2002), 우리나라에서도 취약계층을 중심으로 폭염으로 인한 건강 위협에 대한 대비가 필요한 것으로 판단된다.

기후변화가 극단적인 건강지표인 사망에 미치는 영향을 확인하기 위해 통계청에서 제공하는 사망원인통계 전수자료를 이용해 1997년부터 2021년까지의 사망률 자료를 구성하였다. 사망원인통계는 사망 일자 및 사망 원인, 성별, 사망 시 연령, 사망자 주소(주민등록지), 사망 시 경제활동을 하는 상태였을 경우 직업 정보를 포함한다. 자료에 포함된 사망자의 시군구 수준 주소지와 사망 일자를 이용하여 일별, 시군구별 사망자 수를 합산한 후, 각 시군구별 성별, 연령별 주민등록인구수를 이용해 표준화한 사망률을 구하여 일별 시군구 단위 패널 자료를 구성하였다. 그리고 이 자료에 사망 일자와 주소지별 기온 자료를 병합해 분석에 이용하였다. 시군구별 주민등록인구 정보는 1998년부터 가용하기 때문에 분석은 1998년부터 2021년까지를 포함한다.

본 소절에서는 기온의 변화가 전체 사망률과 65세 이상 고령층 사망률에 미치는 영향을 분석한다. 또한 본 연구의 주요 관심 대상인 근로자에게 미치는 영향을 확인하기 위해 경제활동 참가 여부별 사망률에 기온 변화가 미치는 영향을 분석하였다. 이에 더해 기온 변화가 사망에 미치는 영향이 일자리에 따라 차별적으로 나타나는지를 확인하기 위해 사망자 직업분류코드를 이용해 직업 유형별 사망률 자료를 구축하였다. 사망자 직업분류는 관리자, 전문가 및 관련 종사자, 사무 종사자, 서비스 및 판매 종사자, 농림어업 숙련 종사자, 기능원 및 관련 기능 종사자, 장치, 기계조작 및 조립 종사자, 단순노무 종사자로 분류된다. 또한 기온 변화가 질병에 미치는 영향을 확인하고자 자료에서 확인되는 사망원인에 따라 심혈관질환, 뇌혈관질환, 호흡기질환, 암 등 주요 사망원인별 사망률을 구분해 분석하였다.

기온과 사망률 간의 관계는 다음과 같이 추정한다.

$$MORT_{rt} = \alpha + \beta TEMP_{rt} + \gamma_r + \eta_t + \epsilon_{rt}$$

종속변수 $MORT_{rt}$는 시군구 수준의 지역별(r), 일별(t) 사망률(천분율)을 나타낸다. 주요 설명변수인 $TEMP_{rt}$는 해당 시군구의 일별 기온 변화 변수로 기온의 수준(level)과 월별 온도 구간 분포 변수를 이용하여 구한다. γ_r은 시군구의 고정효과, η_t는 연도와 월 더미를 나타낸다.

<표 7-24>는 일최고기온 수준의 변화가 인구 천명당 사망률에 미치는 영향을 나타낸다. 일최고기온이 1℃ 상승할 때 인구 10만명당 사망자가 0.037명 증가하는 것으로 나타난다. 기온 변화에 상대적으로 더 취약한 고령층의 사망률은 인구 10만명당 0.038명 증가하는 것으로 나타난다.

<표 7-24> 최고기온의 변화가 사망률에 미치는 영향 분석

	전체	65세 이상
최고기온	0.000372*** (8.10e-05)	0.000383*** (0.000109)
Obs	5,605,412	3,808,819
R-squared	0.538	0.561

주: 1) 연도, 월별 고정효과 통제.
2) 종속변수는 성별, 5세 단위 연령별 해당 시군구의 사망률을 나타냄.
3) ***: 1%, **: 5%, *: 10% 수준에서 유의한 결과를 나타냄.
자료: 본문에서 제시한 시군구 단위 패널자료와 지역별 기온자료를 이용하여 저자 계산.

온도 구간의 분포를 이용한 분석 결과는 <표 7-25>와 같다. 사람의 신체가 편안함을 느끼는 최적의 온도 구간 15~19℃와 대비해 양 극단의 온도 분포에서 사망률이 유의하게 증가한다. 고령층일수록 신체기능이 저하되고 기저질환자의 비중이 높으므로 사망률이 기온의 변화에 더욱 민감하게 반응할 수 있다. 분석 결과에 따르면, 기온 분포의 양극단에서 고령층의 사망률이 증가하는 효과가 크며, 폭염보다는 낮은 기온에서 사망률이 증가하는 효과가 더 큰 것으로 나타난다. 최고기온이 -10℃ 미만인 날이 1일 증가할 때, 65세 이상 인구 천명당 사망자는 0.019명 증가하는

<표 7-25> 최고기온 분포가 사망률에 미치는 영향 분석

	전체	65세 이상
준거 범주: 15~19℃		
최고기온 -10℃ 미만	0.482*** (0.0994)	0.577*** (0.132)
최고기온 -10~-6℃	-0.0643*** (0.0246)	-0.0518 (0.0328)
최고기온 -5~-1℃	-0.0417*** (0.00875)	-0.0445*** (0.0117)
최고기온 0~4℃	-0.00463 (0.00603)	-0.0121 (0.00810)
최고기온 5~9℃	-0.0125** (0.00499)	-0.0132** (0.00671)
최고기온 10~14℃	-0.0141** (0.00562)	-0.0264*** (0.00755)
최고기온 20~24℃	0.00262 (0.00506)	0.00582 (0.00681)
최고기온 25~29℃	0.0152*** (0.00501)	0.0144** (0.00676)
최고기온 30~34℃	0.0147** (0.00580)	0.0124 (0.00783)
최고기온 35℃ 이상	0.0859*** (0.00991)	0.0927*** (0.0131)
Obs	5,605,622	3,808,976
R-squared	0.538	0.561

주: 1) 연도, 월별 고정효과를 통제함.
2) 종속변수는 성별, 5세 단위 연령별 해당 시군구의 사망률을 나타냄.
3) ***: 1%, **: 5%, *: 10% 수준에서 유의한 결과를 나타냄.
자료: 본문에서 제시한 시군구 단위 패널자료와 지역별 기온자료를 이용하여 저자 계산.

것으로 나타난다. 사망률은 폭염경보 발효 수준인 최고기온 35℃ 이상인 날짜 수 증가에 따라 유의하게 증가하는 것으로 확인된다. 전체 사망자 중에서는 일별 최고기온이 35℃인 날이 하루 증가할 때 인구 만명당 사망자는 0.028명, 65세 이상 인구의 경우 0.031명 유의하게 증가하는 것으로 확인된다.

폭염 시 증가하는 사망자의 상당수는 심혈관 또는 뇌혈관 질환에 의해 사망하는 것으로 알려져 있다. 폭염의 실제 영향을 확인하기 위해 사망원인을 질환군별로 나누어 기온이 사망률에 미치는 영향을 확인하였다. 즉, 사망원인통계가 제공하는 사망원인 중 기온 변화에 유의한 영향을 받는 질환인 호흡기질환, 심혈관질환, 뇌혈관질환으로 인한 사망의 변화를 확인하였다. 또한 기온의 영향이 제한적일 것으로 판단되는 암질환으로 인한 사망을 확인하였다. 또한 기온 변화로 인한 주의력 하락과 그에 따른 사고의 증가 가능성을 고려해 운수사고, 낙상, 불의의 익사, 유독성 물질에 의한 중독 및 노출 등을 사고로 인한 사망으로 분류해 분석에 포함하였다.

최고기온 수준(level)을 이용한 분석 결과에서는 일반적으로 온도 변화에 유의한 영향을 받는다고 알려진 심혈관 또는 뇌혈관 질환으로 인한 사망률의 유의한 결과를 확인할 수 없다. 그러나 기온 분포를 이용한 분석 결과에서는 기온의 양극단에서 심혈관질환으로 인한 사망이 유의하게 증가하는 것으로 나타나, 폭염 시 증가하는 사망자의 상당수가 심혈관질환과 뇌혈관질환에 의해 사망한다는 기존 연구와 일치하는 결과를 확인할 수 있다. 다만, 뇌혈관질환은 기온 분포의 양극단에서 사망이 유의하게 증가하는 효과를 확인할 수 없다. 또한 폭염 시에 사고로 인한 사망이 유의하게 증가하는 것으로 확인되어, 기온 변화로 인한 주의력 하락과 그에 따른 사고의 증가 가능성을 배제할 수 없다.

기온 변화가 근로자의 사망에 차별적인 영향을 미치는지 확인하기 위해 사망 시점의 일자리 정보를 이용해 근로자와 비근로자로 나누어 분석

<표 7-26> 최고기온의 변화가 질환별 사망률에 미치는 영향

	(1) 호흡기	(2) 심혈관	(3) 암	(4) 사고	(5) 뇌혈관
최고기온	0.000631* (0.000324)	-0.000109 (0.000171)	0.000235** (9.98e-05)	0.000123 (0.000240)	-0.000141 (0.000662)
Obs	375,036	1,097,158	1,649,661	252,361	25,664
R-squared	0.614	0.582	0.566	0.557	0.569

주: 1) 연도, 월별, 지역 고정효과 통제.
2) ***: 1%, **: 5%, *: 10% 수준에서 유의한 결과를 나타냄.
자료: 본문에서 제시한 시군구 단위 패널자료와 지역별 기온자료를 이용하여 저자 계산.

<표 7-27> 최고기온 분포가 질환별 사망률에 미치는 영향

	(1) 호흡기	(2) 심혈관	(3) 암	(4) 사고	(5) 뇌혈관
준거 범주: 15~19℃					
최고기온 -10℃ 미만	0.589 (0.438)	0.596** (0.250)	0.0110 (0.113)	-0.147 (0.358)	0.809 (0.808)
최고기온 -10~-6℃	0.0555 (0.0978)	-0.106** (0.0532)	0.00810 (0.0291)	0.106 (0.0836)	-0.0650 (0.266)
최고기온 -5~-1℃	-0.0551 (0.0341)	-0.00846 (0.0181)	-0.0287*** (0.0108)	-0.0387 (0.0275)	-0.267** (0.115)
최고기온 0~4℃	-0.0326 (0.0236)	-0.00296 (0.0123)	-0.000114 (0.00745)	-0.0138 (0.0178)	0.0392 (0.0791)
최고기온 5~9℃	-0.0198 (0.0195)	-0.0186* (0.0101)	-0.000257 (0.00616)	-0.0262* (0.0145)	0.0343 (0.0567)
최고기온 10~14℃	-0.0358 (0.0223)	-0.0229** (0.0115)	-0.0107 (0.00696)	-0.0115 (0.0163)	-0.104* (0.0564)
최고기온 20~24℃	0.0213 (0.0209)	-0.000395 (0.0108)	-0.00369 (0.00624)	-0.000271 (0.0146)	-0.0243 (0.0525)
최고기온 25~29℃	0.00459 (0.0206)	0.00369 (0.0105)	0.00777 (0.00621)	-0.00358 (0.0142)	-0.0755 (0.0581)
최고기온 30~34℃	0.0258 (0.0239)	0.0177 (0.0123)	0.0119* (0.00714)	0.00291 (0.0164)	-0.0573 (0.0687)
최고기온 35℃ 이상	0.0285 (0.0452)	0.0534** (0.0252)	0.0149 (0.0116)	0.0552* (0.0332)	-0.0708 (0.0961)
Obs	375,044	1,097,174	1,649,683	252,364	25,664
R-squared	0.614	0.582	0.566	0.557	0.570

주: 1) 연도, 월별 고정효과는 통제함.
2) ***: 1%, **: 5%, *: 10% 수준에서 유의한 결과를 나타냄.
자료: 본문에서 제시한 시군구 단위 패널자료와 지역별 기온자료를 이용하여 저자 계산.

<표 7-28> 최고기온의 변화가 사망률에 미치는 영향(근로자 vs. 비근로자)

	근로자	65세 이상 근로자	비근로자
최고기온	0.000148 (0.000131)	0.000225 (0.000235)	0.000348*** (0.0000921)
Obs	1,595,817	792,966	4,165,902
R-squared	0.593	0.607	0.545

주: 1) 연도, 월별 고정효과 통제.
2) 종속변수는 성별, 5세 단위 연령별 해당 시군구의 사망률을 나타냄.
3) ***: 1%, **: 5%, *: 10% 수준에서 유의한 결과를 나타냄.
자료: 본문에서 제시한 시군구 단위 패널자료와 지역별 기온자료를 이용하여 저자 계산.

을 시행하였다. 일반적으로 고령 사망자의 대부분이 비근로자로 분류되므로, 최고기온이 증가할 때 비근로자의 사망률이 유의하게 증가하는 것으로 나타난다. 최고기온의 증가가 근로자 사망률에 유의한 영향을 미치는지 여부는 확인할 수 없으며, 65세 이상 고령 근로자로 분석 대상을 한정하여도 유의한 사망률 증가는 확인할 수 없다.

최고기온의 분포를 이용한 분석에서는 폭염일수 비중의 증가가 근로자와 비근로자 집단 모두에서 사망률을 유의하게 증가시키는 것으로 확인된다. 일최고기온이 35℃ 이상인 날이 1일 증가할 때 근로자 집단에서는 인구 만명당 사망자가 0.021명, 65세 이상 근로자 집단에서는 0.03명 유의하게 증가하는 결과를 확인할 수 있다. 혹한의 기온에서는 기온 분포의 변화가 사망률에 미치는 영향이 더욱 크다. 최고기온이 -10℃ 미만인 날이 하루 증가할 때, 사망자가 근로자 집단에서는 인구 만명당 0.1명, 비근로자 집단에서는 인구 만명당 0.18명 증가하는 것으로 나타난다.

옥외작업이 많은 일자리 근로자의 건강이 기온 변화에 크게 영향을 받을 수 있음을 고려해 세부적인 직업별 사망률을 분석하였다. 단순노무종사자와 농림어업 숙련 종사자 집단 등 옥외작업의 가능성이 높은 근로자 집단에서 기온 변화에 따른 유의한 사망률 변화를 예상하였으나, 분석 결과에서는 이들 직종의 유의한 사망률 증가를 확인할 수 없었다. 학생, 가사, 무직 범주에서 기온의 양극단에서 사망률이 유의하게 증가하는 결과는 이들 집단에 고령자가 다수 분포하기 때문으로 판단된다.

외생적으로 변화하는 기온과 근로 여부 및 근로 직종별로 집계(aggregate)한 사망률 간 관계를 분석해 개인 수준의 내생성을 완화하고자 하였으나, 현재의 분석 결과는 여전히 다음과 같은 이유에서 온전한 인과관계로 해석하는 데 유의할 필요가 있다. 첫째, 건강 상태와 노동 공급 선택 간에 내생성이 존재한다. 비근로자 집단에 고령자가 다수 분포한 것이 폭염 시 비근로자 집단의 사망률이 높은 효과를 설명하는 것은 사실이나, 비근로자 집단이 근로자 집단에 비해 기저 건강 상태가 나쁠 가능성을 배제할 수 없다. 둘째, 현재의 건강 상태는 과거부터 누적된 근로 형태 및 특성이 영향을 미친 결과로, 직종에 따라 체계적인 건강 수준의 차이가 존재한다면 현재의 결과를 기온 변화에 따른 효과만으로 판단하는 데 유의할 필요가 있다.

<표 7-29> 최고기온 분포가 사망률에 미치는 영향(근로자 vs. 비근로자)

	근로자	65세 이상 근로자	비근로자
준거 범주: 15~19℃			
최고기온 -10℃ 미만	0.331* (0.178)	0.339 (0.347)	0.562*** (0.109)
최고기온 -10~-6℃	0.0115 (0.0429)	-0.00267 (0.0819)	-0.0683** (0.0272)
최고기온 -5~-1℃	-0.0569*** (0.0148)	-0.0573** (0.0269)	-0.0385*** (0.00981)
최고기온 0~4℃	0.00536 (0.00983)	-0.00616 (0.0177)	-0.00839 (0.00683)
최고기온 5~9℃	-0.0177** (0.00807)	-0.0196 (0.0145)	-0.0137** (0.00567)
최고기온 10~14℃	-0.0167* (0.00898)	-0.0369** (0.0161)	-0.0184*** (0.00641)
최고기온 20~24℃	-0.00173 (0.00796)	0.00420 (0.0141)	-0.00106 (0.00582)
최고기온 25~29℃	0.00550 (0.00782)	0.000661 (0.0139)	0.0118** (0.00577)
최고기온 30~34℃	-0.00790 (0.00909)	-0.00949 (0.0162)	0.0142** (0.00668)
최고기온 35℃ 이상	0.0654*** (0.0157)	0.0895*** (0.0274)	0.0806*** (0.0113)
Obs	1,595,858	792,980	4,166,074
R-squared	0.593	0.607	0.545

주: 1) 연도, 월별 고정효과 통제.
2) 종속변수는 성별, 5세 단위 연령별 해당 시군구의 사망률을 나타냄.
3) ***: 1%, **: 5%, *: 10% 수준에서 유의한 결과를 나타냄.
자료: 본문에서 제시한 시군구 단위 패널자료와 지역별 기온자료를 이용하여 저자 계산.

<표 7-30> 최고기온의 변화가 직업별 사망률에 미치는 영향

	(1) 관리자	(2) 전문가 및 관련 종사자	(3) 사무 종사자	(4) 서비스 및 판매 종사자	(5) 농림어업 숙련 종사자
최고기온	0.0002 (0.0003)	0.000292 (0.000312)	-0.000000671 (0.000229)	0.000312* (0.000168)	0.0000468 (0.000255)
Obs	48,537	99,736	117,675	252,272	695,996
R-squared	0.657	0.598	0.610	0.577	0.601
	(6) 기능원 및 관련 기능 종사자	(7) 장치, 기계 조작 및 조립 종사자	(8) 단순 노무 종사자	(9) 학생, 가사, 무직	
최고기온	-0.000373 (0.000292)	0.000298 (0.000199)	0.000130 (0.000178)	0.000364*** (9.35e-05)	
Obs	83,804	55,656	215,855	4,027,669	
R-squared	0.657	0.616	0.598	0.546	

주: 1) 연도, 월별 고정효과 통제.
2) 종속변수는 성별, 5세 단위 연령별 해당 시군구의 사망률을 나타냄.
3) ***: 1%, **: 5%, *: 10% 수준에서 유의한 결과를 나타냄.

자료: 본문에서 제시한 시군구 단위 패널자료와 지역별 기온자료를 이용하여 저자 계산.

<표 7-31> 최고기온 분포가 직업별 사망률에 미치는 영향 1

	(1) 관리자	(2) 전문가 및 관련 종사자	(3) 사무 종사자	(4) 서비스 및 판매 종사자	(5) 농림어업 숙련 종사자
준거 범주: 15~19℃					
최고기온 -10℃ 미만	-0.0852 (0.368)	-0.182 (0.344)	0.447* (0.254)	0.334* (0.200)	-0.818 (0.572)
최고기온 -10~-6℃	0.0228 (0.0867)	-0.0850 (0.0856)	-0.00707 (0.0624)	0.000985 (0.0500)	0.0563 (0.104)
최고기온 -5~-1℃	0.0102 (0.0347)	-0.00928 (0.0332)	-0.00281 (0.0244)	-0.0196 (0.0182)	-0.0479 (0.0301)
최고기온 0~4℃	0.0283 (0.0247)	-0.0619*** (0.0239)	0.0430** (0.0175)	0.000561 (0.0125)	0.0171 (0.0191)
최고기온 5~9℃	0.00402 (0.0207)	-0.00915 (0.0198)	0.0235 (0.0143)	-0.0194* (0.0104)	-0.00107 (0.0155)
최고기온 10~14℃	0.0557** (0.0234)	-0.00987 (0.0228)	0.0220 (0.0162)	-0.00720 (0.0117)	-0.0204 (0.0171)
최고기온 20~24℃	0.0455** (0.0213)	0.000115 (0.0204)	0.00511 (0.0144)	-0.000581 (0.0105)	0.00913 (0.0150)
최고기온 25~29℃	0.0256 (0.0216)	0.00853 (0.0202)	0.00625 (0.0146)	-0.00420 (0.0104)	0.00326 (0.0144)
최고기온 30~34℃	0.0432* (0.0244)	0.0256 (0.0232)	0.0126 (0.0167)	-0.00291 (0.0120)	0.00782 (0.0170)
최고기온 35℃ 이상	0.0406 (0.0378)	0.0287 (0.0370)	0.0141 (0.0263)	0.0255 (0.0208)	0.0493 (0.0319)
Obs	48,542	99,738	117,679	252,281	696,007
R-squared	0.657	0.598	0.610	0.577	0.601

주: 1) 연도, 월별 고정효과는 통제함.
2) ***: 1%, **: 5%, *: 10% 수준에서 유의한 결과를 나타냄.
자료: 본문에서 제시한 시군구 단위 패널자료와 지역별 기온자료를 이용하여 저자 계산.

<표 7-32> 최고기온 분포가 직업별 사망률에 미치는 영향 2

	(6) 기능원 및 관련 기능 종사자	(7) 장치, 기계 조작 및 조립 종사자	(8) 단순 노무 종사자	(9) 학생, 가사, 무직
준거 범주: 15~19℃				
최고기온 -10℃ 미만	-0.653 (0.404)	0.104 (0.212)	0.0564 (0.191)	0.569*** (0.111)
최고기온 -10~-6℃	0.0330 (0.0952)	-0.0543 (0.0613)	-0.0463 (0.0541)	-0.0653** (0.0276)
최고기온 -5~-1℃	-0.0413 (0.0326)	0.0195 (0.0231)	0.00779 (0.0205)	-0.0460*** (0.0100)
최고기온 0~4℃	-0.0319 (0.0214)	0.00925 (0.0152)	-0.00842 (0.0139)	-0.00789 (0.00694)
최고기온 5~9℃	-0.0426** (0.0176)	0.0157 (0.0125)	-0.00341 (0.0115)	-0.0166*** (0.00575)
최고기온 10~14℃	-0.0171 (0.0195)	0.0302** (0.0138)	-0.00429 (0.0127)	-0.0184*** (0.00650)
최고기온 20~24℃	0.00508 (0.0180)	-0.00654 (0.0123)	-0.0124 (0.0110)	0.00175 (0.00591)
최고기온 25~29℃	0.00446 (0.0178)	-0.00781 (0.0124)	0.00903 (0.0112)	0.0142** (0.00586)
최고기온 30~34℃	-0.00361 (0.0205)	-0.000221 (0.0142)	-0.00287 (0.0128)	0.0166** (0.00677)
최고기온 35℃ 이상	0.00195 (0.0398)	0.00624 (0.0219)	0.0164 (0.0193)	0.0830*** (0.0115)
Obs	83,808	55,658	215,859	4,027,832
R-squared	0.657	0.616	0.598	0.546

주: 1) 연도, 월별 고정효과는 통제함.
2) ***: 1%, **: 5%, *: 10% 수준에서 유의한 결과를 나타냄.
자료: 본문에서 제시한 시군구 단위 패널자료와 지역별 기온자료를 이용하여 저자 계산.

제4절 요약 및 정책적 시사점

향후에는 예전에 경험해보지 못한 이상고온이 빈번하게 나타날 것으로 예상되므로 보다 구체적으로 이에 대비할 필요가 있다. 기존의 기후적응 정책은 생물학적 취약계층이나 사회경제적 취약계층(기초생활수급권자, 독거노인) 및 옥외근로자에 대한 지원을 포함하고 있으나, 직접적 피해를 줄이기 위한 단기적 지원에 그치고 있는 점이 한계로 지적될 수 있다.

본 장에서는 이상고온이 취업 및 취업자 건강에 미치는 영향을 중심으로 기후변화의 경제적 영향을 실증적으로 살펴보았다. 경제활동인구조사를 중심으로 살펴본 제2절에서는 이상고온 시 취업 여부보다는 취업자 근로시간이 감소하는 경향이 2000년대 들어 더욱 강해졌음을 확인할 수 있었다. 이는 과거에 비해 이상고온에 대한 적응력이 강화되어 이상고온으로 인한 수요 감소나 조업 중단 등의 영향이 줄어드는 한편, 법정근로시간 단축 및 유연근무제 확산 등으로 근로시간의 조정 가능성이 확대되었기 때문으로 보인다. 2000년대 이후 근로시간이 감소한 산업이나 직업을 살펴보면, 대체로 야외근무 여부와 관련이 있지만 오히려 건설업·농림어업 분야를 비롯하여 단순노무·서비스 종사자, 임시일용직 근로자 등의 경우에는 상대적으로 덜 감소하는 경향도 관찰되었다. 이는 폭염에도 불구하고 쉬지 못하는 근로자들이 적지 않게 존재하고 있을 가능성을 제기하며, 건강 및 불평등의 악화를 초래할 가능성이 있다.

제3절에서는 취업자의 건강에 미치는 영향을 다양하게 살펴보았는데, 폭염 발생 시 특히 건설업의 산재 확률이 증가하는 것으로 나타나 일자리에 따라 기후변화의 영향이 불평등하게 나타나는 것으로 확인된다. 또한 건강보험 행정자료를 활용하여 폭염 시 온열질환 및 관련 질환의 발생빈도가 증가함을 확인하였으며, 특히 근로자로 추정할 수 있는 직장가입자의 경우에는 신체 골절 및 절단 등의 손상이 전체 인구보다 두 배 이상 빈번하게 발생하는 것을 확인할 수 있었다. 한편, 폭염 시 인구 전체에서는 사망률의 증가, 특히 심혈관질환으로 인한 사망률 증가를 확인

할 수 있는 반면, 직장가입자에서는 특별한 차이를 확인하지 못했다. 다만, 이러한 결과는 건강보험 직장가입자가 아닌 일용직이나 단순노무 근로자들이 상당수 누락된 결과임을 감안할 필요가 있다.

본 장의 실증 결과들은 보다 광범위한 적응대책 마련이 필요함을 시사한다. 현재 우리나라 노동시장 구조하에서 일부 취업자들은 폭염 시 근로시간 단축 내지 조정을 통해 건강권을 지킬 수 있지만, 상당수의 저소득 근로자들은 폭염에도 불구하고 경제활동에 종사할 수밖에 없는 상황에 있는 것으로 보이며, 무리한 경제활동은 산재나 신체 부상으로 이어질 위험을 높이는 것으로 추정된다. 이는 결과적으로 소득의 불평등을 더욱 확대시킬 것으로 우려된다.

비록 본 장에서 직접적인 정책의 효과를 다루고 있지는 않아 정책적 시사점의 제공에 한계는 있지만, 지금까지의 실증분석 결과를 종합하면 기존 산업안전보건 기준을 개편하면서 실질적인 보호를 강화하는 방향이 필요할 것으로 판단된다.

예컨대, 건설업 분야의 경우 폭염에도 불구하고 근로시간 단축 내지 조정이 잘 이루어지지 않고 있는 것으로 보이며(제2절), 이는 높은 산재 발생률로 이어지고 있다고 판단된다(제3절). 건설현장의 폭염 시 1시간당 10~15분 휴식이나 그늘막 설치 등의 가이드라인이 실제로는 잘 지켜지지 않는 사례가 많고, 특히 소규모 기업의 경우에는 이러한 지침을 준수하지 않아도 별다른 문제가 없는 상황이다. 또한 단순노무·서비스 종사자 전반에서도 폭염 시 근로시간 조정의 어려움이 존재하지만(제2절), 이들의 경우 규제의 사각지대에 놓여 있으며, 특히 배달 종사자처럼 최근 빠르게 확대되는 플랫폼 기반 종사자의 경우에는 의무를 부과할 고용주가 분명하지 않기도 하다.

이러한 상황을 개선하기 위해서는 기업 규모나 종사상 지위를 막론하고 취업자 모두에게 최소한의 폭염으로부터의 보호를 제공하는 한편, 분야별로 적합한 강화된 보호장치를 추가로 마련할 필요가 있다. 일하는 모든 사람을 위한 쉼터 마련과 같은 기초 인프라 제공 외에, 폭염경보(혹은 강화된 폭염경보) 발령 시 필수적인 업무를 제외한 모든 근로자와 사업자에게 해당일 동안 일정 시간의 휴식 내지는 장기간에 걸친 근로시간 조정을 의무화하는 방향을 생각해 볼 수 있다. 또한 각 분야별로 야외활동 비중이나 실내 공조장치 상황이 크게 상이할 수 있으므로 각 산업 내지 기업 단위 노사협의체와의 논의를 통해 산업안전보건 기준을 마련하면서 해당 분야에 필요한 추가적 폭염대책을 구체화하도록 의무를 부과할 수 있다.

이상고온은 코로나19와 유사하게 개인의 선택과는 무관하게 주어지는 일종의 외생적 충격이라는 점에서 실질적 쉴 권리 보장을 위한 유급휴가 지원과 같은 재정지원도 단기적으로 고려할 수 있다. 다만, 자칫 의도와 다른 효과를 낼 수 있으므로 엄밀한 실증적 검토를 거친 신중한 설계가 필요하다. 원래 유급휴가 지원을 하려던 사업주들만 지원하게 되어 추가적 유급휴가 확대로 이어지지 못하거나, 정부 유급휴가 지원을 전제로 임금을 더욱 낮추는 등의 일이 발생할 수 있다. 특히 중장기적으로 기상이변의 증가가 예상되는 상황에서는 재정적으로 지속가능하지 않다는 한계도 지적할 수 있다.

향후 이상고온이 일상화되면서 더 이상 기상이변이 '이변'으로 받아들여지지 않는 상황이 실현될 수 있다. 물론 기후대응에 대한 노력에 따라 시기나 정도가 달라질 수 있지만, 기상이변이 증가하는 추세 자체는 피하기 어려울 것으로 예상된다. 이 같은 중장기적 추세를 고려하면, 폭염대책과 같은 단기적 대응보다 노동시장 유연안전성을 강화하는 구조개혁과 같은 중장기적 대응이 더욱 중요할 수 있다. 기후변화로 인한 영구적인 노동생산성 충격이 노동시장의 구조적 변화를 촉발할 것이기 때문이다. 한계적 일자리에 대한 효과성 낮은 지원보다는 근로자의 생산성을 높이는 지원과 노동이동을 원활하게 하는 제도적 유연성이 필요할 것이다. 예컨대, 직업훈련과 고용서비스 재편 및 강화를 통해 기온의 영향을 덜 받는 분야로의 진입을 장려하는 한편, 과도하게 경직적인 규제의 완화와 창업 지원을 통해 새로운 기후 조건하에서 생산성이 높아진 분야의 고용 창출을 유도할 필요가 있다.

참고문헌

고영선 외, 『경제위기 10년: 평가와 과제』, 한국개발연구원, 2007.

고용노동부, 「고용부 열사병 발생 사업장 작업중지 등 강력조치 예고」, 보도자료, 2018. 7. 18.

고용노동부, 「일터 폭염 대비 3대 기본수칙(물, 그늘, 휴식) 준수 지도 강화」, 보도자료, 2021. 5. 31.

권정현, 「건강 충격의 고용과 소득 효과 분석」, 『노동경제논집』, 제41권 제4호, 2018, pp.31~62.

기상청, 『우리나라 109년(1912~2020년) 기후변화 분석보고서』, 2021.

김대일, 「외환위기 이후 노동시장의 변화와 시사점」, 『경제학연구』, 제55권 제4호, 2007, pp.473~502.

김도우・정재학・이종설・이지선, 「우리나라 폭염 인명피해 발생 특징」, 『대기』, 제24권 제2호, 2014, pp.225~234.

김연수, 「기후가 건강에 미치는 영향과 정책대응방향」, 임원혁・오형나 편, 『기후변화의 영향과 대응전략』, 연구보고서 2013-11, 한국개발연구원, 2013.

김영선・이경용, 『산재예방정책 및 예방활동이 산업재해 감소에 미치는 영향』, 산업안전보건연구원 연구보고서 2016-1146, 2016.

김용성, 『청년실업의 원인과 정책적 대응방안』, 정책연구시리즈 2008-09, 한국개발연구원, 2008.

박종철・채여라, 「2018년 폭염으로 인한 온열질환자와 초과사망자 분석」, 『대한지리학회지』, 제55권 제4호, 2020, pp.391~408.

신인석・한진희 편, 『경제위기 이후 한국경제 구조변화의 분석과 정책방향』, 연구보고서 2006-07, 한국개발연구원, 2006.

유경준 편, 『한국경제 구조변화와 고용창출』, 연구보고서 2004-05, 한국개발연구원, 2004.

이나영・조용성・임재영, 「폭염으로 인한 기후변화 취약계층의 사망률 변화 분석: 서울을 중심으로」, 『보건사회연구』, 제34권 제1호, 2014, pp.456~484.

임연희, 「폭염이 건강에 미치는 영향」, 보건복지포럼, 2019. 3.

채여라 외, 『2020 폭염영향 보고서』, 한국환경정책평가연구원, 2020.

한국산업안전보건공단, 「2020년 산업재해현황분석」, 2021.

한국전력거래소, 「2019 주택용 가전기기 보급현황조사」, 2019.

Alahmad, Barrak, Haitham Khraishah, "Cardiovascular Mortality and Exposure to Heat in Inherently Hot Region," Circulation No. 141, 2020.

Barreca, Alan I., "Climate Change, Humidity, and Mortality in the United States," *Journal of Environmental Economics and Management*, 63(1), 2012, pp.19~34.

Barreca, Alan, Karen Clay, Olivier Deschenes, Michael Greenstone, and Joseph S. Shapiro, "Adapting to Climate Change: The Remarkable Decline in the US Temperature-mortality Relationship Over the Twentieth Century," *Journal of Political Economy*, 124(1), 2016, pp.105~159.

Behrer, A. Patrick and Jisung Park, "Will We Adapt? Temperature, Labor and Adaptation to Climate Change," Harvard Project on Climate Agreements Working Paper, 2017.

Bloom, David E., David Canning, Rainer Kotschy, Klaus Prettner, and Hohannes Schünemann, "Health and Economic Growth: Reconciling the Micro and Macro Evidence," CESifo Working Paper No. 9806, 2022.

Burke, Marshall and Kyle Emerick, "Adaptation to Climate Change: Evidence from US Agriculture," *American Economic Journal: Economic Policy*, 8(3), 2016, pp.106~140.

Cho, Hyunkuk, "The Effects of Summer Heat on Academic Achievement: A Cohort Analysis, *Journal of Environmental Economics and Management*, 83, 2017, pp.185~196.

CNN, "How the Highly Unusual Death Valley Temperatures Just Got More Complicated," 2021. 7. 11.

Deschenes, Olivier, "Temperature, Human Health, and Adaptation: A Review of the Empirical Literature," *Energy Economics*, 46, 2014, pp.606~619.

Deschênes, Olivier and Michael Greenstone, "Climate Change, Mortality, and Adaptation: Evidence from Annual Fluctuations in Weather in the US," *American Economic Journal: Applied Economics*, 3(4), 2011, pp.152~185.

Dillender, Marcus, "Climate Change and Occupational Health Are There Limits to Our Ability to Adapt?" *Journal of Human Resources*, 56(1), 2021, pp.184~224.

Graff Zivin, Joshua and Matthew Neidell, "Temperature and the Allocation of Time: Implications for Climate Change," *Journal of Labor Economics*, 32(1), 2014, pp.1~26.

Hancock, Peter A. and Ioannis Vasmatzidis, "Effects of Heat Stress on Cognitive Performance: the Current State of Knowledge," *International Journal of Hyperthermia*, 19(3), 2003, pp.355~372.

Hancock, Peter A., Jennifer M. Ross, and James L. Szalma, "A Meta-analysis of Performance Response under Thermal Stressors," *Human Factors*, 49(5), 2007, pp.851~877.

IPCC, *Climate Change 2021: The Physical Science Basis*, 2021.

IPCC, *Sixth Assessment Report: Impacts, Adaptation and Vulnerability*, 2022.

Moan, J., Z. Lagunova, O. Bruland, and A. Juzeniene, *Seasonal Variations of Cancer Incidence and Prognosis*, Dermatoendocrinol, 2010 Apr.2(2).

Kjellstrom, Tord, Ainslie J. Butler, Robyn M. Lucas, and Ruth Bonita, "Public Health Impact of Global Heating Due to Climate Change: Potential Effects on Chronic Non-communicable Diseases," *International Journal of Public Health*, 55, 2010, pp.97~103.

Kjellstrom, Tord, David Briggs, Chris Freyberg, Bruno Lemke, Matthias Otto, and Olivia Hyatt, "Heat, Human Performance, and Occupational Health: A Key Issue for the Assessment of Global Climate Change Impacts," *Annual Review of Public Health*, 37, 2016, pp.97~112.

Klinenberg, Eric, *Heat Wave: A Social Autopsy of Disaster in Chicago*, 2ND edition, The University of Chicago Press, 2002

Kysely, Jan and Jiyoung Kim, "Mortality During Heat Waves in South Korea, 1991 to 2005: How Exceptional was the 1994 Heat Wave?" *Climate Research,* 38(2), 2009, pp.105~116.

Park, J., "Hot Temperature and High-stakes Performance," *Journal of Human Resources*, 57(2), 2022, pp.400~434.

Park, R. Jisung, Nora Pankratz, and A. Patrick Behrer, "Temperature, Workplace Safety, and Labor Market Inequality," IZA Discussion Paper, No. 14560, 2021.

Somanathan, Eswaran, Rohini Somanathan, Anant Sudarshan, and Meenu Tewari, "The Impact of Temperature on Productivity and Labor Supply: Evidence from Indian Manufacturing," *Journal of Political Economy*, 129(6), 2021, pp.

1797~1827.

The Weather Network, "B.C. Village Scores Hottest Temperature Hat Trick No Canadian Wants," 2021. 6. 30.

UK Office for National Statistics, "Excess Mortality during Heat Periods: 1 June to 31 August 2022," 2022.

Vajda, A., H. Tuomenvirta, I. Juga, P. Nurmi, P. Jokinen, and J. Rauhala, "Severe Weather Affecting European Transport Systems: the Identification, Classification and Frequencies of Events," *Natural Hazards*, 72, 2014, pp.169~188.

Yoon, J. Y., M. S. Kwak, H. I. Kim, and J. M. Cha, "Seasonal Variations in the Diagnosis of the Top 10 Cancers in Korea: A Nationwide Population-based Study Using a Common Data Model," *Journal of Gastroenterology and Hepatology*, 36, 2021.

<데이터>

국민건강보험공단(NHISS), 「표본코호트DB(2.0)」, 2005~2019.

기상청, 기상자료개방포털(https://data.kma.go.kr/cmmn/main.do, 접속일: 2023. 3. 5).

산업안전보건공단, 「산업재해조사」, 2001~2020.

통계청, 「사망원인통계」, 1997~2020.

통계청, 「경제활동인구조사 원자료」, 1980~2022.

행정안전부, 「주민등록인구 현황」, 1992~2022.

제8장

정의로운 전환을 위한 중앙정부와 지방정부의 역할 및 대응방향

김 현 석 (한국개발연구원)

제1절 서 론

올해 5월 유엔 산하 세계기상기구(World Meteorological Organization: WMO)에서 발표한 기후현황보고서(WMO, 2022)에서는 2021년 지구의 평균 온도는 산업화 이전 시기(1850~1990년) 대비 1.1(±0.13)℃ 증가한 수준이라고 발표했다. 또한 평균 해수면은 2013~21년 동안 연평균 4.5㎜ 상승했는데, 이는 1993~2002년의 상승 속도보다 2배 이상 높은 것으로 확인되었다. 보고서 발간과 함께 유엔사무총장은 해당 보고서 내용을 빗대어 “기후 붕괴에 대응하지 못한 인류의 암울한 실패에 관한 설명(a dismal litany of humanity's failure to tackle climate disruption)”이라고 언급했다. 그와 함께 산업화 이전 대비 지구 온도 상승분을 1.5℃ 이내로 제한하기 위한 적극적인 노력을 촉구했다(United Nations 보도자료).

이처럼 최근까지 기후변화와 관련된 위기의식이 계속해서 고조되고 있는 가운데, 2015년 말 파리협약 이후 탈탄소(decarbonization)를 위한 전 세계적 대응이 강화되었다. 탄소중립(carbon neutrality) 또는 넷제로(net-zero) 등의 정책목표를 달성하기 위해 국가별로 법제화 노력과 함께 온실가스 감축수단의 적극적인 도입 및 강화가 이어지고 있다. 한 가지 특징은 대대적인 탈탄소 전환과 맞물려 추진 과정에서의 정의로운 전환(just transition)이 강조되고 있다는 점이다. 이러한 배경에는, 기후변화 대응 관련 전환이 국제사회 또는 국가 단위에서 정책적으로 추진됨에 따라 과거의 전환 대비 더 자발적인 성격을 지닌다는 점, 상당한 시간이 소요되는 전환 과정에서 사회・경제・기술 측면의 다양한 변화가 요구된다는 점, 각종 변화에 따른 비용과 편익이 지역사회 및 구성원들 간에 고르게 분포되지 못한다는 점이 복합적으로 작용한 것으로 판단된다.

정의로운 전환에 대한 국제사회의 요구가 더 강화되고 있는데, 예를 들어 유엔기후변화협약(United Nations Framework Convention on Climate Change: UNFCCC)하의 당사국총회(Conference of Parties: COP)가 2018년에 폴란드에서 24번째로 개최되었을 때(COP24), '연대와 정의로운 전환에 관한 실레지아 선언(Solidarity and Just Transition Silesia Declaration)'을 채택했다. 이를 통해 화석연료에 기반한 생산, 분배, 소비 구조 전체를 재생에너지 중심으로 바꾸는 과정에서 지역, 산업, 일자리에 큰 영향이 초래됨을 고려하여 지속가능한 전환을 추진할 것을 공표했다. 관련해서 EU에서는 2020년 1월 유럽그린딜 투자계획을 발표하면서 정의로운 전환 메커니즘(Just Transition Mechanism)을 공식화함으로써 원활한 전환을 도모할 것을 공표하였다.

우리나라는 2020년 8월부터 1년간 탄소중립 추진과 관련해 발의된 9건의 법률안을 통합하여 「기후위기 대응을 위한 탄소중립・녹색성장 기본법」(탄소중립기본법)을 2021년 9월에 제정했으며, 2022년 3월부터 시행하였다. 이에 따라 기존의 「저탄소 녹색성장 기본법」은 폐지되었다. 신설된 기본법에는 온실가스 감축, 기후위기 적응, 정의로운 전환, 녹색성장의 목표가 명시되었다. 여기서 정의로운 전환은 "탄소중립사회로 이행하는 과정에서 직・간접적인 피해를 입을 수 있는 지역/산업의 노동자, 농민, 중소상공인 등을 보호하여 이행 과정에서 발생하는 부담을 사회적으로 분담하고 취약계층의 피해를 최소화하는 정책방향"으로 규정했다(「탄소중립기본법」 제2조 13항). 또한 2021년 5월에는 환경부 및 탄소중립지방정부실천연대 주관으로 전국의 모든 지방자치단체(광역지자체 17개,

기초지자체 226개)가 '2050 탄소중립 달성'을 다짐하는 선언식을 진행했다. 2021년 12월에 환경부는 지역 주도의 탄소중립 우수사례 12개를 선정한 후 공유했다. 다만, 그간 탄소중립 추진을 위한 중앙정부 차원의 계획 마련에 집중해온 측면이 있고, 지역별로 발생할 수 있는 이질적 부담에 대한 지자체 차원의 구체적인 대응계획 마련은 아직 가시화되지 못한 상황이다.

탈탄소정책 추진 및 정의로운 전환을 위해서는 중앙정부와 지방정부의 협업이 중요하며, 이와 관련된 실질적 역할 분담에 대한 고민이 필요하다. 산업구조 변화에 따른 이행부담은 결국 지방정부가 감당해야 하는 측면이 크며, 지역의 이행역량 강화가 정의로운 전환의 핵심 요소이다. 예를 들어 전기차와 전기수소차 등 친환경차량의 보급 증대와 맞물린 내연차 기반 산업의 전환이나 석탄발전소 폐지와 맞물린 일자리 구조조정 등은 중앙정부 차원의 일괄적인 접근 외에도 지역별 특성을 감안한 지자체의 노력이 촉구되는 이슈이다.

본 연구는 해외사례 검토와 지표 분석을 통해 중앙 및 지방 정부의 필수적 역할에 대해 고찰하고, 개별 지방정부의 특성을 감안한 대응방향을 모색하고자 한다. 먼저 EU 회원국, 영국, 스코틀랜드 등의 사례를 살펴봄으로써 개별 국가 단위에서의 중앙 및 지방 정부 역할 설정에 대한 시사점을 도출하고, 지방정부의 효과적인 참여를 담보할 수 있는 방안을 검토한다. 다음으로, 각 지자체 단위에서 직면하고 있는 탄소중립 추진 관련 취약도를 객관적 기준으로 판단해 봄으로써 정의로운 전환의 실질적 추진을 위한 중앙 및 지방 정부의 정책적 고려사항들을 제시하고자 한다. 특히 해외 문헌에서 논의되어 온 에너지 전환 및 탄소중립 관련 노출도, 민감도, 적용역량 지표들을 검토하고 국내 자료를 기반으로 수치를 산정하고 검토한다. 이와 같은 사례조사 및 수치분석을 통해 향후 정의로운 전환을 원활하게 추진하기 위한 정부의 역할을 제시한다.

제2절 정의로운 전환 관련 주요 현황

본 절에서는 정의로운 전환과 관련된 국내외 주요 현황에 대한 검토를 수행한다. 먼저 국제적으로 정의로운 전환이라는 개념이 언제부터 구체화되고 어떻게 추진되어 왔는지를 살펴보고, 공존하는 여러 개념적 접근에 대해 개괄한다. 이어서 우리나라에서의 정의로운 전환 관련 주요 경과도 함께 확인한다. 이후 국내 탄소중립 추진에 있어서 정의로운 전환과 관련된 법제 및 재정지원체계 등 주요 현황을 검토한다. 이를 통해 정의로운 전환이 추진되는 거시적 맥락을 이해하고자 한다.

1. 추진 배경

‘정의로운 전환(just transition)’의 개념은 1970년대 미국에서 최초로 등장했고, 이후 1990년대에 이르러 미국과 캐나다의 화학산업 노동조합의 요구에 따라 더 명시적으로 사용되었다.[1] 구체적으로, 1970년대 북미에서는 환경정책 강화에 따라 에너지 및 화학 산업들이 위축되자, 해당 산업들의 노동조합에서는 이에 대한 정책적 고려가 필요하다는 주장이 제기되기 시작했다. 이때 미국의 ‘석유, 화학, 원자력 노동자 조합(Oil, Chemical and Atomic Workers' Union: OCAW)’의 노동운동가였던 토니 마조키(Tony Mazzocchi)는 ‘정의로운 전환’이라는 표현과 함께 정책 변화로 인한 일자리 위축에 대해 정부의 적극적인 지원이 필요하다고 주장했다. 특히 단순한 소득보장을 넘어서서 직업재훈련에 대한 지원까지 포괄하여 논의가 이뤄졌다. 미국 정부는 당시 화학, 채광, 에너지 산업 등으로 인한 오염피해지역을 구제하기 위해 슈퍼펀드(Superfund)를 도입했었는데, 마조키는 ‘노동자를 위한 슈퍼펀드(Superfund for Workers)’를 조성하는 방안도 제안했다. 이후 마조키를 비롯한 주요 노동가와 비정부기관들의 참

1 정의로운 전환 관련 논의의 시간적 흐름은 Stevis and Felli(2015), Lee and Baumgartner (2022), 여형범(2021) 등을 참고하여 작성했다.

여하에 1997년 정의로운 전환 연대(Just Transition Alliance)가 설립되기에 이르렀다. 한편, '캐나다 노동의회(Canadian Labour Congress)'는 2000년에 발표한 보고서에서 정의로운 전환의 개념에 대해 명시하고, 종합적인 대응을 촉구하였다. 또한 '영국 노동조합 총회(British Trade Union Congress)'는 2007년에 저탄소사회로의 이행에 따른 에너지집약업종들의 일자리 위기에 대응하기 위한 방안으로 정의로운 전환의 필요성을 주장하였다.

이처럼 개별 국가의 노동조합 요구사항으로 출발한 정의로운 전환이 국제적인 어젠다로 자리 잡기까지 추가적인 시간이 소요되었다. 1945년부터 존재했던 '국제산별노동조합연맹(Global Union Federations: GUFs)'은 각종 이해관계자들로 구성된 국제 환경협의에서 실질적 협상력을 갖지 못하고 있던 것이 현실이었다. 그러나 1990년대를 거치면서 유엔(United Nations: UN)의 주도하에 지속가능개발(sustainable development)이 주요 화두가 됨에 따라, 사회경제적 이해관계자로서 노동조합을 받아들이고 의견이 더 적극적으로 반영되기 시작했다. 1997년 제3차 유엔기후변화협약 당사국총회(COP3)에서 교토의정서(Kyoto protocol)가 채택될 당시, '국제노동조합총연맹(International Trade Union Confederation: ITUC)'의 전신인 '국제자유노동조합총연맹(International Confederation of Free Trade Unions: ICFTU)'은 선언문에 정의로운 전환 관련 내용을 포함하여 발표했다. 이후 국제노동조합총연맹은 계속해서 주요 국제회의에서 정의로운 전환의 촉구를 주장했다. 2010년 제16차 유엔기후변화협약 당사국총회(COP16)에서 '국제노동기구(International Labour Organization: ILO)'는 정의로운 전환의 필요성을 강조했으며, 칸쿤협약(Cancún Agreement)이 채택된 가운데 정의로운 전환에 대한 문구가 최초로 삽입되었다.[2] 이

2 칸쿤협약문에 명시된 정의로운 전환 관련 문구는 다음과 같다: "A shared vision for long-term cooperative action ... [r]ealizes that addressing climate change requires a paradigm shift towards building a low-carbon society that offers substantial opportunities and ensures continued high growth and sustainable development, based on innovative technologies and more sustainable production and consumption and lifestyles, *while ensuring a just transition of the workforce that creates decent work and quality jobs*"(UNFCCC, 2011).

후 2015년 국제노동기구에서는 정의로운 전환의 이행을 위한 지침을 발표함으로써 주요 비전 및 장애요인과 함께 지속가능한 경제 및 사회를 위한 일곱 가지 기본원칙을 공표했다(ILO, 2015).

나아가 2015년 말 제21차 유엔기후변화협약 당사국총회(COP21)에서는 우리나라를 포함한 전 세계 197개국의 정책입안가들 및 각종 이해관계자들이 참석한 가운데 파리협약(Paris Agreement)이 채택되었다. 해당 협약의 체결을 통해 교토의정서를 통한 선진국 위주의 감축에서 벗어나 전지구적 차원의 기후위기 대응을 약속한 것으로 볼 수 있다. 궁극적 목표는 '산업화 이전 대비 지구 평균 온도 상승폭을 2℃보다 낮은 수준으로 유지하고, 더 나아가 1.5℃까지 제한하기 위해 노력하는 것'이며, 이를 위해 각국은 탄소중립(net-zero) 추진 등을 감안하여 국가온실가스감축목표(Nationally Determined Contribution: NDC)와 장기저탄소발전전략(Long-term low greenhouse gas Emission Development Strategy: LEDS)을 제출하고 2021년부터 추진하는 것으로 협의되었다. 협약이 맺어지는 과정에서 국제노동조합총연맹은 정의로운 전환을 추진하기 위한 수단들을 협약문에 포함시킬 것을 강하게 주장했다. 이를 포함한 다양한 의견들을 수렴한 결과, 협약문에는 칸쿤협약문 대비 더 강한 어조로 정의로운 전환의 추진이 시급하다는 내용이 포함되었다.[3]

이후 2018년 12월 제24차 당사국총회(COP24)가 유럽 실레지아(Silesia) 지역인 폴란드의 도시 카토비체(Katowice)에서 개최되었고, 우리나라를 포함한 197개국의 다양한 이해관계자들이 참석한 가운데 '연대와 정의로운 전환에 관한 실레지아 선언'이 채택되었다. 해당 선언은 화석연료에 기반한 생산, 분배, 소비 구조를 재생에너지 중심으로 바꾸는 과정에서 지역, 산업, 일자리에 큰 영향이 초래됨을 고려하도록 촉구하여 지속가능한 전환을 도모하려는 목적을 지닌다. 실레지아 선언에 동참한 국가들은

---

3 파리협약문에 명시된 정의로운 전환 관련 문구는 다음과 같다: "The Parties to this Agreement, … *[t]aking into account the imperatives of a just transition of the workforce and the creation of decent work and quality jobs in accordance with nationally defined development priorities*" (UNFCCC, 2016).

향후 기후변화정책을 수립・추진함에 있어 저탄소 노동시장 및 지역공동체에 대한 영향을 적극적으로 고려할 것을 공식화한 것으로 이해할 수 있다. 이는 1) 탄소배출량 감축과 관련해 국가 주도하에 전방위적으로 급격한 전환이 이뤄지고 있고, 2) 적지 않은 시간이 소요되는 전환 과정에서 사회・경제・기술 측면의 변화가 복합적으로 요구되며, 3) 각종 변화가 야기하는 비용과 편익이 지역사회와 구성원들 간에 불공평하게 나타날 수 있다는 점을 고려했을 때, 국제사회 및 국가들이 전환 관련 부정적 영향을 최소화하는 데 적극적인 노력을 기울여야 한다는 문제의식의 결과로 볼 수 있다.

한편, 2017년 피지(Fiji)에서 개최된 제23차 당사국총회(COP23)에서는 모든 이해관계자들 간의 탈라노아 대화(Talanoa dialogue)를 통해 파리협약 내용의 실질적인 이행을 계속해서 점검하고 촉구하기로 결정한 바 있다.[4] 그 일환으로 제23차 당사국총회(COP23) 및 제24차 당사국총회(COP24)의 고위급관계자들은 2018년 말 실레지아 선언의 채택과 함께 '탈라노아 행동 촉구(Talanoa Call for Action)'를 발표했으며, 파리협약 목표의 달성 과정에서 정의로운 전환을 추진할 것을 강조했다. 또한 2021년 말 영국 글래스고(Glasgow)에서 추진된 제26차 당사국총회(COP26)에서는 글래스고 기후합의(Glasgow Climate Pact)가 채택되었고, 최초로 개발도상국에 대한 정의로운 전환의 추진이 필요하다는 내용이 담겼다(UNFCCC, 2022).

2. 주요 개념적 접근

그간 환경, 에너지, 기후변화와 관련된 각종 전환에 대한 논의에서 정의(justice) 내지는 정의로운 전환이라는 용어가 계속해서 사용되어 왔는데, 관점에 따라 정의로운 전환의 범위 및 논의 내용이 구분되어 진행되어 왔다. 최근에는 그간 학계에서 논의되어 온 정의로운 전환 관련 주요

---

4 탈라노아란 '포용적(inclusive)・참여적(participatory)・투명한(transparent)'을 의미하는 피지어(Fijian)이다.

개념적 접근을 체계적으로 정리하려는 연구들이 수행되었다(García-García, Carpintero, and Buendía, 2020; Wang and Lo, 2021 등). 특히 Wang and Lo(2021)는 약 100여 개 학술논문들의 논의를 토대로 정의로운 전환에 대한 개념적 접근이 어떻게 이뤄져 왔는지를 총체적으로 살펴봤는데, 주요 내용을 <표 8-1>과 같이 정리할 수 있다.

<표 **8-1**> 정의로운 전환 관련 학계의 주요 개념적 접근

구분		주요 논의
노동 중심의 관점		• 정의로운 전환이 시작된 역사적 배경을 토대로 국가 내 또는 국제적 노동조합의 역할에 주목 • 전환 과정에서 화석연료 의존적인 지역사회 및 노동자가 겪게 되는 부담을 완화할 것을 지향 • 다만, 노동자 집단 간에도 이질성이 존재하기 때문에 이를 추가적으로 고려해야 정의로운 전환을 촉진할 수 있다고 인식
정의의 범주별 관점	환경 정의	• 다양한 환경적 이슈로 인한 피해가 불균형적으로 발생하는 것을 방지하고, 모든 구성원이 동등하게 환경적으로 정당한 정책의 수립 및 추진에 참여하는 것을 지향 • 정치, 경제, 문화 등의 지역 간 차이하에서 환경오염이 발생함을 감안하여, 전환을 추진하는 과정에서 결과의 불평등뿐만 아니라 구성원의 인식 및 참여 제고에 대한 부분도 고려할 것을 강조
	기후 정의	• 기후변화가 다양한 집단에 걸쳐 불균형적 부담과 위험을 초래하는 가운데, 보상·책임·절차의 정당성 확보를 지향 • 지구온난화와 관련해 개발도상국 대비 더 많은 책임이 있는 선진국들이 관련 피해에 대한 대응역량을 더 갖췄다는 문제의식이 존재
	에너지 정의	• 지속가능성 제고 차원에서 이뤄지는 에너지 생산 및 소비의 급진적 전환이 불균형적인 편익과 비용을 초래하는 가운데, 이러한 불균형을 완화하는 것을 지향 • 에너지 정책뿐만 아니라 다양한 정치·경제적 요소들이 함께 작용하여 에너지 불평등이 야기된다는 인식이 확대
	통합적 정의	• 환경·기후·에너지 정의 개념들이 전반적으로 배분적·절차적 정의를 강조하고 있는 가운데, 이들을 아우르는 관점에서 노동자 중심에서 벗어나 다양한 사회적 계층들에 걸친 불균형을 완화하는 것을 지향 • 아직까지는 이론적 논의가 주로 이뤄졌으며, 실질적인 적용과 관련된 논의는 부족
거버넌스 전략 관점		• 정치·경제·제도의 복잡성이 점차 심화됨에 따라 정의로운 전환의 실질적 이행을 위해 (다층적) 거버넌스 차원의 고려를 촉구 • 전환을 일종의 정치적 과정으로 바라보고, 지역 주체들의 적극적 연합을 기반으로 여러 이해관계자들 간의 절충을 도모해야 한다는 점을 강조

자료: Wang and Lo(2021)의 내용을 토대로 저자 작성.

주요 특징을 살펴보면, 우선 1970년대 미국에서 시작된 노동자들 중심의 정의로운 전환에 대한 관점이 지속적으로 많은 문헌들에서 유지되고 있다. 한편, 환경정의, 기후정의, 에너지정의 등 다양한 정의의 범주하에서 개별적으로 정의로운 전환의 필요성과 추진방식에 대한 논의들이 진행되어 왔으며, 이는 노동 중심의 관점에 비해 좀 더 확장적인 성격을 지닌다. 또한 최근에는 통합적 관점에서 정의로운 전환의 추진을 강조하는 논의들이 확인되는데(예: McCauley and Heffron, 2018), 아직까지는 개념적 논의에 그치고 있다.

한편, 정의로운 전환과 관련해 거버넌스 측면의 논의에 집중하는 흐름도 존재한다. 구체적으로, 점차 복잡해지는 정책적 의사결정 과정에서 실질적으로 정의로운 전환을 추진하기 위한 방안들을 검토하는 데 초점을 두고 있다. 결국 앞선 노동 중심의 관점이나 정의 범주별 관점들에서 해소되지 않는 사회정치적 영역에 대한 보완적 논의로 이해할 수 있다. 세부적으로, 개별 국가에서의 정의로운 전환은 다양한 이해관계자들의 고려 및 참여를 기반으로 추진되어야 한다는 측면에서 다층적(multi-level) 거버넌스의 필요성이 강조된다(Krawchenko, Antonia, and Gordon, 2021).[5] 또한 개도국의 에너지 빈곤 해소는 탄소배출 측면에서 글로벌 기후변화 대응과 상충될 수 있기 때문에 국제적 이해관계를 조율할 수 있는 거버넌스 정립이 촉구되며(Newell and Mulvaney, 2013), 나아가 민주주의체제가 아닌 독재체제하에서 정의로운 전환의 추진 방식과 현황을 파악하려는 노력이 이어지고 있다(Huang and Liu, 2021).

그 밖에 사회기술적(socio-technical) 전환 이론의 관점에서 기술적 변화가 이뤄지는 동태적 과정에 관심을 갖는 문헌들에서 정의로운 전환 관련 이슈가 함께 다뤄지고 있다. 또한 탈탄소 전환에 대한 대중의 인식을 연구한 문헌들에서 전환 관련 수용성을 높이는 방안으로서 정의로운 전환이 논의되고 있다는 점을 확인할 수 있다.

---

5 다층적 거버넌스에 대해서는 제3절의 해외 정책동향에서 더 구체적으로 살펴본다.

3. 국내 추진 경과

우리나라의 경우, 정의로운 전환이 국제적 어젠다로 대두됨에 따라 비교적 최근에 세부적인 정책적 고려를 시도한 것으로 나타난다. 우선 2010년도에 「저탄소 녹색성장 기본법」이 제정되었으나, 해당 법령에서는 정의로운 전환에 대한 개념이 별도로 다뤄지지 않았다. 이후 2019년 5월에 확정된 「제3차 녹색성장 5개년 계획(안)」에서 정의로운 에너지 전환을 명시하기 시작했다. 구체적으로, 총 20개의 중점추진 과제 중 하나로 '정의로운 에너지 전환 추진'을 선정하고, 1) 에너지 빈곤층 복지 강화, 2) 에너지 전환에 따른 지역사회 복원대책 추진, 3) 에너지 갈등의 효과적 해결을 세부과제로 설정했다. 또한 2020년 7월에는 코로나19의 충격을 완화하고 경제 패러다임을 전환하기 위해 관계부처 합동으로 디지털 뉴딜과 그린 뉴딜을 두 축으로 하는 「'한국판 뉴딜' 종합계획」을 발표하였다. 그린 뉴딜 안에는 공정한 전환을 지원하기 위해 위기지역을 대상으로 신재생에너지 업종 전환을 지원하는 내용을 담았다.

이후 2020년 10월 28일 대통령 국회 시정연설에서 '2050 탄소중립 추진'이 선언되었다. 이어서 같은 해 12월 7일에 「'2050 탄소중립' 추진전략」을 발표하고 '3+1' 전략을 추진하겠다고 밝혔다. 구체적으로, '경제구조의 저탄소화', '신유망 저탄소산업 생태계 조성', '탄소중립사회로의 공정한 전환'이라는 세 가지 정책방향을 '제도적 기반 강화'라는 전반적인 토대 구축과 함께 추진하려는 계획이다. 후속조치로 2021년 10월 18일에 관계부처 합동으로 「2050 탄소중립 시나리오안」과 「2030 국가 온실가스 감축목표(NDC) 상향안」이 공표되었다. 그 과정에서 2021년 7월 관계부처 합동으로 「산업구조 변화에 대응한 공정한 노동전환 지원방안」도 발표되었는데, 1) 내연차 및 석탄화력발전 지원사업의 신설·보강, 2) 기업의 사업 재편·전환, 노동자 직무전환·재취업에 대한 지원, 3) 컨설팅 전담센터, 노동전환 분석센터 등의 지원기반 구축을 제시했다. 이와 같은 내용은 2021년 7월에 발표된 「한국판 뉴딜 2.0 추진계획」에도 동일하게 반영되었다. 이후 2021년 11월 1일부터 약 2주간 제26차 당사국총회

(COP26)가 개최된 가운데, 우리나라는 탄소중립 선언 의지를 밝히고 전술한 방안들을 바탕으로 향후 추진계획을 제시했다.

정부는 더 적극적인 기후변화 대응을 위한 법제도 마련을 위해, 기존 「저탄소 녹색성장 기본법」을 폐지하는 동시에 2022년 3월 「기후위기대응을 위한 탄소중립 녹색성장기본법」(이하 '탄소중립기본법')을 시행했다. 해당 법령 내에는 온실가스 감축, 기후위기 적응, 정의로운 전환, 녹색성장의 목표가 명시되었다. 이에 따라 정의로운 전환이 계획상의 정책목표뿐만 아니라 법제화를 통해 추구해야 할 가치로 포함되었다고 볼 수 있다. 구체적으로, 탄소중립기본법에서 규정하는 정의로운 전환은 "탄소중립사회로 이행하는 과정에서 직간접적 피해를 입을 수 있는 지역・산업의 노동자, 농민, 중소상공인 등을 보호하여 이행 과정에서 발생하는 부담을 사회적으로 분담하고 취약계층의 피해를 최소화하는 정책방향"(제2조 13항)으로 규정되었다. 동법에서는 이와 같은 정의를 기반으로 <표 8-2>와 같이 중앙정부 및 지방정부 기본계획의 수립 및 점검, 위원회의 설립, 특별지구의 지정, 각종 지원방안들을 열거하고 있다.

중앙정부 차원의 탄소중립 추진 계획이 일정 수준 구체화됨에 따라 지방정부 차원의 체계적 대응을 위한 노력도 이어졌다. 2020년 6월에는 226개 기초지자체가 기후위기 비상선언을 실시했고, 2020년 7월에는 17개 광역지방자치단체(광역지자체)와 63개 기초지방자치단체(기초지자체)가 '탄소중립 지방정부 실천연대'를 결성하여 환경부와의 업무협약을 진행했다. 실천연대는 지역의 지속가능발전을 포함한 6가지 공동목표를 설정했고, 환경부는 지자체의 기후변화 대응 전 과정에 대한 행정적・재정적 지원을 추진하고 법적 기반을 구축할 예정이라고 밝혔다(환경부, 2020. 7). 2021년 7월에는 환경부와 탄소중립 지방정부 실천연대 주도하에 전국의 모든 지자체(17개 광역, 226개 기초)가 2050 탄소중립 달성을 위한 선언식을 진행했다(환경부, 2021. 5). 선언식에서는 지방정부 탄소중립 추진 우수사례가 소개되었고, 환경부와 행정안전부 등 중앙정부 차원의 추가적인 사례를 공유하고 다양한 지원방안을 논의하였다. 이후 12월에는 지자체 22곳에 대한 사례 공유가 이뤄졌다(행정안전부, 2021. 12).

<표 8-2> 「탄소중립기본법」 내 정의로운 전환 관련 주요 조문

구분	관할	주요 조문	주요 내용
기본계획의 수립	중앙정부	제10조(국가 탄소중립녹색성장 기본계획의 수립·시행)	정부는 국가비전 및 중장기감축목표 등의 달성을 위하여 20년을 계획기간으로 하는 국가기본계획을 5년마다 수립·시행하여야 하며, 정의로운 전환에 관한 사항도 포함
	지방정부	제11조(시·도 계획의 수립 등), 제12조(시·군·구 계획의 수립 등)	국가기본계획에 따라 시·도 및 시·군·구 계획이 수립되어야 함.
기본계획의 추진상황 점검	중앙정부 및 지방정부	제13조(국가기본계획 등의 추진상황 점검)	국가기본계획, 시·도 계획 및 시·군·구 계획의 추진상황과 주요 성과를 매년 정성·정량적으로 점검하고, 그 결과 보고서를 작성
위원회의 설치	중앙정부	제15조(2050 탄소중립녹색성장위원회의 설치)	대통령 소속으로 2050 탄소중립녹색성장위원회를 둘 수 있으며, 위원 구성은 정의로운 전환 분야에 관한 학식과 경험이 풍부한 사람을 포함
	지방정부	제22조(2050 지방탄소중립녹색성장위원회의 구성 및 운영 등)	지방자치단체별로 2050 지방탄소중립녹색성장위원회를 둘 수 있음.
탄소중립도시의 지정	중앙정부 및 지방정부	제29조(탄소중립도시의 지정 등)	국가와 지자체는 탄소중립 관련 계획 및 기술 등을 적극 활용하여 탄소중립을 공간적으로 구현하는 도시를 조성하기 위한 정책을 수립·시행
적응대책 마련	중앙정부	제38조(국가 기후위기 적응대책의 수립·시행)	국가의 기후위기 적응대책을 5년마다 수립·시행
	지방정부	제40조(지방 기후위기 적응대책의 수립·시행)	기후위기 적응대책과 지역적 특성 등을 고려하여 관할 구역의 지방기후위기 적응대책을 5년마다 수립·시행
특별지구의 지정	중앙정부 및 지방정부	제48조(정의로운전환 특별지구의 지정 등)	탄소중립사회로의 이행 과정에서 급격한 고용환경, 사회경제적 환경 등의 변화가 예상되거나 변화된 지역에 대해 특구를 지정할 수 있음.
사업전환 지원	중앙정부 및 지방정부	제49조(사업전환 지원)	중소기업자가 녹색산업 분야에 해당하는 업종으로의 사업전환을 요청하는 경우 이를 지원
지원센터의 설립	중앙정부 및 지방정부	제53조(정의로운전환 지원센터의 설립 등)	지원센터는 탄소중립사회로의 이행에 따른 각종 실태조사 및 연구·지원 기능을 수행함.
기후대응기금의 설치	중앙정부 및 지방정부	제69조(기후대응기금의 설치) 제70조(기금의 용도)	탄소중립사회로의 이행과 녹색성장 촉진을 위한 재원을 확보하고, 대응 과정에서의 지원을 포함하여 사용

자료: 「기후위기 대응을 위한 탄소중립·녹색성장 기본법」을 토대로 저자 작성.

4. 국내 주요 현황

탄소중립 추진과 관련해서 필수적인 부분은 실질적 추진에 소요되는 재원을 확보하는 것이다. 2020년 말에 발표된 「'2050 탄소중립' 추진전략」에서 '기후대응기금'의 신설을 밝혔고, 2022년부터 시행된 「탄소중립기본법」 내에 관련 내용이 포함되었다. 이에 따라 중앙정부 차원에서 2022년 예산안에 기후대응기금을 신규 조성하여 현재 집행이 이뤄지고 있다. 「탄소중립기본법」 제69조에 따르면, 기후대응기금의 재원은 각종 출연금, 다른 회계 및 기금으로부터의 전입금, 일반회계로부터의 전입금, 공공자금관리기금으로부터의 예수금, 온실가스 배출권 유상할당 수입 등이며, 일반회계로부터의 전입금은 동법 제71조에 의거하여 교통·에너지·환경세의 1천분의 70 규모(7%)로 규정하고 있다.[6]

국회예산정책처(2021)에 따르면, 2021년도에 제출된 기획재정부의 기후대응기금운용계획안에서는 2.5조원 규모의 사업비 집행을 계획하고 있고, 총 2.7조원가량의 전체 지출계획이 반영되어 있던 것으로 확인된다(표 8-3). 사업비는 「'2050 탄소중립' 추진전략」에서 밝힌 '3+1' 전략하에 4가지로 분류하여 구성되었으며, 정의로운 전환과 관련된 '탄소중립사회로의 공정한 전환' 관련 예산규모는 전체 사업비(2.5조원)의 약 7.2%를 차지하는 것으로 나타났다.

한편, 이와 같은 지출구조(2.7조원)에 대응되는 수입구조는 <표 8-4>와 같이 계획되었다. 교통·에너지·환경세로부터의 일반회계 전입금이 약 1조 2천억원(44.2%)으로 가장 큰 비중을 차지하고, 다음으로 배출권 매각대금이 7,300억원(27.5%) 규모로 확보되는 것으로 계획되었다. 그 밖에 교통시설특별회계와 전력산업기반기금의 여유재원으로부터 일정 부분 충당

---

6 일반회계 전입금의 경우, 기후대응기금 신설과 함께 기존의 교통·에너지·환경세 배분비율을 하향조정하고 기후대응기금의 배분 비율을 추가로 설정함으로써 확보되는 금액이다. 구체적으로 살펴보면, 관련 법률의 제·개정을 통해 교통·에너지·환경세 수입의 교통시설특별회계, 환경개선특별회계, 국가균형발전특별회계에 대한 기존 배분비율 73%, 25%, 2%를 각각 68%, 23%, 2%로 조정하고, 잔여 배분비율인 7%를 기후대응기금에 전입하는 것으로 변경되었다.

<표 8-3> 2022년 기후대응기금운용계획안의 지출구조

(단위: 십억원, %)

구분		수입액	비중
사업비	경제구조의 저탄소화	947.1	35.7
	신유망·저탄소 생태계 조성	739.4	27.9
	탄소중립사회로의 공정한 전환	177.4	6.7
	제도적 기반 강화	590.6	22.3
	소계	2,454.5	-
기금운영비	인건비	1.3	0.0
	운영비	0.9	0.0
내부지출	공자기금예수이자	3.2	0.1
보전지출	여유자금 운용	193.7	7.3
총계		2,653.6	100.0

자료: 국회예산정책처, 『2022년도 예산안 위원회별 분석: 기획재정위원회』, 2021의 자료를 토대로 저자 재작성.

<표 8-4> 2022년 기후대응기금운용계획안의 수입구조

(단위: 십억원, %)

구분			수입액	비중
자체수입	배출권 매각대금		730.6	27.5
내부수입	일반회계	교통에너지환경세	1,173.0	44.2
	교특회계	여유재원	300.0	11.3
	전력기금	여유재원	200.0	7.5
	공자기금	예수금	250.0	9.4
보전수입	여유자금 회수		-	-
총계			2,653.6	100.0

자료: 국회예산정책처, 『2022년도 예산안 위원회별 분석: 기획재정위원회』, 2021의 자료를 토대로 저자 재작성.

하는 것으로 계획되었다.

<표 8-5>에서 나타나듯 분야별로는 산업·중소기업 및 에너지 분야와 환경 분야가 각각 31.4%(58개 세부사업)와 26.2%(33개 세부사업)로 큰 비중을 차지하고 있다. <표 8-6>에는 공정한 전환 프로그램하의 세부사업명과 지출액 규모가 제시되어 있다. 전체 기후대응기금 가운데 정의로운 전환을 의미하는 '공정한 전환'이라는 프로그램명으로 배분된 예산은

<표 8-5> 2022년 기후대응기금 분야별 총지출액 및 세부 프로그램

(단위: 십억원, %)

분야명(세부사업 수)	지출액	비중	세부사업명 예시
공공질서 및 안전(2)	11.6	0.5	• 그린교정시설조성 • 공공시설 옥상녹화
과학기술(12)	122.5	5.0	• 기후변화대응기술개발(R&D) • 단계도약형탄소중립기술개발(R&D) • 수소에너지혁신기술개발(R&D) • …
교통 및 물류(19)	84.2	3.4	• 수소버스안전성평가기술및장비개발(R&D) • 저탄소에너지고효율건축기술개발(R&D) • 친환경선박혼합연료기술개발및실증(R&D) • …
국토 및 지역개발(3)	226.6	9.2	• 공공건축물그린리모델링 • 새만금 스마트그린 국가시범산단 구축 • 목표관리제(건축물)
농림수산(7)	302.0	12.3	• 온실가스관리인프라구축 • 에너지절감형친환경어선개발연구(R&D) • 산림탄소통계데이터MRV관리체계 • …
사회복지(4)	31.0	1.3	• 노동전환 지원금 • 노동전환지원 인프라 • 사업전환 고용안정협약 지원금 • 탄소중립기술인력양성(폴리텍)
산업·중소기업 및 에너지(58)	771.1	31.4	• 산단내클린팩토리구축지원 • 탄소중립형산업단지환경조성 • 신재생에너지확대기반조성 • …
일반·지방행정(2)	157.6	6.4	• 정부청사노후시설등정비 • 산업은행출자(녹색금융)
통신(1)	6.0	0.2	• DNA활용탄소중립에너지효율화핵심기술개발(R&D)
환경(33)	643.7	26.2	• 공공환경시설탄소중립지원 • 온실가스관리인프라구축 • 신기후체제대응 환경기술개발사업(R&D) • 습지보전관리 • 스마트생태공장구축 • 녹색정책금융활성화사업 • 자원순환클러스터조성 • 녹색융합기술인재양성 • …
총계(141)	2,456.7	100.0	

자료: 열린재정 재정정보공개시스템, '상세재정통계', '세부사업 예산편성현황'(총지출)을 토대로 저자 작성.

<표 8-6> 2022년 기후대응기금 내 정의로운 전환 관련 지출액

(단위: 십억원, %)

분야명(세부사업 수)	지출액	비중	세부사업명	사업성격
사회복지(3)	5.3	2.9	• 노동전환지원금	신규사업
	5.7	3.1	• 노동전환지원인프라	신규사업
	5.0	2.7	• 사업전환고용안정협약 지원금	신규사업
산업・중소기업 및 에너지(5)	8.9	4.8	• 사업재편지원기반구축	계속사업
	5.0	2.7	• 지역에너지센터지원	계속사업
	11.0	6.0	• 신재생에너지확대기반조성	신규사업
	86.9	47.3	• 저소득층에너지효율개선	계속사업
	5.2	2.8	• 조선기자재기업신재생에너지 업종전환지원	계속사업
환경(4)	15.1	8.2	• 친환경소비생활및저탄소생산 기반구축지원	계속사업
	32.8	17.9	• 기후변화적응 및 국민실천	계속사업
	0.9	0.5	• 환경교육강화	계속사업
	1.9	1.0	• 탄소중립그린도시	계속사업
총계(12)	183.7	100.0		

자료: 열린재정 재정정보공개시스템, '상세재정통계', '세부사업 예산편성현황(총지출)' 및 각 부처의 2022년 예산 및 기금운용계획을 토대로 저자 작성.

총 1,837억원으로 확인되며, 이는 전체의 약 7.5% 수준이다. 세부사업 가운데 큰 비중을 차지하고 있는 '저소득층 에너지효율개선'사업이나 '기후변화적응 및 국민실천'사업은 계속사업에 해당하며, 비중은 작으나 사회복지분야의 고용과 관련된 사업들이 신설된 것으로 나타났다.

2022년 3월 「탄소중립기본법」의 시행과 함께 지방정부인 광역지자체(시・도)와 기초지자체(시・군・구)에서는 지역의 탄소중립 추진을 위해 조례 또는 규칙의 제・개정과 주요 추진체계 마련이 이어졌다. 2022년 12월 1일 기준 탄소중립 관련 광역지자체의 자치법규 제・개정 현황은 <표 8-7>과 같고, 기초지자체의 현황은 <표 8-8>과 같다. 광역지자체의 경우, 정의로운 전환에 대한 내용을 세부 조항에 명시적으로 포함한 곳은 대구와 인천인 것으로 확인되며, 기본원칙 조항에 포함되어 있는 경우를 포함하면 10개 지자체로 확대된다. 기후대응기금의 설치에 대해 별도 조항으로 명시한 지자체는 10개이다. 대구는 유일하게 정의로운 전환과 기후대응기금에 대한 내용을 모두 별도 조항으로 다룬 지자체로 확인되었다. 기초지자체의 현황을 살펴보면, 새로 제정된 「탄소중립기본법」에 기반하여 자체 법규인 조례 또는 규칙을 제·개정했거나 입법예고를 진행한 지자체는 전체 226개 중 79개(35.0%)인 것으로 나타났다.

<표 8-7> 기후대응 및 탄소중립 추진 관련 광역지자체 자치법규 현황

	신법 기반 자치법규 시행일	조례 내 세부 조항 포함 여부			
		정의로운 전환	탄소중립도시 지정	특별지구 지정	기후대응기금 설치
서울특별시	2022. 7. 11.	○	-	-	-
부산광역시	2022. 7. 6.	○	-	-	◎
대구광역시	2022. 6. 30.	◎○	-	-	◎
인천광역시	2022. 11. 9.	◎○	-	-	-
광주광역시	2022. 4. 26.	○	◎	◎	◎
대전광역시	2022. 8. 12.	-	-	-	-
울산광역시	2022. 7. 28.	-	-	-	◎
세종특별자치시	2022. 4. 20.	-	-	-	-
경기도	2022. 7. 19.	-	◎	◎	◎
강원도	2022. 6. 30.	○	-	-	◎
충청북도	2022. 11. 4.	-	◎	-	◎
충청남도	2022. 3. 25.	-	-	-	-
전라북도	2022. 5. 13.	○	◎	-	◎
전라남도	2022. 5. 19.	○	-	-	◎
경상북도	2022. 9. 22.	○	-	-	◎
경상남도	2022. 7. 7.	-	-	-	-
제주특별자치도	2022. 8. 17.	○	◎	-	-

주: 1) 「기후위기 대응을 위한 탄소중립·녹색성장 기본법」과 관련하여 집행이 필요한 사항을 규정한 자치법규를 제정한 광역지방자치단체를 기준으로 함.
2) ◎는 해당 내용이 조문의 제목에 명시되어 개별 조항으로 규정되어 있는 경우, ○는 '기본원칙' 조항에 해당 내용이 명시되어 있는 경우를 의미함.
3) '기본원칙' 조항은 탄소중립사회로의 이행과 녹색성장의 추진을 위해 각 지자체에서 기본적인 원칙을 규정한 조항임.
자료: 국가법령정보센터(https://www.law.go.kr/, 접속일: 2022. 12. 1)를 참조하여 저자 재작성.

<표 8-8> 기후대응 및 탄소중립 추진 관련 기초지자체 자치법규 현황

	기초지자체 (시군구)		구법 관련 자치법규 제정 지자체		신법 관련 자치법규 제정 지자체		신법 관련 자치법규 입법예고 지자체		자치법규 미제정 지자체	
	개수	비중	개수	비중	개수	비중	개수	비중	개수	비중
서울특별시	25	(100)	8	(32.0)	9	(36.0)	3	(12.0)	5	(20.0)
부산광역시	16	(100)	14	(87.5)	1	(6.3)	1	(6.3)	0	(0.0)
대구광역시	8	(100)	1	(12.5)	5	(62.5)	1	(12.5)	1	(12.5)
인천광역시	10	(100)	5	(50.0)	1	(10.0)	0	(0.0)	4	(40.0)
광주광역시	5	(100)	1	(20.0)	1	(20.0)	3	(60.0)	0	(0.0)
대전광역시	5	(100)	3	(60.0)	1	(20.0)	1	(20.0)	0	(0.0)
울산광역시	5	(100)	1	(20.0)	0	(0.0)	1	(20.0)	3	(60.0)
경기도	31	(100)	14	(45.2)	11	(35.5)	6	(19.4)	0	(0.0)
강원도	18	(100)	11	(61.1)	5	(27.8)	2	(11.1)	0	(0.0)
충청북도	11	(100)	7	(63.6)	0	(0.0)	3	(27.3)	1	(9.1)
충청남도	15	(100)	11	(73.3)	2	(13.3)	2	(13.3)	0	(0.0)
전라북도	14	(100)	10	(71.4)	2	(14.3)	2	(14.3)	0	(0.0)
전라남도	22	(100)	17	(77.3)	5	(22.7)	0	(0.0)	0	(0.0)
경상북도	23	(100)	19	(82.6)	1	(4.3)	3	(13.0)	0	(0.0)
경상남도	18	(100)	11	(61.1)	5	(27.8)	2	(11.1)	0	(0.0)
총계	226	(100)	133	(58.8)	49	(21.7)	30	(13.3)	14	(6.2)

주: 1) 구법 관련 자치법규 제정 지자체 수는 「저탄소 녹색성장 기본법」과 관련하여 집행이 필요한 사항을 규정한 자치법규를 제정한 해당 시도 내 기초지방자치단체를 기준으로 함.
2) 신법 관련 자치법규 제정 지자체 수는 「기후위기 대응을 위한 탄소중립·녹색성장 기본법」과 관련하여 집행이 필요한 사항을 규정한 자치법규를 제정한 해당 시도 내 기초지방자치단체를 기준으로 함.
3) 구법과 신법 관련 자치법규를 모두 제정한 기초지방자치단체의 경우 구법 관련 자치법규 제정 지자체 수에서 제외하고 신법 관련 자치법규 제정 지자체 수에 집계함.
4) 신법 관련 자치법규 입법예고 지자체 수는 「기후위기 대응을 위한 탄소중립·녹색성장 기본법」과 관련하여 집행이 필요한 사항을 규정한 자치법규를 입법예고한 해당 시도 내 기초지방자치단체를 기준으로 함.
5) 기초지방자치단체별 구법 및 신법 관련 자치법규명은 부록을 참고.

자료: 국가법령정보센터(https://www.law.go.kr/, 접속일: 2022. 12. 4)와 국민참여입법센터(https://opinion.lawmaking.go.kr/, 접속일: 2022. 12. 4)를 참조하여 저자 재작성.

제3절 탈탄소 및 정의로운 전환 관련 해외 정책방향

최근 유럽집행위(European Committee: EC)에서는 유럽연합(European Union: EU)의 국가 및 지역의 의사결정 주체들을 대상으로 『유럽그린딜(Europe Green Deal)하에서 결속정책(cohesion policy)을 감안한 지속가능한 전환을 위한 참고용 보고서』(EC, 2020)를 발간했다.[7] 해당 보고서에서는 '유럽그린딜이 지향하는 기후중립성(climate neutrality) 및 순환경제(circular economy) 기반의 지속가능한 발전'을 위해 필요한 주요 정책수단들을 기존 결속정책의 맥락에서 제시하고자 했다. 특히 EU가 직면하고 있는 전환은 기후변화, 종다양성 훼손, 자원소진에 대한 대응으로 '경제·사회·기술적 전환(economic-social-technological transition)'이 복합적으로 요구되며, 이와 관련된 이질적인 전환 프로세스들이 각기 다른 지역적 범위에서 이뤄진다는 점을 명시했다. 따라서 각 세부 전환과 연관된 층위에서 적절한 정책적 대응이 필요하다는 측면에서 '다층적(multi-level) 거버넌스'가 중요해진다는 점을 강조했다. 이는 전환에 따른 긍정적 영향과 부정적 영향이 지역적으로 달리 분포한다는 측면에서, 국가 단위의 의사결정뿐만 아니라 지역과 도시에서의 거버넌스가 중요해지는 것으로 이해할 수 있다.

이와 같은 전환 관련 거버넌스의 중요성은 정의로운 전환에도 마찬가지로 적용된다. 실레지아 선언 및 관련 논의들을 기반으로 국제기구인 Climate Strategies에서는 정의로운 전환을 이행하기 위한 기본방향을 제시했다(Jenkins, 2019). 중요한 것은, 정의로운 전환이 하나의 공통된 체계하에서 각기 다른 국가들의 여건에 따라 맞춤형으로 다규모적(multi-

---

7 2019년 12월 EU 집행위는 2050년 탄소중립목표를 담은 유럽그린딜(European Green Deal)을 발표하고, 공공부문 투입계획으로서 약 1,000억유로를 동원하는 공정전환체계(Just Transition Mechanism)를 발표한 바 있다(EC 홈페이지, "A European Green Deal," 접속일: 2022. 11. 1). EU의 결속정책(cohesion policy)은 공동체 차원에서 회원국 간의 경제·사회적 격차를 줄이기 위한 지역정책이며, 2013년에 2014~20년간 결속정책 프로그램이 채택된 이후 해당 체제가 유지되고 있다(EC 홈페이지, "EU Cohesion Policy," 접속일: 2022. 11. 1).

scalar) 움직임이 필요하다는 점을 강조했다는 것이다. 또한 정의로운 전환은 사회적 대화를 통해 참여에 기반하여 진행되어야 하며, 의사결정권을 가진 주체들은 지식 공유를 통해 다른 국가들의 전환 및 과거에 이뤄진 각종 전환들을 참고할 필요가 있다고 명시했다. 특히 정의로운 전환 및 그 영향에 대한 이론 및 실증 연구들이 진행될 필요가 있다고 언급하고, 구체적인 거버넌스 구조와 평가 방식에 대한 향후 제언을 촉구했다.

본 절에서는 국제사회의 논의(OECD, 2020a 등)를 기반으로 탄소중립 추진 등의 대규모 전환을 위해 요구되는 거버넌스 측면의 주요 대응방향에 대해 살펴보고자 한다. 특히 전환 추진에 있어서 도시지역과 비도시지역(농촌지역) 간 접근의 차별성을 중점적으로 파악한다. 이어서 정의로운 전환을 선도적으로 추진하고 있는 국가 및 지역의 사례들을 살펴봄으로써, 상이한 여건에 맞는 대응전략들을 검토한다. 마지막으로 전환 관련 각종 지표의 필요성이 대두되는 배경과 주요 현황에 대해 논의한다.

1. 전환을 위한 거버넌스

세계 여러 나라들은 '이탄화탄소 순배출량을 0으로 낮추는 목표'인 탄소중립, '온실가스 순배출량을 0으로 낮추는 목표'인 넷제로(Net-Zero), 또는 그 이상을 달성하기 위한 탈탄소 전환을 진행 중이다. 이를 위해서는 최소 향후 10년 이상 전례 없는 범위의 사회시스템 변화가 필요하며, 구체적으로 자원사용, 기반시설, 제도, 기술 등에서 장기적·구조적 변화가 요구된다. 앞서 언급했듯이 결국 국가 차원의 전환 노력과 함께 도시 또는 지역 수준에서 실질적 전환관리와 에너지 수요 증가 등의 위험에 대한 선제적 대비가 필요하다. 특히 배출량 중 가장 높은 비중을 차지하고 있는 에너지 분야에 대한 '진화된 도시계획'과 '(더 지속가능한 토지사용을 위한) 전략적 기반시설 투자'는 전환의 가장 중요한 두 가지 축이라고 할 수 있다. 또한 에너지, 건설, 운송, 산업 및 농업 분야의 기술혁신을 확대하여 전환을 촉진할 필요가 있으나, 이와 같은 혁신은 '에너지 수요 증가'와 같은 위험을 초래할 수 있으므로 자원소비와 낭비를 근본적으로 줄이고자 하는 순환경제를 고려한 시스템을 구축할 필요가 있다.

탈탄소 전환에 있어 지방 주체들의 역할이 작지 않으며, 결국 세부 지역 차원에서의 체계적 변화가 필수적이다. 교통에 대한 지역규제, 건설규제, 공간계획, 경제정책과 같이 온실가스 배출에 직간접적으로 영향을 미치는 정책들이 지역 단위에서 추진되는 상황에서, 지방정부는 시민 및 지역기업과 긴밀한 협력이 가능하므로 현지에 대한 이해를 기반으로 점진적인 배출 감소 및 순환목표 설정 등을 시행할 수 있는 위치에 있다. 이때 탄소중립 및 순환경제로 전환할 시 비기후 혜택(non-climate benefits)도 제공되어 도시와 지역의 사회후생이 증가하는 효과도 공존하게 된다. 대표적인 비기후 혜택으로는 건강 및 생산성 증대, 에너지 빈곤 감소 등을 들 수 있다.

결과적으로 하나의 국가에서 이뤄지는 탈탄소 전환은 지역 단위의 변화를 근간으로 이뤄져야 한다는 점을 감안했을 때 다층적 거버넌스 차원에서 진행되는 것이 필수적이다. 여기서 다층적 거버넌스란 계층별 · 권역별 정부 및 각종 이해당사자들 간의 긴밀한 협의를 기반으로 정책을 수립 · 추진하는 것을 의미한다(Bache, Bartle, and Flinders, 2016).[8] 전환과정에서 정책입안가들은 국제적, 국가적, 지역적 수준에서 각각의 비전과 목표를 설정하게 된다. 이때 대규모 투자와 법제화 등은 상위 기관에서 담당하는 반면, 세부적인 정책의 실행, 혁신, 경험축적은 도시 또는 지방의 지역적 수준에서 이뤄진다. 따라서 효과적인 다층적 거버넌스는 상위 정책목표인 기후중립적인 경제체계 확립을 위한 전제조건이라고 할 수 있다.

다층적 거버넌스가 효율적으로 작동하기 위해서는 다양한 장애요인들을 극복하기 위한 정책설계가 중요해진다. 구체적인 장애요인과 이에 대한 극복방안은 <표 8-9>에서 제시하는 바와 같다. 구체적으로, 1) 계층

8 다층적 거버넌스에 대한 개념은 1990년대 초에 등장한 뒤 유럽화(Europeanization)와 분권화(decentralization)를 동시에 추구한 EU의 정책적 의사결정에 활용되었고, 복수의 관할권(jurisdiction)에 걸친 정책적 어젠다의 거버넌스에 있어서 중앙집권적 거버넌스보다 효율적이고 우월한 방식으로 인식되어 왔다(Jänicke and Quitzow, 2017).

간 정책 불일치를 파악, 2) 지역 이질성을 감안하여 지역 차원의 혁신을 강화, 3) 정부 계층 간 원활한 자원 및 지식의 교류 강화, 4) 과학적인 자문기구를 통한 중립적이고 객관적인 의견 반영이 중요하다. 궁극적으로 도시와 지역 간 정의로운 전환은 탄소중립이라는 동일한 목표하에 각자의 역할을 잘 수행했을 때 효과적으로 이뤄질 수 있다.

<표 8-9> 다층적 거버넌스의 장애요인 및 극복방안

장애요인	극복방안
정책 불일치	• 국가, 지방정부 및 이해관계자가 추구하는 방향이 불일치하는 부분을 명확하게 식별
상향식 접근방식	• 지역이 가지고 있는 이질성(heterogeneity)을 존중 • 각 지역의 특성에 맞는 정책을 제시할 수 있는 구조를 마련
소통의 부재	• 도시와 지역 간 지식을 공유할 수 있는 장(플랫폼 등)을 마련
비독립적 과학자문기구	• 기후변화 관련 과학자문기구에 독립성을 부여 • 통합정책 추진

자료: OECD(2020a, p.35)의 내용을 토대로 저자 작성.

2. 도시지역과 비도시지역의 전환 전략

본 소절에서는 전반적인 탈탄소 전환을 시행함에 있어 지역 단위에서 발생하는 이슈들을 점검한다. 구체적으로, 도시지역과 농촌지역(비도시지역)을 구분하여 각 지역이 직면하는 위기를 살펴보고, 주요 극복 방향에 대해 정리한다. 또한 농촌지역에서의 전환 추진 시 정의로운 전환이 중요해지는 배경에 대해서도 살펴본다. 이를 통해 전환에 있어 개별 지역의 정책방향이 고려해야 할 요소들을 이해하고자 한다.

가. 도시지역(city, urban area)

세계 인구의 절반 이상(54%)이 도시와 통근 구역이 포함된 대도시 지역에 살고 있으며, 2050년까지 도시인구가 50% 증가할 것으로 예상된다.

도시지역은 에너지 관련 CO_2 배출량의 70%를 차지하고 있으며, 전 세계 에너지의 약 3분의 2를 수요하고 있다. 이러한 맥락에서 도시지역은 친환경 건축물, 이동시스템 개선, 기반시설을 혁신하는 데 핵심적인 역할을 수행할 필요가 있다. 또한 에너지, 물, 폐기물 및 운송과 같은 중요한 기반시설에서 상당량의 탄소를 배출하기 때문에 지속가능한 전환을 위한 노력을 위해 다양한 정책이 추진되는 것이 바람직하다. 대표적 예로서, 덴마크는 '코펜하겐 기후 계획 2025', 호주는 '탄소중립전략 2015~ 2025', 네덜란드는 '암스테르담 순환 전략 2020~2025'를 통해 탄소중립 목표를 달성하기 위한 다양한 정책을 추진 중에 있다.

도시지역은 탈탄소 전환을 위한 다양한 노력을 기울이고 있으나, 충분한 이해가 수반되지 않으면 갈등이 발생할 여지도 여전히 존재한다. 특히 이미 축적된 기반시설을 전환하는 데 높은 비용이 수반될 수 있다. 또한 탈탄소 전환을 위해서는 일관성 있는 정책이 추진되어야 하나, 도시의 복합적인 성격으로 인해 일관성 있는 정책 추진에 한계가 존재할 수 있고, 이해관계자 간 충돌이 발생할 여지도 존재한다. 예컨대, 옥상에 태양광 시설물을 설치하는 것을 미관상 보기 싫다는 이유로 거부할 수도 있다. 또 다른 특징은 다양한 구성원들 간 지역복지 향상에 대한 이해도가 상이할 수 있다는 것이며, 따라서 충분한 이해와 지식공유가 이루어질 필요가 있다.

결국 도시지역의 전환을 위해서는 가이드라인과 모범사례들을 구축하고, 정보공유와 함께 구성원 간 협력체계를 구축하여 정책 시행에 따르는 제약을 최대한 축소시켜야 한다. 경험적으로, 도시의 전환을 추진하기 위한 주요 정책수단들은 단순히 탄소배출 또는 탄소집약도를 낮추기 위한 목적뿐만 아니라 소비패턴(예: 식량 생산 및 공유), 지속가능한 생활, 도시의 물 안보, 기후복원력 및 생물 다양성까지 고려되는 경향을 띤다. 구체적으로, 1) 지방정부의 직접투자 및 자금조달, 2) 지역민과 기업이 혁신을 추진하는 환경(예: 태양광 패널 설치)에 정책적 지원, 3) 폐기물 관리 및 건축법에 대한 의무규제 부과, 4) 재정적 인센티브 부여(예: 세금 면제 등) 방안들이 고려된다. 이러한 특성을 감안했을 때, 다양한 정책수단을 활용할 수 있는 여건하에서 세심한 정책설계가 요구되는 특성을 지닌다.

나. 농촌지역(rural area)의 전환 방향

'농촌지역' 또는 '비도시지역'은 낮은 인구밀도와 특정 경제활동에 기반한 개발 경로를 따른다. 농촌에서 성공적인 전환을 추진하기 위해서는 농촌위험관리, 거버넌스, 정의로운 전환 달성 등과 관련된 특정 문제의 극복이 선행되어야 한다. 궁극적으로는 에너지 전환, 농촌 이동성, 지속가능한 토지 관리, 순환경제, 바이오경제 등이 주요하게 논의될 필요가 있다.

전체 OECD 인구의 20%가 도시에서 가까운 농촌지역에 살고 있는데, 여기서의 농촌지역은 도시 중심에서 자동차로 60분 미만의 거리에 있는 지역으로 정의된다. 국제적으로 '농촌지역'에 대한 정의가 규정되어 있지는 않다.[9] 이는 농촌지역을 정의하기에는 해당 지역의 구성 요소(밀도, 경제활동, 규모, 서비스까지의 거리 등)가 광범위하기 때문이며, 경계가 뚜렷하지 않은 특징을 지니기 때문이기도 하다. 가령 번창하는 농촌지역은 대도시에 가까우며, 이 지역은 기반시설이 취약하고 인구가 감소하는 외딴 농촌지역과 대조된다.

이러한 배경하에 OECD(2020b)에서는 농촌지역을 각각의 다른 특성과 정책상 필요(policy needs)에 의해 크게 세 가지 유형으로 구분하고 있다. 첫 번째, 기능적 도시 지역(functional urban area: FUA) 내의 지역으로, 도

9 국제적으로 경우에 따라 '도시화 정도 모델(degree of urbanisation model)'을 기반으로 cities, urban, rural을 구분하고 있으나(UN Statistical Commission, 2020), 이는 국제통계 비교를 위해 고안된 기준일 뿐 정책설계 목적의 정의로 인정받고 있지는 않다. 한국의 농촌지역에 대한 정의는 다음과 같다. 우선 「국토의 계획 및 이용에 관한 법률」(국토계획법)에서 용도지역을 도시지역, 관리지역, 농림지역, 자연환경보전지역과 같이 크게 4가지로 구분하고 있고, 도시지역을 제외한 나머지를 비도시지역으로 간주할 수 있다. 그 가운데 「농업·농촌 및 식품산업 기본법」(농어업식품기본법)에서는 농촌을 1) 읍·면의 지역, 2) 그 외 농림축산식품부장관이 고시하는 지역으로 규정하고 있으며, 후자의 경우 용도지역을 기준으로 '도시지역의 녹지지역 중 생산·보전녹지지역', '관리지역 중 생산·보전관리지역', '농림지역', '자연환경보전지역'이 고시되고 있다.

심 통근 구역에 위치하고 있으며 FUA 차원에서 통합 개발이 이뤄지는 지역으로 구분할 수 있다. 두 번째, FUA 인근에 위치한 지역으로, FUA와 강력한 연결고리를 지니고 있지만, 노동시장의 일부는 그렇지 않고 경제적 거래만 있는 경우이다. 도시와 지역경제가 통합되어 있지는 않으나, 해당 지역의 성장은 대체로 FUA의 성장과 관련이 있게 된다. EU 및 OECD 국가의 지방인구는 대다수가 두 번째 유형의 지역에 거주하고 있다. 세 번째, 외진(remote) 농촌지역으로, FUA에서 먼 곳에 위치하는 지역이다. FUA와의 연결은 주로 상품 및 서비스의 시장교환을 통해 이루어지며, 농촌지역 외부에서는 제한적으로 개인적인 상호작용이 있지만 지역 내의 네트워크는 잘되어 있는 경우가 많다.

1) 기회요인

탈탄소 전환은 농촌지역에 다양한 기회 또는 가능성을 제공할 수 있다. 농촌지역은 생태계와 자연자본(natural capital)을 보전하는 데 중요한 역할을 담당한다. 특히 다양한 생태계서비스를 통해 인간의 복지와 경제발전을 지원하는데, 식량, 목재, 수자원, 각종 원자재 및 에너지 제공 기능, 휴양지 기능, 기후 및 물 조절 기능, 생물다양성 보존 기능 등을 담당한다. 농촌지역의 생태계는 각종 환경적 위험요인을 완화할 수 있는데, 자연 탄소 흡수원(natural carbon sink)으로서의 역할이 대표적 예이다. 한편, 일부 농업의 관행으로 종의 범위가 축소되는 등 생태계를 위협하는 경우도 발생하므로, 농촌지역의 자연자본을 보다 효과적으로 관리하여 생태계를 보존할 필요성도 존재한다.

또한 전환은 농촌에 신규 직종의 창출, 비즈니스 기회의 확장, 건강상의 이점 등을 가져올 수 있다. 가령 재생에너지가 농촌지역에 배치될 경우, 가치사슬의 상당 부분이 지자체에 구축되어 고용 및 중소기업에 유익한 영향을 미치고, 이는 곧 지역개발을 촉진할 수 있다. 농업 관련 탈탄소화 정책은 생태계 서비스와 연관된 일자리 창출에 긍정적으로 작용할 수 있다. Kapetaki *et al.*(2020)에 의하면, EU 석탄지역의 절반 이상에 청정에너지 기술을 배치할 경우, 2050년까지 총 46만개의 일자리를 창출함으로써 전환으로 인한 일자리 손실을 상쇄하는 것으로 도출되었다. 또한 대기질 개선, 운송 및 식단, 개선된 토양 및 수질, 생물다양성 증대 등 건강상의 이점도 제공할 수 있다. 예를 들어 광업과 같은 오염활동이 단계적으로 중단됨에 따라 대기질이 개선되는 결과를 낳는다.

또한 제품 및 관행의 혁신을 위한 기회를 제공할 수 있다. 농촌지역 또는 비도시지역의 혁신 프로세스는 종종 개인적인 관계와 지역관계자에게 크게 의존하는 경향이 존재하기 때문에, 정보통신 등의 신기술은 활동, 지식 및 공간 간 연결을 근본적으로 수정하여 농촌 등의 혁신잠재력을 상당히 향상시킬 수 있다. 일례로, European Innovation Partnership의 'Agricultural Productivity and Sustainability'는 농업 및 식품 시스템의 연구 및 혁신을 강화하는 것을 목표로 하는 이니셔티브이다.

나아가 '시민 참여'와 '농촌 권한 부여(rural empowerment)'를 촉진할 필요가 있는데, 대표적으로 에너지 협동조합(co-operative)은 지역 시민의 참여기회를 제공함으로써 전환을 견인하면서 개인과 지역사회를 위한 이익을 창출할 수 있다. 프로젝트의 분산된 소유권은 재생에너지 설치에 대한 더 큰 수용을 장려하고 지역사회에 혜택을 제공함으로써 환경·경제·사회적 부가가치를 창출할 수 있다는 측면은 입증된 부분이기도 하다. 다만, EU의 경우에도 아직 지역사회가 소유한 재생에너지 설비는 여전히 적은 상황이며, '지역사회 주도 지역개발' 방법을 도입함으로써 지역활동 그룹이 지역개발전략을 구현하도록 지원하고 있다.

2) 장애요인

이처럼 탈탄소 전환은 농촌지역에 여러 기회를 제공할 수 있지만, 그만큼 해결해야 할 과제들도 존재한다. 특히 농촌지역은 경제를 다각화하는 데 있어 일정 수준 한계를 지닌다. 과거에는 광업, 제조업 및 운송서비스를 포함한 여러 산업이 종종 경제성장을 주도하고 농촌지역에서 고용기회를 창출했으나, 탄소중립의 목표하에 점진적인 축소 또는 폐지가 요구되는 상황이다. 이러한 배경에서 농촌경제의 다양화 및 성장을 추진하는 데 어려움이 존재하며, 결국 관련 지역에서 정의로운 전환의 중요성이 대두된다.

특히 농촌지역에서 도시지역으로 계속해서 이주가 이뤄지는 부분은 지속적인 문제에 해당된다. 농촌지역에서는 아무래도 교육 및 직업 선택의 기회가 제한되기 때문에 도시로 이주하는 경우가 많아질 수밖에 없다. 이러한 지역이탈로 인해 정치 권력이 도심부를 위주로 발생할 여지가 매우 높으며, 이에 따라 농촌지역에 대한 제도적·재정적 지원이 감소할 가능성이 크다. 또한 농촌인구 감소는 지방과세 기반의 손실을 유발하고 기반시설, 공공 및 민간에 대한 지방정부 지출을 감소시킬 뿐만 아니라, 노동인력이 빠져나감에 따라 커뮤니티 개발역량이 약화되어 추가 지원이 더 줄어드는 악순환을 초래한다.

아울러, 농촌지역은 기후변화와 천연자원 고갈에 취약한 특성을 지닌다. 농업과 천연자원에 대한 의존도가 높아 기후변동이나 극한 기후변화에 민감하고, 자원고갈에 대처할 능력이 미흡한 것이 사실이다. 그와 함께 농촌지역의 생태계가 사회적으로 기여하는 역할이 분명히 존재하나, 생태계 사용에 관한 결정에 대한 가치평가(예: 경제적 중요성, 인간복지에 대한 관련성 등)의 정확도가 낮은 한계를 지닌다. 또한 농촌지역은 직면하는 환경 및 경제적 문제를 해결할 인적자본, 재정적 수단, 기반시설, 자원을 가지고 있을 가능성이 도시지역보다 낮다. 따라서 제한된 재정적 수단과 능력으로 인해 소규모 커뮤니티에서 지속가능성 계획을 달성하는데 한계에 봉착하기 쉽다.

3) 극복방안

이러한 탈탄소 전환 관련 제약요인들을 극복하기 위해서는 1) 농촌지역이 전환 관련 제도적·기술적 역량을 구축할 수 있어야 하고, 2) 농촌의 개발계획에 탈탄소 전환을 연계할 필요가 있으며, 3) 정의로운 전환이 될 수 있도록 전환에 따른 불균형적 비용과 편익에 대한 정책적 고려가 뒤따라야 한다. 특히 농촌지역의 경우, 지리적으로 고립되어 있고, 경제·문화적인 다양성이 충분하지 못하며, 인구구성상 고령층 및 취약계층의 비중이 더 높은 측면이 있다. 따라서 이에 대한 충분한 지원이 있어야만 농촌지역의 탈탄소 전환에 대한 수용성도 높아질 것이다.

이하에서는 농촌지역의 역량 구축 및 개발계획 연계에 대한 세부적인 방안을 살펴본다. 먼저 농촌의 전환역량을 구축하기 위해서는 기존의 제도적 유인체계를 탈탄소 전환에 부합하도록 재구성할 필요가 있다. 이를 위해서는 지역주민 인식 변화, 신규 기술의 취득, 지방정부 차원의 적극적 지원이 이뤄질 수 있도록 해야 한다.[10] 또한 전환 설계 시 지역의 고유한 환경 및 사회·경제적 여건이 고려되어야 하는 가운데, 지방정부와 기업의 낮은 이해도를 감안했을 때, 지역 구성원(지역 이해당사자, 일반 지역주민, 소외계층 등)과의 협업이 필수적이라고 할 수 있다.

소규모 지방정부들은 상대적 역량이 부족한 것이 현실이다. 따라서 이를 극복하기 위해서는 먼저 정책 관련 비용-편익 분석에 있어서 다른 부문과의 공동편익(co-benefits)을 충분히 고려하여 전환 관련 사업의 우선순위를 높여야 한다. 또한 각종 서류절차 및 사업평가체계를 표준화하여 지방정부들이 동일한 이해하에 전환을 추진할 수 있도록 정비하는 작업이 필요하다. 그리고 지방정부와 지역사회협의체 간의 상시적 의견교환 절차를 마련하고, 지방정부의 예비적 비용-편익 분석에 있어서 외부 전문가를 고용함으로써 부족한 전문성을 보완할 필요가 있다.

다음으로, 탈탄소 전환을 농촌지역 개발과 연계하는 부분도 중요하다. <표 8-10>은 OECD에서 추진해온 농촌 개발 패러다임의 변화를 요약하고 있다. 2006년에 새로운 농촌 패러다임이 제시되었고, 실질적 이행을 위해 2016년에 '농촌정책 3.0(Rural Policy 3.0)'이 제시되고 2019년에 더욱 구체화되었다. 농촌정책 3.0에서는 다층적 거버넌스와 함께 다양한 이해

---

10 신규 기술 취득과 관련해 소규모 회사와 농업인에게 대규모 운영자와의 격차를 줄이는 데 도움이 되는 디지털 기술 관련 교육과정을 제공하는 사례를 들 수 있다. 벨기에의 '플랑드르 농업, 수산 및 식품연구소'(ILVO)는 지역농부와 지자체에 맞춤형 조언을 제공하고, 프랑스 '훈련보험기금'(VIVEA)은 무급농업근로자를 대상으로 디지털 혼합 학습의 기회를 제공한다. 덴마크의 'Bygholm Agricultural College'는 지방정부와 협력하여 젊은(16~20세) 농업인들이 농업 관련 디지털 기술을 사용하고 개발할 수 있는 교육과정을 제공한다. 한편, 지방정부는 금전적·비금전적 이익공유 메커니즘을 적극적으로 고려할 수 있다. 이때 금전적 혜택은 개발·투자기금, 지분공유, 세금공유 등이 있으며, 비금전적 혜택으로는 교육시설, 의료시설, 고용, 현지조달, 향상된 서비스 접근성의 제공 등이 있다(OECD, 2020a, p.102, Box 5.2.).

<표 8-10> 비도시지역(농촌지역) 개발정책의 변화

농촌개발전략	과거 패러다임	새로운 농촌 패러다임	농촌정책(Rural Policy) 3.0
목표	• 균등화, 식량공급	• 경쟁력 제고	• 경제, 사회, 환경에 걸친 다차원적 복지의 증진
이해관계자	• 농업단체 • 중앙정부	• 모든 계층의 정부 및 기관 • 지역 이해당사자	• 정부: 다층적 거버넌스 • 민간: 민간기업 및 공기업 • 기타: 비정부기구, 지역사회
정책초점	• 1차 부문에 집중	• 경쟁력을 기반으로 한 다양한 부문에 대한 지원	• 농촌지역의 특성에 따라 차별화된 저밀도 경제사회의 구축
정책수단	• 보조금	• 선별된 업체 및 지역에 투자	• 다양한 지원정책들과 연동된 통합적 농촌개발 접근
정책접근방식	• 균일하게 적용된 하향식 정책	• 상향식 정책 • 현지전략	• 여러 정책의 통합접근방식
농촌의 정의	• 비도시	• 다양한 특성에 따라 농촌지역을 정의	• 도시 내 지역 • 도시 인근 지역 • 도시 외곽 지역

자료: OECD(2016, p.182, Table 4.1) 및 OECD(2020a, p.103, Table 5.1)를 토대로 저자 작성.

관계자의 참여를 통한 정책 수립을 추구하고 있다. 특히 농촌을 단순한 비도시로 구분하기보다는 도시와의 인접도를 감안하여 세분화하고 있다.

개발 연계의 방안 중 하나는 순환경제의 구축이다. 순환경제는 천연자원의 사용 최적화, 환경적 압력 최소화, 공급망과 소비패턴 전환, 생산시스템 재설계 등을 통해 경제성장을 가능하게 하는 개발전략을 말한다. 농촌지역은 순환경제 기반을 구축함으로써 환경보전뿐만 아니라 새로운 일자리를 창출하고 식량 및 물 안보를 개선할 수 있을 것으로 판단된다.

좀 더 세부적으로는, 탄소집약산업에 대한 순환경제의 기반 구축이 필요하다. 예를 들어, EU 내에서 철강, 플라스틱, 암모니아, 시멘트와 같은 주요 재료 및 화학물질의 생산은 연간 약 5억톤(EU 전체의 14%)의 CO_2를 배출하고 있는데, 해당 물질의 수요는 여전히 증가하고 있다. 이러한 중공업이 농촌지역에 위치하게 되면 배출량 증가에 기여할 뿐만 아니라 물, 토양, 대기오염, 생물의 다양성에도 부정적인 영향을 미칠 수 있으므로 자재에 대한 순환경제 원칙의 적용이 요구된다. 구체적으로, 폐기물을 줄이기 위한 새로운 제조 및 건설 기술, 순환제품설계 등의 새로운 순환비즈니스 모델을 구축할 필요가 있다.

나아가 순환경제는 '먹거리 체계(food system)'에도 적용이 가능하다. 음식물 쓰레기를 줄이고 유기폐기물 흐름을 재구성하면 저탄소 바이오경제를 구축할 수 있을 뿐만 아니라 토양의 비옥도를 높일 수 있다. 또한 토양의 건강과 지역생태계를 개선하는 방식으로 식품을 재배하면 토양의 물리적 구조가 개선되어 유익한 미생물이 육성되고, 이는 탄소 배출량뿐만 아니라 합성비료에 대한 의존도까지 줄일 수 있게 된다.

잉여유기재료(예: 농업부산물, 식품준비잔여물, 도시하수)를 다른 공급원료(예: 의류용 직물, 포장 및 가구용 구조재료)에 사용하는 방식의 재활용도 중요하다. 특히 화학비료가 포함되는 퇴비 대신 잉여유기재료를 사용할 경우, 화학비료를 개발할 때 활용되는 광물 추출물(광업), 암모니아(산업), 관개용 펌핑 전력(에너지)으로부터 발생하는 CO_2 배출량도 결과적으로 줄일 수 있다. 폐기물을 줄이고 재생 가능한 생물학적 자원(예: 농작물, 동물 및 유기 폐기물)으로부터 새로운 제품을 개발하는 데 초점을 두는 바이오경제도 고려할 수 있다.

순환경제의 구축 외에 지속가능한 방식의 토지이용체계의 마련도 중요하다. 토지이용의 지속가능성 제고는 궁극적으로 식량안보 보장 및 기후변화(홍수위험, 가뭄) 완화에 긍정적으로 작용할 수 있다. 전 세계 온실가스 배출량의 약 12% 정도는 농업이 직접적으로 기여하고 있으며, 추가적으로 부실한 토지관리가 9% 정도의 배출을 초래하고 있다. 토지관리가 부실하면 '생물 다양성 손실', '토지 황폐화', '수질오염' 등이 야기된다. 실제로, 농업용 비료, 살충제, 가축폐수는 동식물의 멸종, 수로 및 지하수의 오염에 기여하고 생태계 시스템에 막대한 해를 끼치고 있다. 따라서 동물성 단백질에서 식물성 단백질 식단으로의 전환을 장려하는 등 배출집약도가 낮은 식품생산을 유도하는 정책을 추진하고, 유기농업과 같이 대안적 형태의 농업이 가능하도록 여건을 마련할 필요가 있다. 또한 농업에 디지털 기술을 접목시켜 수확량은 줄이지 않으면서 물과 비료의 소비를 줄이는 방안을 모색하는 것도 중요하다.

3. 정의로운 전환 관련 정책 사례

도시 및 농촌의 탈탄소 전환 과정에서 정의로운 전환이 되기 위해서는 부문별・지역별 특성에 따른 정책을 적재적소에 활용하는 것이 핵심이다. 탈탄소 전환은 경제부문 내(within)와 경제부문 간(between) 변화로 이어져 여러 지역에 다양한 형태로 영향을 미친다. 대부분의 기후변화 관련 정책은 '상황적 요인(contextual factor)', '정책 설계 및 실행(policy design and implementation)', '완화 조치(mitigation action)'에 따라 상이한 결과를 야기한다. 예컨대, 사양산업에 해당하는 탄광・석유・가스 탐사에 대한 지역고용이 높은 지역(중부・동부 유럽, 저소득 유럽연합국가 등)은 일자리가 축소되는 반면, 철강・시멘트・화학물질과 같은 에너지 집약적 부문과 자동차 제조업체는 새로운 생산공정 단계로 전환할 유인이 상당하다.

정의로운 전환을 추진하기 위해서는 탈탄소 추진과 관련된 비용과 편익의 불평등을 해소하기 위한 각종 노력이 수반될 필요가 있다. 전환으로 인해 가계소득 또는 생계에 부정적인 영향을 받는 집단에게는 각종 면제, 보조금, 손실보상 등의 세부 조치가 필요하다. 특히 정책 또는 프로그램을 실행하는 단계에서 지방정부는 해당 지역의 인력을 활용하여 전환으로 인한 경제적 불평등을 완화하는 것이 필요하다. 예를 들어, 세부지역 단위에서 실업률이 높은 지역의 경우 대규모 재생에너지 프로젝트를 실행하고, 지역 실업자들이 새로운 일자리를 얻을 수 있도록 훈련함으로써 고용 창출을 통해 경제적 충격을 완화할 필요가 있다.

이와 같은 지원을 위해서는 적재적소에 중앙 또는 지방 정부의 재정지원이 투입될 필요가 있다. 특히 중앙정부의 역할이 중요한데, 참고할 만한 운영사례로는 EU의 '정의로운 전환 기금(Just Transition Fund: JTF)'을 들 수 있다. JTF의 경우, 배분에 있어 지역 단위의 세부적인 계획을 토대로 하고 있다는 점을 참고할 수 있다. 구체적으로 2021~27년간 약 175억 유로의 JTF가 배분될 예정이며, 회원국이 최소 수준을 넘어서는 지원을 받기 위해서는 지역 수준의 정의로운 전환 계획(Territorial Just Transition

Plans: TJTP)을 제출해야 한다.

TJTP와 관련된 세부 규정은 다음과 같이 축약할 수 있다. 첫째, 세부 지역 단위(NUTS 3 지역)로 구성되어야 한다.[11] 둘째, 계획에는 '기후대응 및 에너지 전환 관련 최신 국가 상위계획'과 일관된 맥락에서 해당 지역이 직면한 전환 단계를 명시하고, 그와 관련해 악영향을 가장 크게 받는 지역들을 제시해야 한다. 셋째, 2030년까지 취약지역들이 겪을 사회, 경제, 환경 측면의 영향에 대한 평가 결과를 제시하도록 규정하고 있다. 넷째, JTF를 활용한 지원을 통해 부정적 영향이 어떻게 완화되는지에 대해 설명하고, 중앙 및 지방 정부와 지역 단위의 각종 계획과 일관된다는 측면을 설명해야 한다. 다섯째, 특정 업체에 대한 지원의 경우 전체 목록을 제시하고, 일자리 영향 등을 상세히 설명해야 한다. 여섯째, JTF 활용 불가 활동들(원전의 건설/해체, 담배산업, 화석연료 투자, 중소기업 외 기업 지원 등)에 대해 지원하지 않음을 확인해야 한다. 결국 상당히 자세한 수준의 지역별 계획이 제출되어야만 기금 지원을 받을 수 있다.

아울러 도시와 지역은 정의로운 전환을 효과적으로 추진하기 위해 '전략적 장기 계획(long-term and strategic planning)'을 잘 수립하는 것이 중요하다. '전략적 계획'에는 도시 또는 지역의 미션, 비전 및 중요 전략을 결정하는 내용이 포함되어야 하며, '장기 계획'에는 전략적 계획을 달성하기 위한 구체적인 절차 및 그에 따른 단기 및 중장기 자원할당 계획이 포함되어야 한다. 또한 정의로운 전환 관련 정책들을 기존의 정책에 잘 반영하는 것이 중요하다.

계획 수립과 관련해 영국 스코틀랜드 주정부의 사례를 참고할 수 있다. 스코틀랜드는 전 세계에서 가장 주도적으로 기후변화 대응 관련 법제들에 정의로운 전환 관련 원칙들을 반영해왔다(UNFCCC, 2020). 이는 석유 및 가스가 총생산에서 큰 비중을 차지하는 경제구조하에서 노동조합 및

---

11 2021년 1월 기준 NUTS(Nomenclature of Territorial Units for Statistics, Background) 분류에 따르면, '주요 사회·경제적 지역'(인구 300만~700만)인 NUTS 1 지역은 92개, '지역정책 적용을 위한 기초 지역'(인구 80만~300만)인 NUTS 2 지역은 242개, '세부 진단을 위한 소규모 지역'(인구 15만~80만)인 NUTS 3 지역은 1,166개이다(EC 홈페이지, "NUTS," 접속일: 2023. 2. 1).

환경 관련 비정부기구들의 결집이 작용한 결과로 이해할 수 있다. 주정부는 2018년에 '정의로운 전환 위원회(Just Transition Commission)'를 조직했고, 2019년부터 기후위기 대응에 있어 해당 기구가 정부부처에 독립적인 의견을 제시할 수 있도록 했다.

2021년에는 정의로운 전환 위원회의 이름으로 '더 정의롭고 친환경적인 스코틀랜드를 위한 국가적 미션'이라는 제목의 보고서(The Scottish Government, 2021a)를 발간하여 기후위기 대응 관련 주요 부문별 현황과 앞으로 정의로운 전환을 달성하기 위한 24가지 고려사항을 제시했다. 이에 스코틀랜드 주정부는 위원회의 제언에 대한 응답을 보고서 형태로 제시했다(The Scottish Government, 2021b). 주정부의 응답 내용에는 기존 전환 계획에 정의로운 전환의 요소들을 어떻게 추가 반영할지에 대한 방안이 제시되었고(그림 8-1), 정의로운 전환 관련 내용들은 경험적 증거에 기반해야 함이 강조되었다. 또한 정의로운 전환 관련 계획의 필수적 구성요소는 1) 전후사정(context), 2) 비전(vision), 3) 활동계획(action plan), 4) 감시(monitoring) 및 보고(reporting)의 4가지로 구성되는 것으로 논의했다. 또한 통상적으로 비전과 활동계획에 대한 구체적인 묘사가 필요하다는 점이 강조되었다(그림 8-2).

[그림 8-1] 스코틀랜드의 정의로운 전환 관련 제도 연계방안

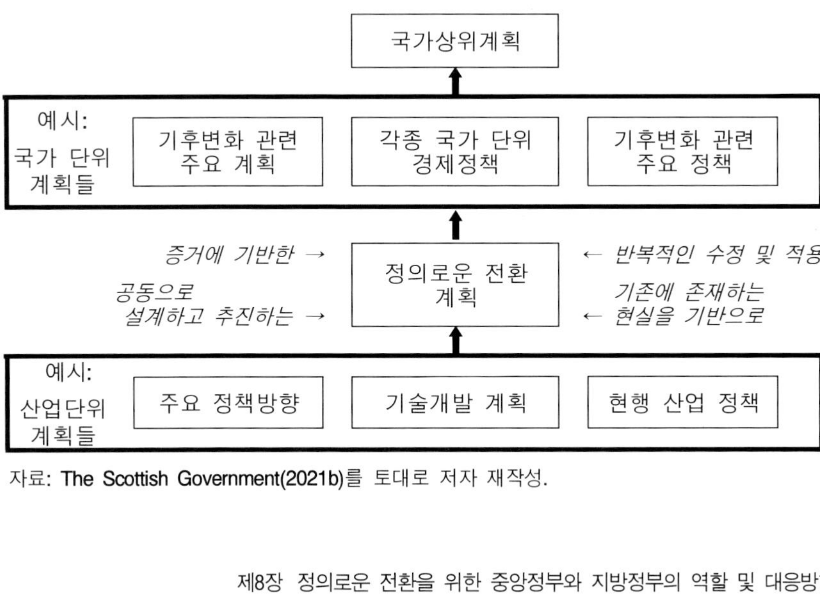

자료: The Scottish Government(2021b)를 토대로 저자 재작성.

[그림 8-2] 정의로운 전환 계획의 구성요소

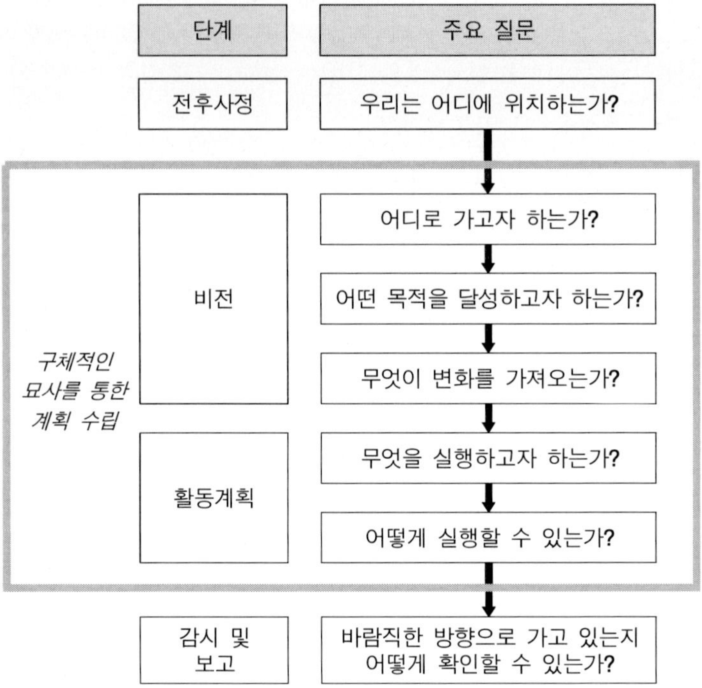

자료: The Scottish Government(2021b)를 토대로 저자 재작성.

한편, 핀란드의 헬싱키-우시마(Helsinki-Uusimaa) 지역은 2035년까지 탄소중립을 달성하기 위한 공유비전과 장기계획을 성공적으로 수립한 바 있다. 구체적으로, 지역주민들의 복지수준을 높이고 그들의 역량을 제고하기 위한 차원에서, 성공적이고 책임감 있는 사업을 유치하기 위한 3가지 전략적 우선순위를 세운 뒤, 그중에서 다시 3가지의 중요 부문을 결정하여 각 부문별로 지역실행프로그램을 추진하고자 했다. 지역실행프로그램은 '지역협의회, 지자체, 기업, 대학, 연구기관' 간의 협력을 모색하도록 설정되어 있으며, 관련 계획상의 내용은 지속적으로 업데이트되고 있다(표 8-11).

<표 8-11> 핀란드 '헬싱키-우시마' 탄소중립 장기전략

<table>
<tr><th colspan="4">개발비전: 2035년까지 기후중립(climate-neutrality) 달성</th></tr>
<tr><td>개발비전 달성을 위한
2018~2021의 전략적 우선순위</td><td rowspan="4">⇨</td><td>중요 부문</td><td>지역실행프로그램(매년)</td></tr>
<tr><td rowspan="3">① 인간의 복지(well-being)와 역량
② 성공적이고 책임감 있는 사업
③ 기후인식(climate-aware) 및 다양한 지역</td><td>에너지</td><td>지역에너지 회사가 지역난방의 바이오 연료 및 배출 감소에 의존하는 전환을 주도</td></tr>
<tr><td>운송</td><td>전기 또는 가스 동력 버스 또는 운전자가 필요 없는 대중교통과 같은 대규모(지역) 운송 프로젝트를 실험</td></tr>
<tr><td>토지사용</td><td>산림지역의 남은 온실가스 흡수원 보존, 건설에서 미개간토지(virgin-land) 사용 제한</td></tr>
</table>

자료: City of Helsinki(2019).

4. 전환 관련 지표

정의로운 전환의 추진과 관련해 지역 단위에서 발생하는 변화들을 일괄적으로 포착하여 이해당사자들이 확인할 수 있는 모니터링 체계의 중요성도 강조되고 있다. 2020년 10월 유럽집행위의 제8차 환경행동계획(environmental action program: EAP)에서는 새로운 모니터링 체계의 마련을 촉구한 바 있다.[12] 이는 유럽그린딜이 추진하는 목표가 그동안의 환경정책 대비 더 적극적이면서 포용적이라는 측면에서 기존 지표들이 포착하지 못하는 한계를 인지한 결과라고 볼 수 있다.[13] 정의로운 전환에 국한하더라도 마찬가지로 관련 지표의 마련 필요성이 제기되고 있다(The Scottish Government, 2021b 등).

환경·에너지 관련 전환 정책은 통상 다양한 사회경제적 영향을 초래하는바, <표 8-12>와 같이 세분화된 지표를 통해 파악할 필요가 있다(Heyen *et al*., 2020). EU의 경우 기존 국가 단위 지표들이 이러한 영향들

---

12 "*The 8th EAP promotes a "deal" between all three EU institutions to support the implementation of the EGD[European Green Deal]'s objectives by all actors at different governance levels, including through a new monitoring framework*"(EC, 2021).

13 "*[T]his transition must be just and inclusive. It must put people first, and pay attention to the regions, industries and workers who will face the greatest challenges*"(EC, 2019).

<표 8-12> 환경・에너지 전환 정책의 주요 사회경제적 영향

	지역 및 일자리에 미치는 영향	가구 및 소비자에게 미치는 영향
긍정적 영향	건강한 근무환경 제공	건강한 거주환경 제공
	전환 부재 시의 높은 비용을 회피하고, 장기적 경제성장 도모	자연재해 예방/대응, 공공서비스 제고를 통한 형평성 및 포용성 증진
제한적인 긍정적 영향	전환 부재 시 대비 생산비용 절감	생활비용 절감(계층 불평등 존재)
	신산업육성을 통한 산업 활성화 (계층/지역 불평등 존재, 불안정성)	신산업 육성을 통한 소득 증대 (계층 불평등 존재, 추가 외부효과)
부정적 영향	전환에 따른 산업부문별 일자리 감소	녹색세금 등 가격 상승으로 인한 구매력 감소(계층 불평등 존재)
	전환에 취약한 지역들의 가치 창출 제약 발생	-

자료: Heyen *et al.*(2020)을 토대로 저자 작성.

을 포착하는 데 한계를 지닌다는 지적과 함께 정의로운 전환을 위해 추가 지표 구축이 요구되고 있다(Heyen *et al.*, 2021). 이에 따라 지속가능발전목표(Sustainable Development Goals: SDG) 지표 등 기존의 지표체계에서 더 나아가, 좀 더 구체적인 지표들을 도입하고자 했다.[14] 구체적으로 2017년에는 '단 한 사람도 소외되지 않는 것'(Leave-No-One-Behind: LNOB)과 관련된 지표를 도입했으며, 2021년에는 전환이행지수(Transitions Performance Index: TPI)를 도입했다.

다만, 추가 도입된 지표들도 각각의 세부 지표들이 사회적 계층이나 인구구조상의 각종 집단들을 고려하지 못한다는 문제의식이 있는 상황이다. 특히 일자리 및 지역산업과 관련해서도 대다수의 지표들이 사회적 관점에서의 세분화된 자료가 구축되어 있지 않은 한계를 지니며, 지표들이 에너지 분야에만 국한됨에 따라 농업이나 수산업에 대한 부분은 누락

14 EU 차원의 지표 외에 전환 관련 주요 국가지표들이 다양하게 존재한다. 예를 들어, 독일 환경단체인 저먼워치(German Watch), 기후연구단체인 뉴클라이밋연구소(NewClimate Institute), 유럽기후행동네트워크(Climate Action Network International: CAN)는 전 세계 온실가스 배출량의 90% 이상을 차지하는 '60개국 및 EU'의 기후변화 대응 수준을 분석한 기후변화대응지수(Climate Change Performance Index: CCPI)를 2005년부터 매년 발표하고 있다. 세계경제포럼(World Economic Forum)에서는 2018년부터 에너지전환지표(Energy Transition Index: ETI)를 산정하여 매년 발표하고 있다. 해당 지표에서는 115개국에 대해 '현재 에너지 시스템 성과'와 '향후 전환을 위한 준비 정도' 관련 39개 세부 지표를 활용해 종합지표를 산정한다.

되고 있는 한계가 존재한다. 결국 1) 당장은 이미 구축되어 있는 지표들을 활용하되, 2) 하위지표들의 배분적 불평등도를 감안하는 방법들을 고민해야 하며, 3) 궁극적으로는 탄소집약적 일자리의 감소와 에너지 취약계층에 대한 영향을 실질적으로 포착하는 지표를 개발할 필요가 있다.

최근 이뤄지고 있는 지표 개발사례는 다음과 같다. 2021년 5월 OECD에서는 국제에너지기구(International Energy Agency: IEA), 국제교통포럼(International Transport Forum: ITF), 핵에너지기구(Nuclear Energy Agency: NEA)가 협업하여 기후변화 대응과 관련된 각국의 주요 추진 현황을 양질의 자료를 통해 파악・평가하기 위해 '국제기후행동프로그램(International Programme for Action on Climate: IPAC)'을 운영하기 시작했다. IPAC은 4가지 구성요소를 지니며, 구체적으로 1) 기후 관련 각종 지표 정보를 제공하는 현황판 운영, 2) 각국의 기후행동에 대한 주요 설명 제공, 3) 현황판 정보를 토대로 각국의 종합적인 기후행동에 대한 요약 및 주요 사례 제공, 4) 정책입안가들 간의 소통을 위한 플랫폼 제공으로 구성된다. 현황판에서는 세계 각국의 탄소중립 추진 관련 현황을 제공하고 있다. 예를 들어 주요 현황으로서 1차 에너지 사용량과 발전량에 대한 주요 구성 정보가 제공되며, 가장 최근의 자료는 2019년에 제공된 정보로서 [그림 8-3] 및 [그림 8-4]와 같다.

해당 시스템은 2021년 시범운영 후 2022년에 초기 운영단계를 거치고 있으며, 2023년 2기 운영단계로 접어들 예정이며, 2022년 중에 주요국의 기후행동과 기후정책을 감안한 '기후행동지표(Climate Action Index)'를 제공하는 것을 목표로 하고 있다. CAI는 현황판에 제시되는 원자료 및 각국의 주요 설명자료들을 기반으로 120개 세부 지표들을 구성하여 구축될 예정이다(그림 8-5). 이는 기후정책 도입 수준을 가늠할 수 있는 지표로서 각국의 기후정책 수준을 객관적으로 평가하려는 목적을 지닌다. 해당 지표는 향후 유용한 지표로 자리매김할 것으로 판단된다. 다만, 정의로운 전환과 관련된 계층 간의 불비례적 부담을 반영하는 부분은 향후 추가적인 확인이 필요해 보인다.

[그림 8-3] 주요국의 1차 에너지 구성 현황(2019년)

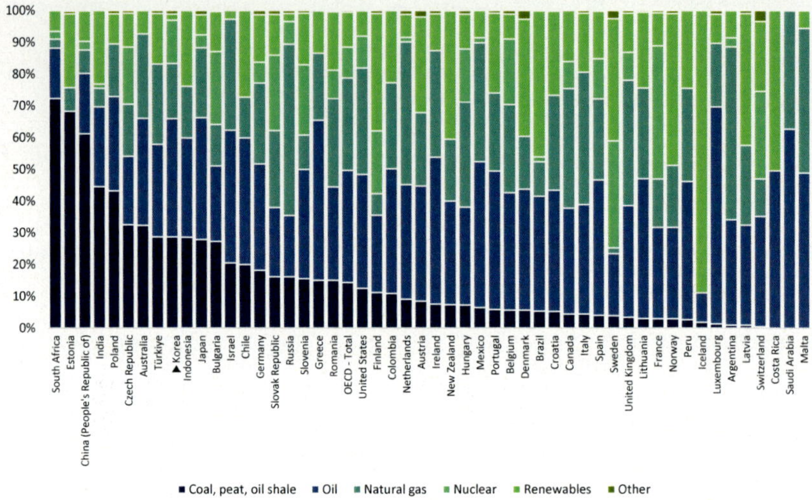

자료: OECD IPAC 자료를 기반으로 저자 재구성.

[그림 8-4] 주요국의 발전량 구성 현황(2019년)

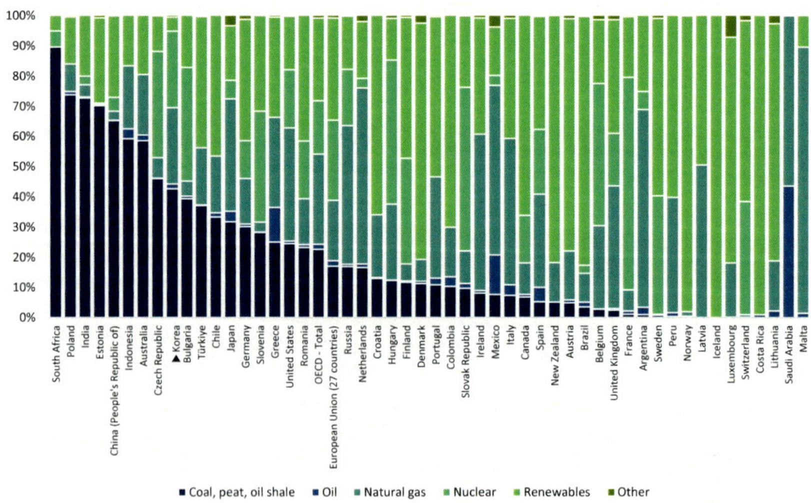

자료: OECD IPAC 자료를 기반으로 저자 재구성.

[그림 8-5] OECD의 기후행동지표(CAI) 구성체계

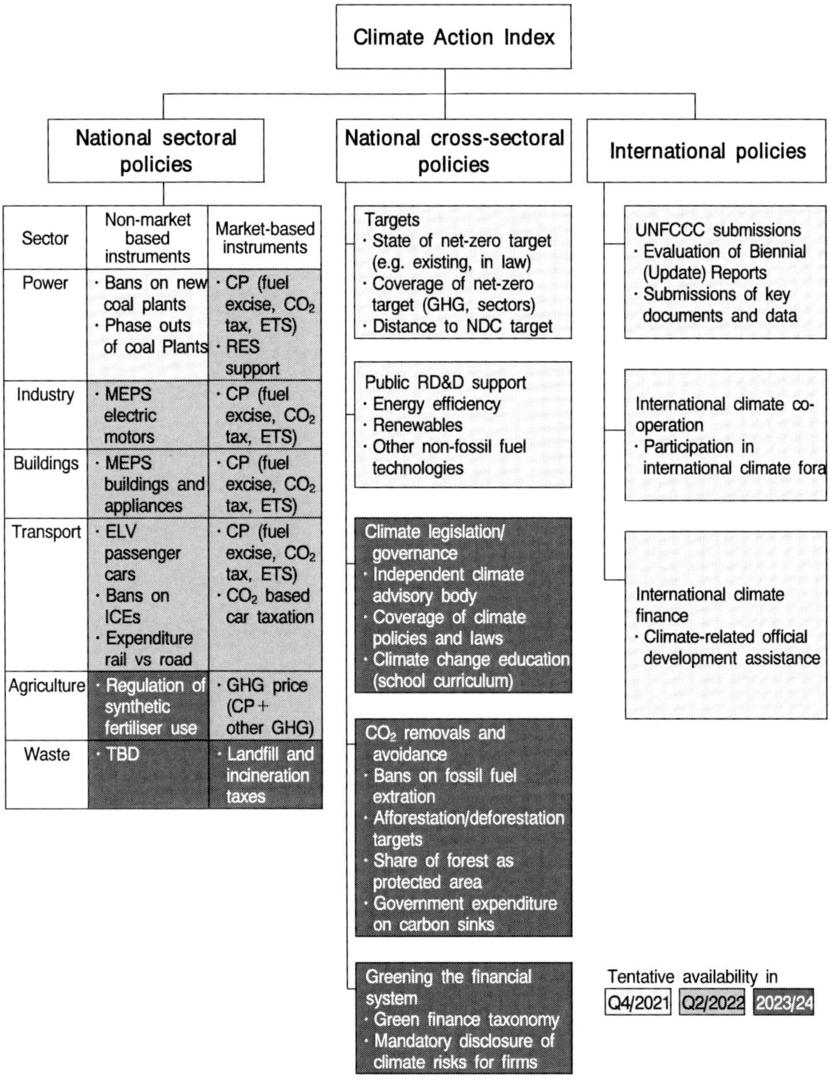

주: MEPS: minimum energy performance standard, ELV: emission limit value, ICE: internal combustion engine, CP: carbon price, ETS: emission trading scheme, RES: renewable energy sources.

자료: OECD IPAC(International Programme for Action on Climate(https://www.oecd.org/climate-action/ipac/the-annual-climate-action-monitor-5bcb405c/, 검색일: 2022. 12. 1).

5. 해외 정책방향의 종합

본 절에서 검토한 바를 종합하면 다음과 같다. 먼저 탈탄소 전환과 그 과정에서의 정의로운 전환을 추진하기 위한 방안으로 다층적 거버넌스의 활용이 강조된다. 특히 비도시지역(농촌지역)의 전환 과정에서 발생하는 다양한 쟁점들에 대해서는 관련 지방정부 및 이해당사자들 간의 적극적인 협의가 필요하며, 동시에 이러한 과정이 상위 정부 계층의 정책방향과 일치되도록 노력할 필요가 있다. 구체적인 추진 방식에 있어서는 각 국가 또는 지역의 특성에 맞춰 진행해야 할 것이나, 궁극적으로 정부 단위별 역할 분담하에 의견수렴 및 정책반영 절차들을 정례화하는 것이 필수적이라고 할 수 있다.

특히 전환 추진 시 비도시지역의 경우에는 도시지역보다 상대적으로 낮은 수준의 역량을 지니고 있기 때문에, 이를 극복하기 위해서는 사업의 타당성평가 시 다른 부문과 연계된 다양한 공동편익의 고려가 적극적으로 이뤄질 필요가 있다. 또한 각종 절차들의 표준화 및 지역사회협의체와의 활발한 협력체계 구축도 긍정적인 역할을 수행할 것이다. 나아가 순환경제 구축 등의 탈탄소 친화적 개발계획의 수립도 비도시지역의 제약요인들을 완화시키는 방안이 될 것이다.

한편, 정의로운 전환 추진 시 지방정부의 부족한 재원을 고려하여 중앙정부가 기금 등을 마련하여 지원할 수 있다. EU의 정의로운 전환 기금의 경우 지역별 전환 계획을 참고하여 상당히 엄격한 기준하에 선별 지원하고 있다. 또한 스코틀랜드에서는 기존의 국가 및 부문별 계획들에 정의로운 전환 관련 계획을 어떻게 연계시킬지에 대한 원칙을 제시하고, 정의로운 전환 계획의 구성요소를 열거함으로써 시사점을 제공하고 있다.

나아가 EU에서는 정의로운 전환의 효과적 추진을 위해서 지역 단위의 주요 현황들을 모니터링할 수 있는 제도적 장치의 필요성이 대두되고 있다. 기존 국가 단위의 지표들이 정의로운 전환 측면의 요소들을 정확하게 반영하지 못한다는 문제의식하에, 주요 사회적 계층이나 인구구조상의 특성을 반영할 수 있는 지표의 구축이 강조되고 있다.

제4절 탄소중립 추진 관련 지역별 취약도 분석

본 절에서는 탄소중립 추진과 관련해 국내 지역별 취약도 지수를 구축하여 최근의 주요 현황을 지방자치단체별로 점검하고자 한다. 제3절에서 검토한 대로 정의로운 전환과 관련된 지표의 구축이 중요하다는 점을 감안하여, 국내 실정에 맞는 기초적인 분석을 수행하는 것이 목적이다. 이를 위해 먼저 주요 선행연구들을 살펴본다. 전반적인 기후변화 관련 지표 분석을 수행한 연구에 대해 소개하고, 탈탄소 및 정의로운 전환과 관련해 최근에 이뤄진 연구들을 개괄한다. 이후 본 연구의 분석방식 및 분석자료에 대해 기술한다. 이후 분석 결과를 제시하고 시사점에 대해 논의한다.

1. 선행연구

그간 국제기구 및 개별 연구자 차원에서 에너지 전환, 기후변화 대응, 지속가능발전 등과 관련된 각종 지표 및 지수의 개발이 이뤄져 왔다. 앞서 살펴본 국제기구들의 지수들은 거시적인 맥락에서 국가 간 비교를 위한 측면이 크다고 할 수 있으며, 비교적 최근에는 점차 탈탄소정책의 목표와 더 직접적으로 연관되거나 정의로운 전환 등 세부 목표에 특화된 지수들의 구축이 이뤄지고 있다. 그와 더불어 탈탄소 전환과 관련해 개별 연구자들이 국가 내 지역 단위의 추진 현황을 파악할 수 있는 지표 및 지수에 대한 연구를 진행하고 있는 양상이다.

우선 국제기구들에서는 개별 지표의 구축과는 별개로 여러 하위지표들을 기반으로 종합지표(composite indicators)를 구축하는 과정에서 참고할 수 있는 주요 지침들을 담아 보고서를 발간한 바 있다. 대표적으로 OECD, JRC, and EC(2008)와 UNECE(2019)를 들 수 있다. 해당 보고서들은 정책입안가, 학계, 일반 대중들을 대상으로 종합지표 구축 시 활용할 수 있는 다양한 방법론에 대해 소개하고 있다.

[그림 8-6] 종합지표의 구축 단계

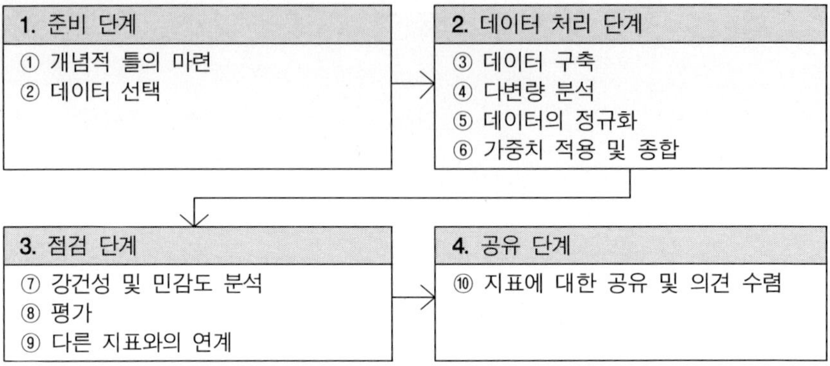

자료: UNECE(2019), p.56, Figure 5.2를 토대로 저자 재작성.

주요 내용을 살펴보면 다음과 같다. 종합지표를 구축하는 주요 단계는 [그림 8-6]과 같이 크게 보아 준비, 데이터 처리, 점검, 공유의 4단계로 구분되며, 세부 단계는 10가지로 나뉜다. 각 단계에서 선택할 수 있는 방식은 다양하며, 상황에 따라 적절한 선택이 이뤄져야 한다. 종합지표의 구축에 있어서 데이터 처리 단계의 ③~⑥은 다른 단계에 비해 상대적으로 기술적인 접근이 필요하다는 점에 유의할 필요가 있다. 구체적으로, '③ 데이터 구축' 단계에서는 분석에 앞서 데이터의 변환, 결측치와 이상치의 처리와 관련해 다양한 방법론이 존재한다. '④ 다변량 분석' 단계에서는 주성분분석(principal component analysis), 요인분석(factor analysis), 크론바흐 알파(Cronbach's alpha), 군집분석(cluster analysis) 등을 적용할 수 있다. '⑤ 데이터의 정규화'를 위해서는 Z-점수 정규화, 최소-최대(min-max) 정규화 등의 활용이 가능하다. '⑥ 가중치 및 종합' 단계에서는 주성분분석 및 요인분석 결과 활용, 자료포락분석(data envelopment analysis), 예산배분방식(budget allocation process), 계층화분석법(analytic hierarchy process), 동일 가중치 등을 활용해 가중치를 설정하고 세부지표의 종합을 통해 최종 지표를 산출할 수 있다.

예를 들어, EU의 전환이행지수(TPI)는 2021년 최초 발표 후 2022년에 업데이트가 이뤄졌는데, 2011~20년 기간 동안 72개국의 이행 수준을 객관적 지수로 제시하고자 했다. EC(2022)에 따르면, 개념적인 틀하에서 주요 평가체계는 '경제 전환', '사회 전환', '환경 전환', '거버넌스 전환'의 4가지 상위 항목으로 구성되며, 경제 전환은 '교육, 소득, 노동생산성, R&D 수준, 산업 기반', 사회 전환은 '건강수명 기댓값, 고용, 여가시간, 형평성', 환경 전환은 '온실가스 감축, 생물다양성, 자원 활용, 에너지 생산성', 거버넌스 전환은 '기본권 보장 수준, 치안, 투명도, 재정건전성'의 16가지 하위 항목으로 구성된다. 16가지 하위 항목은 총 28개 지표들을 토대로 평가가 이뤄진다. [그림 8-6]의 데이터 처리 단계와 관련해, 최소-최대 정규화 방식을 적용했으며, 주성분분석을 통해 4가지 상위 항목 각각에 대한 총 4개의 주성분을 도출하였다. 4가지 주성분들의 취합은 사전적으로 정해진 가중치(순서대로 20%, 20%, 35%, 25%)를 적용했으며, 가중치 값들에 대해서는 민감도 분석을 수행했다.

범위를 더 좁혀서 '기후변화의 취약도'에 대해 지표 분석을 수행한 연구들이 존재하며, 이러한 분석들은 '기후변화 대응 정책에 대한 취약도'를 고려하는 정의로운 전환과 더 직접적인 연관성을 지닌다. 먼저 취약도는 다양하게 정의될 수 있는데, Lim *et al.*(2005)에서는 기존 문헌들의 논의를 정리하여 크게 두 가지 관점을 소개하고 있다. 먼저 취약도가 최종 위험도 수준에 영향을 주는 중계 역할을 한다고 보면, '{리스크(risk)} = {기후변화에 따른 위해도(hazard)} × {노출도(exposure)에 의한 취약도(vulnerability)}'로 이해할 수 있다.[15] 제4차 '기후변화에 관한 정부 간 협의체(Intergovernmental Panel on Climate Change: IPCC)' 보고서인 Parry *et al.*(2007)에서는 취약도의 개념을 [그림 8-7]과 같이 제시하고 있으며, 이 개념도가 현재까지 학계에서 널리 활용되고 있다.

[그림 8-7]의 개념도에 착안했을 때, 크게 보아 기후변화에 노출되는 영역에서 민감도가 높을수록 잠재적 영향이 커지게 되며, 이때 적응역량을 감안했을 때 최종적인 기후변화 취약도를 가늠할 수 있다. 이와 같은 취약도의 개념은 부문을 좁혀 농업 및 어업 분야 내 기후변화 취약도를

15 또한 취약성을 위험으로부터의 적응력을 고려한 나머지 부분으로 고려하는 경우에 '{취약도} = {기후변화에 따른 리스크(risk)} − {적응력(adaptation)}'으로 볼 수 있다.

[그림 8-7] 기후변화 관련 취약도의 개념도

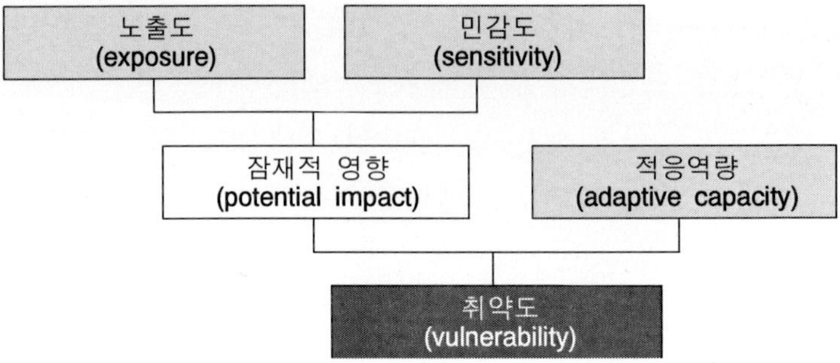

자료: Parry *et al.*(2007) 및 Thiault *et al.*(2019)을 토대로 저자 재작성.

평가하는 경우에도 사용되고 있다(Thiault *et al.*, 2019). 제5차 IPCC 보고서(Field *et al.*, 2014)에서는 리스크를 더 포괄적인 개념으로 바라보고 있는데, ‘리스크’를 ‘위해도’, ‘노출도’, ‘취약도(민감도 및 적응역량의 함수)’가 결합된 결과로 제시하고 있다. 즉, 제4차 IPCC 보고서에서의 취약도 개념 안에 포함되어 있던 노출도를 취약도에서 분리한 뒤 위해도를 추가로 고려해 리스크를 정의한 것이며, 앞서 언급한 Lim *et al.*(2005)의 정의를 좀 더 세분화한 것으로도 볼 수 있다.

이하에서는 정의로운 전환과 직접적으로 연관성을 지니는 연구들을 소개한다. 특히 하나의 국가 내에서 지역별로 상이하게 나타나는 탄소중립 추진 관련 취약성을 파악하고자 한 연구들을 정리한다. 먼저 Carley *et al.*(2018)은 화석연료 의존도를 낮추는 전환 과정에서 긍정적인 효과 외에 다양한 부정적 영향이 발생할 수 있으며, 사회경제적으로 안정적인 전환을 하기 위해서는 취약한 인구 또는 지역사회에 대한 고려가 필요하다는 점을 밝히고 있다. 저자들은 정의로운 전환에 대한 연구를 좀 더 고도화하고자 하는 취지에서 객관적 지표들을 토대로 지역별 취약수준을 측정하는 종합지표를 산정하고자 했다.

구체적으로, 저자들은 에너지 전환과 관련된 지역별 취약도(V)를 지수화하고자 했으며, 주요 판단기준을 노출도, 민감도, 적응역량의 세 가지로 분류하고 세부 척도들을 제시했다. 구체적인 산출방식은 식 (1)과 같이 표현된다.

$$V=\sum_{p=1}^{P}\left[\left\{\frac{1}{I}\sum_{i=1}^{I}E_i\times\left(\frac{1}{J}\sum_{j=1}^{J}S_j\right)_i\right\}-\left\{\frac{1}{I}\sum_{i=1}^{I}E_i\times\left(\frac{1}{J}\sum_{k=1}^{K}A_k\right)_i\right\}\right] \tag{1}$$

식 (1)에서 p는 대상 정책을 의미하고, E_i는 노출척도로서 에너지 가격, 부동산 가격 등을 고려할 수 있다. S_j는 민감도 척도로서 소득수준, 취약 산업 종사자 비중, 빈곤층 비중 등을 고려할 수 있으며, A_k는 적응역량 척도로서 중앙 및 지방 정부의 재정지원 규모, 지역공동체 수준 등을 고려할 수 있다.

이를 토대로 저자들은 재생에너지 공급의무화제도(Renewable Portfolio Standard: RPS)를 대상 정책으로 설정한 뒤 2013년 기준 미국의 카운티 단위의 지역별 취약도 지수를 구축했다. 노출 척도는 RPS로 인한 전력요금 인상분을 상정했고, 민감도 척도는 빈곤선 이하의 인구 비중, 인종별(아프리카계 미국인, 히스패닉계, 아시아계, 아메리칸 인디언 등) 인구 비중, 최종학력이 고등학교 미만인 인구 비중, 65세 이상 인구 비중, 외부모 가정 비중, 소득 내 전기요금의 평균 비중 등을 고려했다. 마지막으로 적응역량 척도로는 주요 연방정부 에너지 보조금 규모를 고려했다. 식 (1)에서 나타나듯 저자들은 모든 세부지표에 대해 동일한 가중치를 적용하여 종합지표를 산출했다.

분석 결과, RPS 시행에 따른 전기요금 변화가 카운티 단위로 미치는 영향이 상당히 상이한 것으로 나타났다. 다만, 해당 지표 산정 결과는 횡단면적인 현황이므로 정책추진 강도가 달라지면서 나타나는 변화들은 시점에 따라 추가적인 지표 산정을 통해 파악할 필요가 있으며, RPS로 인한 일자리 변화에 대한 추가 고려를 고민할 필요가 있음을 부연했다.

다음으로, Fleming-Muñoz *et al*.(2020)은 호주 내 탄광업, 석탄발전 등과 관련된 일자리 수 등을 토대로 '탄소저감에 대한 잠재적 경제취약성(Latent Economic Vulnerability to Emissions Reduction: LEVER)' 지표를 아래 식 (2)에 기반하여 지역별로 구축했다. 이를 통해 원만하고 정의로운 전환을 위한 정책 수립에 도움을 주고자 했다. 다양한 지역적 범위(국가 단위, 주 단위, 지역 단위)에서 LEVER 지표를 구축했으며, 특히 화력 발전소들이 많이 위치하고 있는 퀸즈랜드(Queensland) 지역에 대해서는 더 세분화된 분석을 수행했다.

$$LEVER\text{지표} = \frac{\text{탄소 관련 경제 노출도}}{\text{탄소 관련 경제 회복력}} \tag{2}$$

노출도(exposure)는 제조업, 농업, 석유·가스 광업, 석탄 채굴업, 화석연료 기반 발전업, 석탄화력발전소 등의 종사자 수 각각이 전체 종사자 수에서 차지하는 비중을 고려했다. 구체적으로, 제조업의 경우 '펄프, 종이 및 종이제품 제조업', '석유 및 석탄 제품 제조업', '유리 및 유리제품 제조업', '시멘트, 석회, 플라스터 및 콘크리트 제조업'이 포함되었다. 농업의 경우, 소와 양 관련 목축업, 곡물, 낙농업 등이 포함되었다. 회복력(resilience)과 관련해서는 제조업, 농업, 광업에서 노출도에 고려된 부문이 아닌 나머지 부문에 대한 종사자 수 비중을 고려했다. 또한 회복력과 관련해서는 관광과 관련된 요식업, 숙박업, 문화여가업을 고려했으며, 해안가 지역의 관광업을 구분하여 별도로 고려했다. 노출도와 회복력을 계산할 때 적용하는 요소별 가중치는 저자들이 임의로 적용했으며, 동일 가중치를 적용한 경우도 함께 분석하였다.

이와 같은 지표 분석을 통해 저자들은 온실가스 집약도가 낮고 수출지향적인 산업들의 중요성을 포착하고자 했다. 분석 결과, 퀸즈랜드 지역의 3~6% 정도는 탈탄소 전환이 추진되는 과정에서 발생할 수 있는 잠재적 위험이 상당히 높은 것으로 나타났다. 저자들은 이러한 지역에 대해서는 특화된 지원이 필요하다는 점을 강조했다. 다만, 해당 지표의 한계로서 제한적인 횡단면적 현황을 포착하고 있다는 점과 바람직한 가중치의 설정에 대한 논의가 필요하다는 점 등을 언급했다.

국내의 경우, 탄소중립정책에 따른 취약도보다는 기후변화 자체의 영향과 관련한 취약도 지수를 구축하려는 연구들이 진행된 바 있다. 선행 연구들은 지수 축과 관련해 주로 주성분분석을 활용했으며, 유가영·김인애(2008)는 제4차 IPCC 보고서(Parry *et al.*, 2007)에서 제시한 틀을 적용하여 민감도, 적응능력, 기후노출 차원의 세부 지표들을 고려한 뒤 주성분분석을 통해 전국 시군구 단위에서의 기후변화 취약도 지수를 구축하고자 했다. 특정 위험에 대한 분석으로, 김동욱 외(2021)에서는 폭염에 대한 취약도 지수를 구축했고, 김지은 외(2019)에서는 가뭄에 대한 취약도 지수를 구축하고자 했다. 그 밖에 김성재・김상민・김성민(2021)에서는 농업생산기반의 재해 취약도 지수를 구축하고자 했다.

2. 분석 방법 및 자료

본 연구에서는 탄소중립 추진과 관련해 지역별 취약도를 포착할 수 있는 종합지수를 산정한다.[16] 기본적인 분석 틀은 제4차 IPCC 보고서(Parry *et al.*, 2007)에서 제시한 기본적인 취약도 틀과 정의로운 전환 관련 최근의 취약도 분석 연구들(Carley *et al.*, 2018; Fleming-Muñoz *et al.*, 2020)의 평가체계를 감안하여 설정했다. 결국 종합지수는 노출도, 민감도, 적응능력과 연관된 세 가지 지수들을 기반으로 산정하며, 세 지수들은 다양한 원지표들을 활용해 도출한다.

분석방식의 선택은 OECD, JRC, and EC(2008) 및 UNECE(2019)에서 제시한 분석방식과 EC(2022)에서 전환이행지수(TPI)를 산정한 방식을 참고했다. 또한 이종연(2013) 및 김민호 외(2020)에서 지역낙후도지수를 산정할 때 적용한 분석방식을 추가적으로 고려했다. 이에 따라 주요 분석방법으로서 요인분석과 주성분분석을 활용하며, 데이터에 내재된 주요 요인(factor)들을 추출한 뒤 이를 기반으로 종합지표를 산정한다.

좀 더 구체적으로, [그림 8-6]의 데이터 처리 단계별 주요 사항들은 다음과 같다. 먼저 '③ 데이터의 구축'과 관련해 원지표들의 선정이 필요하다. 연도 특이성을 완화하고자 단년도 값이 아닌 최근 2~3개년의 평균값

---

16 지표 분석은 복수의 원지표들을 기반으로 현시점에서의 종합적 현황을 파악하려는 목적을 지니며, 탄소중립 추진과 관련해 연관된 산업 및 노동시장에서 동태적으로 발생하는 일반균형 차원의 내생적 변화분들을 총체적으로 포착하기에는 한계를 지닌다. 이러한 한계는 다양한 세부 원지표들을 분석에 포함함으로써 제한적으로나마 완화될 수 있다.

을 적용한다. 또한 EU의 TJTP에서 세부 진단을 위한 범주인 NUTS 3 지역을 기준으로 한다는 점을 참고하여, 유사한 인구 규모를 보이는 시·군 단위 현황을 고려한다. 단, 특별시와 광역시는 탄소중립 추진과 관련해 시 단위의 의사결정이 주를 이룬다고 판단하여 하나의 지자체로 구분한다. 한편, 시·군 단위 자료 구득이 힘든 경우에는 시·도 단위 자료를 활용한다. 단, 지역내총생산(GRDP) 관련 세부 자료들은 시·군 단위의 자료구득에 한계가 있으나 정책집행 단위 및 파급효과 등을 감안해 시·도 단위의 자료 활용이 무방하다고 판단했다.

다음으로 '④ 다변량 분석'으로 요인분석을 수행한다. 요인분석은 공통의 분산을 설명하는 요인(factor)들을 파악하는 방법이며, 일정 수준 공통의 요인이 존재할 수 있는 원지표들이 구성되었는지 여부는 개별 원지표 및 전체 원지표들에 대한 Kaiser-Meyer-Olkin(KMO)의 모형적합도(Measure of Sampling Adequacy: MSA) 값을 통해 확인한다. 요인의 수는 주성분분석 결과의 고윳값 수준을 참고하며, 병렬분석(parallel analysis)을 통해 무작위(random) 데이터로부터 만들어진 모의실험 기반 고윳값과 비교하여 최종적으로 요인의 수를 판단한다. '⑤ 데이터의 정규화'는 통상적으로 활용되는 Z-점수(Z-score) 정규화 방식을 적용한다. '⑥ 가중치 적용 및 종합'의 경우, 요인분석 결과로 도출되는 원지표별 가중치를 토대로 각 요인별 1차 지수를 도출하며, 데이터 정보량에 기반한 가중치 설정을 위해 요인적재량(factor loading) 분석 결과하의 분산 설명력을 토대로 각 요인별 가중치를 산정하여 최종적인 종합지수를 구축한다.

구체적인 분석자료의 설명에 앞서 전술한 '③ 데이터의 구축' 과정을 상술할 필요가 있다. 원지표 선정의 시공간적 기준 외에도 어느 정도 범위의 원지표들을 활용할지에 대한 결정이 최종적인 종합지수 결과에 큰 영향을 주기 때문이다. 아직 국내의 경우 탄소중립에 특화된 원지표들의 구축 및 공표 수준이 열악한 상황에서, 해외 선행연구를 참고하여 원지표의 유형 및 범위를 선험적으로 설정한다. 설정된 범위하에서 구득 가능한 원지표들을 수집하고 분석에 활용한다.

원지표의 세부 유형 및 범위는 다음과 같다. 먼저 노출도는 지역별로 구조전환에 노출된 사업체와 노동자 규모를 대리변수로 설정한다. 세부적으로는 광업・제조업 내 탄소집약업종, 석탄발전업, 내연기관차 연관업종(정비업 등)을 고려할 수 있다. 민감도는 동일한 노출하에서 더 민감하게 반응할 수 있는 지역별 구조적 특성을 고려한다. 생산과 소비의 에너지・배출 집약도 수준, 에너지 취약계층을 포함한 인구적 특성, 사회안전망 수준과 주요 사회경제적 특성이 고려 대상이다. 마지막으로 지역의 적응역량은 노출도와 민감도가 높더라도 이를 극복할 수 있는 지역별 역량을 포착한다. 주요하게는, 서비스업 규모, 관광산업 활성화 역량, 재생에너지 산업 활성화 역량, 친환경차 산업 활성화 역량, 자원순환체계 구축역량, 지방정부 재정역량을 고려할 수 있다. 기술개발과 관련된 역량의 경우에는 국가 단위에서 적용될 가능성이 크다는 점에서 지역별 특성으로 고려하지 않는다.

위와 같은 범위 설정하에 구득 가능한 원지표들을 취합한 결과는 <표 8-13>과 같다. 세 가지 기본항목인 노출도, 민감도, 적응역량에 대해 복수의 하위 항목을 설정한 뒤, 각 하위 항목을 대표할 수 있는 원지표들을 대리지표로 활용했으며, 결과적으로 총 23개의 원지표를 구축했다. 지역 구분은 9개의 광역지자체(서울, 부산, 대구, 인천, 광주, 대전, 울산, 세종, 제주)와 152개 기초지자체(시・군)를 기반으로 161개 지역이 구분되었다. 시점의 경우, 가장 최근의 자료를 가급적 활용하고자 했으며, 부득이한 경우 마지막 관측시점이 2019년도까지 거슬러 올라갔다.

민감도 측면에서 에너지 생산과 관련해 생산당 에너지사용량(에너지 집약도)과 에너지사용량당 배출량(배출집약도)을 고려할 수 있는데, 그간 에너지효율의 개선이 상당 부분 이뤄졌다는 측면에서 에너지집약도의 값이 높을수록 단조적으로 부담이 커지는 것으로 이해할 수 있다. 다만, 배출집약도의 경우 친환경 자재로의 전환, 세부 공정의 전환 등을 통해 아직까지 감축 여력이 존재하기 때문에 단조성을 갖기 힘든 측면이 있어 배제하였다. 한편, 자료의 한계로 자동차 유형(내연기관차, 친환경차)에 의존적인 업종, 재생에너지 발전 관련 업종에 대한 업체 수, 종사자 수 등의 세부 정보는 구득할 수 없었다. 다만, 재생에너지의 경우에 생산활동의

<표 8-13> 세부 원지표 목록 및 주요 정보

기본 항목	하위 항목	세부지표(단위)	자료 출처	지역 단위	평균산정 연도범위
노출도	사업체	광업·제조업·전기가스 공급업 내 탄소집약업체 비중(%)	• 통계청, 「광업제조업조사」, 「경제총조사」, 「전국사업체조사」	시군구	2017~19
		제조업 내 탄소집약업체 비중(%)	• 통계청, 「광업제조업조사」, 「경제총조사」	시군구	2018~20
	종사자	제조업 내 탄소집약업체 종사자 비중(%)	• 통계청, 「광업제조업조사」, 「경제총조사」	시군구	2018~20
민감도	에너지: 생산	제조업 생산당 에너지집약도(백toe/원)	• 한국에너지공단, 「산업부문 온실가스배출량조사」 • 「시군구 에너지수급통계」	시도	2018~20
	에너지: 소비	일인당 에너지소비량(천toe/인)	• 에너지경제연구원 국가에너지통계종합정보시스템 「시군구 에너지수급통계」	시군구	2019~20
		에너지사용량 내 석유에너지 비율(%)			
	인구	에너지바우처 수령 가구비율(%)	• 한국에너지공단, 정보공개자료 • 통계청, 「인구총조사」	시도	2019~21
		독거노인가구비율(%)	• 통계청, 「인구총조사」	시군구	2019~21
		천명당 외국인수(명)	• 법무부, 「체류외국인통계」	시군구	2019~21
		다문화혼인비중(%)	• 통계청, 「인구동향조사」	시군구	2018~20
	안전	노후주택비율(%)	• 통계청, 「주택총조사」	시군구	2019~21
		만명당 화재발생건수(건)	• 소방청, 국가화재정보시스템, 「화재현황통계」	시군구	2018~20
		천명당 범죄발생건수(건)	• 경찰청, 형사사법정보시스템	시도	2019~21
	사회경제	일인당 개인소득(백만원)	• 통계청, 「지역소득」	시도	2019~21
		고등학교이하학력비중(%)	• 통계청, 「인구총조사」	시군구	2020
적응역량	서비스업	GRDP 서비스업 비율(%)	• 통계청, 「지역소득」	시도	2019~21
	관광	관광지 개소수(개)	• 한국문화관광연구원 관광지식정보시스템 「주요관광지점 입장객통계」	시군구	2017~19
		일인당 관광지방문객수(명)			
		십만명당 등록관광사업체수(개)	• 한국관광협회중앙회, 「전국 관광사업체 현황」	시군구	2017~19
	재생 에너지	태양광·풍력 발전 비중(%)	• 한국에너지공단, 「신재생에너지 보급통계」	시군구	2019~20
	친환경차	전국 전기·수소차 보급량 내 지역 보급량 비중(%)	• 국토교통부, 내부자료	시군구	2019~21
	자원순환	일반폐기물재활용률(%)	• 환경부, 내부자료	시군구	2018~20
	재정	재정자주도(%)	• 행정안전부, 지방재정365	시군구	2018~20

주: 1) 탄소집약업종은 광업 내 '석탄, 원유 및 천연가스 광업'이고, 제조업 내 '코크스, 연탄 및 석유정제품 제조업', '화학물질 및 화학제품 제조업(의약품 제외)', '비금속 광물제품 제조업', '1차 금속 제조업'이며, 전기, 가스, 증기 및 공기 조절 공급업(전기가스공급업) 내 '화력발전업'임.

2) 독거노인가구비율 = (65세 이상 1인가구 수 ÷ 전체 일반가구 수) × 100.

3) 노후주택비율 = (30년 이상 된 주택 수 ÷ 전체 주택 수) × 100.

4) 재정자주도 = [(자체수입 + 자주재원) ÷ 자치단체 세입결산규모] × 100.

자료: 지역별 인구와 가구 수는 통계청의 「인구총조사」를 활용함.

결과인 발전량에 대한 정보는 구득 가능하기에 간접적인 원지표로 추가했고, 친환경차에 대해서는 지역의 보급활성화 수준을 포착하기 위해 전체 전기차 · 수소차 보급대수 중 지역별 기여율을 활용한다.

원지표의 기초통계량은 <표 8-14>와 같으며, 정규화를 거친 뒤의 기초통계량은 <표 8-15>와 같다. 주요하게는, 본 연구의 분류상 노출도와 연관 있는 '광업', '제조업', '전기가스공급업' 내 탄소집약업종에 속한 사업체 비중의 평균은 18.1%이며, 제조업으로 국한할 경우 21.0% 수준인 것으로 나타났다. 민감도와 관련해 에너지바우처 수령 가구 비중은 약

<표 8-14> 기초통계량: 원자료

변수명(단위)	관측치 수	평균	표준편차	최솟값	최댓값
탄소집약광제조전기가스업체비율(%)	161	18.0627	10.1292	0	50
탄소집약제조업체비율(%)	161	20.9836	12.5389	0	65.8631
탄소집약제조업종사자비율(%)	161	17.0937	15.7381	0	79.9228
제조업에너지집약도(천toe/백만원)	161	11.3984	11.0293	1.3017	33.7052
일인당에너지소비량(천toe/인)	161	4.6210	11.4538	0	125.6264
석유에너지사용비율(%)	161	48.6384	14.4134	0	95.3275
에너지바우처가구비율(%)	161	3.4211	0.8849	1.2197	4.9683
독거노인가구비율(%)	161	13.1414	5.9518	3.7	25.5667
노후주택비율(%)	161	29.2673	14.4957	2.9667	69.5
천명당외국인수(명)	161	22.2628	15.7952	2.7	94.5
다문화혼인비중(%)	161	11.1739	3.3073	4.5333	20.8667
화재발생건수(건)	161	14.5476	7.1530	3.8333	32.7667
천명당 범죄발생건수(건)	161	27.9087	1.5298	17.1667	38.9333
일인당소득(백만원)	161	20.3134	0.7235	19.7377	24.4867
고등학교이하학력비중(%)	161	62.8488	10.8108	27.2165	80.2417
GRDP내서비스업비중(%)	161	46.5836	11.1110	26.1701	84.3366
관광지개소수(개)	161	13.9772	10.2620	0	51
일인당관광지방문객수(명)	161	30.5052	40.7572	0	268.2787
십만명당등록관광사업체수(개)	161	77.3511	59.4076	0	368.5064
태양광풍력발전비중(%)	161	1.3860	5.4450	0.0018	45.9202
전기수소차보급비중(%)	161	0.6261	1.7763	0.0285	17.2823
일반폐기물재활용률(%)	161	50.1097	15.1151	10	88.4667
재정자주도(%)	161	56.6448	4.2293	44.91	71.8433

자료: 구축한 자료를 기반으로 저자 작성.

<표 8-15> 기초통계량: 정규화 자료

변수명(단위)	관측치 수	평균	표준편차	최솟값	최댓값
탄소집약광제조전기가스업체비율(%)	161	0	1	-1.7777	3.1432
탄소집약제조업체비율(%)	161	0	1	-1.6683	3.5681
탄소집약제조업종사자비율(%)	161	0	1	-1.0828	3.9797
제조업에너지집약도(천toe/백만원)	161	0	1	-0.9126	2.0162
일인당에너지소비량(천toe/인)	161	0	1	-0.4022	10.5318
석유에너지사용비율(%)	161	0	1	-3.3640	3.2292
에너지바우처가구비율(%)	161	0	1	-2.4800	1.7430
독거노인가구비율(%)	161	0	1	-1.5814	2.0812
노후주택비율(%)	161	0	1	-1.8087	2.7669
천명당외국인수(명)	161	0	1	-1.2347	4.5591
다문화혼인비중(%)	161	0	1	-2.0016	2.9216
화재발생건수(건)	161	0	1	-1.4932	2.5391
천명당범죄발생건수(건)	161	0	1	-6.9999	7.1841
일인당소득(백만원)	161	0	1	-0.7933	5.7503
고등학교이하학력비중(%)	161	0	1	-3.2857	1.6038
GRDP내서비스업비중(%)	161	0	1	-1.8315	3.3872
관광지개소수(개)	161	0	1	-1.3578	3.5965
일인당관광지방문객수(명)	161	0	1	-0.7461	5.8157
십만명당등록관광사업체수(개)	161	0	1	-1.2980	4.8857
태양광풍력발전비중(%)	161	0	1	-0.2534	8.1535
전기수소차보급비중(%)	161	0	1	-0.3353	9.3476
일반폐기물재활용률(%)	161	0	1	-2.6454	2.5298
재정자주도(%)	161	0	1	-2.7661	3.5825

자료: 구축한 자료를 기반으로 저자 작성.

3.4%이며, 가장 높은 지역은 5%에 육박하는 것으로 확인되었다.

3. 분석 결과

요인분석을 수행하기에 앞서 원지표들의 성격을 감안해 각 원지표의 수치 변화에 대한 일관된 해석이 가능하게끔 조정할 필요가 있다. 구체적으로, 노출도 항목하의 원지표들은 수치가 커질수록 노출이 심해지는 것을 의미하며 취약도는 더욱 심각해진다. 민감도 항목하의 원지표 중 일인당소득을 제외하고는 수치가 커질수록 더욱 민감해지는 것을 의미하며 마찬가지로 취약도는 증가하는 방향으로 작용한다. 다만, 일인당소득은 음수로 변환하여 같은 방향성을 갖도록 조정한다. 적응역량에서 고려된 원지표들은 수치가 커질수록 탈탄소화에 대한 적응역량이 강화됨에 따라 취약도가 낮아지는 방향으로 작용하게 된다. 따라서 적응역량 관련 원지표들은 모두 음수로 변환하여 요인분석을 진행했다.

정규화되고 방향성이 조정된 원지표 23개를 분석에 활용했으며, 요인분석에 앞서 공통요인들이 적절히 존재하는지에 대한 검정을 수행했다. 전체 원지표들에 대한 MSA 검정값은 0.69로 도출되었고, 개별 원지표의 MSA 검정값이 최소 기준인 0.5에 못 미치는 원지표가 3개 존재했다. 최종적으로 해당 3개 원지표들(일인당에너지소비량, 천명당외국인수, 천명당범죄발생건수)을 제외한 20개 원지표들을 분석에 활용했다. 이들 20개 원지표들의 MSA 검정값은 양호한 수준인 0.77로 확인되었다.

다음으로, 적정 요인의 개수를 선택하기 위해 [그림 8-8]과 같이 주성분 분석에 기반한 관측치 기반 고윳값과 병렬분석하에 도출된 조정된 고윳값을 기반으로 스크리도표를 작성하였다. 조정된 고윳값을 기반으로

[그림 8-8] 스크리도표에 기반한 요인 개수 결정

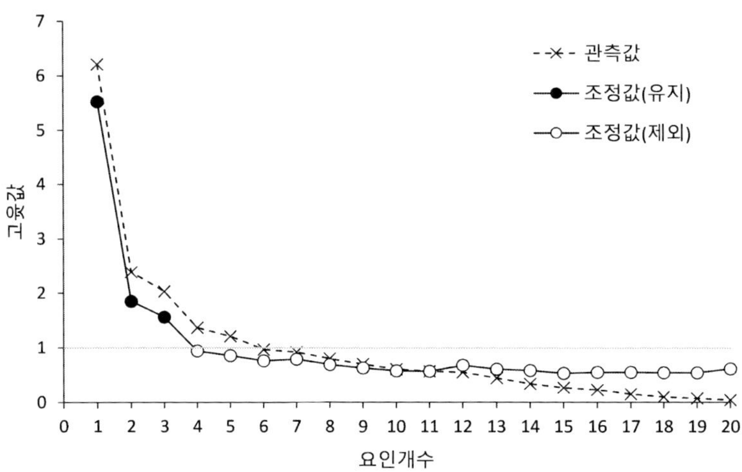

자료: 구축한 자료를 기반으로 저자 작성.

고윳값이 1을 넘는 요인 개수는 3개이므로, 이하에서는 3개의 요인을 고려해 요인분석을 수행했다.

요인분석 시 요인의 해석을 용이하게 만들기 위한 요인회전은 통상적으로 활용되는 varimax 방식을 적용함으로써 분산을 최대화하여 요인적재량을 재산정했다. 분석 결과, 원지표별 요인적재량은 <표 8-16>과 같이 도출되었다. 여기서 원지표들의 요인적재량 수준을 고려해 3개의 요인들에

<표 8-16> 요인분석에 따른 요인적재량

변수명	요인 1	요인 2	요인 3
탄소집약광제조전기가스업체비율	0.2093	0.9071	0.0643
탄소집약제조업체비율	0.2938	0.9187	-0.0064
탄소집약제조업종사자비율	-0.0300	0.7710	0.0039
제조업에너지집약도	0.4240	0.1253	0.0050
석유에너지사용비율	0.5000	0.0192	-0.1051
에너지바우처가구비율	0.6498	0.0198	-0.2621
독거노인가구비율	0.9262	0.1522	0.0602
노후주택비율	0.8610	0.1698	0.0428
다문화혼인비중	0.6043	0.0787	0.1883
화재발생건수	0.7278	0.1958	0.0019
일인당소득	0.6201	0.1793	0.2069
고등학교이하학력비중	0.8848	0.2213	0.1571
GRDP내서비스업비중	0.1314	0.1316	0.6560
관광지개소수	0.1032	-0.1881	0.3366
일인당관광지방문객수	-0.3499	-0.2776	0.2379
십만명당등록관광사업체수	-0.3583	-0.1920	0.4467
태양광풍력발전비중	0.1481	0.0601	0.3797
전기수소차보급비중	0.3169	0.1350	0.6045
일반폐기물재활용률	0.2647	0.1515	0.2012
재정자주도	0.2131	-0.1853	0.3971
분산 설명분	5.16	2.70	1.70
분산 설명분 비중(%)	53.97	28.25	17.78
요인분류	민감도	노출도	적응역량 부족

주: 1) 명암은 요인적재량 절댓값이 0.3을 넘는 경우임.
2) 탄소중립취약도 측면에서 일관된 방향성을 갖도록 일인당소득 및 적응역량 관련 변수들은 음(-)의 값으로 변환하여 분석.

자료: 구축한 자료를 기반으로 저자 작성.

대한 성격을 규정할 수 있다. 이를 위해 요인적재량의 절댓값이 일정 수준(0.3) 이상 확보된 원지표들을 추리면 <표 8-16>의 명암 처리된 바와 같다. 이를 기반으로 요인 1은 탄소중립 추진과 관련해 지역의 '민감도'라고 명명할 수 있고, 요인 2는 '노출도', 요인 3은 '적응역량 부족'으로, 요인분석 결과를 토대로 종합적인 취약도 지수를 도출하기 위해서는 세 개 요인들의 요인점수(factor score)를 도출해야 한다. <표 8-17>과 같이 14개 원지표들에 대한 요인별 요인점수가 도출되면, 161개 지역별로 14개 원지표들과 계수들의 선형결합을 통해 3개 요인들에 대한 요인점수를 산정할 수 있다. 산정된 3개 요인들의 점수를 토대로 <표 8-16>의 분산

<표 8-17> 요인점수 계수(가중치)

변수명(단위)	요인 1	요인 2	요인 3
탄소집약광제조전기가스업체비율	-0.0999	0.3718	0.1393
탄소집약제조업체비율	-0.0819	0.6664	-0.1484
탄소집약제조업종사자비율	-0.0528	0.1136	0.0113
제조업에너지집약도	0.0268	-0.0042	-0.0162
석유에너지사용비율	0.0443	-0.0160	-0.0753
에너지바우처가구비율	0.0926	-0.0314	-0.2306
독거노인가구비율	0.4200	-0.1241	-0.0970
노후주택비율	0.1964	-0.0512	-0.0660
다문화혼인비중	0.0452	-0.0171	0.0778
화재발생건수	0.0875	-0.0160	-0.0576
일인당소득	0.0454	-0.0085	0.0971
고등학교이하학력비중	0.2845	-0.0624	0.1761
GRDP내서비스업비중	-0.0357	0.0115	0.4317
관광지개소수	-0.0015	-0.0151	0.1387
일인당관광지방문객수	-0.0297	-0.0091	0.1306
십만명당등록관광사업체수	-0.0507	-0.0016	0.2717
태양광풍력발전비중	-0.0077	0.0010	0.1579
전기수소차보급비중	-0.0125	0.0030	0.3991
일반폐기물재활용률	0.0052	0.0032	0.0728
재정자주도	0.0039	-0.0199	0.1762

주: 탄소중립취약도 측면에서 일관된 방향성을 갖도록 일인당소득 및 적응역량 관련 변수들은 음(-)의 값으로 변환하여 분석.

자료: 구축한 자료를 기반으로 저자 작성.

설명분 비중을 활용하여 하나의 종합적인 취약도 지수를 도출할 수 있다. 취약도 지수를 도출한 결과는 <표 8-18>과 같다.

<표 8-18>의 결과들을 기초지자체 단위의 지도에 표현하면 [그림 8-9]와 같다. 4가지 패널의 지도들에서 지역에 할당된 색이 짙을수록 각 지수의 수치가 큰 것을 의미한다. 먼저 [그림 8-9]의 패널 (가)는 요인 2에 기반한 노출도 지수를 시각화한 것이다. 해당 지역 사업체와 종사자의 유형이 탄소집약산업에 더 많이 포함되어 있는 지역들이 더 짙은 색으로 표시되어 있다. 패널 (나)는 요인 1에 기반한 민감도 지수를 시각화한 결과이다. 민감도는 전라도와 경상도에 위치한 기초지자체들에서 더 심한 것으로 나타났다. 패널 (다)는 요인 3에 기반한 적응역량 부족 지수에 대한 시각화 결과이며, 충청도와 경상도 지역에 적응역량 부족 지수가 높은 기초지자체들이 다수 분포하고 있는 것으로 나타났다. 패널 (라)는 패널 (가)~(다)에 표현된 요인 1, 요인 2, 요인 3을 모두 고려한 종합 취약도 지수를 지도상에 표시한 것이다. 광역지자체의 경우 대체로 취약도가 낮은 것으로 도출되어 취약도 순위가 낮게 나타났다. 대체로 도심 외곽에 위치한 내륙의 기초지자체들에서 취약도가 높은 것을 확인할 수 있다.

이렇게 도출된 탄소중립취약도 지수는 대규모 공공투자사업의 예비타당성조사에서 활용되고 있는 '지역낙후도지수'와 일정 수준 차이를 보인다. 구체적으로, [그림 8-10]은 탄소중립취약도 지수 순위 대비 지역낙후도 지수 순위의 차이를 탄소중립취약도 순위별 분포와 지리적 분포로 보여준다. 예를 들어, 탄소중립취약도 지수가 높아서 순위가 높은 상황에서 지역낙후도 지수 순위가 낮다면 순위 차이값은 음의 값을 지니게 되고, 반대의 경우에는 양의 값을 지닌다. [그림 8-10]의 패널 (가)는 161개 지역에 대해 가로축을 기준으로 탄소중립취약도 순위대로 나열한 뒤 세로축 기준으로 순위 차이값을 표시한 결과이다. 표식들이 0 주위에 분포한다는 점에서 두 지수 간 상관관계가 일정 수준 존재한다고 할 수 있으나, 각각의 순위 차이값은 -51~69의 범위를 갖는 것으로 나타났다. 지리적 분포는 패널 (나)와 같으며, 가령 광공업 등이 발달되어 낙후도가 낮더라도 탄소중립 추진에 있어 취약한 지역으로 대두되는 시·군들이 존재한다.

<표 8-18> 탄소중립취약도 분석 결과(취약도순 정렬)

시도	시군	요인 1: 민감도	요인 2: 노출도	요인 3: 적응역량 부족	종합지수: 탄소중립 취약도
경상북도	봉화군	0.3880	3.7010	0.5065	1.3449
전라남도	진도군	1.5382	0.3632	0.9263	1.0975
경상남도	합천군	1.3774	1.2994	-0.0825	1.0958
충청남도	부여군	0.6555	1.6338	1.5462	1.0902
전라남도	신안군	1.6984	0.1822	0.5503	1.0660
경상북도	의성군	1.2768	0.9628	0.4355	1.0386
전라남도	보성군	1.8195	0.0414	0.0818	1.0083
충청북도	단양군	0.2088	3.3067	-0.5388	0.9510
경상북도	예천군	-0.0939	2.9643	0.3963	0.8571
경상남도	산청군	1.0535	0.9557	0.0896	0.8545
경상북도	영덕군	1.7118	-0.3908	0.2086	0.8506
전라북도	장수군	0.8949	1.3904	-0.1670	0.8461
전라남도	고흥군	2.0848	-1.4552	0.6479	0.8293
경상북도	영양군	1.4416	-0.2266	0.6209	0.8245
충청북도	보은군	0.9199	0.8738	0.4409	0.8217
전라남도	함평군	1.9729	-1.0945	0.3202	0.8126
경상남도	함양군	0.9438	0.6923	0.5721	0.8067
충청남도	청양군	0.7060	1.0177	0.7273	0.7979
경상남도	하동군	0.9189	1.0799	-0.1010	0.7831
전라남도	곡성군	1.2474	0.4302	-0.1700	0.7646
경상북도	군위군	1.4721	-0.5030	0.5234	0.7455
경상북도	고령군	0.6199	1.2350	0.1646	0.7127
경상남도	의령군	1.4677	-0.4600	0.2306	0.7032
전라남도	강진군	1.7020	-0.4932	-0.4361	0.7018
경상북도	상주시	0.6056	0.7659	0.7758	0.6812
경상북도	울릉군	0.2572	2.1986	-0.6172	0.6502
전라남도	구례군	1.2759	0.1359	-0.5068	0.6369
전라북도	고창군	1.6336	-0.5673	-0.6475	0.6063
충청북도	괴산군	0.3544	0.9712	0.7055	0.5911
전라남도	장흥군	1.6056	-1.0721	0.1535	0.5910
강원도	정선군	0.3752	2.4621	-1.8141	0.5755
충청남도	서천군	1.1229	-0.9568	1.3127	0.5692
전라북도	순창군	1.3668	-0.3103	-0.4592	0.5684

<표 8-18>의 계속

시도	시군	요인 1: 민감도	요인 2: 노출도	요인 3: 적응역량 부족	종합지수: 탄소중립 취약도
경상북도	울진군	0.5707	0.8340	0.1242	0.5657
경상북도	청송군	1.3413	-0.6600	0.0780	0.5514
전라남도	해남군	1.6967	-1.6442	0.5488	0.5489
충청북도	영동군	0.5826	0.2221	0.9189	0.5406
전라북도	진안군	1.1234	0.2148	-0.7509	0.5335
전라북도	부안군	1.3912	-0.4592	-0.5145	0.5297
전라북도	임실군	1.4476	-0.5091	-0.6695	0.5185
경상남도	창녕군	0.9110	-0.3931	0.6506	0.4963
충청남도	금산군	0.6607	-0.4025	1.4245	0.4962
경상북도	문경시	0.6085	0.4238	0.2686	0.4959
강원도	영월군	0.2848	2.1741	-1.5381	0.4944
충청남도	예산군	0.2552	0.3841	1.3730	0.4903
전라남도	영광군	1.1436	-0.5339	0.0936	0.4830
전라남도	완도군	1.4922	-1.7338	0.9125	0.4778
충청남도	논산시	0.0973	0.5703	1.4813	0.4770
전라북도	김제시	1.1760	-0.4424	-0.2131	0.4719
충청남도	태안군	0.1854	1.2686	0.0398	0.4655
경상남도	거창군	0.5220	0.2954	0.3542	0.4282
충청남도	공주시	-0.3588	1.5888	0.9361	0.4216
전라남도	장성군	0.9196	-0.4414	0.2801	0.4214
경상북도	청도군	1.3788	-1.3445	0.2887	0.4157
경상북도	성주군	0.9227	-0.7976	0.7331	0.4031
전라남도	담양군	0.7915	-0.2335	0.1095	0.3807
강원도	태백시	0.2964	1.1910	-0.6588	0.3793
경상남도	남해군	1.5828	-1.6479	-0.1343	0.3649
전라북도	정읍시	0.6201	0.1738	-0.2810	0.3338
전라남도	영암군	1.0472	-0.9168	0.1055	0.3250
전라남도	무안군	-0.4086	1.3369	0.8225	0.3034
경상남도	고성군	1.2010	-1.6606	0.6215	0.2896
강원도	고성군	0.9295	0.1751	-1.4715	0.2895
경상북도	영천시	0.3365	0.0088	0.5930	0.2895
전라남도	여수시	-0.5132	2.1128	-0.1763	0.2885
전라북도	남원시	0.8348	-0.0994	-0.7607	0.2873

<표 **8-18**>의 계속

시도	시군	요인 1: 민감도	요인 2: 노출도	요인 3: 적응역량 부족	종합지수: 탄소중립 취약도
충청남도	보령시	0.1323	0.2059	0.8119	0.2739
경기도	여주시	-0.9824	2.7590	0.1098	0.2686
전라남도	화순군	0.5828	-0.0580	-0.1697	0.2680
경상남도	밀양시	0.4364	-0.0140	0.1728	0.2623
경상남도	함안군	0.3714	-0.3841	0.8634	0.2454
충청북도	음성군	-0.2336	0.4244	1.3134	0.2273
충청북도	옥천군	0.6858	-0.9873	0.6798	0.2121
경기도	연천군	-0.1012	0.7621	0.0874	0.1762
강원도	평창군	0.4204	1.5493	-2.7766	0.1709
경상북도	영주시	0.1251	-0.1294	0.5612	0.1307
충청남도	당진시	-1.1199	1.4798	1.6950	0.1149
충청남도	홍성군	-0.4325	0.5152	1.1109	0.1096
경상북도	포항시	-1.2362	2.2644	0.5577	0.0716
전라남도	나주시	0.0798	0.0146	0.1274	0.0698
강원도	양양군	0.7117	0.0555	-1.8673	0.0678
경상북도	김천시	-0.2192	0.2013	0.6952	0.0622
충청남도	서산시	-0.8040	0.9286	1.0093	0.0078
강원도	양구군	-0.0874	0.5094	-0.5379	0.0011
전라북도	무주군	1.7366	-2.0111	-2.1223	-0.0081
강원도	횡성군	0.6300	-0.6346	-1.1164	-0.0377
강원도	철원군	0.2971	-0.2226	-0.7708	-0.0395
강원도	홍천군	0.3993	-0.0919	-1.3867	-0.0569
강원도	동해시	-0.4156	0.8046	-0.3452	-0.0584
전라남도	광양시	-1.0770	1.6657	0.2762	-0.0616
전라북도	군산시	-0.5360	0.9192	-0.2016	-0.0655
경기도	양평군	-0.7030	1.1711	-0.2299	-0.0895
강원도	인제군	-0.0668	0.8368	-1.6333	-0.0900
강원도	삼척시	0.0846	-0.0021	-0.8424	-0.1047
경상남도	통영시	0.1049	-0.8546	0.4413	-0.1063
경상북도	안동시	0.0652	-0.3028	-0.4084	-0.1230
경기도	동두천시	-0.2501	-0.5173	0.8885	-0.1231
강원도	화천군	0.1316	-0.2001	-0.8199	-0.1313
경상북도	경주시	0.0180	-0.6994	0.2509	-0.1432

<표 8-18>의 계속

시도	시군	요인 1: 민감도	요인 2: 노출도	요인 3: 적응역량 부족	종합지수: 탄소중립 취약도
충청북도	제천시	-0.3719	0.2649	-0.1234	-0.1479
경상남도	사천시	0.0675	-1.0596	0.6079	-0.1548
충청북도	진천군	-0.6815	0.1540	0.8946	-0.1653
경기도	포천시	-0.1404	-0.6365	0.3918	-0.1859
충청북도	증평군	-0.5237	-0.4232	1.2126	-0.1866
전라남도	순천시	-0.9000	1.3705	-0.5182	-0.1907
충청북도	충주시	-0.5702	0.2011	0.2741	-0.2022
전라북도	익산시	-0.3018	-0.0599	-0.1493	-0.2064
경상북도	칠곡군	-0.3993	-0.6236	0.9491	-0.2230
경기도	가평군	0.2470	-0.3064	-1.5220	-0.2238
강원도	강릉시	-0.4327	0.6736	-1.0336	-0.2270
전라북도	완주군	-0.1005	-0.4165	-0.5383	-0.2676
전라남도	목포시	-0.1872	-1.1206	0.3727	-0.3513
경기도	안성시	-0.8524	0.2218	0.0140	-0.3949
경상남도	진주시	-0.7191	-0.5120	0.6141	-0.4236
충청남도	아산시	-1.0523	-0.4358	1.4503	-0.4332
경상북도	경산시	-0.9678	-0.4884	0.8604	-0.5074
경상남도	양산시	-1.0979	-0.1078	0.5128	-0.5319
경기도	이천시	-1.0163	-0.3452	0.5509	-0.5481
경상북도	구미시	-1.1372	-0.4735	1.0795	-0.5556
경기도	양주시	-0.8712	-0.7047	0.6007	-0.5625
경기도	평택시	-1.2135	-0.0695	0.6286	-0.5629
강원도	속초시	0.2014	-1.8164	-0.9560	-0.5744
경기도	안산시	-1.1812	-0.4102	0.9505	-0.5845
충청남도	천안시	-1.3027	-0.4505	1.3275	-0.5944
경상남도	김해시	-1.0974	-0.3854	0.5839	-0.5974
경기도	오산시	-1.5131	-0.0071	1.1934	-0.6065
충청북도	청주시	-1.1035	-0.2873	0.1260	-0.6543
경상남도	창원시	-0.7323	-0.9169	-0.0558	-0.6642
경기도	시흥시	-1.3605	-0.3314	0.9170	-0.6649
울산광역시	울산광역시	-1.4033	0.2862	-0.0476	-0.6850
경기도	의정부시	-1.0585	-0.9580	0.8543	-0.6901
경기도	부천시	-1.0184	-1.0527	0.8798	-0.6907

<표 8-18>의 계속

시도	시군	요인 1: 민감도	요인 2: 노출도	요인 3: 적응역량 부족	종합지수: 탄소중립 취약도
경상남도	거제시	-0.6080	-1.3993	0.1586	-0.6952
경기도	광명시	-0.9714	-1.0989	0.7119	-0.7081
강원도	원주시	-0.8220	-0.2440	-1.1750	-0.7215
강원도	춘천시	-0.6713	-0.4081	-1.3771	-0.7224
전라북도	전주시	-0.7607	-0.6528	-0.7317	-0.7251
경기도	파주시	-1.2763	-0.5025	0.4644	-0.7482
충청남도	계룡시	-1.7321	-0.0890	1.1074	-0.7632
경기도	구리시	-1.3131	-0.7946	0.8436	-0.7833
경기도	광주시	-1.3261	-0.6965	0.5200	-0.8200
경기도	김포시	-1.6656	-0.0262	0.4790	-0.8212
부산광역시	부산광역시	-0.3782	-0.7648	-2.3923	-0.8455
경기도	남양주시	-1.2755	-0.8951	0.4708	-0.8576
인천광역시	인천광역시	-0.7041	-0.4649	-2.0354	-0.8732
경기도	안양시	-1.3699	-0.9148	0.4588	-0.9162
경기도	군포시	-1.3917	-1.1926	0.9023	-0.9276
경기도	의왕시	-1.4932	-0.8080	0.5181	-0.9421
세종특별자치시	세종특별자치시	-2.4846	1.1806	0.1407	-0.9825
경기도	하남시	-1.6239	-0.8575	0.6291	-1.0069
경기도	화성시	-1.7538	-0.4149	0.2036	-1.0276
경기도	수원시	-1.4184	-1.1892	0.2304	-1.0606
제주특별자치도	제주특별자치도	-0.6681	0.9405	-5.5132	-1.0750
경기도	성남시	-1.5427	-0.9607	0.0772	-1.0903
경기도	고양시	-1.4684	-1.0163	-0.0784	-1.0936
대구광역시	대구광역시	-0.5719	-1.1786	-2.7187	-1.1249
경기도	과천시	-1.3556	-1.4376	-0.2276	-1.1782
광주광역시	광주광역시	-0.9328	-0.8341	-2.5685	-1.1957
경기도	용인시	-1.9060	-0.4675	-0.3920	-1.2305
대전광역시	대전광역시	-1.0691	-0.5523	-3.2477	-1.3104
서울특별시	서울특별시	-1.0953	-1.1793	-6.7695	-2.1277

자료: 구축한 자료를 기반으로 저자 작성.

[그림 8-9] 탄소중립취약도 지수의 지역별 분포

(가) 노출도 지수

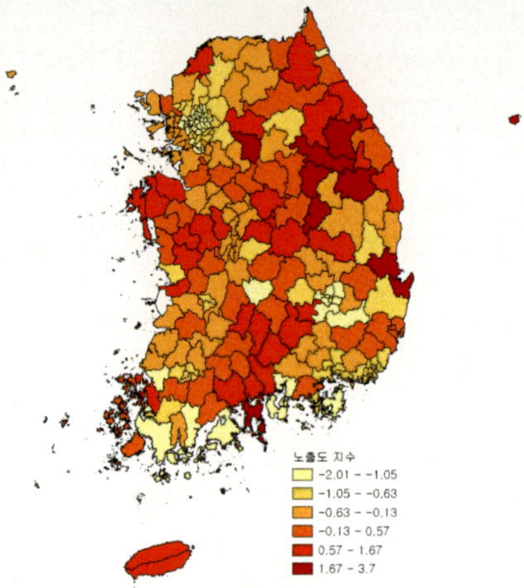

(나) 민감도 지수

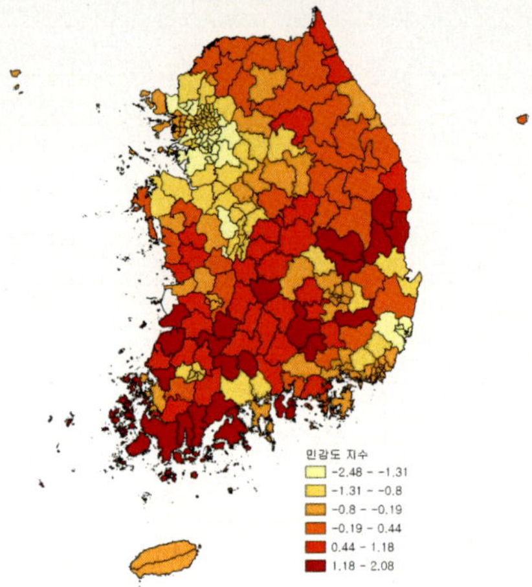

(다) 적응역량 부족 지수

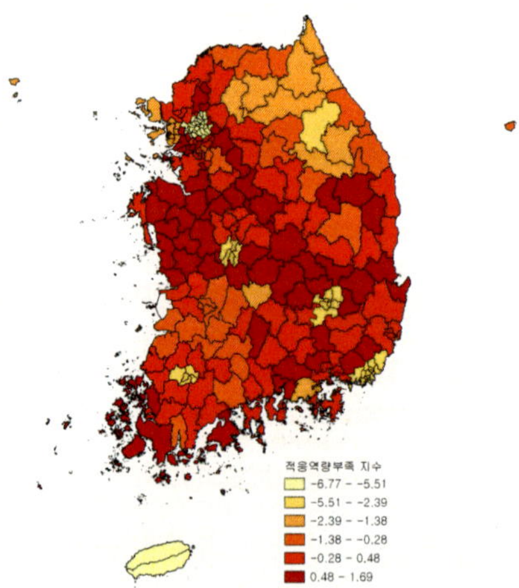

(라) 탄소중립취약도 지수

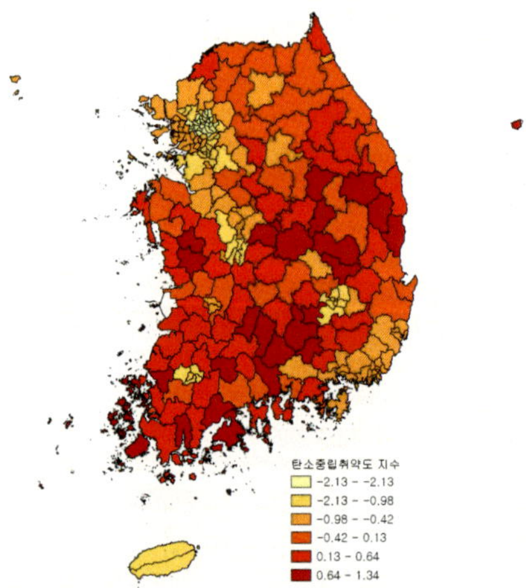

자료: 구축한 자료를 기반으로 저자 작성.

[그림 8-10] 탄소중립취약도 순위 대비 지역낙후도 순위의 차이

(가) 순위 차이값의 탄소중립취약도 순위별 분포

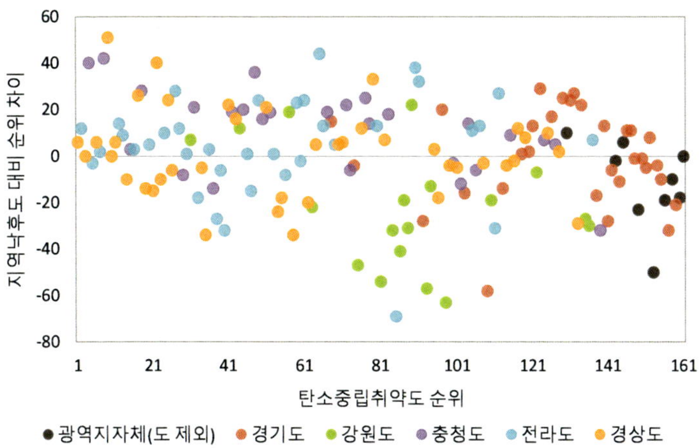

(나) 순위 차이값의 지리적 분포

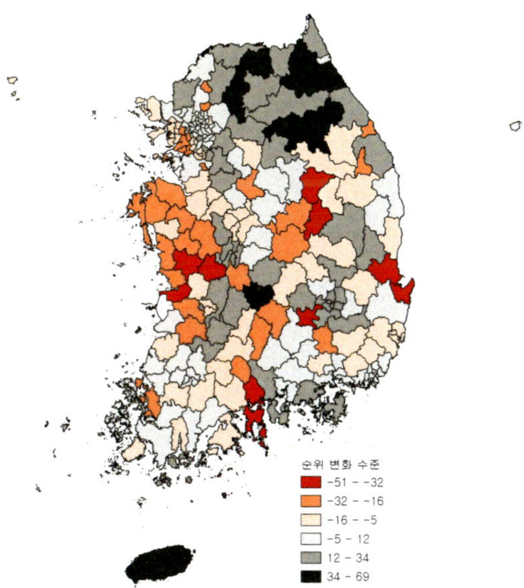

주: 탄소중립취약도 지수가 높을수록(취약할수록), 지역낙후도 지수가 낮을수록(낙후할수록) 순위가 높게 부여된 상황에서 순위 차이를 계산함.
자료: 지역낙후도지수 순위는 KDI(2022)에서 구득하였고, 나머지는 구축한 자료를 기반으로 저자 작성.

제5절 결론 및 정책적 시사점

탈탄소정책의 강화에 따른 보완책으로서 정의로운 전환이 대두되고 있는 가운데, 본 연구는 그와 관련된 해외 정책 추진 방향 및 주요 사례를 살펴보고자 했다. 특히 정의로운 전환의 태동부터 그간 추진되어 온 경과를 정리했고, 국내의 경우에 탄소중립 및 정의로운 전환 추진과 맞물려 중앙정부 및 지방정부 차원에서 이뤄지고 있는 법령 제·개정 및 예산 확보 현황을 개괄했다. 이어서 전환 추진을 위한 거버넌스 개선 방향과 도시 및 비도시 지역의 전환 전략에 대해 해외에서 논의되어 온 내용을 요약했으며, 정의로운 전환을 위한 해외 정책사례를 소개했다. 특히 최근 추진되고 있는 일련의 탈탄소정책과 더 직접적으로 연관된 지표를 구축하는 것이 필요하다는 해외의 문제의식을 확인했고, 이를 감안해 정의로운 전환 관점에서 국내에서의 탄소중립 추진에 따른 지역별 취약도를 산정하고자 했다. 탄소중립취약도 분석 시에 노출도, 민감도, 적응역량을 함께 고려했고, 분석 결과를 통해 기초지자체별로 상이한 취약도 수준을 확인할 수 있었다.

정의로운 전환은 탈탄소정책의 추진과 그로 인한 전환 과정이 사회구성원들 간에 공정한(just) 방식과 방향으로 이뤄지는 것을 의미한다. 대대적인 전환이 상당히 빠른 시간 안에 국가 주도로 이뤄지게 된다는 측면에서, 전환에 취약한 지역, 산업, 계층에 대한 배려를 체계적으로 실행해야 한다는 맥락을 지닌다. 이를 위해서는 결국 거버넌스 확립과 재원 확보가 중요하며, 그와 맞물려 지역별 현황을 가늠할 수 있는 척도의 마련이 유용할 것으로 판단된다. 이러한 측면에서 주요 정책적 시사점을 정리하면 다음과 같다.

1. 거버넌스 차원의 역할 분담

OECD 및 EU 차원에서는 전환을 위한 거버넌스가 다층적이어야 한다는 점을 강조하고 있다. 다층적 거버넌스는 결국 정부의 수직적·수평적 단위별로 유기적인 분업화와 함께 각종 이해당사자들과의 원활한 협업을 지향한다. 이는 작은 수준의 정부 또는 지역 단위에서 실질적인 전환이 이뤄질 수밖에 없는 현실을 감안한 결과로, 중앙정부보다는 지방정부 및 지역공동체가 정보의 우위를 지닌 요소들을 인정하고 적극 활용하자는 취지를 지닌다.

우리나라도 탄소중립 추진에 있어서 중앙정부뿐만 아니라 지방정부의 역할을 강조하고 있다. 앞서 <표 8-2>에서 정리한 것과 같이 현재 「탄소중립기본법」하에서 국가 및 지자체 차원의 '탄소중립 녹색성장 기본계획'을 수립할 것을 의무화하고 있다. 또한 마찬가지로 국가 및 지자체 차원에서 '기후위기 적응대책'도 수립하도록 하고 있다. 국가 차원에서는 「2050 탄소중립 시나리오안」과 「2030 국가온실가스 감축목표(NDC) 상향안」 등을 수립한 바 있고, 2050 탄소중립녹색성장위원회를 통해 계획의 수정 등을 추진하고 있다. 지자체들은 합동으로 탄소중립 추진을 선언한 뒤 조례와 규칙 제·개정을 통해 탄소중립 추진 관련 기본계획 및 추진체계 마련에 노력을 기울이고 있다. 또한 환경부 차원에서 「지자체 기후변화대응계획 수립 가이드라인」(2021년 4월), 「지방 기후위기 적응대책 수립 및 이행평가 지침」(2022년 5월) 등을 제시하고 있다.

다만, 관련 가이드라인 및 지침에서 지방정부 내 광역지자체와 기초지자체의 이질성이나 정의로운 전환 관련 대책 마련 등이 추가적으로 고려되어야 하겠다. 앞서 제3절에서는 전환에 있어 도시지역과 비도시지역(농촌지역)의 추진 전략이 상이해야 한다는 점을 확인했다. 상대적으로 도시지역이 많이 포함된 광역지자체는 상대적으로 풍부한 재원을 바탕으로 다양한 정책수단을 활용할 수 있는 장점이 있는 반면, 이미 존재하는 다양한 정책수단의 경제적 유인들을 훼손하지 않으면서 추가되는 정책수단을 융화시킬 필요가 있으며, 다양한 구성원들 간 의견불일치를 최소화하는 접근이 필요하다. 반면, 기초지자체는 상대적으로 재원이 부족한 상황에서 지속가능성을 담보할 수 있는 산업생태계 마련이 필요할 것이다.

이는 결국 정의로운 전환의 추진에 있어서도 마찬가지로 적용되는 사안들이다. 따라서 상위 법령이나 관계부처 합동 정책방안들에서 목표로 하고 있는 탈탄소정책 및 정의로운 전환을 지역 단위에서 이행하기 위한 좀 더 세부적인 지침 및 가이드라인이 필요할 것으로 판단된다. 특히 정의로운 전환과 관련해 선제적인 노력이 필요한 요소들은 기본계획에 담겨야 할 것이며, 불가피하게 발생하는 영향에 대해서는 적응대책에 명시할 수 있도록 안내될 필요가 있다. 이는 정부 단위 간 유기적 연계를 위한 첫 단추라고 할 수 있으며, 지자체의 세밀한 계획 및 대책을 바탕으로 중앙정부 차원의 지원이 필요한 요소들을 식별하는 과정이 이어져야 할 것이다.

2. 재원의 확보 및 활용

지방정부, 특히 기초지자체는 인구감소, 수도권 집중 등을 감안할 때 향후 계속해서 재원 마련에 어려움을 겪을 것으로 예상된다. 한편, 제4절의 탄소중립취약도 분석 결과에서도 나타났듯이 탄소중립 추진에 따른 위기는 지방에서 주로 발생할 가능성이 크며, 이에 대응할 수 있는 여건이 기초지자체 간에도 상당히 상이한 상황이다. 따라서 탄소중립 추진 및 정의로운 전환을 위해서는 중앙정부 차원에서 적재적소에 재정적·행정적 지원을 투입하는 것이 필수적이라고 할 수 있겠다.

「탄소중립기본법」하에서 2022년도부터 기후대응기금이 새롭게 설립되었는데, 제2절에서 살펴본 대로 기후대응기금 자체의 규모가 아직은 크지 않은 실정이다. 기후대응기금은 목적이 뚜렷하면서 유연한 집행을 할 수 있다는 장점이 있는 반면, 아직까지는 안정적인 재원 마련에 한계가 존재한다. 유일한 자체 수입원이 온실가스 배출권거래제 유상할당수입인데, 배출권거래의 변동폭이 큰 상황에서 교통·에너지·환경세에 기반한 일반회계 전입금에 대한 의존도가 높을 수밖에 없다. 당장 배출권 유상할당비율을 급격히 높일 수 없는 것이 현실이며, 교통·에너지·환경세는 휘발유와 경유를 사용하는 내연기관차가 친환경차로 전환됨에 따라 세수감소가 명백한 상황이다. 따라서 탈탄소 전환 추진과 관련된 전반적인 재정지원체계 개편 과정에서 기후대응기금의 추가적인 재원 마련에 대한 고민이 필요하다. 정의로운 전환으로 좁혀서 생각해보면, 지자체 차원의 실질적인 재정지원 필요성을 파악한 뒤, EU와 마찬가지로 정의로운 전환 기금을 별도로 산정하는 방안을 생각해 볼 수 있다. 이때 지방소멸대응기금, 지역상생발전기금, 국가균형발전특별회계 등 유사한 성격의 재원들을 활용하는 방향을 검토할 필요가 있을 것이다.

한편, 기후대응기금 내 정의로운 전환과 관련된 예산은 많은 경우 과거에 수행하던 사업들이 이관됨에 따라, 신규사업 비중이 14.7%에 그치고 있다. 결국 추가 도입된 탈탄소정책들로 인해 발생하는 지자체 차원의 지원 수요에 대응하기에는 역부족인 측면이 있다. 물론 신설된 기금이니만큼 향후 운영체계를 개선해 나가는 것이 더 중요하다고 할 수 있으며, 자자체의 내실 있는 계획하에서 정의로운 전환 관련 지원 필요성을 타진할 필요가 있다. 또한 활용 측면에서 지자체의 실질적 수요에 맞는 선별 지원을 위해서는 엄격한 집행 기준이 필요할 것으로 판단된다. EU의 정의로운 전환 기금의 운영방식을 참고하여 지자체의 계획 수립 시 재정지원 필요성을 명확히 제시할 수 있도록 중앙정부 차원의 표준화된 지침이 마련되어야 할 것이다.

또한 제3절에서 확인한 대로 규모가 작고 경험이 적은 지방정부에서도 탄소중립을 원활히 추진하기 위해서는 개별 사업의 타당성평가 시 해당 지역에 국한된 편익이 아닌 자연환경과 관련된 더 넓은 범주의 편익에 대한 식별 및 반영이 적극적으로 이뤄지게 할 필요가 있다. 이러한 편익의 실질적 반영을 위해서는 다양한 측면에서 방법론의 고도화가 수반되어야 한다. 예를 들어, 현행의 대규모 공공투자사업에 대한 예비타당성조사에서는 환경외부효과의 변화에 따른 편익과 비용을 고려하고 있는데, 대체로 온실가스 및 대기오염물질의 배출량 변화에 초점을 두고 있으며, 더 확장적인 환경가치(예: 각종 생태계 조절서비스, 생물다양성 등)과 관련된 비용 및 편익의 변화는 적극적으로 고려되지 않는 것이 현실이다. 또한 대체로 해외연구에서 추정된 원단위들을 토대로 가치이전하거나 메타분석을 통해 적용한다는 점에서 분석의 엄밀성에 한계를 지니고 있다.

따라서 예비타당성조사의 경우, 분석방식의 추가적인 확장과 정교화를 통해 탄소중립 추진 관련 사업들의 비용과 편익을 더 엄밀히 살펴봐야 할 것이다. 예산당국 차원에서 진행되는 예비타당성조사제도의 방법론 고도화는 결과적으로 중앙부처 및 지자체들의 평가방식 개선에도 일조할 것으로 사료된다.

3. 종합지표의 구축

한 국가 내에서 세분화된 지역별로 전환과 관련된 종합적인 지표(indicator) 또는 지수(index)를 구축하는 작업은 크게 보아 두 가지 측면에서 중요하다. 먼저 각 지역을 관할하는 지자체들이 다른 지자체의 상황에 대해 좀 더 명확히 파악할 수 있도록 해준다. 이를 통해 개별 지자체들은 각자가 놓인 상황을 좀 더 객관적으로 인지할 수 있고, 그러한 정보를 더 적절한 전환 전략을 수립하고 이행하는 데 활용할 수 있게 된다. 따라서 개별 원지표들의 나열로만은 얻을 수 없는 종합적 관점의 지표를 구축하고 공개하는 것은 탄소중립의 추진을 촉진하는 데 있어 상당한 순기능을 지닐 것으로 판단된다. 또한 총괄적인 성격의 탄소중립 이행에 대한 지표뿐만 아니라, 탈탄소정책 관련 세부 정책목표인 정의로운 전환과 관련해서도 탄소중립취약도 등의 지표를 구축하고 관리하여 각 지자체들에 추가적인 정보를 제공하려는 노력도 중요할 것이다.

다음으로 중앙정부는 각 지역의 전환 추진 현황 및 전환 추진 영향에 대해 가늠할 수 있게 된다. 이는 결국 중앙정부의 재정적·행정적 지원의 시행 여부와 규모를 판단할 때 도움이 된다. 지방정부에서 중앙정부의 안내에 따라 세부적인 계획을 수립 및 제출한다고 하더라도, 중앙정부의 실질적인 예산배분에 있어서는 한정된 재원하에서 대상 지역과 지원규모에 대한 의사결정과정을 거쳐야 한다. 이때 지자체가 수립한 계획 외에 주요 현황을 토대로 산정한 종합지표를 참고한다면 재정지원의 필요성과 시급성에 대한 좀 더 객관적인 평가가 가능해질 것이다. 예를 들어, 정의로운 전환과 관련된 중앙정부 차원의 지역별 재정지원을 시행할 때 본 연구의 탄소중립취약도 지수 또는 향후 보완된 지수를 참고하여 지역에 대한 우선순위를 설정할 수 있다. 나아가 탄소중립취약도 지수를 낮추는 방향의 정책목표 설정을 의무화 내지는 권장함으로써 취약한 여건이 고착화되기보다는 점차 개선될 수 있는 정책적 설계도 유용할 것으로 판단된다.

본 연구에서는 관련 연구가 부재한 상황에서 실험적으로 탄소중립취약도 지수를 산정했다. 다만, 종합지표를 구축하기 위해서는 다양한 여건을 반영할 수 있는 세분화된 원지표가 존재해야 한다. 본 연구에서도 일부 원지표들에 대해서는 기초지자체 단위의 데이터가 적절함에도 자료의 제약으로 광역시도 단위의 자료를 사용했다. 이는 시·군·구 단위로 형성되는 이질적 특성을 온전히 반영하지 못한다는 기본적인 한계를 지닌다. 따라서 정책목표에 맞는 세부 원지표의 구축이 선행될 필요가 있겠다. 현재 정부가 온실가스 배출량 통계를 기초지자체 단위에서 구축하기 위해 준비 중이라는 점은 고무적이라고 할 수 있다. 그럼에도 불구하고 종합지표를 구축하기 위해서는 배출량뿐만 아니라 다양한 추가 정보들이 요구되며, 세분화된 에너지 사용 관련 통계나 주요 산업별 영향 계층의 분포에 대한 정보 등을 추가적으로 구축하고 공개해 나가야 할 것으로 사료된다. 궁극적으로는, 다양한 세부 원지표들을 구축하고 공개함으로써 지표 분석이 다양한 영향들을 좀 더 종합적으로 포착할 수 있도록 하고, 다각도의 민감도 분석을 거쳐 탄소중립 및 정의로운 전환의 추진과 관련된 종합지표를 안정적으로 관리해나갈 필요가 있다.

참고문헌

고용노동부, 「2022회계연도 예산・기금운용계획 개요」, 2022.

관계부처 합동, 「2030 국가온실가스 감축목표(NDC) 상향안」, 2021. 10.

관계부처 합동, 「‘2050 탄소중립’ 추진전략」, 2020. 12.

관계부처 합동, 「2050 탄소중립 시나리오안」, 2021. 10.

관계부처 합동, 「제3차 녹색성장 5개년 계획(안)」, 2019. 5.

관계부처 합동, 「‘한국판 뉴딜’ 종합계획」, 2020. 7.

관계부처 합동, 「한국판 뉴딜 2.0 추진계획」, 2021. 7.

관계부처 합동, 「산업구조 변화에 대응한 공정한 노동전환 지원방안」, 2021. 7.

국회예산정책처, 『2022년도 예산안 위원회별 분석: 기획재정위원회』, 예산안분석 시리즈 II, 2021.

김동욱・김지은・장초록・장문엽, 「사회・경제적 인자를 고려한 우리나라의 폭염 취약성 평가」, 『한국방재학회논문집』, 제21권 제5호, 2021, pp.39~47.

김민호・이호준・김석영・김형석・오승연・이종연・박수진, 『타당성평가에서의 지역낙후도 분석 개선방안 연구』, 용역보고서, KDI 공공투자관리센터, 2020.

김성재・김상민・김성민, 「주성분 분석을 이용한 농업생산기반의 재해 취약성 평가에 관한 연구」, 『한국농공학회논문집』, 제55권 제1호, 2021, pp.31~38.

김지은・박지연・이주헌・김태웅, 「주성분 분석 및 엔트로피 기법을 적용한 사회・경제적 가뭄 취약성 평가」, 『한국수자원학회논문집』, 제52권 제6호, 2019, pp.441~449.

산업통상자원부, 「2022년 예산기금운용계획 개요」, 2022.

여형범, 「정의로운 전환의 개념과 사례」, 『열린충남』, 제94권 2021년 겨울호, 2021, pp.22~29.

유가영・김인애, 『기후변화 취약성 평가지표의 개발 및 도입방안』, 연구보고서, KEI, 2008.

이종연, 『지역낙후도지수 개선방안』, 정책연구시리즈 2013-10, KDI, 2013.

행정안전부, 「행안부, 지자체 22곳과 함께 대한민국탄소중립 이끈다」, 보도자료, 2021. 12.

환경부, 「탄소중립, 지방정부가 앞장선다」, 보도자료, 2020. 7.

환경부, 「대한민국 모든 지방정부, 2050 탄소중립 선언」, 보도자료, 2021. 5.

환경부, 「지자체 기후변화대응계획 수립 가이드라인」, 2021. 4.

환경부, 「지방 기후위기 적응대책 수립 및 이행평가 지침」, 2022. 5.

환경부, 「2022년도 환경부 소관 예산 및 기금운용계획 개요」, 2022.

KDI, 「2022년 제3회 예비타당성조사 착수회의 자료」, KDI 공공투자관리센터, 2022.

Bache, Ian, Ian Bartle, and Matthew Flinders, "Multi-Level Governance," in *Handbook on Theories of Governance*, Edward Elgar Publishing, 2016, pp.486~498.

Carley, Sanya, Lincoln L. Davies, David B. Spence, and Nikolaos Zirogiannis, "Empirical Evaluation of the Stringency and Design of Renewable Portfolio Standards," *Nature Energy*, Vol. 3, No. 9, 2018, pp.754~763.

City of Helsinki, "From Theory To Practice: What Policies Can Prepare Cities And Regions For The Transition To A Climate-Neutral Economy?" PowerPoint Presentation for the high-level expert workshop on managing environmental and energy transition, 17 May 2019, Paris, France, 2019.(unpublished)

European Commission (EC), *The European Green Deal*, COM(209) 640, 2019.

European Commission (EC), *Supporting Sustainability Transitions Under the European Green Deal with Cohesion Policy*, 2020.

European Commission (EC), "Towards an 8th EAP Monitoring Framework," 2021. (https://environment.ec.europa.eu/news/stakeholder-workshop-8th-eap-monitoring-framework-2021-09-21_en, 접속일: 2022. 12. 1).

European Commission (EC), *Transitions Performance Index 2021: Towards fair and prosperous sustainability*, 2022.

Field, Christopher B., Vicente R. Barros, D. J. Dokken, K. J. Mach, M. D. Mastrandrea, T. E. Bilir, and L. L. White, *Climate Change 2014: Impacts, Adaptation, and Vulnerability —Part A: Global and Sectoral Aspects — Working Group II Contribution to the fifth Assessment Report of the Intergovernmental Panel on Climate Change(IPCC)*, Cambridge University Press, 2014.

Fleming-Muñoz, David A., Lavinia Poruschi, Thomas Measham, Jacqui Meyers, and Magnus Moglia, "Economic Vulnerability and Regional Implications of a

Low Carbon Emissions Future," *Australian Journal of Agricultural and Resource Economics*, Vol. 64, No. 3, 2020, pp.575~604.

García-García, Pablo, Óscar Carpintero, and Luis Buendía, "Just Energy Transitions to Low Carbon Economies: A Review of the Concept and its Effects on Labour and Income," *Energy Research & Social Science*, Vol. 70, 2020, Article 101664.

Heyen, Dirk Arne, Andreea Beznea, Katja Hünecke, and Rob Williams, "Measuring a Just Transition in the EU in the context of the 8th Environment Action Programme," Öko-Institut, 2021.

Heyen, Dirk Arne, Luisa Menzemer, Franziska Wolff, Andreea Beznea, and Rob Williams, "Just transition in the context of EU environmental policy and the European Green Deal," Öko-Institut, 2020.

Huang, Ping and Ying Liu, "Toward Just Energy Transitions in Authoritarian Regimes: Indirect Participation and Adaptive Governance," *Journal of Environmental Planning and Management*, Vol. 64, No.1, 2021, pp.1~21.

International Labour Organization (ILO), "Guidelines for a Just Transition Towards Environmentally Sustainable Economies and Societies for All," 2015.

Jänicke, Martin and Rainer Quitzow, "Multi-level Reinforcement in European Climate and Energy Governance: Mobilizing Economic Interests at the Sub-National Levels," *Environmental Policy and Governance*, Vol. 27, No. 2, 2017, pp.122~136.

Jenkins, Kirsten, "Implementing Just Transition after COP24," Climate Strategies, 2019.

Kapetaki, Z., P. Ruiz Castello, R. Armani, K. Bodis, F. Fahl, I. Gonzalez Aparicio, A. Jaeger-Waldau, N. Lebedeva, I. Pinedo Pascua, N. Scarlat, N. Taylor, T. Telsnig, A. Uihlein, C. Vazquez Hernandez, and P. Zangheri, *Clean Energy Technologies in Coal Regions: Opportunities for Jobs and Growth*, Publications Office of the European Union: Luxembourg, 2020.

Krawchenko, Tamara Antonia, and Megan Gordon, "How Do We Manage a Just Transition? A Comparative Review of National and Regional Just Transition Initiatives," *Sustainability*, Vol. 13, No. 11, 2021, Artical 6070.

Lee, Sangji, and Lisa Baumgartner, *How Just Transition Can Help Deliver the Paris Agreement*, United Nations Development Programme(UNDP), 2022.

Lim, Bo, Erika Spanger-Siegfried, Ian Burton, Eizabeth Malone, and Saleemul Huq (eds.), *Adaptation Policy Frameworks for Climate Change: Developing Strategies, Policies and Measures*, United Nations Development Programme(UNDP), Cambridge University Press, 2005.

McCauley, Darren, and Raphael Heffron, “Just Transition: Integrating Climate, Energy and Environmental Justice,” *Energy Policy*, Vol. 119, 2018, pp.1~7.

Newell, Peter and Dustin Mulvaney, “The Political Economy of the ‘Just Transition’,” *The Geographical Journal*, 2013, Vol. 179, No. 2, pp.132~140.

Organisation for Economic Co-operation and Development(OECD), Joint Research Centre (JRC) and European Commission (EC), *Handbook on Constructing Composite Indicators: Methodology and User Guide*, 2008.

Organisation for Economic Co-operation and Development(OECD), *OECD Regional Outlook 2016*, 2016.

Organisation for Economic Co-operation and Development(OECD), *Managing Environmental and Energy Transitions for Regions and Cities*, 2020a.

Organisation for Economic Co-operation and Development(OECD), *Rural Well-being: Geography of Opportunities*, OECD Rural Studies, 2020b.

Parry, Martin L., Osvaldo Canziani, Jean Palutikof, Paul Van der Linden, and Clair Hanson (eds.), *Climate Change 2007: Impacts, Adaptation and Vulnerability: Working group II Contribution to the Fourth Assessment Report of the Intergovernmental Panel on Climate Change(IPCC)*, Cambridge University Press, 2007.

Stevis, Dimitris and Romain Felli, “Global Labour Unions and Just Transition to a Green Economy,” *International Environmental Agreements: Politics, Law and Economics*, Vol. 15, No. 1, 2015, pp.29~43.

The Scottish Government, “Just Transition Commission: A National Mission for a Fairer, Greener Scotland,” 2021a.

The Scottish Government, “Just Transition, A Fairer, Greener Scotland: Scottish Government Response to the Report of the Just Transition Commission,” 2021b.

Thiault, Lauric, Camilo Mora, Joshua E. Cinner, William WL Cheung, Nicholas AJ Graham, Fraser A. Januchowski-Hartley, David Mouillot, U. Rashid Sumaila, and Joachim Claudet, “Escaping the Perfect Storm of Simultaneous Climate Change Impacts on Agriculture and Marine Fisheries,” *Science Advances*, Vol. 5, No. 11, 2019, Article eaaw9976.

United Nations Framework Convention on Climate Change(UNFCCC), "Report of the Conference of the Parties on its sixteenth session, held in Cancun from 29 November to 10 December 2010," FCCC/CP/2010/7/Add.1, 15 March 2011, 2011.

United Nations Framework Convention on Climate Change(UNFCCC), "Report of the Conference of the Parties on its twenty-first session, held in Paris from 30 November to 13 December 2015," FCCC/CP/2015/10/Add.1, 29 January 2016, 2016.

United Nations Economic Commission for Europe(UNECE), *Guidelines on Producing Leading, Composite and Sentiment Indicators*, 2019.

United Nations Framework Convention on Climate Change(UNFCCC), "Input by Just Transition Commission (JTC) Scotland," 2020. (https://unfccc.int/documents/257180, 접속일: 2022. 12. 1).

United Nations Framework Convention on Climate Change(UNFCCC), "Report of the Conference of the Parties serving as the meeting of the Parties to the Paris Agreement on its third session, held in Glasgow from 31 October to 13 November 2021," FCCC/PA/2021/10/Add.1, 8 March 2022, 2022.

UN Statistical Commission, *A Recommendation on the Method to Delineate Cities, Urban and Rural Areas for International Statistical Comparisons*, 2020. (https://unstats.un.org/unsd/statcom/51st-session/documents/BG-Item3j-Recommendation-E.pdf)

Wang, Xinxin, and Kevin Lo, "Just Transition: A Conceptual Review," *Energy Research & Social Science*, Vol. 82, 2021, Article 102291.

World Meteorological Organization (WMO), *State of the Global Climate 2021*, 2022.

<웹사이트>

국가법령정보센터(https://www.law.go.kr/, 접속일: 2022. 12. 1).

국민참여입법센터(https://opinion.lawmaking.go.kr/, 접속일: 2022. 12. 4).

열린재정 재정정보공개시스템(http://m.openfiscaldata.go.kr/op/ko/sd/UOPKOSDA01, 접속일: 2022. 7. 1).

European Commission(EC), "A European Green Deal: Striving to be the first climate-neutral continent"(https://ec.europa.eu/info/strategy/priorities-2019-2024/european-green-deal_en#thebenefitsoftheeuropeangreendeal, 접속일: 2022. 11. 1).

European Commission(EC), “EU Cohesion Policy: new exceptional measures to support citizens and companies with energy costs”(https://ec.europa.eu/regional_policy/en/newsroom/news/2022/10/18-10-2022-eu-cohesion-policy-new-exceptional-measures-to-support-citizens-and-companies-with-energy-costs, 접속일: 2022. 11. 1).

European Commission(EC), “NUTS－Nomenclature Of Territorial Units For Statistics, Background”(https://ec.europa.eu/eurostat/web/nuts/background, 접속일: 2023. 2. 1).

OECD IPAC(International Programme for Action on Climate) (https://www.oecd.org/climate-action/ipac/the-annual-climate-action-monitor-5bcb405c/, 검색일: 2022. 12. 1).

United Nations 보도자료(https://press.un.org/en/2022/sgsm21284.doc.htm).

<자료>

경찰청, 형사사법정보시스템.

국가에너지통계종합정보시스템, 「시군구 에너지수급통계」, 2018~2020.

국토교통부, 내부자료, 2019~2021.

법무부, 「체류외국인통계」, 2019~2021.

소방청 국가화재정보시스템, 「화재현황통계」, 2018~2020.

통계청, 「광업제조업조사」, 2017~2020.

통계청, 「경제총조사」, 2017~2020.

통계청, 「인구동향조사」, 2018~2020.

통계청, 「인구총조사」, 2019~2021.

통계청, 「주택총조사」, 2019~2021.

통계청, 「전국사업체조사」, 2017~2020.

통계청, 「지역소득」, 2019~2021.

한국관광협회중앙회, 「전국 관광사업체 현황」, 2017~2019.

한국문화관광연구원 관광지식정보시스템, 「주요관광지점 입장객통계」, 2017~2019.

한국에너지공단, 「산업부문 온실가스배출량조사」, 2018~2020.

한국에너지공단, 「신재생에너지 보급통계」, 2019~2020.

한국에너지공단, 정보공개자료, 2019~2021.

행정안전부, 지방재정365.

환경부, 내부자료, 2018~2020.

제9장

온실가스 배출과 산업 및 사업체 특성 간의 관계: 제조업을 중심으로

박 우 람 (숙명여자대학교)

제1절 서 론

현재 지구온난화는 해수면 상승, 기후재난 및 식량생산 감소 등을 통해 인류의 생존을 위협할 수 있는 전 세계 국가들의 공통적인 문제로 여겨지고 있다. 이러한 지구온난화의 대표적인 원인으로 여러 과학 연구는 이산화탄소 등을 비롯한 온실가스의 급격한 증가를 지목하였다. 이러한 배경하에서 우리나라를 비롯한 세계 여러 나라는 파리기후변화협정을 채택하여 기후변화에 공동으로 대응하고자 노력하고 있다.

지구온난화 및 기후변화는 전 세계적인 공동의 문제이나 이에 대응하기 위해 온실가스 배출을 감축하려는 탄소중립정책이 각국의 경제에 미칠 수 있는 영향은 매우 이질적일 수 있다. 특히 우리나라의 경우 경제발전 단계가 유사한 다른 OECD 국가들에 비해서 화석연료의 활용이 많은 제조업의 비중이 상대적으로 더 높은 편이다. 따라서 온실가스 배출을 제한하는 정책이 우리나라의 경제환경에서 어떠한 영향을 미칠 수 있는지를 살펴보는 것은 향후 탄소중립정책의 설계 및 집행에 있어서 중요한 시사점을 줄 수 있다.

기후변화에 대응하기 위한 정책은 장기적으로는 새로운 산업과 일자리를 창출할 수도 있으나, 단기적으로는 개별 기업과 국가경제에 많은 부담을 안겨줄 수도 있는 도전과제이다. 탄소중립정책의 설계 및 집행이 기후변화의 해결에 앞장서야 한다는 도덕적 당위나 정책의 장기적인 효과에 대한 막연한 장밋빛 기대만으로 이루어질 경우, 정책으로 인한 부작용이 매우 커질 수 있다. 따라서 향후 기후변화에 대한 대응이 우리나라의 경제에 미치는 잠재적인 충격을 최소화하기 위해서는 우리나라의 상황에 대한 면밀하고 객관적인 이해가 선행되어야 한다.

본 연구는 이러한 문제의식에서 출발하며, 우리나라 제조업에서의 온실가스 배출과 고용 및 생산성 등의 산업, 사업체 특성 간의 관계를 살펴봄으로써 향후 기후변화 관련 정책의 설계와 집행에 대한 시사점을 얻고자 한다. 예를 들어, 소수의 대기업에 의해서 대부분의 온실가스 배출이 이루어지는지, 혹은 다수의 중소기업에 의해서 배출이 이루어지는지에 따라 탄소중립정책에 따른 비용이 달라질 수 있다. 또한 온실가스 배출한 단위당 생산액(탄소생산성)이 온실가스 배출이 특정 산업 및 사업체에 집중될수록 높아지는지 혹은 낮아지는지를 살펴봄으로써 경제적 충격을 최소화하는 온실가스 감축의 순서에 대한 함의를 얻을 수 있다.

최근 탄소중립정책과 관련하여 온실가스 감축에 대한 관심이 높아지고 있으나 온실가스 감축이 우리나라의 경제와 산업에 미칠 수 있는 영향을 살펴본 선행연구는 아직까지 매우 한정적이다. 이러한 현실을 반영하듯 본 연구와 직접적인 연관이 있는 국내의 기존 문헌은 아직까지 많이 축적되어 있지 않다. 온실가스 감축정책에 대한 시사점을 가지는 대부분의 연구는 주로 2010년대부터 우리나라에 본격적으로 도입된 목표관리제와 배출권거래제 등 기존에 시행하였던 온실가스 배출 감축정책의 영향에 대해 살펴보고 있다. 정은미 외(2016)와 유종민 외(2017)는 기업 단위의 패널자료를 활용하여 목표관리제 및 배출권거래제로 인해 온실가스 배출이 얼마나 감소하였는지를 살펴보고 있다. 이와 관련된 가장 최근의 연구인 길은선 외(2021)에 따르면, 온실가스 배출량, 생산당 이산화탄소 배출량 등이 온실가스 배출정책 시행 이후 오히려 증가했음을 실증하고 있다. 더 나아가 김현석(2021)은 목표관리제와 배출권거래제가 시행된 기간 동안 해당 정책이 산업의 경쟁력에 어떠한 영향을 미쳤는지를 살펴보고 있다. 분석 결과, 해당 정책들로 인하여 화학, 석유정제 등 에너지집약적인 산업의 경쟁력에 부정적인 영향을 미친 것을 확인하였다.

거시모형을 활용하여 온실가스 감축목표가 우리나라의 경제에 미칠 수 있는 영향을 살펴본 연구 역시 존재한다. 대표적으로 임재규(2009)는 2009년 8월에 발표한 온실가스 중기 감축목표가 우리나라의 실질 GDP를 약 0.58~1.47% 하락시킬 것으로 보고하였다. 최근 정부가 '탄소중립 2050' 로드맵을 발표한 이후에도 유사한 시도가 이루어지고 있다. 대표적으로 박경훈 외 (2021)와 박종욱 · 이나윤(2021) 등은 탄소중립 혹은 온실가스 배출 감축정책과 같이 사업체 및 산업의 입장에서 에너지 활용을 제한하려는 정책이 산업 및 국가경제에 미치는 영향을 거시모형을 활용하여 분석하고 있다. 한민수 · 문진영(2021)은 온실가스 감축정책이 우리나라 경제를 포함한 세계경제에 미치는 영향을 추정하고 있고 있다. 다만, 저자들도 인정하는 바와 같이 거시모형을 활용한 분석은 환경규제에 따른 내생적인 기술발전을 모두 포함할 수 없으며, 모형에 관련된 작은 가정의 차이가 결과에 많은 차이를 가져올 수 있다는 점에 유의하며 그 결과를 받아들여야 한다.

이 외에도 국가별 데이터를 활용하여 온실가스 배출을 제한하기 위한 탄소세 및 탄소중립정책이 경제에 어떠한 영향을 미쳤는지를 살펴본 논문들 역시 존재한다. Metcalf and Stock(2020)은 유럽의 데이터를 활용하여 온실가스를 줄이려는 시도가 각국의 경제에 어떠한 영향을 미쳤는지를 살펴보고 있다. 보다 구체적으로, 국가별 변이를 활용하여 탄소세와 경제성장 간의 관계를 살펴본 결과, 탄소세와 경제성장 및 고용증가 간에 별다른 관계를 발견하지 못했다. 이와는 반대로 환경에 대한 규제가 혁신을 통해 경제성장을 이롭게 할 수 있다는 소위 포터가설을 간접적으로나마 지지하는 논문 역시 존재한다. 대표적으로 Albrizio *et al.*(2017)은 유럽의 산업별 데이터를 활용하여 환경에 대한 규제와 생산성 간의 관계를 살펴보고 있다. 분석 결과, 저자들은 환경에 대한 규제가 강화될수록 기술수준이 높은 국가의 산업생산성이 단기적으로 높아지는 것을 확인하고 있다. 반면, 평균적인 기업 혹은 기술수준이 낮은 국가의 생산성에는 환경규제가 긍정적인 영향을 주지 못함을 밝히고 있다.

선행연구의 범위를 넓게 확장하여 대기환경규제의 영향을 포괄하면, 좀 더 많은 선행연구를 찾을 수 있다. 보다 구체적으로 온실가스 배출의 제한은 넓은 범위에서 대기환경의 질을 개선하기 위해 미세먼지(혹은 초미세먼지)의 배출을 제한한 정책과 그 궤를 같이한다고 할 수 있다. 이러한 미세 대기환경에 대한 규제가 고용과 투자에 어떠한 영향을 미칠 수 있는지를 살펴본 국내외의 논문을 살펴보면 다음과 같다.

대표적으로 Walker(2013)는 미국에서 시행된 청정대기법(Clean Air Act)으로 인한 구조조정이 근로자에게 미치는 영향에 대해서 살펴보고 있다. 분석 결과, 환경규제 강화에 의한 구조조정이 근로자의 임금에 미치는 영향은 상당하며, 규제로 인해 영향을 받은 근로자의 임금 총합이 약 54억달러 감소하는 것으로 추정되었다. Chung(2014)의 연구는 대기환경에 대한 규제로 인하여 해외직접투자가 부정적인 영향을 받는지를 분석하고 있다. 2000년대 초반 한국의 데이터를 활용한 분석 결과, 환경 관련 규제에 취약할 수 있는 오염배출 산업들이 강화된 환경규제에 대응하여 상대적으로 환경규제가 약한 지역 혹은 국가에 대한 투자를 늘리는 것을 확인하였다.

앞선 두 연구와 달리 He *et al.*(2020)은 수질과 관련된 환경규제가 기업의 생산성에 미치는 영향을 추정하고 있다. 2000년부터 2007년도까지의 중국 데이터를 활용하여 분석한 결과, 수질을 개선하기 위한 환경규제로 인하여 영향을 받은 기업들의 총요소생산성이 감소하였으며, 이로 인해 해당 기간 동안 약 800억 중국위안, 연간 약 110억 중국위안의 생산 감소가 발생한 것으로 나타났다.

종합하면, 미세먼지 저감정책 및 수질개선정책과 같이 이미 실효성 있게 시행된 환경규제정책에 대한 평가는 엄밀한 실증방법론에 의해 활발하게 이루어지고 있다. 반면, 온실가스 배출 관련 규제와 관련된 연구는 양적, 질적으로 그에 못 미치고 있는 실정이다. 최근까지도 미국이 온실가스 배출 감축정책에 대해서 미온적이었다는 점을 고려할 때 이러한 정책에 대해 엄밀하게 평가한 논문이 아직까지 많이 축적되지 못한 것은 어찌 보면 자연스럽다.

본격적인 논의에 앞서 본 연구가 시도하지 않는 분석과 그러한 분석의 한계에 대해 다시 한번 분명하게 짚고 넘어가고자 한다. 우선 국가별 데이터를 활용한 비교의 경우 앞서 언급한 바와 같이 각 국가의 산업구조의 이질성에 대한 섬세한 고려가 어렵다는 단점이 있을 수 있다. 특히 국가별 비교를 통해 탄소중립정책에 대한 논의가 다른 국가에 뒤처져서는 안 된다는 당위로 이어질 경우 아직 준비되지 않은 우리 경제에 많은 피해를 입힐 수 있다. 본 연구는 이러한 점을 고려하여 국제간 비교에 의한 분석은 실시하지 않는다.

또한 일부 거시모형에서 시도한 온실가스 배출 제약이 국가성장률에 미칠 수 있는 영향에 대한 분석 역시 본 연구에서는 시도하지 않는다. 특히 복잡한 모형일수록 많은 가정 및 그에 따른 오류가 많을 수 있으며, 결과가 어느 가정에 의한 것인지 역시 밝히기가 어렵다.[1] 특히 2050년까지 온실가스 배출량을 영(0)으로 감소시키는 정책과 같이 전에 없는 변화를 가져올 정책의 경우, 산업화 이후에 수집된 데이터에 기반한 모형에 입각한 예측이 별다른 의미가 없을 것으로 보인다. 이를 반영하듯, 2050년 탄소중립(Net-Zero)정책에 대하여 엄밀한 동료평가를 거친 선행연구는 아직 존재하지 않는 상황이다. 즉, 본 연구는 관련된 선행연구의 축적이 거의 이루어지지 않는 상황에서 중요한 주제에 대하여 엄밀하게 검증되지 않은 연구가 가져올 수 있는 부정적인 영향을 진지하게 고려한다.

본 장에서는 우리나라 제조업에서의 온실가스 배출과 산업 및 사업체의 특성 간의 관계를 살펴보기 위해, 한국에너지공단에서 조사한 온실가스배출량조사와 통계청에서 수집한 광업제조업조사, 2개의 데이터를 종합적으로 활용하여 분석하고자 한다. 본 연구는 우선 2016년부터 2018년까지의 온실가스배출량조사 자료를 활용하여 사업체 규모 및 산업별 온실가스 배출을 묘사적으로 살펴본 후 광업제조업조사와 온실가스배출량

---

1 Walker(2013)에서 언급된 바와 같이 환경규제가 가져올 수 있는 일반균형적인 효과를 추정하는 것은 많은 가정을 동반하며, 따라서 엄밀한 의미에서 쉽지 않다.

조사를 한국산업분류의 소분류 단위에서 연계하여 분석하였다. 보다 구체적으로 본 연구에서는 산업별 이질성을 활용하여 제조업의 노동생산성, 탄소생산성, 종사자 수 등이 온실가스 배출과 어떠한 상관관계가 있는지를 살펴보고자 하였다. 이를 통해, 향후 온실가스 배출을 감축하려는 시도가 경제에 가져올 수 있는 영향에 대한 함의와 이에 대비하기 위한 정책적 시사점을 얻고자 하였다. 이에 덧붙여 동일한 산업 내에서 온실가스 배출과 밀접한 관련이 있는 에너지 활용과 사업체 특성 간의 관계에 대해서도 살펴봄으로써 온실가스 배출정책이 사업체의 생산성 등에 미칠 수 있는 함의 및 정책적 시사점 역시 이끌어내고자 하고 있다.

본 연구의 실증분석은 탄소중립정책이 개별 사업체, 산업 혹은 국가경제에 미치는 인과관계를 분석하기 위함이 아니라는 점을 밝히고자 한다. 아직 본격적으로 시행되지 않은 정책이 미래에 미치는 인과효과를 살펴보기 위해서는 많은 가정이 필요하며, 결국 가정에 따라 결론이 어느 정도 정해지게 된다. 본 연구는 이렇게 합의가 어려운 자의적인 가정에 따라 중요한 정책에 관한 시사점이 달라지는 것을 피하고자 한다. 즉, 본 연구는 가까운 과거에서 측정된 온실가스 배출과 산업 및 사업체 특성 간의 관계를 묘사적으로 살펴봄으로써 향후 탄소중립정책이 상당한 조심성을 가지고 점진적으로 시행되어야 한다는 시사점을 얻고자 함을 다시 한번 강조한다. 또한 본 연구는 상당히 단순한 실증방법론을 활용하고 있는데, 이러한 방법론의 한계 역시 명확하게 널리 알려져 있다는 점 또한 이러한 연구가 사회에 미칠 수 있는 부정적 영향을 최소화하는 데 도움을 준다.

본 장은 다음과 같이 구성된다. 제2절에서는 본 연구에서 온실가스 배출과 제조업의 특성 간의 관계를 살펴보기 위해 활용한 2개의 데이터에 대해서 간략하게 설명한다. 제3절에서는 제2절에서 살펴본 데이터를 활용하여 제조업에서의 온실가스 배출에 대해서 살펴본다. 보다 구체적으로 제1소절에서는 온실가스 배출의 산업별, 사업체 규모별 특성에 대해 묘사적으로 분석하며, 제2소절에서는 온실가스 배출과 산업 특성 간의 관계를 한국표준산업분류 소분류 단위에서 살펴본다. 이어진 제3소절에서는 화석연료 및 전력의 활용에 따른 온실가스 배출과 사업체의 규모, 탄소생산성 등 사업체 특성 간의 관계에 대해서 알아보고자 한다. 끝으로 제4절에서는 본 연구의 결과 및 그에 따른 정책적 시사점을 다시 한 번 요약·정리한다.

제2절 데이터

본 절에서는 우리나라 제조업에서의 온실가스 배출 특성 및 온실가스 배출과 산업, 사업체 특성 간의 관계를 살펴보기 위해 사용한 두 개의 데이터에 대해서 간략하게 소개하고자 한다.

1. 온실가스배출량조사

본 연구에서 우리나라의 제조업 온실가스에 배출에 관한 정보는 “산업부문 온실가스배출량조사”(혹은 “산업부문 에너지사용 및 온실가스배출량조사”, 이하 “온실가스배출량조사”)를 활용하여 얻었다. 온실가스배출량조사는 제조업 및 광업 등 산업부문에서의 에너지 소비와 온실가스 배출을 파악함으로써 향후 온실가스 감축을 통한 탄소중립을 실현하기 위한 기반을 제공하기 위해 한국에너지공단에서 매년 조사하고 있다. 해당 조사는 본 연구의 분석기간인 2016년부터 2018년까지는 10인 이상의 사업장 전체를 대상으로 온실가스 배출량에 관한 정보를 수집하고 있다. 따라서 본 조사는 다음 소절에서 소개할 광업제조업조사와 조사범위가 일치한다.[2]

온실가스배출량조사는 조사원이 각 사업체를 방문하여 해당 사업체의 석탄, 석유 등의 화석연료, 전력, 열에너지 소비량을 조사하고 온실가스 배출계수 등을 활용하여 이산화탄소를 비롯한 온실가스 배출량을 측정하

---

2 온실가스배출량조사의 결과는 국가온실가스 배출량 종합정보시스템(NETIS)에서 1년 주기로 공표하고 있다.

고 있다. 이 외에도 시멘트산업에서 석회석을 통해 시멘트를 생산하는 과정에서 발생하는 이산화탄소 등 산업공정에서 발생하는 온실가스 역시 조사에 포함되고 있다. 즉, 온실가스배출량조사에서의 온실가스는 사업체의 생산공정에서 직접적으로 발생하는 온실가스뿐만 아니라, 건물의 조명 및 난방 그리고 제품의 수송에 필요한 에너지 활용에서 발생하는 온실가스를 모두 포괄한다. 다만, 온실가스배출량조사에서는 해당 산업에서 활용하는 원재료의 생산과정에서 발생하는 탄소배출에 대한 정보는 포함하고 있지 않으므로 넓은 의미에서의 해당 사업체 혹은 산업의 탄소의존도로 해석하기에는 무리가 있다는 점에 주의하여 해석하여야 한다. 본 연구에서는 다양한 온실가스배출량조사의 조사항목 중 공개되어 있는 산업별, 사업체 규모별 총 온실가스 배출량 및 총배출량 중 화석연료에 의한 온실가스 배출량을 분석에 활용한다.

<표 9-1>과 <표 9-2>는 2016~18년의 제조업 온실가스 배출량을 산출하기 위해 온실가스배출량조사에 응답한 사업체들의 규모 및 산업별 분포를 각각 요약해 놓은 것이다.

<표 **9-1**> 온실가스배출량조사에 응답한 사업체의 규모별 분포

사업체 규모 (종사자 수)	사업체 수 총합 (개)	사업체 수의 연간 평균(개)	비중
10~19	82,565	27,522	0.2847
20~49	68,399	22,800	0.2358
50~99	20,406	6,802	0.0704
100~299	10,621	3,540	0.0366
300~499	1,167	389	0.0040
500+	1,010	337	0.0035

자료: 한국에너지공단, 「온실가스배출량조사」, 2016~2018.

<표 9-2> 온실가스배출량조사에 응답한 사업체의 산업별 분포

산업(한국표준산업분류 중분류)	사업체 수 총합(개)	사업체 수의 연간 평균(개)	비중
식료품 제조업	14,499	4,833	0.0500
음료 제조업	766	255	0.0026
담배 제조업	27	9	0.0001
섬유제품 제조업; 의복 제외	9,354	3,118	0.0323
의복, 의복 액세서리 및 모피제품 제조업	6,106	2,035	0.0211
가죽, 가방 및 신발 제조업	2,266	755	0.0078
목재 및 나무제품 제조업; 가구 제외	2,587	862	0.0089
펄프, 종이 및 종이제품 제조업	5,387	1,796	0.0186
인쇄 및 기록매체 복제업	3,604	1,201	0.0124
코크스, 연탄 및 석유정제품 제조업	427	142	0.0015
화학물질 및 화학제품 제조업; 의약품 제외	7,949	2,650	0.0274
의료용 물질 및 의약품 제조업	1,530	510	0.0053
고무 및 플라스틱제품 제조업	14,387	4,796	0.0496
비금속 광물제품 제조업	7,388	2,463	0.0255
1차 금속 제조업	7,884	2,628	0.0272
금속가공제품 제조업; 기계 및 가구 제외	23,874	7,958	0.0823
전자부품, 컴퓨터, 영상, 음향 및 통신장비 제조업	10,155	3,385	0.0350
의료, 정밀, 광학기기 및 시계 제조업	6,484	2,161	0.0224
전기장비 제조업	11,922	3,974	0.0411
기타 기계 및 장비 제조업	24,384	8,128	0.0841
자동차 및 트레일러 제조업	11,235	3,745	0.0387
기타 운송장비 제조업	4,346	1,449	0.0150
가구 제조업	4,022	1,341	0.0139
기타 제품 제조업	3,065	1,022	0.0106
산업용 기계 및 장비 수리업	520	520	0.0018

자료: 한국에너지공단, 「온실가스배출량조사」, 2016~2018.

2. 제조업의 산업 및 사업체 특성

앞 소절에서 소개한 자료를 통해 파악한 온실가스 배출량에 생산성, 임금을 비롯한 산업의 특성을 연계하여 분석하기 위해 본 연구에서는 2016년부터 2018년까지의 광업제조업조사를 활용하였다. 광업제조업조사는 우리나라 경제의 중요한 축인 광업제조업부문의 산업활동 실태를 파악하여 경제정책의 수립 및 연구분석에 필요한 기초자료를 제공하기 위한 목적으로 매년 통계청에서 실시하는 통계조사이다. 본 연구의 분석기간 중, 광업제조업조사는 한국표준산업분류상 광업 혹은 제조업을 영위하는 종사자 수 10인 이상의 사업체 전체를 조사대상으로 삼고 있다. 우리나라 제조업에서의 온실가스 배출이 대부분 규모가 큰 사업장을 중심으로 이루어지고 있다는 점에서 광업제조업조사를 통해 살펴본 온실가스와 산업 및 사업체 특성 간의 관계는 탄소중립정책에 매우 중요한 정책적 시사점을 갖는다.

광업제조업조사는 다양한 조사항목을 통해 광업 및 제조업에 대한 자세한 정보를 제공한다. 본 연구에서는 이러한 광업제조업조사의 여러 항목 중 생산액과 관련된 항목과 종사자 수 및 연간 급여액과 관련된 항목을 통해 산업별 온실가스 배출과 노동생산성, 종사자 수 등 간의 관계를 살펴보고자 한다. 또한 사업체의 온실가스 배출의 대리변수로 영업비용 중 연료비와 전력비를 활용하여 산업 내 사업체의 온실가스 배출과 사업체 규모, 생산성 및 임금 등 사업체 특성 간의 관계를 살펴보고자 한다.

다음의 표는 본 연구에서 활용한 광업제조업조사 원자료의 대략적인 특성을 요약해 놓은 것이다.

<표 9-3> 사업체의 규모에 따른 평균적인 특성

사업체 규모 (종사자 수)	종사자 수 (명)	유형자산 (백만원)	생산액 (백만원)	1인당 생산액 (백만원)	에너지비용 (백만원)	1인당 에너지비용 (백만원)	에너지비용당 생산액
10~19	82,565	747	3,190	234	55	4.0522	222
20~49	68,399	1,970	8,476	279	177	5.7656	255
50~99	20,406	5,584	24,124	348	545	7.8144	355
100~299	10,621	19,334	75,681	465	2,185	13.2519	462
300~499	1,167	60,841	230,326	608	6,745	17.6423	366
500+	1,010	599,055	1,986,492	1072	60,378	37.3334	496

자료: 통계청, 「광업제조업조사」, 2016~2018.

<표 9-4> 산업별 사업체의 평균적인 특성

산업(한국표준산업분류 중분류)	종사자 수 (명)	유형자산 (백만원)	생산액 (백만원)	1인당 생산액 (백만원)	에너지비용 (백만원)	1인당 에너지비용(백만원)	에너지비용당 생산액(백만원)
식료품 제조업	38.85	3,430	15,019	314.7	285.3	5.4544	172
음료 제조업	58.86	14,395	42,956	429.6	834.0	12.3580	79
담배 제조업	281.00	9,956	574,845	998.9	516.5	18.7152	114
섬유제품 제조업; 의복 제외	27.68	1,440	6,584	218.8	300.9	8.7576	167
의복, 의복 액세서리 및 모피제품 제조업	25.50	750	7,294	168.2	24.0	0.7907	516
가죽, 가방 및 신발 제조업	24.99	669	7,296	202.9	75.5	2.2365	343
목재 및 나무제품 제조업; 가구 제외	22.72	1,721	7,113	276.1	156.1	3.7915	180
펄프, 종이 및 종이제품 제조업	32.42	4,221	13,181	266.4	677.1	6.8295	161

<표 9-4>의 계속

산업(한국표준산업분류 중분류)	종사자 수 (명)	유형자산 (백만원)	생산액 (백만원)	1인당 생산액 (백만원)	에너지비용 (백만원)	1인당 에너지 비용(백만원)	에너지비용당 생산액(백만원)
인쇄 및 기록매체 복제업	24.08	1,184	4,149	160.8	80.2	2.9499	165
코크스, 연탄 및 석유정제품 제조업	85.21	127,366	838,484	1,565.7	18,021.9	24.3720	195
화학물질 및 화학제품 제조업; 의약품 제외	47.41	14,158	53,823	529.2	3,118.6	23.9872	219
의료용 물질 및 의약품 제조업	78.77	14,184	36,804	365.4	490.8	4.7536	233
고무 및 플라스틱제품 제조업	36.65	3,124	11,349	257.0	315.3	6.8378	132
비금속 광물제품 제조업	33.33	5,387	13,829	381.8	833.6	13.1431	144
1차 금속 제조업	48.07	17,062	47,343	516.0	2,353.8	13.2203	218
금속가공제품 제조업; 기계 및 가구 제외	28.11	2,039	8,062	230.4	177.6	4.4137	189
전자부품, 컴퓨터, 영상, 음향 및 통신장비 제조업	101.09	24,714	73,299	249.4	1,688.1	3.1584	465
의료, 정밀, 광학기기 및 시계 제조업	36.90	2,047	11,233	213.5	70.6	1.3974	507
전기장비 제조업	44.02	3,793	18,589	265.5	192.1	2.2853	448
기타 기계 및 장비 제조업	34.14	2,473	12,241	257.3	114.3	2.8029	258
자동차 및 트레일러 제조업	65.07	6,816	32,123	288.6	369.5	4.5322	244
기타 운송장비 제조업	101.31	11,043	38,562	160.1	400.4	2.5835	648
가구 제조업	23.13	933	6,121	222.6	52.1	2.0585	229
기타 제품 제조업	24.69	884	4,946	178.4	43.8	1.6572	424
산업용 기계 및 장비 수리업	41.77	434	5,695	151.1	13.1	0.4539	979

자료: 통계청, 「광업제조업조사」, 2016~2018.

제3절 실증분석 결과

본 절에서는 앞서 설명한 두 가지 자료를 활용하여 온실가스 배출과 생산성, 종사자 등 산업 및 사업체 특성 간의 관계를 살펴보고자 한다. 이를 통해 향후 온실가스 배출을 줄이기 위한 과정에서 발생할 수 있는 사회·경제적 비용 및 이에 대응하기 위한 정책적 함의를 얻고자 한다.

1. 우리나라의 제조업 온실가스 배출 특성

본 소절에서는 온실가스배출량조사를 통해 우리나라 제조업에서 발생하는 온실가스 배출에 대해서 묘사적으로 살펴보고 있다. 우선 사업체 규모에 따른 온실가스 배출을 분석함으로써 우리나라 제조업에서의 온실가스 배출이 사업체 규모별로 어느 정도 편차가 있는지를 알아보고자 한다. 본 연구에서 활용한 온실가스배출량조사는 사업체 규모를 종사자 수를 활용하여 10~19인, 20~49인, 50~99인, 100~299인, 300~499인 및 500인 이상 사업체, 6개의 분류로 나누고 있다. <표 9-5>는 각 사업체 규모에 해당하는 제조업 사업체들의 2016~18년간의 온실가스 배출량 총량 및 비중 그리고 종사자 1인당 평균 온실가스 배출량을 나타내고 있다.

<표 9-5>를 통해 우리는 우리나라 제조업에서의 온실가스 배출이 사업체 규모별로 상당한 이질성을 보인다는 사실을 알 수 있다. 보다 구체적으로 우리나라 제조업에서 발생하는 온실가스의 대부분은 300인 이상의 대규모 사업체에서 발생한다는 사실을 확인할 수 있다. 분석기간 중 우리나라 10인 이상 제조업체에서 발생한 온실가스 총량은 947,205천CO_2환산톤이며, 이 중 약 75%에 해당하는 약 697,091천CO_2환산톤이 300인 이상의 사업체에서 발생하였다. 반면, 대부분의 사업체가 속해 있는 100인 미만의 사업체에서는 10인 이상 제조업에서 발생하는 온실가스 총량의 약 14%만이 발생하고 있다.

<표 9-5> 사업체 규모별 온실가스 배출량의 총합 및 1인당 배출량

사업체 규모 (종사자 수)	온실가스 배출총량 (천CO_2환산톤)	온실가스 배출 비중	1인당 온실가스 배출량(천CO_2환산톤)
10~19	28,658	0.0303	0.0209
20~49	48,427	0.0511	0.0227
50~99	50,193	0.0530	0.0363
100~299	122,837	0.1297	0.0755
300~499	61,379	0.0648	0.1404
500+	635,712	0.6711	0.3816
총합	947,205		

자료: 한국에너지공단, 「온실가스배출량조사」, 2016~2018.

<표 9-6> 사업체 규모별 화석연료로 인한 온실가스 배출량의 총합 및 1인당 배출량

사업체 규모 (종사자 수)	온실가스 배출총량 (천CO_2환산톤)	온실가스 배출 비중	1인당 온실가스 배출량(천CO_2환산톤)
10~19	10413	0.0166	0.0076
20~49	13059	0.0208	0.0061
50~99	21997	0.0351	0.0159
100~299	58117	0.0927	0.0357
300~499	37799	0.0603	0.0865
500+	485677	0.7745	0.2915
총합	627062		

자료: 한국에너지공단, 「온실가스배출량조사」, 2016~2018.

특히 <표 9-6>에서 나타나듯 석유, 석탄 등 화석연료의 활용으로 인하여 사업체에서 직접적으로 배출되는 온실가스 배출의 경우에는 사업체의 규모에 따른 집중이 더욱 두드러지게 나타난다. 10인 이상 사업체에서 발생하는 화석연료로 인한 온실가스의 약 83% 이상이 300인 이상의 사업체에서 발생하고 있으며, 300인 이상 사업체 중에서도 500인 이상의 사업체에서 발생하는 비중이 화석연료로 인한 배출의 약 78%를 차지한다.

사업체 규모에 따른 온실가스 배출의 집중은 종사자 1인당 온실가스 배출에서도 동일하게 관찰되고 있다. <표 9-5>의 마지막 열은 각 사업체 규모별로 종사자 1인당 온실가스 배출량을 구한 것이다. 해당 열을 보면, 분석기간 중 500인 이상의 사업체에서 근무하는 종사자 1인당 온실가스 배출량은 약 0.4천CO_2환산톤인데, 이는 10인 이상 20인 미만 사업장에서 근무하는 근로자가 연간 배출하는 온실가스의 양인 0.02천CO_2환산톤의 약 18배에 해당한다.

온실가스 감축정책에 대한 대응여력이 있을 것으로 판단되는 대규모 사업체에서 대부분의 온실가스가 발생한다는 점은 탄소중립정책의 집행에 있어서 긍정적인 측면으로 작용할 여지가 있다. 즉, 다수의 영세한 중소규모 사업체에서 감축대상인 온실가스가 발생하는 것보다는 소수의 대규모 사업체에서 온실가스가 발생하는 것이 탄소중립정책의 집행 및 감독 측면에서 더 수월할 것으로 보인다. 또한 대규모 사업장의 경우 탄소중립을 위한 새로운 기술 도입, 업종 전환 및 근로자 재교육 등 탄소중립정책으로 발생하는 비용의 상당 부분을 기업 혹은 사업체 내부적으로 어느 정도 해결할 수 있을 것으로 판단된다.

사업체 규모에 따른 온실가스 배출과 마찬가지로 우리나라의 온실가스 배출은 특정한 산업에서 집중적으로 발생하고 있다. <표 9-7>은 2016~18년 기간 동안의 산업별 온실가스 배출총량, 비중 및 종사자 1인당 평균 온실가스 배출량을 한국표준산업분류 중분류(2자리) 단위에서 정리해 놓은 것이다. <표 9-7>을 살펴보면, 석유, 화학 및 금속 산업이 전체 온실가스 배출량의 약 70%를 차지하는 것을 확인할 수 있다. 따라서 우리나라의 탄소중립정책의 주요 대상은 이렇게 온실가스 배출이 집중되어 있는 산업이 될 것이라고 예상할 수 있다. 화석연료의 활용 등으로 인한 직접적인 온실가스 배출을 산업별로 정리한 <표 9-8>을 살펴보면 석유, 화학 및 금속 산업의 온실가스 배출 집중이 더욱더 두드러진다. 제조업 사업체에서 화석연료의 활용을 통해 직접적으로 배출하는 온실가스 중 약 80%가 석유, 화학 및 금속 산업에 집중되어 있다는 것을 알 수 있다.

<표 9-7>의 마지막 열은 분석기간 중 산업별 종사자 1인당 연간 온실가스 배출량을 나타낸 것이다. 종사자 1인당 온실가스 배출량 역시 우리나라 제조업에서의 온실가스 배출이 특정 산업에 집중되어 있다는 점을

<표 9-7> 산업별 온실가스 배출량의 총합 및 1인당 배출량

산업 (한국표준산업분류 중분류)	온실가스 배출총량 (천CO_2환산톤)	온실가스 배출 비중	1인당 온실가스 배출량 (천CO_2환산톤)
식료품 제조업	19,008	0.0201	0.0318
음료 제조업	2,673	0.0028	0.0646
담배 제조업	286	0.0003	0.3387
섬유제품 제조업; 의복 제외	11,283	0.0119	0.0451
의복, 의복 액세서리 및 모피제품 제조업	968	0.0010	0.0056
가죽, 가방 및 신발 제조업	635	0.0007	0.0121
목재 및 나무제품 제조업; 가구 제외	4,869	0.0051	0.0867
펄프, 종이 및 종이제품 제조업	24,510	0.0259	0.1406
인쇄 및 기록매체 복제업	1,014	0.0011	0.0119
코크스, 연탄 및 석유정제품 제조업	114,054	0.1204	3.6177
화학물질 및 화학제품 제조업; 의약품 제외	159,184	0.1681	0.3935
의료용 물질 및 의약품 제조업	3,228	0.0034	0.0268
고무 및 플라스틱제품 제조업	20,587	0.0217	0.0300
비금속 광물제품 제조업	72,128	0.0761	0.2765
1차 금속 제조업	378,741	0.3999	0.8972
금속가공제품 제조업; 기계 및 가구 제외	16,595	0.0175	0.0208
전자부품, 컴퓨터, 영상, 음향 및 통신장비 제조업	65,155	0.0688	0.0599
의료, 정밀, 광학기기 및 시계 제조업	1,547	0.0016	0.0060
전기장비 제조업	9,434	0.0100	0.0165
기타 기계 및 장비 제조업	10,458	0.0110	0.0107
자동차 및 트레일러 제조업	22,986	0.0243	0.0254
기타 운송장비 제조업	6,425	0.0068	0.0147
가구 제조업	859	0.0009	0.0102
기타 제품 제조업	451	0.0005	0.0061
산업용 기계 및 장비 수리업	128	0.0001	0.0057
총합	947,204		

자료: 한국에너지공단, 「온실가스배출량조사」, 2016~2018.

<표 9-8> 산업별 화석연료로 인한 온실가스 배출량의 총합 및 1인당 배출량

산업 (한국표준산업분류 중분류)	온실가스 배출총량 (천CO_2환산톤)	온실가스 배출 비중	1인당 온실가스 배출량 (천CO_2환산톤)
식료품 제조업	8,388	0.0134	0.0140
음료 제조업	1,276	0.0020	0.0308
담배 제조업	89	0.0001	0.1057
섬유제품 제조업; 의복 제외	5,207	0.0083	0.0208
의복, 의복 액세서리 및 모피제품 제조업	548	0.0009	0.0031
가죽, 가방 및 신발 제조업	215	0.0003	0.0041
목재 및 나무제품 제조업; 가구 제외	3,262	0.0052	0.0581
펄프, 종이 및 종이제품 제조업	12,812	0.0204	0.0735
인쇄 및 기록매체 복제업	317	0.0005	0.0037
코크스, 연탄 및 석유정제품 제조업	100,453	0.1602	3.1862
화학물질 및 화학제품 제조업; 의약품 제외	99,879	0.1593	0.2469
의료용 물질 및 의약품 제조업	906	0.0014	0.0075
고무 및 플라스틱제품 제조업	5,080	0.0081	0.0074
비금속 광물제품 제조업	54,932	0.0876	0.2106
1차 금속 제조업	314,916	0.5022	0.7460
금속가공제품 제조업; 기계 및 가구 제외	3,927	0.0063	0.0049
전자부품, 컴퓨터, 영상, 음향 및 통신장비 제조업	5,109	0.0081	0.0047
의료, 정밀, 광학기기 및 시계 제조업	173	0.0003	0.0007
전기장비 제조업	1,467	0.0023	0.0026
기타 기계 및 장비 제조업	1,276	0.0020	0.0013
자동차 및 트레일러 제조업	5,348	0.0085	0.0059
기타 운송장비 제조업	1,234	0.0020	0.0028
가구 제조업	199	0.0003	0.0024
기타 제품 제조업	31	0.0000	0.0004
산업용 기계 및 장비 수리업	15	0.0000	0.0007
총합	627,059		

자료: 한국에너지공단, 「온실가스배출량조사」, 2016~2018.

반복적으로 확인시켜 주고 있다. <표 9-7>을 살펴보면 대부분의 산업에서 1인당 온실가스 배출량은 연간 0.2천CO_2환산톤에 미치지 않는다. 반면, 석유정제업의 경우 종사자 1인당 온실가스 배출량이 무려 연간 3.6천CO_2환산톤이며, 그 뒤를 이어 1차 금속 제조업, 화학물질 제조업의 종사자는 연간 각각 0.9, 0.4천CO_2환산톤의 온실가스를 배출하고 있다. 따라서 우리나라의 탄소중립정책의 성패는 기술개발 및 전기화를 통해 해당 산업의 온실가스 배출을 얼마나 원활하게 줄이느냐에 달려 있을 것으로 판단된다.

또한 탄소중립정책과 관련하여 <표 9-7>~<표 9-8>을 살펴보면 의료, 자동차, 전기, 전자 산업 등 제조업 내에서 상대적으로 고기술군에 속하는 산업의 온실가스 배출량 및 비중은 상대적으로 미미한 것을 확인할 수 있다. 이는 탄소중립정책을 통해 새로운 일자리 창출과 경제적 수준의 향상이 성공적으로 이루어지기 위해서는 저탄소 고부가가치 산업으로의 산업구조조정이 탄소중립정책의 일환으로 점진적으로 같이 이루어져야 함을 시사한다.

2. 온실가스 배출과 산업 특성 간의 관계

본 소절에서는 한국표준산업분류상 소분류 단위에서 산업별 온실가스 배출과 종사자 수 및 생산성 등 산업 특성 간의 상관관계를 그림을 통해 살펴보고자 한다. 이를 통해, 온실가스를 줄이려는 정책이 가져올 수 있는 잠재적인 부작용을 살펴보고 이에 따른 정책적 시사점에 대한 함의를 얻고자 한다. 즉, 현재의 시점에서 산업별 온실가스 배출량과 산업별 고용 및 1인당 생산성 간의 상관관계를 통하여 온실가스 배출량의 감축으로 인해 발생할 수 있는 경제적 손실에 대한 이해를 넓히고자 한다. 예를 들어 산업별 수준에서 온실가스 배출량과 고용량 간에 별다른 상관관계가 관찰되지 않는다면 온실가스 배출량 감축정책이 고용에 부정적인 영향 없이 달성될 수 있는 가능성을 뒷받침한다고 할 수 있다. 반면, 온실가스 배출과 고용 간에 뚜렷한 양(+)의 상관관계가 존재한다면 온실가스 배출을 줄이려는 노력이 고용에 미칠 수 있는 부정적인 영향에 대한 좀 더 진지한 정책적 고민이 필요하다는 점을 시사한다. 이와 마찬가지로 온실가스 배출량과 1인당 생산성 간에 밀접한 관계가 존재한다면, 이는 우리나라 경제에서 화석연료가 생산액에 영향을 미치는 주요한 생산요소라는 점을 환기시키는 결과이며, 따라서 온실가스 감축정책의 설계 및 시행에 있어서 더욱더 신중함을 기해야 함을 시사한다.

우선 분석기간 중 산업별 온실가스 배출총량과 고용량 간의 관계를 [그림 9-1]을 통하여 살펴보았다. [그림 9-1]은 온실가스 배출과 종사자 수 간에 강한 양(+)의 상관관계가 있음을 보여주고 있다. 즉, 온실가스 배출이 적은 산업에 비해 온실가스 배출이 상대적으로 많은 산업에서 더 많은 근로자가 종사하고 있다. 이러한 종사자 수와 온실가스 배출 간의 상관관계는 온실가스 배출이 많은 산업을 겨냥하는 탄소중립정책이 많은 근로자에게 영향을 미칠 수 있음을 시사한다.

[그림 9-1] 산업별 온실가스 배출과 종사자 수 간의 관계

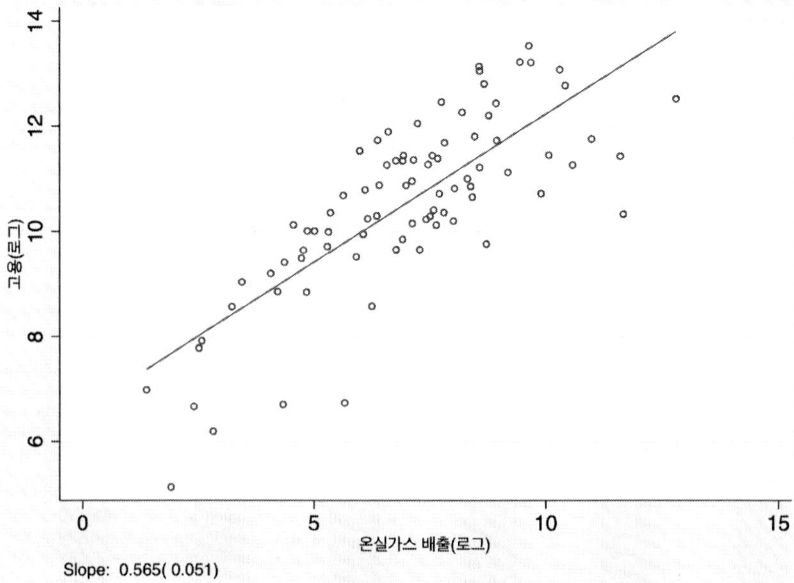

자료: 「온실가스배출량조사」와 「광업제조업조사」를 활용하여 저자 계산.

이어진 [그림 9-2]와 [그림 9-3]은 산업별 온실가스 배출 및 1인당 온실가스 배출과 종사자 1인당 생산액으로 측정된 노동생산성 간의 관계를 각각 나타내고 있다. 산업별 온실가스 배출과 노동생산성 간의 관계를 나타낸 [그림 9-2]와 1인당 온실가스 배출과 노동생산성 간의 관계를 나타낸 [그림 9-3] 모두 온실가스 배출과 생산성 간에 양(+)의 상관관계가 있음을 나타내고 있다. 다시 말해, 온실가스를 많이 배출하는 산업, 종사자 1인당 온실가스 배출량이 많은 산업일수록 해당 산업에서 종사하는 근로자의 연간 생산액이 많다. 위 결과는 화석연료 및 화석연료를 활용하여 생산한 전력이 현재 우리 경제에서 중요한 생산요소임을 환기시키고 있다. 이는 탄소중립정책이 신중하지 못하게 설계되거나 집행될 경우 자칫 우리 경제의 생산 및 경제적 생활수준에 부정적인 영향을 미칠 가능성을 배제할 수 없음을 시사한다.

[그림 9-2] 산업별 온실가스 배출과 1인당 생산액(노동생산성) 간의 관계

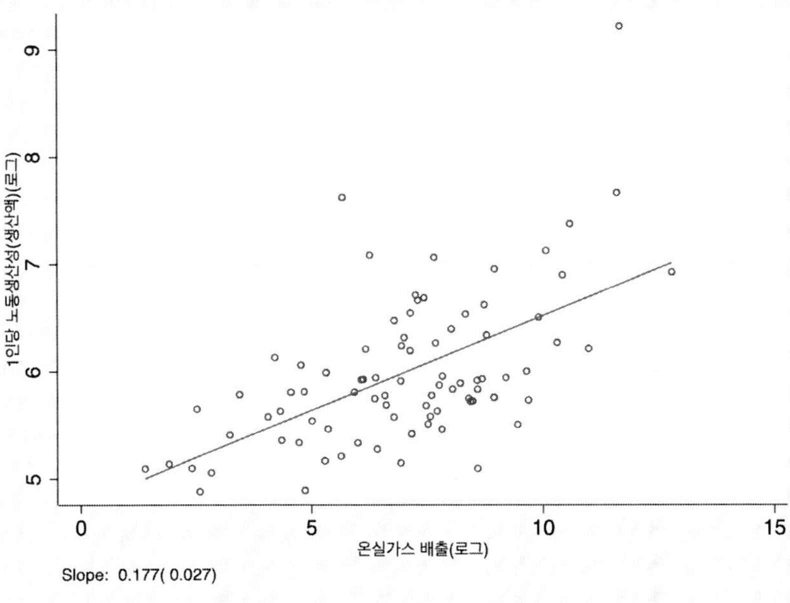

자료: 「온실가스배출량조사」와 「광업제조업조사」를 활용하여 저자 계산.

[그림 9-3] 산업별 1인당 온실가스 배출과 1인당 생산액(노동생산성) 간의 관계

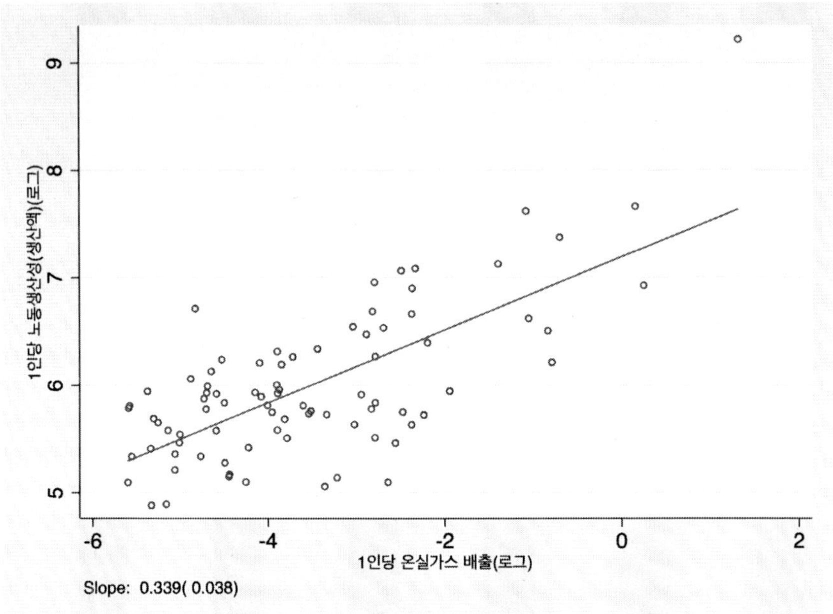

자료: 「온실가스배출량조사」와 「광업제조업조사」를 활용하여 저자 계산.

노동생산성과 밀접한 관계가 있는 종사자 1인당 평균임금 역시 산업별 수준에서 온실가스 배출총량 및 1인당 온실가스 배출량과 양(+)의 상관관계를 보이고 있다(그림 9-4 및 그림 9-5 참조). 즉, 1인당 온실가스 및 총 온실가스 배출량이 높은 산업에 종사하는 근로자일수록 1인당 임금이 높다. 이러한 결과는 온실가스 배출을 제한하는 탄소중립정책으로 인하여 생산활동에 많은 제약과 규제가 이루어질 경우 임금이 높은 양질의 일자리에 부정적인 영향을 미칠 가능성을 배제할 수 없음을 시사한다. 따라서 향후 탄소중립정책은 해당 정책이 양질의 일자리에 미칠 수 있는 부정적인 영향을 엄밀하게 고려하여 신중하게 설계되고 집행되어야 한다.

이어서 온실가스 배출 1단위당 생산액으로 측정된 탄소생산성과 해당 산업의 온실가스 배출 간의 관계를 통해 온실가스 배출에 소위 '규모의 경제'가 존재하는지 혹은 일종의 '수확체감의 법칙'이 존재하는지를 살펴보고자 한다. 이를 통해, 온실가스 배출이 특정 산업 및 사업체 규모에

[그림 9-4] 산업별 1인당 온실가스 배출과 종사자 1인당 평균임금 간의 관계

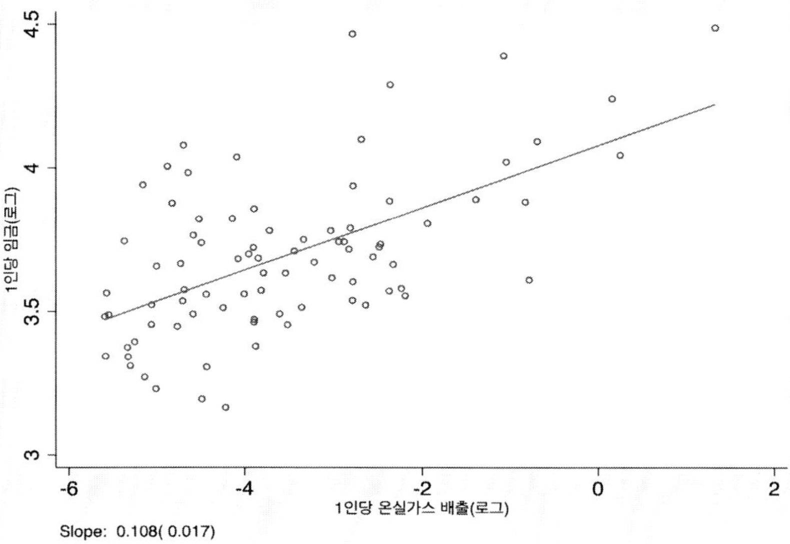

자료: 「온실가스배출량조사」와 「광업제조업조사」를 활용하여 저자 계산.

[그림 9-5] 산업별 온실가스 배출과 종사자 1인당 평균임금 간의 관계

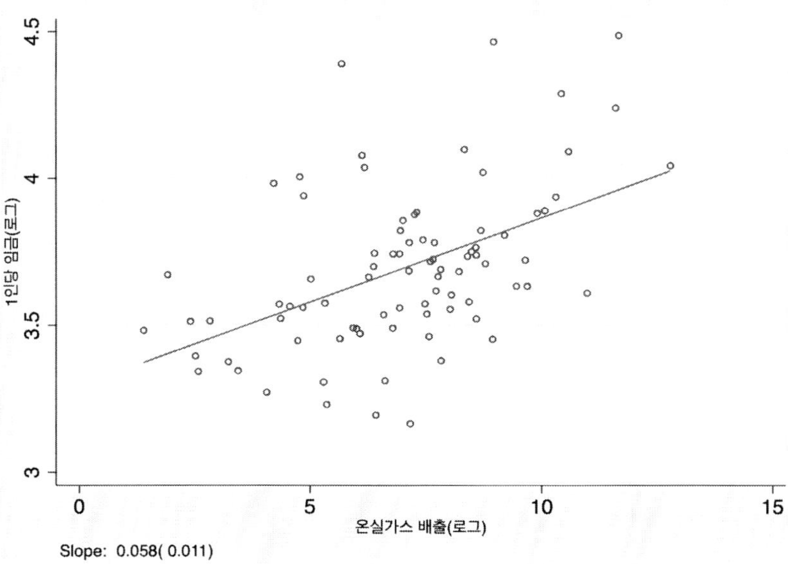

자료: 「온실가스배출량조사」와 「광업제조업조사」를 활용하여 저자 계산.

[그림 9-6] 산업별 온실가스 배출과 탄소생산성 간의 관계

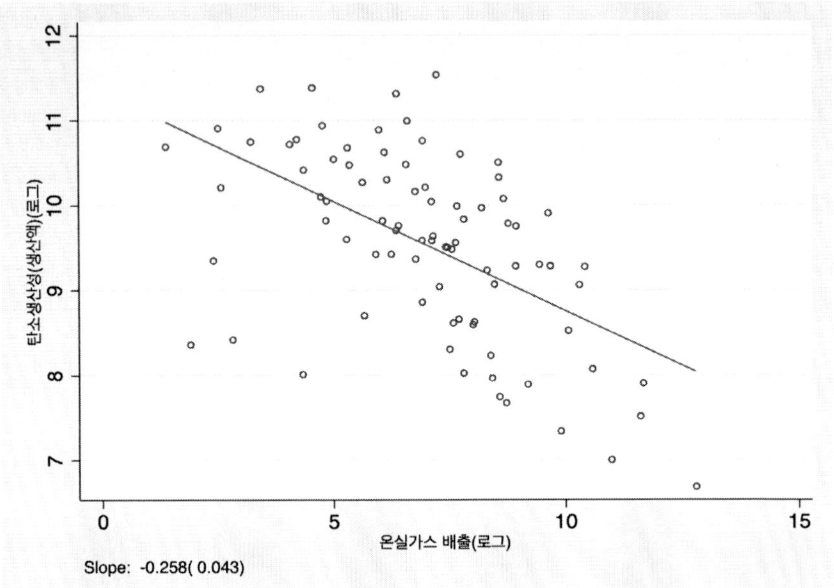

자료: 「온실가스배출량조사」와 「광업제조업조사」를 활용하여 저자 계산.

집중된 우리나라의 현실에서 온실가스 배출을 감축하는 정책이 생산성에 미치는 영향에 대한 함의를 얻고자 한다.

[그림 9-6]을 통해 우리는 산업의 탄소생산성(온실가스 1단위당 생산액)과 해당 산업의 총 온실가스 배출량 간에 강한 음(-)의 상관관계가 있음을 확인할 수 있다. 이는 에너지의 활용에 있어서 일종의 수확체감의 법칙이 작용하고 있으며, 온실가스를 이미 많이 배출하고 있는 산업에서 추가적으로 화석에너지 등을 활용하게 될 경우 추가적인 생산액 대비 온실가스 배출이 더욱더 늘어나게 됨을 시사한다.

종사자 1인당 온실가스 배출과 탄소생산성 간의 관계를 나타내고 있는 [그림 9-7] 역시 종사자 1인당 온실가스 배출이 늘어날수록 해당 산업의 탄소생산성 역시 줄어드는 경향을 확인하고 있다. 이를 종합하면, 에너지는 노동생산성에 영향을 미치는 중요한 생산요소이기는 하나, 근로자 1인이 더 많은 에너지를 활용할수록 에너지의 활용(및 그로 인한 온실가스 배출)이 생산에 기여하는 정도가 감소함을 확인할 수 있다.

[그림 9-7] 산업별 1인당 온실가스 배출과 탄소생산성 간의 관계

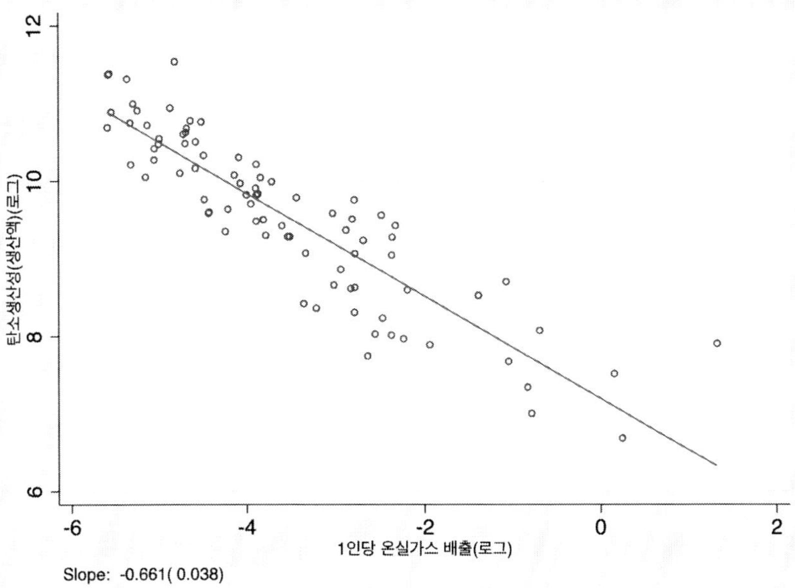

자료: 「온실가스배출량조사」와 「광업제조업조사」를 활용하여 저자 계산.

본 소절에서 살펴본 온실가스 한 단위당 생산액(탄소생산성)과 1인당 온실가스 배출 및 노동생산성 간의 관계는 탄소중립정책 수립 및 집행과 관련한 중요한 유의점을 정책당국에 제시한다고 할 수 있다. 동일한 양의 온실가스 배출을 줄이고자 할 때 탄소생산성이 낮은 산업, 다시 말해 온실가스 단위당 생산액이 낮은 산업에서 온실가스를 줄이는 것이 생산의 감소로 인한 경제적 충격을 완화한다는 측면에서는 효율적이다. 그러나 앞서 살펴보았듯 탄소생산성이 낮은 산업은 온실가스 배출이 많은 산업이며, 우리나라에서 온실가스 배출이 많은 산업은 다른 산업에 비해 평균적으로 높은 임금을 지급할 뿐만 아니라 더 많은 근로자가 일하고 있다. 따라서 정책당국은 온실가스 배출총량 및 1인당 온실가스 배출이 높은 산업을 중심으로 탄소중립정책을 집행하되, 그 과정에서 생산액 및 양질의 일자리에 미치는 영향을 면밀하게 주기적으로 관찰함으로써 탄소중립정책이 경제에 미치는 영향에 긴밀하게 대응할 필요가 있다.

3. 온실가스 배출과 사업체 특성 간의 관계

본 소절에서는 개별 산업 내의 사업체 간 변이를 활용하여 온실가스 배출과 사업체 특성 간의 관계를 살펴보고자 한다. 앞서 언급한 바와 같이, 광업제조업조사와 온실가스배출량조사를 개별 사업체 단위에서 연계하기는 어렵다. 따라서 본 소절에서는 개별 사업체의 에너지 활용 및 그에 따른 온실가스 배출의 대리변수로 개별 사업체의 연료비와 전력비의 합을 활용한다.

이러한 대리변수의 활용이 얼마나 적절한지를 살펴보기 위하여 [그림 9-8]은 온실가스배출량조사의 온실가스와 광업제조업조사의 연료비와 전력비의 합 간의 관계를 산업별 수준에서 살펴보고 있다. 이 그림은 광업제조업조사에서 조사된 연료비와 전력비의 합과 온실가스배출량조사를 통해서 얻은 온실가스 배출 간에 강한 선형의 상관관계가 있음을 보여주고 있다. 이는 온실가스배출량조사가 개별 사업체의 화석연료에 대한 지

[그림 9-8] 산업별 온실가스 배출과 에너지비용(연료비와 전력비의 합) 간의 관계

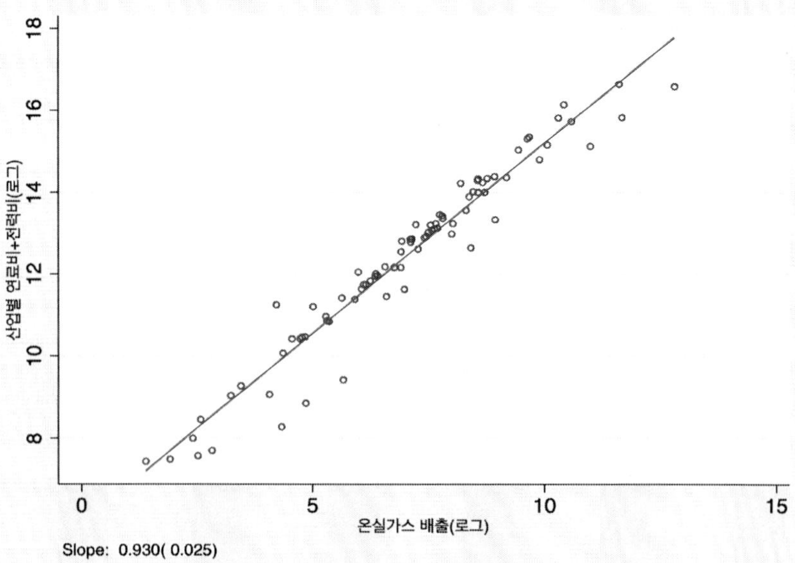

자료: 「온실가스배출량조사」와 「광업제조업조사」를 활용하여 저자 계산.

출과 전력에 대한 지출을 활용하였다는 점에서 조사의 설계와도 부합하는 결과라고 할 수 있다. 따라서 본 소절에서는 개별 사업체 단위에서 연료비와 전력비의 총합과 온실가스 배출을 별도의 구분 없이 혼용하여 활용하도록 한다.

우선 <표 9-9>에서는 회귀분석을 활용하여 에너지비용 단위당 생산액과 종사자 수로 대변되는 사업체 규모 간의 상관관계를 살펴보고 있다. 모형 (1)에서는 산업 및 연도 고정효과를 통제하였으며, 모형 (2)에서는 산업에 따라 연도별로 달라질 수 있는 거시경제적 충격을 명시적으로 고려하여 산업 및 연도 고정효과에 덧붙여 산업*연도 고정효과를 추가로 통제하였다. 분석 결과를 살펴보면, 에너지비용 단위당 생산액(탄소생산성)과 종사자 수로 대변되는 사업체 규모 간에는 통계적으로 유의한 상관관계가 관찰되지 않음을 확인할 수 있다. 이는 탄소생산성으로 측정한 에너지 활용의 효율성에 있어서 동일한 산업 내에서 사업체 규모별로 유의한 차이가 나지 않는다는 것을 의미한다. 즉, 에너지의 활용에 있어서 같은 산업 내에서는 사업체의 규모와 관계없이 비슷한 기술을 활용할 가능성을 뒷받침하고 있다.

이어진 <표 9-10>과 <표 9-11>에서는 종사자 1인당 에너지 소비(온실가스 배출)와 1인당 생산액을 통해 나타낸 노동생산성 및 평균임금 간의 상관관계를 살펴보고 있다. 분석 결과를 살펴보면, 1인당 에너지 소비가 높은 사업체(온실가스 배출이 많은 사업체)일수록 노동생산성이 높은 경향이 관찰되고 있다. 이는 산업 간뿐만 아니라, 산업 내에서도 종사자당 온실가스 배출이 임금 및 노동생산성과 밀접한 관계가 있다는 점을 시사한다. 따라서 향후 온실가스 배출에 대한 규제를 통해 종사자 1인당 온실가스 배출이 줄어들었을 때 임금과 노동생산성이 같이 줄어들 가능성을 염두에 두는 세심한 정책적 배려가 필요함을 다시 한번 환기시키고 있다.

또한 <표 9-12>를 통해 우리는 동일한 산업 내에서 규모가 큰 사업체일수록 1인당 에너지 소비(및 그에 따른 온실가스 배출)가 커지는 경향을 관찰할 수 있다. 즉, 앞의 소절에서 살펴본 사업체 규모와 온실가스 배출 간의 관계가 동일한 산업 내에서도 관찰됨을 알 수 있다.

<표 9-9> 사업체의 탄소생산성과 종사자 규모 간의 관계

종속변수: 탄소생산성 (에너지비용 1단위당 생산액)	(1)	(2)
종사자 수(로그)	0.00584 (.0038)	0.00560 (.0038)
조정된 결정계수	0.183	0.183
관측치 수	188,594	188,594
연도, 산업 고정효과	○	○
연도*산업 고정효과	×	○

주: 1) 통계적 유의수준: ***p<0.01, **p<0.05.
2) 괄호 안의 표준오차는 산업별 오차항의 이분산성에 강건한 방식으로 계산되었음.
자료: 「광업제조업조사」를 활용하여 저자 계산.

<표 9-10> 사업체의 1인당 온실가스 배출과 1인당 생산액 간의 관계

종속변수: 노동생산성(로그)	(1)	(2)
1인당 온실가스 배출 (종사자 1인당 에너지비용 로그)	0.285*** (.0018)	0.285*** (.0018)
조정된 결정계수	0.291	0.291
관측치 수	188,594	188,594
연도, 산업 고정효과	○	○
연도*산업 고정효과	×	○

주: 1) 통계적 유의수준: ***p<0.01, **p<0.05.
2) 괄호 안의 표준오차는 산업별 오차항의 이분산성에 강건한 방식으로 계산되었음.
자료: 「광업제조업조사」를 활용하여 저자 계산.

<표 9-11> 사업체의 1인당 온실가스 배출과 1인당 평균임금 간의 관계

종속변수: 평균임금(로그)	(1)	(2)
1인당 온실가스 배출 (종사자 1인당 에너지비용 로그)	0.101*** (.001)	0.101*** (.001)
조정된 결정계수	0.227	0.228
관측치 수	188,366	188,366
연도, 산업 고정효과	○	○
연도*산업 고정효과	×	○

주: 1) 통계적 유의수준: ***p<0.01, **p<0.05.
2) 괄호 안의 표준오차는 산업별 오차항의 이분산성에 강건한 방식으로 계산되었음.
자료: 「광업제조업조사」를 활용하여 저자 계산.

<표 9-12> 사업체의 1인당 온실가스 배출과 사업체 규모(종사자 수) 간의 관계

종속변수: 1인당 온실가스 배출 (종사자 1인당 에너지비용 로그)	(1)	(2)
종사자 수(로그)	0.253*** (.0042)	0.253*** (.0042)
조정된 결정계수	0.241	0.242
관측치 수	188,601	188,601
연도, 산업 고정효과	○	○
연도*산업 고정효과	×	○

주: 1) 통계적 유의수준: ***p<0.01, **p<0.05.
2) 괄호 안의 표준오차는 산업별 오차항의 이분산성에 강건한 방식으로 계산되었음.
자료: 「광업제조업조사」를 활용하여 저자 계산.

지금까지의 분석 결과를 종합하면, 동일한 산업 내에서 규모가 더 큰 사업체의 생산성이 높은 이유는 규모가 큰 사업체가 온실가스 배출 단위당 에너지효율적인 기술을 활용하기 때문이라기보다는 규모가 작은 사업체에 비해 종사자 1인당 에너지 투입이 높기 때문으로 보인다. 이를 다르게 해석하면, 온실가스 배출량이 많은 대규모 사업체를 중심으로 기술도입을 통한 온실가스 배출 감축의 여지가 있을 수 있음을 의미한다고 볼 수 있다. 따라서 정부가 잘 설계된 탄소중립정책을 통해 기업의 효율적인 에너지 활용기술의 개발 및 도입을 유도할 경우 탄소중립정책이 생산성에 미치는 부정적 영향이 최소화될 수 있을 것이다.

1인당 에너지 소비 및 그에 따른 온실가스 배출과 에너지비용 한 단위당 생산액 간의 관계를 나타낸 <표 9-13> 역시 산업별 이질성을 활용한 앞선 소절에서의 분석과 일치하는 결과를 보이고 있다. 즉, 추정된 계숫값이 통계적으로 유의한 음수(-)인데, 이는 1인당 에너지 활용 및 그에 따른 온실가스 배출이 많은 사업체일수록 에너지 활용 1단위당 생산액이 낮아진다는 것을 의미한다. 즉, 동일한 산업 내에서 에너지 소비가 집중될수록 온실가스 배출 대비 생산액이 낮아지는 경향이 있다. 이러한 결과는, 생산액의 감소를 최소화하면서 온실가스를 많이 감축하기 위해서는 결국 온실가스를 많이 배출하는 사업장이 탄소중립정책의 주요 대상이 될 수밖에 없음을 시사한다.

<표 9-13> 탄소생산성과 1인당 온실가스 배출 간의 관계

종속변수: 탄소생산성 (에너지비용 1단위당 생산액)	(1)	(2)
1인당 온실가스 배출(로그)	-0.715*** (.0018)	-0.715*** (.0018)
조정된 결정계수	0.663	0.663
관측치 수	188,594	188,594
연도, 산업 고정효과	○	○
연도*산업 고정효과	×	○

주: 1) 통계적 유의수준: ***p<0.01, **p<0.05.

2) 괄호 안의 표준오차는 산업별 오차항의 이분산성에 강건한 방식으로 계산되었음.

자료: 「광업제조업조사」를 활용하여 저자 계산.

제4절 결 론

본 장에서는 우리나라의 온실가스 배출 특성에 대해서 살펴보고, 이러한 온실가스 배출과 제조업 내의 산업 및 사업체의 특성 간의 관계를 알아봄으로써 향후 탄소중립정책의 추진에 대한 정책적 함의를 얻고자 하였다.

본 연구는 가까운 과거에 관찰된 자료를 활용한 분석을 통해 미래에 이루어질 탄소중립정책의 효과를 살펴본다는 근본적인 한계를 지닌다. 즉, 본 보고서는 탄소중립정책으로 인해 내생적으로 이루어질 수 있는 기술발전의 가능성을 포함하지 못한다. 따라서 본 연구는 보수적인 입장에서 탄소중립정책이 우리 경제와 산업에 미칠 수 있는 영향을 변수 간의 상관관계를 통해 살펴보고 그에 따른 정책적 시사점을 도출한 보고서로 이해하여야 한다.

이러한 한계 내에서 본 장의 연구 결과는 다음과 같은 점을 시사한다. 우리나라의 제조업에서 발생하는 대부분의 온실가스는 300인 이상의 대규모 사업체 및 석유, 화학, 금속 등 특정한 산업에서 발생한다. 온실가스 배출과 산업 특성 간의 관계를 분석한 결과, 온실가스 배출과 고용, 1인당 생산성 및 임금 간에 매우 밀접한 관계가 있음을 발견할 수 있었다.

반면, 온실가스 배출이 많은 산업일수록 온실가스 한 단위당 생산액이 적은 것으로 나타났다.

이어서, 산업 내 사업체 간 이질성을 이용하여 온실가스 배출과 사업체 특성 간의 관계를 살펴보았다. 분석 결과, 산업 내에서도 사업체 규모에 따른 온실가스 배출의 집중이 관찰되었으나 규모가 큰 사업체가 규모가 작은 사업체에 비해 에너지를 효율적으로 활용한다는 증거는 찾기 어려웠다. 오히려 에너지 활용 및 그에 따른 온실가스 배출이 특정한 사업체에 집중될수록 에너지당 생산액 혹은 탄소생산성이 떨어지는 경향을 발견하였다.

이상의 결과를 통해, 우리는 온실가스 배출이 집중되어 있는 특정 산업의 소수의 대규모 사업장을 중심으로 온실가스 배출을 우선 감축하는 것이 생산액의 감소를 최소화하는 방안이라는 시사점을 얻을 수 있다. 다만, 해당 산업 및 사업체에는 많은 수의 고임금근로자가 고용되어 있으므로 탄소중립정책의 시행 및 설계에 있어 임금 및 양질의 일자리에 미칠 수 있는 부정적인 영향에 대한 각별한 주의가 요망된다.

참고문헌

길은선 · 이슬기 · 임미라, 「온실가스 감축정책 시행 후 제조업의 이산화탄소 배출량 변화 분석」, 『경제학연구』, 제69권 제3호, 2021, pp.55~95.

김현석, 『온실가스 감축정책이 산업부문별 경쟁력에 미치는 영향』, 정책연구시리즈 2021-13, 한국개발연구원, 2021.

박경훈 · 박종욱 · 박상우 · 임준혁 · 김찬우 · 이종웅 · 곽윤영, 「기후변화 대응이 거시경제에 미치는 영향」, BOK 이슈노트, 제2021-23호. 2021, pp.1~23.

박종욱 · 이나윤, 「기후변화 대응이 산업에 미치는 영향」, 『조사통계월보』, 제75권 제9호, 2021. 9, pp.16~35.

유종민 · 유재형 · 김지태 · 이종은, 「한국 온실가스 감축정책의 효과: 배출권거래제 전후 비교」, 『환경정책』, 제25권 제2호, 2017, pp.231~247.

임재규, 「한국의 온실가스 중기 감축목표가 경제와 환경에 미치는 파급효과와 시사점」, 『경제학연구』, 제57권 제4호, 2009, pp.101~134.

정은미 · 박훈 · 강민성 · 조용원 · 이재윤 · 이자연 · 홍인기, 『환경규제가 소재산업에 미치는 영향과 대응방향 — 온실가스배출 관련 제도의 영향분석을 중심으로』, 연구보고서 2016-818, 산업연구원, 2016.

한민수 · 문진영, 「새로운 연산가능일반균형모형을 이용한 온실가스 감축정책의 영향 분석」, 『자원 · 환경경제연구』, 제30권 제2호, 2021, pp.169~205.

Albrizio, Silvia, Tomasz Kozluk, and Vera Zipperer, "Environmental Policies and Productivity Growth: Evidence Across Industries and Firms," *Journal of Environmental Economics and Management*, 81, 2017, pp.209~226.

Chung, Sunghoon, "Environmental Regulation and Foreign Direct Investment: Evidence from South Korea," *Journal of Development Economics*, 108, 2014, pp.222~236.

Metcalf, Gilbert E. and James H. Stock, "Measuring the Macroeconomic Impact of Carbon Taxes," *AEA Papers and Proceedings*, 110, 2020, pp.101~106

He, Guojun, Shaoda Wang, and Bing Zhang, "Watering Down Environmental Regulation in China," *Quarterly Journal of Economics*, 135(4), 2020, pp.2135~2185,

Walker, W. Reed, “The Transitional Costs of Sectoral Reallocation: Evidence From the Clean Air Act and the Workforce,” *Quarterly Journal of Economics*, 128(4), 2013, pp.1787~1835.

<자료 및 웹사이트>

통계청, 「광업제조업조사」, 각년도.

한국에너지공단 국가온실가스 배출량 종합정보시스템(NETIS), 「온실가스배출량조사」(https://netis.kemco.or.kr/, 접속일: 2022. 11. 1).

부 록

<부표 9-1> 화석연료를 많이 배출하는 산업의 사업체 규모별 온실가스 배출량의 총합 및 1인당 배출량

사업체 규모 (종사자 수)	온실가스 배출총량 (천CO_2환산톤)	온실가스 배출 비중	1인당 온실가스 배출(천CO_2환산톤)
10~19	10,290	0.0142	0.0624
20~49	19,833	0.0274	0.0726
50~99	25,104	0.0347	0.1401
100~299	73,206	0.1011	0.3393
300~499	45,693	0.0631	0.7110
500+	549,981	0.7595	2.4801
총합	724,107		

자료: 한국에너지공단, 「온실가스배출량조사」, 2016~2018.

<부표 9-2> 화석연료를 많이 배출하는 산업의 사업체 규모별 화석연료로 인한 온실가스 배출량의 총합 및 1인당 배출량

사업체 규모 (종사자 수)	온실가스 배출총량 (천CO2환산톤)	온실가스 배출 비중	1인당 온실가스 배출(천CO2환산톤)
10~19	5,640	0.0099	0.0342
20~49	6,417	0.0113	0.0235
50~99	13,218	0.0232	0.0738
100~299	41,821	0.0733	0.1939
300~499	32,742	0.0574	0.5095
500+	470,341	0.8249	2.1210
총합	570,179		

자료: 한국에너지공단, 「온실가스배출량조사」, 2016~2018.

[부도 9-1] 산업별 화석연료로 인한 온실가스 배출과 종사자 수 간의 관계

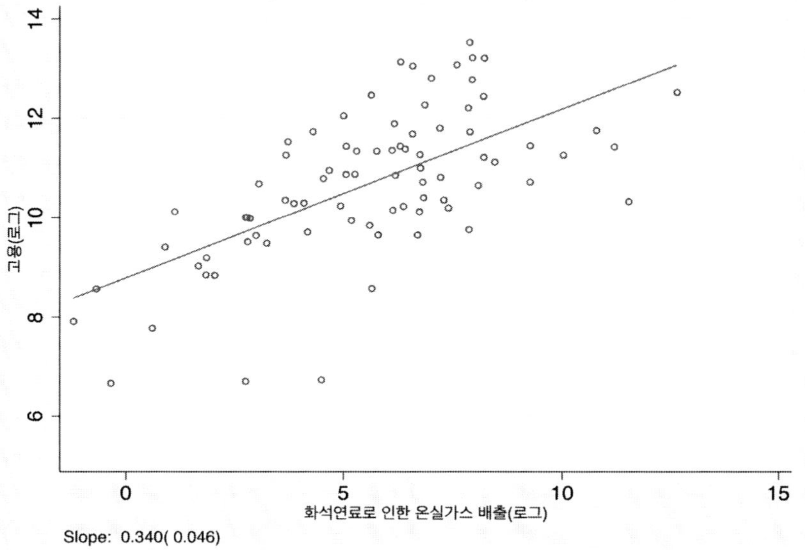

자료: 「온실가스배출량조사」와 「광업제조업조사」를 활용하여 저자 계산.

[부도 9-2] 산업별 화석연료로 인한 온실가스 배출과 1인당 생산액(노동생산성) 간의 관계

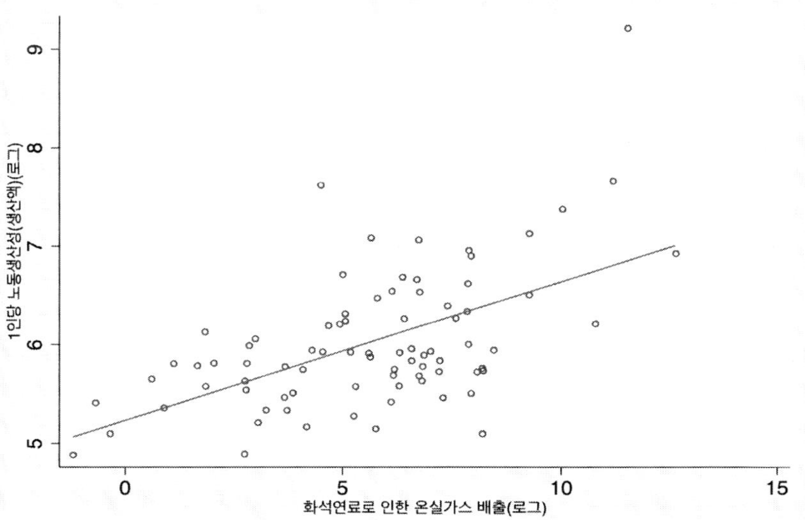

자료: 「온실가스배출량조사」와 「광업제조업조사」를 활용하여 저자 계산.

[부도 9-3] 산업별 화석연료로 인한 1인당 온실가스 배출과 1인당 생산액 (노동생산성) 간의 관계

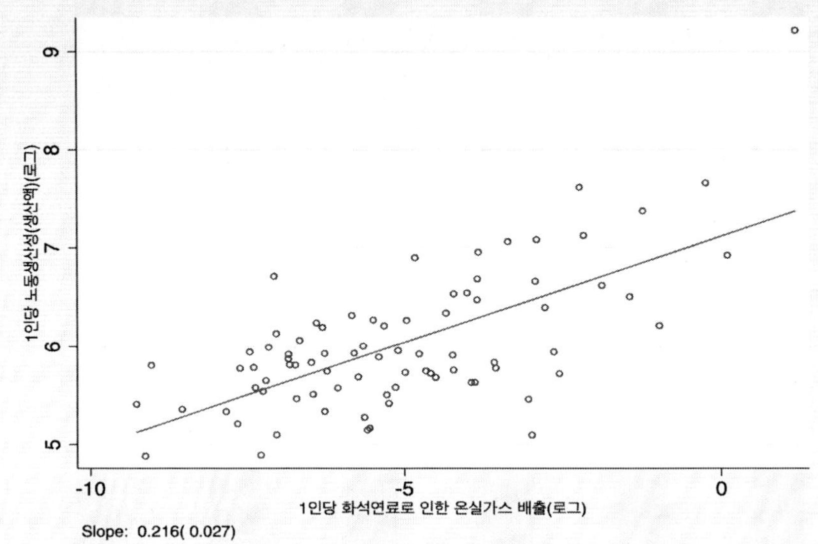

자료: 「온실가스배출량조사」와 「광업제조업조사」를 활용하여 저자 계산.

[부도 9-4] 산업별 화석연료로 인한 1인당 온실가스 배출과 종사자 1인당 평균임금 간의 관계

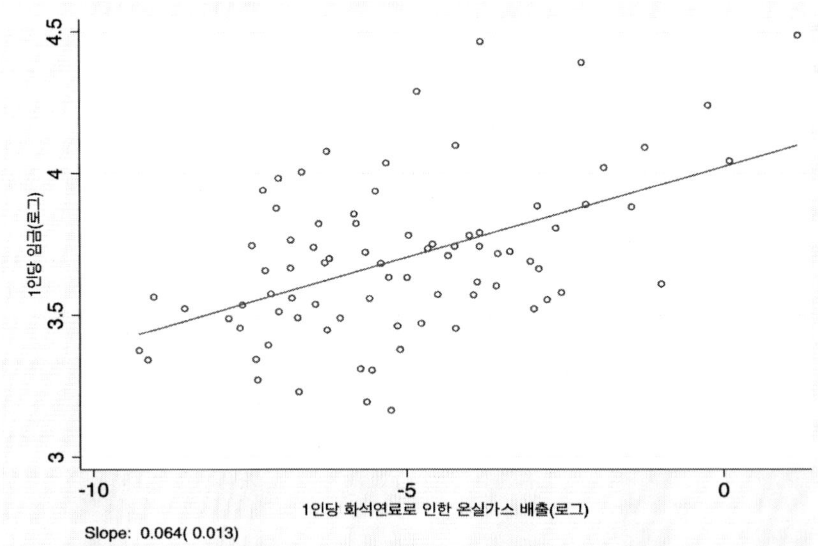

자료: 「온실가스배출량조사」와 「광업제조업조사」를 활용하여 저자 계산.

[부도 9-5] 산업별 화석연료로 인한 온실가스 배출과 종사자 1인당 평균임금 간의 관계

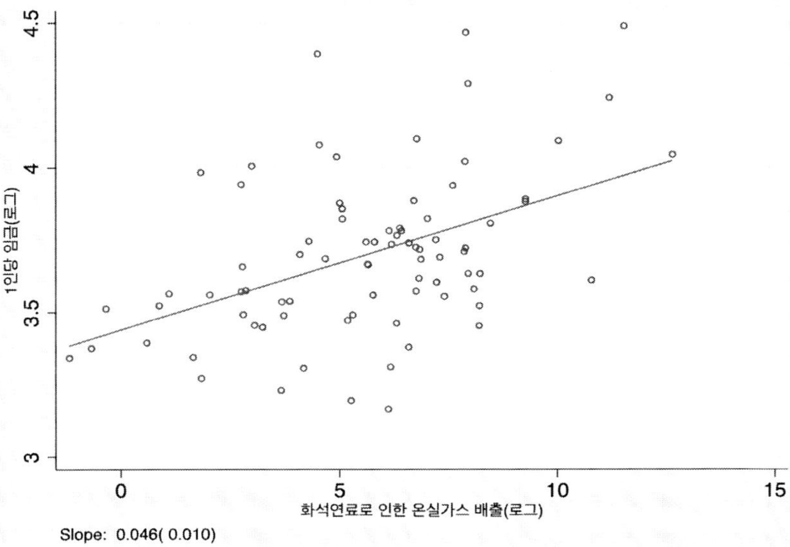

자료: 「온실가스배출량조사」와 「광업제조업조사」를 활용하여 저자 계산.

[부도 9-6] 산업별 화석연료로 인한 온실가스 배출과 탄소생산성 간의 관계

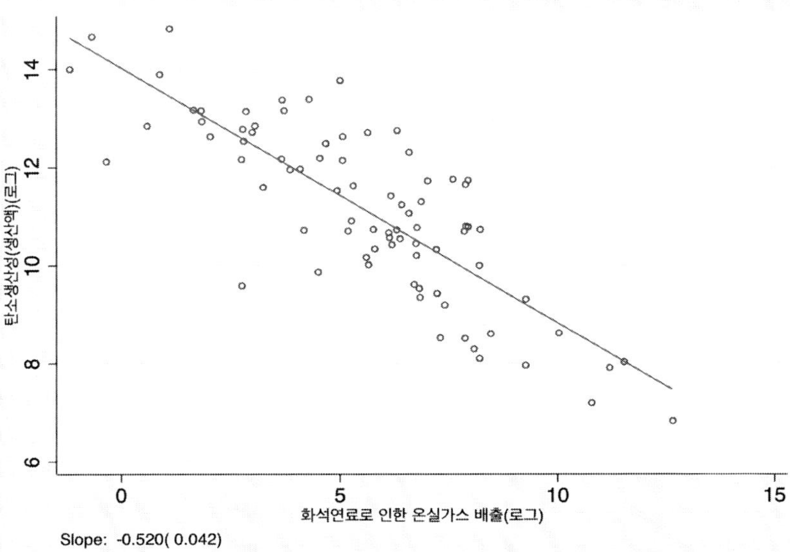

자료: 「온실가스배출량조사」와 「광업제조업조사」를 활용하여 저자 계산.

[부도 9-7] 산업별 화석연료로 인한 1인당 온실가스 배출과 탄소생산성 간의 관계

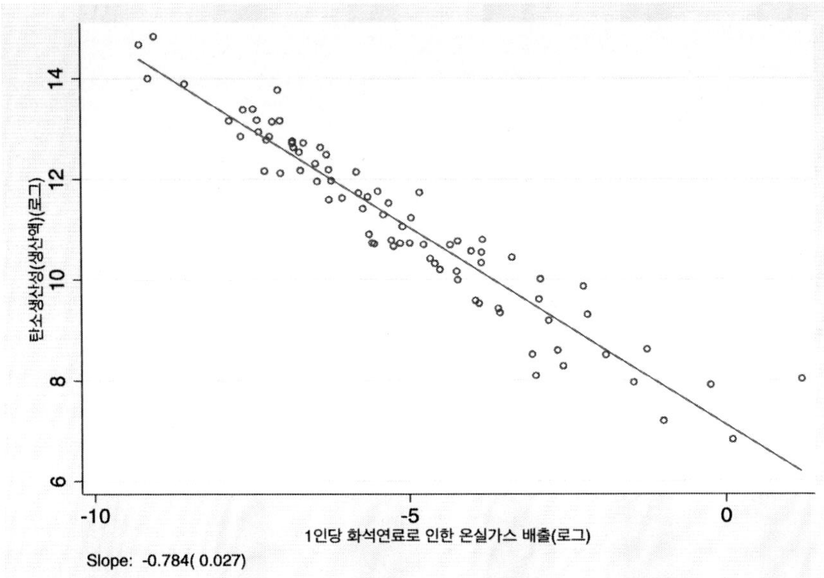

자료: 「온실가스배출량조사」와 「광업제조업조사」를 활용하여 저자 계산.

제10장

기후변화 대응과 일자리 손실: 배출권거래제가 기업 단위 재무성과와 고용에 미친 영향을 중심으로

한 요 셉 (한국개발연구원)

본 장에서는 저탄소경제 전환 과정에서 일자리가 받게 될 영향을 실증적으로 살펴보고, 이를 바탕으로 향후 정책방향을 논의한다. 현재까지 탄소배출 저감의 가장 중요한 정책수단인 배출권거래제는 지난 2015년부터 시행되고 있으며, 2018년부터는 경매 방식의 유상할당 및 BM 방식의 무상할당이 확대 시행되었다. 이러한 할당 방식의 변화가 기업 단위의 재무적 성과와 고용에 어떤 영향을 미쳤는지 그리고 향후 어떤 할당이나 지원방식이 바람직한지가 본 장의 주 관심사이다.

제1절 서론: 기후변화 대응과 일자리 손실 우려

기후변화 대응정책은 기업에 적지 않은 영향을 미칠 것으로 예상된다. 현재의 주요 기후변화 대응정책인 배출권거래제나 탄소세처럼 탄소배출의 비용을 높일 때(carbon pricing), 기업의 유인체계 변화를 통해 기술・공정 및 경영 혁신 등 탄소배출 저감 노력을 시장친화적으로 촉진할 수 있을 것으로 기대된다.

하지만 현실적으로는 탄소배출 기업의 (예상된) 부담 증가는 투자와 고용을 위축시키는 결과로도 이어질 수 있다. 이는 해당 기업뿐만 아니라 해당 산업 생태계 및 지역 전반으로의 파급효과까지 발생시킬 수 있다. 특히 규제회피 목적으로 탄소배출 집약적인 공정이나 해당 공장 자체를 규제가 적용되지 않는 지역으로 이전하는 소위 탄소누출(carbon leakage)의 가능성도 배제하기 어렵다. 기후변화 대응이 여전히 전 세계적 차원까지 확대되지는 못한 가운데, 개별 국가(지역) 차원의 기후대응 정책이 산업경쟁력 약화와 일자리 손실로 이어질 가능성은 탄소중립 이행과 관련한 가장 심각한 문제의 하나이다.

탄소배출 저감목표 달성 과정에서 불필요한 경제적 손실을 최소화하기 위해 정부가 개입할 필요성은 인정된다. 하지만, 충분한 검토를 거치지 않고 현 상황에 맞추어 제도를 변경하거나 지원을 신설하다 보면 자칫 배출저감목표 달성이 늦춰지거나 오염자부담원칙을 훼손하게 될 우려도 존재한다. 과거 배출량이 높았던 기업에 대한 과도한 지원은 조기저감 유인을 약화시키고, 배출로 인한 초과이익을 발생시킬 수도 있는 것이다.

정부는 기후변화 대응을 효과적으로 달성하면서도 불필요한 손실을 최소화하기 위해 규제를 합리화하고, 동시에 기후정의 및 정의로운 전환을 위한 정책방향[1]도 모색할 필요가 있다. 이를 위해서는 사전적 예측을 기초로 한 방향 설정도 필요하지만, 제도·정책 시행 이후 엄밀한 사후적 평가 노력을 통해 제도·정책의 효율성을 향상하고 비용부담의 형평성을 제고하는 지속적 환류 과정이 반드시 필요하다.

본 장에서는 현재까지 가장 중요한 기후변화 대응 수단인 배출권거래제(Emission Trading System: ETS)를 중심으로 기업 단위 고용에 미치는

---

1 기후변화 대응의 비용이 사회 구성원 간에 공정하게 분담될 것을 요구하는 '기후정의' 및 취약한 계층을 보호할 것을 요구하는 '정의로운 전환(just transition)' 모두 오늘날 기후변화 대응의 기본 원칙들이다. 예컨대, 2021년 9월에 제정되어 2022년 9월부터 시행 중인 「기후위기 대응을 위한 탄소중립·녹색성장 기본법」(탄소중립기본법) 제3조 4항에서는 "기후위기로 인한 책임과 이익이 사회 전체에 균형 있게 분배되도록 하는 기후정의를 추구함으로써 기후위기와 사회적 불평등을 동시에 극복하고, 탄소중립사회로의 이행 과정에서 피해를 입을 수 있는 취약한 계층·부문·지역을 보호하는 등 정의로운 전환을 실현한다."고 적시하고 있다.

영향을 살펴본다. 배출권거래제는 규제 대상 업체별로 온실가스 배출량의 상한을 정하고 배출할 수 있는 권리, 즉 '배출권'을 시장에서 거래할 수 있도록 하는 제도이다. 여러 시행착오를 겪은 배출권거래제에 대해 비판적 시각들도 존재하지만, 시장친화적인 배출량 저감 수단의 하나로 탄소배출량 통계를 객관적으로 확인 가능한 방식으로 정립하고 배출권의 시장가격을 제공한다는 점은 명백한 장점이다. 이러한 이유로 우리나라를 비롯한 세계 각국에서 배출권거래제를 도입・확대하고 있다.

향후 배출권거래제 간의 국제적 연계를 통한 효과성 제고도 추진되고 있으므로, 이에 대비하여 제도를 미리 정비해 나갈 필요가 있다. 예컨대, 유럽연합(EU)에서는 탄소누출 우려를 낮추고 탄소저감의 효과성을 증진하기 위해 탄소국경조정제도(Carbon Border Adjustment Mechanism: CBAM)를 2023년부터 시행하기로 하였으며, 일정한 유예기간을 거쳐 2027년부터 국가 간 배출권 가격의 차이만큼을 관세로 부과하는 탄소국경세를 본격적으로 적용하는 입법안이 최종 단계에서 검토되고 있다.[2] 미국, 영국, 캐나다 등도 이와 유사한 제도 도입을 검토하고 있어서,[3] 배출권거래제의 중요성은 향후 국제무역을 매개로 더욱 크게 확대될 예정이다.[4]

---

2 2021년에 제시된 EU 집행위원회의 CBAM 제정안 및 ETS 개정안에 대해 EU 의회 본회의(2022. 6. 22)에서 일부 수정안이 가결되었으며, 2022년 10월 현재 최종 입법을 위한 EU 의회-이사회-집행위원회의 3자 간 협의가 진행 중이다. 합의된 CBAM 제정안은 2023년부터 3년간 유예기간을 거쳐 2027년부터 철강, 시멘트, 비료, 알루미늄, 전력생산 등의 분야에서 탄소국경세 적용을, 합의된 ETS 개정안은 감축목표 상향 및 2027년부터 2032년까지 무상할당의 단계적 폐지를 각각의 핵심내용으로 하고 있다.

3 미국 상공회의소(U.S. Chamber of Commerce)의 "탄소국경조정원칙(Border Carbon Adjustment Principles)", 영국 하원 환경감사위원회(House of Commons Environmental Audit Committee)의 "녹색 수입: 영국의 탄소국경 접근방식(Greening imports: a UK carbon border approach)", 캐나다 정부의 "캐나다를 위한 탄소국경조정 탐색(Exploring Border Carbon Adjustments for Canada)" 등의 논의가 진행 중이다. 특히 미국의 경우 석유화학, 석유, 천연가스 등 12개 품목에 대해 55달러/톤의 관세를 부과하는 내용의 청정경제법안(Clean Competition Act: CCA)이 지난 6월 상원에서 발의된 바 있다.
(https://www.congress.gov/bill/117th-congress/senate-bill/4355/text, 접속일: 2022. 11. 15).

4 EU의 경우 교토의정서 의무 이행 목표를 넘어서 저탄소 투자 유도 및 배출권거래제의 국제적 이행과 연계 목표를 천명한 바 있다(Joltreau and Sommerfeld, 2019). 한편, 2021년 제26차 유엔기후변화협약 당사국총회(COP26)에서 NDC 이행과 관련된 국제간 협력을

지난 2015년부터 시작된 우리나라의 배출권거래제는 지난 2018~19년 국가 온실가스 배출량의 약 70%를 대상으로 하고 있으며, 현재까지 2050 탄소중립 이행에 있어서 가장 중요한 정책적 수단이다. 시범운영기간이었던 제1기 이후, 본격적 유상할당이 시행된 제2기(2018~20년)를 거쳐, 지금은 본격적으로 탄소배출량을 줄이기 위한 제3기(2021~25년)에 접어들었다.

배출권거래제의 참여가 기업의 성과에 어떤 영향을 미쳤는지, 그리고 특히 제2기의 유상할당 및 배출효율 기준방식(BM)의 무상할당 증가 등의 변화가 어떤 영향을 미쳤는지를 구체적으로 살펴볼 필요가 있다. 제1, 2기의 사후적 평가는 제3기 이후 향후 배출권거래제의 개선방향 및 보완적 정책방향에 대한 중요한 시사점을 제공할 수 있다.

배출권거래제 제1기 종료 이후 이에 관한 포괄적 사후적 평가가 시행되어 그중 일부로 산업경쟁력 및 고용 영향이 포함되기도 하였고(오형나 외, 2018; 손인성 외, 2019; 오상봉 외, 2019), 최근에는 배출권거래제 2기 관련 분석들도 제시된 바 있다(길은선 외, 2021; 김현석, 2021; 이영지·윤순진, 2022). 하지만 아직까지 2기 전체에 걸친 고용 영향에 관한 실증적인 분석은 없다. 특히 배출권 할당 방식에 따라 배출권거래제가 기업 성과에 미치는 영향은 크게 달라질 수 있는데, 이 문제가 향후 배출권거래제 개선방향과 관련된 핵심적인 쟁점의 하나임에도 불구하고 저자가 알기로 이와 관련된 국내의 실증분석은 아직까지 없다.[5]

본 장의 제2절에서는 먼저 온실가스 배출권거래제의 선구적 시도인 유럽연합 배출권거래제의 제도 변천 및 경쟁력과 고용에 미친 영향의 평가 결과를 정리하고, 다음으로 이를 벤치마크하여 진행되고 있는 국내 배출권거래제의 제도 변천 상황을 정리한다. 제3절에서는 실증분석에 사용된 데이터를 설명하고, 제4절에서는 분석모형과 식별전략을 설명한다. 제5

규정하는 파리협정 제6조에 관한 합의가 타결되어 소위 '국제탄소시장'이 크게 확대될 전망이다.

5 다만, 신동현(2019) 및 임형우 외(2020)에서는 배출권거래제 기업의 탄소비효율성이 상장기업의 성과에 미치는 영향을 추정한 바 있으며, 배출권거래제 시행 이후 탄소비효율적인 기업의 성과가 상대적으로 높게 나타나 과다할당 가능성을 제시한 바 있다.

절에서는 유상할당 및 BM 방식 무상할당이 기업 성과에 미친 영향에 관한 추정 결과를 제시한다. 제6절에서는 분석 결과를 요약하고 향후 탄소중립 추진 과정에서 필요한 정책적 대응방향을 논의한다.

제2절 배출권거래제와 기존 평가

본 절에서는 최초의 온실가스 배출권거래제였던 유럽연합의 배출권거래제의 변천과정을 살펴보고 그에 대한 평가를 정리한다. 또한 유럽연합 배출권거래제와 국내 배출권거래제의 변천과정을 비교하여 살펴본다.

1. 유럽연합 배출권거래제(EU ETS)[6]

유럽연합의 배출권거래제(EU ETS)는 온실가스 배출 억제를 위한 최초의 국제적 배출권거래제도이다.[7] 1997년 교토의정서(Kyoto Protocol)상의

---

6 본 소절의 내용은 EC의 EU ETS 홈페이지를 기본으로 하여 작성하였다.

7 국가(주) 간 배출권거래제로는 EU ETS 외에 북미의 RGGI(Regional Greenhouse Gas Initiative)와 WCI(Western Climate Initiative) 등을 들 수 있다. RGGI는 2005년 미국 북동부 7개 주(Connecticut, Delaware, Maine, New Hampshire, New Jersey, New York, and Vermont)부터 양해각서를 체결하여 논의를 시작하였으며, 2007년 3개 주(Maryland, Massachusetts, and Rhode Island)가 추가로 참여하여 2009년부터 10개 주에서 시행되었으며, 발전 분야(25MW이상 화석연료발전소)만을 대상으로 하고 있다. 참고로 뉴저지(New Jersey)주는 2011년 말에 탈퇴하였다가 2020년부터 다시 참여하였고, 버지니아(Virginia)와 펜실베이니아(Pennsylvania)주는 각각 2020년과 2022년에 참여하였다(RGGI 홈페이지, 접속일: 2022. 11. 15). WCI(Western Climate Initiative)는 2007년 미국 서부 5개 주(Arizona, California, New Mexico, Oregon, and Washington)가 결성한 WRCAI에서 시작하여 미국 몬태나(Montana)와 유타(Utah)주를 비롯하여 캐나다의 4개 주(British Columbia, Manitoba, Quebec, Ontario) 등이 파트너로 참여하였으나, 2013년부터 미국 캘리포니아(California)주에서 본격적으로 시행되고 추후 캐나다 2개 주(Quebec, Ontario)가 시행하였으며, 발전, 정유 및 탄소고배출 분야 등을 규율하였다. 2018년에 캐나다 Ontario주가 탈퇴하고 Nova Scotia주가 참여하고 2021년 말에 미국 Washington주가 다시 참여하면서, 2022년 현재는 미국 2개 주(California, Washington) 및 캐나다 2개 주(Quebec, Nova Scotia) 사이에 운영되고 있다(WCI 홈페이지, 접속일: 2022. 11. 15).
한편, 중국의 경우에도 2021년부터 기존에 시범운영되던 선전, 상하이, 베이징, 광둥, 톈진, 후베이, 충칭, 푸젠의 8대 거래소를 통합하고 확대하여 전국 단위의 배출권거래소를 운영하고 있다.

감축의무[8] 이행을 위해 2000년에 초안(green paper)이 마련되어 이해관계자 논의를 거쳐 2003년에 EU 지침[9]의 형태로 제정되었으며, 2005년부터 25개 EU 회원국[10]을 대상으로 시행되었고, 이후 EU-28(2013년 이후 크로아티아 포함)과 인접 3개 국가(노르웨이, 아이슬란드, 리히텐슈타인)로까지 확대되었다. 영국의 유럽연합 탈퇴(Brexit) 이후 2021년부터 30개국으로 축소되었으며, 현재 영국은 별도의 배출권거래제(UK ETS)를 시행하고 있다. 한편, 스위스는 2008년부터 독자적인 배출권거래제(CH ETS)를 시행하였는데, 2020년부터는 EU ETS에 연계되었다.

가. 1기(2005~07년)

2005년부터 2007년까지의 EU ETS 1기는 시범운영 단계로서, 거래시장 인프라 구축 및 거래가격 형성을 목표로 하였다. 이산화탄소(CO_2) 배출량만을 대상으로 하였고, 발전소를 비롯하여 에너지 사용량이 많은 일부 산업들(철강, 정유, 시멘트, 제지 등)을 대상으로 하였다.

각국에서 자율적으로 자국의 배출권 할당계획(NAP)을 결정하였으며, 각국에서는 거의 모든 배출권을 무상으로 할당하였다. 무상할당은 과거 배출량 기반 방식(GrandFathering: GF)을 취했고, 여기에는 탄소누출에 대한 우려 및 행정적 편의가 함께 고려되었다. 배출권을 제출하지 못할 경우에는 소액의 벌금이 책정되었다(40유로/톤).

비록 배출권의 시장거래 가능성을 확인하였으나, 전반적인 과잉할당 문제 및 1기 배출권과 2기 배출권 분리 등으로 인해 2007년 1기 배출권 시장가격은 0으로 수렴하였다(EC, EU ETS 홈페이지, 2022).[11]

---

8 EU는 2008~12년 기간 중 1990년 수준의 8%를 감축하기로 하였으며, EU 회원국 간 부담은 서로 다르게 배분되었다(+28%~-27%). 2004년 이후 가입한 EU 회원국들도 동일한 수준의 의무(대부분 -8%)를 적용하였다(몰타, 사이프러스 제외)(EC, EU ETS 홈페이지, 접속일: 2022. 11. 15).

9 DIRECTIVE 2003/87/EC.

10 2004년 이전 15개 회원국에 더하여 2004년에 가입한 10개 회원국이 참여하였다.

11 Development of EU ETS(2005-2020)－Phase 1(2005-2007).

나. 2기(2008~12년)

교토의정서상 2008~12년 기간 감축 의무인 1990년 수준 대비 -8%(2005년 수준 대비 -6.5%)를 달성하기 위해 각국에서 제출한 온실가스 배출 허용량을 유럽위원회에서 조정하여 배정하였다. 2기부터 아산화질소(N_2O) 배출량도 규율 대상에 포함되었으며, 2012년부터는 EU 지역을 경유하는 상업적 항공편에 대해서도 별도의 할당량을 배정하였다.

전체 배출권의 최대 10%를 경매에 의해 유상할당하도록 규정하였으나, 각국의 선택에 따라 실제로는 4% 정도만이 유상할당되었다. 무상할당은 기존의 과거 배출량 기준 방식을 따랐다. 배출권을 제출하지 못할 경우 1기보다 강화된 벌금이 책정되었다(100유로/톤).

2008년에는 배출권거래가격이 20~30유로/톤 선에서 형성되었으나, 글로벌 금융위기 이후 크게 하락하였고 2012년 이후로 다시 하락하여 2012년에는 10유로/톤을 하회하였다.

다. 3기(2013~20년)

2005년 수준 대비 2020년 -20%의 감축목표(EU ETS 참여부문 -21%, 미참여부문 -10%)를 달성하기 위해 2013년부터 매년 -1.74%의 감축목표가 EU ETS 차원에서 요청되었다. 1, 2기와 달리 3기부터는 유럽연합 전체의 단일 할당량 방식을 채택하였다.[12] 또한 3기부터는 과불화탄소(PFCs)도 온실가스 관리 대상으로 포함되었고, EU 지역 내에서 이동하는 모든 상업적 항공편에 대해서 별도의 할당량을 배정하였다.

한편, 경매를 통한 유상할당 비중을 크게 높였으며, 무상할당에서는 기존의 과거 배출량 기준 방식 대신 과거 배출효율 기준(BenchMarking: BM) 방식을 기본으로 삼았다. 예컨대, 대부분의 유럽 국가에서 소비자에 대한 비용 전가율이 높다고 알려진 발전 분야의 경우 100% 유상할당을

---

12 Directive 2009/29/EC.

적용하였고, 탄소누출이 우려되지 않는 산업 분야들에 대해서도 2013년 80%부터 2020년 30%까지 무상할당 비중을 단계적으로 축소시켰다. 다만, 탄소누출이 우려되는 산업 분야들의 경우에는 5년마다 갱신되는 탄소누출업종목록(Carbon Leakage List: CLL)에 포함시켜 무상할당을 유지하였다. CLL 포함기준은 1) 무역집약도(TI) 30% 이상, 2) 비용발생도(CI) 30% 이상, 또는 3) 무역집약도(TI) 10% 이상과 비용발생도 5% 이상이며, 그 외에 정성적 기준(저감 가능성, 시장 특성, 이윤율 등)도 고려한다. 2013~14년에 적용된 첫 번째 CLL의 경우 258개 업종(네 자릿수 NACE 분류 기준) 중 165개 업종이 포함되었는데, 이는 산업부문 배출량의 95%에 해당된다(de Bryun *et al.*, 2013). 2015~20년 기간 동안 적용된 두 번째 CLL은 이보다 많은 업종을 포함한다.

한편, BM 방식 할당은 단순히 과거의 배출량이 아니라 배출효율이 가장 높은 10% 사업장의 평균적 배출계수에 기준기간 생산량을 곱하는 방식으로 산출한 기준배출량에 따라 할당하는 방식으로, 할당을 높일 목적으로 생산량을 조작할 유인을 없애고 탄소집약도를 낮추는 데 집중하도록 하는 장점이 있다(EC, EU ETS 홈페이지, 접속일: 2022. 11. 15). 다만, 제품 단위에서 이러한 배출계수를 구체적으로 산정하고 실제 적용하는 데 상당한 행정적 부담이 존재한다. 3기에는 52개의 제품 단위 BM 계수를 적용하였고, 제품 BM 계수 산정이 불가능한 경우에는 대체적 방법으로 열생산BM, 연료조합BM 및 GF 방식(=과거배출량x0.97)을 적용하였다.

2013~17년에는 배출권거래가격이 5~10유로/톤 선에서 형성되었으나, 2018년 3월 4기 개혁안이 공식 입법된 이후에는 배출권가격이 20~30유로/톤 수준으로 상승했다.

라. 4기(2021~30년)

2015년에 채택된 파리협정(Paris Agreement)상 의무와 2050 탄소중립 달성을 위한 Fit for 55(1990년 수준 대비 2030년까지 55% 감축) 입법안에 따라, 2005년 수준 대비 2030년까지 -40%의 감축(EU ETS 참여부문 -43%,

미참여부문 -30%)을 달성하기 위해 2021년부터 매년 -2.2%의 감축목표가 제시되었다.

배출권거래가격은 특히 2021년 들어 30유로/톤 이상으로 급격히 상승하여 2022년 11월 현재 약 80유로/톤 정도에 거래되고 있다.

2. EU ETS에 대한 평가

EU ETS의 1, 2기에 대해서는 상당한 분량의 사후적 평가가 이루어져 왔다. 시행 이후 10년간의 평가를 종합한 Martin, Muûls, and Wagner (2016)에서는 EU ETS가 어느 정도의 탄소배출 저감목표는 달성했고 저감기술 개발에 대한 투자를 유도했지만, 재무성과나 고용 측면에서 적어도 평균적으로 부정적인 영향은 없었던 것으로 정리하고 있다. Joltreau and Sommerfeld(2019)는 경쟁력이나 고용에서 부정적인 영향이 관찰되지 않는 주된 이유로 1기의 시행착오와 관대한 할당, 2기 이후 배출권 이월, 싼 가격의 상쇄배출권, BM 방식의 오류 등으로 인한 초과할당과 소비자에 대한 비용부담 전가를 들었고, 그 외에도 제조업에서 에너지비용 비중이 대체로 작고, 혁신투자가 소폭 증가한 점도 작용하였다고 보았다.

하지만, 이러한 전반적인 차원의 결과는 특정 배경 혹은 특정 산업에서의 부정적 영향을 반영하지 못할 수 있다. 정치적 상황이나 산업 구성의 차이 등에 기인하는 국가별 감축 부담의 차이라든지, 업종별로 가격인상을 통해 소비자에게 부담을 전가하였을 가능성의 차이, 혹은 제도설계상 비용인상 부담의 차이 등을 고려할 필요가 있다.

한편, 실증분석 방법론 측면에서 지금까지 제시된 결과들을 자세히 살펴보면 여러 한계가 존재한다. 예컨대, 대부분의 총량적 분석들은 배출권거래제가 없었을 가상적 상황(BAU)에 대한 전망치에 의존하고 있는데, 이러한 전망치의 유효성에 대해서는 많은 논란이 있다. 미시적 기업 단위 분석들의 경우에도 배출권거래제가 다배출 기업을 대부분 포괄하여 적절한 비교군을 구하기 어려운 문제가 존재한다. 규제적용 기업과 규제미적용 기업 간에 미관측된 체계적 차이가 존재할 경우 추정치의 인과적 해석이 어렵다.

가. 탄소배출 저감

총량적 분석 결과들은 2005~07년 사이에 BAU 대비 약 -3% 정도의 감소를 추정한다(Ellerman and Buchner, 2008; Ellerman, Convery, and de Perthuis, 2010; Anderson and DiMaria, 2011). 하지만, 국가별로 큰 차이가 있었다. 2008~09년에도 비슷한 감소세가 이어졌으나, 2008년의 경우에는 배출권거래제보다는 경기침체의 영향이 대부분으로 분석되었다(Cooper, 2010; Egenhofer *et al.*, 2011).

기업 단위 분석에서는 이와는 다소 다른 결과가 나타났는데, 2기에서만 배출저감이 있었다는 결과가 우세하다. 예컨대, 독일연방통계청의 제조업 사업장 통계(AFiD-Betriebspanel)를 사용한 Petrick and Wagner(2014)의 경우 매칭 방식의 이중차분 분석을 통해 규제적용 기업의 배출저감은 2008~10년 사이에만 통계적으로 유의하게 관찰된다고 보고하였고, Colmer *et al.*(2020)은 프랑스 제조업체들의 기업 단위 연계데이터로부터 비모수적 매칭 방식의 이중차분 분석에서 1기에서는 평균적으로 -4%의 배출감소가 추정되지만 통계적으로 유의하지는 않고, 2기에서는 -8%의 배출감소가 전통적 유의도에서 통계적으로 유의하게 추정되었다고 보고하였다. 한편, Abrell, Ndoye, and Zachmann(2011)은 유럽 전역에 걸친 기업 단위 연계데이터(AMADEUS)를 사용한 1기 대비 2기 변화의 차분식 추정을 통해 1기에서 2기 초반으로 넘어가면서 탄소배출량이 약 -4% 추가로 감소하였는데, 이는 생산량의 감소가 아닌 탄소집약도의 감소 때문이라고 보고하였다.

나. 혁신 유도

Calel and Dechezleprêtre(2016)는 1979~2009년간 EU ETS에 참여한 기업과 미참여한 기업의 특허출원을 비교한 결과, 2008년 이후 참여기업의 저탄소 특허가 더욱 빠르게 증가하였음을 보였다. Calel(2020)은 영국 기업들을 대상으로 한 분석에서 현재의 저감기술의 수용보다는 보다 장기적 관점에서 유용할 수 있는 저감기술의 특허출원과 R&D 투자가 증가하였음을 보였다.

다. 산업경쟁력과 고용

앞서 Abrell, Ndoye, and Zachmann(2011)의 경우 전반적으로는 EU ETS가 2004~08년 사이에 부가가치, 고용, 이윤에 미친 영향은 미미했다고 결론을 내렸으며, 다만 초기에 과다할당된 기업에서는 이윤과 고용이 증가하였고 과소할당된 기업에서는 통계적으로 유의하지는 않으나 이윤과 고용이 감소하였다고 보고하였다. Chan *et al.*(2013)은 2005~09년 AMADEUS 데이터를 바탕으로 규제적용 기업과 같은 산업 내의 규제미적용 기업을 비교 분석하였는데, 시멘트와 철강 부문에서는 별다른 영향이 없었지만, 발전부문에서는 비용과 매출이 동시에 상승한 것으로 추정되어 비용부담을 소비자에게 전가한 것으로 결론을 내렸다.

Petrick and Wagner(2014)는 독일 제조업 사업장 데이터를 이용한 분석 결과, 1, 2기 모두 고용에 미치는 영향은 없었고 2기(2008~10년)를 중심으로 총생산이나 수출에서 약간의 긍정적인 영향이 있었다고 보고하였다. Colmer *et al.*(2020) 역시 프랑스 제조업체 데이터를 이용한 분석 결과, 2기(2008~12년)의 탄소 배출 저감에도 불구하고 탄소 누출이 있었다고 볼만한 증거는 찾지 못했다고 하였다.

라. 할당 방식에 따른 차이

EU ETS 1, 2기에 관한 실증분석 결과는 1, 2기에 대부분의 배출권이 무상할당되었다는 점을 고려하면서 이해할 필요가 있다. 무상할당은 탄소누출 가능성을 막기 위한 가장 중요한 현실적인 정책수단이었으며, 1, 2기의 산업 관련 배출 대부분이 무상할당되었다. GF 방식의 과다할당이 많았으므로 배출권거래제 참여가 기업의 비용을 증가시켰다기보다는 오히려 이익을 발생시킨 경우(windfall profits)도 상당했을 것으로 추측된다.

예컨대, 발전부문의 경우 국제경쟁에 직면한 제조업과 달리 전기가격으로 전가하기 쉬울 것으로 예상되며 실제로 60~100%에 달한다는 실증적 결과들이 제시된 바 있다(Sijm *et al.*, 2006; Fabra and Reguant, 2014). 1기 발전부문과 관련하여 배출권가격의 급격한 하락이 해당 기업의 주식하락으로 이어졌으므로 배출권거래제로 인한 초과이익이 실제로 존재했다고 보는 실증 결과(Bushnell *et al.*, 2013)도 존재한다.

Martin *et al.*(2014a)은 700여 개 업체에 대한 새로운 방식의 설문조사 결과를 바탕으로 실제 공장 이전 가능성에 비해 무상할당이 과다했다고 결론 내렸다. 새로운 무상할당의 기준과 관련하여 개별 기업 단위 측도를 기준으로 삼는 편이 가장 바람직하지만, 측정 및 적용 가능성을 고려할 때 상대적으로 쉽게 측정할 수 있는 기존의 탄소배출량, 기업규모 그리고 비용발생도를 기준으로 무상할당 여부를 판단할 것을 제안하였다(Martin *et al.*, 2014a).

3. 국내 배출권거래제

배출권거래제법에 따라 2015년부터 1차 계획기간(2015~17년) 및 제2차 계획기간(2018~20)이 운영되었고, 현재 3차 계획기간(2021~25년)이 시행중에 있다. 국내 배출권거래제는 앞서 설명한 유럽연합 배출권거래제를 벤치마크하고 있으며, 이해당사자와의 협의를 통해 제도를 개선해나가고 있다.

가. 1차(2015~17년)

1차 계획기간은 EU ETS 1기와 마찬가지로 경험축적 및 배출권거래제 안착을 목표로 하였으며, 이산화탄소 외에 메탄(CH4), 아산화질소(N2O), 수소불화탄소(HFCs), 과불화탄소(PFCs), 육불화황(SF6)의 6가지 항목을 대상으로 하였다. 1차 계획기간의 최초 배출권 총수량은 16억 8,650만 tCO_2-eq이었으나, 파리협정 이후 2030 국가 온실가스 감축목표 수립에 따라 2017년 할당계획(+1763만tCO_2-eq)이 변경되어 17억 418만tCO_2-eq으로 증가하였다(환경부, 2019).

계획기간 시작 이전 '기준기간'의 평균 온실가스 배출량을 기준으로 12.5만tCO_2-eq 이상인 업체나 2.5만tCO_2-eq 이상인 사업장을 대상으로 하며, 자발적으로 신청한 업체도 포함한다. 1차에서는 100% 무상할당하였으며, 이 중 정유, 시멘트, 항공 업종은 BM 방식으로 할당하였고, 나머지는 GF 방식으로 할당하였다.

앞서 유럽의 사례에서 살펴보았듯이 GF 방식은 제도 시행 초기 행정적 부담이 적고 피규제자의 수용 가능성이 높다는 장점이 있다. 게다가 코즈 정리에 따르면 일정한 조건하에서 초기 분배가 경제적 효율성 달성에 영향을 주지 않는다(Hahn and Stavins, 2011). 하지만, 현실적으로는 더 높은 할당을 받기 위해 오히려 배출을 높일 유인이 발생하며, 적어도 초기 단계에서는 저감 노력을 유도하기 어렵다. 과거의 배출량이 많던 기업에 보조금을 주는 셈이어서 공정성에 대한 문제가 발생할 뿐만 아니라, 제도의 초기 시행 과정에서 산업경쟁력 보호 내지는 업계 로비 등으로 인해 과다할당이 발생하기도 쉽다. 우리나라의 경우에도 과다할당 가능성이 제기된 바 있다.[13]

배출권거래가격은 2015년 평균 11,007원/t에서 2016년 17,179원/t, 2017년 20,879원/t로 2배 이상 증가하였으며, 거래규모도 2015년 573만톤, 2016년 1,190만톤, 2017년 2,932만톤으로 약 5배가량 증가하였다(환경부, 2019).

---

13 1, 2기의 업체 단위 사전할당량 및 최종할당량 정보가 공개되고 있지 않아서 구체적으로 확인하기 어렵지만, 최근 한 국회의원실에서 입수한 정보에 따르면 상당한 과잉할당이 있었을 것으로 추측된다(『한겨레』, 「온실가스 뿜어댄 기업들, 그 덕에 되레 5,600억 벌었다」, 2022. 10. 4(https://www.hani.co.kr/arti/society/environment/1061194.html).

나. 2차(2018~20년)

2차 계획기간에는 본격적인 온실가스 감축을 목표로 배출권거래제 범위를 확대하고 감축목표를 강화하였다. 다만, 참여기업이 증가하면서 배출권 총수량은 3년간 17억 9,613만tCO2-eq으로 증가하였다(환경부 온실가스종합정보센터 배출권등록부시스템(ETRS), 접속일: 2022. 11. 15).

KSIC 소분류 기준[14]의 62개 업종 중 36개 업종이 무상할당으로 분류되었으며, 나머지 26개 업종은 할당량의 3%를 유상할당하였다. 전량 무상할당 여부는 앞서 언급한 EU ETS의 3기와 정확하게 같은 기준이 적용되었다. 즉, 1) 무역집약도 30% 이상, 2) 비용발생도 30% 이상, 또는 3) 무역집약도 10% 이상 및 비용발생도 5% 이상인 업종이다. 비록 유상할당 업종에 탄소배출량이 가장 큰 발전 분야가 포함되었지만, 철강・정유・화학・시멘트 등 고배출 산업 분야는 대부분 전량 무상할당으로 분류되었다. 한편, 무상할당 업종 중 BM 방식의 적용범위를 정유, 시멘트, 항공 외에 발전, 집단에너지, 폐기물, 산업단지 업종으로 확대하였는데, 탄소배출량 기준으로는 전체의 약 60%에 해당된다. 제품 BM 계수는 업종 내 배출효율 상위 80% 제품 기준이었다.

다. 3차(2021~25년)

3차 계획기간에는 해당 기준기간(2017~19년)의 온실가스 배출량 대비 -4.7% 감축을 목표로 배출허용총량을 설정하였으며, 2021~23년과 2024~25년으로 나누어 설정하였다. 다만, 대상 업종이 기존의 62개 업종, 589개 업체에서 69개 업종[15]의 685개 업체로 확대되면서, 연평균 배출허용총

---

14 시멘트 관련 2개 업종(2331, 2332)만 예외적으로 세분류 단위로 분류되었고 이들의 경우 전체 무상할당 지위가 서로 다르다.

15 토사석 광업, 기타섬유제품 제조업, 기타비금속광물제품 제조업, 사진장비 및 광학기기 제조업, 전동기・발전기 및 전기변환・공급・제어장치 제조업, 건물 건설업, 철도 운송업, 육상여객 운송업, 도로화물 운송업, 해상 운송업, 해체・선별 및 원료 재생업의 11개 업종이 추가되었으며, 기존의 4개 업종은 제외되었다.

[그림 10-1] 업종 특성과 탄소배출량(2018년): 유상할당 여부

(단위: %)

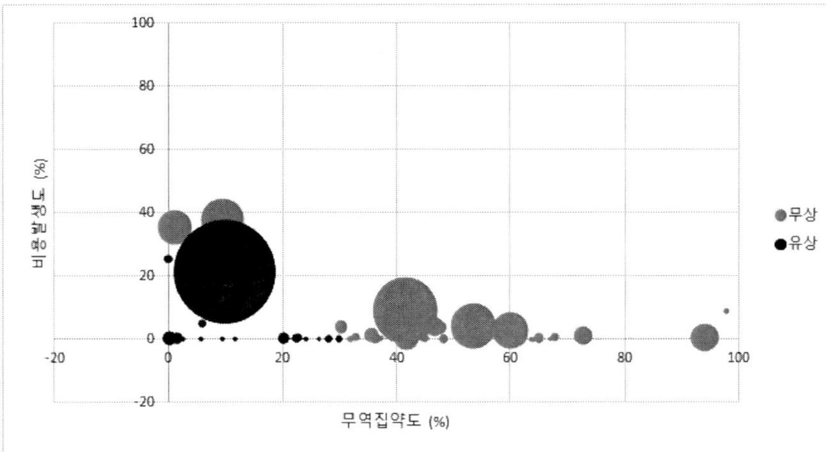

주: x축은 무역집약도(%), y축은 비용발생도(%)이며, 각 원의 중심은 각 업종의 무역집약도와 비용발생도를, 원의 크기는 업종별 탄소배출량(2018년)의 상대적 규모를 표시함.
자료: 국가온실가스종합관리시스템(NGMS)의 명세서 자료(2018년)로부터 저자가 계산.

[그림 10-2] 업종 특성과 탄소배출량(2018년): 무상할당 방식의 분포

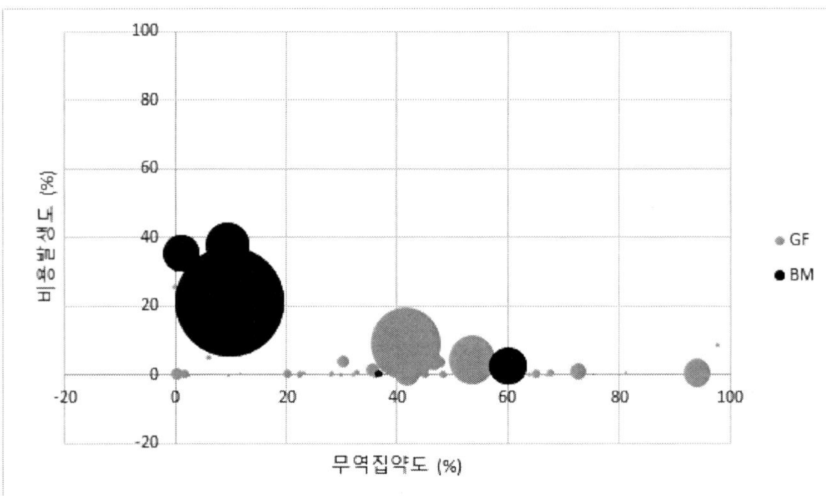

주: x축은 무역집약도(%), y축은 비용발생도(%)이며, 각 원의 중심은 각 업종의 무역집약도와 비용발생도를, 원의 크기는 업종별 탄소배출량(2018년)의 상대적 규모를 표시함.
자료: 국가온실가스종합관리시스템(NGMS)의 명세서 자료(2018년)로부터 저자가 계산.

<표 10-1> 배출허용총량, 할당량 및 인증배출량

(단위: 백만tCO_2-eq, 개)

대상 연도	배출허용총량 (배출권 총수량)	사전 할당량	사전 할당업체	최종 할당량	최종 할당업체	인증 배출량	제출업체
2015	1,689.9 (1,704.1)	545.9	525	540.1	522	542.7	522
2016		535.1	569	560.7	564	554.3	560
2017		541.6	603	585.5	592	571.9	591
2018	1,777.1 (1,796.1)	547.7	591	593.5	587	601.5	586
2019		547.7	605	563.3	611	587.9	610
2020		547.7	625	562.5	637	554.4	636
2021	3,048.3 (3,082.3)	589.3	684	-	-	-	-
2022		589.3	-	-	-	-	-
2023		589.3	-	-	-	-	-
2024		567.1	-	-	-	-	-
2025		567.1	-	-	-	-	-

자료: 환경부, 『2020 배출권거래제 운영결과보고서』, 2022; 환경부 보도자료(2020. 12. 24); 배출권등록부시스템(ETRS), 접속일: 2022. 11. 15.

량은 609.7백만tCO_2-eq으로 2차 계획기간의 592백만tCO_2-eq에서 다소 확대되었다.

한편, 유상할당 비중은 기존의 3%에서 10%로 상향되었으며, 무상할당 업종은 기존의 36개 업종에서 새로운 기준(무역집약도x비용발생도>0.002, 지자체・학교・병원・대중교통운영자)에 따라 28개 업종으로 축소 지정되었다. 배출효율 기준 적용 업종은 철강, 석유화학, 건물, 제지, 목재를 추가로 포함하여 확대되었다. 제품 BM 계수는 업종 내 배출효율 평균 기준으로 변경되었다. 신규 BM 적용 대상의 경우에는 GF 방식 적용도 선택 가능하도록 허용하였다.

제3절 데이터

1. 국가온실가스종합관리시스템(NGMS)

환경부 온실가스종합정보센터에서 운영하는 국가온실가스종합관리시스템(NGMS)에서는 각 연도별 배출권거래제 할당 대상 업체 및 목표관리제 대상 업체 명단을 공개하고 있다. 또한 2011~20년 업체별 배출량 및 에너지 사용량을 포함한 명세서의 주요 정보가 공개되어 있다. 한편, 배출권등록부시스템(ETRS)에는 배출권거래제 할당업체들의 인증배출량, 사전할당량(3차),[16] 배출권 이월량 및 차입량, 상쇄배출권 발행량 등의 다양한 수치들이 등록되어 있다.

온실가스 목표관리제의 경우 2011년까지는 업체 12.5만/사업장 2.5만 tCO_2-eq(에너지 소비: 업체 500/사업장 100TJ)를 대상으로 하다가, 2012~13년에는 업체 8.75만/사업장 2만tCO_2-eq(에너지 소비: 업체 350/사업장 90TJ), 2014년 이후로는 업체 5만/사업장 1.5만tCO_2-eq(에너지소비: 업체 200/사업장 80TJ) 이상인 경우에 적용되고 있다. 2022년부터는 에너지 소비 기준을 제외하였다. 배출권거래제는 계획기간 이전 3년간 평균적인 온실가스 배출량을 기준으로 업체 12.5만 및 사업장 2.5만tCO_2-eq 이상인 업체를 대상으로 하고 있으며, 예외적으로 자발적으로 신청한 업체도 포함한다. 따라서 극소수의 신설 기업이나 자발적 신청 기업을 제외하고는 대부분 목표관리제의 대상 업체였다가 배출권거래제 대상 업체로 지정되고 있으며, 이로 인해 대부분의 기업에 대해 배출권거래제 참여 이전부터 객관적으로 검증된 온실가스 배출량 기록이 가용하다.

한편, 공개된 업체별 인증배출량은 명세서상의 직접배출과 간접배출(Scope 2)을 합산한 총배출량을 의미하며, 총 에너지 사용량(TJ 단위)도

---

16 현재 규정 미비로 인해 1, 2기의 업체별 사전할당량 정보가 공개되고 있지 않다. 1, 2기의 다른 정보들은 공개하면서 사전할당량 정보만 공개되지 않고 있는 상황은 납득하기 어렵다.

별도로 주어져 있다. 현재 공개된 정보만으로는 직접배출만을 고려한 분석은 불가능하다. 다만, 에너지 사용량을 함께 고려하여 분석함으로써 제한된 의미의 간접추론은 가능하다.

2. KISData

NICE평가정보(주)에서 제공하는 KISData 데이터베이스에서 배출권거래제 및 목표관리제에 해당되는 기업의 재무정보(2011~20년)를 추출하였고, 이를 배출권거래제 할당업체 목록에 연계하였다. KISData는 상장, 코스닥 기업 외에도 외감 법인까지 포함한다. 배출권거래제 할당업체들의 경우 일정 규모 이상이므로 극소수를 제외하고는 KISData와의 연계가 가능하다. 각 연도 말 시점의 해당 업체의 종사자 수를 비롯하여 매출액, 매출원가, 판매비와 관리비, 인건비, 영업이익, 순이익 등 주요 재무성과를 연계할 수 있다.

이때 기업 단위에서 작성된 정보만이 연계 가능하므로 사업장 단위의 재무성과나 고용 등과 연계하기는 어렵다. 이것은 한편으로는 추정치의 정확성을 낮추는 한계로 작용하지만, 다른 한편으로는 기업 내에서 하나의 사업장에서 다른 사업장으로 혹은 본사로 공정을 이동시키는 방식의 기업 내 이동을 제외하고 분석할 수 있다는 점에서는 장점으로 작용한다.

한편, 배출권거래제 1, 2기의 기간(2015~20년) 동안에도 기업 간 인수합병이나 분사 등의 사례들이 상당수 존재하였다. 이를 무시하고 단순히 기업 데이터와의 횡단면적 연계만 시도할 경우에는 인수합병이나 분사 혹은 폐업 등의 기업에 대한 정보를 체계적으로 누락할 가능성이 있다. 따라서 배출권거래제 업체들의 사명과 본사 주소를 기준으로 각 연도별로 확인을 거쳐 인수합병이나 분사가 확인된 기업들에 대해서는 전체 시계열에 걸쳐 동일한 기업으로 처리하였다.[17]

---

17 여기에서는 주어진 기간 내에 발생한 합병, 분사, 사명변경 등만 고려하여 연결하였으며, 기업집단이나 연결재무제표로 연결된 기업군의 경우는 별도로 처리하고 있지 않다. 각 기업이 어느 정도 독립적으로 운영되고 있다면 큰 문제가 없겠으나, 폐업을 비롯한

<표 10-2> 요약통계량(2015~20년)

(단위: 년, 세, 만톤, 억원, 명)

		관측치	평균	표준편차	최소	최대
기업 수		511				
연도		3,118	2,017.5	1.7	2,015	2,020
기업연령		3,118	28.3	18.6	0	84
1기 참여(더미)		3,118	0.800	0.400	0	1
1기 BM(더미)		3,118	0.067	0.251	0	1
2기(더미)		3,118	0.503	0.500	0	1
2기 유상(더미)		3,118	0.203	0.403	0	1
2기 BM(더미)		3,118	0.202	0.401	0	1
기준기간 배출량		3,041	112.1	549.1	1.8	7,340.4
인증배출량(명세서)		3,005	113.5	550.8	0.1	8,061.9
	1기	1,466	115.6	559.5	0.3	7,305.6
	2기	1,539	111.5	542.5	0.1	8,061.9
인증배출량(ETRS)		2,714	119.5	576.2	0.1	8,056.7
	1기	1,243	128.0	602.7	0.3	7,341.7
	2기	1,471	112.3	552.9	0.1	8,056.7
이월량		2,714	5.0	29.5	0	764.8
차입량		2,714	1.3	11.8	0	308.0
상쇄배출권		2,714	0.0	0.5	0	19.3
매출액		3,118	23,685.1	87,407.4	0	1,703,819
매출원가		3,118	18,718.1	66,293.2	0	1,167,534
판매비와 관리비		3,118	3,016.6	14,963.6	-2826.2	290,388
인건비		3,118	605.4	2,115.1	-5.8	23,135.9
영업이익		3,118	1,664.6	12,909.1	-28483.5	436,994.5
순이익		3,118	1,207.4	10,707.0	-58043.9	328,151.3
종사자 수		3,118	2,098.2	6,845.4	0	109,074

자료: 본문에 언급된 기업 단위 연계 데이터.

핵심 분석기간인 2015~20년의 기간 중 한 번이라도 관측된 기업의 수는 543개, 1기(2015~17년) 및 2기(2018~20년)에 각각 한 번 이상 관측된

구조조정이 심해지는 상황에서는 이러한 기업집단이나 연결제무제표로 연결된 기업군에 대해서도 파악할 필요가 있을 것이다. 예컨대, 발전부문 공기업들은 대부분 한전의 자회사에 해당되므로 평소에는 각 기업이 어느 정도 독립성을 유지하면서 운영되겠지만 폐업과 같은 결정 시에는 고용승계 등 각 기업성과가 서로 연결될 가능성이 높다. 2기를 넘어서 3기 이후 분석에서는 이러한 연결성을 고려할 필요가 있을 것으로 예상된다.

기업의 수는 511개이다. 이 중 다시 2015~20년에 모두 관측된 기업의 수는 503개이다. 1기(2015~17년)와 2기(2018~20년)에 각각 한 번 이상 관측된 기업의 2015~20년 관측치 요약통계량은 <표 10-2>에 제시하였다.[18]

제4절 실증모형

1. 배출권거래제 참여의 효과

배출권거래제 참여의 효과와 관련된 실증분석의 경우 미시 데이터와 방법론의 문제가 모두 존재한다. 먼저, 배출권거래제 참여 이전의 배출량이나 에너지 사용량 측도와 관련된 문제가 있을 수 있다. 설령 배출권거래제 참여 이전의 배출량이나 에너지 사용량 정보가 존재하더라도, 배출권거래제 시행 이전과 이후의 배출량 산정 과정이 정확하게 같지 않을 수 있다. 배출권거래제 시행 이후의 배출량 산정은 기업의 직접적 비용과 관련되므로 세부항목별 수치 산정이 이전보다 엄밀하게 진행되었을 것으로 짐작할 수 있다. 다만, 기존의 배출량 정보가 부정확하다고 할지라도 정부의 판단에 직접적으로 이용되었다면 그것은 실제 배출량과는 별도로 의미가 있다.

다음으로는 인과적 효과 추정을 위한 적절한 실증분석 방법론을 찾는 어려움이 있다. 단순한 비교를 넘어 인과적 효과 분석을 위해 가장 큰 문제는 배출권거래제 대상 업체가 고배출업종의 대규모 기업들을 모두 포괄하고 있어 적절한 비교군을 찾기 어렵다는 점이다. 동일한 문제에 직면한 해외 기존 문헌 대부분은 과거 배출량이나 기업규모에 따라 유사한 기업을 찾아서 매칭시키는 방식을 이용하고 있다. 하지만, 일부 관측 변수에 의존하는 매칭 방식은 매칭에 사용된 일부 변수들을 통제하고 나면 처치군과 비교군 사이에 체계적 차이가 없다는 조건부 독립 가정(CIA)을

18 비록 2015~20년의 균형패널(balanced panel)과의 차이는 크지 않으나, 일부 기업들이 폐업하는 경우도 처치효과의 일부일 수 있다.

필요로 한다는 한계가 있다. 이는 해당 변수들을 직접적으로 통제하는 다중회귀분석과 큰 차이가 없고, 오히려 추정오차의 산정을 비롯한 보다 복잡한 문제에 노출된다.

여기에서는 대안적 방식으로 배출권거래제 대상 업체 선정기준의 불연속성에 초점을 맞춘 식별전략을 시도한다. 배출권거래제 대상 업체는 기준기간의 배출량에 의해 선정되는데, 여기에는 업체 단위 125,000톤 이상 내지 하나의 사업장에서 25,000톤 이상이라는 기준이 적용된다. 이때 과거의 배출량이 25,000톤 이상이었고 125,000톤 이하였던 경우에는 업체 수준의 배출총량이 같더라도 보다 높은 배출량의 사업장이 존재하는 경우에 참여 여부가 결정되게 된다. 따라서 이러한 경우에 한정하여 참여업체와 미참여업체를 비교하는 경우, 배출권 참여와 관련하여 보다 의미 있는 비교 결과를 얻을 수 있다.

아래의 <표 10-3>이 시사하듯이, 1기 참여기업과 2018년 신규기업 전체를 비교할 경우에는 총매출, 순이익, 인건비, 인원 등에서 큰 차이를 보이는 반면, 기준기간 배출량이 25,000~125,000톤인 경우로 한정하여 살펴볼 경우에는 그러한 차이가 크게 감소한다. 이는 이러한 식별 전략의 타당성을 보여주는 결과이다. 물론 여전히 기업연령은 더 이상 좁혀지지 않지만, 전체와의 비교보다는 이러한 방식의 비교가 더 나은 대조군을 찾아낸다는 점은 분명하다.

<표 10-3> 1기 참여업체와 2기 신규참여업체의 비교: 기준기간 배출량의 제한

(단위: 개, 억원, 명, 년)

	전체		기준배출량 25000~125000톤	
2014년 기준 관측치	1기 참여('15~17)	'18 신규	1기 참여('15~17)	'18 신규
업체 수	403	47	213	26
총매출액	28,330.2	10,370.6	6,242.7	5,062.7
순이익	1017.6	-142.9	205.1	367.4
인건비	667.0	276.7	195.6	203.8
인원	2444.6	1300.8	718.1	688.4
기업연령	27.9	21.2	27.8	21.5

자료: 본문에 언급된 기업 단위 연계 데이터.

다만, 이러한 제한의 결과에서 잃는 것이 없는 것은 아니다. 소규모 업체들만을 대상으로 보다 인과적 효과에 가까운 추정치를 얻지만, 이는 효과의 이질성이 있는 경우 국지적인 평균효과(LATE)로 대규모 기업을 포함한 전체에서의 평균효과(ATE)와 차이가 있을 수 있다.

이처럼 기존 배출량이 25,000톤 이상 및 125,000톤 이하였던 경우로 한정하여 1, 2기 참여기업과 2기 신규참여기업들을 비교하고 이중차분 방식으로 성과 차이를 살펴볼 수 있다. 그런데 2기 신규참여기업들의 참여 연도는 2018년부터 2020년까지 다양한데, 이중차분 방법론 적용 시 처치 적용연도가 다양한 경우에는 추정치의 해석이 어려워질 수 있다(Goodman-Bacon, 2021). 이 문제를 극복하는 하나의 방법은 처치 적용연도를 통일시키는 것이다. 즉, 신규참여기업이 가장 많은 2018년의 신규참여기업들과 기존참여기업들만을 포함하여 2015~20년의 기간을 분석한다. 이때 기업 고정효과를 통제하므로 참여 당시 기업의 고정된 특성은 모두 통제된다. 기업의 시변 특성(time-varing characteristics)은 내생적으로 결정되므로 우변의 통제변수로 포함하지 않으며, 대신 다양한 성과변수(y)를 살펴봄으로써 어떤 메커니즘을 통해 변화가 나타나는지를 살펴본다. 신규참여기업의 산업 분포가 기존참여기업과는 다를 가능성이 있으므로 부문별 선형추세도 통제한다.

아래의 추정식 (1)에서는 기업 i의 시점 t의 성과변수 $y_{i,t}$(배출량, 매출, 고용 등)를 2기 신규참여기업 더미($Treat_i$)와 2기 더미($Post_t$)의 교호항 및 2기 더미에 회귀분석하며, 이때 기업 고정효과(μ), 기업 i가 속한 부문(k)별 선형추세(ν)를 통제한다. 기업 고정효과가 포함되었으므로 2기 신규참여기업 더미는 따로 포함하지 않는다. 기업 고정효과가 통제되고 있어 표준오차는 기업 단위에서 군집한다.

$$y_{i,t} = \alpha \times Treat_i \times Post_t + \beta \times Post_t + \mu_i + \nu_{k(i)} \times t + \epsilon_{i,t}, \qquad (1)$$

그런데 이러한 효과는 실제로는 1기 참여기업의 성과 변화에 대비한 2기 신규참여기업의 추가적 성과 변화를 의미하므로, 배출권거래제가 1기 참여기업에 미치는 효과가 일정할 경우에만 2기 신규참여 전체의 효과를 식별할 수 있다. 만일 배출권거래제의 효과가 시간이 지나면서 변하거나 배출권거래제 자체가 변화하는 경우에 1기 참여기업의 성과를 변화시킨다면, 2기 신규참여기업에 미친 영향을 정확하게 파악하기 어려울 수 있다. 실제 신규참여를 확대할 때 발생하는 효과와는 차이가 있어 실제 정책적인 시사점이 불분명할 수 있다.[19]

이러한 한계를 극복하기 위해 비슷한 방식으로 1기 참여의 효과를 분석해 볼 수 있다. 1기 시작시점 기준 기존 배출량이 25,000톤 이상 및 125,000톤 이하였던 경우로 한정한 다음, 2기 신규참여기업(과 1기 첫해 이후 진입기업의 진입 이전 관측치)을 비교군으로 삼아 1기 첫해 진입기업의 진입 이후의 성과 변화를 비교해 볼 수 있다. 아래의 <표 10-4>에서 기준기간 배출량을 제한하는 것이 앞의 <표 10-3>과 마찬가지로 비교군과 대조군의 차이를 획기적으로 줄이는 것을 확인할 수 있다.

위에서 설명한 것과 마찬가지로 추정식 (1)을 추정하되, 대신 2015년 신규참여기업과 2016~20년의 신규참여기업의 2012~17년의 관측치를 대상으로 추정해볼 수 있다. 이때 2016~17년 참여기업의 경우에는 참여 이전의 관측치만을 부분적으로 포함한다. 이는 2015년 참여기업을 중심으로

<표 10-4> 1기 참여업체와 1기 첫해 미참여업체의 비교: 기준기간의 제한

(단위: 개, 억원, 명, 년)

2014년 기준 관측치	전체		기준배출량 25,000~125,000톤	
	1기 참여 ('15 신규)	1기 첫해 미참여 ('16~20 신규)	1기 참여 ('15 신규)	1기 첫해 미참여 ('16~20 신규)
업체 수	359	101	174	56
총매출액	31,460.0	8,414.3	6,830.8	7,251.6
순이익	1,147.7	152.5	201.8	457.9
인건비	740.1	226.5	224.6	206.7
인원	2,693.8	910.3	753.4	690.3
기업연령	28.7	21.1	28.6	21.5

자료: 본문에 언급된 기업 단위 연계 데이터.

19 이 부분을 정확하게 지적해주신 검토자께 감사드린다.

1기 참여의 효과를 추정하기 위해서이다. 그 외에는 앞서의 설명과 같으며, 이 경우에도 신규참여기업의 산업 분포가 기존참여기업과는 다를 가능성이 있으므로 부문별 선형추세는 통제한다.

2. 유상할당의 효과

본 장에서의 가장 큰 관심사는 2기에서 유상할당 및 BM 방식 무상할당의 확대가 기업성과 및 고용에 미친 영향이다. 1기에서는 모든 업종이 전량 무상할당되었고 일부 업종에 대해서만 BM 방식이 적용되었으므로, 1기와 2기에 모두 참여한 기업을 대상으로 2기 유상할당 및 신규 BM 방식 무상할당 지정에 관한 이중차분 방식의 분석이 가능할 수 있다.

다만, 이러한 이중차분 방법론은 적절한 비교군의 설정 문제에서 자유롭지 않다. 즉, 2기 유상할당 및 신규 BM 방식 무상할당 적용 업종과 미적용 업종 간에 체계적인 차이가 있을 가능성을 배제할 수 없다.

유상할당은 크게 3가지 기준에 의해서 시행된 바 있다. 1) 무역집약도가 30% 이하인 업종, 2) 비용발생도가 30% 이하인 업종, 3) 무역집약도가 10~30%이면서 비용발생도가 5~30%인 업종이다. 그런데 우리나라의 경우 3)은 폐기물 처리업의 1개 업종만이 해당되며, 주로 1)과 2)의 경우가 대부분이다.

이 같은 이분법적 기준은 기업 단위에서 해당 기준에 따른 불연속성을 초래한다. 무역집약도나 비용발생도가 유사한 업종의 기업들은 해외수요나 친환경 전환 등과 관련하여 비슷한 상황에 직면하고 있었을 가능성이 높다. 또한 업종분류는 주력제품에 기반하므로 한계적 범위 내에서 세부 업종이 다르더라도 실제 기업 단위 제품 포트폴리오는 크게 다르지 않을 수 있다. 그럼에도 기업들에 부여하는 유·무상할당의 지위에 차이가 나는 점에 주목할 필요가 있다. 특히 국내 기준(30%)은 EU의 기준(30%)을 그대로 벤치마크한 것으로 국내 상황에 따라 정해진 것이 아니다.

이러한 할당기준의 분절성과 임의성에 착안하여 다음의 2개 부분분석을 시행할 수 있다. [그림 10-3]에서 볼 수 있듯이, 첫번째 그룹(A)은 무

[그림 10-3] 배출권거래제 업종별 고용 및 유·무상할당 여부

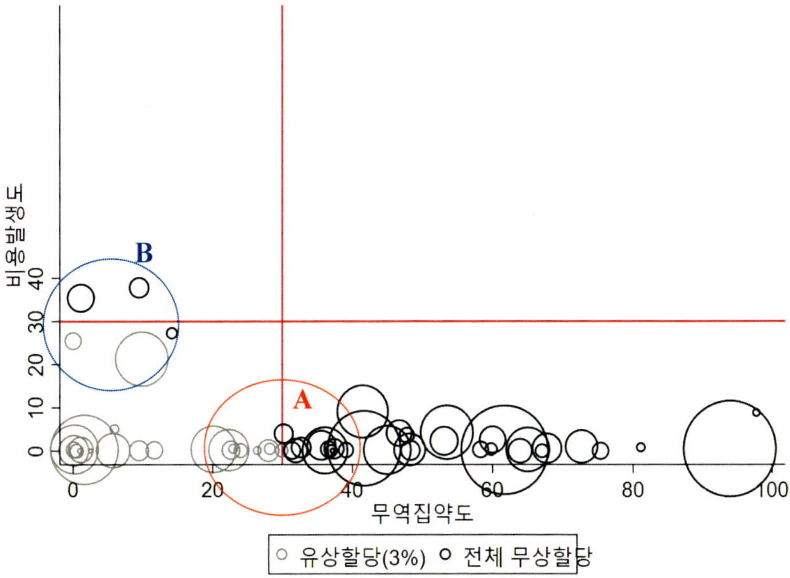

주: x축은 무역집약도(%), y축은 비용발생도(%)이며, 각 원의 중심은 각 업종의 무역집약도와 비용발생도를, 원의 크기는 업종별 종사자 수(2018년)의 상대적 규모를 표시.
자료: 본문에 언급된 기업 단위 연계 자료.

역집약도를 기준으로 유상할당 여부가 갈린 경우이다. 두 번째 그룹(B)은 비용발생도를 기준으로 유상할당 여부가 갈린 경우이다. 각각의 그룹에 대해 부분적인 이중차분 분석을 시행함으로써 전체 기업을 대상으로 한 이중차분 분석에 비해 보다 유사한 기업들 간 비교를 수행할 수 있다.

이 경우 A그룹에서는 부문 내에서 업종이 다양하므로 앞서와 사실상 동일한 추정식 (1)을 적용할 수 있다. 이때 $Treat_i$는 2기 유상할당 여부를 가리키는 더미변수가 되고, 추정에 포함된 기업은 1, 2기에 모두 참여한 기업이다.

하지만, B그룹의 경우에는 부문 내 단독업종인 경우가 많아 부문 간 서로 다른 추세를 통제하는 것이 사실상 처치군과 통제군의 추세를 각각 통제하는 셈이 되어 추정하고자 하는 효과를 대부분 통제해버리는 문제가 발생한다. 또한 비교군을 더욱 정밀하게 설정하기 위해 범위를 더욱 좁혀 기업의 수가 40개 미만일 경우에는 기업 단위에서 군집된 표준오차

의 편의가 심할 수 있다(Angrist and Pischke, 2009). 따라서 B집단의 경우에는 부문별 선형추세 대신 전체 선형추세만을 통제(추정식 2)하며 이분산-강건 표준오차를 제시한다.

아래의 추정식 (2)에서는 기업 i의 시점 t의 성과변수 $y_{i,t}$(배출량, 매출, 고용 등)를 2기 유상할당 더미($Treat_i$)와 2기 더미($Post_t$)의 교호항 및 2기 더미에 회귀분석하며, 기업 고정효과(μ)와 시간 선형추세항(t)을 통제한다.

$$y_{i,t} = \alpha \times Treat_i \times Post_t + \beta \times Post_t + \mu_i + \gamma t + \epsilon_{i,t} \tag{2}$$

한편, BM 방식 적용업종은 1기의 정유, 시멘트, 항공 외에 2기에서 발전, 집단에너지, 폐기물, 산업단지 업종으로 확대되었다(표 10-5). 위에서 살펴보았듯이 2기부터 일부 유상할당도 진행되었으므로, 업종에 따라 유상할당과 함께 (새로운) BM 방식 무상할당을 적용받거나, 전량 무상할당과 함께 (새로운) BM 방식 무상할당을 적용받는 경우도 있었다. 만일 일반적으로 생각하듯이 GF 방식이 BM 방식보다 관대하다면, BM 방식으로 무상할당을 하면서 일부 유상할당까지 시행된 업종에서는 중첩된 어려움을 겪었을 수 있다. 특히 시멘트와 발전/에너지 부문 내에서는 세부업종별로 무상과 유상 할당 여부가 나뉘었는데, 이에 따른 체계적인 차이가 있었는지를 살펴볼 필요가 있다.

<표 10-5> 1, 2기의 BM 방식 적용업종 중 일부 유상할당 업종

BM 방식 적용	전량 무상할당	일부 유상할당
1기	정유(192) 시멘트(시멘트)(2331) 시멘트(레미콘)(2332) 항공(511)	-
2기	정유(192) 시멘트(시멘트)(2331) **발전(가스)(352)** **집단에너지/산업단지(353)** **폐기물(폐기물)(382)**	항공(511) 시멘트(레미콘)(2332) **발전(전기)(351)** **폐기물(하수, 폐수)(370)**

제5절 추정 결과

1. 배출권거래제 참여의 효과

<표 10-6>에서는 2기 신규참여의 효과를 분석한 결과를 제시한다. 2기 이전 기준기간의 평균 온실가스 배출량이 25,000~125,000톤인 기업들만을 대상으로 하여 1기부터 참여한 기업과 2기 첫해 신규참여기업들을 이중차분 방식으로 분석한 결과, 2018년 신규참여기업은 기존참여기업에 비해 온실가스 배출량, 에너지 사용량, 매출액, 순이익률이 다소 감소하였으나 10% 수준에서도 통계적으로 유의하지 않았다. 인건비와 고용은 평균적으로 약하게 증가하는 추세를 보였으나 이 역시 통계적으로 유의하지는 않았다.

<표 10-7>에서는 비슷한 방식으로 1기 신규참여의 효과를 분석한 결과를 제시한다. 1기 시작 이전의 평균 배출량이 25,000~125,000톤인 기업들만을 대상으로 하여, 1기 첫해 신규참여기업과 그 이후에 참여한 기업들(혹은 2018년 이후 참여기업들)의 2017년까지의 성과를 이중차분 방식으로 분석하였다. 그런데 이 경우 배출집약도를 제외한 모든 변수에서 감소를 나타냈으며, 특히 온실가스 배출량, 에너지 사용량, 매출액, 고용 등이 전통적 수준에서 통계적으로 유의미한 감소를 나타냈다. 온실가스 배출량과 에너지 사용량이 비슷한 수준으로 감소하고 매출액은 비슷하거나 더욱 크게 감소하여 상대적으로 생산활동이 위축되었음을 시사하며, 고용은 이보다는 작으나 어느 정도의 부정적 영향이 있었을 가능성을 시사한다. 다만, 전반적인 추세는 이러한 변수들이 증가하는 방향이었음을 고려하면, 사업이 축소되었다기보다는 확장하지 못했다고 볼 수 있다. 이러한 결과는 2018년 이후 참여기업들만을 비교군으로 삼거나, 부문별 선형 추세를 통제하지 않더라도 대부분 비슷하게 나타난다.

그런데 일종의 시범운영 기간이었던 1기에 이렇게 강한 효과가 있다는 점은 다소 의아하다. 이에 관한 하나의 가능한 설명으로 1기의 대조군인

<표 10-6> 2기 신규참여의 효과(2015~20년)

	(1)	(2)	(3)	(4)	(5)	(6)	(7)
	ln(배출량)	ln(에너지)	ln(배출 집약도)	ln(매출액)	ln(인건비)	ln(고용)	순이익률
2018 신규참여기업 X 2기(18~20)	-0.010 (0.045)	-0.011 (0.047)	0.074 (0.075)	-0.084 (0.094)	0.010 (0.106)	0.041 (0.049)	-0.024 (0.020)
2기(18~20) 더미	0.031+ (0.018)	0.031 (0.020)	-0.070** (0.021)	0.101** (0.025)	-0.014 (0.051)	0.014 (0.013)	-0.008 (0.011)
기업 고정효과	✓	✓	✓	✓	✓	✓	✓
부문 선형추세	✓	✓	✓	✓	✓	✓	✓
관측치	1,494	1,494	1,494	1,494	1,494	1,494	1,478

주: 괄호 안은 기업 단위에서 군집된 표준오차. +p<0.1, *p<0.05, **p<0.01.
기존 배출량이 25,000~125,000톤인 기업으로 한정한 다음, 다시 1기 참여기업과 2기 첫해 (2018년) 신규참여기업만을 대상으로 2015~20년의 관측치를 OLS 추정한 결과임.
자료: 본문에 언급된 기업 단위 연계 데이터.

<표 10-7> 1기 신규참여의 효과(2012~17년)

	(1)	(2)	(3)	(4)	(5)	(6)	(7)
	ln(배출량)	ln(에너지)	ln(배출 집약도)	ln(매출액)	ln(인건비)	ln(고용)	순이익률
2015 신규참여기업 X 1기(15~17)	-0.129* (0.052)	-0.114* (0.056)	0.056 (0.052)	-0.185** (0.060)	-0.057 (0.050)	-0.068* (0.031)	-0.026 (0.020)
1기(15~17) 더미	0.082+ (0.048)	0.066 (0.052)	-0.035 (0.042)	0.117* (0.057)	0.078+ (0.046)	0.040 (0.027)	0.023 (0.018)
기업 고정효과	✓	✓	✓	✓	✓	✓	✓
부문 선형추세	✓	✓	✓	✓	✓	✓	✓
관측치	1217	1217	1217	1217	1217	1217	1211

주: 괄호 안은 기업 단위에서 군집된 표준오차. +p<0.1, *p<0.05, **p<0.01.
기존 배출량이 25,000~125,000톤인 기업으로 한정한 다음, 2012~17년의 2기 신규참여기업 + 1기 참여기업의 참여연도 이전 관측치만을 대상으로 OLS 추정한 결과임.
자료: 본문에 언급된 기업 단위 연계 데이터.

2015년 이후 소규모 신규참여기업들은 상대적으로 빠르게 확장하는 기업이므로, 처치군인 2015년의 신규참여기업들이 상대적으로 덜 성장하는 것처럼 보였을 뿐일 가능성을 생각해볼 수 있다. 배출권거래제의 참여가 배출량 기준으로 일정 수준 이상이므로, 늦게 참여하는 기업들은 대체로 사업을 확장하고 있을 가능성이 높다. 하지만, 기업의 확장은 대체로 기업의 연령과 관계가 높은데, 기업의 연령 및 연령제곱항을 포함한 분석에서도 거의 비슷한 결과가 도출된다.

1기와 2기 신규참여에 관한 유사한 이중차분 방식의 비교임에도 불구하고 그 비교의 성격이 다르다는 점에 주목할 필요가 있다. 1기 추정치의 경우 1기 신규참여기업을 1기 미참여기업(2기 참여기업)과 비교하지만, 2기 추정치는 2기 신규참여기업을 이미 배출권거래제에 참여한 기업과 비교한다. 배출권거래제의 효과가 시간에 따라 변했을 가능성이 높음을 고려하면, 1기에서 보다 강한 음의 방향의 효과가 나타나는 것이 (1기) 배출권거래제 자체의 효과를 보다 잘 반영하고 있을 것으로 생각된다. 즉, 배출권거래제 1기는 전량 무상할당을 비롯하여 다소 느슨하게 운영되었음에도 불구하고 기업들에 미치는 영향은 적지 않았음을 시사한다. 물론 배출권거래제 2기는 더욱 강화되었으므로 기업들에 미치는 영향이 더욱 강했을 수 있는데, 여기에서 제안한 추정방식으로는 2기 신규참여효과 전체를 직접적으로 추정할 수 없다. 다만, 아래에서 2기의 주요 특징인 유상할당과 BM 방식 확대의 영향을 살펴보면서 간접적으로 추론해볼 수 있다.

2. 유상할당의 효과

배출권거래제 2기의 특징 중 하나는 62개 업종 중 26개 업종에 대해 일부 유상할당이 시행되었다는 점이다. 업체당 배출허용량의 97%는 무상으로 할당하지만 3%는 경매방식으로 구매하도록 하였다. 물론 여전히 전량 무상할당 업종의 비중이 높으므로, 배출권 총수량 대비 전체 유상할당량의 비중은 3%보다 작으며, 실제로 1%에도 미치지 못한다. 따라서 총량적 관점에서 유상할당의 배출억제 내지 비용상승 효과가 미미하다는 인식은 타당하다고 볼 수 있다.

그럼에도 불구하고 개별 기업 관점에서는 3% 유상할당도 상당한 부담으로 작용할 가능성을 배제할 수 없다. 전체 배출량 규모가 크고 무상할당량이 부족한 기업에서는 3%의 유상할당도 상당한 비용부담이 될 수 있다. 예컨대, 1,000만톤을 배출하는 기업의 경우 3% 유상할당은 30만톤이며, 이를 배출권 경매에서 2만원/톤에 거래하면 60억원이 된다.

앞서 언급하였듯이 유상할당 기준으로는 무역집약도와 비용발생도의 두 기준이 적용되었는데, 여기에서는 각 기준의 경계선에 근접한 업종들만을 살펴봄으로써 주어진 데이터에서 가능한 '유사한' 기업들만을 비교한다. 여기에는 산업분류가 완벽하지 않으며 측정오류가 있을 수 있다는 점, 다시 말해 주된 제품을 중심으로 하는 산업분류상으로는 세부업종이 다르더라도 무역집약도나 비용발생도상으로 근접한 세부업종들에 속한 기업들의 실제 제품 포트폴리오는 유사할 수 있다는 점을 전제로 한다. 예를 들어, 한 해에는 시멘트에 속했다가 다른 한 해에는 콘크리트 업종에 속할 수 있으며, 그 반대도 가능하다.

먼저 <표 10-8>에서 무역집약도 30%를 중심으로 +/-10%를 비교한 결과(그림 10-3의 A그룹), 대부분의 성과에서 0과 사실상 다르지 않은 추정치가 도출되었다. 이는 <표 10-9>에서 +/-5%로 더욱 좁혀서 비교한 결과에서도 마찬가지이다. 여기에서는 각 부문 내 여러 업종들이 포함되어 있어서 부문별 선형추세를 포함한 결과를 제시하고 있으나, 부문별 선형추세 대신 연도만 포함하여 추정하더라도 결과는 사실상 같다.

이러한 결과는 해외의 논의와도 상당히 일치하는데, 예를 들어 Martin *et al.*(2014a, 2014b)의 경우에도 비용발생도가 더 중요한 기준이며 무역집약도는 상대적으로 덜 중요하고 저개발국과의 무역만으로 좁혀서 볼 것을 제안하기도 하였다.

다만, 여기에서의 결과만으로 무역집약도가 중요하지 않다고 결론 내리기는 성급하다. 무역집약도 30% 근처에서의 비용발생도는 대부분 1% 미만으로 유상할당의 영향이 미미할 수밖에 없기 때문이다. 무역집약도가 클수록 소비자에 대한 가격전가가 어렵다는 점을 고려하면 생산에 미치는 부담이 클 수 있고 생산기지 이전 및 탄소누출 위험을 높일 수 있다.

다음으로 <표 10-10>에서 비용발생도 30%를 중심으로 +/-10%를 비교

<표 10-8> 유상할당의 효과(집단 A: 무역집약도): ±10%

	(1)	(2)	(3)	(4)	(5)	(6)	(7)
	ln(배출량)	ln(에너지)	ln(배출 집약도)	ln(매출액)	ln(인건비)	ln(고용)	순 이익률
유상할당 기업 X 2기(18~20)	0.004 (0.037)	0.003 (0.036)	-0.032 (0.055)	0.036 (0.062)	0.060 (0.050)	-0.004 (0.031)	0.017 (0.016)
2기(18~20) 더미	0.037 (0.032)	0.035 (0.032)	-0.060 (0.042)	0.097* (0.038)	0.009 (0.035)	0.025 (0.022)	-0.003 (0.015)
기업 고정효과	✓	✓	✓	✓	✓	✓	✓
부문 선형추세	✓	✓	✓	✓	✓	✓	✓
관측치	732	732	732	732	732	732	728

주: 괄호 안은 기업 단위에서 군집된 표준오차. +p<0.1, *p<0.05, **p<0.01.
[그림 10-3]의 집단 A만을 대상으로 OLS 추정한 결과임.
자료: 본문에 언급된 기업 단위 연계 데이터.

<표 10-9> 유상할당의 효과(집단 A: 무역집약도): ±5%

	(1)	(2)	(3)	(4)	(5)	(6)	(7)
	ln(배출량)	ln(에너지)	ln(배출 집약도)	ln(매출액)	ln(인건비)	ln(고용)	순 이익률
유상할당 기업 X 2기(18~20)	0.068 (0.069)	0.076 (0.075)	0.016 (0.119)	0.052 (0.169)	0.075 (0.086)	-0.040 (0.067)	0.022 (0.051)
2기(18~20) 더미	0.014 (0.042)	0.004 (0.048)	-0.018 (0.078)	0.032 (0.106)	-0.049 (0.046)	0.034 (0.042)	-0.015 (0.049)
기업 고정효과	✓	✓	✓	✓	✓	✓	✓
부문 선형추세	✓	✓	✓	✓	✓	✓	✓
관측치	252	252	252	252	252	252	250

주: 괄호 안은 기업 단위에서 군집된 표준오차. +p<0.1, *p<0.05, **p<0.01
[그림 10-3]의 집단 A 중 일부만을 대상으로 OLS 추정한 결과임.
자료: 본문에 언급된 기업 단위 연계 데이터.

한 결과(그림 10-3의 B그룹), 사뭇 다른 결과가 도출되었다. 에너지 사용량 및 순이익의 감소 경향이 나타나며, 매출액의 감소는 유의도 5% 수준에서 통계적으로 유의하게 추정된다. 하지만 2기 더미의 계수를 함께 고려하면, 이는 해당 기업 전체적인 증가에 대비한 상대적 감소를 의미함을 알 수 있다. 즉, 비용발생도가 높은 경우 무상할당 업종에 비해 유상할당 업종에서 기업활동이 덜 증가하는 경향을 보였다.

<표 10-10> 유상할당의 효과(집단 B: 비용발생도): ±10%

	(1)	(2)	(3)	(4)	(5)	(6)	(7)
	ln(배출량)	ln(에너지)	ln(배출 집약도)	ln(매출액)	ln(인건비)	ln(고용)	순 이익률
유상할당 기업 X 2기(18~20)	-0.058 (0.072)	-0.118+ (0.061)	0.068 (0.060)	-0.126* (0.058)	0.005 (0.075)	-0.057 (0.051)	-0.040+ (0.023)
2기(18~20) 더미	0.060+ (0.033)	0.058 (0.041)	-0.084* (0.036)	0.144** (0.027)	-0.008 (0.035)	0.021 (0.018)	0.006 (0.020)
연도 선형추세	-0.02 (0.014)	0.016 (0.015)	-0.018 (0.015)	-0.002 (0.014)	0.039** (0.013)	0.015+ (0.008)	0.001 (0.006)
기업 고정효과	✓	✓	✓	✓	✓	✓	✓
관측치	545	545	545	545	545	545	541

주: 괄호 안은 기업 단위에서 군집된 표준오차. +p<0.1, *p<0.05, **p<0.01.
[그림 10-3]의 집단 B를 대상으로 OLS 추정한 결과임.
자료: 본문에 언급된 기업 단위 연계 데이터.

<표 10-11>에서는 비교범위를 +/-5%로 더욱 좁힌 분석 결과를 제시한다. 이 경우 매출액과 함께 고용의 감소가 유의도 5% 수준에서 통계적으로 유의하게 추정되며 (상대적) 감소폭도 크게 나타난다. 이때 배출량은 감소하지 않아 배출집약도가 오히려 크게 증가하는 것으로 나타난다. <표 10-12>는 +/-10%를 유지하는 대신 무역집약도 5% 미만을 대상으로 하는데, 이 경우에도 에너지 사용량, 매출액, 고용의 뚜렷한 감소가 유의도 5% 수준에서 통계적으로 유의하게 추정된다. 위와 유사하게 배출량은 비슷하게 유지되면서 배출집약도는 역시 크게 증가하는 것으로 나타난다. 이러한 결과는 고정투자가 높은 장치산업의 경우 직접배출을 줄일 수 없거나 오히려 증가시켜야 하는 상황에서 배출권 구매의 비용부담 때문에 가변생산요소 투입을 통한 생산을 줄일 경우 나타날 수 있다.

물론 <표 10-10>을 비롯하여 <표 10-11> 및 <표 10-12>의 경우 포함된 업종은 물론 기업 수도 적어 결론의 확대적용에 주의할 필요가 있다. 그럼에도 불구하고 전반적인 추정 결과는 비용발생도 기준에 따른 유상할당이 해당 기업에 실제로 상당히 부정적인 영향을 끼칠 수 있는 가능성을 시사한다. 탄소배출 저감효과는 그다지 나타나지 않았다는 점도 주목할 만하다.

<표 10-11> 유상할당의 효과(집단 B: 비용발생도): ±5%

	(1)	(2)	(3)	(4)	(5)	(6)	(7)
	ln(배출량)	ln(에너지)	ln(배출 집약도)	ln(매출액)	ln(인건비)	ln(고용)	순 이익률
유상할당 기업 X 2기(18~20)	0.089* (0.039)	-0.081 (0.085)	0.397** (0.108)	-0.307** (0.098)	0.086 (0.207)	-0.155* (0.065)	0.012 (0.048)
2기(18~20) 더미	0.032 (0.044)	-0.008 (0.133)	-0.086 (0.074)	0.118+ (0.066)	0.033 (0.075)	-0.001 (0.044)	0.055 (0.054)
연도	-0.026+ (0.015)	0.044 (0.043)	-0.062* (0.026)	0.036 (0.027)	0.016 (0.029)	0.023 (0.019)	-0.026 (0.016)
기업 고정효과	✓	✓	✓	✓	✓	✓	✓
관측치	133	133	133	133	133	133	131

주: 괄호 안은 이분산 강건 표준오차. +p<0.1, *p<0.05, **p<0.01.
[그림 10-3]의 집단 B의 일부만을 대상으로 OLS 추정한 결과임.
자료: 본문에 언급된 기업 단위 연계 데이터.

<표 10-12> 유상할당의 효과(집단 B: 비용발생도): ±10%, TI<5

	(1)	(2)	(3)	(4)	(5)	(6)	(7)
	ln(배출량)	ln(에너지)	ln(배출 집약도)	ln(매출액)	ln(인건비)	ln(고용)	순 이익률
유상할당 기업 X 2기(18~20)	-0.007 (0.076)	-0.118* (0.051)	0.208* (0.100)	-0.215* (0.085)	-0.018 (0.204)	-0.172** (0.059)	-0.044 (0.038)
2기(18~20) 더미	0.064 (0.103)	0.086 (0.067)	-0.115 (0.097)	0.179** (0.058)	0.004 (0.067)	0.019 (0.028)	-0.014 (0.024)
연도	-0.004 (0.039)	0.025 (0.027)	0.010 (0.033)	-0.015 (0.026)	0.060* (0.024)	0.022* (0.011)	0.020* (0.009)
기업 고정효과	✓	✓	✓	✓	✓	✓	✓
관측치	180	180	180	180	180	180	179

주: 괄호 안은 이분산 강건 표준오차. +p<0.1, *p<0.05, **p<0.01.
[그림 10-3]의 집단 B의 일부만을 대상으로 OLS 추정한 결과임.
자료: 본문에 언급된 기업 단위 연계 데이터.

3. BM 방식 무상할당과 결합된 일부 유상할당

다음으로 BM 방식 무상할당과 결합된 유상할당의 경우에는 기업에 더욱 큰 부담으로 작용할 가능성이 있다. 여기에서는 앞서 <표 10-5>가 보여주듯이, BM 방식 적용이 부문별로 이루어졌으나 각 부문 내 업종별로 유상할당 여부는 차이가 났던 점에 주목한 실증분석을 실시하였다. 이때 시멘트나 전환 부문의 경우 각 기업의 제품이 여러 영역에 걸쳐 있어 세부업종 분류가 명확하지 않은 경우가 상당하다. 예컨대, 시멘트부문의 세부업종 분류(시멘트, 레미콘)는 분명하지 않으며, 같은 기업 내에서 두 분류 모두가 가능한 경우가 존재한다. 3기에는 두 세부업종을 합쳐 하나의 업종으로 분류하고 있다. 전환부문에서도 같은 기업 내에서 세부업종(전기, 가스, 집단에너지)의 특성이 동시에 나타나는 경우가 존재한다.

다음의 <표 10-13>과 <표 10-14>는 각각 시멘트부문과 전환부문에서 일부 유상할당과 무상할당 기업의 성과를 비교분석한 결과이다. 추정 결과, 두 부문 모두에서 온실가스 배출량, 에너지 사용량, 그리고 매출액과 순이익률의 상당한 감소가 추정되었다. 특히 전환부문에서는 비록 통계적 유의성은 약하지만 고용에서도 부정적 영향이 추정되었다.[20]

<표 10-13> 유상할당의 효과: 시멘트부문

	(1)	(2)	(3)	(4)	(5)	(6)	(7)
	ln(배출량)	ln(에너지)	ln(배출 집약도)	ln(매출액)	ln(인건비)	ln(고용)	순 이익률
유상할당 기업 X 2기(18~20)	-0.174+ (0.091)	-0.211* (0.100)	0.095 (0.063)	-0.270+ (0.140)	-0.096 (0.068)	0.007 (0.024)	-0.053+ (0.032)
2기(18~20) 더미	0.017 (0.032)	-0.002 (0.059)	0.006 (0.059)	0.01 (0.060)	-0.068 (0.071)	0.036 (0.042)	-0.039 (0.033)
연도	-0.013 (0.013)	0.01 (0.022)	-0.035 (0.022)	0.022 (0.023)	0.039+ (0.022)	0.001 (0.016)	0.011 (0.009)
기업 고정효과	✓	✓	✓	✓	✓	✓	✓
관측치	160	160	160	160	160	160	160

주: 괄호 안은 이분산 강건 표준오차. +p<0.1, *p<0.05, **p<0.01.
자료: 본문에 언급된 기업 단위 연계 데이터.

20 물론 2기 기간 중 석탄화력발전소의 폐쇄가 상당한 영향을 미쳤을 수 있지만, 해당 기업의 인력은 유지되었다. 2기의 석탄화력발전소 폐쇄는 고용보다는 배출량과 매출액을 감소시키는 방향으로 작용했다.

<표 10-14> 유상할당의 효과: 전환부문

	(1)	(2)	(3)	(4)	(5)	(6)	(7)
	ln(배출량)	ln(에너지)	ln(배출 집약도)	ln(매출액)	ln(인건비)	ln(고용)	순 이익률
유상할당 기업 X 2기(18~20)	-0.361** (0.085)	-0.316** (0.080)	-0.215** (0.050)	-0.146* (0.071)	-0.092 (0.073)	-0.065+ (0.039)	-0.063** (0.016)
2기(18~20) 더미	0.316** (0.076)	0.290** (0.072)	0.026 (0.062)	0.290** (0.059)	0.005 (0.072)	0.037 (0.036)	-0.002 (0.015)
연도	-0.009 (0.027)	0.001 (0.026)	0.031* (0.014)	-0.040+ (0.024)	0.065** (0.021)	0.016 (0.012)	0.009+ (0.005)
기업 고정효과	✓	✓	✓	✓	✓	✓	✓
관측치	188	188	188	188	188	188	188

주: 괄호 안은 이분산 강건 표준오차. +p<0.1, *p<0.05, **p<0.01.
자료: 본문에 언급된 기업 단위 연계 데이터.

4. 전량 무상할당 업종에서의 BM 방식 무상할당 도입

마지막으로 2기에서는 무상할당에서 BM 방식의 무상할당 업종이 더욱 확대되었으므로 그 효과도 살펴볼 필요가 있다. 다만, BM 방식은 부문별로 적용되어 식별전략을 찾기가 쉽지 않다. 여기에서는 2기 BM 확대가 없었더라면 1기 BM 업종과 2기 신규 BM 업종 간에 공통 추세가 존재했다는 가정하에 1기 BM 업종 대비 2기 신규 BM 업종에 관한 분석을 실시한다.

다음의 <표 10-15>는 전체 무상할당 업종을 대상으로 1기 BM 업종 및 2기 BM 업종의 구별된 차이를 분석한 결과이다. 2기 BM 업종에는 1기 BM 업종이 모두 포함되므로 2기 BM 업종의 추정치는 사실상 2기 신규 BM 업종의 추정치이다. 분석 결과, 1기와 달리 2기 신규 BM 업종의 경우 에너지, 매출액, 인건비, 고용이 상대적으로 확대되는 추세가 뚜렷이 나타나며, 배출량에는 큰 차이가 없어 배출집약도는 감소하지만 통계적 유의성은 약했다. 이러한 결과는 2기의 신규 BM 업종에서 BM 방식 무상할당은 생산 측면 효율성 증진이라는 의도한 결과를 내고 있을 가능성을 시사한다.

<표 10-15> GF 방식 대비 BM 방식 무상할당의 효과

	(1)	(2)	(3)	(4)	(5)	(6)	(7)
	ln(배출량)	ln(에너지)	ln(배출 집약도)	ln(매출액)	ln(인건비)	ln(고용)	순 이익률
2기 BM 업종 x 2기(18~20)	0.054 (0.069)	0.172** (0.051)	-0.095 (0.070)	0.149** (0.051)	0.077+ (0.046)	0.074** (0.026)	0.024 (0.020)
1기 BM 업종 x 2기(18~20)	-0.016 (0.072)	-0.122+ (0.072)	0.067 (0.087)	-0.083 (0.070)	-0.110 (0.077)	-0.038 (0.037)	-0.031 (0.025)
기업 고정효과	✓	✓	✓	✓	✓	✓	✓
연도 고정효과	✓	✓	✓	✓	✓	✓	✓
관측치	2371	2371	2371	2371	2371	2371	2349

주: 괄호 안은 기업 단위에서 군집된 표준오차. +p<0.1, *p<0.05, **p<0.01.
자료: 본문에 언급된 기업 단위 연계 데이터.

<표 10-16> GF 방식 대비 BM 방식 무상할당의 효과: 기존 추세 확인

	(1)	(2)	(3)	(4)	(5)	(6)	(7)
	ln(배출량)	ln(에너지)	ln(배출 집약도)	ln(매출액)	ln(인건비)	ln(고용)	순 이익률
2기 BM 업종 x 2기(15~17)	-0.043 (0.081)	-0.037 (0.087)	-0.068 (0.077)	0.026 (0.073)	0.107 (0.067)	0.040 (0.050)	-0.015 (0.017)
1기 BM 업종 x 2기(15~17)	0.057 (0.086)	0.107 (0.099)	0.048 (0.102)	0.009 (0.095)	0.023 (0.076)	0.012 (0.055)	0.005 (0.026)
기업 고정효과	✓	✓	✓	✓	✓	✓	✓
연도 고정효과	✓	✓	✓	✓	✓	✓	✓
관측치	2103	2103	2103	2103	2103	2103	2088

주: 괄호 안은 기업 단위에서 군집된 표준오차. +p<0.1, *p<0.05, **p<0.01.
자료: 본문에 언급된 기업 단위 연계 데이터.

한편, 반사실적 공통추세 가정을 직접적으로 확인할 수는 없으나, <표 10-15>를 2012~17년에 대해 추정해볼 경우 특별한 추정치가 도출되지 않아 적어도 이전의 추세(pre-trend)는 존재하지 않음을 알 수 있다(표 10-16).

제6절 결론 및 정책적 시사점

본 장에서는 대표적인 기후대응정책인 배출권거래제의 시행 및 초기할당 방식이 기업 단위 배출량과 재무 및 고용성과에 미치는 영향을 실증적으로 살펴보았다. 배출권거래제 참여 및 할당과 관련된 인과적 효과 추정을 위해 참여 기준의 불연속성, 유상할당 기준의 불연속성, BM 방식 적용시기의 임의성 등을 고려한 실증방법론을 최초로 제안하였으며, 배출량, 배출권 정보와 재무, 고용성과를 기업 단위에서 연계한 패널 데이터를 통해 실증분석을 시행하였다.

실증분석 결과, 다음과 같은 네 가지 결론을 도출하였다. 첫째, 배출권거래제의 참여는 배출저감효과와 함께 기업 단위에서 상당한 부담으로 작용할 수 있다. 둘째, 2기 배출권거래제에서 불과 3% 수준의 유상할당도 비용발생도가 큰 기업의 경우에는 적지 않은 부담으로 작용하였을 것으로 판단된다. 반면, 무역집약도가 큰 기업에서 3% 수준의 유상할당은 의미 있는 부담이 되지 않았던 것으로 보인다. 셋째, BM 방식 무상할당을 진행하는 상황에서 유상할당까지 적용되면 배출저감효과는 있지만 기업의 부담은 더욱 클 수 있다. 넷째, 2기의 신규 BM 업종에서의 BM 방식은 기업 생산 측면에서 GF 방식이나 1기 BM 방식에 비해 효율성이 높은 것으로 추정된다.

본문에서 자세하게 살펴보았듯이 우리나라 배출권거래제의 벤치마크가 되고 있는 EU ETS의 경우 이미 제3기에서 발전부문 100% 유상할당, 무상할당 업종 범위 축소, BM 방식 무상할당 적용을 비롯하여 유상할당 업종의 무상할당 비중도 80%에서 30%까지 점진적으로 축소한 바 있다. 향후 탄소국경조정제도(CBAM)가 시행되면, 산업 대상 보조금의 일종으로 볼 수 있는 무상할당을 더욱 빠르게 축소시키는 한편, 이러한 선택을 무역상대국에도 요구할 것으로 예상된다.

우리나라 배출권거래제 3기에서는 이미 무상할당 업종 범위를 축소하고 유상할당 비중을 10%로 늘리는 한편 BM 방식 무상할당도 확대하였다. 하지만, 향후 이러한 추세를 더욱 빠르게 진행해야 할 것으로 예상된다. 탄소중립 이행을 촉진하는 것은 세계적인 탄소고배출 국가로서 당연한 의무이다.

다만, 이러한 과정에서 주어진 저감목표하에서 기업경쟁력과 일자리에 미치는 영향을 최소화하는 방안을 충분히 고민할 필요가 있다. 원칙적으로 실제 경쟁력과 일자리에서 피해가 큰 기업들만 무상할당에 포함시키고 그렇지 않은 기업들은 제외함으로써, 같은 비용으로 배출저감을 극대화하거나 같은 배출저감목표를 훨씬 적은 피해로도 달성할 수 있다(Martin *et al.*, 2014a). 지금까지는 EU의 기준을 그대로 따라온 측면이 있었지만, 앞으로는 국내 상황에 맞도록 무상할당 업종 기준이나 유상할당 비중을 고쳐나갈 필요가 있다. 가능하다면 기업 단위에서 이러한 상황을 판단하는 것이 최선이지만, 이러한 정보를 얻거나 이에 기반한 집행이 어려운 상황에서는 최적 메커니즘 설계를 통한 무상할당 제공과 함께 배출권가격 현실화가 필요하다. 한편, 향후 탄소국경조정제도와 같은 국제적 메커니즘이 작동하게 되면 오히려 무상할당 필요가 줄어들면서 동시에 최적 배출권가격이 상대적으로 낮아질 수 있는 점도 고려할 필요가 있다(Ahlvik and Liski, 2022).

본 장의 실증분석이 제공하는 정책적 시사점은 다음과 같다. 첫째, 온실가스 배출저감효과가 실제로 확인되는 방향은 배출권거래제를 확대하고 BM 방식 무상할당과 결합된 유상할당을 증가시키는 방향이다. 둘째, 다만 현재까지 배출저감은 매출액 감소를 동반하고 일부의 경우에는 고용 감소도 동반한다. 셋째, 유상할당이 적어도 일부 기업들에게는 큰 부담으로 작용하며, 배출저감 없는 경쟁력과 일자리 손실로도 이어질 수 있으므로 무상할당 업종을 잘 선별하는 것이 중요하다. 넷째, 무상할당 업종 선별 시 무역집약도보다 비용발생도에 초점을 맞출 필요가 있어 보이지만, 보다 심도 있는 고려가 필요하다. 제3기에서처럼 무역집약도와 비용발생도의 곱을 기준으로 삼는 방향도 의미가 있지만, 비용발생도를 보다 세부적으로 고려할 필요가 있다. 특히 유상할당 판단기준이 되는 업종별 비용발생도를 현재보다 더 세부적인 업종 또는 기업별로 산출할 것을 고려할 필요가 있다. 다섯째, 본 장에서는 직접 다루지 않았으나 기존 문헌에서는 기술개발로 인해 일자리 손실 없는 저감 가능성도 상당하다고 보고하고 있으며, 이를 현실화하려면 무상할당을 점진적으로 낮추는 계획을 공표하여 저감유인을 제공하는 한편 유상할당으로 마련된 기금을 바탕으로 저감기술 개발 및 활용을 적극적으로 지원할 필요가 있다. 특히 신생기업들에게 배출저감기술을 사용하도록 지원하는 방향이 필요할 것으로 보인다.

본 장의 논의는 최적 기후대응이라는 광범위한 주제의 극히 일부분만을 다루고 있으며, 향후 더욱 정교한 무상할당 선별기준 및 지원정책 수립을 위한 다양한 후속연구와 폭넓은 논의가 필요하다. 특히 1, 2기 및 3기에 대한 엄밀한 사후적 평가를 통해 국제무역 측면의 탄소누출 및 비용전가율을 측정함과 함께, 개별 기업 단위의 일자리 손실 가능성에 대한 새로운 지표 개발, 동적인 측면을 고려한 최적 무상할당 방식, 현실적으로 유효한 BM 계수 설정과 이에 기반한 할당 방식, 구체적인 저감기술 개발 및 활용 지원 등과 관련한 보다 구체적인 연구와 논의가 필요하다.

참고문헌

길은선 · 이슬기 · 임미라, 「온실가스 감축정책 시행 후 제조업의 이산화탄소 배출량 변화 분석」, 『경제학연구』, 제69권 제3호, 2021, pp.55~95.

김현석, 『온실가스 감축정책이 산업부문별 경쟁력에 미치는 영향』, 정책연구시리즈 2021-13, 한국개발연구원, 2021.

손인성 외, 『온실가스 배출권거래제: 제1차 계획기간의 성과 분석』, 기본연구보고서 19-09, 에너지경제연구원, 2019.

신동현, 『탄소효율성과 기업성과 간 관계 분석』, 에너지경제연구원, 2019.

오상봉 외, 『온실가스 감축 로드맵의 고용효과』, 고용노동부 고용영향평가, 2019.

오형나 외, 『제1차 계획기간(15~17년) 배출권거래제 경제적 영향분석 연구』, 경희대학교 산학협력단, 온실가스종합정보센터, 2018.

이영지 · 윤순진, 「한국 배출권거래제가 기업의 경쟁력에 미치는 영향」, 『환경정책』, 제30권 제1호, 2022, pp.175~199.

임형우 · 김재혁 · 신동현, 「배출권 과다배분하에서의 탄소효율성과 기업성과의 관계 분석」, 『산업경제연구』, 제33권 제6호(통권 152호), 2020, pp.1835~ 1855.

『한겨레』, 「온실가스 뿜어댄 기업들, 그 덕에 되레 5,600억 벌었다」, 2022. 10. 4. (https://www.hani.co.kr/arti/society/environment/1061194.html).

환경부, 「국가배출권 할당계획」, 2019. 6.

환경부, 「온실가스 배출권거래제 3차 계획기간 배출권 할당 완료」, 보도자료, 2020. 12. 24.

Abrell, J., N. Ndoye, and G. Zachmann, "Assessing the Impact of the EU ETS Using firm Level Data," Working Papers of BETA 2011-15, Bureau d'Economie Théorique et Appliquée, UDS, Strasbourg, 2011.

Ahlvik, L. and M. Liski, "Global Externalities, Local Policies, and Firm Selection," *Journal of the European Economic Association,* 20(3), 2022, pp.1231~1275.

Anderson, B. and C. Di Maria, "Abatement and Allocation in the Pilot Phase of the EU ETS," *Environmental and Resource Economics,* 48(1), 2011, pp.83~103.

Angrist, J. D. and J. S. Pischke, *Mostly Harmless Econometrics: An Empiricist's Companion*, Princeton University Press, 2009.

de Bruyn, Sander, Dagmar Nelissen, and Marnix Koopman, "Carbon Leakage and the Future of the EU ETS Market: Impact of Recent Developments in the EU ETS on the List of Sectors Deemed to be Exposed to Carbon Leakage," Delft: CE Delft, 2013.

Bushnell, J. B., H. Chong, and E. T. Mansur, "Profiting from Regulation: Evidence from the European Carbon Market," *American Economic Journal: Economic Policy*, 5(4), 2013, pp.78~106.

Calel, R., "Adopt or Innovate: Understanding Technological Responses to Cap-and-trade," *American Economic Journal: Economic Policy,* 12(3), 2020, pp.170~201.

Calel, R. and A. Dechezleprêtre, "Environmental Policy and Directed Technological Change: Evidence from the European Carbon Market," *Review of Economics and Statistics,* 98(1), 2016, pp.173~191.

Chan, H. S. R., S. Li, and F. Zhang, "Firm Competitiveness and the European Union Emissions Trading Scheme," *Energy Policy,* 63, 2013, pp.1056~1064.

Colmer, J., R. Martin, M. Muûls, and U. Wagner, "Does Pricing Carbon Mitigate Climate Change? Firm-Level Evidence from the European Union Emissions Trading Scheme," mimeo, 2020.

Cooper, R., "Europe's Emission Trading System," Harvard Project on International Climate Agreements Discussion Paper, Cambridge, MA., 2010.

Egenhofer, C., M. Alessi, N. Fujiwara, and A. Georgiev, "The EU Emissions Trading System and Climate Policy Towards 2050: Real Incentives to Reduce Emissions and Drive Innovation?" CEPS Special Reports, Centre for European Policy Studies, 2011.

Ellerman, A. D. and B. K. Buchner, "Over-allocation or Abatement? A Preliminary Analysis of the EU ETS Based on the 2005-06 Emissions Data," *Environmental and Resource Economics,* 41(2), 2008, pp.267~287.

Ellerman, A. D., F. J. Convery, and C. De Perthuis, *Pricing Carbon: the European Union Emissions Trading Scheme*, Cambridge University Press, 2010.

Fabra, N. and M. Reguant, "Pass-through of Emissions Costs in Electricity Markets," *American Economic Review*, 104(9), 2014, pp.2872~2899.

Goodman-Bacon, A., "Difference-in-differences with Variation in Treatment Timing," *Journal of Econometrics*, 225(2), 2021, pp.254~277.

Hahn, R. W. and R. N. Stavins, "The Effect of Allowance Allocations on

Cap-and-trade System Performance," *The Journal of Law and Economics*, 54(S4), 2011, pp.S267~S294.

Joltreau, E. and K. Sommerfeld, "Why Does Emissions Trading under the EU Emissions Trading System (ETS) Not Affect Firms' Competitiveness? Empirical Findings from the Literature," *Climate Policy*, 19(4), 2019, pp.453~471.

Martin, R., M. Muûls, L. B. De Preux, and U. J. Wagner, "Industry Compensation under Relocation Risk: A Firm-level Analysis of the EU Emissions Trading Scheme," *American Economic Review,* 104(8), 2014a, pp.2482~2508.

Martin, R., M. Muûls, L. B. De Preux, and U. J. Wagner, "On the Empirical Content of Carbon Leakage Criteria in the EU Emissions Trading Scheme," *Ecological Economics,* 105, 2014b, pp.78~88.

Martin, Ralf, Mirabelle Muûls, and Ulrich Wagner, "The Impact of the European Union Emissions Trading Scheme on Regulated Firms: What Is the Evidence after Ten Years?" *Review of Environmental Economics and Policy*, 10(1), 2016, pp.129~148.

Petrick, S. and U. J. Wagner, "The Impact of Carbon Trading on Industry: Evidence from German Manufacturing Firms," Kiel Working Paper No. 1912, Kiel Institute for the World Economy, 2014.

Sijm, J., K. Neuhoff, and Y. Chen, "CO2 Cost Pass-through and Windfall Profits in the Power Sector," *Climate Policy,* 6(1), 2006, pp.49~72.

<데이터>

국가온실가스 종합관리시스템(NGMS)(https://ngms.gir.go.kr/, 접속일: 2022. 11. 15).

환경부 온실가스종합정보센터 배출권등록부시스템(ETRS)(https://etrs.gir.go.kr/etrs/, 접속일: 2022. 11. 15).

NICE신용평가정보, KISData 데이터베이스(2011~20).

CONGRESS.GOV(https://www.congress.gov/bill/117th-congress/senate-bill/4355/text, 접속일: 2022. 11. 15).

EC, EU ETS 홈페이지(https://climate.ec.europa.eu/eu-action/eu-emissions-trading-system-eu-ets_en, 접속일: 2022. 11. 15).

RGGI(https://www.rggi.org/, 접속일: 2022. 11. 15).

WCI(https://wci-inc.org/, 접속일: 2022. 11. 15).

제11장

글로벌 저탄소 전환의 국내 경제 파급효과: 그린·에너지 인플레이션을 중심으로

천 소 라 (한국개발연구원)

제1절 서 론

2021년 정부는 2050년까지 탄소중립을 위한 2030년 국가온실가스감축 목표인 NDC(Nationally Determined Contribution)를 상향 조정하여 발표하였다. 탄소중립은 에너지 전환이 핵심이라 할 수 있으며, 이는 앞으로 국제사회에 많은 변화를 가져올 것이다. 특히 제조업 중심의 국내 경제는 주요 선진국에 비해 화석연료 의존도가 높아 상당한 영향을 받을 가능성이 있다. 장기적으로는 우리 경제가 새로운 균형경로를 따라 균형점으로 수렴하며 적응할 것이다. 그러나 단기적으로는 국내 에너지 구조 변화와 국제사회의 자원 경쟁이 다양한 경제 충격으로 작용하여 에너지 위기에 대한 우려를 고조시킬 가능성이 크다.

이러한 정책 기조 변화는 코로나19 위기와 맞물리면서 2021년부터 시작된 에너지 수급 불안과 함께 전반적인 물가 상승세를 견인하고 있다. 최근 유럽중앙은행(ECB)[1]은 통화정책과 관련한 거시경제 위험으로 탄소

1 Isabel Schnabel, Member of the Executive Board of the ECB, at a panel on “Monetary Policy and Climate Change” at The ECB and its Watchers XXII Conference 연설문, 2022. 3. 17.

중립 과정에서 에너지 가격 상승세가 이어지는 ‘에너지 인플레이션’과 저탄소 전환에 주로 쓰이는 원자재 가격 상승을 일컫는 ‘그린 인플레이션’을 언급한 바 있다. 에너지 전환 과정에서 수요 및 공급 측의 구조적 변화는 가격 변동으로 이어져 거시경제에 충격을 줄 것이다. 전자의 경우, 탄소중립이 진행되면서 추세적으로 화석연료 수요는 둔화할 것이나 이러한 변화를 예상한다면 관련 설비 투자도 축소될 것으로 보는 것이 타당할 것이다. 후자의 경우는 친환경 관련 금속가격 상승으로 정책 추진 과정의 추가 비용으로 작용할 것이다. 따라서 탄소중립 과정에서 거시적 영향은 에너지 인플레이션과 그린 인플레이션이 혼재된 양상으로 나타날 것이다.

에너지 가운데 원유가격의 변화가 거시경제에 미치는 영향에 관한 연구는 지속해서 이루어져 왔다. Kilian(2009) 이후 원유 변동요인 분석의 중요성이 강조되었다. 핵심은 동일한 유가 변동이라고 하더라도 각 요인에 따라 거시경제에 이질적인 영향을 끼칠 수 있으므로 요인별 분석을 선제적으로 실시하여야 한다는 것이다. 최근에는 IEA(2021)와 Boer *et al.*(2021)에서 그린 인플레이션이라 언급되는 금속가격 상승을 주목하며 장기적으로 공급 부족이 지속될 것으로 전망하고 있다.

탄소중립 과정에서 수반되는 에너지 가격 변동 충격은 국내 경제에 상당한 영향을 끼칠 것으로 예상된다. 따라서 본 연구에서는 에너지 전환 과정에서의 가격 충격의 거시경제적 파급효과를 정량적으로 분석함으로써 단기적인 거시경제 변화에 대한 이해를 높이고자 한다. 이를 통하여 에너지 전환 과정에서의 가격 변화로 인한 경제적 비용을 적절히 파악하고 관련 정책을 추진하기 위한 기초자료로 활용되기를 기대한다.

본 연구와 기존 선행연구의 차이점은 크게 두 가지를 꼽을 수 있다. 첫 번째로 최근 코로나19 이후의 원유가격의 움직임을 Kilian(2009) 모형을 확장하여 요인별로 분해하고자 한다. Kilian(2009) 요인별 분석 방법에서는 원유 수요, 원유 공급, 그 외 예비적 수요 동기에 초점을 맞추었다. 그러나 본 연구에서는 Cross *et al.*(2020)의 연구에서 지적한 예비적 수요 동기로 식별되는 부분에 투기적 수요가 내재하였을 경우를 추가로 고려하여 요인 분석을 진행하였다.

두 번째는 개방경제를 고려한 모형에서 요인 식별을 고려하였다는 점이다. 요인 식별을 위해 Caldra *et al.*(2019)과 마찬가지로 금속을 도구변수로 활용하여 실증분석하였다. 글로벌 모형을 통해 원자재 가격 충격 자체가 국내 경제에 미치는 직접적 영향과 원자재 가격 충격이 주요 교역국의 거시변수를 변화시켜 발생하는 간접적 효과를 구분하여 추정의 정확성을 높이고자 하였다. 기존 글로벌 모형에서는 원유가격을 외생변수로 가정하여 요인 분석을 시도하지 않았으나, 본 연구는 금속가격을 도구변수로 추가한 후 식별 문제를 보완하여 요인별 거시 분석을 시도하였다. 이를 통해 금속가격과 유가가 동시에 상승하는 상황을 수요 충격으로 식별하여 상이한 원인에 따른 유가 상승의 직·간접적 파급효과를 분석하고자 하였다는 데 의의가 있다.

본 연구의 구성은 다음과 같다. 먼저, 제2절에서는 에너지 및 금속 원자재 시장의 가격 동향과 변동요인을 살펴보고자 한다. 제3절에서는 주요 선행연구를 살펴본다. 제4절에서는 국제 실질유가의 변동요인들을 Kilian(2009)의 방법론을 활용하여 분석하고, 거시적 효과 파악을 위한 모형을 설정하고 분석 결과를 제시한다. 추가로 향후 가격 변동에 의한 단기적 거시변수의 흐름에 대해 살펴볼 것이다. 마지막으로 제5절은 결론으로서 주요 분석 결과를 요약하고 시사점을 언급하고자 한다.

제2절 에너지 및 금속 원자재 시장

본 절에서는 원유가격과 친환경 금속가격의 동향과 그 변동요인을 파악하는 것을 목적으로 한다. 제1소절에서는 최근 국제 유가 상승 배경과 실질유가의 변동을 일으키는 요인에 대해 논의하고자 한다. 다음으로 제2소절에서는 그린 인플레이션으로 언급되는 친환경 금속가격 동향에 대해 살펴보고자 한다.

1. 에너지 인플레이션

에너지 인플레이션이란 원유를 비롯한 에너지 가격의 지속적인 상승을 의미한다. 특히 코로나19 이후 화석연료 에너지 가격이 급등하면서 에너지 가격 상승에 의한 글로벌 인플레이션에 관한 관심이 증폭되었다. 2020년 2분기에 배럴당 최대 20달러까지 급락했던 국제 유가는 수급 불균형이 장기화하면서 2022년에는 연평균[2] 배럴당 98달러 내외를 기록하였으며, 이로 인한 비용 상승과 경제성장세 둔화 가능성 등 거시경제 영향이 확대되고 있다. [그림 11-1]부터 [그림 11-3]을 보면 원유 외에 천연가스, 석탄 가격도 코로나19 이후 상승 추세를 지속하며 화석연료를 가격 기반으로 한 에너지 인플레이션이 이어지고 있다.

[그림 11-5]에서 볼 수 있듯이 화석연료 의존도는 과거에 비해 더욱 심화된 모습이다. 세계 1차 에너지 소비량을 자세히 살펴보면 세부적으로는 그 구성에 차이가 있다. 석탄과 석유 소비량은 감소했지만, 천연가스

[그림 11-1] 두바이유 가격 추이

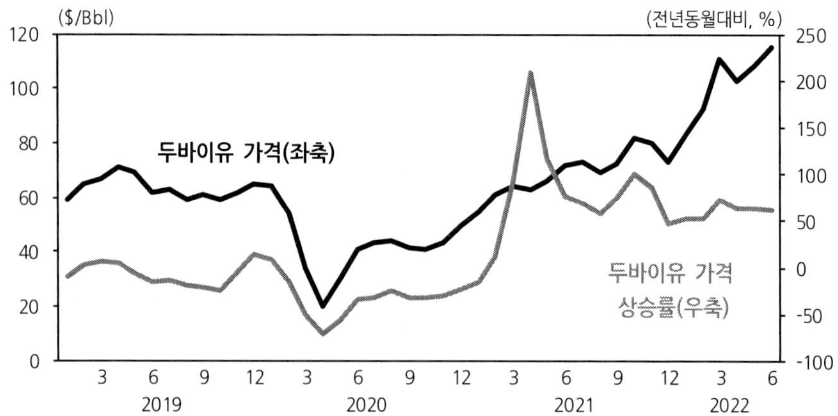

주: 2022년 6월 가격은 6월 1일부터 14일까지의 평균.
자료: 한국석유공사(https://www.petronet.co.kr/main2.jsp, 접속일자: 2022. 6. 15).

---

2 2022년 1월 1일부터 2022년 11월까지의 평균을 의미한다.

[그림 11-2] 천연가스 가격 추이

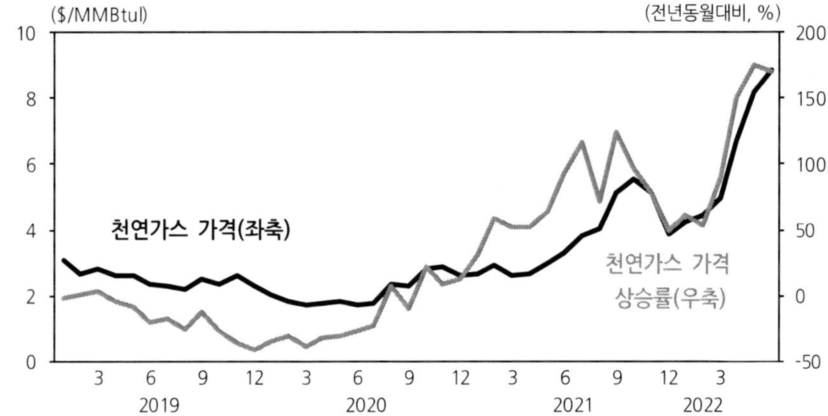

주: 1) 2022년 6월 가격은 6월 1일부터 7일까지의 평균.
2) NYMEX 근월물 가격.
자료: EIA(https://www.eia.gov/dnav/ng/hist/rngc1d.htm, 접속일자: 2022. 6. 15).

[그림 11-3] 석탄 가격 추이

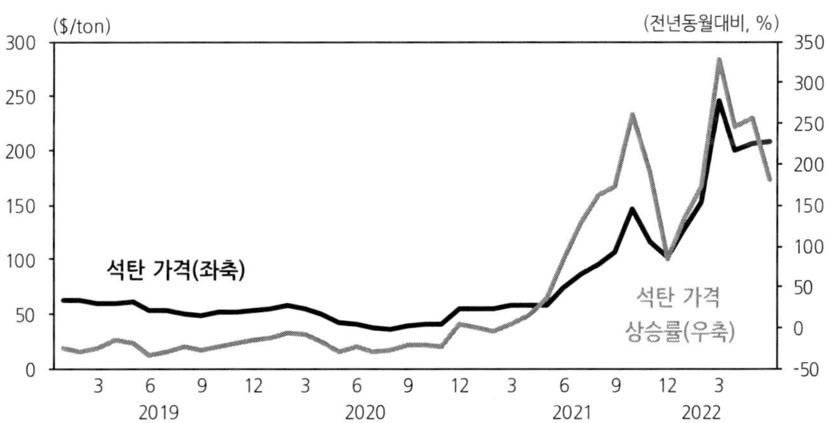

주: 1) 2022년 6월 가격은 6월 1일부터 15일까지의 평균.
2) 호주 뉴캐슬항 현물 가격.
자료: 한국자원정보서비스(https://www.kores.net, 접속일자: 2022. 6. 15).

및 신재생에너지 비중은 높아진 것으로 보인다. 이는 유럽 등 선진국의 천연가스 사용량이 증가했음에도 불구하고 인도 및 신흥국의 석유 수요가 증가했기 때문으로 해석할 수 있다.

우리나라도 전체 에너지 소비량에서 석탄, 석유 및 LNG가 차지하는 비중이 높아 에너지 가격 변동이 국내 경제에 상당한 영향을 주고 있다. 이는 국내 경제가 원유를 핵심 원자재로 한 제조업 중심이고, 석유화학 및 정유 등 중화학산업이 주요 수출산업이기 때문에 예상할 수 있는 결과라 할 수 있다. [그림 11-4]를 보면, 석유와 석탄의 비중이 줄어드는 추세이나 천연가스 비중이 높아지며 전체 화석연료 비중은 높은 수준을 유지하고 있다. 특히 국내 경제는 석유의 비중이 가장 높아 유가 변동에 기인한 거시경제 및 산업 전반의 파급효과가 두드러지게 나타난다.

그렇다면 에너지 인플레이션의 핵심인 원유가격의 변동을 일으키는 요인은 무엇일까? 대표적으로 원유 수요, 공급, 그 외 원유시장의 특수요인을 들 수 있다. 수요요인으로는 생산에 필요한 원유 수요 변화 및 지정학적 위험 및 생산능력에 따른 공급 변화, 그리고 투기자금 및 미국의 통화정책과 관련한 금융변수를 생각해 볼 수 있다. 원유를 비롯한 화석연료의 수요는 산업혁명과 중국의 경제발전을 거치며 추세적으로 증가

[그림 11-4] 우리나라 1차 에너지 소비량 비교

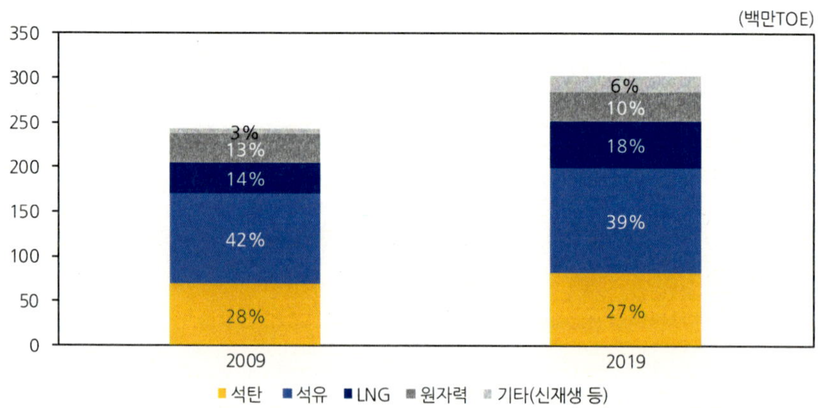

자료: 통계청 국가통계포털, 「에너지수급통계」(https://kosis.kr, 접속일자: 2022. 11. 28).

[그림 11-5] 세계 1차 에너지 소비량 비교

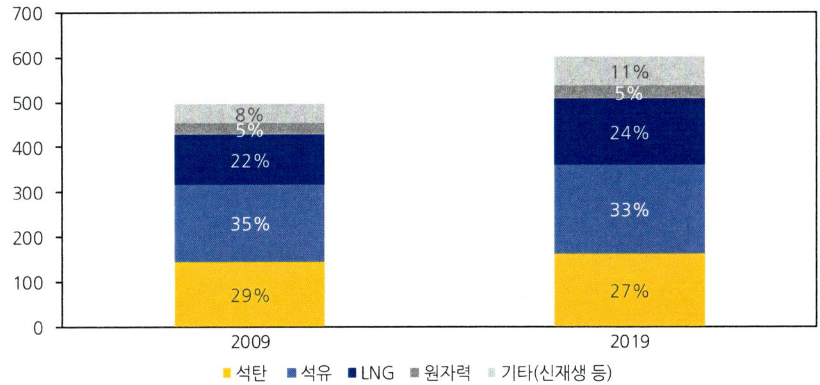

자료: EIA(https://www.eia.gov/international/data/world, 접속일자: 2022. 11. 19).

[그림 11-6] 국제 유가(두바이유) 변화 추이

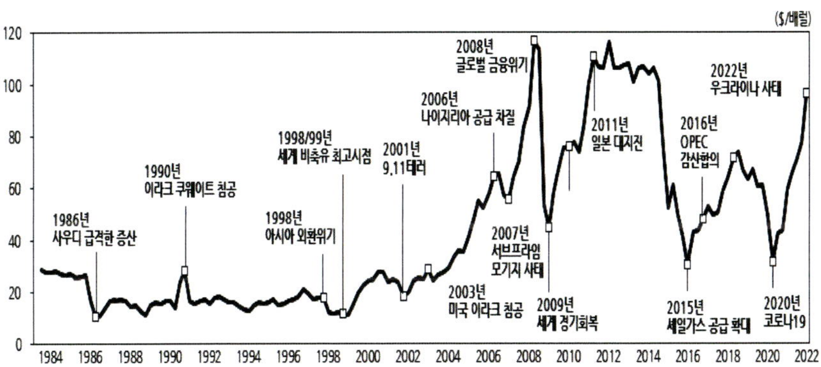

자료: Bloomberg; 『중앙일보』, 「오일쇼크, 70년대 악몽 '또?'」, 2004. 8. 6; 『경향신문』, 「고유가 시대 장기화 '오일쇼크' 오나」, 2006. 4. 18; 『머니투데이』, 「[MT리포트] "유가 100달러 경고등"… 기름값과 韓경제」, 2018. 6. 4.

하였다. 최근에는 주요 선진국의 원유 수요가 안정적인 흐름을 보이고 있으나, 중국 및 인도 등과 같은 신흥국의 발전을 거치며 의존도가 커지는 양상이다. 향후 이러한 흐름은 변화를 보일 가능성이 크다. 국제 탄소중립정책 추진과 RE100 등 기업 중심의 탄소 전환 움직임이 향후 장기적인 원유 수요를 감소시킬 요인으로 작용할 것이기 때문이다. 단기적으

[그림 11-7] 세계 원유 수요와 공급

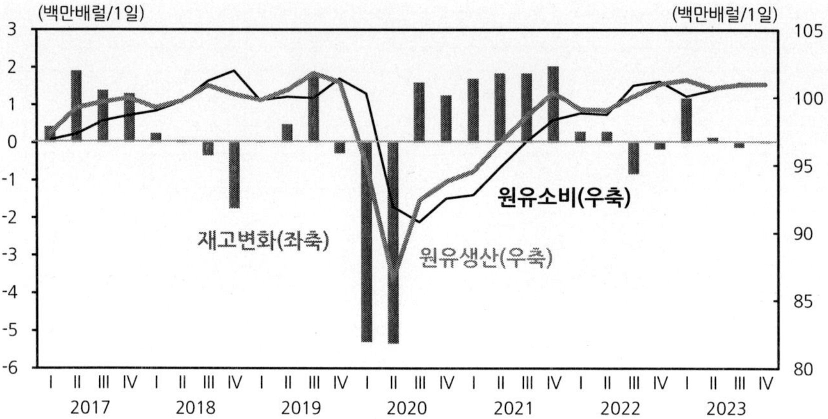

주: 재고변화는 원유 소비에서 원유 생산을 차감한 차이임.
자료: EIA, *Short-Term Energy Outlook*, 2022. 11.

로는 글로벌 인플레이션에 대응하기 위한 주요국의 긴축적 통화정책 기조 지속으로 인한 경기 둔화 가능성도 원유 수요 감소에 이바지할 것으로 보인다.

두 번째로, 지정학적 위험과 원유 공급량 변화도 유가를 움직이는 요인이다. 1970년대 1, 2차 석유 파동을 거치면서 OPEC+ 등 주요 산유국의 공급량 조절이 유가 움직임에 영향을 주었다. 단기적인 공급요인 외에 영구적인 생산성 향상도 유가를 변화시키는 요인이다. Mohaddes and Raissi(2019)에 따르면, 미국의 셰일 혁명을 거치며 2010년대 이후 원유 생산량이 큰 폭으로 증가하면서 유가가 추세적으로 하락하였다고 언급하고 있다.

투기적 수요에 의한 금융변수도 유가에 영향을 줄 수 있다. [그림 11-8]에서 볼 수 있듯이 원유 비상업순매수 포지션이 2000년대 이후 지속해서 발전해 왔으며, 이는 원유 관련 자산의 투자 비중 증가를 나타낸다. 원유가 투기 자산의 성격을 가지고 있고, 원유 결제가 달러로 이루어지므로 달러화 가치가 변할 때마다 유가도 변동하는 양상을 보인다. 글로벌 금융위기 이후 미국과 유럽 등의 양적 완화를 통한 확장적인 통화정

[그림 11-8] 원유 선물시장 비상업순매수 포지션 변화 추이

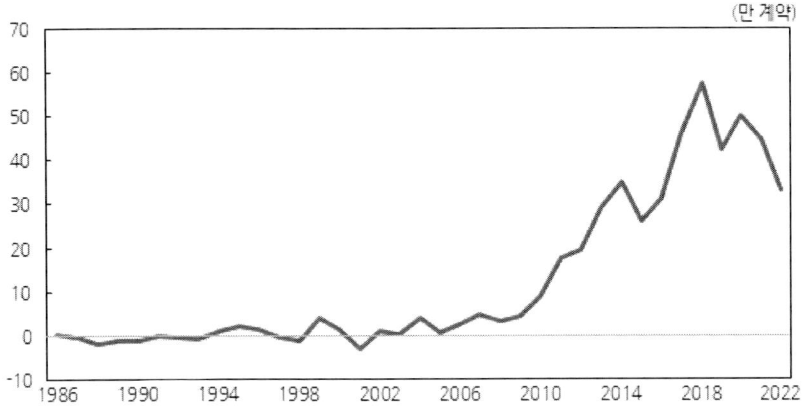

자료: CFTC(https://www.cftc.gov, 접속일자: 2022. 11. 19).

책으로 대규모 자금이 원자재시장에 유입되었을 가능성을 생각해 볼 수 있다.

2. 그린 인플레이션

본 소절에서는 에너지 전환과 관련한 친환경 금속시장을 살펴보고자 한다. 탄소중립 추진 과정에서의 친환경 금속의 수요 증가로 인해 가격이 상승하는 현상을 '그린 인플레이션(Green-Inflation)' 혹은 '그린플레이션(Greenflation)'이라 부르고 있다. 코로나19 이후 에너지 전환 추진이 가속화되고 대외 불확실성 등으로 공급 여건이 악화되며 친환경 관련 금속 가격이 상승세를 지속하였다. 저탄소 전환의 핵심은 화석연료 사용을 줄이고 전기차, 재생에너지 등의 비중을 높이는 것인데, 전기차의 경우 제조 과정에서 많은 금속이 필요하다. 전기차는 내연기관차에 비해 광물 사용량이 약 6배 많다고 알려져 있으며, 해상 풍력도 같은 규모의 가스를 이용한 발전시설보다 10배 이상의 많은 광물이 소요된다고 알려져 있다.

<표 11-1>에서 살펴볼 수 있듯이, 저탄소 전환을 위해서는 알루미늄, 구리, 니켈 등 핵심 기초금속뿐만 아니라 리튬, 코발트, 희토류 등 희소

<표 11-1> 주요 그린에너지 기술별 필요한 금속 및 필요수준

	기초금속			희소금속		
	구리	니켈	알루미늄	리튬	코발트	희토류
전기차 및 배터리 (EVs and battery storage)	●	●	●	●	●	●
전력망 (Electricity network)	●	○	●	○	○	○
수소 에너지 (Hydrogen)	○	●	◎	○	○	◎
태양광 발전 (Solar PV)	●	○	●	○	○	○
태양열 발전 (CPS)	◎	◎	●	○	○	○
풍력 에너지 (WInd)	●	◎	◎	○	○	●
수력 에너지 (Hydro)	◎	○	◎	○	○	○

주: 기술별 필요수준이 높을 경우 ●, 중간일 경우 ◎, 낮을 경우 ○로 표시함.
자료: IEA, *The Role of Critical Minerals in Clean Energy Transition*, World Energy Outlook Special Report, 2021, p.45.

금속의 확보가 필수적이다. 예를 들어, 리튬, 니켈, 희토류는 전기차 배터리의 핵심 소재이며, 알루미늄과 구리는 전력망 구성에 필요하다. 저탄소 전환에 기인한 수요 증가와 지정학적 불확실성으로 인한 공급 불안이 동시에 발생하면서 최근 금속가격이 전반적으로 큰 폭으로 상승하였다. 가장 가파르게 오른 금속은 리튬인데, 리튬은 전기차 배터리의 핵심 원료일 뿐만 아니라 특정 국가 및 기업에 대한 집중도가 높다. 2021년 기준으로 전 세계 리튬 채굴 비중은 호주(55%), 칠레(25%), 중국(14%) 등으로 공급 여건이 제한적인 상황이다. 그러나 금속 수요는 중장기적으로 친환경 에너지 관련 산업의 발전으로 인해 증가할 것으로 판단된다. 단기적으로 금속가격은 글로벌 경기둔화 우려, 주요국의 통화 긴축 가속화 등으로 변동성이 높게 유지될 가능성이 있다.

[그림 11-9] 주요 금속가격 상승률 추이

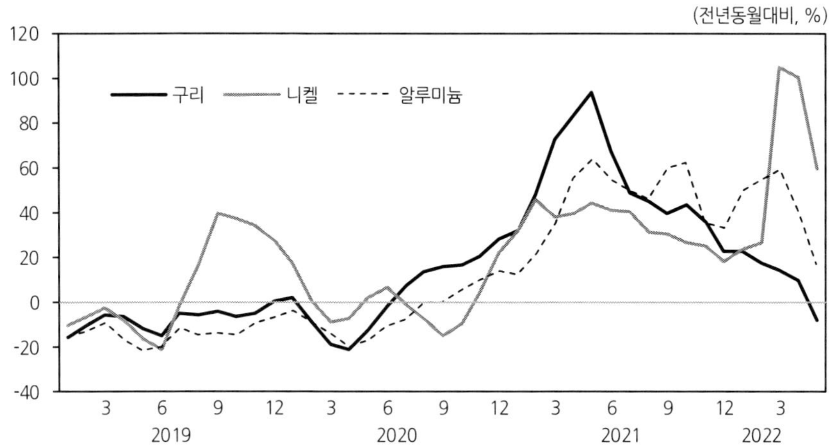

주: LME 3개월 선물가격.
자료: Bloomberg.

[그림 11-10] 리튬 가격 추이

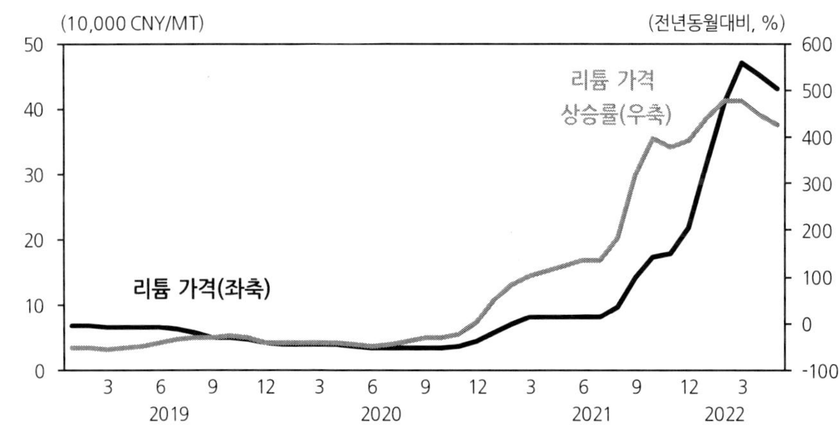

주: 현물가격.
자료: Bloomberg.

금속가격의 추세적 흐름은 대체로 중장기적인 수요 변화에 기인하여 발생하는 경향이 있다. 금속가격의 추세적인 순환과 관련하여 상승과 하락이 반복하는 것을 '원자재 슈퍼사이클[3](Commodity Super Cycles)'이라 한다. 사이클은 금속가격의 주성분(Principal component) 분석, Band-Pass filter 등 다양한 통계 기법에 따라 그 주기를 파악할 수 있다. 최근 김정성 외(2021)의 사이클 추정 결과, 각 사이클은 미국의 산업화, 2차 산업혁명, 유럽과 일본의 산업화, 중국의 경제발전 등에 의해 주로 설명된다고 밝혔다. 주요 선행연구도 금속 등 원자재 가격의 지속적 상승 시기는 산업혁명이나 경제발전 등과 같은 수요요인에 의해 동인된다는 견해가 지배적이다. 이러한 이유로 Caldra *et al.*(2019)에서는 금속가격을 수요요인을 식별하기 위한 도구변수로 활용하였으며, 본 연구의 제4절에서도 금속가격을 도구변수로 활용하여 요인별 거시경제 파급효과를 분석할 것이다.

제3절 주요 선행연구

본 절에서는 원유와 금속 가격의 변동요인과 요인별 거시효과 분석에 관한 선행연구를 살펴보고, 본 연구의 차별성에 대해 논의하고자 한다.

1. 원유 및 금속 가격의 변동요인 선행연구

앞서 언급하였듯이 원유가격 변동은 다양한 요인들에 의해 발생한다. 각 요인에 따라 거시경제에 미치는 영향이 다르므로 요인의 상대적 중요도를 파악하기 위한 연구가 지속적으로 이루어지고 있다.

요인별 분석은 Kilian(2009) 이후 강조되었는데, 통상적인 유가 변동이 외생적이라는 가정이 역-인과관계의 문제를 가질 수 있다고 지적하였다. 저자는 구조적 자기회귀벡터모형(Structural VAR: SVAR)을 설정하여 유가 변동을 수요 충격, 공급 충격, 예비적 수요 동기에 의한 충격으로 나누어 살펴보았다. 원유 수요 충격(양(+))은 세계 경기 개선으로 생산활동이 증가하는 경우로 유가를 상승시키는 방향으로 작용한다. 또한 원유 공급 충격(음(-))은 산유국의 감산 합의 등 지정학적 위험으로 인한 공급

---

3 관련 내용은 김정성 외(2021)의 연구를 참조하기 바란다.

부족 등으로 유가가 상승하는 경우이다. 다음으로 투기적 수요 충격은 금융시스템의 발전으로 원자재 및 유가 관련 금융상품이 발달하면서 투기자금 유입으로 인한 유가 상승을 의미한다. 마지막으로 예비적 수요 동기에 의한 충격(precautionary saving)이 있다. Kilian(2009)에서는 이를 원유 특수 충격이라 언급하였으며, 모형에서 원유 수요 충격, 공급 충격 외에 설명되지 않은 부분인 잔차항으로 식별된다. 예를 들어 산유국의 감산 결정 합의에 대한 뉴스(news)가 발표되었을 때, 시장에서는 개별 경제주체들이 합리적으로 뉴스를 선반영하여 가격이 변화한다는 것이다. 이는 원유 공급량 변화 시점보다 가격이 먼저 변화하는 부분으로 예비적 수요 동기로 설명할 수 있다.

요인별 특성을 고려하면 표면적으로는 같은 방향으로 국제 유가가 상승하더라도 거시적 파급효과는 다를 수 있다. 예를 들어, 세계 경기 호황과 같은 수요 충격에 의한 유가 상승이라면 경제성장으로 인한 직접적 효과와 이로 인한 비용 증가의 간접적인 영향이 있을 것이다. 반면, 생산능력 저하나 전쟁 등과 같은 지정학적 리스크에 의한 공급 충격은 유가 상승과 경기 둔화를 가져올 가능성이 있다.

최근 Cross *et al.*(2020)은 원유시장의 특수 충격이라 일컫는 예비적 수요 동기 충격 식별의 중요성에 대해 언급하였다. 일반적으로 예비적 수요 동기 충격은 원유 수요, 공급 충격을 식별한 후 잔차항으로 식별된다. 그러나 이 과정에서 미래에 대한 원유 상승을 기대하고 투자수익을 고려한 수요 부분이 잔차항에 남아있을 가능성이 있다는 것이다. 이러한 문제는 경제주체들의 미래 상황에 대한 수급 불안정성과 가격 변화에 대한 기대(expectation)변수가 관측할 수 없는 변수(latent variable)이기 때문에 발생할 수 있다. 예비적 수요 동기에 의한 충격은 향후 수급 불확실성에 대비하여 평상시보다 재고수준을 높게 유지하고자 하는 유인을 발생시킬 수 있는데, 이는 현물가격에 바로 연동될 수 있다. 그러나 투기적 수요 충격은 수급 불확실성과는 직접적인 관련을 갖기 어렵다. 투기적 목적에 의해 유가가 변동한다면 이는 생산자에게 가격 신호 기능을 가질 수 있다. 이는 투자자들이 미래에 가격이 오를 것을 예상하여 높은 가격에 처분하기 위해 보유하려는 것이기 때문이다. 저자들은, 불확실성과 예비적 수요 동기의 상관 가능성을 식별 조건으로 이용하여 분석한 결과, 단기적인 유가 변동은 주로 예비적 수요 동기에 의한 충격으로 설명되었으며, 다음으로는 수요요인이 중요한 역할을 함을 밝혔다. Kilian(2009)에서도 마찬가지로 이 두 가지 충격이 전체 움직임의 약 60%를 설명하였으며, 중장기적인 추세적 움직임은 수요 측 요인에 의해 주로 설명된다는 것을 밝혔다.

유가 변동에 관한 연구가 활발히 이루어진 것에 비해 그린 인플레이션과 관련한 선행연구는 아직 많지 않은 상황이다. 최근 들어 금속가격의 상승 추세가 그린 인플레이션으로 언급되며 관련 원자재시장에 관한 연구가 활발히 이루어지고 있다. 대표적으로 Boer *et al.*(2021)은 글로벌 에너지 전환이 금속가격에 미치는 영향에 대해 분석하였다. 구리, 니켈, 코발트, 리튬의 가격은 중장기적으로 2020년에 비해 상당폭 오를 가능성이 있으며, 이는 글로벌 에너지 전환의 병목으로 작용할 가능성이 있다고 지적하였다. 저자는 금속 충격을 식별하기 위하여 Kilian(2009)의 SVAR을 바탕으로 목화가격을 도구변수로 추가하였다. 이는 경제활동 및 산업생산 증가와 같은 수요 충격은 목화를 포함한 원자재 가격을 전반적으로 높이지만, 금속시장의 특수 충격은 목화가격에는 영향을 미치지 않을 가능성이 크기 때문이라는 것이다. 앞서 언급된 네 개의 금속은 생산 공급능력이 한정되어 있어 공급 탄력성이 비탄력적이거나 일정한 것으로 추정되었다. 이러한 결과를 토대로 전 세계 에너지 전환이 동시에 추진될 경우 수요 증가로 인한 가격 급등이 에너지 전환을 지연시킬 가능성이 있다고 지적하였다.

2. 유가 변동의 거시적 효과 선행연구

제1소절에서는 원유와 금속의 가격 변동에 영향을 끼치는 다양한 요인에 관한 선행연구를 살펴보았다. 본 소절에서는 요인별 분석을 통해 원유, 금속 등 원자재의 가격 변동이 거시경제에 미치는 효과를 분석한 선행연구를 살펴보고자 한다.

요인별 분석의 핵심은 요인 식별 문제를 어떻게 다루느냐에 있다. 선행연구에서는 구조모형에 다양한 제약조건을 설정하거나 도구변수(instrumental variables)를 이용하여 식별 문제를 해결하였다. Kilian(2009)은 수요, 공급에 해당하는 변수를 이용하였으며, 인과 사슬의 형태인 촐레스키(Cholesky) 가정을 통해 식별하였다. 이 가정의 의미는 변수의 배열 순서에 따라 순차적으로 영향을 준다는 것이다. 저자는 원유 생산, 실질경제활동, 실질유가 변동의 세 변수 순서대로 벡터(vector)를 구성하여 SVAR 모형을 추정하였다. 이에 대한 경제학적 해석은 세계 경제 호황에 따른 총수요 증가는 해당 시점의 원유 공급 감소에 즉각적인 영향을 받지 않는다는 것이다. 또한 원유 특수 충격인 예비적 수요 동기는 즉각적으로 원유 공급이나 세계 경제활동에 영향을 주지 않는다는 것인데, 이는 적어도 한 달 이상의 시차를 두고 미래 원유 수급의 불확실성에 대한 반응이 실제 수요나 공급 부문의 조정으로 이어진다는 것을 의미한다. 저자는 이러한 가정하에서 식별된 충격이 미국의 인플레이션과 실질경제성장률에 어떠한 영향을 주었는지 살펴보았다. 추정 결과, 음(-)의 원유공급 측 충격과 예비적 수요 동기에 의한 충격은 실질GDP를 감소시키는 것으로 나타났으며, 총수요가 증가하는 충격은 물가를 상승시키고 경제성장률에 긍정적으로 작용하는 것을 밝혔다.

다음으로 Caldra *et al.*(2019)은 유가 변동요인을 식별하기 위해 Kilian (2009)의 모형에서 사용된 실질경제활동의 대리변수인 해상운임지수 대신 금속가격을 도구변수로 사용하였다. 원유와 금속 등 원자재 가격이 동시에 상승하는 경우는 산업활동이 증가함에 따라 수요가 증가하며 발생할 수 있어 이를 이용하여 원유 수요 충격의 대리변수로 사용하였다. 저자들은 개별국의 패널 자료를 이용하여 국가별 공급 및 수요에 대한 가격 탄력성을 추정하였다. 다음으로 추정된 탄력성을 이용하여 VAR을 추정하여 각각의 요인이 원유시장 및 글로벌 경제에 미치는 영향을 살펴보았다. 탄력성 제약조건을 이용한 결과, 원유 수요 충격과 원유 공급 충격은 원유가격 변동에 동일한 기여를 하는 것으로 분석되었다. 또한 도구변수(instrumental variables)로 활용된 금속가격은 원유 수요 및 생산을 증가시키고 신흥국과 선진국 경기에 긍정적인 영향을 주는 것으로 분석되었다.

요인별 유가 변동의 거시적 효과에 관한 국내 연구도 지속적으로 이루어져 왔으며, 비교적 최근의 연구로는 안성배 외(2017)를 꼽을 수 있다. 저자들은 Kilian(2009)의 모형을 확장하여 요인별 유가 충격이 국내 수출 및 경상수지에 미치는 영향을 살펴보았다. 분석 결과, 어떠한 요인에 의해 유가가 변동하였는지에 따라 수출입 및 경상수지 등과 관련한 변수의 반응이 각기 다르게 나타났다. 원유 공급 측 요인과 예비적 동기에 의한 특수한 충격이 발생할 때 거시변수에 미치는 방향성은 비슷하였으나 충격의 크기 및 지속성에 차이가 있었다. 예를 들어, 공급 충격에 기인하여 원유가격 상승이 발생하는 경우에는 무역수지가 유의하게 감소하는 것으로 나타났다. 이는 수입의 경우 원자재 비용 상승이 수입물가 상승으로 이어져 직접적인 효과가 컸지만, 수출의 경우에는 비용 상승이 단계적으로 반영되어 수출 단가 상승에 이르기까지 간접적 효과가 더 크기 때문으로 이해할 수 있다. 또한 저자들은 요인별 원유 변동의 거시파급효과 분석을 설명하기 위해 개방형 DSGE 모형을 구축하였다. 원유 생산부문을 상류부문과 하류부문으로 나누어 전자를 원유 채굴 관련 공급 충격, 후자를 정유 및 석유 제품 공급 충격으로 구분하여 시뮬레이션을 시행하였다. 예컨대, 단기적인 지정학적 요인 혹은 상류부문의 생산성 하락을 통한 유가 상승은 경제에 부정적으로 작용할 수 있다. 그러나 하류부문의 생산성 개선을 통한 유가 상승은 단기적으로는 원자재 투입을 위한 수입이 증가하면서 무역수지 적자가 발생할 수 있지만 장기적으로 흑자로 전환될 수 있는 경우를 모의실험을 통해 보였다.

코로나 기간을 포함한 비교적 최근의 연구로는 천소라·정규철(2021)이 있다. 저자들은 Kilian(2009) 모형에 국내 실질경제성장률과 소비자물가상승률 변수를 추가하여 분석을 시행하였다. 분석 결과, 원유 수요 측 요인에 의한 유가 상승은 주로 경제성장률을 상승시키는 것으로 나타났다. 그러나 예비적 수요 동기에 의한 유가 상승의 경우에는 경제성장률에서는 유의한 반응이 없었지만, 물가상승률을 높이는 것으로 나타났다. 또한 지정학적 위험으로 고유가가 유지되는 경우를 고려하여 대외부문에 의한 경제성장률과 물가상승률 변화를 예측하여 시사점을 제공하였다.

그러나 SVAR을 통한 분석의 특징은 요인별 유가 변동에 기인한 직·간접적인 효과가 혼재되어 있을 가능성이 있다는 것이다. 예를 들어, 국제 유가의 변동이 국내 경제와 밀접한 주요 교역국의 거시변수의 움직임을 변화시키고, 이러한 교역국의 경기 상황이 국내 경제에 영향을 줄 가능성이 존재한다. 이와 같은 유가 변동에 의한 간접효과를 고려하지 않는 경우 개별국의 SVAR 추정은 두 가지 효과가 동시에 존재하므로 과대추정될 가능성이 존재한다. 따라서 에너지 수입국인 국내 경제가 소규모 개방경제임을 고려한다면 정책 수립 시 글로벌 경제 상황의 변화를 고려할 필요가 있다.

이러한 점을 보완하기 위해 소규모 개방경제모형을 바탕으로 유가 변동의 파급효과를 살펴본 연구로 정준환(2014)이 있다. 저자는 국제 유가 변동의 국내 경제 파급효과 분석의 정확성을 높이기 위해 Global VAR (GVAR)[4] 모형을 사용하였다. 저자는 GVAR을 사용하여 글로벌 거시변수의 동조화 현상을 확인하고, 국제 유가 변동의 간접효과도 국내 거시변수에 중요한 영향을 미침을 언급하였다. 아울러, 두바이유가 변동 시나리오를 설정하여 국내 거시경제를 단기적으로 예측하였다.

소규모 개방경제에서의 거시변수 충격의 동태적 파급효과를 살펴보기 위한 실증연구는 분석 목적에 따라 다양한 방법이 있을 수 있다. 본 연구는 경제가 특정 충격으로 균형상태(steady-state)에서 이탈한 후 다시 균형으로 수렴하는 충격-반응 분석을 목적으로 하고 있다. 이와 관련한 대표적인 방법으로는 GVAR이 있으며, 정준환(2014) 외에도 김윤영·박준용(2011)과 신용철 외(2013) 등 다수의 연구가 동 모형을 사용하여 개방경제하에서의 경제적 파급효과에 대해 논의하였다.

그러나 GVAR의 대부분의 분석은 요인별 분석을 시도하지 않아 거시

---

4 자세한 모형 구성은 제4절의 제2소절을 참조하기 바란다.

경제 파급효과에 대한 해석상 어려움이 존재한다. 따라서 요인별 유가 변동의 파급효과 분석을 위해서는 글로벌 모형하에서의 요인 식별 문제를 다루어야 한다. 즉, 글로벌 모형을 통한 유가 분석 방법은 SVAR에 비해 직·간접적 효과를 추정할 수 있다는 장점이 있으나, 식별 문제를 고려하여 요인별 효과를 분석하여야 한다는 한계점이 있다.

본 연구에서는 글로벌 모형하에서의 요인별 분석을 시도하기 위해 도구변수를 활용하였다. Caldra *et al.*(2019)에서 사용한 금속가격을 도구변수로 활용하여 글로벌 모형에서 충격을 식별하였다. 이를 통해 글로벌 모형의 이점과 요인별 분석 결과를 결합하여 국내 경제 상황에 대한 충격의 효과를 보다 정확히 식별하고자 하였다. 다음 절에서는 에너지와 금속 가격을 동시에 사용하여 이를 수요 충격으로 식별한 모형을 소개하고자 한다. 또한 요인별 에너지 가격 충격의 파급효과를 파악하여 향후 거시경제정책 수립 시 참고할 수 있도록 시나리오별 분석도 제시하고자 한다.

제4절 모형 설정 및 분석 결과

본 절에서는 제1소절에서는 실질유가의 변동요인을 분해하고, 제2소절에서는 변동요인별 거시경제적 효과를 살펴보기 위한 모형 설정과 그 결과를 제시하고자 한다. 또한 제3소절에서는 1, 2소절의 분석 결과를 결합하여 향후 거시경제정책 방향 설정을 위한 단기 거시변수 흐름을 예측하고자 한다.

1. 실질유가 변동요인별 분해

본 소절에서는 Cross *et al.*(2020)에서 언급한 예비적 수요 동기의 식별 문제를 고려하여 유가 변동요인을 분해하고자 한다. Kilian(2009)의 모형을 확장하여 수요, 공급 측 요인 외에 투기적 요인을 추가로 고려하였으며, 나머지 식별 불가능한 부분을 예비적 수요 동기 요인으로 구분하였다. 분석에는 원유 공급, 세계 산업생산, 비상업 원유선물 순매수 포지션, 실질유가의 총 네 변수를 사용하였다. 변수 설명과 기초통계량은 <표 11-2>와 <표 11-3>에 정리하였다.

실질유가 변동요인을 분해하기 위해 Kilian(2009)의 방법론을 확장하여

<표 11-2> 변수 소개 및 데이터 출처

변수명	단위	기간	출처
원유 생산	백만배럴	1997년 1분기~ 2022년 2분기	미국 에너지 정보청 (EIA)
원유 소비	백만배럴	1997년 1분기~ 2022년 2분기	미국 에너지 정보청 (EIA)
세계 산업생산지수 (계절조정)	지수 (2010=100)	2000년 1분기~ 2022년 2분기	네덜란드 경제정책분석국 (CPB)
두바이유가(현물)	$/배럴	1982년 1분기~ 2022년 2분기	Bloomberg
미국 소비자물가 (계절조정)	지수 (1982~1984=100)	1960년 1분기~ 2022년 2분기	미국 연방 준비제도 (FRED)
실질유가	$/배럴	1982년 1분기~ 2022년 2분기	저자 계산
국내 산업생산지수 (계절조정)	지수 (2015=100)	2000년 1분기~ 2022년 2분기	통계청
국내 소비자물가	지수 (2020=100)	1965년 1분기~ 2022년 2분기	통계청
수입물가(원화 기준)	지수 (2015=100)	1971년 1분기~ 2022년 2분기	한국은행
원유선물시장 비상업순매수 포지션	만 계약	1986년 1분기~ 2022년 2분기	미국 선물거래위원회 (CFTC)

주: 1) '계절조정'으로 표기되지 않은 변수는 원계열 데이터임.
2) 세계 산업생산지수의 2022년 2분기는 2022년 4월과 5월의 평균값임.
3) 실질유가는 '두바이유가 ÷ 미국 소비자물가지수(계절조정)'로 계산함.
4) 원유 선물시장 비상업순매수 포지션은 NYMEX(뉴욕) 선물시장을 말하며, 계약 한 건당 단위는 1,000배럴임.

자료: CFTC(https://www.cftc.gov, 접속일자: 2022. 11. 19); CPB(https://www.cpb.nl, 접속일자: 2022. 11. 19); EIA(https://www.eia.gov, 접속일자: 2022. 11. 19); FRED(https://fred.stlouisfed.org, 접속일자: 2022. 11. 19); Bloomberg; 통계청 국가통계포털(http://kosis.kr, 접속일자: 2022. 11. 28); 한국은행 경제통계시스템(https://ecos.bok.or.kr, 접속일자: 2022. 11. 19).

<표 11-3> 기초통계량

변수명	단위	평균	중간값	최댓값	최솟값	표준편차	관측치
원유 생산	백만배럴	89.7	89.1	102.0	76.4	7.1	86
원유 소비	백만배럴	90.1	89.7	101.8	76.7	6.9	86
세계 산업생산지수 (계절조정)	지수 (2010=100)	105.1	105.5	134.9	77.6	16.1	86
두바이유가 (현물)	$/배럴	64.0	61.2	116.7	18.2	28.3	86
미국 소비자물가 (계절조정)	지수 (1982~1984=100)	223.7	226.5	291.8	175.9	28.5	86
실질유가	$/배럴	0.28	0.30	0.50	0.10	0.13	86
국내 산업생산 (계절조정)	지수 (2015=100)	90.6	94.2	117.1	59.3	15.8	86
국내 소비자물가	지수 (2020=100)	86.9	90.6	107.5	65.0	11.9	86
수입물가 (원화 기준)	지수 (2015=100)	105.6	103.7	152.4	72.9	20.8	86
원유선물시장 비상업순매수 포지션	만 계약	20.6	17.5	71.8	-5.1	19.6	86

자료: CFTC(https://www.cftc.gov, 접속일자: 2022. 11. 19); CPB(https://www.cpb.nl, 접속일자: 2022. 11. 19); EIA(https://www.eia.gov, 접속일자: 2022. 11. 19); FRED(https://fred.stlouisfed.org, 접속일자: 2022. 11. 19); Bloomberg; 통계청 국가통계포털(http://kosis.kr, 접속일자: 2022. 11. 28); 한국은행 경제통계시스템(https://ecos.bok.or.kr, 접속일자: 2022. 11. 19).

식 (1)의 구조적 자기회귀벡터모형(Structural Vector Autoregressive Model: SVAR)을 가정하였다. y_{1t}는 원유 생산, y_{2t}는 원유 수요, y_{3t}는 투기적 수요, 마지막으로 y_{4t}는 실질유가를 의미한다.

$$A_0 y_t = \beta_0 + \Sigma_{i=1}^{p} A_i y_{t-i} + \epsilon_t, \quad (1)$$

여기서 y_t는 네 변수로 구성된 $y_t = (y_{1t}, y_{2t}, y_{3t}, y_{4t})'$인 벡터를 의미하며, 오차항 ϵ_t은 교차 및 자기상관을 가지지 않는다고 가정하였다.

[그림 11-11]에서 볼 수 있듯이 2000년 이후 실질유가 변동의 상당 부분을 설명하는 것은 원유 수요와 예비적 수요 동기 충격으로 나타났다. 공급 충격은 전체 샘플 기간에서 역할이 미미하였지만, 코로나19 이후

[그림 11-11] 실질유가의 역사적 분해 결과

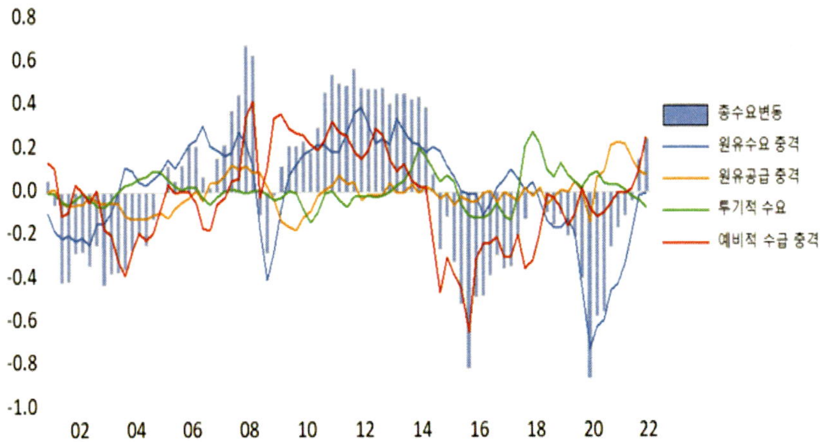

주: 1) 분석기간은 2001년 1분기~2022년 2분기임.
2) 추정모형은 Kilian(2009)과 동일하며, 전 분기 대비 로그 차분을 이용하여 분석함.
자료: CFTC(https://www.cftc.gov, 접속일자: 2022. 11. 19); CPB(https://www.cpb.nl, 접속일자: 2022. 11. 19); EIA(https://www.eia.gov, 접속일자: 2022. 11. 19); FREDhttps://fred.stlouisfed.org, 접속일자: 2022. 11. 19); Bloomberg.

기간에서는 그 영향이 커진 것을 알 수 있다. 이는 코로나19 이전부터 시작된 탄소중립 추진으로 석유산업의 투자 감소와 팬데믹 이후 수요가 폭발적으로 증가하며 발생한 공급 부족 상황으로 생각할 수 있다.

또한 러시아-우크라이나 사태로 인해 원유 수급 상황이 불확실해지며 예비적 수요 동기의 기여도는 더욱 가파르게 상승하는 모습이다. 그러나 최근에는 글로벌 긴축 기조로 인한 원유 수요와 투기적 요인의 기여도가 감소하며 요인별 기여도의 상대적 중요성이 변화하고 있다.

[그림 11-12]에서는 요인별 분산 분해를 통해 시기별 유가 변동에 대한 각 요인의 기여도를 살펴보았다. 중장기적으로는 실질유가의 추세적 흐름이 수요 측 요인에 의한 변동의 절반 이상을 설명하는 것으로 나타났으며, 그 뒤로 예비적 동기 요인이 영향을 미치는 것으로 나타났다. 6개월 이내의 단기적 변동의 경우에는 예비적 수요 동기가 주된 역할을 하는 것으로 보이나, 시차가 길어질수록, 즉 중장기적으로는 세계 경기와 밀접한 원유 수요가 주요한 요인으로 작용하였다.

[그림 11-12] 실질유가의 분산 분해 결과

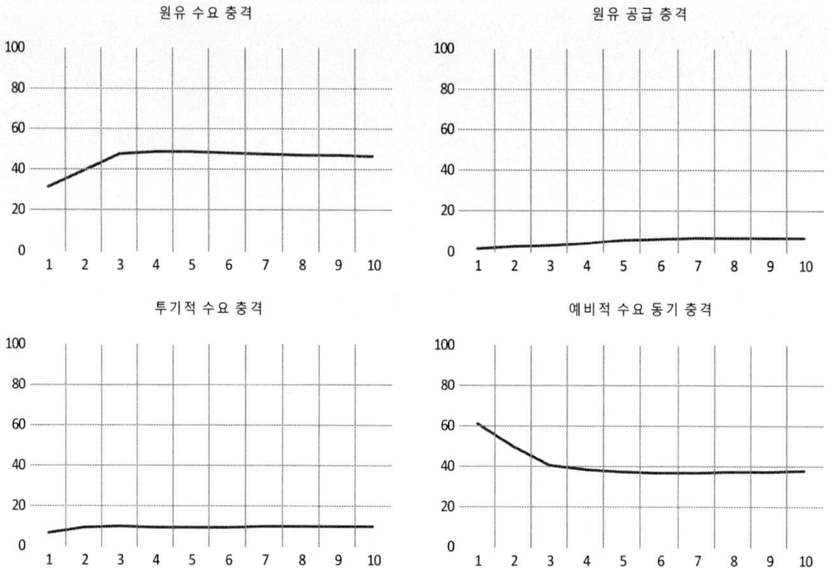

주: 1) 분석기간은 2001년 1분기~2022년 2분기임.
2) 추정모형은 Kilian(2009)과 동일하며, 전 분기 대비 로그 차분을 이용하여 분석함.

자료: CFTC(https://www.cftc.gov, 접속일자: 2022. 11. 19); CPB(https://www.cpb.nl, 접속일자: 2022. 11. 19); EIA(https://www.eia.gov, 접속일자: 2022. 11. 19); FRED(https://fred.stlouisfed.org, 접속일자: 2022. 11. 19); Bloomberg.

또한 한 단위 양(+)의 표준편차 충격에 대한 반응은 [그림 11-13]에서 살펴볼 수 있다. 충격에 대한 반응은 10분기 이후에도 지속되는 경향이 있으나 공급 측 충격의 경우를 제외하고는 모두 소멸하는 방향으로 작용하였다. 원유 수요, 투기적 충격, 예비적 수요 동기에 의한 양(+)의 충격은 공통적으로 국제 유가를 상승시키는 것으로 나타났으며, 원유 수요 측 충격의 경우가 예비적 수요 동기 충격의 경우보다 지속성이 더 긴 것으로 나타났다. 반면, 양(+)의 공급 충격의 경우는 원유가격을 추세적으로 하락시키는 것으로 나타났다. 이는 생산능력의 변화로 인한 경제 내 구조적 변화의 가능성 때문으로 생각해 볼 수 있다. Mohaddes and Raissi (2019)에서는 미국의 세일 오일 생산 증가는 2010년 중반 이후 평균 실질 유가를 낮추는 방향으로 작용하였다고 언급한 바 있다.

[그림 11-13] 요인별 충격에 따른 국제 유가 반응

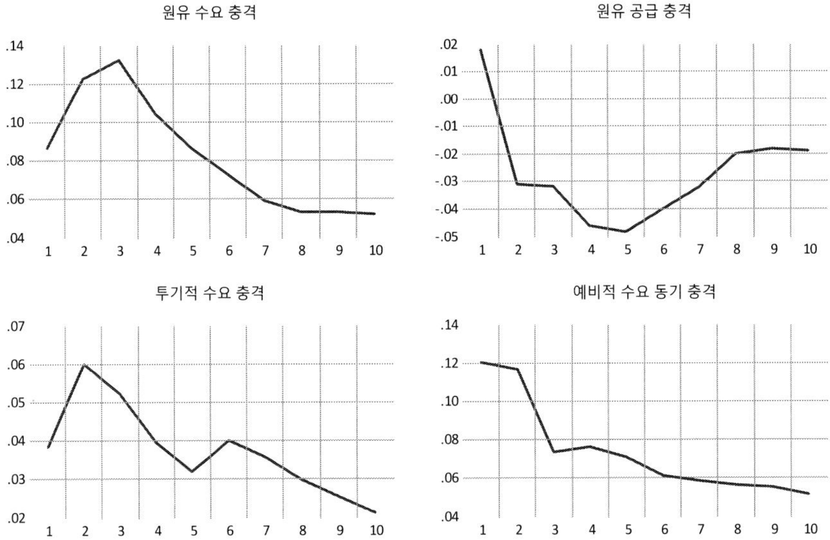

자료: CFTC(https://www.cftc.gov, 접속일자: 2022. 11. 19); CPB(https://www.cpb.nl, 접속일자: 2022. 11. 19); EIA(https://www.eia.gov, 접속일자: 2022. 11. 19); FRED(https://fred.stlouisfed.org, 접속일자: 2022. 11. 19); Bloomberg.

2. 모형 설정 및 분석 결과

본 소절에서는 요인별 유가 변동에 따른 거시경제 파급효과 분석모형과 분석 결과를 제시하고자 한다. 또한 앞 소절에서의 요인 분해와 본 소절의 분석 결과를 바탕으로 다음 절에서 거시변수 움직임을 예측하고자 한다.

요인별 분석의 중요성은 원유 변동요인에 따라 거시경제적 파급효과가 달라질 수 있어 선행연구에서 끊임없이 강조되어 왔다. 유가 상승이 경기 개선에 따른 수요 증가의 결과라면 수출 증가분이 수입물가 상승으로 인한 비용 증가분을 상쇄할 여지가 있다. 이 경우는 전반적으로 국내 경제성장률에 긍정적인 방향으로 작용할 것이다. 그러나 유가 상승이 산유국의 감산과 같은 공급 측 요인이나 미래 수급 문제 때문이라면 경기에 부정적으로 작용할 가능성이 존재한다. 왜냐하면 유가 상승이 수입물가

상승으로 인한 경제주체의 구매력 저하로 이어질 수 있기 때문이다. 따라서 원유가격의 변화는 그 요인별로 거시적 효과가 다를 수 있으므로 적절한 정책 대응을 위해서는 분석 결과를 상시적으로 점검할 필요가 있다. 또한 분석의 정확도를 위해 글로벌 모형을 바탕으로 유가 변동이 직·간접적으로 국내 거시변수에 주는 영향을 구분 지어 파악하여야 한다. 따라서 본 소절에서는 글로벌 경제변수 간의 장기관계를 이용하여 국제 유가의 거시적 영향을 살펴보기 위한 모형을 설명하고자 한다.

개방경제라는 특수성을 고려하기 위해서 본 연구에서는 Chudik and Pesaran(2015)의 Global VAR(GVAR) 모형을 활용하였다. GVAR에서는 무역 가중치를 이용하여 글로벌 거시변수들의 장기균형관계를 고려한다. 앞서 제3절에서 언급한 대부분의 선행연구에서는 주로 개별 국가에 대한 분석을 시도하였으나, 이는 글로벌 교역관계를 통한 영향을 파악하는 데 한계가 있다. 따라서 이를 보완하기 위하여 세계 경제가 장기균형관계에 있다는 점을 이용하여 국제 유가를 포함하여 국내 경제성장률 및 물가에 미치는 영향을 살펴볼 필요가 있다. 개별 국가(i)의 $VARX^{*}(s_{i,}s_{i}^{*})$ 모형은 다음의 식 (2)로 주어진다.

$$\Phi_i(L,s_i)x_{it} = a_{io} + a_{i1}t + \Gamma_i(L,s_i^*)x_{it}^* + A_i(L,s_i^{\omega})\omega_t + u_{it}, \tag{2}$$

여기서 잔차항은 교차 및 자기상관을 가지지 않는다고 가정한다. 또한 개별 국가와 연결된 대외변수(x_{it}^*)는 상대국의 교역량을 가중치[5]로 한 대내 변수의 횡단면 평균값으로 구성된다. 즉, $x_{it}^* = \Sigma_{j=1}^{N} w_{ij}x_{jt},\ j = 1,2,..N$, 이며, 총가중치의 합은 1로 주어진다. 글로벌 공통 변수는 국제 유가 및 금속 원자재 가격으로 모형 안에서 외생변수로 고려될 수 있다. 다만, 글로벌 모형에서 원자재 가격의 요인 충격을 식별하기 위해 금속가격을 도구변수로 활용하여 수요 측 요인을 식별하였다. 이는 금속가격과 국제 유가가 동시에 상승하는 경우라면 경기 상황과 관련한 수요 측 원인으로

---

5 Cashin *et al.*(2017)은 기본적으로 거시변수 간에 충분한 상관관계가 있을 때에는 무역 가중치 또는 금융 가중치, 혹은 두 가지를 혼합한 경우에도 매우 유사한 결과를 나타냄을 보였다.

판단하였기 때문이며, Caldra *et al.*(2019)에서도 금속가격은 경기 호황기에 동시에 상승하는 것으로 가정하여 거시파급효과를 분석하였다. 따라서 금속가격은 변하지 않고 유가만 오르는 상황을 예비적 동기 수요 및 공급 측 요인에 의한 충격으로 식별하여 거시적 효과를 두 가지 경우로 나누어 살펴보았다.

모형에서 사용된 데이터는 Mohaddes and Raissi(2020)의 GVAR 데이터이며, 개별국의 VAR은 실질GDP, 소비자물가, 단기 및 장기 이자율, 환율 및 주식 가격을 이용하여 5변수로 이루어진 시스템을 구축하였다. 자세한 내용은 Mohaddes and Raissi(2020)에서 살펴볼 수 있다.[6] 세계 GDP의 90% 이상을 설명하는 33개국을 포함하며 전체 샘플 기간은 1979년 2분기부터 2019년 4분기를 고려하였는데, 이를 통해 장기적인 거시균형관계를 이용하여 외생적인 충격이 발생했을 때, 거시변수들의 반응 정도를 추정할 수 있다. 또한 개별국의 VAR을 설정하기 위한 무역 가중치는 2016~19년의 가중치를 활용하였으며,[7] 글로벌 공통 외생변수로는 실질유가와 실질금속가격을 고려하였다.

분석 결과, 원유 수요 측 원인에 의한 유가 상승은 경제성장률과 물가상승률을 동시에 상승시키는 것으로 나타났다. 자세히 살펴보면, 세계 경기 회복에 의한 원유 수요 증가로 인해 유가가 상승하는 경우(유가 10% 상승), 이는 국내 경제성장률을 약 0.2~0.3%p 상승시키고, 물가상승률을 0.1%p 상승시켰다. 반면, 원유 공급이나 수급 불안에 의한 충격으로 인해 유가가 상승하는 경우에는 주로 물가상승률을 상승시키는 요인으로 작용하였다. 즉, 현재 시점의 경기 상황과 직접적인 연관이 없는, 다시 말해 공급 측 요인 혹은 미래 수급 상황 불안 가능성에 의해 유가가 상승하는 경우에는(유가 10% 상승) 물가상승률을 약 0.1~0.15%p 상승시켰다. 경제성장률에는 대체로 시간이 지나며 부정적인 영향을 주었으나, 통계적으로 유의하지 않은 것으로 분석되었다.

---

6 부록 참고.

7 2016년 이전의 평균 3년 무역 가중치를 이용하더라도 분석의 유의미한 차이는 발견되지 않았다.

[그림 11-14] 유가 특수 충격의 국내 GDP 누적 반응

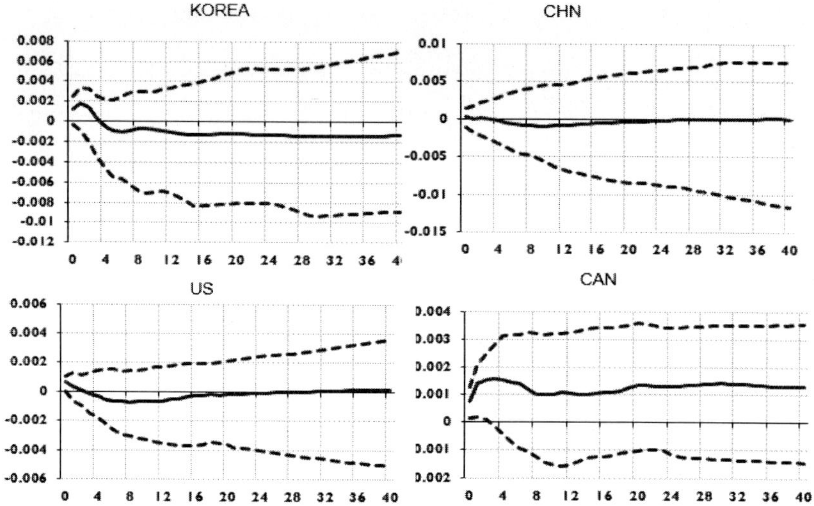

주: 실선은 bootstrap을 이용한 유가의 10% 충격에 대한 누적 충격 반응의 median이며, 점선은 90% bootstrap 신뢰 구간을 의미함.
자료: 저자 계산.

[그림 11-15] 유가 특수 충격의 인플레이션 누적 반응

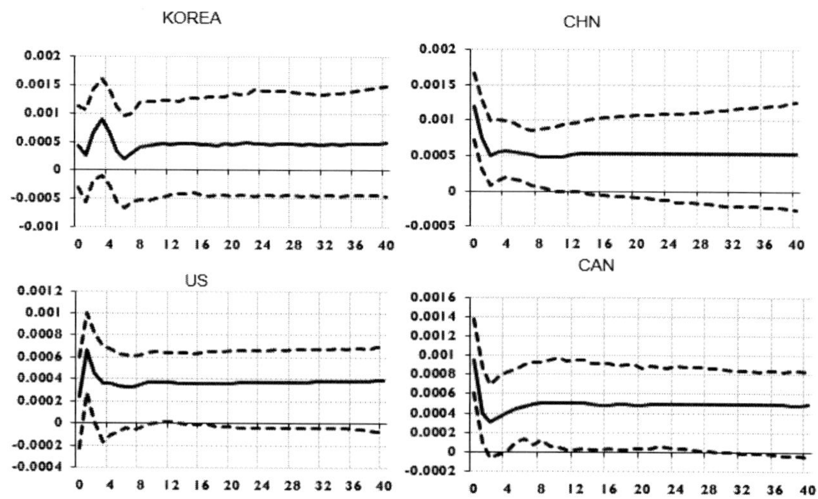

주: 실선은 bootstrap을 이용한 유가의 10% 충격에 대한 누적 충격 반응의 median이며, 점선은 90% bootstrap 신뢰 구간을 의미함.
자료: 저자 계산.

[그림 11-16] 금속가격과 유가 충격의 국내GDP 누적 반응

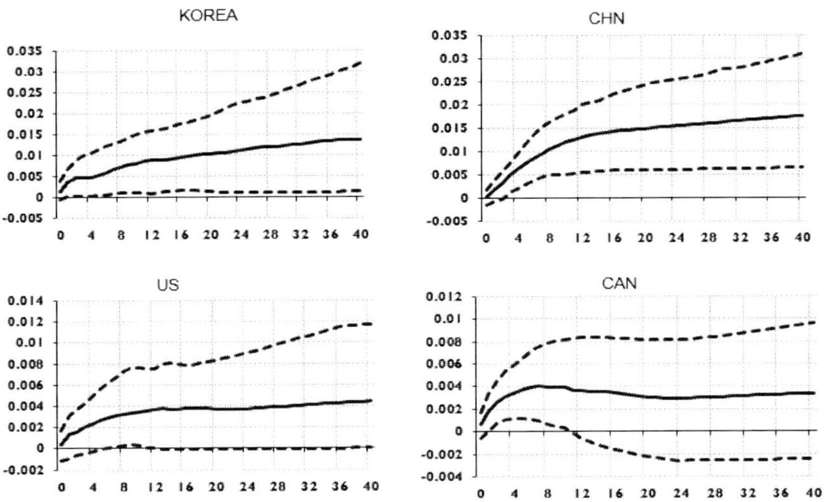

주: 실선은 bootstrap을 이용한 금속가격과 유가의 10% 충격에 대한 누적 충격 반응의 median이며, 점선은 90% bootstrap 신뢰 구간을 의미함.
자료: 저자 계산.

[그림 11-17] 금속가격과 유가 충격의 인플레이션 누적 반응

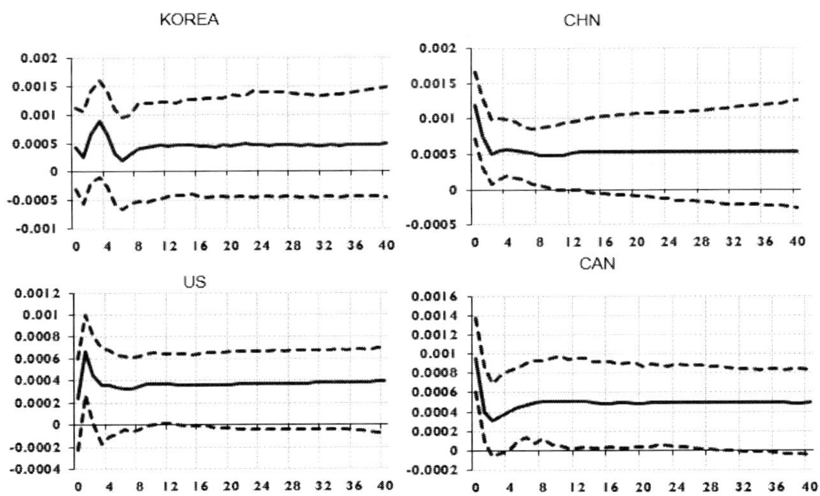

주: 실선은 bootstrap을 이용한 금속가격과 유가의 10% 충격에 대한 누적 충격 반응의 median이며, 점선은 90% bootstrap 신뢰 구간을 의미함.
자료: 저자 계산.

단기적으로는 유가 상승으로 인한 비용 충격이 물량 감소나 수요 조정으로 이어지지 않는 상황에서는 경제성장률 변화가 미미할 가능성이 있다. 그러나 중장기적으로 충격이 지속되어 수요 감소로 이어진다면 국내 경기를 둔화시키는 방향으로 작용할 것이다. 국가별로 보면 자원 수출국과 자원 수입국 간의 유가 특수 충격(예비적 수요 동기 혹은 공급 충격)의 경우에는 경제성장률에 미치는 영향이 다소 상이하였다. 예를 들어, 대표적인 자원 수출국인 캐나다의 경우에는 유가 특수 충격으로 인한 유가 상승(유가 10% 상승)이 경제성장률을 0.1~0.2%p 상승시키는 것으로 나타났다. 그러나 미국을 비롯한 한국과 중국의 경우에는 유의한 반응을 보이지 않았다.

한국의 경우를 살펴보면 일시적으로는 국내 성장률을 상승시키는 방향으로 작용하나 중장기적으로는 부정적 효과가 있는 것으로 보인다. 다만, 캐나다를 제외한 국가의 경우 대체로 유의한 반응을 보이지 않았다는 점에서 결과 해석에 주의할 필요가 있다.

다음으로 예비적 수요 동기나 공급 충격에 의한 경우의 소비자물가의 누적 반응은 국가별로 큰 차이가 없었다. 원유의 상당량을 수입에 의존하는 한국의 경우에는 유가 특수 충격에 기인한 유가 상승(유가 10% 상승)이 단기적으로 소비자물가를 약 0.1%p 상승시키는 것으로 나타났다. 원유 생산이 자체적으로 가능한 미국과 캐나다에서도 물가를 대체로 상승시키는 것으로 나타났으나, 누적 반응의 차이가 상대적으로 크지 않아 전반적인 물가 상승으로 이어지는 것으로 해석할 수 있다.

한편, 원유 수요 충격의 경우에는 자원 수출국과 수입국 모두 경제성장률을 상승시키는 방향으로 작용하였다. 경제 회복에 따른 수요 증대로 인해 유가가 상승하는 경우라면 이러한 요인이 글로벌 교역량을 증대시켜 자원 수출국과 자원 수입국 모두에서 긍정적인 영향을 끼칠 가능성이 있다. 다만, 수요 충격의 경우 충격의 지속성이 커지는 것으로 보이나 대부분의 반응 분석에서 신뢰 구간이 상당히 넓어 결과 해석에 주의할 필요가 있다.

정리하자면, 원유 수요 증가로 인한 유가 상승은 경제성장률을 상승시키는 것으로 나타났으며, 물가상승률은 요인에 상관없이 모두 상승하는 것으로 나타났다. 또한 공급 혹은 수요 측 충격이 발생하는 경우에 그 충격의 지속성은 국내의 경우 약 2년 이내에 소멸되는 것으로 분석되었다. 다만, 본 소절의 결과는 원유 수요 및 공급 충격의 변화로 인한 유가 상승만을 가정하고 있어 금리인상 기조 변화와 같은 다른 충격이 수반될 경우의 상황은 분석되지 않았다는 것을 주의할 필요가 있다.

3. 시나리오 분석

본 소절에서는 앞서 보인 모형의 분석 결과를 토대로 단기적인 유가 변동에 따른 시나리오를 설정하여 국내 경제성장률과 물가상승률에 미치는 거시적 효과를 가늠해보고자 한다. 이는 원유가 국내 경제에서 차지하는 중요성을 고려할 때 거시경제정책 방향을 위한 필수적인 작업이라 할 수 있다. 본 소절에서는 IMF 등 국제기관의 유가 상승 전망치를 활용하여 기준 시나리오를 설정하고 이를 토대로 고유가 및 저유가 시나리오를 설정하여 향후 국내 거시변수들의 움직임을 파악해 보고자 한다.

IMF의 2022년 10월 경제전망에서는 2022년, 2023년 연평균 유가를 두바이유 기준으로 각각 97.3달러 및 84.4달러로 발표하였다(IMF, 2022). 이는 기존의 유가 전망치를 하향 조정한 것인데, 이러한 배경에는 세계경제 침체 우려 확산, 전 세계적인 통화정책의 긴축 기조로 원유 수요가 감소할 가능성을 전제한 것이다. 물론 산유국의 추가 감산 가능성, 러시아의 강력한 에너지 무기화 등 불확실성이 여전히 남아있음에 유념할 필요가 있다. 위의 전망치는 두바이유 기준 전년 대비로 약 41.7%, -14.8%의 변화를 의미한다.

기준 시나리오는 2023년 두바이유 기준으로 배럴당 84달러를 기록하는 것으로 전제하였으며, 기준 시나리오는 원유 수요 감소로 인한 상황을 가정하였다. 상반기와 하반기에 배럴당 86.3달러와 81달러를 기록한다고 가정하였는데, 이는 전년 동기 대비 증가율로 상반기, 하반기에 각각 -15.3%와 -14.4%를 기록하는 것을 의미한다.

고유가 시나리오에서는 원유 수요 충격이 완만히 하락하여 배럴당 연평균 94달러를 기록한다고 전제하였다. 반면, 저유가 시나리오에서는 원유 공급의 제한적인 상황이 유지되나, 전 세계적인 금리인상 기조 지속과 세계 경기 위축으로 인해 원유 수요가 급격히 감소하여 연평균으로 배럴당 74달러를 기록한다고 전제하였다. 상승 전제는 아래의 표와 그림에 정리되어 있다.

<표 11-4> 두바이유 상승 전제

(단위: 달러)

	2023		
	상반기	하반기	연평균
기준 시나리오	86.3	81	84
고유가 시나리오	94.2	93.8	94
저유가 시나리오	80	68	74

주: 표의 수치는 국제 유가가 2023년에 2022년(98달러)보다 15% 정도 하락한 배럴당 84달러 내외를 기록한 경우의 영향을 나타냄.

자료: CFTC(https://www.cftc.gov, 접속일자: 2022. 11. 19); CPB(https://www.cpb.nl, 접속일자: 2022. 11. 19); EIA(https://www.eia.gov, 접속일자: 2022. 11. 19); FRED(https://fred.stlouisfed.org, 접속일자: 2022. 11. 19); Bloomberg; 한국은행 경제통계시스템(https://ecos.bok.or.kr, 접속일자: 2022. 11. 19); 저자 계산.

[그림 11-18] 두바이유 전망 전제(기준 시나리오)

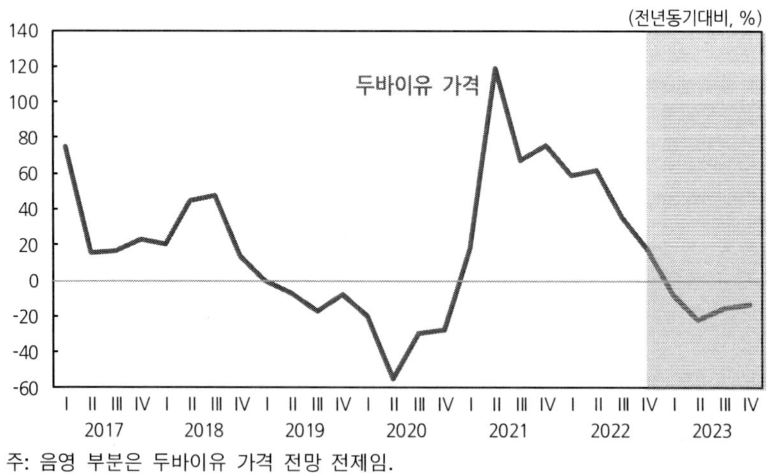

주: 음영 부분은 두바이유 가격 전망 전제임.

자료: 한국석유공사(https://www.petronet.co.kr/, 접속일: 2022. 11. 14).

<표 11-5> 시나리오 분석 결과

(단위: %p)

	경제성장률			물가상승률		
	상반기	하반기	연평균	상반기	하반기	연평균
기준 시나리오	-0.36	-0.34	-0.35	-0.15	-0.14	-0.15
고유가 시나리오	-0.31	-0.19	-0.25	-0.1	-	-0.1
저유가 시나리오	-0.41	-0.49	-0.45	-0.2	-0.3	-0.25

주: 표의 수치는 국제 유가가 2023년에 2022년(98달러)보다 15% 정도 하락한 배럴당 84달러 내외를 기록한 경우의 영향을 나타냄.

자료: CFTC(https://www.cftc.gov, 접속일자: 2022. 11. 19); CPB(https://www.cpb.nl, 접속일자: 2022. 11. 19); EIA(https://www.eia.gov, 접속일자: 2022. 11. 19); FRED(https://fred.stlouisfed.org, 접속일자: 2022. 11. 19); Bloomberg; 한국은행 경제통계시스템(https://ecos.bok.or.kr, 접속일자: 2022. 11. 19); 저자 계산.

분석 결과, 원유 수요 측 요인의 감소로 유가 하락이 이어지는 기준 시나리오와 저유가 시나리오의 경우 물가상승률과 경제성장률을 모두 하락시키는 방향으로 작용할 것으로 판단된다. 공급 측 요인의 큰 변화 없이 수요 둔화 가능성으로 인한 유가 변화를 가정하는 경우, 이는 글로벌 경기 위축으로 인해 국내 경제성장률에는 부정적 영향으로 이어질 가능성이 있다는 것이다. 이러한 상황에서는 경기 위축과 물가 상승의 우려라기보다는 글로벌 경기 침체가 가시화되며 유가도 하락하는 상황을 의미한다.

위의 전망 기준 시나리오는 주요국 통화 긴축 기조 장기화로 수요가 감소하고 공급 및 예비적 수요 동기 충격이 지속되는 경우를 가정하였다. 수요 감소의 정도에 따라 고유가 및 저유가를 고려하였으며, 모두 경제성장률을 하락시키는 방향으로 작용하는 것을 고려하였다. 또한 물가상승률의 경우 수요 둔화로 인한 유가 하락이 내년 중 완만히 이어지며 국제 유가에 기인한 물가 상승요인은 제한적일 것으로 보인다. 다만, 달러화 강세로 인한 수입물가 상승으로 인해 인플레이션 유발요인은 여전히 남아있으며, 추가적인 공급 불확실성으로 유가 하락폭이 제한적일 가능성을 배제하기 어렵다. 종합해보면, 대외 수요 둔화와 정책 기조로 인한 유가 하락은 직·간접적으로 경제성장률 및 물가상승률을 낮추는 방향으로 작용할 것으로 보인다. 아울러, 위의 시나리오 전망은 거시경제 및 산업 정책의 틀을 잡기 위한 중요한 작업이라 할 수 있으며, 지속해서 보완되어야 한다.

제5절 맺음말

저탄소 전환은 제조업 중심의 화석연료 사용량의 비중이 높은 우리 경제에 상당한 영향을 끼칠 것이다. 인구구조 변화와 같은 다양한 요인으로 앞으로 저성장의 고착화가 예상되는 가운데 기술혁신을 통한 지속적 성장은 우리 경제가 앞으로 추구해야 할 방향이다. 이를 위해서는 우리 경제에서의 에너지 구조 전환이 필수적이다. 현재 전 세계는 에너지 수급 불균형으로 촉발된 에너지 인플레이션과 탄소중립 전환이라는 구조적 개혁이라는 거대한 파도 앞에 놓여있다. 장기적으로는 우리 거시경제가 새로운 균형경로를 따라 균형상태에 도달하겠지만, 단기적으로 저탄소 전환 이행과정의 리스크가 발생한다.

거시환경이 변화하며 발생할 수 있는 이행 리스크 중의 하나는 원자재 시장이 변화하며 생길 수 있는 가격 충격이다. 전 세계가 탄소중립이라는 같은 목표를 추구하는 가운데 특정 원자재 수요가 폭발하고 수급 불균형이 지속된다면 에너지 확보를 위한 경쟁은 더욱 치열해질 수밖에 없다. 이는 자원을 무기화하려는 각국의 정치적 움직임을 발생시키고 자원 확보를 둘러싼 다양한 경제 충격으로 작용할 것이다. 이러한 수요와 공급 여건 변화는 시장가격이라는 균형점의 변화로 나타난다. 추세적으로는 탄소중립 추진으로 인해 화석연료 수요가 점차 감소할 가능성이 있다. 이러한 수요 둔화를 고려하여 화석연료 투자도 감소함으로써 수급 불균형에 의한 에너지 인플레이션(fossilflation)과 친환경 자원의 수요 증가로 인한 금속가격 상승이 에너지 전환 과정에서 거시경제 리스크로 작용할 것이다.

본 연구에서는 저탄소 전환 과정에서의 에너지 인플레이션과 친환경

금속가격 상승인 그린 인플레이션을 짚어보고, 실증적으로 이러한 두 가지 요인이 국내 경제에 거시적으로 미칠 영향에 대해 분석하였다. 분석 결과, 소규모 개방경제인 국내의 특수한 상황을 고려할 때 에너지시장의 변화로 인한 가격 충격은 국내 실물경제에 유의미한 영향을 주는 것으로 나타났다. 에너지시장의 가격 변화가 수요에 의한 것인지 공급에 의한 것인지에 따라 자원 수입국인 우리나라의 거시변수에 미치는 영향이 달라질 수 있으며, 이는 자원 수출국과는 다른 방향으로 작용할 수 있다. 따라서 가격 변동요인을 고려하는 것이 중요할 뿐만 아니라 이와 같은 충격이 교역국의 거시경제에 끼칠 영향도 함께 고려하여 정책대응이 이루어져야 할 것이다. 국제 유가 기준 시나리오를 설정하여 원유 수요 측 요인의 감소로 유가 하락이 이어지는 상황을 생각했을 때 앞으로 물가상승률과 경제성장률을 모두 하락시키는 방향으로 작용할 것으로 판단된다. 공급 측 요인이 지속되더라도 원유 수요 둔화로 유가 하락을 가정하는 경우, 이는 글로벌 경기 위축으로 인해 국내 경제성장률에는 부정적 영향을 가져다줄 것이다. 또한 주요국의 통화긴축 기조 지속과 글로벌 경기 위축은 탄소중립을 위한 투자 여건도 악화시킬 가능성을 내포하고 있다. 따라서 원만한 저탄소 전환 추진을 위해 이행 과정에서 발생할 수 있는 다양한 거시경제 상황에 충분히 대비하고 전략을 마련하는 것이 필요하다. 이를 위해서는 에너지시장의 구조를 포함하여 국내 거시경제에 대한 파급효과를 파악할 수 있도록 지속적으로 분석의 정확성을 높이려는 노력이 이어져야 할 것이다.

참고문헌

김윤영 · 박준용, 「글로벌 구조 VAR 모형을 이용한 해외충격의 파급효과 분석」, 『경제학연구』, 제57권 제2호, 2009, pp.5~37.

김정성 외, 「국제원자재가격 상승배경 및 국내경제에 대한 파급영향 점검」, BOK 이슈노트 2021-12, 2021.

신용철 · 부상돈 · 김용민, "Measuring the Connectedness of Korean Financial System: The GVAR-GCM Modeling Approach," 한국은행, 2013.

안성배 외, 『국제에너지시장 구조변화의 거시경제효과 분석』, 연구보고서 17-27, 대외경제정책연구원, 2017.

정준환, 『유가변동의 국내 거시경제 파급효과 분석』, 에너지경제연구원, 2014.

천소라 · 정규철, 「최근 유가 상승의 국내 경제 파급효과」, 『KDI 경제전망』, 2021년 상반기, 2021.

Boer, Lucas *et al.*, "Energy Transition Metals," IMF Working Paper, 2021.

Caldra, Dario *et al.*, "Oil Price Elasticities and Oil Price Fluctuations," *Journal of Monetary Economics*, Vol. 103, 2019, pp.1~20.

Cashin, Paul *et al.*, "Fair Weather or Foul? The Macroeconomic Effects of El Niño," *Journal of International Economics*, Elsevier, Vol. 106, 2017, pp. 37~54.

Chudik, Alexander and M. Hashem Pesaran, "Common Correlated Effects Estimation of Heterogeneous Dynamic Panel Data Models with Weakly Exogenous Regressors," *Journal of Econometrics*, Vol. 188, Issue 2, 2015, pp.393~420.

Cross, Jamie *et al.*, "The Role of Precautionary and Speculative Demand in the Global Market for Crude Oil," CAMA Working Paper, No. 34, 2020.

IEA, *The Role of Critical Minerals in Clean Energy Transition*, World Energy Outlook Special Report, 2021.

IMF, *World Economic Outlook*, 2022. 10.

Kilian, Lutz, "Not All Oil Price Shocks Are Alike: Disentangling Demand and Supply Shocks in the Crude Oil Market," *American Economic Review*, Vol. 99, No. 3, 2009, pp.1053~1069.

Mohaddes, K. and M. Raissi, "The US Oil Supply Revolution and the Global Economy," *Empir Econ*, 57, 2019, pp.1515~1546.

Mohaddes, Kamiar and Mehdi Raissi, "Compilation, Revision and Updating of the Global VAR (GVAR) Database, 1979Q2-2019Q4," Cambridge Working Papers in Economics, 2020.

<자료>

Bloomberg(1994~2022).

EIA, *Short-Term Energy Outlook*, 2022. 11.

<웹사이트>

통계청 국가통계포털(http://kosis.kr, 최종접속일: 2022. 11. 28).

한국석유공사(https://www.petronet.co.kr/, 최종접속일: 2022. 11. 14).

한국자원정보서비스(https://www.kores.net, 최종접속일: 2022. 6. 15).

한국은행 경제통계시스템(https://ecos.bok.or.kr, 최종접속일: 2022. 11. 19).

CFTC(https://www.cftc.gov, 최종접속일: 2022. 11. 19).

CPB(https://www.cpb.nl, 최종접속일: 2022. 11. 19).

EIA(https://www.eia.gov, 최종접속일: 2022. 11. 19).

FRED(https://fred.stlouisfed.org, 최종접속일: 2022. 11. 19).

<신문기사>

『경향신문』, 「고유가시대 장기화 '오일쇼크' 오나」, 2006. 4. 18. (https://m.khan.co.kr/economy/economy-general/article/200604181817541#c2b)

『머니투데이』, 「[MT리포트] "유가 100달러 경고등"…기름값과 韓경제」, 2018. 6. 4. (https://news.mt.co.kr/mtview.php?no=2018060315052286164&cm=news_headline)

『중앙일보』, 「오일쇼크, 70년대 악몽 '또?'」, 2004. 8. 6. (https://www.joongang.co.kr/article/372292#home)

<기타>

Isabel Schnabel, Member of the Executive Board of the ECB, at a panel on "Monetary Policy and Climate Change" at The ECB and its Watchers XXII Conference, 연설문, 2022. 3. 17.

부 록

<데이터 설명>

본 장에서 사용된 데이터는 Mohaddes and Raissi(2020)의 GVAR 데이터이다. 그들이 제공하는 데이터는 기본적으로 Haver Analytics, the International Monetary Fund의 International Financial Statistics(IFS) database, Bloomberg에서 제공된 데이터를 바탕으로 구성되었다. 전 세계 GDP의 90% 이상을 설명하는 33개 국가의 거시변수를 포함하고 있다. 포함된 국가는 아시아 및 태평양 국가(11개국): Australia, China, India, Indonesia, Japan, Korea, Malaysia, New Zealand, Philippine, Singapore, Thailand, 북미 국가(3개국): Canada, US, Mexico, 남미 국가(4개국): Argentina, Brazil, Chile, Peru, 중동 및 아프리카 국가 (2개국): Saudi Arabia, South Africa, 유럽 국가(13개국): Austria, Belgium, Finland, France, Germany, Italy, Netherlands, Norway, Spain, Sweden, Switzerland, Turkey, UK)이다. 개별국의 거시변수는 실질경제성장률, 소비자물가, 단기 및 장기 이자율, 실질실효환율, 주식가격을 포함하고 있으며, 글로벌 공통 변수로는 국제 유가(브렌트유 기준)와 농산물 및 기초금속 원자재 가격을 포함한다. 데이터 샘플 기간은 1979년 2분기부터 2019년 4분기까지이다.

■ ABSTRACT

Green Transition Strategy and Implementation

Edited by Yong Hyeon Yang

It is imperative for the Republic of Korea to prioritize the development of elaborate green transition strategies and implementation plans. In light of this urgency, this study offers ten chapters addressing select issues on green transition, which provide policy recommendations drawn from identification of problems, assessment of current policies, and empirical analysis.

Chapter 2 (Dr. Yong Hyeon Yang) assesses the national greenhouse gas emission reduction plan the Korean government announced in Oct. 2021. It finds the sectoral strategies to be insufficient for the stated targets and suggests that an energy transition ambition has to be increased as either targets have to be decreased in other sectors or there could be a need for more extensive electrification. Chapter 3 (Prof. Wonhyuk Lim) offers insights on energy transition strategies and their implication for the electricity industry. Periodical simulations should be conducted for multiple scenarios, and the overall cost of transition, including the expenses for networks and standby facilities as well as the levelized cost of energy, should be minimized. Accordingly, transition and phase-out of fossil fuel plants should be systematically planned in stages.

Chapter 4 (Dr. Yeochang Yoon) points out the limitations of the Korean emission trading system (ETS) and presents potential solutions. The current restrictions on banking need to be relaxed to keep the ETS allowance prices from dropping, but such adjustments should be introduced gradually to prevent a sudden decline in supply. Chapter 5 (Prof. Hyungna Oh) raises a possibility of insufficient investment in decarbonization technologies due to first-mover disadvantages. It advocates introduction of carbon contracts for difference to incentivize R&D in green technologies, especially when carbon prices are low or uncertain. Chapter 6 (Dr. Karam Jo) presents the empirical result that patents in some digital transformation technologies can increase patents in climate technologies by an average of 17.3% and underscores the need to promote such digital transformation technologies.

Chapter 7 (Dr. Junghyun Kwon and Dr. Joseph Han) reveals that elevated outdoor temperatures decrease working hours in an inequitable manner and deteriorate workers' health. These observations imply that climate change could magnify income inequality. As such, protective measures for outdoor workers against high temperatures and support for their job transitions are crucial. Chapter 8 (Dr. Hyunseok Kim) proposes selective subsidies for regions heavily impacted by climate change and green transition, and highlights the necessity of assessing those impacts objectively. Most importantly, local governments should formulate transition plans in line with central government guidelines.

Chapter 9 (Prof. WooRam Park) indicates that a large portion of greenhouse gas comes from establishments with more than 300 workers, and in such industries as petrochemical and steel. It also shows higher carbon productivity in industries with lower greenhouse gas emissions and establishments using less energy. Chapter 10 (Dr. Joseph Han) reveals the empirical result that firms who entered in the first stage of ETS had significantly lower greenhouse gas emissions, energy usage, annual turnover, and employment than those who did in the second stage. The performance of these firms was influenced by the design of the ETS, for example, on what basis the allowances were assigned free of charge or for a fee. Hence, policy design for green transition should pay particular attention to its effects on businesses and employment. Lastly, Chapter 11 (Dr. Sora Chon) observes that the global green transition might trigger both green and energy inflation. Analyzing the effect of inflation factors on the Korean economy finds that such impacts vary based on whether inflation arises from a demand or a supply shock. Consequently, the Korean government's responses should differentiate between inflation factors that are demand-side and supply-side.

KDI 신간안내

RECENT KDI PUBLICATION

개방경제하에서 재정정책의 효과: 자본수지와 구축효과를 중심으로

최우진

정책연구시리즈 | 크라운판 | 71쪽 | 정가 2,000원

본 보고서는 개방경제하에서의 재정정책 효과를 국가패널을 통하여 분석한다. 특히 최근에 제기된 자본유출입이 구축효과의 규모를 결정하는 중요한 변수이며, 이에 따라 전체적인 재정승수가 결정된다는 주장에 대하여 고찰한다. 42개국의 국가패널 자료를 통한 분석 결과, 자본유입이 있는 경우가 자본유출이 있는 경우보다 재정승수가 더 높음을 확인하였다.

국가채무 증가의 일반균형 효과에 대한 연구

신승룡

정책연구시리즈 | 크라운판 | 73쪽 | 정가 2,000원

기존 재정전망 기법은 성장률이나 이자율 같은 거시전망치를 바탕으로 하며, 2018년에는 약 36%이던 총생산 대비 국가채무비율이 추계 방법에 따라 2060년에 158.7%까지 오를 수 있다고 전망되고 있다. 본 연구는 높이 상승할 것으로 전망되는 국가채무비율을 금융제약이 유효한 이질적 경제주체 일반균형모형의 이행 경로에 반영할 때 발생하는 내생적인 구축효과에 대해 분석한다.

새로운 대북정책과 남북경협의 모색

이석 편

연구보고서 | 크라운판 | 270쪽 | 정가 8,000원

본 보고서는 이제까지 한국사회가 추진해 온 남북경협을 전면적이고도 체계적으로 분석하고 있다. 앞으로 남북경협이 재개될 경우, 이를 보다 바람직한 방향으로 유도하기 위해서는 본 논의가 반드시 필요할 것이기 때문이다. 특히 본고에서는 한국사회의 대북정책과 남북경협에 관련된 개념(이론), 역사(경제사), 계량적 검증, 그리고 여론이라는 네 가지의 주제를 각각 개별적으로, 또한 동시에 서로 연결하여 종합적으로 토론한다.

자영업자 고용보험 적용에 대한 분석과 정책방향

김민섭 · 김지연

연구보고서 | 크라운판 | 136쪽 | 정가 5,000원

본 보고서는 고용보험 적용의 관점에서 자영업자의 특수성을 실증적으로 분석하고 이를 기반으로 자영업자를 포괄하는 고용보험 적용방안을 제시하였다. 분석 결과에 따르면, 자영업자는 상시적으로 소득변동에 노출되는 만큼 폐업 또는 파산 이전에 선제적으로 작동할 수 있는 사회안전망이 필요하며, 폐업 이후 재창업을 준비하는 경우가 적지 않으므로 자영업자 맞춤형의 재취업 지원 프로그램이 요구된다.

기소권에 따른 반부패기구의 효과 분석

김재훈

정책연구시리즈 | 크라운판 | 61쪽 | 정가 2,000원

반부패기구가 기소권을 가지면 부패대응역량의 약화를 초래하고 기소권을 갖지 않는 경우에 부패대응역량이 강화된다. 이에 본 보고서는 반부패기구의 효과가 기소권 유무에 따라 어떻게 달라지는지 살펴보고, 부패의 정도와 법체계에 따라 그 결과가 유지되는지 검증함으로써 국가의 반부패역량 강화를 위한 정책적 시사점을 도출하고자 한다.

비용/편익의 불확실성하에서 상향식 타당성 투자 분석방법 연구: 도로부문 예비타당성조사의 경제적 타당성 평가를 중심으로

김강수

정책연구시리즈 | 크라운판 | 56쪽 | 정가 2,000원

교통투자사업의 편익과 비용 예측 결과는 사업의 추진 여부뿐만 아니라 시설의 규모, 요금 수준 및 투자의 효과성을 평가하는 데 중요하다. 본 보고서는 예비타당성조사의 교통량 및 비용 예측오차 확률 분포를 통해, 경제적 평가 결과의 불확실성 정도를 분석하고, 이를 통해 사전에 효율적이고 효과적인 사업 추진 방안을 고려할 수 있는 상향식 타당성 분석방법의 필요성을 제시하고 있다.

대학 구조개혁에 관한 연구

고영선

연구보고서 | 크라운판 | 167쪽 | 정가 6,000원

교육개혁은 우리나라가 앞으로 지속적인 성장과 번영을 달성하기 위해 필수적인 과제이다. 본 보고서는 4년제 일반대학에 초점을 맞추어 이 문제를 탐구한다. 학령인구가 급감하는 가운데 대학의 구조조정이 어떻게 진행되고 있는지 살펴보고, 구조조정이 지연됨에 따라 어떠한 부작용이 발생하고 있는지 살펴본다. 그리고 구조조정 지연의 원인을 공급 및 수요 측면에서 분석하고 개선방안을 제시한다.

연구보고서 2023-02

저탄소경제 전환 전략과 정책과제

인 쇄 2023년 4월 26일
발 행 2023년 4월 28일

저 자 양용현 편
발행인 조동철
발행처 한국개발연구원
등 록 1975년 5월 23일 제6-0004호
주 소 세종특별자치시 남세종로 263
전 화 (044) 550-4114
팩 스 (044) 550-4310

ISBN 979-11-5932-795-7

값 13,000원

* 잘못된 책은 바꿔드립니다.